高等院校市场营销专业本科精品教材

品 牌 管 理

（第 2 版）

周志民　主编

刘世雄　张 宁　副主编

南开大学出版社

天　津

图书在版编目(CIP)数据

品牌管理 / 周志民主编. —2 版.—天津:南开大学出版社,2015.2(2024.3 重印)
高等院校市场营销专业本科精品教材
ISBN 978-7-310-04692-8

Ⅰ.①品… Ⅱ.①周… Ⅲ.①品牌—企业管理—质量管理—高等学校—教材 Ⅳ.①F273.2

中国版本图书馆 CIP 数据核字(2014)第 255977 号

品牌管理(第二版)
PINPAI GUANLI (DI-ER BAN)

南开大学出版社出版发行
出版人:刘文华
地址:天津市南开区卫津路 94 号 邮政编码:300071
营销部电话:(022)23508339 营销部传真:(022)23508542
https://nkup.nankai.edu.cn

天津泰宇印务有限公司印刷 全国各地新华书店经销
2015 年 2 月第 2 版 2024 年 3 月第 14 次印刷
260×185 毫米 16 开本 27.75 印张 687 千字
定价:72.00 元

如遇图书印装质量问题,请与本社营销部联系调换,电话:(022)23508339

出版说明

市场营销起源于美国，在 20 世纪 50 年代形成现代意义上的市场营销学。1978 年我国改革开放后引入了市场营销，一些高校在 80 年代开始陆续讲授市场营销课程，但直到 90 年代才正式设置专门的市场营销专业。随着我国社会主义市场经济的发展，企业对营销人才的需求日益增长，市场营销专业也连续几年成为我国十大热门专业之一，大部分高校都设置了此专业。

我国现已成为“世界工厂”，发达国家的商品市场中很多消费品都是中国制造的，Made in China 已震惊了世界，也极大地推动了我国经济的增长。同时，我们也知道，这种形式的中国制造处于国际产业价值链条上的低端环节，在我国外贸出口中，很多企业赚取的仅是产品中百分之二三的利润，而大部分利润则是被国外公司赚取了，这固然有技术、资金等多方面的因素制约，但不可否认，其中重要的因素之一，是我国大量企业的市场营销能力不足。市场营销能力薄弱、品牌形象不佳、营销渠道不畅等制约了我国企业的发展。因此，我国企业市场营销能力亟待提高，需要大量的、高水平的营销人才。

南开大学出版社近年来一直致力于市场营销类图书的出版，通过努力，我们联系了南京大学、中山大学、北京大学、华中科技大学、南京工业大学、华南理工大学、南京航空航天大学、深圳大学、北京航空航天大学、对外经济贸易大学、南开大学等十余所高校联合编写了这套“高等院校市场营销专业本科精品教材”，共 12 种，即现代市场营销管理、品牌管理、客户关系管理、公共关系学实用教程、网络营销与电子商务、零售业管理、市场调研、组织间市场营销、消费者行为学、营销渠道与物流管理、国际市场营销学、服务营销与管理等。

本丛书具有以下特点：

1. 吸收国外经典教材编写体例，如每章开头安排一个“引例”，在读者正式阅读之前先提供一个的“真实营销环境”，以便于理解正文，可避免枯燥、乏味之感。

2. 注重理论的系统性。每本教材都尽可能地介绍国内外权威学者的管理思想，使读者能系统学习本门课程的理论知识。

3. 注重实际应用。每本教材都配备了大量国内外经典案例分析，尤其注重本土化案例分析。

4. 注重培养读者的独立思考能力。在引例、案例、复习思考题中均给出了问题，引导读者思考问题、解决问题。

5. 方便教学。每本教材均配备了教学课件，方便读者使用，读者可到南开大学出版社网站（www.nkup.com.cn）下载。

本套教材是上述十余所高校教师紧密合作的成果，他们有的是本领域的知名学者，有的是年轻有为的一线教师，在本领域具有一定的代表性，我社对他（她）们的辛苦付出致以真诚的感谢，同时，也希望广大读者批评指正，以改进我们的工作。

南开大学出版社

2014 年 12 月

出版说明

第二版前言

就在今天（2014 年 9 月 9 日），在美国加州，苹果公司发布了最新的 iPhone 6 手机。“果粉”们趋之若鹜。一款电子产品何以让全球的消费者如此着迷？仅仅是因为其近乎完美的产品设计和消费体验？如果“她”不是出身于苹果，不叫做“iPhone”，而叫做“富士康”（注：iPhone 系列手机由中国的富士康代工生产），“她”还会有如此魅力吗？因此，我坚定地认为，苹果和 iPhone 品牌的力量功不可没。数据说明一切——在 Interbrand 公司“2013 最佳全球品牌”（Best Global Brands 2013）排行榜上，苹果的品牌资产首次超过可口可乐，以 983.16 亿美元高居榜首。

最近十来年，品牌的价值引起了业界和学界的极大兴趣。但是，品牌管理人才的匮乏又大大制约着我国企业的品牌实践。中国品牌缺位“最佳全球品牌”榜单就是明证。2008 年，我出版了一部《品牌管理》教材，试图为我国品牌管理人才的培养提供支持。感谢各方读者的鼎力支持，这部教材以每年一次、每次 3000 册的速度不断重印，迄今第六次重印本售罄。读者们的普遍反馈是该书知识点全面、可读性强。过去的六年中，品牌管理的理论和实践在不断发展，非常有必要对这部教材进行修订。由于我一直忙于教学、科研和行政事务，致使教材修订工作一拖再拖，心里总感觉欠着债，到了 2014 年总算有一个了结。

此次修订，我邀请了我的同事、深圳大学管理学院市场营销系的刘世雄教授和张宁博士一起完成。两位老师在品牌管理领域均有不少建树，不仅主持了品牌管理领域的国家自然科学基金项目，而且还在 SSCI 期刊上发表过品牌管理的学术论文。鉴于教材知识体系的稳定性考虑，本次修订保留了原来的结构框架和理论知识点，在行文上坚持理论知识点加小案例辅助解释的写作风格，主要在以下一些方面做出调整：

1．全面更新了各章开头的引例和结尾的案例分析，很多案例都是近三年发生的，如苹果、《舌尖上的中国》、苏宁云商等；

2．增加了一些最新的研究成果，如不同国家的品牌个性维度、品牌体验的维度等；

3．更新了一些调查统计数据，如中国互联网发展情况更新至 2014 年 6 月底；

4．更新了许多链接材料。

在当前崇尚学术成果考核的中国高校，教材编写是否还有价值？我的思考是，教材应当成为学术研究（供给）和企业实践（需求）之间的桥梁，应当通过教材这种通俗的方式来告知企业管理者学术成果的指引和最佳实践的借鉴。从这个角度来看，这部教材的修订还是存在一些遗憾。最大的遗憾是，未能将更多的国内外学术研究成果和品牌实践案例纳入其中。这要求我放下杂念和烦事，沉下心来多读书多观察多思考。幸运的是，受国家留学基金资助，我目前在美国洛杉矶的南加州大学（University of Southern California）访学一年，跟全球品牌学顶尖学者 C. W. Park 教授合作研究品牌问题。这段经历对我的品牌研究之路无疑大有裨益。希冀自己一年的海外学习能够不断加深品牌学习功力，为今后的品牌管理教材编写和人才培养打下基础。

是为序。

周志民

深圳大学教授、博导

2014年9月9日于美国洛杉矶

目 录

第一篇 品牌基础

第二篇 品牌规划

第三篇　品牌传播

第四篇　品牌提升

第五篇 品牌评估

第六篇 品牌应用

第一篇　品牌基础

第 1 章　品牌概述

引　例

锤子手机凭啥那么火？

罗永浩对于锤子手机的所有消息几乎都是在微博上发布的，他的微博粉丝已超过 600 多万。罗永浩从不讳言自己擅长感染公众、并逐渐扩大信徒规模，自“老罗语录”伊始，他就最为标准地诠释了营销学中所谓“意见领袖”的定义，享受掌声、同时顺势将之引往个人事业，是罗永浩在离开新东方英语教师岗位之后所做的全部事情。罗永浩的锤子手机引来的最大争议也引来最多讨论的，就是他在微博上所发的内容。动辄说要“秒杀一切安卓手机”，不论是小米和魅族，还是他之前表示欣赏的苹果手机，也经常被他拿出来在细节方面逐一批判。也多次表示锤子手机发布之后，将会如何改变整个行业，类似这样的言论不计其数。至于为什么把手机品牌取名叫“锤子”，罗永浩提供了两个理由：一是代表着罗永浩心目中的工匠精神，二是代表了曾经在西门子中国总部门口砸冰箱时用的那把锤子。首款锤子手机 Smartisan T1 采用了 4.95 英寸屏幕，搭载高通骁龙 801 四核处理器，2G 内存，存储空间有 16GB 和 32GB 两种版本。手机的价格确定为：16GB 版的 Smartisan T1 售价 3000 元，32GB 版售价 3150 元。那么，锤子手机真的能吸引用户购买吗？答案就在老罗本身。老罗说，自己 10 年前在中国书店的旧书堆里花 10 元钱，买了一本由美国学者托马斯·索威尔所著的《美国种族简史》，并在 10 年后为此书再版做了书评。结果这本 10 年前在中国只印了 5000 册的枯燥论作，在 10 年后销量却接近 20 万册。这与老罗在供应链与富士康给 Smartisan T1 下的 20 万订单数量一致。换句话说，锤子手机的目标用户定义为老罗的忠实粉丝群体。老罗认为，连枯燥的论著都可以畅销，自己花费两年时间打造的锤子手机应该也可以接受，即使定价超过 3000 元以上，因为有着同样情怀和审美的群体会认同这个价值。老罗晒出的订单的确证实了他的个人品牌价值：手机上市不到一周，其用户已超过 6 万，需要注意的是，锤子手机预订需交 300 元定金，并且，6 万多订单中有 3251 人是索性付了 3000 元全款的。

资料来源：根据互联网报道资料改编。

热身思考：为什么许多消费者愿意花比同类国产手机高许多的价格去购买锤子手机？

第1节 品牌地位的崛起

自2006年起，“现代营销之父”菲利普·科特勒教授（Philip Kotler）出版的《营销管理》教材，除了内容、结构和版本在不断更新之外，这部“营销圣经”还有一个重大的变动，即增加了一位重量级的合作者——凯文·莱恩·凯勒（Kevin Lane Keller）（见图1-1）。凯勒教授被科特勒誉为“中生代最具实力的品牌权威”，其所著《战略品牌管理》（Strategic Brand Management）有“品牌圣经”之美誉。科特勒邀请凯勒教授而非其他营销领域学者作为合作者，并在结构上加大了品牌章节的比重，从某种程度上来说是营销权威学者对品牌学科地位重要性的肯定。

图1–1 第11版、第12版、第13版和第14版《营销管理》的英文版封面

在学术领域，品牌（Brand）已成为了一个热点研究领域。近60年来，在《营销学报》（Journal of Marketing）、《欧洲营销学报》（European Journal of Marketing）等美、英顶级营销类学术期刊当中，以“品牌”为研究主题的论文不下千篇。国内《营销科学学报》的一项研究分析了2005年至2009年发表在《Journal of Marketing》上的247篇学术论文，发现近年来西方营销学术研究中以品牌为主题的研究共有34篇（占7.89%），在所有研究主题中排名第三①。

尽管早在1955年，美国学者加德纳（Gardner）和列维（Levy）就在《哈佛商业评论》（Harvard Business Review, HBR）上发表论文《产品与品牌》（The Product and the Brand），颇有洞见地指出了品牌与产品的差异②，但在20世纪70年代以前，人们还很少谈及和注意品牌。品牌地位的崛起是从20世纪80年代中后期开始的。当时，企业间的兼并收购案在欧美等国盛行。令财务主管们吃惊的是，在几个大规模并购案当中，实际收购价格远远超过了被收购企业的账面价值。例如，在1985年，英国食品和烈性酒企业大都会公司（Grand Metropolitan）以55亿美元收购了美国皮尔斯伯瑞公司（Pillsbury），该公司拥有皮尔斯伯瑞、绿巨人（Green Giant）、汉堡王（Burger King）等著名品牌，此收购价格比它的股市价值高

① 排名第1的是消费者行为研究，排名第2的是产品研究。详见：杨宜苗，马晓慧，郭岩．西方市场营销研究的主题、方法和学者研究——基于Journal of Marketing（2005—2009）的文献分析．营销科学学报，2011，7(2)：107－131.

② Gardner, B.B. and S.J. Levy. The product and the brand[J]. Harvard Business Review, 1955, 33(2): 33—39.

50%，是其有形资产价值的 7 倍；又如，1988 年，瑞士雀巢食品公司（Nestlé）以 50 亿瑞士法郎的价格收购了英国郎利·麦金塔什公司（Rowntree Mackintosh），该公司旗下拥有奇巧（Kit-Kat）、八点以后（After Eight）、宝路（Polo）等著名糖果点心品牌。该收购价格是郎利公司股市价格的 3 倍、资产总额的 26 倍。① 未来学权威学者阿尔文·托夫勒（Alvin Toffler）在其著作《权力的转移》（Power Shift）中提到："没有人是冲着苹果电脑和 IBM 公司里的硬件设备来买他们的股票的，真正值钱的不是公司的办公大楼或设备机器，而是其营销业务兵团的交际手腕、人际关系、实力与管理系统的组织模式。"②几次巨额的收购案让人们发现，收购价格之所以有大量溢价，正是品牌起了决定性作用。于是，"品牌是企业最重要的资产"的观点逐渐为人所熟知，并越来越得到认同。

全球著名的管理学大师彼德·德鲁克（Peter Drucker）说："21 世纪的组织只有依靠品牌竞争了，因为除此之外他们一无所有。"美国广告专家莱瑞·赖特（Larry Light）指出："未来的营销是品牌的战争——品牌互争长短的竞争。拥有市场比拥有工厂更重要。拥有市场的唯一办法，就是拥有占市场主导地位的品牌。"这些预言今天已成现实。在经过产品竞争、价格竞争、广告竞争、服务竞争之后，商业社会已跨入了品牌竞争时代。品牌已成为营销学科当中的重要分支，并成为了当今市场经济时代的显学。

第 2 节　品牌的内涵

一、品牌的归属

品牌属于谁？这是一个看似简单实则深奥且必要的问题。不明确品牌的归属，就会透支品牌的力量，使品牌走向衰亡。

（一）第一种观点：品牌属于企业

品牌就像是企业的孩子，由企业所有成员一手培育。美国先知品牌咨询（Prophet Brand Strategy）公司合伙人斯科特·戴维斯（Scott Davis）在《品牌资产管理》（Brand Asset Management）一书中指出，每一位管理者甚至雇员的行为举止、活动交际都会影响消费者对品牌的认知和理解。③ 企业的每一位员工都在参与品牌的塑造和管理，都应该是品牌的拥有者。在管理者及员工的精心呵护下，品牌茁壮成长，帮助企业的产品或服务持久销售、大量销售以及溢价销售。同时，管理者也有权利将品牌转售给其他公司。从法律上来说，企业对品牌拥有了经营权、剩余索取权和处置权，也理所当然地拥有了品牌本身。

（二）第二种观点：品牌属于消费者

然而，仅仅认为"品牌属于企业"会给企业的品牌经营带来很大的麻烦。每年，大量的企业都会在广告、公关、促销等方面投入大量资金来打造品牌，但很多企业出现了由于品牌建设费用过高而负债累累的现象。一些专家和学者指出"品牌不属于企业，而是属于消费者"。例如，"广告教皇"大卫·奥格威（David Ogilvy）说"品牌存在于消费者的认知里"；联合利

---

① 何佳讯. 品牌形象策划——透视品牌经营[M]. 上海：复旦大学出版社，2000.

②（美）阿尔文·托夫勒. 权力的转移[M]. 北京：中信出版社，2006.

③（美）斯科特·戴维斯. 品牌资产管理[M]. 北京：中国财政经济出版社，2006.

华的前董事长迈克尔·佩雷（Michael Perry）直接指明“消费者拥有品牌”；营销学者科波—瓦尔格雷（Cobb-Walgren）、努贝尔（Ruble）和唐苏（Donthu）等人指出，“品牌是一个以消费者为中心的概念。如果品牌对消费者而言没有任何意义，那么它对于投资者、生产商或零售商也就没有任何意义了”[①]。链接材料 1-1 很好地说明了这一点。

链接材料 1-1：可口可乐公司“新可乐”的失败

1985 年，可口可乐公司董事长罗伯特·戈伊朱埃塔宣布了一项惊人的决定。他宣布经过 99 年的发展，可口可乐公司决定放弃它一成不变的传统配方，原因是现在的消费者更偏好口味更甜的软饮料。为了迎合这一需要，可口可乐公司决定更改配方调整口味，推出新一代可口可乐。

起初，由于铺天盖地的广告及促销，新可乐销路不错。但销售很快下降，公众的反映令人吃惊：每天可口可乐公司都会收到来自愤怒的消费者的成袋信件和 1500 多个电话；一个叫做“旧可乐饮用者”的组织发起各种抗议活动，分发 T 恤衫，并威胁要进行集体起诉，除非可口可乐公司重新使用旧配方……仅仅三个月之后，可口可乐公司就重新提供旧可乐，并将旧可乐称为“经典可乐”，与“新可乐”一起在货架上销售。公司称，“新可乐”仍将作为其产品的“旗舰”，但消费者并不这么认为。到了 1985 年底，“经典可乐”的销售大大超过了“新可乐”，比例为 2:1。

公司迅速的反应使其避免了更大的灾难。该公司增强了对“经典可乐”的宣传，并将“新可乐”作为辅助性产品。“经典可乐”重新成为公司的主要品牌——也是美国软饮料的领先品牌。“新可乐”成为公司的“进攻性品牌”——对手是“百事”——广告中明确地比较了“新可乐”与“百事可乐”的味道区别。即使这样，“新可乐”也只占据了 2%的市场份额。在 1990 年的春天，公司重新包装了“新可乐”，并将其作为一个延伸品牌，以“可乐 II”的新名字重新推向市场。现在，“经典可乐”占据了美国软饮料市场份额的 20%以上，而“可乐 II”只占据了微不足道的 0.1%。

资料来源：根据互联网文章《新可乐的沉浮》调整。

（三）第三种观点：品牌归企业和消费者共有

美国品牌咨询顾问弗朗希斯·麦奎尔（Francis X. Maguire）提出，“一个好的品牌是企业的好想法与顾客心灵相契合的产物。”英国品牌咨询顾问彼得·威尔士（Peter Wells）和提姆·赫里斯（Tim Hollins）指出，营销者并没有控制品牌，而是为品牌提供了成长的前提条件，营销者与购买者都在参与营销，品牌是共创的。这个观点可以从三个角度来看：（1）从法律的角度看，品牌属于企业，企业拥有对品牌的各项法律权利；（2）从心理的角度看，品牌属于消费者，只有被消费者认知和认同的品牌才能为企业带来回报；（3）从管理的角度看，品牌属于企业和消费者共有，只有将消费者深层次的价值需求融入到品牌规划和传播当中，品牌才能基业长青，也才能走向卓越。

---

① Cobb-Walgren, C. J., C. A. Ruble and N. Donthu. Brand Equity, Brand Preference, and Purchase Intention[J]. Journal of Advertising, 1995, 16(3): 25—40.

二、品牌内涵的演变与界定

（一）品牌内涵的演变

品牌是一个处在不断发展中的概念。要对品牌进行界定，首先需要理清品牌内涵的演变过程。英国品牌营销教授莱斯利·德·切纳托尼（Leslie de Chernatony）曾对现有的各种品牌内涵进行过归纳，提出了输入视角、输出视角和时间视角三个视角的理解①。我国品牌学者余明阳教授也曾提出过四种品牌内涵的理解②。这些观点尽管已很全面，但并没有突出品牌内涵的发展性。从动态的角度，本书认为，品牌内涵的演变经过了五个阶段：品牌是区隔标识；品牌是价值担保；品牌是联想载体；品牌是关系集合；品牌是无形资产（见图1-2）。

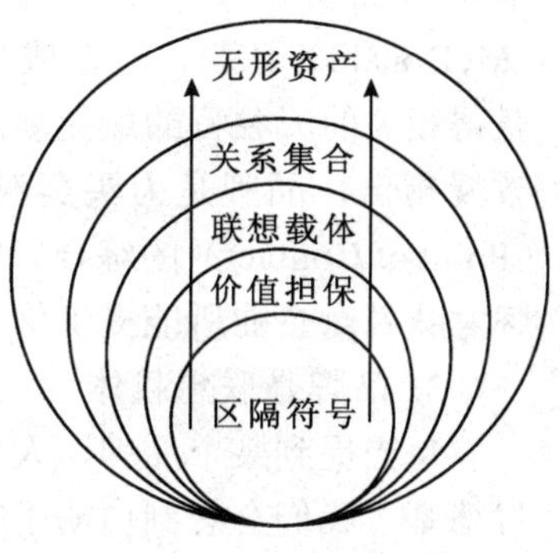

图1–2　品牌内涵的演变

1. 品牌是区隔符号

品牌最原始的含义是区隔的工具。按照荷兰学者里克·莱兹伯斯（Rik Riezebos）的观点，英语中“品牌”（Brand）一词很可能起源于中世纪（公元476—1492年），源于古挪威词汇“Brandr”，意思是“烙印”，原指烙在动物身上以区分所有权的标记③。中世纪的商品（如陶器、银器）上一般有三种标识：工匠名、行会名和城市名④。工匠名相当于今天的品牌名称，说明商品的制作者是谁；行会名相当于今天的质量认证，以确保质量；城市名相当于今天的原产地品牌，说明商品制造的地点。另一种比较流行的说法是，“品牌”一词起源于19世纪早期盛威士忌酒的木桶上的区别性标志，用以表明酒的生产厂商⑤。可见，早期的品牌是厂商区别的标志，类似于今天的“商标”（Trademark）。法国政府在其《商标法》中就有类似表述：“一切用以识别任何企业的产品、物品或服务的有形标记均可视为商标。”

1960年，美国市场营销协会（American Marketing Association, AMA）在《营销术语词典》中提出，品牌是一种名称、术语、标记、符号或设计，或是它们的组合运用，其目的是借以辨认某个销售者或某群销售者的产品或服务，并使之同竞争对手的产品和服务区别开来。这一定义可以从三个方面来理解：（1）品牌与符号有关，品牌外显为一个可视的符号，符号代表了品牌；（2）品牌是一种区分的工具，品牌存在的意义在于辨认或区别，其存在的前提是有同类产品或服务的竞争者；（3）品牌的界定有消费者和企业两个视角，消费者利用品牌来辨认产品或服务，而企业利用品牌来区别自己与竞争品。美国市场营销协会（AMA）对品牌的定义着眼于差异化的品牌符号。

2. 品牌是价值担保

随着技术的迅猛发展，物质越来越丰富，人们可以选择的商品或服务也越来越多。此时，品牌仅仅作为区隔的工具并不足以吸引消费者，人们需要知名度高、特色鲜明的优质产品。因此，企业开始不断提升品牌带给消费者的功能性、情感性、社会性和财务性价值，使品牌

① （英）莱斯利·德·切纳托尼. 品牌制胜——从品牌展望到品牌评估[M]. 北京：中信出版社，2002.

② 余明阳. 品牌学[M]. 合肥：安徽人民出版社，2002.

③ （荷）里克·莱兹伯斯等. 品牌管理[M]. 北京：机械工业出版社，2006.

④ （荷）里克·莱兹伯斯等. 品牌管理[M]. 北京：机械工业出版社，2006.

⑤ （美）凯文·莱恩·凯勒. 战略品牌管理（第2版）[M]. 北京：中国人民大学出版社，2006.

成为某种消费价值的担保。利用多种传播手段，通过品牌这一载体，企业向消费者做出价值承诺，如海飞丝承诺能去头屑、万宝路承诺能带来粗犷豪迈的男子汉气概、劳力士承诺能带来名流高贵的身份、沃尔玛承诺天天平价等等。英国品牌学者切纳托尼和麦克唐纳（McDonald）认为，一个成功的品牌是一个好的产品、服务、人或地方，使购买者或使用者获得相关的或独特的最能满足他们需要的价值①；美国西北大学的唐·舒尔茨（Don Schultz）教授指出，品牌是为买卖双方所识别并能够为双方都带来价值的东西②。受到各种接触点（Point of Contact）的综合影响，消费者形成了对品牌价值的印象。此时，对消费者而言，品牌意味着对企业所能提供价值的信任。

3. 品牌是联想载体

每当提到某个品牌，人们想到的不仅是产品的价值，还有很多联想物。比如，每当提到肯德基，我们会想到白胡子的肯德基上校，会想到金灿灿的炸鸡腿，会想到干净明亮的用餐环境；每当提到宜家（IKEA），我们会想到那个黄颜色的LOGO，会想到轻便、简明、实用、又有些昂贵的家具，会想到小资生活方式。“广告教皇”大卫·奥格威（David Ogilvy）早在1955年就指出，品牌是一种错综复杂的象征，是产品（或服务）的属性、名称、包装、价格、历史、声誉、广告风格的无形组合。品牌同时也因消费者对其使用的印象及自身的经验而有所界定。1978年，莱维（Levy）教授提出，品牌是存在于人们心智中的图像和概念的群集，是关于品牌知识和对品牌主要态度的总和；1989年，伦敦商界一个名为“永恒的品牌”研讨会中就有专家提出，品牌是消费者意识感觉的集合；科特勒则认为品牌至少包括属性、利益、价值观、文化、个性、使用者等六个方面的内容③。有了品牌这一载体，这些分散的联想才能集中在消费者脑海当中。

4. 品牌是关系集合

一个品牌的建立实际上是企业和消费者共同努力的结果。在“品牌管家”奥美广告公司（Ogilvy & Mather）看来，品牌是消费者与产品之间的关系④。《关系营销》一书的作者瑞吉斯·麦肯纳（Regis McKenna）也指出，“一个成功的关系就是一个成功的品牌”⑤。国际著名市场调研机构TNS（Taylor Nelson Sofres）公司发现，全球最成功的品牌都有一个共同之处——与消费者之间有着强烈的、甚至激情般的关系。亚马逊（Amazon）公司的创始人及首席执行官杰夫·贝佐斯（Jeff Bezos）说：“品牌就是指你与客户间的关系，说到底，起作用的不是你在广告或其他的宣传中向他们许诺了什么，而是他们反馈了什么以及你又如何对此作出反应。”加拿大学者巴纳斯（Barnes）甚至认为，建立品牌与消费者的关系是创建品牌的目标。一个品牌包含了消费者与企业和产品互动后所积累而形成的全部感受，包括对品牌相关知识的认知、对品牌的情感以及对品牌的行为意向。比如，一个消费者谈到耐克时，他（她）会在言语中表达对耐克的喜爱和信任，并渴望能够拥有全新的耐克运动鞋或运动服。这一切都

---

①（英）莱斯利·德·切纳托尼，M.麦克唐纳. 创建强有力的品牌——消费品工业品与服务业品牌的效益[M]. 北京：中信出版社，2001.

②（美）唐·舒尔茨，海蒂·舒尔茨. 唐·舒尔茨论品牌[M]. 北京：人民邮电出版社，2005.

③（美）菲利普·科特勒. 营销管理（第11版）[M]. 上海：上海人民出版社，2003.

④ 宋秩铭，庄淑芬，白崇亮，黄复华等. 奥美的观点[M]. 北京：中国经济出版社，1997.

⑤ Mckenna, Regis. Relationship Marketing: Successful Strategies for the Age of the Customer(1nd ed.)[M]. Tennessee: Perseus Book Group, 1991.

构成了消费者与耐克这一品牌之间的关系。

5. 品牌是无形资产

20 世纪 80 年代兴起的企业兼并收购案例表明，品牌已成为一种重要的无形资产，即“品牌资产”（Brand Equity），其重要性已超过了有形资产。并购方不只是并购了一个品牌本身，而是并购了这个品牌背后的消费者关系，这意味着巨大的市场盈利能力。用《经济日报》原总编辑艾丰的话说，有品牌才可以在市场上“卖得贵、卖得多、卖得快、卖得久”。

（二）品牌内涵的界定

随着商品经济的发展、竞争情势的加剧、消费理性的成熟，品牌已从烙在动物身上以示区别的印记逐渐增加了更多丰富的内涵。凯勒教授指出，今天的品牌已变成了一个复杂的、多面性的概念。美国学者古德伊尔（Goodyear）指出：各国管理者根据他们所处的不同环境，对品牌这一术语的理解或解释是不同的，如德国更多的是理解为功能性利益，而英国则更多的是强调心理利益。本书认为，品牌是由名称、标志、象征物、包装、口号、音乐或其组合等一些区隔竞争的符号而联想到的、基于价值的、消费者与组织或个人之间的关系，及其所带来的无形资产。这个概念中包容了符号、联想、价值、关系、无形资产等几个关键词，而且既有消费者角度的理解（如联想、价值），也有企业角度的理解（如区隔竞争、无形资产），同时 AMA、奥美广告等一些经典的定义都包括在其中。概念中的这些关键词均体现了品牌的某一方面内涵，它们之间并不是替代关系，而是不断升华、不断丰富的关系。为了分别探讨各组成部分的理论价值和实践价值，学术界为其创造了相应的术语，即品牌符号、品牌核心价值、品牌联想、品牌关系、品牌资产。一个完整的品牌应该同时包括这五个方面，越是内容全面的品牌越是强势品牌。

第 3 节　品牌与相关概念的区别

一、品牌与标识

品牌不等同于视觉识别的标识。视觉识别（Visual Identity）是品牌识别系统（Brand Identity System）中的视觉部分，主要指与品牌标志相关的图案、标准字、标准色等基本设计要素和信封、手提袋、名片等应用系统。有了这些品牌视觉识别设计，消费者能够更好地区分品牌，但可能仅此而已。例如，太阳神是中国最早推出 VI 系统的公司，它的标识系统的确产生了很好的识别效果，但并没有给消费者提供更多有意义的价值，因此效果不能持久。真正打动消费者的不是这些视觉识别设计，而是品牌的内涵。因此，应当从内涵和意义的角度来理解品牌，而不仅仅是视觉识别设计。

二、品牌与商标

品牌与商标不是一个概念。根据《中华人民共和国商标法》（2001 年修正），商标是指能将自己的商品（含服务）与他人的商品（含服务）区别开的可视性标志，包括文字、图形、字母、数字、三维标志和颜色组合，以及上述要素的组合。多数情况下，商标不经注册即可使用，也可申请注册。可见，商标首先强调的是品牌的名称和标志，其次，它是一个法律概念，是公司、产品或服务可以拿到工商管理部门申请法律保护的工具，是一种知识产权，是有形的，拥有者是企业，要用“®”或“㊟”明示；而品牌是一个营销和战略概念，是产品或服务在消费者头脑中形成的一种烙印，是企业满足消费者需求从而夺取市场的战略性工具，它属于消费者，是无形的。从法律的角度看，品牌首先要成为商标才能获得公平竞争的保障，而商标是经过注册获得商标专用权从而受到法律保护的品牌，品牌的内涵要大过商标。把品牌当作商标的观点将导致企业不能充分发挥品牌的作用，不会以品牌资产的建立作为营销工作的中心。

三、品牌与名牌

“名牌”的提法在政府、企业和消费者当中运用广泛，如“中国名牌”的评选等。但大力倡导该词的使用有一定的弊端。中山大学卢泰宏教授曾在《人民日报》（华南版）撰文，对“名牌”一词的使用提出异议[①]。卢教授指出，名牌更多是在强调品牌的知名度，这可能会误导企业家，使他们相信只要出名就能成为强势品牌。秦池酒花了几个亿成为了CCTV广告标王，虽然在短期内达到了“天下无人不识君”的效果，但最终还是因为缺乏品牌底蕴，在危机面前落得一败涂地。出名并非难事，一夜成名的事例已不鲜见，但品牌建设绝非一朝一夕的事情，需要长期的培育和积累。后来有一些学者指出，尽管“名牌”从字面上的确只强调了知名度，但并不专指知名度，还包括美誉度[②]。所以，名牌是指具有一定知名度和美誉度的品牌，并因此获得高价位。即使如此，本书认为“名牌”的提法还是不可取，原因是：（1）知名度和美誉度只是从名气和质量的角度来描述品牌，而缺少了诸如品牌联想、品牌个性、品牌关系之类的丰富的品牌内涵，从而使得品牌的内涵过于苍白；（2）名牌的提法会使得企业误认为创建品牌就是改善产品质量和加大广告宣传，从而在创建品牌的策略和手法上显得单一，比如，造就“绝对伏特加”（Absolut Vodka）品牌声望的精美绝伦的“绝对”系列平面广告根本就与产品质量无关。

四、品牌与产品

品牌与产品之间的确联系紧密，但区别也是明显的。

（一）品牌与产品的联系

1. 品牌是产品的区隔符号

凯勒教授指出，品牌是加上其他各种特性的产品，品牌使产品能够区别于满足相同需求的其他产品。这些差异可以是理性的、可见的，也可以是象征性的、情感化的、不可见的。美国营销学者阿尔文·阿肯保（Alvin A. Achenbaum）指出，能够将一个品牌与其未品牌化的同类产品相区分，并赋予它资产净值的是消费者对该产品的特性、功能、品牌名声及相关企业的感受与感觉[③]。可见，两位学者都强调品牌是具有感性和理性附加值的产品。

---

① 卢泰宏．“名牌”一词使用中的若干问题[N]．人民日报（华南版），1997-12-31.

② 何健民．创造名牌产品的理论与方法[M]．上海：华东理工大学出版社，2002.

③ Achenbaum, Alvin A.. The Mismanagement of Brand Equity[C]. ARF Fifth Annual Advertising and Promotion Work-shop, 1993.

2. 产品是品牌的载体和基础

武汉大学黄静教授指出[①]，产品是品牌的载体，品牌依附于产品。品牌利益由产品属性转化而来，品牌核心价值是对产品功能性特征的高度提炼，品牌借助产品来兑现承诺。此外，产品质量还是品牌竞争力的基础。

3. 二者先捆绑后松绑

品牌咨询顾问张正、许喜林对品牌与产品的联系做过精辟分析[②]。他们指出，在成功品牌的成长过程中，品牌与产品先是捆绑——品牌与产品紧紧地联系在一起，相辅相成，共同成长，品牌定位、鲜明的个性在这一时期形成；后是松绑——品牌与具体产品分离，品牌不再指向单一产品或单一类别，而要为品牌延伸提供支持，要为企业的多品种或多元化发展提供空间，品牌的核心价值在这一时期得到调整、丰富和提升。所以，先捆绑后松绑是成功品牌在品牌管理中品牌与产品的关系模式，是成功品牌在创建和成长过程中的普遍规律。

（二）品牌与产品的区别

美国著名广告学者史蒂芬·金（Stephen King）精辟地指出品牌与产品的本质区别——“产品是工厂里所生产的东西，品牌是消费者所购买的东西”。工厂里生产出来的东西只是物理属性的集合，没有生命力，而消费者购买的是他们感觉中产品的物理属性所带来的功能利益、形象和情感价值（见表 1-1）。例如，再好的运动鞋也只能是运动时穿着舒适的鞋子，而耐克运动鞋则让年轻人感受到自我超越的体育精神。如果离开了好的产品，品牌必然无法在市场上长久立足。但是，有了好的产品，却不一定有好的品牌，因为品牌是消费者对产品的主观感受，而非产品质量的客观反映。

表 1–1 产品与品牌的区别

差异点	产　品	品　牌
主要依赖于	制造商	消费者
表现	具体、具像、物化的	具体的，也是抽象的、综合的
作用	是实现交换之物品	是与消费者沟通的工具
要素	包括原料、生产、技术、质量等	标记、形象、个性等
功能和效用	对应特定的功能和效用	不局限于特定的功能和效用
意义	有功能意义	兼有象征意义
关注点	注重价格	注重价值，追求高附加值
有形/无形	有形资产	无形资产
可模仿性	容易被模仿	独一无二
生命周期	有一定的生命周期	可以经久不衰
可扩展性	只从属某一种类型	可以延伸、兼并和扩展
可积累和传承性	其效应难以积累	其资产可以不断积累

资料来源：卢泰宏，邝丹妮．整体品牌设计[M]．广州：广东人民出版社，1998.

① 黄静．品牌营销（第二版）[M]．北京：北京大学出版社，2014.

② 张正，许喜林．品牌与产品的离合之道[J]．市场观察，2003，(10): 74—75.

五、品牌与品类

品类（Product Category）即产品的类别，是指满足消费者特定需求的某类产品总和。品类与我们通常所说的行业不同：（1）行业由国家统计局规定，有严格的分类标准，而品类由企业决定，没有明确的边界；（2）行业的范围更宽泛，如服装是一个行业，而商务装是一个品类，洗面奶是一个行业，而男士祛痘洗面奶是一个品类。可见，品类更关注消费者的特定需求。北京品类营销机构在《品类》一书中颇具洞察力地提出了13条品类定律[①]。在他们看来，消费者心智中对多种事物、多种商品或多个品牌背后某种共同资源的集中认同形成品类。品类这种心智资源共识的达成，源于人们总是希望“以最小的代价获取最多的信息”。从这个角度分析，云南烟、商务男装、情绪饮料等都是品类。此外，品类还是一个动态的概念，从果汁饮料到橙汁饮料都可以算作品类。

按常理，品牌与品类应该不容易产生混淆，品类是同类产品的集合，而品牌是某个具体产品的区隔符号，如手提电脑是一个品类，而DELL是一个手提电脑的品牌，不同于联想和东芝。但是，事实上，已经有不少品牌转化成为或被等同于品类。例如，美国克莱斯勒汽车公司的“吉普”（Jeep）牌越野车在中国被看成是一种车型而非品牌；“商务通”曾一度被消费者认为就是掌上电脑（PDA）的代名词；“酸酸乳”是商标还是通用名称之争至今尚无定论，如伊利、光明、三鹿等乳业公司都向内蒙高院提出异议，反对把品类名称“酸酸乳”判给蒙牛乳业公司作为其独有的品牌；苹果公司指控亚马逊使用的“Appstore”一词，侵犯了该公司的“appstore”商标权，而亚马逊则回应称，该单词用来说明亚马逊应用商店……通过分析大量的品牌和品类的关系可以发现，二者混淆的最主要原因是：一些厂商在创造新品类的同时，所推出的新品牌的名称具有“品类化”特征，结果使消费者在接受品牌的同时混淆了品类。例如，“统一企业”创造了“鲜橙多”橙汁饮料，按理说“鲜橙多”应该属于统一旗下的一个子品牌，但由于“鲜橙多”有“鲜橙”二字，具有品类化特征，同时市面上也涌现了各种品牌的“鲜橙多”，于是消费者便把鲜橙多看成是品类了。由此可见，当企业用类似通用名称的“品牌”来开创新品类时，既为自己找到了没有竞争者的“蓝海”，同时也给自己埋下了日后商标之争的隐患。

第4节　品牌的作用

品牌的存在有其重大意义。以下从品牌对消费者、品牌对企业、品牌对国家等三个方面来分析品牌的作用（见表1-2）。

① 唐十三，谭大千，郝启东. 品类[M]. 北京：企业管理出版社，2007.

表 1-2　品牌的作用

视　角	作　用
对于消费者	1. 有助于减少风险，简化选择过程 2. 有助于获得自我认同或社会认同
对于企业	1. 有助于保障产品特色的排他性 2. 有助于统一营销战略 3. 有助于获得更高利润 4. 有助于顺利推出新产品 5. 有助于缓解企业风险 6. 有助于企业的融资和并购 7. 有助于吸引和留住人才 8. 有助于顺利进入零售商 9. 有利于进行多产品营销管理
对于国家	一个国家实力和整个民族财富的象征

一、品牌对消费者的作用

法国巴黎高等商学院（HEC）营销教授让·诺尔·卡普菲勒（Jean-Noël Kapferer）[①]以及美国的凯勒教授等学者，都曾在品牌专著中指出品牌对消费者有多方面的意义和作用，如质量信号、减少风险、象征意义、保证、特色等，但事实上，很多作用可以合并。归纳起来，品牌对消费者的作用主要有两点：

（一）有助于减少风险，简化选择过程

截至 2013 年年底，我国商标累计注册申请量为 1324.13 万件，累计商标注册量为 865.24 万件。要在林林总总的同类商品中挑选一件称心如意的商品是件充满风险的事，即使是花了大量时间也未必能令人满意。消费过程中可能遇到 6 种风险：（1）功能风险，产品性能达不到消费者的期望；（2）生理风险，产品对消费者的安全和健康造成危害；（3）财务风险，产品并非物有所值；（4）社交风险，产品导致消费者在众人面前难堪；（5）心理风险，产品使消费者心理感到内疚或不负责任；（6）时间风险，产品不好使得消费者要付出再次选择另一个品牌的机会成本[②]。降低这些风险最好的办法就是创建品牌。卡普菲勒教授认为，消费者的不安全感是品牌产品存在的基础，一旦不安全感消失，品牌也就不再发挥效力。而强生公司董事长詹姆斯·莱汉说："如果你心中拥有了一个了解与信任的品牌，那它将有助于你购物时能更轻松快捷地做出选择。"

品牌最原本的含义就是打在商品上面的烙印，以标明商品的生产商。通过营销传播、口碑宣传以及亲自接触，品牌对消费者而言，已意味着特定厂商对产品功能利益和情感利益的

① Kapferer, Jean-Noël. The New Strategic Brand Management: Creating and Sustaining Brand Equity Long Term (4th ed.)[M]. London: Kogan Page Limited, 2008.

②（英）莱斯利·德·切纳托尼, M.麦克唐纳. 创建强有力的品牌——消费品工业品与服务业品牌的效益[M]. 北京：中信出版社，2001.

承诺。这种承诺被消费者以认知集合的形式浓缩在品牌名称或标志当中。因此，在琳琅满目的商品丛中，消费者根据品牌就能迅速、准确地找到自己想要的一家公司所制造的商品。品牌对产品质量的保障作用体现为：（1）品牌对产品质量的一致性提供了保障，无论何时何地购买该品牌，其质量都应该是一样的。例如，中国各地的麦当劳汉堡品质都是一样的；（2）品牌对产品质量的可靠性提供了保障。由于有品牌作为识别的标志，当产品出现问题时，消费者就能找到生产商进行解决，从而保证了消费者的权益。对于初次使用的产品而言，品牌的知名度降低了选购的风险；而对于多次使用的产品而言，品牌强化了消费者的认知和感受，坚定了下次重购的信心。

（二）有助于获得自我认同或社会认同

根据自我概念（Self Concept）理论，消费者在（社会）现实自我和（社会）理想自我之间通常有一道鸿沟，而品牌正是横跨这一鸿沟的桥梁。成功的品牌一般都具有鲜明的品牌个性和形象，通过使用某一品牌，消费者在内心实现了理想自我，或者将社会理想自我彰显出来，被他人接受。例如，星巴克咖啡让消费者切实体会到了悠闲自得，给人精神上的满足，从而达到了轻松惬意的理想自我；而奔驰汽车让消费者赚足了脸面，身份倍增，从而达到了受人尊重的社会理想自我。以前具有非功能性价值的品牌通常都是些价格不菲的享乐品，现在，越来越多的公司赋予普通品牌独特的个性和形象，让消费者在使用产品的过程当中感受到独一无二的附加价值。例如，康师傅绿茶打出“绿色好心情”的口号，使一个普通的饮料品牌也具有了感性魅力。

二、品牌对企业的作用

奥美广告公司（O&M）的专家乔恩·米勒（Jon Miller）和戴维·缪尔（David Muir）充分讨论了强势品牌的商业价值①。综合起来，本书认为品牌对企业作用表现在以下几点：

（一）有助于保障产品特色的排他性

经过商标注册的品牌是一种知识产权，具有法律上的排他性。比如，可口可乐绸带般的Cocacola手写体标志、柔美的瓶子外观等归可口可乐公司独有，任何仿冒行为都属违法。除了有法律条款作支撑外，消费者对品牌固化所形成的心理认知也保护了产品特色。例如，东莞代工生产耐克运动鞋的工厂用同样的生产线生产出相同的运动鞋，只要没有打上耐克的品牌标志，消费者就会认为鞋子的质量不如耐克。一个优秀的品牌会自然而然地在消费者心目中建立起了坚固的防线，其唯一性不可动摇。这正是品牌竞争力的真正来源。

（二）有助于统一营销战略

美国的凯勒教授和法国的卡普菲勒教授都将其撰写的教材命名为《战略品牌管理》，可见他们均将品牌管理视为一种战略层面的营销管理。品牌的战略性体现在方向性上，即所有的营销活动都应持续统一在“提升消费者对品牌的认知和联想”这一共同目标下。没有了品牌这一战略焦点，企业的营销传播就会非常混乱。奥格威早在1955年就发表演讲声称，“每一个广告都是对品牌长期个性的贡献”。我们需要通过广告等各种传播工具来塑造品牌。这些策略不是为了短期地促销商品，而是为了建立与消费者之间的关系。因此，奥美广告公司将品牌定义为“消费者与产品之间的关系”。这实际上是把品牌战略视为关系营销战略而非交易营

① （美）乔恩·米勒，戴维·缪尔．强势品牌的商业价值[M]．北京：中国人民大学出版社，2007.

销战略。

（三）有助于获得更高利润

有了品牌，消费者在品牌体验过程中的感受就会浓缩其中，而对品牌的满意和信任不断积累，此时品牌成了茫茫商海中的“灯塔”，引导消费者长期选购。品牌忠诚度的价值是巨大的。1990 年，美国营销学者瑞奇海德（Reichheld）和赛塞（Sasser）在《哈佛商业评论》发表研究报告指出，顾客的忠诚度每提高 5 个百分点，企业的长期利润就会增长 25%～85%[①]。此外，企业还能利用消费者对品牌的认同收取溢价。例如，一件普通的衬衣只要数百元，如果将这件衬衣贴上普拉达（Prada）、杰尼亚（Zegna）、登喜路（Dunhill）等服饰品牌的标志，价格将会在千元以上；通用电气采购中国的格兰仕微波炉，然后贴上自己的牌子，价格马上就比原来高了好几个档位；耐克从中国制鞋厂花 120 元人民币买走的运动鞋由于打上了耐克品牌的标志，售价涨到 700 多元；索尼彩电在中国一年 50 万台的销量所获得的利润，超过了中国所有国产彩电品牌的利润之和。

（四）有助于顺利推出新产品

随着产品革新速度的加快，当前新产品的失败率居高不下。一项国际权威研究表明：在大多数企业进行的新产品开发活动中，平均每 7 个新产品创意，有 4 个进入开发阶段，有 1.5 个进入市场，只有 1 个能取得商业化成功。尼尔森公司（Nielsen BASES）和安永公司（Ernst & Young）的一项研究发现，美国新推出的消费类产品的失败率为 95%，欧洲消费类产品的失败率为 90%。已拥有好的声誉的品牌能充分利用其品牌声望，将消费者对原品牌的认同顺利转移到新产品上，从而降低新产品开发失败所带来的成本，提高新产品上市的成功率。一项针对美国超市快速流通消费品的研究显示，十年间，成功品牌（指年销售额在 1500 万美元以上）当中有 2/3 属于延伸品牌，而不是新上市品牌[②]。

（五）有助于缓解企业风险

在市场环境迅速变化的今天，企业要想不出现一点危机是很困难的。如何将风险降至最低是所有企业都在思考的重要问题。英国著名品牌研究公司明略行（Millard Brown Optimor）的全球执行总裁乔安娜·瑟顿（Joanna Seddon）表示：“强大的品牌不仅能产生超额回报，更能帮助企业规避风险。”的确，品牌在企业风险当中能起到缓冲的作用。比如，对于同样的碘超标事件，一个普通的中国奶粉企业可能会破产，而雀巢在经历了数次类似的风险后却能依然屹立不倒，关键原因就是雀巢拥有强势的品牌。

（六）有助于企业的融资和并购

企业融资成功的关键是让投资人看到企业光明的发展前景。除了企业在技术、人才、运营模式上面的优势之外，品牌能够成为吸引股东投资的重要卖点。因为在强势品牌的背后是强大的市场需求和顾客关系。正因为此，可口可乐公司的前总裁伍德拉夫才有底气说，即使可口可乐的工厂一夜之间化为灰烬，他仍然可以在很短时间内再造一个可口可乐，因为投资人看好可口可乐的品牌价值。

除了融资，品牌还可以作为企业并购的重要资产。甚至有些企业专门通过把企业品牌建立起来，然后再销售出去的模式来赚取溢价，如很多互联网公司就采用这种模式来经营。

① Reichheld, F. and W. Sasser. Zero defects: Quality comes to services[J]. Harvard Business Review, 1990, (Sept-Oct): 105-111.

② 卢泰宏，谢飙. 品牌延伸的评估模型[J]. 中山大学学报（社会科学版），1997，(6): 8—13.

（七）有助于吸引和留住人才

“良禽择木而栖”。对人才而言，一个优秀的品牌意味着良好的发展空间和机会，自然也是他们的理想归属。近年来，企业界流行“雇主品牌”这一概念，其目的就是通过把企业打造成一个能够吸引和留住人才的品牌，从而提高企业竞争力。

（八）有助于顺利进入零售商

品牌意味着消费者对一个公司或产品的认知和认同，拥有了品牌就等于拥有了市场。因此，在有限的货架资源约束下，零售商会选择受到市场追捧的品牌，以获得持续高额的回报。相反，如果品牌不够强势，要想进入沃尔玛、国美、百安居之类的强势零售渠道将是非常困难的事情。所以，品牌为公司提升了渠道谈判力，为顺利进入理想的渠道铺平了道路。

（九）有利于进行多产品营销管理

品牌与多产品管理的关系有两种情况：一种是多产品共用一个品牌，如索尼的彩电和数码相机都叫索尼，品牌起到了提纲挈领的作用，每个品类都具有索尼品牌时尚优质的特性；另一种是多产品多品牌，如宝洁在中国推出飘柔、海飞丝、潘婷、伊卡璐、沙宣等五种品牌的洗发水，品牌起到了细分定位的作用，每个子品牌都具有其个性。除了个性化的定位，多产品多品牌的情况还有利于公司对每个产品进行跟踪管理，如库存、铺货、成本控制、收益分析、利润计算等工作的展开。

三、品牌对国家的作用

品牌不仅是一个企业开拓市场、战胜对手的有利武器，更是一个国家实力和整个民族财富的象征。日本前首相中曾根就说过：“在国际交往中，索尼是我的左脸，松下是我的右脸。”民族品牌不仅代表着国家产业的高端水平，还代表了国家的国际形象，承载着重构民族自尊心和自信心的历史责任。在经济全球化时代，如果一个国家没有优秀的民族品牌，它可能永远只能充当他国的贴牌生产基地，耗费大量的人力、物力来赚取可怜的加工费。从英特品牌公司（Interbrand）、福布斯（Forbes）等各类机构对全球最有价值的品牌和最大企业业绩的排行榜来看，一个国家或地区的经济实力和地位，与品牌的多与寡、强与弱密切相关。目前我国有170多类产品的产量位居世界第一，却少有世界水平的品牌，是典型的“制造大国、品牌小国”。据联合国工业计划署的统计，世界上各类品牌商品共约8.5万种，其中发达国家和新兴工业化经济体拥有90%以上的品牌所有权，处于垄断地位。在每年英特品牌公司与美国《商业周刊》（Business Week）联合发布的全球最有价值的100个品牌中，从未出现中国品牌的身影。近年来，世界经济开始进入品牌竞争的时代，品牌对国家经济发展的贡献度也在不断提高，目前美国品牌所创造的价值占GDP的60%，而中国品牌产品对经济增长的贡献率才25%。由于品牌少而弱，虽然我国对外贸易不断壮大，但效益并不高（见链接材料1-2）。因此，培育品牌无疑是中国经济实现强大目标的关键路径。

链接材料1-2：品牌国际化的垄断格局已经形成

当前，世界主流市场已被著名品牌瓜分：不足3%的知名品牌占有40%的市场份额，销售额超过50%，个别行业甚至超过90%。在华通明略（Millward Brown）发布的2013年BrandZ最具价值全球品牌百强榜中，前20位的品牌价值达到132989.5亿美元（根据2006年《商业周刊》的统计，这一数据仅为 5870.28 亿美元)，超过了许多国家的国内生产总值。中国品牌需要在创新及国际化方面做出更多努力：2013 年共有 12 家中国公司登上了百强榜单，品牌总价值达到 2.7 千亿美元。在亚洲 10 大品牌中，中国品牌占据 6 位，数量超过日本和韩国；但上榜的中国品牌中，大部分仍为国有企业，而中国品牌的品牌数量及品牌总价值在百强榜单中的比重都首次下降，中国品牌的增长动力遭遇瓶颈。中国品牌不仅要在科技领域有更多的创新，同时也要在品牌国际化方面做出更多努力。

上榜的中国品牌榜单

2013 年排名	品类	品牌	2013 年品牌价值（百万美元）	品牌价值变化比例	2012 年排名
10	科技	中国移动	55,368	+18%	10
16	金融	中国工商银行	41,115	-1%	13
21	科技	腾讯	27,273	+52%	37
22	金融	中国建设银行	26,859	+10%	24
33	科技	百度	20,443	-16%	25
37	金融	中国农业银行	19,975	+12%	38
57	金融	中国人寿	15,279	+5%	53
58	金融	中国银行	14,236	+10%	61
65	石油天然气	中国石油	13,380	+11%	68
67	石油天然气	中国石化	13,127	-6%	56
73	酒	茅台	12,193	+3%	69
83	金融	中国平安	10,558	+4%	78

资料来源：(1)网站资料(http://www.fengmeiad.com/bencandy.php?fid=4&id=837)；(2)刘燕，张威. 中国企业品牌国际化的难点与对策[J]. 世界知识, 2007, (18).

第 5 节　品牌的分类

品牌分类的标准主要有品牌影响力、品牌化的对象等。

一、根据品牌的影响力分类

根据品牌影响力的辐射范围，可以把品牌划分为区域品牌、全国品牌、国际品牌和全球品牌。

（一）区域品牌

区域品牌（Local Brand）是指影响力辐射的范围在省、市、县级的品牌。存在区域品牌的最主要原因是投资方的实力以及战略布局，如苏宁就是从南京发家，从江苏的一个区域品牌走向全国的。此外，一些地方性的自然资源禀赋和地方性的消费习俗也使得区域品牌集中在某些行业。最常见的啤酒、纯净水或饮食业等行业都有地方性品牌，例如江西的南昌啤酒、香港的屈臣氏纯净水、昆明的桥香园过桥米线、重庆的家福火锅等。随着经济实力和管理能力的增强，一些区域品牌走出本地范围，逐渐扩大了影响力，但也只是影响到附近的几个省份，如香港屈臣氏便利店在广东也开了很多分店。

（二）全国品牌

全国品牌（National Brand）是指影响力辐射到全国范围的品牌。全国品牌主要集中在汽车、家电、高科技产品等行业，如电脑行业的联想、手机行业的小米、轿车行业的比亚迪等。此外，一些传统行业通过兼并、收购或连锁加盟方式也产生了全国品牌，如家电零售业的国美电器、啤酒行业的雪花啤酒、餐饮行业的小肥羊火锅等。这些品牌要么在全国性的媒体上做广告，要么在各大重要城市开店布点，以提高全国性的品牌影响力。

（三）国际品牌和全球品牌

国际品牌（International Brand）和全球品牌（Global Brand）很类似，都是影响力已跨出国门的品牌，但二者存在两方面的区别①：一是营销组合策略的标准化程度，一般认为全球品牌比国际品牌的营销组合要更标准化一些。不过，许多企业采取的是“思维全球化，行动本地化”的战略，使得品牌进入各国的做法都有所调整，因此，在这方面，全球品牌和国际品牌区别不大；二是国际化程度，全球品牌的国际影响力要高于国际品牌。不过，究竟二者的分界线在哪里，目前学术界尚无答案。中国的很多品牌实施国际化战略，产品大量出口国外，甚至在国外设厂，但影响面较窄，只在东南亚和非洲占领了一定的市场份额，因此还算不上是真正的全球品牌。目前，中国只有海尔等屈指可数的几个全球品牌，而美国拥有可口可乐、英特尔、麦当劳、万宝路，韩国拥有三星、LG、现代等一大批全球品牌。

二、根据品牌化的对象分类

根据品牌化的对象，可以把品牌划分为产品品牌、服务品牌、组织品牌、个人品牌、事件品牌和目的地品牌。

（一）产品品牌

产品品牌（Product Brand）是为有形产品所赋予的品牌。具体来看，产品品牌又分为消费品品牌（Consumer Goods Brand）、工业品品牌（Industrial Goods Brand）和自有品牌（Private Brand）。消费品与工业品的本质区别在于产品的效用。用来自用或赠送的产品称之为消费品，如洗发水、方便面等；用来投入生产或运营的产品称之为工业品，如机器、原材料等。二者由于行业性质不同，品牌的塑造方法也不尽相同。消费品品牌非常常见，而工业品品牌最近几年才受到重视。这两种品牌都属于制造商的品牌，而自有品牌则是属于零售商的品牌。零售商从一个代工生产商那里定制或采购无牌产品，然后贴上自己商店的品牌或自创的产品品牌，这就是自有品牌。在英国，自有品牌商品销售额占超市销售总额的45%左右，而我国也有越来越多的商店采用自有品牌。例如，深圳的人人乐超市将自有品牌作为强化竞争优势的重要手段，目前已开发“人人乐”、“好唯乐”、“乐丝”、“乐可兔”、“齐乐”等多个品类的自有品牌商品。

（二）服务品牌

服务品牌（Services Brand）是为无形的服务所赋予的品牌。纵观全球，国际大都市的产业结构有“两个 70%”的现象，即在大都市的产业结构中第三产业占 GDP 的 70%，在第三产业中占 70%的是生产服务业或专业服务业。可见，服务业在国民经济当中的地位举足轻重。

① 何佳讯. 品牌形象策划——透视品牌经营[M]. 上海：复旦大学出版社，2000.

由于服务具有无形性、变动性、同时性、易逝性等特点，品牌的识别功能显得尤为重要。具体来看，服务品牌分为服务型企业的服务品牌和生产型企业的服务品牌。服务型企业的服务品牌是指超市、旅行社、酒店、航空公司、网站等服务行业的品牌，如百佳超市、中国青年旅行社、香格里拉大酒店、中国国际航空公司、新浪网等。这类品牌在人们生活当中非常普遍。另一种服务品牌是生产型企业的服务品牌，指一些耐用品的维修、咨询等售后服务。以前，制造商关注的是整个公司和产品品牌，并没有意识到售后服务也需要建立品牌。随着售后服务重要性的提升，越来越多的制造商意识到服务也能为企业创造利润，因此纷纷打造售后服务品牌，如我国汽车业的第一个售后服务品牌“Buick Care（别克关怀）”（见图 1-3），推出 6 项标准化“关心服务”：主动提醒问候服务；一对一顾问式服务；快速保养通道服务；配件价格、工时透明管理服务；专业技术维修认证服务；两年或 4 万公里质量担保服务。类似的还有海南马自达汽车公司推出的“蓝色扳手”、摩托罗拉公司推出的“服务快车”等售后服务品牌。

图 1–3　别克汽车的售后服务品牌“别克关怀”

（三）组织品牌

组织品牌（Organizational Brand）是为公司、非营利性组织赋予的品牌，具体包括公司品牌（Corporate Brand）和非营利组织品牌（Non-profit Organizational Brand）。一些公司采用了与产品一致的品牌，如联想、索尼、海尔；另一些公司的品牌与产品不同，如宝洁、菲利普·莫里斯、联合利华。建设企业品牌的目的是在消费者心目中建立专业的、可信的、有实力的企业形象，以便使推出的产品“系出名门”，更容易被接受。比如，联合利华推出的清扬洗发水由于有联合利华公司品牌作为背书人或担保人（Endorser），从而加速了产品进入市场的速度。此外，一些非营利性组织也在打造品牌，以便更好地发挥其职能，如国际奥委会、红十字会、哈佛大学等。

（四）个人品牌

个人品牌（Personal Brand）以个人作为品牌化的对象。其实个人品牌古已有之，如孔子、老子、孙中山等，而对其展开研究还是近几年的事。目前，被大众广为接受的个人品牌主要包括企业家、运动员、演员、歌手、主持人、导演、作家、经济学家、教练员、模特、社会活动家等。这些名人的社会影响力已经被一些专业品牌机构量化为品牌价值，如胡润、《福布斯》、中国品牌研究院都有中国名人价值排行榜出台（见链接材料 1-3）。从理论上说，不论是名人还是普通人，每一个人都能成为个人品牌，因为每个人对于这个社会都具有独特的意义和价值，只不过其影响力的范围和程度不同。正因为如此，近些年草根明星纷纷崛起，成为有影响力的个人品牌，如芙蓉姐姐、犀利哥、马佳佳等等。

链接材料 1-3：2011 年中国个人品牌价值百强榜

2011 年 7 月 14 日，中国品牌研究院公布了《2011 年中国个人品牌价值百强榜》，排在前 10 名的是李娜、姚明、林志玲、刘翔、王菲、李冰冰、丁俊晖、姚晨、周杰伦、刘若英，他们的个人品牌价值都在 1 亿元上下。排在前 10 名的，运动员有 3 人，演员 3 人，歌星 3 人。演员、歌星和运动员不仅牢牢占据榜首位置，在所有上榜群体中所占的比例也最高。其中演员 37 人、歌星 18 人、运动员 10 人。

在上榜人数超过2人的群体中，运动员品牌价值最高，人均8410万元；歌星群体居次位，人均品牌价值为6744万元；第三名是演员群体，人均品牌价值5622万元。导演群体人均品牌价值4100万元；企业家群体人均品牌价值2818万元；主持人群体人均品牌价值2629万元；教练员群体人均品牌价值2250万元；作家群体人均品牌价值1800万元；电影制片人群体人均品牌价值1650万元。

本次榜单主要评估个人代言身价和个人社会影响力。中国品牌研究院在应用评估工具时，发现了一条“黄金法则”，即个人品牌价值乘以0.618系数，约等于其代言身价。例如，李娜的个人品牌价值为1.8亿元，则其未来一年的代言身价为1.8亿元×0.618=11124万元。此代言身价为峰值，假设有6个企业邀请李娜代言产品，平均每个企业支付2000万元代言费，意味着第7个企业邀请李娜代言品牌，则不但第7个企业的代言效果大打折扣，其他6个企业的代言效果也大为下降。因此，企业邀请名人代言产品，可以“2011年中国个人品牌价值百强榜”作为参考依据。

研究表明，企业家群体的代言身价明显被低估，与他们获得的巨大财富形成了鲜明对比。未来，这一现象可能会逐步改善，从万科董事局主席王石给摩托罗拉代言产品开始，到最近SOHO中国董事长潘石屹出任LG、汉王科技代言人。企业家的代言身价总体水平在提升，这将成为一个上行趋势。

资料来源：中国品牌研究院，www.brandcn.org。

（五）事件品牌

事件品牌（Event Brand）是以事件为载体的品牌。事件包括体育、会展、节庆、演出等，如奥运会、深圳高交会、大连啤酒节、《同一首歌》等。由于越来越多的事件希望获得更多的参与者，而注意力已成为稀缺资源，因此打造事件品牌变成了必然选择。这是由品牌能够帮助消费者减少风险、简化选择过程的功能特性所决定的。在收获社会价值的同时，事件品牌也在收获经济价值。例如，奥运会不仅获得了全球体育迷的疯狂拥蹙，而且还获得了大量收入，包括电视转播收入、TOP赞助计划（国际奥林匹克广告赞助活动计划）收入、赞助收入、标志特许使用收入、正式供货商收入、纪念币和纪念邮票收入、体育彩票收入以及捐赠。

（六）目的地品牌

目的地品牌（Destination Brand）是指将地理作为品牌化的对象，具体包括城市品牌和国家品牌。

城市品牌（City Brand）是当前资源紧张、区域竞争程度加剧的产物。凯勒教授指出：“像产品和人一样，地理位置或某一空间区域也可以成为品牌。城市品牌化的力量就是让人们了解和知道某一区域，并将某种形象和联想与这个城市的存在自然联系在一起，让它的精神融入城市的每一座建筑之中。”①越来越多的城市意识到，通过建立城市品牌可以增强城市的竞争力，以城市品牌的独特魅力来吸引投资者、高级人才和游客，同时增强市民对城市发展的信心。在这方面，香

图1-4　香港城市品牌标识（2001版和2010版）

① （美）凯文·莱恩·凯勒. 战略品牌管理（第2版）[M]. 北京：中国人民大学出版社，2006.

港城市品牌“飞龙在天”做得很出色。香港文化的特色是“一本多元”，长远的文化目标是“在中国文化基础上，开拓国际视野，吸取外国优秀文化，将香港发展成开放多元的国际文化都会”，根据这些背景，美国博雅公关公司组织设计团为香港城市设计了“亚洲国际都会”的品牌定位和中西合璧的“飞龙在天”品牌识别系统（见图 1-4）。

国家品牌（Country Brand）是一个范围更大的地理品牌概念，指的是一个国家在他国民众心目中的总体印象。2013 年，韩国产业研究院发布了对世界各国和城市、企业品牌的评估结果，美国国家品牌位居第一，价值 13.6 万亿美元，德国位居第二(8.3 万亿美元)，以后依次为英国(3.71 万亿美元)、日本(3.36 万亿美元)、中国(3.25 万亿美元)、法国、加拿大和荷兰。韩国在调查的 39 国中位居第 9，国家品牌价值 1.9 万亿美元。韩国产业政策研究院解释说，国家和地区品牌力量指数反映了研究院评价的国家和地区的竞争力，以及在世界 65 个国家和地区中形成的国家和地区品牌战略、心理上的亲近度。

除此之外，品牌还可以有以下角度的分类：

1. 根据品牌之间的关系分为母品牌（主品牌）和子品牌（副品牌）。母品牌为产品提供了强有力的支撑，而子品牌突出了具体产品的特色。如“美的”这一母品牌为其空调产品搭建了坚实的平台，而子品牌“冷静星”突出了一款空调的安静，子品牌“清净星”则突出了一款空调的空气清新。

2. 根据品牌的存活时间划分为老字号和普通品牌。老字号历史悠久，长者数百年，短者大多也创立于明、清两代和新中国建国前，主要集中于工商业、手工业、饮食业、民间艺术及文化艺术领域，如饭庄、商店、食品店、文物珠宝店、书店、影剧院、药店、制造厂等。这些老字号的共同特点是：具有独特的传统文化特色；诚信的经营之道；历代相传的加工工艺（俗称“绝活”)；区域性的品牌影响力。

3. 根据与互联网的关系划分为在线品牌（线上品牌）和线下品牌。在线品牌是在互联网上开展业务的品牌，如携程网、淘宝网、京东网都是各自领域著名的在线品牌；而线下品牌就是传统的品牌，尽管它们也会为企业或产品开设网站，但那只是宣传渠道，其开展业务的地方还是在线下，所以不能算作在线品牌。

4. 根据市场地位划分为领导者品牌、挑战者品牌、追随者品牌和补缺者品牌。以手机行业为例，这四类品牌分别是苹果、三星、华为、小米。不同市场地位的品牌所采取的营销战略和策略有很大差异。

5. 根据知名度划分为驰名商标和普通品牌。驰名商标（Well-known Trademark）是指为相关公众广为知晓并享有较高声誉的商标，最早来自于《保护工业产权巴黎公约》。相关公众包括与使用商标所标示的某类商品或者服务有关的消费者、生产前述商品或者提供服务的其他经营者以及经销渠道中所涉及的销售者和相关人员等。国家工商行政管理总局商标局与商标评审委员会根据当事人的请求，在查明事实的基础上，依照《商标法》第十四条的规定，认定其商标是否构成驰名商标。未申请或未受批准的驰名商标品牌都是普通品牌。

6. 根据品牌的价位划分为奢侈品品牌与一般产品品牌。奢侈品品牌具有价格昂贵、产量少、工艺精湛、品味高等特点，如 LV、万宝龙、江诗丹顿等。

7. 根据产品生命周期划分为新创品牌、成长品牌、成熟品牌和衰退品牌，不同阶段的品牌采用不同的营销战略和策略。

案例分析

六喜源从小作坊到大品牌之路

第一重蜕变：定位

2009年，我进了一家原木公司，就是十几个人的小作坊，单子很少，主要做原木门（门扇＋门框＋门线）。那时做决策，大家考虑线条款式太少，经销商也反感我们不迎合市场，又说只做原木门门框，价格没有优势（原木门框比复合门框贵500元～3000元），订单会下降很多。

这些问题都很切实，因为这都是非常现实的意见，但最后我还是把思维落到了“专”上，必须“专”。这个“专”把握在两方面：

首先，“专”一定可以把产品做得更好。一类产品，只要产品的行业没问题，越专越好的产品，就一定更有品质竞争力。“专”能抓住消费者，抓住市场。

其次，当时公司员工少，新员工占比大，工厂也小，导致生产周期和质量很难把握。在这种情况下，就必须收缩产品种类，扫清混乱和干扰，明确再明确，优化再优化，非常清晰地把我们最擅长的做好、做精。所以我们最终决定把复合门框取消（一直到现在），线条就做三个款式。

最后实践证明，业绩并没有受影响。生产上变得简单，货期和质量得到了更好的控制，而赢得的市场与砍掉产品丢掉的市场来比，利是大于弊的。

我们的推广首先是把一个品种推强势。比如，我们现在全部是推原木、原木门，朝着“六喜源=原木，六喜源=原木门”的方向前进，让消费者听见六喜源就想到专原木、精原木门，而且我们还会强化目标，让优势更优，最后在消费中心里能达到“原木门=六喜源”，看到原木门就想到六喜源。

我们的战略定位很清晰，第一步，原木门=六喜源，第二步，六喜源=原木家装高端定制，原木门、原木墙板、原木衣柜等等。我们的战略眼光很大，但我们走的战略路线是很窄但又非常清晰的，就是一步步专，先专后强，先强再大。

第二重蜕变：品牌形象

定位明确了之后，就是怎样对这个品牌进行传播了。我们专注于原木门，那产品最大的特点就是原木了。其实，要说什么样的传播最好，就是能吸引目标消费者眼球并能传达你品牌的核心点，那就是最好。

2009年7月广州国际建材展，公司当初基本没有什么专卖店，我们和很多木门品牌一样，都是希望在展会上表现出色而获得更多经销商的加盟。各个品牌都将自己最好的产品拿到展会上来，我们规模小，实力弱，怎样才能让自己脱颖而出呢？

无非在三个方面：第一，好的产品；第二，好的展台设计；第三，好的沟通。

产品方面，公司上下花了很大精力，产品做得非常出色。不过，你想啊，大家都花几十万元甚至更多的资金，有哪个不把自己的样品做得很好呢？问题是，我们怎么才能更突出？那就得在展台设计上下功夫了。我们认为经销商千里迢迢赶过来，主要是为了看产品，寻找更能领会原木门内涵特点的厂家，而不是美女、热闹，豪华的展台搭建并不利于突出我们的产品。我们最后的方案，就是一个只花了五六万元的方案，展台里面放了两块花梨大板。效果是出奇的好，成为展会一颗璀璨的星星。去工厂参观的经销商有几百家，想合作的马上就有几十家。展会后，我向加盟的经销商建议，购买花梨大板放在自己的专卖店中。消费者也很少见到这样的大木材，大木材既能体现原木的专和优，还能体现店的实力，短时间内能引起消费者的兴趣和重视。2009 年 7 月后，就有几十家经销商购买了花梨大板。

除了展会传播，我们还觉得应该让设计师认可我们，毕竟，木材行业，设计师是关键角色。设计师这个群体，基本都喜欢抽烟、带名片。我就想了一个办法，开发一些设计师需要的广告原木礼品，比如打火机、烟灰缸和名片夹。这些东西得到了设计师们的高度喜爱，他们赞赏我们的细心和态度。同时，设计师用着这些礼品看到我们商标时，就能想到这是一个高端原木门品牌。

为了提高品牌形象，公司在广州最高端的马会家居拿了一个位置。开业前一个月，第一个星期，安排业务员跑每个装饰设计公司，给设计师送广告名片夹，告诉他们，我们下个月要开业，有客户可以告诉他们，开业当天会有优惠。第二个星期，再去送个烟灰缸；第三个星期，去送个笔筒；第四个星期，去送个打火机。最后告诉他们，我们要开业，给他邀请函。前面这么多次的拜访，设计师一般都不会不来的。真的到开业那天，奇迹出现——人满为患，当天签约的订单就有 60 多万。

第三重蜕变：广告语

广告语的重要性，不需要多说了。我们开始打造广告语的时候，也犯了错误。我首先想的就是：打造中国性价比最高的原木门品牌。但是，越来越觉得不对劲，因为这样其实就是直接告诉消费者，我们是便宜的原木门，这样对终端消费是个很大的阻碍，对品牌形象也非常不利，因为消费者会直观地认为："便宜的就不是好的。"

后来我看到"特仑苏"的电视广告——"不是所有的牛奶都是特仑苏"，我当时感觉眼球一亮，太好了！既凸显了神秘、自信与高贵的气质，又与其他牛奶划清了界限，为特仑苏"贵族"路线的品牌定位做了铺垫。原木门市场正是如此，我们要教育市场，要让消费者认清楚原木门（市场上很多实木门与原木门混淆了），同时要让消费者知道六喜源是不同于普通木门的，是更加高端的木门。我就模仿了这句广告语，于是就有了——"不是所有的实木门都是原木门！"这句广告语，我用了一段时间。随着市场越来越成熟，原木门逐渐被消费者所认同，我又改了广告语，直接明了地告诉消费者，我们是专业、专注生产原木门的品牌，但是为了吸引眼球，引起消费者注意，我前面加了"对不起"三个字，就成了现在都在一直用的广告语："对不起，我们只做原木门。"

在专注的延长线上

经过 3 年的发展，我们已经成为几百人的中型企业。虽然我们的墙板和柜子等产品也做得很好，但我们仍然坚定我们"专"的战略，结合市场需求和经销商特点，有节奏地把握发展规模。在品牌宣传与招商方面，我们已经连续 2 年没有参展了。很多人都会问，曾经取得那样的效果，怎么各大展会，甚至家门口的展会都不参加了呢？这和公司的发展有关系：一方面，公司的品牌宣传已经由以招商为主，向与消费者沟通方向转变，由参加展会和行业杂志宣传为主，到全国各地品牌专卖店形象和网络品牌推广为主。

前期清晰的战略定位，已经让"六喜源"这个专注"原木门"的品牌在市场上打下了一个良好的基础。今年大形势虽然不好，公司为了提高新招经销商的质量，反而提高了加盟门槛——提高了加盟费和信誉保证金（从 2 万元到 5 万元）。不过全国慕名而来加盟的经销商仍然很多，今年已经超过 60 家新加盟商。

资料来源：肖志强．从小作坊到细分市场领头羊的三重蜕变[M]．销售与市场(渠道版)，2013，(2).

讨论题：

1. 你认为六喜源从小作坊成长为行业大品牌的成功因素主要有哪些？
2. 六喜源的品牌传播策略有何特点？
3. 你对六喜源的网络品牌推广有哪些策略建议？

本章小结

由于品牌对于企业财富积累的贡献巨大，近二十年来，品牌已成为营销管理和企业经营领域最热门的概念之一。品牌的归属问题是品牌的主体问题，这一问题目前有三种理解：（1）属于企业；（2）属于消费者；（3）归企业和消费者共有。品牌是一个处在不断发展中的概念，必须从演变的角度来理解品牌的内涵。品牌内涵经过了五个阶段：区隔标识、价值担保、联想载体、关系集合和无形资产。结合这五个方面可以对品牌内涵进行综合的界定，即品牌是由名称、标志、象征物、包装、口号、音乐或其组合等一些区隔竞争的符号而联想到的基于价值的消费者与组织或个人之间的关系及其所带来的无形资产。

与品牌相类似的、易混淆的概念有标识、商标、名牌、产品、品类等。（1）标识强调品牌标志，只是品牌的一部分；（2）商标主要是一个法律概念，强调了品牌的名称和标志，而品牌则是一种营销战略工具；（3）名牌强调了品牌的知名度和美誉度，而品牌的内涵要丰富得多；（4）产品与品牌有非常紧密的联系，但二者的区别也非常明显；（5）如果没处理好，一些品类会转变成品牌。

品牌的存在有其重大意义。可以从品牌对消费者、品牌对企业、品牌对国家等三个方面来分析品牌的作用。对于消费者而言，品牌的作用是：（1）减少风险，简化选择过程；（2）获得自我认同或社会认同。对于企业而言，品牌的作用是：（1）保障产品特色的排他性；（2）统一营销战略；（3）获得更高利润；（4）顺利推出新产品；（5）缓解企业风险；（6）便于融资和并购；（7）吸引和留住人才；（8）顺利进入零售商；（9）进行多产品营销管理。对于国家而言，品牌是一个国家实力和整个民族财富的象征。

品牌分类的标准主要有品牌影响力、品牌化的对象等等：（1）根据品牌影响力的辐射范围，分为区域品牌、全国品牌、国际品牌和全球品牌；（2）根据品牌化的对象，分为产品品牌、服务品牌、组织品牌、个人品牌、事件品牌和目的地品牌。此外，还可以根据品牌之间的关系、品牌存活的时间、与互联网的关系、市场地位、知名度、价位和产品生命周期等对品牌进行分类。

重点概念

品牌（Brand）
商标（Trademark）
消费者价值（Consumer Value）
品牌联想（Brand Associations）
品牌关系（Brand Relationships）

无形资产（Intangible Assets）
区域品牌（Local Brand）
全国品牌（National Brand）
国际品牌（International Brand）
全球品牌（Global Brand）
产品品牌（Product Brand）
消费品品牌（Consumer Goods Brand）
工业品品牌（Industrial Goods Brand）
自有品牌（Private Brand）
服务品牌（Services Brand）
组织品牌（Organizational Brand）
个人品牌（Personal Brand）
事件品牌（Event Brand）
目的地品牌（Destination Brand）
城市品牌（City Brand）
国家品牌（Country Brand）
驰名商标（Well-known Trademark）

进一步阅读材料

1.（英）莱斯利·德·切纳托尼. 品牌制胜——从品牌展望到品牌评估[M]. 北京：中信出版社，2002.
2.（英）莱斯利·德·切纳托尼, M.麦克唐纳. 创建强有力的品牌——消费品工业品与服务业品牌的效益[M]. 北京：中信出版社，2001.
3.（美）凯文·莱恩·凯勒. 战略品牌管理（第3版）[M]. 北京：中国人民大学出版社，2010.
4.（荷）里克·莱兹伯斯等. 品牌管理[M]. 北京：机械工业出版社，2006.
5.（美）唐·舒尔茨，海蒂·舒尔茨. 唐·舒尔茨论品牌[M]. 北京：人民邮电出版社，2005.
6. 何佳讯. 品牌形象策划——透视品牌经营[M]. 上海：复旦大学出版社，2000.
7. 黄静. 品牌营销（第二版）[M]. 北京：北京大学出版社，2014.
8. 唐十三，谭大千，郝启东. 品类[M]. 北京：企业管理出版社，2007.
9. 余明阳，杨芳平. 品牌学（第二版）[M]. 上海：复旦大学出版社，2009.

复习思考题

1. 为什么近二十年来品牌的地位会崛起？
2. 品牌的内涵是怎样演变的？
3. 一个综合视角的品牌定义是怎样的？
4. 品牌与商标、产品有何关系？
5. 为什么有些品类会被认为是品牌？
6. 对于消费者、企业、国家来说，品牌的作用分别是什么？
7. 不同的品牌类型有何区别？

第2章 概述

引 例

大江南北

视节目中，纪录片与娱乐节目相比，总是处于下风。但是，这种境况因
化。2012 年 7 集央视纪录片《舌尖上的中国》开播，“舌尖”首轮播出
0.5%，这与 BBC 纪录片所能达到的收视率差不多，并超过了所有同时段
国内各电视台拍摄的美食纪录片不少，多个美食节目也长年播出，《舌尖上
而出，和其片名让人眼前一亮不无关系。在戛纳电视节上，该片在所有中国
片中问询量位居第二，电视节组委会主席南尼·莫莱蒂也点名观看了《舌尖上的中国》片花。“他说他被这个名字吸引住了。”某卫视总编室负责人告诉记者，“片名非常重要，就像网络上的‘标题党’一样，不在瞬间抓住眼球，就不容易引起关注。其实央视有个节目《乡土》，也是介绍各地美食的纪录片，而且拍得非常好，不少人评价甚至比《舌尖上的中国》更好看，但有多少人听了‘乡土’这个名字还有兴趣去看呢？”

纪录片的内容引人入胜，网友自发转播，进一步把《舌尖》的人气推向高潮。新媒体的推广策略，使其在短时期内迅速走红。制片人陈晓卿在新浪微博的粉丝数超过 16 万，其中更有许多名人粉丝，经过口口相传，一条节目预告的转发率和评论率就相当可观。配合纪录片每天一集，每集一个主题的讨论，更是形成了持续效应。两年后，“舌尖 2”紧锣密鼓推出，继续嗨翻大江南北。尼尔森网联官方微博发布的收视报告显示，《舌尖 2》几乎是男女通吃，没有明显的性别差异。第 1 集央视一套的收视率平均都超过 3%。总导演陈晓卿明确表示会继续拍摄《舌尖 3》。无疑，《舌尖》已成为了纪录片中的强势品牌，并将继续火爆下去。

资料来源：《舌尖上的中国》走红胜在营销策略[N]. 东方早报，2012-05-24.

热身思考：你认为《舌尖上的中国》成长为一档强势品牌节目的主要原因是什么？

第1节 品牌管理的内涵和模式

一、品牌管理的内涵

由于品牌价值的日益突显，品牌管理（Brand Management）已成为当前企业管理领域一个非常重要的概念。何谓品牌管理？品牌管理是指管理者为培育品牌资产而展开的以消费者

为中心的规划、传播、提升和评估等一系列战略决策和策略
（1）品牌管理的主体是品牌管理者，必须为品牌确立责任明
的是培育品牌资产，包含感知质量、品牌知名度、品牌忠诚度、
资产是企业通过长期投资和营销努力，在消费者脑海中建立品牌知
（3）品牌管理的中心是消费者，一切品牌管理活动必须围绕消费者
容是战略决策和策略执行，具体包括品牌的规划、传播、提升和评估等

我们经常会看到品牌建设、品牌经营、品牌运营、品牌塑造、品牌
的术语，这些概念只反映了品牌管理的某些方面，例如，品牌建设、品牌
品牌的创建；品牌经营与品牌运营则是谈品牌资产建成后的价值利用。总的
于品牌管理的范畴。

二、品牌管理模式

品牌管理模式是指创建、维系、提升品牌过程当中所遵循的理念和思路。现代意
品牌管理模式是由宝洁公司的尼尔·麦克埃罗伊（Neil McElroy）于 1931 年提出来的。
模式的开创性体现在将品牌置于管理体系的中心位置。在一个“品牌管理备忘录”当中，
提出了建立一个品牌管理小组负责与生产、销售相配合的品牌营销计划（见链接材料 2-1）。麦克埃罗伊的品牌管理制获得了巨大成功，强生、通用等大公司纷纷效仿，使品牌管理模式逐渐走向规范和成熟。

链接材料 2-1：1931 年尼尔·麦克埃罗伊的“品牌管理备忘录”

品牌员的职责和任务：

1. 详细研究每个品牌的构成。
2. 找到品牌发展过程中不断前进的环节，考察配合默契、运行顺当的综合措施，并尽量在相关的销售区域采取同样的处理方式。
3. 找到发展过程中薄弱的环节。
   (1) 研究品牌过去的广告和促销的历史，研究各销售区域从经销商到消费者第一手的资料，以找到症结所在。
   (2) 发现弱点之后，制定对症下药的“药方”。当然，不仅要找到对策，还要确定投入的钱能用在刀刃上。
   (3) 将细化后的对策上报管理这个薄弱销售区的分部经理，获得他对计划的许可和支持。
   (4) 从促销和其他方面获得物质支援。将计划下达给各部门，由始贯终地与销售人员通力协作，保证计划在促销的执行过程中没有遗漏。
   (5) 记录任何有价值的信息，所有有助于判断计划是否产生了预期效果的实地研究都要进行。
4. 品牌员不仅要评价每条印刷文字广告稿，还应对品牌的印刷广告计划全面负责。
5. 全面管理品牌的其他广告开支（指店内展示和促销活动）。
6. 每年拜访几次区域经理，商讨销售区促销计划中可能存在的缺陷。

资料来源：（美）大卫·阿克，爱里克·乔瑟米赛勒．品牌领导[M]．北京：新华出版社，2001.

随着消费者的成熟、竞争程度的加剧、产品线的丰富、营销经费的紧张、媒体的变革、

全球化的逼近，传统品牌管[illegible]变得力不从心。例如，通用汽车公司在运用传统品牌管理模式时遇到的一个难[illegible]衡旗下的雪佛兰、别克和奥兹莫比尔（Oldsmobile）之间的竞争关系？各品[illegible]自己的品牌能战胜别的品牌，不惜一切代价挤垮对方，从而造成了内耗。近[illegible]的品牌管理模式正在宝洁等跨国企业兴起，全球品牌领域的权威学者大[illegible]vid Aaker）称之为“品牌领导”（Brand Leadership）①，而另一位著名学[illegible]斯（Scott Davis）称之为“品牌资产管理”（Brand Asset Manage[illegible]有不同，但本质和主体内容并无太大差异。从表述的习惯性考虑，[illegible]介绍这一新的品牌管理模式，而对内容的描述则综合了二者的观点[illegible]

[illegible]2-1 品牌资产管理模式与传统品牌管理模式对比

[illegible]模式	品牌资产管理模式
从战术管理到战略管理	
[illegible]应	战略型、具有远见
[illegible]浅、经历少	品牌经理资历深、处于企业高层
[illegible]品牌形象	概念模式—品牌资产
[illegible]短期效益	发展品牌资产评估
从有限的焦点到广阔的视野	
着眼于单一产品和市场	多元化的产品和市场
单一的品牌结构	复杂的品牌组合架构
着眼于单一品牌	产品类别是焦点
多国化——每个国家配备一个品牌管理小组	全球观念
品牌经理协调传播团队	领导传播团队
注重品牌外部传播	从内到外的品牌传播
战略的推动者由销售转为品牌识别	
由销售和市场份额推动	由品牌识别推动

资料来源：根据阿克等著的《品牌领导》和戴维斯著的《品牌资产管理》相关内容整理。

与传统的品牌管理模式相比，品牌资产管理模式具有以下三个特点：

（一）战略管理而非战术管理

一个值得关注的现象是，凯勒教授和卡普菲勒教授所写的品牌管理教材都命名为《战略品牌管理》（Strategic Brand Management），可见品牌管理在学术界已经上升到战略的高度。而在品牌经理的眼中，品牌管理也应该是战略管理层面的问题，而不是传统观念当中的战术问题。这一特点体现在四个方面：

1．注重战略，更具远见

品牌资产管理模式中的管理者更注重战略和富有远见。他们把品牌建设当成一项长期的系统工程，消费者与品牌的所有接触点都应当加强管理，使品牌反映出消费者心目中的形象

① （美）大卫·阿克，爱里克·乔瑟米赛勒. 品牌领导[M]. 北京：新华出版社，2001.

并持续有效地加以传播。为此，品牌管理者应当介入到企业的经营战略制定与实施当中去，从公司层面给品牌管理以资金和政策支持。

2．担任企业高层

传统的品牌管理系统中，品牌经理通常只有两三年的从业资历，经验相对不足。但这足以应对产品单一、竞争程度一般条件下的品牌管理工作。而在品牌资产管理系统中，品牌经理的从业经验要求更丰富，因为品牌资产管理不只是销售品牌产品，而是在更加复杂的环境下积累品牌的资产。为了能够从战略层面对品牌进行管理，品牌主管应当是企业的高层管理者，至少是副总，有些公司则可能是CEO。

3．聚焦品牌资产

传统的品牌管理重视品牌形象，而品牌资产管理则从战略的高度把品牌当作无形资产来经营。品牌形象是一个战术性问题，具有短期效应，可以交由广告和促销专家来处理。而品牌资产是一个战略性问题，是竞争优势和长期利润的基础，由企业高层管理者来亲自决策。品牌资产管理也关注品牌形象，但品牌形象只是品牌资产创建过程中的一个手段。

4．品牌资产评估

传统的品牌管理评估的是品牌的知名度、美誉度以及市场份额，而品牌资产管理注重对品牌资产的全方位评估，如品牌知名度、感知质量、品牌联想、品牌忠诚度等。本质上，品牌资产来源于品牌与消费者之间的关系，所以，品牌资产评估需要对品牌与消费者的关系进行全方面的深入了解，以便识别关系的驱动要素。

（二）广阔的视野而非有限的焦点

1．多元化的产品和市场

与传统的品牌管理相比，品牌资产管理将面临更多的产品和市场。决定产品和市场范围是品牌资产管理的一项重要任务。产品范围是指品牌与产品的关系。即品牌究竟应该延伸到哪些产品上面才不致于失败？哪些产品的推出应当采取新品牌？我们看到三菱旗下拥有电梯、汽车、电机、手机、天然气、化学品、金融等多类风马牛不相及的产品，也看到宝洁旗下光洗发水就有飘柔、海飞丝、潘婷、沙宣、伊卡璐等众多品牌。市场范围是指品牌跨越市场能够伸展的范围。品牌进入的市场可以是纵向的，如飞利浦不仅涉足电动剃须刀、彩电等消费品市场，还有医用成像设备等工业品市场；也可以是横向的，如联想进入了手机和电脑行业等电子产品市场。有了更广阔的产品和市场范围，品牌资产管理就面临更大的挑战，既要保持跨产品和跨市场的合力，又要在各自的市场上有不俗的表现。

2．复杂的品牌组合

传统的品牌经理很少处理品牌延伸和子品牌的问题，而品牌资产管理模式当中的经理则要面临复杂的多品牌管理问题。例如，在品牌组合当中，各品牌的战略角色是什么，如何凸显、动态地调整各品牌的战略角色等。

3．产品类别是焦点

传统的品牌管理模式是对多品牌进行独立管理，而品牌资产管理则要求将多品牌进行协同管理。独立管理尽管可以使得每位品牌经理都能尽心尽力地培育品牌，但同时也使得同一企业当中出现各品牌之间重复建设等资源浪费现象，如联合利华的品牌曾经多达1600多个，砍掉1200个之后，企业的利润竟然提高了22%。如今，企业逐渐将独立品牌管理改变成品类管理。一个品类当中的品牌具有共通性，通过为每一个品类设置一个经理，企业能够在降低营销成本的同时提高效率。例如，纳贝斯克公司没有任命几个饼干品牌经理，而是采用了三个品类管理小组，分别负责成人浓味饼干、营养饼干和儿童饼干。

4．全球观念

传统的国际品牌管理模式是在当地设立自主的品牌经理。随着经济全球化浪潮的到来，各国之间的区域协同效应显得越发重要。传统的各国营销独立的模式已不能迎合提升全球化竞争优势的需求。品牌资产管理要求企业建立全球化的品牌管理组织机构，本着全球化的观念，以获得竞争合力、提高效率、实现策略整合作为跨国和跨市场品牌管理的目标。全球化的另外一层意思是，品牌当中有哪些要素是全球通行的，又有哪些要素需要做本土化调整？这是标准化与本土化的平衡问题，是全球品牌管理的核心问题。

5．领导传播团队

传统的品牌经理往往只是战术性品牌传播活动的协作者和调度者。在品牌资产管理模式当中，品牌经理俨然变成了传播活动的战略家和传播团队领袖，指导企业运用赞助活动、网络、直销、公关、促销等多种手段积累品牌资产。品牌经理面临的战略问题是：如何选择和整合这些传播手段？

6．内部传播与外部传播

品牌管理的本质是对品牌接触点进行管理。传统品牌管理注重与消费者相接触的外部传播，而品牌资产管理在此基础上还关注品牌在企业内部的传播。只有内部的员工接受了品牌的内涵，他们才会努力将其传递给消费者。因此，品牌从内部传播到外部传播应该形成一个传播链条，整个链条都是品牌经理的职责。

（三）品牌识别作为战略的推动者而不是销售

传统的品牌管理以销售和利润作为品牌战略的推动者，这是把品牌建设作为一种战术的结果。在品牌资产管理模式当中，销售和利润固然重要，但更重要的是将管理者脑海里所想象的东西变成实际，即建立品牌识别。从企业内部来看，品牌识别的方向明确了，战略的执行才能有的放矢、行之有效；而从企业外部来看，品牌识别体现了本品牌与竞争品牌的明显区分，也体现了对目标消费者的承诺。

第2节 品牌管理的流程

品牌管理是一项系统工程，牵涉到环境与资源、战略和策略、内部和外部等多方面问题。很多学者对品牌管理问题进行了思考，提出了各种品牌管理流程。以下评述一些影响较大的品牌管理流程，并基于此提出本书的品牌管理流程。

一、切纳托尼的八步品牌管理流程

英国著名品牌学教授莱斯利·德·切纳托尼（Leslie de Chernatony）在《品牌制胜：从品牌展望到品牌评估》一书中提出了创建品牌的八个步骤[①]：

---

①（英）莱斯利·德·切纳托尼．品牌制胜：从品牌展望到品牌评估[M]．北京：中信出版社，2002．

（一）品牌展望

品牌展望分为三步：首先是预测品牌未来的环境和趋势，如一家传统书店需要分析互联网对它的冲击；之后是明确品牌目标，如五年内品牌成为业内前三名等；最后是确定品牌价值观，即公司所持有的一种持久的信念，如美体小铺的品牌价值观是“有原则地获利”。

（二）组织文化

组织文化作为一种“粘合剂”，不仅能够激励员工，将员工凝聚在一起，还能提高股东对品牌的信任水平，提高品牌业绩。华为公司崇尚狼性组织文化，总裁任正非说：“企业就是要发展一批狼。狼有三大特性：一是敏锐的嗅觉，二是不屈不挠、奋不顾身的进攻精神，三是群体奋斗。企业要扩张，必须有这三要素。”

（三）品牌目标

品牌经营理念要有方向感，这种理念要转化成明确的目标。品牌目标包括长期目标和短期目标，长期目标指导短期目标的制定，短期目标是为了实现长期目标。例如，波音公司的长期目标是希望永远处于航空业的领先地位，而短期目标可能是开发全新的 787 型飞机。

（四）审查品牌环境

有五个环境因素可能促进或阻碍品牌的成功，分别是公司、分销商、竞争者、消费者和宏观环境。其中，公司的环境属于内部环境，分销商、竞争者、消费者的环境属于微观环境。微观环境与宏观环境的区别在于，前者是某个具体品牌所面临的影响，后者是整个行业要面临的影响。

（五）品牌本质

品牌特征、利益、感情回报、价值观、个性品质等概念根据“手段—目标链理论”（the Theory of Means-End Chain）叠加而成为一个品牌金字塔，该金字塔有助于理解品牌本质，即品牌的核心概念。例如，雪铁龙的毕加索汽车的外观特征像一滴水，利益是时尚，感情回报是与众不同，价值观是个人主义，个性品质是外向，综合起来，毕加索汽车的品牌本质正如毕加索的画风一样是抽象、个性、时尚和艺术。品牌本质可以进一步深化为品牌定位和品牌个性。

（六）内部实施手段

对公司内部进行品牌传播有两条途径，分别是注重功能性价值的机械主义途径和注重情感性价值的人文主义途径。机械主义途径包括价值链分析、外包战略、核心竞争力和服务流程，人文主义途径包括员工价值观、员工授权和相互关系等。

（七）寻找品牌资源

品牌原子模型由用来表现品牌本质的八个元素组成，包括特色名称、所有权符号、功能能力、服务元素、降低风险元素、法律保护、速记符号和象征特征。

（八）品牌评估

品牌是多维的实体，因此需要多维的指标进行评估。这些指标又分成内部评估和外部评估。

切纳托尼的品牌管理流程的特点是强调品牌的战略意义，如品牌展望、组织文化、品牌目标、环境分析等都是战略层面的内容。但该流程没有对品牌本身的传播和提升赋予足够的重视。

二、戴维斯的十一步品牌资产管理框架

美国学者戴维斯提出应从资产的角度重新考虑品牌管理途径，认为要将品牌当成资产进行管理以获得利润最大化，让品牌资产经营成为利润驱动器。他提出的品牌资产管理框架分为四个阶段十一个步骤①。

（一）第一阶段：制定品牌愿景

首先要明确品牌能为企业带来的战略目标和财务目标。

第一步：品牌愿景的要素

制定品牌愿景的目的是使高层管理者明确，在未来三到五年内，他们期望品牌帮助企业达到怎样的目标。品牌愿景包括如下内容：品牌涵义、目标受众、品牌优缺点、品牌的财务和战略目标。品牌愿景必须与企业战略和企业愿景相结合。

（二）第二阶段：确定品牌图景

这一阶段的目的是在竞争和机遇并存的大环境下，了解消费者对品牌的看法和认知。

第二步：明确品牌形象

品牌形象包括品牌利益联想和品牌个性，通常用描述性词语来表述。通过市场调查确定品牌形象有助于我们清楚地认识品牌在市场领域中的象征意义以及顾客对品牌价值的认知程度。

第三步：明确品牌契约

品牌契约是企业对消费者作出的承诺，以及消费者对这些承诺的认知程度。承诺一经作出，必须在18个月内把它变成现实，否则将会失去顾客的信任。

第四步：立足品牌构建消费者模型

通过消费者模型，我们将清晰地了解消费者品牌购买决策的过程和影响因素，还可以了解消费者对品牌和竞争者的看法。

（三）第三阶段：制定品牌资产管理战略

这一阶段的目的在于立足为品牌制定正确的战略目标。

第五步：为了成功而定位

定位能使本品牌在诸多竞争品牌当中脱颖而出。好的定位能为品牌指明正确的方向，是品牌营销策略正确与否的决定因素。

第六步：延伸你的品牌

在确定品牌定位之后，需要考虑品牌界限以及品牌延伸的可能范围。由此不仅可以发现品牌的潜力，而且能判断品牌愿景里所建立的增长目标的可行性。原品牌将支持新产品的推出，而品牌延伸也进一步强化了品牌定位。

第七步：宣传品牌定位

品牌定位宣传涉及的是选择怎样的信息传播组合工具，以最大限度地达到品牌愿景。

第八步：利用品牌实现渠道影响最大化

品牌越强势，企业控制渠道的能力就越大，受制于渠道的可能性就越小。例如，由于宝洁品牌的强势，其渠道谈判力要比一般的日化消费品公司高。

---

① （美）斯科特·.戴维斯. 品牌资产管理[M]. 北京：中国财政经济出版社，2006.

第九步：溢价定价

品牌的竞争优势将支撑定高价，以提升品牌资产的价值。当然这要视品牌形象和定位而定。

（四）第四阶段：支持品牌资产管理的文化

这一阶段的目的是保证品牌资产战略的实施，以及对品牌资产进行衡量。

第十步：衡量品牌投资回报

品牌投资回报可以从定性和定量两个角度进行衡量。定性角度建立在与品牌相关联的市场感知与购买行为基础上，而定量角度建立在财务和市场的基础上。

第十一步：建立基于品牌的文化

品牌资产战略需要基于品牌的组织来管理和实施，也需要高层管理者的领导、员工的参与以及内部沟通和培训。

斯科特所提出的四个阶段十一步品牌资产管理流程思路很清晰，从战略到策略都有较为详细的介绍，甚至连渠道、定价都有涉及，因此对管理者来说非常适用。不过，仍然有一些遗漏，如品牌符号的设计、品牌组合的管理等等。此外，第十一步当中，品牌内部沟通应该早于外部传播展开，才会使得品牌传播更有效率。

三、凯勒的战略品牌管理流程

凯勒教授在经典之作《战略品牌管理》一书中，提出了战略品牌管理的流程[①]。

（一）识别和确立品牌定位和价值

首先要清晰地理解品牌代表什么以及应该如何定位。品牌核心价值是品牌所具有的抽象联想（属性和利益）的集合体，是品牌的 DNA 和灵魂。而品牌定位的目的是占据消费者脑海当中的位置，使得企业的潜在利润最大。

（二）计划和执行品牌营销活动

品牌营销的目的在于创建品牌资产，即建立消费者能够充分感知，且产生强有力的、偏好的、独特的品牌联想的品牌。建立的思路有三条：品牌元素（Brand Elements）、整合品牌传播（Integrated Brand Communications）、次级品牌联想（Secondary Brand Association）。品牌元素是能够使品牌差异化的描述性信息，如名称、标志、象征物、包装、口号、音乐等；品牌组合传播指产品、价格、分销、传播等构成的 4P 营销组合；次级品牌联想是由与品牌有关的一些节点或信息而产生了对品牌的联想，如企业、原产地、代言人、联盟、赞助等。

（三）评估和诠释品牌业绩

评估和诠释品牌业绩对了解品牌营销计划的效率非常重要，而品牌价值链就是一个有效的工具。通过品牌价值链可以追踪品牌价值的产生过程，这有助于公司更好地了解品牌营销支出和投资的财务影响。

（四）提升和保持品牌资产

品牌资产管理涉及那些与更广阔和更多元化的品牌资产视角相关的活动，包括多品类品牌管理、品牌延伸管理、品牌的长期管理、跨越地理界限的品牌管理等。

凯勒的战略品牌管理流程没有考虑品牌愿景、组织文化和环境分析等内容，而是聚焦在

---

① （美）凯文·莱恩·凯勒. 战略品牌管理（第 3 版）[M]. 北京：中国人民大学出版社，2009.

品牌的规划、创建、评估和提升上。这使得凯勒的观点在品牌建设方面更为专业和翔实。一个值得商榷的问题是，第四阶段的任务也能对品牌资产产生贡献，因此应该放在品牌资产评估之前才更合理。

此外，奥美公司提出了著名的360°品牌管家流程（见链接材料2-2）。

链接材料2-2：奥美360°品牌管家流程

将VI规划、广告、公共关系、媒介、顾客关系、互动等手段加以整合，运用专业方法打造及呵护品牌，并在品牌与消费者之间建立有效的沟通。奥美称之为“360度品牌管理”。所谓360度，就是：（1）每一个与消费者的接触点都能达到预期的效果；（2）每一个接触点都能准确地传达信息；（3）经验更加容易获取、信息更加丰富。奥美360°品牌管家可以简单地划分为六个步骤：信息收集、品牌检验、品牌探测、品牌写真、如何利用品牌写真、品牌检核。

（1）第一步：信息收集

品牌管家过程的第一步是彻底了解你的品牌，找出所有关于品牌的知识，如产品、消费者、竞争者、公司、环境等等。

（2）第二步：品牌检验

品牌检验是把感情、印象、联系、意见、记忆中的闪光点、期望、满意，以及批评和失望统统融合在一起，从而形成关于品牌的消费者认知。这需要以精心设计的问卷方式检验消费者与品牌的关系，探讨具象与抽象的资料。

（3）第三步：品牌探测

品牌探测为回答品牌检验的问题提供了必需的洞察和理解。在遇到非常复杂的品牌问题，或在小组完成品牌检验后出现不同意见时，就需要了解更多的信息，这时候，品牌探测尤其有用。

（4）第四步：品牌写真

品牌写真就是要了解有关品牌的核心真相（Core Truths）及精神（Spirit），做出品牌DNA（基因）的陈述。它以知觉和态度为基础，来自于品牌检验中的闪光点。

（5）第五步：使用品牌写真

品牌写真能够成为简报会议（Briefing）和评价创意工作的一个重要的附加文件，是简介过程的中心部分。它为创意团队提供了一种更微妙、更多彩的关于消费者/品牌关系性质的描述。

（6）第六步：品牌检核

品牌检核是一种简单的反省过程，通过我们确认的消费者提问和研究，使得投入于品牌写真绘制中的时间和努力不会白白地浪费掉。

资料来源：根据以上各位机构或作者的相关著作整理。

四、本书的观点

综合国内外学者和顾问的观点，本书认为，品牌管理的流程和框架应当更多地以品牌为核心来组织各项工作，因此，本书以凯勒教授的观点为蓝本，提出品牌管理的四阶段十一步的流程（见图2-1）：

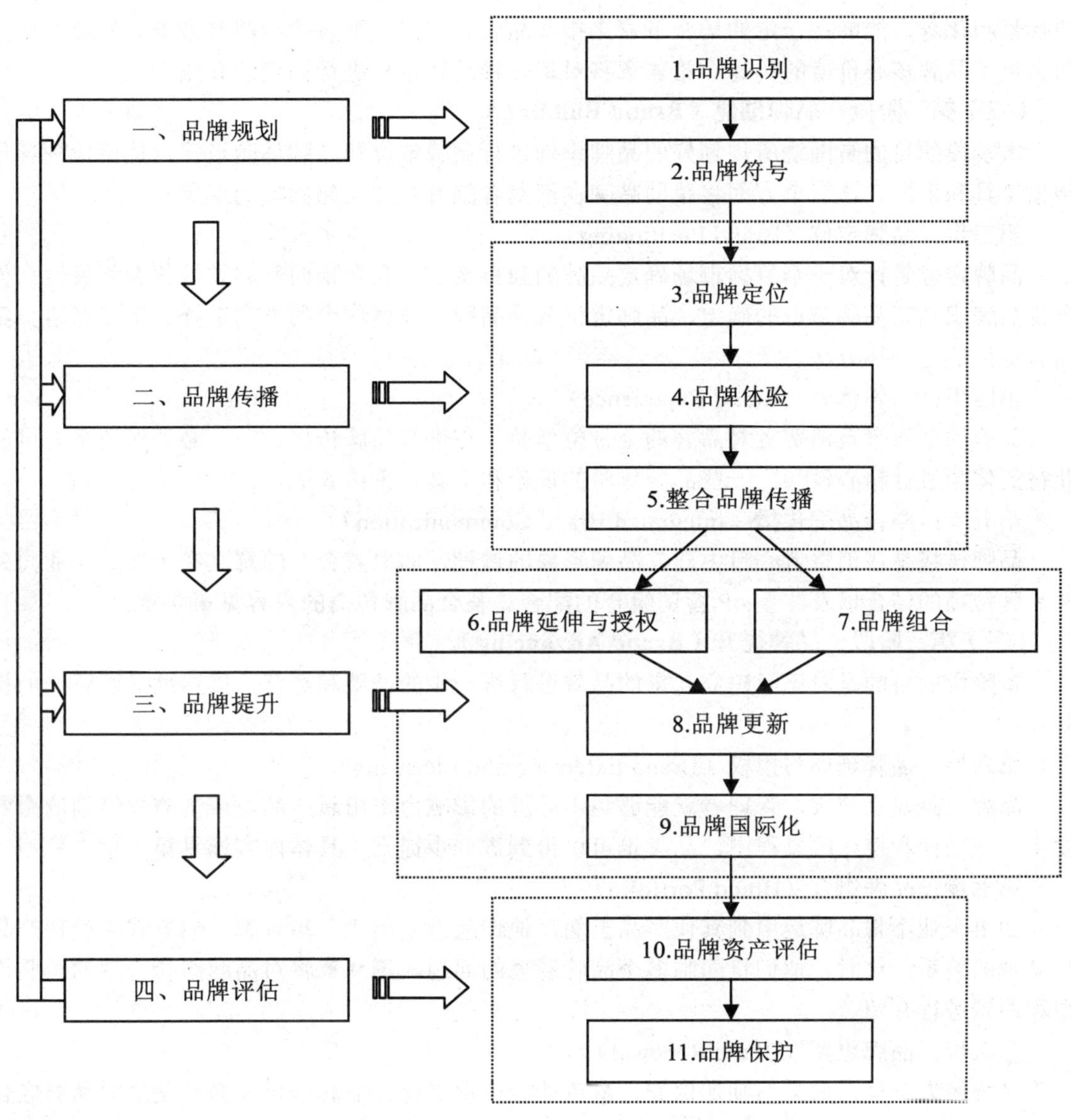

图 2-1　本书提出的品牌管理流程

（一）第一阶段：品牌规划（Brand Planning）

本阶段的目的是描绘出品牌应该在消费者心目中所呈现的图景。品牌图景是要在综合分析宏观环境、微观环境、公司愿景及品牌自身资源的前提下，从消费者角度提出的品牌未来可能的价值内涵，并以品牌符号外显出来。

第一步：品牌识别（Brand Identity）

品牌识别解决了"品牌是什么"的问题，是管理者对品牌内涵的描述，目的是在消费者心目中形成理想的品牌形象。这一步的价值在于使品牌从无到有，为产品增加一个附加价值。品牌核心价值的提炼是品牌识别当中的核心内容。第 3 章对此有详细的介绍。

第二步：品牌符号（Brand Symbol）

品牌符号是品牌识别的外在元素，如名称、标志、口号、象征物等。这些符号就像品牌的代号和化身，能够在一定的场合下直接指代品牌。它们并不直接给消费者带来价值，但是却强化了品牌核心价值的传递。第 4 章将对每一种品牌符号进行详细的介绍。

（二）第二阶段：品牌创建（Brand Building）

本阶段的目的是围绕所规划好的品牌识别进行品牌定位和品牌体验设计，然后策划各种传播工具和手段。这三个方面将帮助品牌在消费者脑海中建立起独特的形象。

第三步：品牌定位（Brand Positioning）

品牌定位是针对一个目标市场确定品牌的独特卖点，具有指向性、差异化和相关性。如果说品牌识别是品牌身份的确定，品牌定位就是品牌传播过程中的方向选择。第 5 章将介绍品牌定位的过程和方法。

第四步：品牌体验（Brand Experience）

品牌的形成来自消费者对品牌的全方位体验。在进行品牌传播之前，必须对消费者可能获得的体验进行精心设计。一些品牌体验的理论和工具详见第 6 章。

第五步：整合品牌传播（Integrated Brand Communication）

品牌传播是在消费者心目中建立品牌形象的过程，而“整合”的意义在于注重企业内外部品牌传播的结合以及注重 4P 营销组合的配合。整合品牌传播的内容见第 7 章。

（三）第三阶段：品牌提升（Brand Advancing）

本阶段的目的是对已经建立起来的品牌进行进一步的调整和经营，以帮助品牌资产的提升。

第六步：品牌延伸与授权（Brand Extension and Licensing）

品牌一旦建立起来，管理者就能够利用品牌的影响力推出新产品，或者授权给别的企业使用。在延伸和授权的过程中，品牌也可以得到进一步提升。具体内容详见第 8 章。

第七步：品牌组合（Brand Portfolio）

如果企业不将品牌运用到其他产品上面，他们就会采用“一品一牌”的方式来处理产品与品牌的关系。这时，他们将面临多个品牌管理的问题。第 9 章将对品牌组合管理的一些模型和原则进行介绍。

第八步：品牌更新（Brand Renewal）

品牌像人一样，如果不勤加保养，就可能会出现老化。品牌强化和激活是应对品牌老化的两种策略。第 10 章将对此展开介绍。

第九步：品牌国际化（Brand Internationalization）

在全球经济一体化趋势下，越来越多的品牌走向国际市场，成为国际品牌。在这一过程中，企业将面临诸多障碍，并有多种进入和经营战略可供选择。第 11 章将介绍品牌国际化的相关知识。

（四）第四阶段：品牌评估（Brand Evaluation）

本阶段的目的是掌握品牌资产的现状，检验品牌管理的成效，同时采取措施对已形成的品牌资产进行保护。

第十步：品牌资产评估（Brand Equity Evaluation）

不对品牌进行评估就无法进行有效的品牌管理，也无法进行品牌间的买卖。管理者可以从来源（消费者）和产出（财务）的角度对品牌资产进行评估。具体方法详见第 12 章。

第十一步：品牌保护（Brand Protection）

品牌资产由于种种原因会受到损害，管理者应该建立完善的品牌保护系统，以维护“胜利果实”。第 13 章将分析各种品牌危机，并探讨品牌保护的方法。

以上四大阶段应该成为一个闭环系统。根据第四阶段的评估结果，重新检查前三个阶段的工作，对出现问题的环节进行调整。另外，成立时间不长的企业一般没有“品牌提升”这一阶段，因此，他们的品牌管理流程可以直接从品牌传播到品牌评估。

第 3 节　品牌管理的成功要素和原则

品牌的成功秘诀是什么？这一问题引起了许多品牌学者和咨询顾问的研究兴趣。

一、汉伦的“顶级品牌密钥”理论

帕特里克·汉伦（Patrick Hanlon）根据多年品牌管理经验，归纳总结出一套品牌培育理论体系，称之为“顶级品牌密钥”。这套理论包括七个方面：创业历史、信条、徽记象征、仪式、对立阵营、神奇术语和领导者①。

1. 创业历史是有关品牌创立和发展过程中的故事，如海尔老总张瑞敏为抓冰箱质量而砸了 76 台不合格冰箱的故事。

2. 信条是一个品牌所崇尚的观念或使命，如李宁的“一切皆有可能”（Anything is Possible）、安踏的“永不止步”（Keep Moving）等。

3. 徽记象征是激发消费者品牌联想的元素，如英特尔悦耳的四个音节、万宝路的西部牛仔、万宝龙（Montblanc）的六角白星等。

4. 仪式是企业影响消费者行为的某种形式，如脑白金定位为专门送礼用的保健品，很多人要送礼时就会想到它。

5. 对立阵营是明确与本品牌相对应的竞争品牌，如云南白药牙膏声称自己是“非传统牙膏”，温迪汉堡说麦当劳汉堡的牛肉馅没有自己的多。

6. 神奇术语是与品牌相关的特定的词语，如苹果的粉丝被称为“果粉”等。

7. 领导者是一个组织的领袖，如维珍的布兰森、GE 的韦尔奇、万科的王石、联想的柳传志等。

这七个方面强调的是品牌的联想，说明建立丰富、正面、强烈的品牌联想是品牌成功的关键要素，一些成功的品牌如哈雷摩托车、苹果电脑、可口可乐等都是如此。

二、阿克和凯勒有关强势品牌原则的理论综合

尽管以上观点对品牌的培育都有极大的帮助，但总体上讲，还不够全面。品牌的培育是一项系统工程，需要诸多要素的支撑。品牌权威学者大卫·阿克教授②和凯文·凯勒教授③都曾提出过建立强势品牌的十大原则，他们的观点系统性更强，涉及到品牌管理的方方面面。本书将两位学者的观点综合在一起，汇集成 12 条原则：

① （美）帕特里克·汉伦. 品牌密码[M]. 北京：机械工业出版社，2006.

② （美）大卫·阿克. 创建强势品牌[M]. 北京：中国劳动社会保障出版社，2005.

③ Kevin Lane Keller. The Brand Report Card[J]. Harvard Business Review, 2000, (January-February): 3—10.

1. 建立品牌识别。每个品牌都要有识别系统，可以从作为产品的品牌、作为组织的品牌、作为人的品牌和作为符号的品牌等几个角度考虑。首先要明确品牌的精髓和核心识别，之后按不同的市场和产品对延伸识别进行调整。

2. 品牌能够提供消费者真正需要的利益。消费者为什么会买某种产品？是因为产品本身和品牌形象、服务以及其他许多有形、无形的因素形成了一个有吸引力的整体。星巴克卖的绝不只是一杯咖啡。

3. 品牌定位恰当。定位恰当的品牌在消费者心中占有独特的位置。它和竞争对手的品牌既有相似之处，又有不同之处。例如，奔驰和索尼在产品质量方面拥有明显的优势，但在服务方面却与竞争对手不相上下。

4. 品牌保持与消费者个性的相关性。品牌资产不仅与产品的实际质量联系在一起，还与各种无形的因素紧密相关。如什么人使用这种产品，这种品牌能体现怎样的个性特征等。

5. 定价战略以消费者对价值的看法为依据。把产品质量、设计、特色、成本和价格恰当地组合在一起很难，但是这种努力非常值得。宝洁公司在转向“天天低价”战略之后的那个财务年度获得了21年以来的最高利润率。

6. 品牌有连续性。在营销活动的连续性和创新性之间，企业必须保持适当的平衡。不能在营销活动中发出互相冲突的信息，把消费者搞糊涂了。

7. 品牌组合和品牌等级结构要合理。绝大多数公司都不只有一个品牌，它们为不同的市场创立不同的品牌。20世纪80年代，通用汽车公司各个品牌的重叠性与日俱增，品牌之间的区别逐渐消失。尽管它对旗下品牌进行了重新定位，但直到现在，其高档车和低档车一直都没能恢复昔日的辉煌。

8. 品牌的杠杆作用。只有当品牌核心识别既能够被利用又能够被加强时，才适合延伸品牌并制定联合品牌计划。

9. 运用和协调各种营销活动以建立品牌资产。如果一个品牌能充分利用其所有资源，并在各种营销活动中保持品牌精髓的一致性，那么，该品牌是很难打倒的。可口可乐就是个好例子。

10. 品牌职责。任命一位品牌经理，专门负责品牌的设计和管理工作，包括建立品牌识别、设计品牌定位、协调各组织单位、监控计划的实施等。

11. 给予品牌持续的支持。在20世纪80年代初期，由于各种原因，壳牌石油大大削减了广告和营销活动方面的支出。结果，壳牌至今尚未重新夺回它失去的市场份额。

12. 监测品牌资产来源。优秀的品牌需要深入的品牌审计和不间断的品牌跟踪研究。即使是市场上的领先企业，如果认真监测其品牌也能从中获益匪浅。

此外，里斯父女俩也对品牌成功的原则进行了思考（见链接材料2-3）。

链接材料2-3：里斯&里斯的“打造品牌的22条法则”

阿尔·里斯和劳拉·里斯出版的专著《打造品牌的22条法则》为品牌管理指明了方向：

（1）扩展法则：一个品牌的力量和它的规模成反比；

（2）收缩法则：当收缩你的重点时，你的品牌才会更强大；

（3）公关法则：品牌的诞生是由公关达成的，而不是广告；

（4）广告法则：一旦诞生，一个品牌需要广告保持健康；
（5）词汇法则：一个品牌应力争在消费者心中形成一个词汇；
（6）信誉法则：任何品牌成功的关键因素是其诉求的真实性；
（7）质量法则：质量是重要的，但是品牌的创建不能仅仅依靠质量；
（8）类目法则：一个领导品牌应该促进该类目的发展，而不是品牌；
（9）命名法则：从长远来看，对一个品牌来说，最重要的是名字；
（10）延伸法则：毁灭一个品牌最容易的方法就是把这个品牌的名称用在所有的事物上；
（11）伙伴法则：为了建设一个商品类目，一个品牌应该欢迎其他的品牌；
（12）通用法则：给一个品牌起一个通用的名称，是招致失败的最快途径之一；
（13）公司法则：品牌就是品牌，公司就是公司，它们是有区别的；
（14）副品牌法则：凡是打造品牌所创建的一切，打造副品牌都能将它破坏；
（15）同胞法则：推出第二个品牌需要适当的时间和地点；
（16）外形法则：一个品牌的标志应该设计得符合两只眼睛的视觉感受；
（17）颜色法则：一个品牌应该使用一种与它的主要竞争对手的品牌相反的颜色；
（18）国界法则：品牌全球化是没有屏障的。应该清楚一个品牌是没有国界的；
（19）连贯法则：一个品牌绝不是一个晚上能建立的。成功要以几十年来衡量，而非几年；
（20）变化法则：品牌可以改变，但只能是偶然的，而且只能是极其小心的；
（21）死亡法则：没有一个品牌能够永远存在。安乐死是最好的解决方法；
（22）单一法则：一个品牌最重要的特性就是它的单一性。

资料来源：阿尔·里斯和劳拉·里斯《打造品牌的22条法则》。

第4节 品牌管理面临的挑战

品牌建设受到越来越多的重视，但近年来，市场环境的变化使得品牌管理变得越来越难。一些学者对此展开了调查。

一、卡尔金斯的调查结果

2003年，美国西北大学凯洛格商学院的蒂姆·卡尔金斯（Tim Calkins）做了一项研究。他访问了360名品牌管理者，每个被访者至少有5年以上的品牌管理经验。访谈的结果是，品牌开发所面临的核心挑战主要有三个：短期业绩目标、内外一致性和传播混乱①。

1. 短期业绩目标的挑战，即处理短期财务的问题，是管理者们面临的最大挑战。一方面，管理者需要考虑企业的短期财务业绩；另一方面，品牌是一种长期资产，其价值要在未来某一时刻才能体现出来，可能需要牺牲短期业绩来进行培育。在二者之间，大多数管理者会选择前者。这样，一个恶性循环就开始了：管理者不惜一切代价地推行具有显著效果的短期营销活动（如低价促销），不但影响了品牌的形象，还占用了品牌建设的经费，严重影响了品牌

①（美）艾丽丝·泰伯特，蒂姆·卡尔金斯. 凯洛格品牌论[M]. 北京：人民邮电出版社，2006.

的长期发展。

2. 内外一致性的挑战。品牌管理当中的一致性问题表现为：品牌开发是否得到了公司上下一致的理解和支持；随着时间的推移，企业是否履行了品牌承诺；品牌的营销组合是否能够保持步调一致。品牌是消费者通过与公司的每个接触点长期、广泛的相互作用之后才创建出来的。中国有句俗话说“一粒老鼠屎坏了一锅粥”，实际上用在品牌建设上面也是非常贴切的。公司做了大量的工作来建立品牌在消费者心目中的地位，只要某一方面出了问题（如某个服务人员的态度很差），就会使消费者对该品牌的评价大打折扣。

3. 传播混乱的挑战。媒体的发达使得消费者每天都处在信息爆棚的状态。媒体的多元化使得消费者不再专注于某一个媒体，而媒体影响力的减弱为品牌宣传提出了更大的挑战。为了提高品牌传播的效果，管理者不仅要明晰品牌定位，策划高水平的广告，还要多采用赞助、事件营销等一些新的传播方式。

二、凯勒的观点归纳

相比而言，美国营销学者肖克（Allan D. Shocker）、斯瑞瓦斯塔瓦（Rajendra Srivastava）和鲁克特（Robert Ruekert）的观点就非常全面了。他们指出了品牌管理所面临的16个挑战：精明的消费者、更加复杂的品牌家族和组合、成熟的市场、更加复杂和激烈的竞争、差异化的困难、品牌忠诚度降低、自有品牌的增加、贸易权力的增长、分离的媒介、传统媒介有效性的丧失、新出现的传播选择、促销开支的增加、广告预算的缩减、产品导入和支持成本的增加、短期业绩导向、工作轮换的增加等[①]。凯勒将其归纳为六个方面[②]：

1. 精明的消费者。如今的消费者与以前相比，有了很大改变，如对大众媒体广告的信任度降低、对品牌的忠诚度降低、产品知识更丰富等。以前有效的营销做法，现在未必可行，如文字型广告的轰炸曾经也造就了名牌，如今已经很难在消费者心目中留下深刻的印象。对于一般套路的营销手法，消费者已经产生了免疫力。基于此，萨奇广告公司（Saatchi & Saatchi）的凯文·罗伯特（Kevin Robert）提出，品牌仅仅能够引起消费者的注意是不够的，还必须让消费者对品牌产生信任，最后上升为爱。

2. 品牌延伸与组合。无论是从降低经营风险的角度，还是从增加利润增长点的角度来看，产品线的拓宽和延长都是必要的。随着产品生产工艺技术的进步，产品线的拓宽和延长速度大大增加，随之而来的是产品与品牌的关系问题：在推出新产品时，是推出新品牌还是沿用老品牌？哪些产品不适合沿用老品牌？如何规划新品牌和老品牌形成的品牌家族？各品牌充当什么角色？等等。

3. 媒体集中度的分散。由于媒体技术的不断发展，消费者被更多更精彩的媒体所吸引，从而使得媒体集中度大大减弱。例如，在电视媒体领域，中央电视台在中国一直是绝对的权威媒体，几乎是所有大公司做广告的首选。近几年，随着地方卫视的推出，湖南卫视等一些经营有善的电视台凭借其特色打响了卫视品牌，同样吸引了全国人民的眼球。媒体集中度不高带给企业的难题是：如何利用有限的成本实现最有效的媒体组合，达到最好的传播效果。

---

① Shocker, D. A., Rajendra K. S. and Robert W. R.. Challenges and Opportunities Facing Brand Management: An Introduction to the Special Issue[J]. Journal of Marketing Research, 1994, (31): 149—158.

② （美）凯文·莱恩·凯勒. 战略品牌管理（第2版）[M]. 北京：中国人民大学出版社，2006.

4. 竞争的加剧。科学技术的发展、行业管制的放宽和经济全球化的形成带来了物质的丰富和营销的普及，也促使品牌竞争程度越发激烈。一些曾经有效的营销策略被竞争对手效仿，品牌的营销手段出现同质化现象，加大了竞争的难度。于是乎，层出不穷的广告投放、触目惊心的低价竞争、此起彼伏的促销大战随处可见，然而效果却不尽如人意。尤其是价格战的盛行更是使得企业的竞争压力变本加厉。除了传统的制造商品牌的竞争压力，一些零售商的自有品牌也在凭借其掌控终端的优势压低成本、分割市场。相关数字显示，欧洲零售商平均自有品牌的市场占有率达 23%，高于北美地区的 16%，而且每年仍保持 4%的增长速度。比如瑞士的 Migros 公司，自有品牌占公司 90%以上的销售份额；又如英国玛尔科公司的食品销售额几乎 99%来自自有品牌。

5. 成本增加。由于人才、原料、设备、媒体等成本的增加以及竞争的干扰，如今，研发和推广一个新产品的成本高居不下。A.C.尼尔森公司（A.C. Neilsen）和新产品开发集团（NPD）共同维持的一个数据库显示，产品试用率在 20 世纪 70 年代后半期大约是 15%，而到了 90 年代，已下降到 10%以下。这表明，要达到以前的产品试用率，企业必须支付更多的成本。

6. 强烈的利润要求。品牌经理通常面临一个两难的境地：一方面要实现品牌的短期利润目标，以证实自己的管理才能；另一方面又要维护品牌的长期形象，持续投入建设经费。为了在现在的职位上待久一点，而不致于被董事会"炒鱿鱼"，大多数品牌经理会选择放弃长期目标，采取促销、降价等方式实现短期目标。但这么做的后果是使品牌的发展缺乏后劲，不能做到"基业长青"。

除此之外，大卫·阿克提出了造成品牌建设困境的八个因素（见链接材料 2-4）。综合斯科特、凯勒和阿克的观点可知，当前企业品牌管理所面临的挑战可分为内部挑战和外部挑战。其中，外部的挑战是消费者的成熟、价格竞争、媒体多元化、成本上升等几个方面造成的；而内部的挑战则来自于短期的业绩压力、品牌延伸与组合，以及品牌传播内外一致性等几个方面。

链接材料 2-4：造成品牌建设困境的八个因素

大卫·阿克（有人译为"戴维·阿克"）教授在《创建强势品牌》一书中提出造成品牌建设困境的八个因素：

1. 价格竞争的压力；
2. 竞争者的扩张；
3. 市场与媒体的分割；
4. 复杂的品牌战略和关系；
5. 对改变战略的偏好；
6. 对创新的偏见；
7. 对其他领域投资的压力；
8. 短期压力。

资料来源：（美）大卫·阿克. 创建强势品牌[M]. 北京：机械工业出版社，2012.

第5节 品牌管理的误区

目前，我国每年新增数十万个品牌，但这些品牌大多好景不长。一项调查表明，中国品牌的生命周期平均为7.5年。许多“著名”品牌瞬即成为过眼烟云，如“三株”、“飞龙”、“秦池”、“爱多”等曾经风光无限的品牌如今早已纷纷落马。不少管理者感叹品牌管理太难了。品牌就像是一个柔弱的婴儿，照料不周很容易夭折。但为什么有些品牌（如索尼、可口可乐、雀巢、宝洁）却能存活几十年甚至上百年呢？分析那些寿命不长的品牌会发现，公司对品牌的管理存在着种种误区。

一、美国学者凯勒的观点

凯勒指出，有七个错误阻碍了公司建立强大的品牌[①]：

1. 没有全面理解品牌的含义

很多公司认为注册好一个商标，并提供优质的产品和服务，就能建设出一个强大的品牌。这一观点是错误的，因为优质的产品和服务很容易被竞争者效仿，最后埋没在纷纭的品牌当中。正确的思路应当是从消费者角度出发，开发对消费者有特殊意涵的品牌，一切营销活动都应围绕品牌承诺来设计和实施。例如，可口可乐提供的不一定是最好喝的饮料，但却提供了最爽的激情，因为“要爽由自己”的口号打动了年轻人的心，这是百事可乐、非常可乐等其他品牌的可乐无法替代的。

2. 没有履行品牌承诺

品牌意味着企业对消费者的一种承诺，也意味着消费者对企业的一种信任。在选择品牌的时候，消费者怀着对品牌承诺可以实现的期待和信任。一项调查结果显示，消费者之所以更换品牌，最重要的原因是品牌没有履行它的承诺。只有品牌履行承诺，才可能使消费者愿意与品牌建立长久的关系，忠实于品牌。

3. 没有给予品牌充分的支持

有人说，“品牌是有钱人的游戏”，这话不全对，但也有一定的道理。建立一个品牌需要较大的营销投入，因为要涉及到方方面面的接触点管理。此外，品牌管理和发展也需要持续地资本投入。很多经理在品牌获得短暂成功后以为可以一劳永逸，殊不知投资是品牌的发动机，发动机停了，品牌发展也就停了。

4. 对于品牌成长缺乏耐心

品牌管理是一项长期事业，需要管理者极大的耐心和细心。不同于打广告、搞促销，品牌管理是要在消费者的心目中建立有深度和广度的认知，以及强有力的、独特的、偏好的品牌联想。想通过炒作、走捷径等方式来建立品牌是不牢靠的。一些国际品牌深谙此道，如红牛花费了4年的时间才达到每年销售收入1000万美元的目标，又花费了5年的时间才达到每年销售收入1亿美元的水平。

---

①（美）凯文·莱恩·凯勒. 战略品牌管理（第2版）[M]. 北京：中国人民大学出版社，2006.

5. 未能充分控制品牌

品牌是公司所有接触点给消费者的印象总和。从总裁到员工都应当理解公司的品牌资产，这是内部营销的核心内容，也是品牌外部传播的基础。然而，许多公司认为品牌是公司上层管理者的事，与员工无关，结果导致高层对品牌的承诺与员工的执行相违背。

6. 对品牌的变化和连贯性之间的平衡缺乏适度的控制

品牌管理是一门平衡变与不变的艺术。由于市场环境在变、消费者在变、竞争者在变，因此品牌也要随之而变。但变化的幅度过大会使品牌失去自我，令消费者产生混乱的认知。为此，品牌经理应当把握品牌当中不变的部分，即品牌的核心价值或 DNA。贝蒂·克罗克是一个很典型的例子。在 80 多年间，为了紧跟时代的变化，这个美国食品品牌的虚拟形象共更换了 8 次，但给人的感觉却依然是诚实可信、亲切友善。

7. 没有认识到品牌资产评估和管理的复杂性

迫于竞争的压力，企业界往往根据市场份额或者销售收入来判断一个品牌的成败，这种做法把品牌资产管理给简单化了。通过广告轰炸、价格促销等策略，在一定时期内很容易提高企业的销售量，但后果就是丧失了品牌发展的后劲。品牌资产是一个复杂的概念，其评估不只是要看销售业绩，更要关注其在消费者心目中的印象和位置。

二、国内学者与咨询顾问的综合观点

卢泰宏教授[①]和品牌咨询顾问叶茂中[②]、于长江[③]等人都曾指出过中国本土企业在品牌营销当中存在的若干误区。本书将这些观点进行了综合归纳，具体分为四个方面：概念误区、目标误区、创建误区和管理误区。

（一）概念误区

1. 品牌就是商标

很多企业分不清商标与品牌之间的关系，认为只要将一个名字或图案到工商管理部门注册就成了品牌。其实，二者并非同一个概念。相比而言，商标更倾向于是一个法律概念，是品牌获得法律保护的工具；而品牌则是一个管理和竞争概念，是企业满足消费者需求从而夺取市场的工具。当然，品牌首先要成为商标才能获得公平竞争的保障，因此，品牌的内涵要大过商标。

2. 品牌必须高档

企业界普遍存在着一种观点：要想成为强势品牌，包装一定要精美，价位一定要高。事实上，这是完全错误的。英国的著名化妆品公司美体小铺（the Body Shop）所销售的产品就采用非常简单的包装，采用中低档价位。其实，强势品牌之根本在于能为目标市场提供更高的价值，更好地满足其生理或心理需求。一些高档品牌的成功，正是因为它们迎合了一部分人的高消费心理，但这并不意味着所有品牌都要高档化。只要能更好地满足普通大众的需求，经济实惠的“民”牌同样能成为强势品牌。例如，小米手机、绿茶餐厅等都是较为成功的平价品牌。

---

① 卢泰宏. 营销在中国：2001 营销报告[M]. 广州：广州出版社，2001.

② 叶茂中. 叶茂中谈品牌[M]. 北京：中华工商联合出版社，2001.

③ 于长江. 品牌管理误区引发的思考[EB/OL]. 中国营销传播网，www.emkt.com.cn，2005-06-09.

3. 品牌建设是大企业的专利

一提到建设品牌，很多中小企业会退避三尺，认为那是大企业的专利，自己连产品开发的经费都成问题，还能耗费巨资做品牌？这种认识是对品牌建设的误解。的确，很多大企业用巨额广告费砸出来了“知名品牌”，但那只是知名度，品牌的美誉度和更深刻的品牌内涵来自于品牌给消费者带来的价值。没有雄厚的资本，企业可以从小做起，在一定的市场范围内通过价值让渡来建立口碑，然后由点及面，形成“星星之火燎原之势”。很多现在的大企业都是从当年的小企业一步一步走过来的。在我国品牌策划实务界，已有策划人提出“一分钱做品牌”的动作观念，强调超低成本塑造品牌，并提出了切实可行的16条黄金法则[①]。

4. 忘了品牌生存的基础

不少企业认为品牌建设就是要做好品牌的外在展示，如标志设计、广告投放等，而忽视了品牌的内部管理（如产品品质、内部传播、客户关系等）。实际上，如果把品牌的外在展示当作是一朵美丽鲜花的绽放，品牌内部管理则是源源不断的养料，没有养料绽放的鲜花也只能昙花一现，终究会由于缺乏后劲而枯萎。

（二）目标误区

1. 为品牌而品牌

如果问企业“为什么要建立品牌”，有些人的答案可能是“现在流行做品牌”。这种“随大流”的想法说明他们还不清楚品牌对企业意味着什么。只有深知“品牌是如何促进企业发展”的管理者，才能真正把品牌建设放在工作的首位。否则，他们可能只会在各种媒体上让品牌亮相，而不是为消费者营造全方位的品牌体验。

2. 把名牌当作品牌的建设目标

把名牌看作品牌是大多数企业常见的认识误区，其症结在于将品牌的知名度狭义地理解为品牌的全部。在这种错误思想的指导下，他们认为只要全力以赴地搞好广告宣传或造势炒作就可成为强势品牌。于是，广告轰炸、商业炒作成为他们品牌经营的主要内容，如用在商场内举行接吻比赛、当众泡澡之类的噱头来吸引顾客。西方品牌资产模型告诉我们，知名度只是品牌成功的一个基本条件，美誉度、良好联想、品牌的内涵才能支撑起一个成功的品牌。没有品牌内涵，一时的名气即使再大也只能是品牌“泡沫”，这样的品牌是没有生命力的。

3. 做品牌就是做销量

品牌的塑造是战略行为，是一项长期的系统工程，需要认真的规划和长久的坚持。然而，很多企业只看到眼前利益，为追求销量第一甚至不惜损害品牌资产。不可否认，品牌属于发展层面的内容，对于企业来说，首先要解决生存问题。正因为此，降价、促销、炒作似乎特别受企业的青睐。然而，在获得“第一桶金”之后，仍然一味地沉迷于如何扩大市场份额、如何迅速提高销量等会影响到品牌未来的发展。这是关乎企业能否“基业常青”的重大问题。

（三）创建误区

1. 品牌缺乏定位

任何产品都只能满足一部分人的某种需求，但是很多企业不甘心将品牌定位于一个卖点，认为卖点越多可吸引的消费者就越多。殊不知，“眉毛胡子一把抓”，到头来只能是一场空。在商业信息泛滥的今天，“多点”宣传不仅浪费了资源，而且会让消费者对品牌特征感到迷惑。

① 谢付亮，朱亮. 品牌天机——超低成本塑造品牌的16条黄金法则[M]. 北京：机械工业出版社，2007.

事实上，世界著名的品牌无一不具有清晰的定位。例如，宝洁几种洗发水的功能定位就非常清晰，让人们“去头屑”时就想到海飞丝，使头发柔顺时就想到飘柔。

2. 品牌就是做 CIS

CIS（企业识别系统）有利于品牌形象的塑造，但只是品牌塑造的一种途径。本质上，CIS 是为企业形象服务的，而企业形象只是品牌形象的一个方面。所以，仅仅提升企业形象是不够的。即使是做 CIS，在中国，企业往往只重视视觉识别（VI），最重要的理念识别（MI）往往只是藏在企业文件里或挂在企业大厅的墙上，而行为识别（BI）则流于形式。

3. 过度依赖传播的外在表现

目前，许多企业的品牌建设基本都是建立在传播的基础上，往往动辄就是上千万元的媒体宣传费用，使得企业界形成了“品牌需要大投入”的印象。其实，只有正确的策略才是品牌建设的关键，忠诚度不是靠密集的传播就能建立的，现实中并不缺乏在传播上加大投入仍然失败的品牌案例。

4. 强势品牌是评比出来的

一些企业对评奖和排行榜乐此不疲。他们认为，消费者会把“企业获得某某奖项”作为评价品牌是否有实力的标准。其实，这种观念已经落后了。随着消费者观念逐渐理性化和成熟化，获奖已成为影响他们购买决策的一个次要因素。通过评奖塑造强势品牌的做法是自欺欺人，因为选票不在评委手中，而在消费者手中。品牌排行榜只能是品牌塑造的结果，而不是品牌塑造的手段。

（四）管理误区

1. 做品牌可以一劳永逸

我国一些品牌曾经辉煌一时，之后便销声匿迹，其中一个重要原因就是认为品牌一旦成名便可一劳永逸。其实，品牌资产的建立是一个长期积累的过程，品牌成名只是完成了第一步，要想变成强势品牌还需要不断地发展和管理。曾名扬一时的康巴斯石英钟、雪花冰箱等一批品牌就是没有得到持续支持和管理而走向了没落。

2. 品牌形象可以朝令夕改

许多企业的品牌管理缺乏长期的、系统的、战略的规划，缺乏一个长期不变的品牌核心价值，导致品牌随波逐流、朝令夕改、形象模糊。除了企业品牌管理者本身素质较低之外，品牌经理和广告公司的经常性更换也是导致品牌形象变幻的重要原因。从长期来看，这样的品牌传播风格很难塑造一个强有力的品牌，因为飘忽不定的品牌形象很难在消费者心里扎根。这并不是说品牌要固步自封，顺应需求变化而有所调整是必要的，但这些调整都应围绕品牌核心价值来展开，“万变不离其宗”才能建成强势品牌。

3. 品牌过度延伸

为了做大做强，不少企业纷纷扯起了品牌延伸的大旗。适度的品牌延伸确实能为企业带来很多利益，然而，一些企业尚未掌握品牌延伸的规律就将品牌任意延伸，这不仅无助于新产品的推出，也损害了原有品牌的资产。其实，有关讨论品牌延伸陷阱的文章在国内已经泛滥。但事实上，一些被认为可能踏入延伸陷阱的品牌却获得了很大成功，娃哈哈就是一例。对企业来说，现在的关键问题不是无休止地告诫品牌延伸如何危险，而是应当思考究竟品牌延伸成功的条件是什么？是否有边界？“适度”和“过度”中的“度”究竟如何把握？这些核心问题是使品牌摆脱延伸陷阱的关键之所在。

4. 品牌过度授权

与品牌延伸相类似的概念是品牌授权。一些知名品牌通过品牌授权的方式提高了品牌的影响力，同时也获得了不菲的授权费用。但与品牌延伸同样的问题是，如何把握品牌授权的“度”？如何选择授权产品？能否在利益面前拒绝一些不合适的产品制造商的加盟申请？

5. 品牌管理孤立化

所谓孤立化，是指企业将重点放在了品牌本身的创建上，而没有将品牌放在整个营销的过程中来考虑，没有把品牌与公司的其他管理职能联系起来。这使得品牌管理过于孤立，局限于具体负责的几个人了解品牌的状况，而得不到整个公司上下成员的支持。而事实上，品牌是公司全体成员的事，是战略层面的大事，应该得到各职能部门的鼎力支持。

关于品牌误区的讨论，国内较为知名的还有天进公司的“中国品牌十大病根”（见链接材料 2-5）。

链接材料 2-5：中国品牌十大病根

国内知名广告公司天进整合营销传播机构董事长冯帼英指出，当前中国品牌所存在的十大病根：

病根一：偏离品牌识别的延伸

病根二：品类细分不科学

病根三：缺乏理性组合的品牌结构

病根四：品牌联盟意识薄弱

病根五：目标消费群模糊

病根六：品牌缺乏人格化的特征

病根七：产品、服务缺乏价值创新

病根八：价格缺乏战略高度

病根九：渠道或销售方式不当

病根十：忽视产品历史文化或发源地

资料来源：冯帼英，林升梁. 中国品牌十大病根[M]. 北京：中国市场出版社，2007.

第6节 品牌管理的组织机构

品牌管理的组织机构是在企业内部设置的一套负责品牌管理相关事务的岗位和人员。对品牌管理重视的一个体现就是设置了专门的品牌管理组织机构。华东师范大学的何佳讯教授认为，历史上曾经出现过三种品牌管理组织形式，即业主负责制、职能管理制和品牌经理制①。近20年来，品牌管理组织形式又发生了新的变化。以下根据出现顺序，对五类品牌管理组织机构进行介绍（见表 2-2）。

① 何佳讯. 品牌形象策划——透视品牌经营[M]. 上海：复旦大学出版社，2000.

表 2-2　五种品牌管理组织形式及其优缺点

组织形式	释义	优点	缺点
业主负责制	品牌的决策乃至组织实施全由公司高层领导承担，只有具体的执行工作才授权下属完成	（1）决策迅速，方便整合资源；（2）能为品牌注入企业家精神和个性。	一旦企业规模扩大，管理者个人无能为力
职能管理制	将品牌管理的职责分配到各个职能部门当中去	（1）使高层管理者抽身做其他重大的战略决策；（2）品牌管理的专业化的职能分工和科学管理。	缺乏一个上级领导来进行有效的协调和沟通
品牌经理制	为每一个品牌设置一名经理，全面负责品牌创建、维护和提升	（1）专职管理者为每一个品牌的成长提供了保障；（2）加强了公司内部品牌之间的竞争；（3）增强了各职能部门的协调性；（4）培养高级综合管理人才“小总经理”。	（1）对品牌管理人员的素质要求很高；（2）可能出现重复建设、资源内耗等现象；（3）可能使每个品牌的风格自成一体，公司整体品牌形象杂乱无章。
品类经理制	为多个品牌构成的每个产品类别设置一名经理，由其负责该品类的管理和赢利	（1）能够协调品类内各品牌的关系，整合各品牌的优势；（2）充分利用品类经理的行业专业优势。	各品类之间缺乏整合，公司整体品牌形象不统一、不鲜明。
品牌管理委员会	由高层管理者直接担任品牌负责人，各职能部门和各品类负责人担任委员，注重各品类以及各职能间协调	（1）能够有效协调各品类之间、各职能之间、各品类与各职能之间的关系，统一企业整体形象；（2）有助于建立全员品牌导向。	（1）高层管理者对各品牌、品类的一线市场了解不足；（2）对高层管理者的品牌管理水平要求高。

一、业主负责制

业主负责制是指品牌的决策乃至组织实施全由公司高层领导承担，只有具体的执行工作才授权下属完成的一种高度集权的品牌管理组织制度（见图 2-2）。20 世纪 20 年代以前，这种制度是西方企业品牌管理的主流形式。当时的品牌经营还比较简单，仅靠高层管理者个人就能够应付。例如，福特汽车公司的亨利·福特、麦当劳餐厅的雷·柯洛克、可口可乐公司的坎德勒等都把品牌的创建和发展作为毕生的使命，亲自参与品牌决策的制定和实施。

图 2-2　业主负责制的品牌管理组织形式

业主负责制的优点是：（1）决策迅速，能方便地整合资源；（2）能为品牌注入企业家精神，使品牌具有鲜明的企业家个性。其缺点是：企业规模一旦扩大，管理者的个人精力不足以妥善处理所有品牌相关的事宜。因此，品牌管理权限产生了分化。

二、职能管理制

职能管理制是把品牌管理的职责分配到各个职能部门当中去的一种品牌管理组织制度（见图 2-3）。例如，市场部门承担品牌调研工作，宣传部门承担品牌推广工作等。在 20 世纪 20～50 年代，这种制度非常普及，至今，我国的很多企业还在采用这种组织形式。

职能管理制的优点是：（1）使高层管理者摆脱了品牌具体事务的纠缠，能够有精力做其他重大的战略决策；（2）将专业化的职能分工和科学管理带入品牌管理当中，使品牌在更复杂的环境下得以成长。缺点在于：各职能部门属于平行机构，缺乏一个上级领导进行有效的协调和沟通，容易出现扯皮和推诿现象，产生品牌管理的“真空”。于是，一种被称为“品牌经理制”的全新品牌管理制度应运而生。

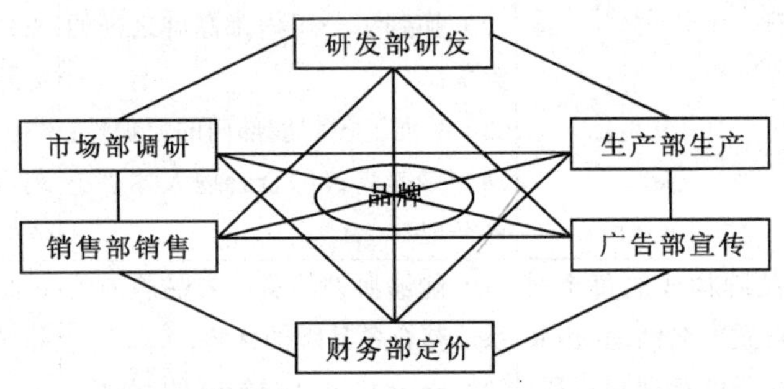

图 2-3 职能管理制的品牌管理组织形式

三、品牌经理制

品牌经理制（the System of Brand Manager）最早出现在 1931 年的宝洁公司，指的是为每一个品牌设置一名经理，以全面负责品牌创建、维护和提升的一种品牌管理组织制度。品牌经理制对当时的美国工业界来说是一个全新的概念，在此之前没有任何一家美国公司鼓励旗下的品牌互相竞争。而如今，宝洁的品牌管理系统已经被全世界很多企业继承和演绎，美国强生公司、美国家用品公司、法国娇兰公司、美国福特公司、美国通用公司等都先后采用了这一制度。在我国，江苏森达、上海家化等知名企业也采用了这个制度①。

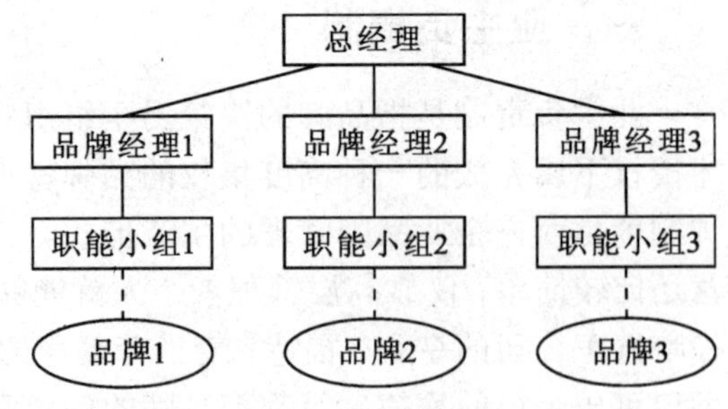

图 2-4 品牌经理制的管理组织形式

品牌管理小组中除了品牌经理外，还有几个品牌助理，以及财务、研发、制造、市场、销售等各职能部门的人员，形成了一种矩阵式的管理组织形式（见图 2-4）。其优点在于：（1）为每一

① 韦桂华. 21 世纪：品牌经理跃上前台[EB/OL]. 中华企业内刊网，http://www.neikan.com/，2001-08-21.

个品牌设置了专职管理者，负责品牌分析、规划和执行等全过程，从而为品牌的成长提供了保障；（2）加强了公司内部品牌之间的竞争，使品牌更具有活力；（3）品牌经理为品牌建设进行有条不紊的安排，从而增强了各职能部门的协调性；（4）能够培养高级综合管理人才。品牌经理制的缺点在于：（1）对品牌管理人员的素质要求很高，一个品牌经理必须能够全面应付品牌管理的各项工作，而一家企业多个品牌则需要多个这样的管理人才；（2）品牌管理费用过高，由于同一家企业的不同品牌之间也存在竞争，致使每个品牌都需要独立投入，结果出现重复建设、资源内耗等现象；（3）各品牌各自为战可能会使得每个品牌的风格自成一体，导致整个公司品牌形象杂乱无章。由于品牌经理制出现了种种问题，宝洁等各大跨国公司又在重新思考新的品牌管理组织架构。

四、品类经理制

1994 年，英国《经济学家》杂志发表了题为《品牌经理制的终结》一文，对品牌经理制的弊端进行了尖锐的批评。而早在 20 世纪 90 年代初，宝洁也在反省是否有更好的品牌管理组织制度。这就是品类经理制（the System of Category Manager）。品类经理制也称为“品牌事业部制”，是指为多个品牌构成的每个产品类别设置一名经理，由其负责该品类的管理和赢利（见图 2-5）。品类经理制与品牌经理制本质上是一样的，都是设置专职管理人员来负责品牌管理，且都是由各职能部门人员共同组成的一种矩阵式管理组织形式；不同之处在于：品牌经理是负责某一个品牌的管理，而品类经理制则是负责对同类产品的几个品牌进行管理。纳贝斯克公司就实行了品类经理制，该公司设有三个饼干种类管理小组，分别负责成人浓味饼干、营养饼干和儿童饼干的品类管理。每一个品类小组由来自财务、研发、制造和销售部门的专家构成，对该品类的成长负有全责。这种组织形式在一定程度上整合了公司的内部资源。

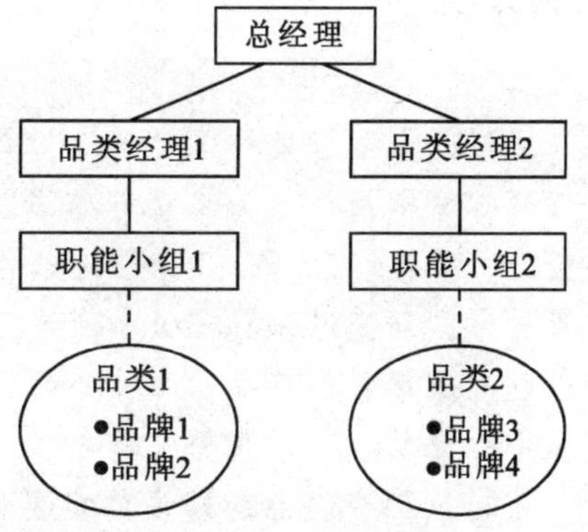

图 2-5 品类经理制的管理组织形式

品类经理制的优点是：（1）能够协调品类内各品牌间的关系，整合各品牌的优势，避免了品牌经理制中出现的资源内耗和重复建设等问题；（2）充分利用品类经理的行业专业优势，提高管理效率。缺点是各品类之间缺乏整合，依然会出现公司整体品牌形象不统一、不鲜明的问题。不过，这已经比品牌经理制要好多了。

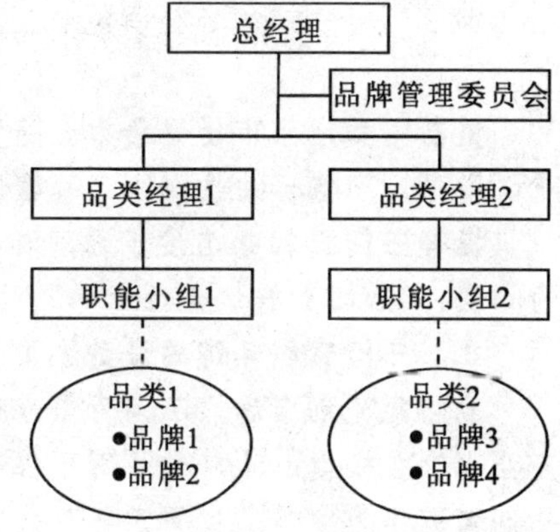

图 2-6 品牌管理委员会的管理组织形式

五、品牌管理委员会

21 世纪初，一些跨国公司的品牌管理组织形式又演变成一种新的模式。这种模式由高层管理者直接担任品牌负责人，各职能部门和各品类负责人担任委员，注重各品类以及各职能间的协调，称为“品牌管理委员会”（the Committee of Brand Management）。这种组织形式以一个战略性的品牌管理部门或人员来弥补上述品牌管理体制中的不足（见图 2-6）。GE、惠普、3M 等公司都成立了品牌管理委员会，其主要职责是建立整体的品牌战略，确保各事业部与品牌之间的沟通与整合。这些品牌不再隶属于市场营销部门，而直接归属于公司最高层决策人。一些企业甚至设置了首席品牌官（Chief Brand Officer, CBO）来主持品牌管理委员会。

品牌管理委员会的优点是：（1）能够有效协调各品类之间、各职能之间、各品类与各职能之间的关系，统一企业整体形象；（2）有助于建立全员品牌导向，因为品牌管理委员会处于公司的高层位置，对整个公司都有管理权限。缺点是：（1）高层管理者身居高位，对各品牌、品类的一线市场了解不足，难免出现一些决策过于主观的问题；（2）对高层管理者的品牌管理水平要求高，高层管理者并不等同于品牌的专业管理人士，在做决策时难免会出现非专业的一些错误。

案例分析

三门青蟹的品牌建设

浙江三门县地处中国“黄金海岸线”中段三门湾畔，境内海天雄奇，物产丰富。几百公里资源丰富的海岸线为青蟹养殖造就了得天独厚的条件。多年来，该县致力于办节造势、产品推介、品牌培育，三门青蟹的知名度和影响力不断增强。先后被命名为中国青蟹之乡、“三门青蟹中国研究基地”。2006 年，三门青蟹通过国家地理标志产品保护，成为当时全国唯一的地理标志保护海产品，而且还荣获中国名牌农产品称号。经浙江大学 CARD 中国农业品牌研究中心评估，三门青蟹品牌价值为 32.46 亿元。

一、三门青蟹品牌建设的重要作用

促进主导产业互动发展。三门青蟹区域品牌来自主导产业，同时又促进青蟹主导产业的发展壮大。2012 年，该县青蟹养殖面积 5876 公顷，产量 12568 吨，面积占全省的 53.26%，产量占全省 48.27%。全县形成 6 大养殖区，其中连片上万亩青蟹养殖基地 4 个，上千亩养殖基地 20 个。经国家农业部核准，2004 年被中国水产流通与加工协会授予“中国青蟹之乡”称号。

增加渔民经济收入。三门青蟹区域品牌的确立，放大了青蟹养殖产业的效益。沿海围塘养殖的塘租费用由 2000 年的 7500 元/公顷，上升到现在的 37500 元/公顷，最高租金超过 52500 元/公顷，围塘养殖的每公顷纯收益在 75000 元以上，单纯从事养殖的年收入一般在 5 万元以上。

提高同类产品市场竞争力。随着三门青蟹区域品牌的市场影响力提高，市场集散能力也随之增强，不但吸纳县内所产青蟹，而且带动三门湾区域宁海、象山的青蟹销售。

提升三门县的知名度。通过多年的市场推介和市场营销，“三门青蟹”品牌已根植人们的心底，“三门青蟹、横行世界”的态势初步形成，三门也成为家喻户晓的“青蟹县”。

二、三门青蟹品牌建设的主要做法

战略眼光创名牌。三门青蟹养殖历史悠久。经历 20 世纪 90 年代以来快速发展后，这一产业也存在短板，尤其是品牌不够响亮。针对这一突出问题，三门县委、政府审时度势，把争创名牌作为实施“青蟹三门”战略的重要措施，县财政专门安排资金用于品牌宣传、品牌推介和争创名牌等各项工作，致力于提升三门青蟹区域品牌的知名度和美誉度。

抓源强基提品质。品质是创品牌的关键，也是提升品牌的核心。该县以标准化为基础，从抓好源头管理入手，强化基础工作，重视产品质量安全，注重科技创新。抓源头就是抓纯正的青蟹苗种，强基础就是抓养殖塘改造、标准化推广和无公害基地建设，改造养殖塘1100公顷，建成18个共2734公顷有机、绿色或无公害基地。重创新就是注重软壳青蟹和越冬青蟹开发，赋予三门青蟹品牌新内涵，弥补冬季断档现象。

注重监管塑形象。监管是打造品牌新形象、维护品牌持续发展的坚实保障。在监管方面，三门县围绕“建机构、抓管理、严监督”，着力推进三门青蟹品牌建设。建机构就是建立三门青蟹管理办公室，加强区域品牌管理，成立三门青蟹行业协会，充分发挥行业协会的自律作用。抓管理就是率先制定了“三门湾”牌锯缘青蟹产品地方标准，出台了《三门青蟹品牌管理办法》和《三门青蟹原产地地理标志保护管理办法》，推行青蟹产品市场准入和产品可追溯制度。严监督就是加强商标发放管理和使用管理，制定商标使用规则，签订商标使用承诺书，推行黑名单制度，促使各经营户自觉维护品牌声誉。

融入文化丰内涵。文化是一个品牌的灵魂，品牌只有融合了文化，才能彰显它的魅力。近年来，三门县认真挖掘三门青蟹的咏蟹诗词、地方传说和习俗等，赋予历史文化内涵，成功举办了中国青蟹节，集中展示青蟹文化，多角度宣传三门青蟹的饮食文化，以蟹文化带动休闲观光业的发展。

三、三门青蟹品牌建设存在的主要问题

区域品牌有其自身的特点，“三门青蟹”的品牌知名度和影响力在得到世人认可的同时，品牌危机亦开始显现。一是品牌培育后劲不足。“三门青蟹”品牌培育仍然依赖政府行为，宣传不足，热度递减，品牌效应开始收缩，从中国农产品公用品牌价值榜2009年的第16位下降到目前的33位。二是品牌管理乏力。一些市场经销户乱使用以及市场经营以次充好、以假乱真、捆扎物超重等现象时有发生。三是品牌使用效果欠佳。虽然在一些大中城市坚持精品销售，但毕竟数量很小，绝大部分局限在大众礼品的销售上，价位低、渠道单一，与品牌产品销售的效益相距较远。

资料来源：卢昌彩，赵景辉.水产品区域品牌建设——三门青蟹区域品牌案例分析[J].中国水产. 2014，(1):36—38.

讨论题：

1. 三门青蟹的品牌建设取得成功的原因有哪些？
2. 针对三门青蟹品牌建设存在的主要问题，你能提出哪些解决办法？
3. 你认为区域品牌与产品品牌在管理策略上有哪些相同和不同之处？

本章小结

品牌管理是指管理者为培育品牌资产而展开的以消费者为中心的规划、传播、提升和评估等一系列战略决策和策略执行活动。与传统的品牌管理模式相比，品牌资产管理模式具有三个特点：（1）战略管理而非战术管理；（2）广阔的视野而非有限的焦点；（3）品牌识别作为战略的推动者而不是销售。

品牌管理是一项系统工程，牵涉到环境与资源、战略和策略、内部和外部等多方面问题。大量中外品牌专家对品牌管理问题进行了思考，提出了各种品牌管理流程。一些影响较大的品牌管理流程有切纳托尼的八步品牌管理流程、斯科特的十一步品牌资产管理框架、凯勒的战略品牌管理流程等。在此基础上，本书认为品牌管理可分成品牌规划、传播、提升和评估四个阶段，具体包括品牌识别、品牌符号、品牌定位、品牌体验、整合品牌传播、品牌延伸与授权、品牌组合、品牌更新、品牌国际化、品牌资产评估、品牌保护等十一个步骤。

一些专家探索了品牌成功的要素和原则，如汉伦的“顶级品牌密钥”理论、特里斯和戈尔德的“保持品牌领先地位的五个要素”等。阿克和凯勒都曾提出过建立强势品牌的十大原则，本书把两位学者的观点综合在一起，汇集成了12条原则。

品牌管理面临巨大挑战。卡尔金斯的调查结果指出短期业绩目标、内外一致性和传播混乱是品牌开发面临的核心挑战。凯勒对肖克等人的16种挑战的研究结果进行归纳，提出精明的消费者、品牌延伸与组合、媒体集中度的分散、竞争的加剧、成本增加、强烈的利润要求等六点是品牌管理面临的主要挑战。

公司对品牌的管理存在种种误区，这些误区可分成概念误区、目标误区、创建误区和管理误区，分别在“什么是品牌”、“为什么要建立品牌”、“如何创建品牌”和“如何管理品牌”等几个问题上存在错误观点。

品牌管理的组织机构是在企业内部设置的一套负责品牌管理相关事务的岗位和人员。对品牌管理重视的一个体现就是设置了专门的品牌管理组织机构。从历史的眼光来看，存在五种品牌管理组织形式，即业主负责制、职能管理制、品牌经理制、品类经理制和品牌管理委员会。每种组织形式都在特定的历史阶段发挥巨大作用，但又都存在一定的局限性。

重点概念

品牌管理（Brand Management）
战略品牌管理（Strategic Brand Management）
品牌管理模式（the Mode of Brand Management）
品牌资产管理（Brand Equity Management of Brand Asset Management）
品牌管理流程（the Procedure of Brand Management）
品牌愿景（Brand Vision）
品牌规划（Brand Planning）
品牌创建（Brand Building）
品牌提升（Brand Advancing）
品牌评估（Brand Evaluation）
品牌管理原则（the Principle of Brand Management）
品牌管理挑战（the Challenge for Brand Management）
品牌管理误区（the Misunderstanding of Brand Management）
品牌管理组织机构（the Organizational Structure to Manage Brand）
品牌经理制（the System of Brand Manager）
品类经理制（the System of Category Manager）
品牌管理委员会（the Committee of Brand Management）

进一步阅读材料

1.（美）艾丽丝·泰伯特，蒂姆·卡尔金斯. 凯洛格品牌论[M]. 北京：人民邮电出版社，2006.

2.（美）大卫·阿克，爱里克·乔瑟米赛勒. 品牌领导[M]. 北京：新华出版社，2001.
3.（美）斯科特·戴维斯. 品牌资产管理[M]. 北京：中国财政经济出版社，2006.
4.（美）凯文·莱恩·凯勒. 战略品牌管理（第 3 版）[M]. 北京：中国人民大学出版社，2009.
5.（英）莱斯利·德·切纳托尼. 品牌制胜：从品牌展望到品牌评估[M]. 北京：中信出版社，2001.
6.（美）帕特里克·汉伦. 品牌密码[M]. 北京：机械工业出版社，2007.
7. 叶茂中. 叶茂中谈品牌[M]. 北京：中华工商联合出版社，2001.
8. 谢付亮，朱亮. 品牌天机——超低成本塑造品牌的 16 条黄金法则[M]. 北京：机械工业出版社，2007.

复习题

1. 品牌管理的内涵是什么？
2. 品牌资产管理与传统品牌管理有什么不同？
3. 请运用一种品牌管理流程理论来描述联想的品牌管理。
4. 你认为品牌管理成功的要素或原则是什么？
5. 品牌管理过程中将面临哪些挑战？如何解决？
6. 我国企业的品牌管理实践中有哪些误区？
7. 试对比五种品牌管理组织机构。

第二篇　品牌规划

第 3 章　品牌识别

引　例

2008 年 9 月 16 日，三鹿奶粉拨动了整个乳业质量危机的多米诺骨牌，致使乳业成为众矢之的，困顿、迷茫、指责……中国乳业进入了大调整时期，而这个调整，至今仍未结束。乳业，需要回归本质，踏踏实实地“以消费者为中心，为消费者而改变”，重建消费者信心。在此背景下，作为中国乳业的领军品牌，伊利于 2010 年 12 月 20 日召开了“为消费者而变”的品牌升级新闻发布会，未来不仅要把伊利打造成健康食品的提供者，更是健康生活方式的倡导者，行业健康发展的引领者。品牌升级战略的核心是围绕“绿色”、“健康”、“幸福”的生活方式，伊利市场营销、终端渠道、业务运营、品牌管理部、媒介部、公共事务部等内外结合，统一行动，从品牌核心价值和相应联想物的规划设计上，重塑全新的品牌识别。近日，伊利发布了品牌升级后的首个半年报。报告显示，2011 年 1 月至 6 月，伊利股份主营业务收入 188.69 亿元，同比增长 28.4%，净利润达 8.16 亿元，增长率高达 136.7%。

摘自：（1）吕育苗. 伊利之“变”[EB/OL]. 博瑞管理在线，www.boraid.com，2011-10-9.

（2）陈建光. 伊利：新脸谱别了“旧戏台”[EB/OL]. 博瑞管理在线，www.boraid.com，2011-4-15.

热身思考：伊利为什么要重塑全新的品牌识别？它运用了哪些策略？

第 1 节　品牌识别的内涵

一、品牌识别的定义

2004 年，刘翔为白沙品牌代言，受到大家的非议：一个形象颇佳的奥运冠军怎么能为香烟品牌做代言人？另一个体育巨星姚明则频频在一些公益广告中出现，大大提升了个人品牌形象。二者对比表明，品牌应该“有所为，有所不为”，究竟哪些能“为”，哪些不能“为”呢？即品牌的边界在哪里？要回答这个问题，企业必须弄清楚自己品牌的本质是什么、品牌意味着什么？不清楚这些，企业在品牌建设中将面临一系列困惑：品牌能赞助这样或那样的活动或体育赛事吗？广告这样做对品牌有帮助吗？代言人找谁更合适？品牌能够延伸到哪些产品类别中去？品牌的传播风格应当如何在保持品牌本质的前提下顺时而变？品牌如何在地区和国际扩张中保持统一的形象？等等。其实，为了回答这些问题，早在1986年，法国品牌权威学者卡普菲勒（Kapferer）教授就提出了一个重要的概念——品牌识别（Brand Identity）。

根据《韦氏大词典》的解释，“Identity” 有同一性、个性、一致性、恒等式等意思。“Brand Identity”当中的“Identity”取“个性”之意，表示品牌的独一无二。在中国，有人把Brand Identity译作“品牌特性”、“品牌特征”、“品牌认同”、“品牌身份”，不过最常见的还是译成“品牌识别”。本书也采用品牌识别的译法，因为：（1）企业识别系统（CIS）的概念已在中国流行多年，其中的Identity也译为“识别”；（2）“品牌识别” 的译法已在我国广告界和品牌咨询界广泛使用；（3）“识别” 的主体是受众，强调了受众导向的品牌规划理念；（4）受众对品牌的识别内容包括外在和内在的，而品牌规划时也需要考虑内在和外在两个方面。

很多学者和专家给出了品牌识别的定义：卡普菲勒在《新战略品牌管理》一书中指出，品牌识别属品牌设计者的业务范畴，目的是确定品牌的意义、目的和形象，品牌形象是这一设计过程的直接结果。在向消费者传播之前，管理者必须知道品牌意味着什么[①]；大卫·阿克和爱里克·乔瑟米赛勒在《品牌领导》一书中认为，品牌识别是品牌战略制定者希望建立或保持的、能引起人们对品牌美好印象的联想物[②]。这些联想物表明了品牌是什么，也暗示着企业成员对消费者的某种承诺。品牌识别的努力方向是要帮助品牌建立与消费者的关系；我国品牌专家翁向东在《本土品牌战略》一书中提出，品牌识别是指对产品、企业、人、符号等营销传播活动具体如何体现品牌核心价值进行界定，从而形成了区别竞争者的品牌联想[③]。品牌识别体现了品牌战略管理者期望发展的品牌联想及品牌代表的方向，界定了品牌要如何进行调整与提升；国际著名的BBDO和DDB广告公司利用六个问题来定义品牌识别的本质：（1）品牌的价值是什么？（2）品牌的个性是什么？（3）品牌的长期目标和最终目标分别是什么？（4）品牌的一贯性如何？（5）品牌的基本实际情况如何？（6）品牌的辨识符号是什么？[④]可以看出，不同学者和专家对品牌识别的理解存在一定的差异，如卡普菲勒强调品牌的意义、目的和形象，阿克强调能引起人们对品牌美好印象的联想物，翁向东强调区别竞争者的品牌联想，BBDO和DDB则强调内在价值和外在符号的结合。但这几个定义都提到了品牌识别概念的三个关键点：（1）品牌识别是品牌管理者所做的设计规划，而不是消费者对品牌的实际印象；（2） 品牌识别包括内在的品牌核心价值和外在的品牌联想物；（3）建立品牌识别的目的是希望让消费者对品牌产生认同。综合以上观点，本书给出品牌识别的定义：品牌识别是品牌战略制定者对品牌核心价值及相应联想物的规划设计，目的是希望消费者能够对品牌产生丰富的、独特的、正面的联想，从而与品牌形成良好的关系。

① Kapferer, Jean-Noël. The New Strategic Brand Management: Creating and Sustaining Brand Equity Long Term (4th ed.)[M]. London: Kogan Page Limited，2008.

②（美）大卫·阿克，爱里克·乔瑟米赛勒. 品牌领导[M]. 北京：新华出版社，2001.

③ 翁向东. 本土品牌战略（第二版）[M]. 南京：南京大学出版社，2008.

④ 何佳讯. 品牌形象策划——透视品牌经营[M]. 上海：复旦大学出版社，2000.

二、品牌识别的陷阱

构筑完善的品牌识别体系是品牌管理工作中最具挑战性的任务之一，因为这项工作处处充满着陷阱，一旦品牌识别的规划出现偏差，后续的品牌传播工作将事倍功半。大卫•阿克教授在《创建强势品牌》一书中指出，品牌识别可能陷入四种陷阱：品牌形象陷阱、品牌定位陷阱、外部视角陷阱和产品属性陷阱（见图 3-1）①。

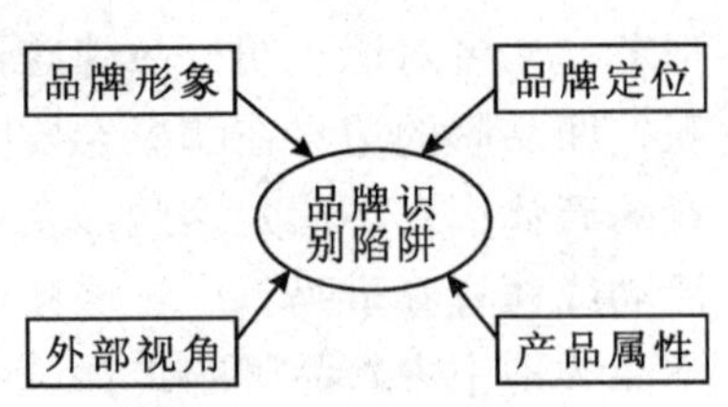

图 3–1 品牌识别的陷阱

资料来源：（美）大卫・阿克. 创建强势品牌[M]. 北京：中国劳动保障出版社，2005.

（一）品牌形象陷阱

品牌形象和品牌识别是两个不同的概念。品牌形象（Brand Image）是消费者对品牌的整体印象，是消费者通过接收品牌信息而形成的诠释品牌的方式（见链接材料 3-1）。品牌形象是一个从消费者角度出发的概念，通常是消极的、被动的、倾向于过去的。品牌识别则是从品牌传播者角度出发的，通常是积极的、主动的、面向未来的，能够反映企业所希望得到的品牌联想。品牌形象倾向于战术性，而品牌识别则应该是战略性的，具有前瞻性、发展性和持续性。从品牌管理角度来看，品牌识别先于品牌形象——只有当企业对品牌的核心价值及相应联想物规划、设计，并传播之后，消费者才能对品牌信息进行诠释。因此，品牌形象是消费者对品牌识别诠释的结果（见图 3-2）。

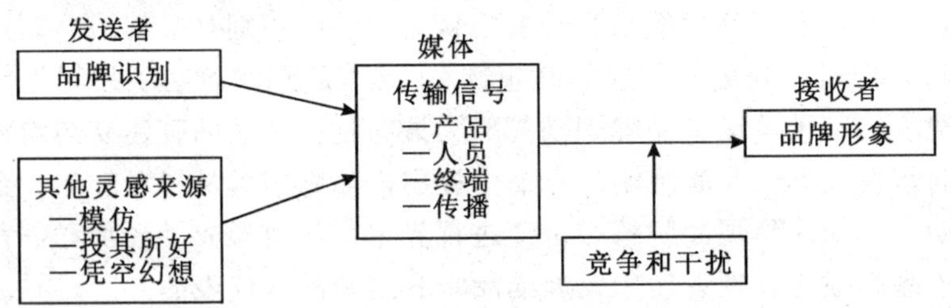

图 3–2 品牌识别与品牌形象的关系

资料来源：Kapferer, Jean-Noël. The New Strategic Brand Management: Creating and Sustaining Brand Equity Long Term (4th ed.)[M]. London: Kogan Page Limited, 2008.

链接材料 3-1：比尔的品牌形象模型

国际市场研究公司（Research International）CEO 亚历山大・比尔（A. L. Biel）认为，品牌形象通过公司形象、使用者形象和产品/服务本身形象这三种形象得以体现。

品牌形象主要起源于消费者对品牌相关特性的联想，其中联想可分为“硬性”和“软性”属性。所谓“硬性”属性，是对品牌有形的或功能性属性的认知。这种硬性属性对于品牌而言，是十分重要的因素，如果一个品牌一旦对某种功能属性形成“独占”，别的品牌往往很难再以此属性进行定位。“软性”属性反映品牌的情感利益。这种软性属性现在已成为区分品牌的重要因素。这种情感利益一旦建立，很难被别人模仿。三种形象都分硬性和软性属性。这三个不同的子形象对品牌形象的贡献依据不同的产品 / 品牌会有所不同。

① （美）大卫・阿克. 创建强势品牌[M]. 北京：中国劳动保障出版社，2005.

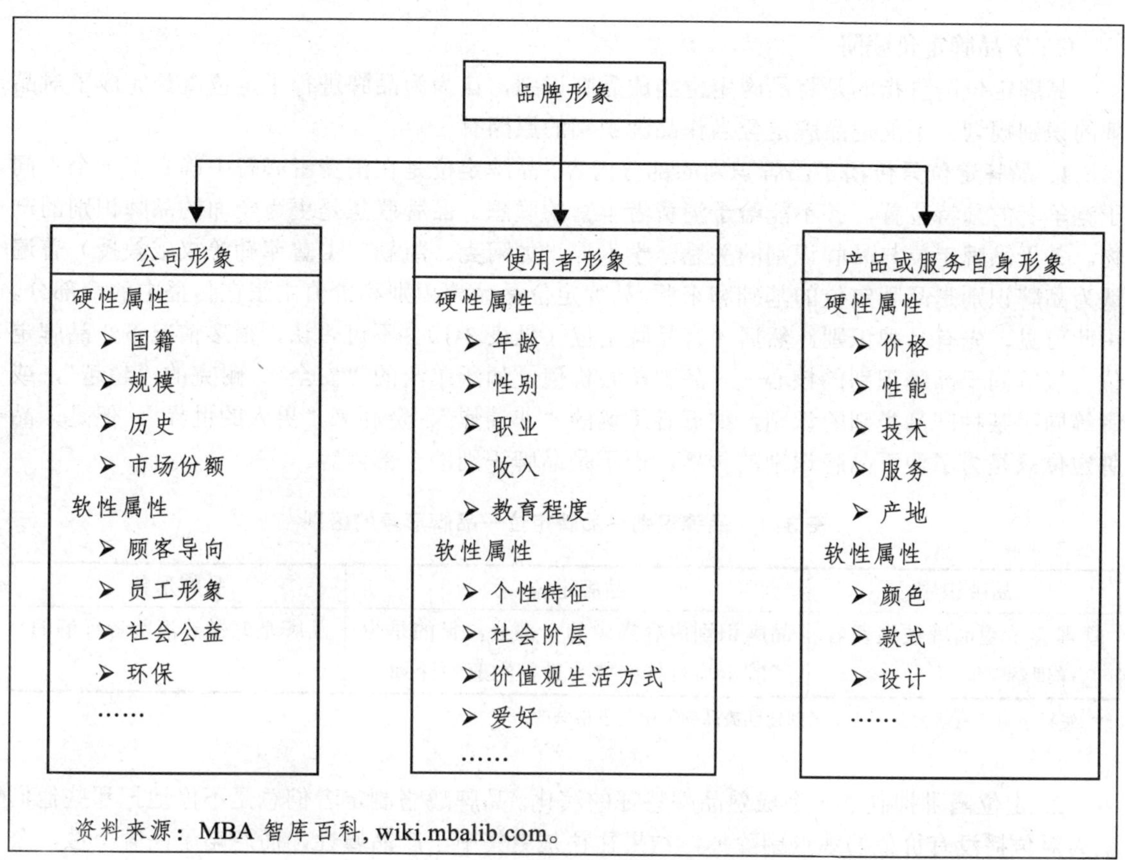

资料来源：MBA智库百科，wiki.mbalib.com。

“完全由消费者决定品牌是什么”，这是规划品牌识别过程中的品牌形象陷阱。简言之，品牌形象陷阱就是过度的顾客导向。这里有两层含义：一层是根据消费者对品牌现有的形象进行品牌识别规划，一层是根据消费者对品牌期望的形象进行品牌识别的规划。

在“根据消费者对品牌现有的形象进行品牌识别规划”的陷阱中，品牌战略规划者认为“存在即合理”，消费者对品牌的印象决定了品牌的业绩，即使品牌现有形象与企业预期中的不一致也无所谓。这可能会导致品牌形象与公司其他产品的品牌识别相冲突。例如，广东移动旗下的神州大众卡本来是针对低收入人群推出的准单向收费品牌，公司始料未及的是，一些注重实惠的中高端客户也加入进来。为了与神州行形成品牌差异，神州大众卡在广告宣传中选用了大量的普通劳动者形象，从广州西关的织补女工到南海岸边的渔民，从工厂生产线的打工妹到荔枝园的果农，从公交车司机到士多店老板……不同的普通劳动者形象涵盖了神州大众卡的主要消费人群，让神州大众卡的用户对品牌自然而然地产生情感。经过系列广告宣传，神州大众卡成为了普通劳动大众生活文化的标签。这一案例中，神州大众卡的成功是因为避开了现有的品牌形象，坚持了原来的品牌识别。

在“根据消费者对品牌期望的形象进行品牌识别的规划”的陷阱中，消费者理想的品牌形象成为了制定品牌识别的基础。在制定品牌识别时，的确有必要参考消费者心目中的品牌形象，以便品牌能更好地满足消费者的需求。但是，消费者所描述的期望中的品牌形象通常是局限的、模糊的、功能导向的和短期性的。所以，创造品牌识别不能仅仅只考虑消费者想要什么，还要反映品牌的灵魂与核心价值。

（二）品牌定位陷阱

品牌定位陷阱指的是将品牌定位当成品牌识别，认为为品牌进行了定位就是完成了对品牌的识别规划。不能把品牌定位当作品牌识别的原因有三点：

1. 品牌定位只传播了品牌识别的部分内容。品牌定位是在消费者心智中确立了一个不同于竞争者的独特位置，并不能给予消费者丰富的联想，品牌联想是更为全面的品牌识别的产物。关于品牌定位与品牌识别的关系，学术界（如阿克、凯勒、卡普菲勒等权威教授）普遍认为品牌识别是品牌定位的基础和来源，品牌定位是品牌识别和价值主张在传播中的一部分。由此可见，先有品牌识别，然后才有品牌定位（见表3-1）。不可否认，很多情况下，品牌定位直接等同于品牌识别的核心——品牌核心价值，如沃尔沃的"安全"、耐克的"超越"，或者等同于某种产品类别的识别，如五谷道场的"非油炸"、金利来"男人的世界"。但是，品牌定位只是为了便于品牌识别的传播，而不是品牌识别的全部内容。

表3-1 品牌识别—品牌定位—品牌形象的区别

品牌识别	品牌定位	品牌形象
管理者希望品牌被消费者怎样理解	品牌识别内容当中的一部分，目的是为了制定与目标消费者进行沟通的计划	品牌是怎样被消费者理解的

资料来源：根据大卫·阿克《创建强势品牌》中的表格修改。

2. 定位陷阱抑制了一个成熟品牌特征的演化。品牌战略制定者们总是不停地把那些他们认为对传播没有价值的观点剔除掉，结果往往是更集中于产品属性，而忽略了品牌个性、公司组织联想或品牌象征等内容。

3. 通常，品牌定位会通过一条广告语来进行传播，这条广告语对品牌建设的指导作用不会太大——既不能告诉我们应该赞助哪些活动，也不能告诉我们包装应当如何设计或者销售终端应当如何布置。整个品牌建设的指导还是需要品牌识别来完成，因为它能从广度和深度两个层面告诉我们品牌到底是什么、能做什么。

（三）外部视角陷阱

只重视外部顾客而忽视公司内部的品牌识别就是外部视角陷阱。按照大多数品牌战略家的观点，品牌识别能够给消费者带来独特的感受，从而诱使他们购买产品或服务，于是企业必须以消费者的感受为导向来制定品牌识别。但是，品牌识别也可以帮助组织内部理解品牌的基本价值及理念。在这里，组织的概念可以泛化，如果把消费者看成是企业外部，那么公司内部、零售商、供应商都可以是一个组织的概念。品牌的价值观和理念等需要在组织内部达成一致认识。内部组织成员是品牌识别对外沟通的执行者，如果这些人对品牌识别的内容不理解，也不愿意从内心深处认同品牌的价值观，那么他们将难以承担起执行品牌识别对外沟通的职责，更谈不上实现品牌对内对外的沟通的一致性。

在很多组织里，员工很难回答这样的问题，如"我们的品牌代表什么？"、"我们的品牌希望打造成什么样子？"一些公司的员工想了很久才会说出"实力"、"规模"、"档次"等太过雷同的答案。然而在强势品牌的公司里，员工会反应很快地说出品牌更深的意义。例如，迪士尼乐园的工作人员都清楚迪斯尼意味着快乐，让园内所有的人都能感到快乐，其中不仅有游客，也包括游乐园内的员工；花王公司的员工都知道花王品牌代表着革新与领导地位；土星汽车公司的经理、工人、零售商与供应商都知道土星意味着世界级的名车，且公司视顾客为尊敬的朋友。这样的员工反映与市场效果都来自强势的品牌识别。

（四）产品属性的陷阱

一些品牌管理者只是单纯关心产品的属性，将产品属性当作品牌识别的基础，这就是产品属性陷阱。掉入产品属性陷阱的部分原因是产品属性对于购买决策和使用经验来说经常是有效的，但其根源是不能区分产品和品牌这两个概念，甚至将其等同起来。这导致企业专注于产品属性的研究，而忽视了品牌核心价值的作用。

这是品牌识别中最常见的一种陷阱，通常会造成较为严重的后果，具体包括：

1. 难以实现差异化。很多品牌会把重要的产品属性作为品牌识别的基础，使得品牌同质化程度越来越严重。例如，去屑是洗发水的一项重要功能属性，目前国内洗发水市场上有 50% 是去屑产品。然而，我们知道的品牌似乎只有海飞丝、清扬、风影等，大量同质化的不知名品牌被湮没。

2. 属性易被模仿和超越。硅谷的品牌专家里吉斯·麦肯纳（Regis McKenna）指出，如果品牌将重心放在某种产品属性上，它最终会被超越，因为竞争者会推出更具卓越技术的产品。在技术发达的今天，要想模仿或超越别人的技术并不是难事。

3. 假设消费者是理性的。营销者通常假定消费者会遵循理性的决策模式，根据产品属性的权重和表现的加权平均值来决定品牌的选择。但事实上，在大多数情况下，消费者对产品功能的关心程度要远远低于对款式、地位象征、安全性等非功能性利益的关心程度。国外一项对卡车产品属性的调查显示，耐用性、安全性、配置和动力是重要的属性，但影响消费者购买决策的最重要的因素却是款式、舒适程度和驾驶的乐趣。也许消费者不愿意承认这些虚饰对他们真的很重要，但事实却是如此。

4. 限制品牌延伸战略。基于产品属性规划品牌识别会使得品牌与产品属性紧密相连，从而限制品牌的延伸。例如，海飞丝洗发水的功能是“去屑”，如果海飞丝有朝一日延伸到牙膏领域，那将是很难成功的。

5. 降低战略的灵活性。品牌的产品属性联想将使得品牌的成功完全依赖于产品属性的价值。如果产品的某个属性不再受到消费者的重视或者品牌想进入一个新的产品属性领域，那么品牌将会陷入困境。例如，以前人们对手机的要求是要经久耐用，而现在却转向了时尚、新潮，这使那些原本受人欢迎的耐用型手机陷入了困境，强烈的耐用属性联想使得人们不相信该品牌会是时尚的。

当品牌的焦点过多地局限于产品属性、品牌目前的形象、品牌定位和品牌影响消费者的外部作用时，品牌识别就会变得狭隘和失效。要避开这些陷阱的关键是拓宽品牌识别规划的视角，增加其他的内容。

三、品牌识别的原则

在规划品牌识别的时候，需要遵循以下六个原则：

（一）规划性原则

品牌识别是对品牌在消费者心目中预期形象的规划，属于品牌设计者角度的概念。消费者对品牌识别的实际感受则称为品牌形象。

（二）兼顾性原则

正确的品牌传播路线应该是首先进行内部品牌传播，在公司上下对品牌识别产生认同之后再通过员工将品牌识别传递给外部消费者。所以，品牌识别要兼顾企业内部员工和外部消费者。

（三）层次性原则

品牌识别的内容具有层次性，一些反映品牌内涵本质的内容是核心识别，必须在所有传播媒体和场合中得到体现；一些起到辅助和补充作用的内容则不需要在每次传播中都予以体现或展示。

（四）稳定性原则

品牌识别的核心价值一经确定，就必须保持相对的稳定性，否则会使品牌形象变得模糊。

（五）丰富性原则

品牌识别不能过分强调产品属性，还应该考虑组织形象、品牌符号、品牌个性化等等。

（六）差异性原则

不同品牌的品牌识别是具有差异性的，如肯德基是“烹鸡专家”，白胡子的山德士上校和蔼可亲；麦当劳的汉堡包很棒，幽默的麦当劳小丑让小孩觉得那是一个欢乐之地。

第2节　大卫·阿克的品牌识别模型

品牌识别具体包括哪些内容？一些学者和广告公司对此纷纷提出了自己的品牌识别模型，最著名的有大卫·阿克的品牌识别模型、卡普菲勒的品牌识别棱镜模型、电通的品牌蜂窝模型、达彼思的品牌轮盘、麦肯·光明的品牌印记等等。本节将详细介绍大卫·阿克模型的结构、内容以及策划过程①，下节会对其他模型的内容进行介绍。

一、品牌识别模型的结构

大卫·阿克认为品牌识别模型应当包括三层：核心层为品牌精髓（Brand Essence），中间层为品牌核心识别（Brand Core Identity），外层为品牌延伸识别（Brand Extended Identity）（见图3-3）。

图 3–3　大卫·阿克品牌识别模型的结构

资料来源：（美）大卫·阿克，爱里克·乔瑟米赛勒. 品牌领导[M]. 北京：新华出版社，2001.

（一）品牌精髓

品牌精髓是品牌的核心价值，是对品牌内涵的提炼和概括。它反映了品牌存在的意义，实际操作中通常用“碑文法”进行提炼。这种方法假设品牌会像人一样“去世”，我们需要在它的“墓碑”上写上悼念的碑文。碑文的内容通常反映了品牌在消费者心智中不可取代的位置。比如，沃尔沃的碑文可能是“我们深切怀念沃尔沃，因为它是世界上最安全的车”，亚马逊的碑文可能是“我们深切怀念亚马逊网站，因为它为我们精挑细选了价廉物美的商品”等。

---

①（美）大卫·阿克，爱里克·乔瑟米赛勒. 品牌领导[M]. 北京：新华出版社，2001.

品牌精髓必须具备两个特征：与消费者共鸣和决定企业的价值取向。为了做到与消费者共鸣，品牌精髓必须提出能够满足消费者需求的价值，包括功能性价值、情感性价值、社交性价值和财务性价值等[①]。比如，伊卡璐洗发水的“天然芳香”是功能性价值，星巴克的“休闲的第三空间”是情感性价值，万宝龙的“奢华与尊贵”是社交性价值，沃尔玛的“天天平价”是财务性价值。通常，产品的功能性和财务性价值会对品牌的延伸产生束缚，为了使品牌能够跨越多个产品类别，更多的品牌建立了以情感性价值和社交性价值为主导的品牌精髓。例如，维珍的品牌精髓是“反传统”，它的品牌延伸到了航空、唱片、可乐、手机、铁路、婚纱等多个风马牛不相及的行业。品牌精髓还应当能够激励员工的价值观，如迪士尼乐园的品牌精髓是“快乐”，员工们在为游客提供快乐体验的同时，自己也感受到了工作的快乐；美特斯·邦威运动服饰的品牌精髓是“不寻常”，不仅让消费者感觉到品牌的与众不同，也鼓励员工发挥主观能动性，创新思维。

品牌精髓不同于广告口号，用广告口号替代品牌精髓的做法是本末倒置。这是因为：（1）广告口号主要是用来与消费者进行沟通的，反映的是品牌定位，而品牌精髓反映的是品牌识别的核心内容，而且还具有引导和激励企业内部员工的作用。例如，耐克的广告口号是“想做就做”，而其品牌精髓是“超越”；（2）广告口号必须配合一段时期的品牌传播目标，因此是短暂的，而品牌精髓在相当长一段时间内是不会轻易改变的。例如，近百年来，可口可乐的广告语换了几十个，但其品牌精髓依旧是“激情、活力”；（3）广告口号可能局限在一定的区域和产品类别，而品牌精髓则能跨越区域和产品类别的限制。

（二）品牌核心识别

品牌核心识别是品牌需要在消费者心智中留下的最深的几点印象，是对品牌精髓的扩展和具化。品牌精髓通常比较抽象，是各个核心识别要素之间的粘合剂和中轴。品牌核心识别包括各种确保品牌独特和有价值的元素。有时，一些广告口号可以反映出部分品牌核心识别，例如，“精于心，简于形”反映了飞利浦通过尖端科技把最人性化的产品带给用户的信心；但并非所有的广告口号都能反映出品牌核心识别，如“不一样的公司，不一样的汽车”并不能清晰地体现土星汽车的独特之处。要想提炼品牌核心识别，至少要回答四个问题：（1）品牌的灵魂是什么？（2）品牌的基本信念和价值观是什么？（3）品牌背后的组织的竞争力是什么？（4）品牌背后的组织的价值观和文化是什么？由于品牌核心识别是对品牌精髓的直接演绎，因此在很长一段时间内也不能轻易改变。这里给出一些品牌核心识别的例子，如米其林——为了解轮胎的驾驶者准备的技术先进的轮胎；土星汽车——世界一流的品质，尊重顾客，以朋友的方式对待顾客；麦当劳——清洁、快速、友善、儿童乐园；象牙香皂——百分百的纯正和会漂浮的香皂。

（三）品牌延伸识别

品牌延伸识别是除品牌核心识别之外的识别，是使品牌识别细化和完整化的元素。它包括那些使品牌核心价值更丰满、更有光彩、更具说服力的诉求点，以及企业在不同时期、不同场合变换运用的传播主题。通过延伸识别，消费者可以更清晰地了解品牌的内涵及其支撑，而且品牌的一些符号也促进了消费者对品牌的记忆和对核心识别的理解。比如，潘婷的核心识别是能让头发健康、亮泽的洗发、护发、美发产品，其延伸识别是“含有维他命原B5”的

---

① 大卫·阿克并没有提出财务性价值，本书作者认为这种价值确实存在，因此添加进来。

技术支持、瑞士维他命研究机构的权威认证、拥有一袭亮泽长发的年轻女性作为代言人、女性化的品牌命名和标志设计等等。由于并非直接反映品牌精髓，延伸识别改变的可能性比核心识别要大。但改变品牌延伸识别的目的是为了在新的市场形势下更好地传递品牌的精髓。

链接材料3-2是对维珍品牌识别的结构分析。

> 链接材料3-2：维珍的品牌识别结构
>
> 下面以英国著名品牌维珍（Virgin）为例来描述品牌识别结构：
>
> 1. 品牌精髓
>
> 反传统
>
> 2. 核心识别
>
> 创新：为顾客提供最富创意的附加值服务价值，为顾客提供物超所值的服务自由，鼓励员工和顾客不受权威与偏见的束缚情趣，鼓励员工和顾客发现快乐。
>
> 3. 延伸识别
>
> （1）挑战者：以富有创意和情趣的服务来挑战具有官僚作风的老牌公司。
>
> （2）个性：
>
> 1) 无拘无束，自由自在；
>
> 2) 诙谐幽默，超乎人的想象；
>
> 3) 不断违反常规的激进主义，富有冒险精神；
>
> 4) 能力卓越，实力非凡。
>
> （3）符号：
>
> 1) 创始人理查德·布朗逊(Richard Branson)及不同寻常的作风；
>
> 2) 风格独特的手写字体的维珍商标。
>
> 资料来源：世界品牌实验室. 品牌识别体系怎样构筑[EB/OL]. 世界品牌实验室，ICXO.COM, 2006-10-22.

二、品牌识别的内容

为了明确、丰富和区别品牌识别，公司需要从产品、组织、个人和符号等四个角度考虑品牌识别的内容（见图3-4），具体包括十二个要素，每个品牌都应该从这些方面全面考虑。

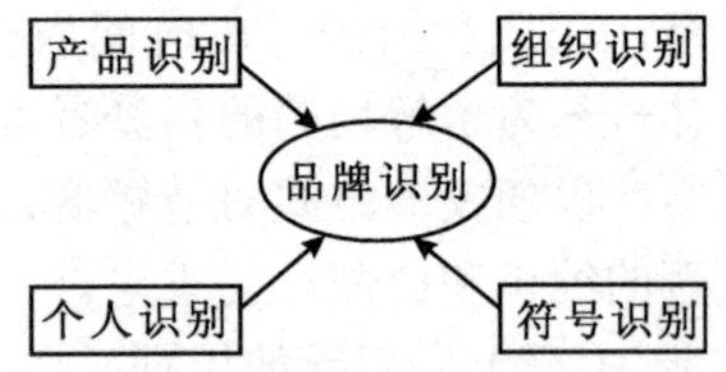

图3–4　品牌识别的内容

（一）产品角度的品牌识别

产品角度的品牌识别包括六个方面：产品范围、产品属性、品质/价值、用途、使用者、原产国。

1. 产品范围

产品种类是品牌识别的一项重要内容。有些品牌只对应一个产品类别，如哈根达斯只意味着冰激凌，可颂坊只意味着糕点等。更多的品牌最初与某一类产品相关联，而后会不断延伸到其他产品类别。例如，海尔最初意味着电冰箱，后来涉及的行业越来越多，如洗衣机、热水器、电视机、手机、电脑等；一提到康师傅，人们通常都会想到方便面，而现在已发展出茶饮料、饼干、八宝粥等一系列食品。企业需要认真思考：品牌到底能够承载多少类产品？

这些产品类别之间是否会产生冲突？是否都能体现品牌的精髓？比如，“雕牌洗衣粉”已深入人心，如果推出“雕牌牙膏”将很难成功，因为消费者不会接受一个品牌既是洗衣粉又是牙膏。把“雕牌牙膏”更名为“纳爱斯牙膏”才是明智之举。

2. 产品属性

产品属性反映了产品所具有的特点和优势。例如，立白洗衣粉“不伤手”、云南白药牙膏“有效治疗牙龈出血”、沃尔沃汽车“最安全”等等。对于单一的产品线而言，产品属性越明确，品牌就越成功，但这通常不适合跨度较大的品牌延伸。例如，立白洗衣粉“不伤手”的诉求对“立白牙膏”没有什么帮助；荣昌肛泰“治痔疮”的功能已深入人心，没人会买荣昌牌的眼药水或者荣昌牌的感冒药。

3. 品质/价值

产品质量始终是品牌建设的基石，一个品质不好的品牌即使通过广告轰炸产生了知名度，其寿命也不会长久。虽然很多品牌走的是尊贵、品味等情感路线，但它们的质量也是非常卓越的。星巴克咖啡不仅让人得到一个“第三空间”的轻松和惬意，而且让人享用到了世界上最美味的咖啡；欧米茄手表象征的成就和完美来自于它对极致品质的追求，奥运会等世界级体育盛会上用的计时器都是采用欧米茄，其计时精确程度令人震撼。

4. 用途

一些品牌通过明确使用场合来获得独占的机会，使消费者把品牌与特定的场合相联系。例如，一个名为“八点以后”（After Eight）的甜品告诉消费者，该产品可以在晚上 8 点以后享用；雀巢咖啡、立顿奶茶不约而同地与办公室联系在一起；白加黑感冒药首次将感冒药分成了日服和夜服，并用白片和黑片区隔。

5. 使用者

任何一个品牌都不可能得到所有人的支持，连可口可乐也不例外，否则百事可乐根本不可能有立足之地。限定使用者看似缩小了市场规模，实则为品牌找到了一个长期的排他的支持群体。比如，哈药集团的护彤将目标市场限定为儿童，成为儿童感冒药领域的领先品牌；“静心送给妈”的广告语使得静心口服液成为更年期妇女保健品的首选品牌。

6. 原产地

当品牌与原产地联系在一起的时候，人们通常会将对原产地的评价和情感直接转移到品牌上。比如新疆的新天干红葡萄酒、四川的涪陵榨菜等。一些本身并没有原产地这一先决优势的品牌也尽可能与原产地关联。例如，深圳的“金鹏城酒”将基酒生产基地建在四川宜宾；广州珠江云峰酒业的“小糊涂仙”则在广告宣传中声称自己是“茅台镇的传世佳酿”（在茅台集团的抗议下，后改为“传承美酒文化”）。对产地的不良评价也会影响到品牌，如 TCL 最初在越南市场上销量不错，后来，当越南消费者知道 TCL 是中国大陆企业时，业绩出现下滑。

（二）组织角度的品牌识别

组织角度的品牌识别是指将品牌识别建立在组织属性的基础上。这里组织包括公司和非盈利机构，如安飞士租车行“我们更努力”（We Try Harder）的品牌口号说明它是一家非常具有进取心的公司，红十字会是一个有爱心的非盈利机构。海尔提出了“日事日毕，日清日高”、“斜坡球体理论”、“赛马不相马”等创新管理模式，这些都是组织属性的识别。一些特征既可以是组织属性，也可以是产品属性。比如，创新的诉求如果与产品相联系，就是产品属性，如康宝发明了消毒碗柜这一家电品类等；如果与组织的文化和价值观相联系，就是组织属性，如肯德基是一家富有创新意识的快餐店等。

组织属性比产品属性更持久，竞争抵抗力更强。这是因为：第一，产品属性比组织属性更容易模仿，如企业生产含有“天然芳香”的草本植物洗发水并非难事，但要成为宝洁公司那样的企业却非常困难；第二，组织通常拥有多个品牌或横跨多个产品类别，具有更强的竞争力，如霸王乌发洗发露只能挑战夏士莲黑芝麻洗发水，但却不可能战胜其背后的联合利华；第三，一些组织属性过于模糊而不易评估，一旦占据，竞争者很难超越，如微软、英特尔、3M都是极富创造性的公司，很难使消费者相信某个竞争者比它们更具有创造力。

组织属性识别最大的作用是为旗下所有产品建立良好的“出身”和“靠山”。为了直接建立产品与组织之间的联系，许多企业利用组织属性识别来建立产品品牌，如三菱、索尼、西门子、飞利浦、GE等将品牌名称运用到了大量的产品上。人们会将对组织的好感和信任转移到产品身上，从而提升了消费者对新产品的接受程度。例如，3M公司是一家创新性非常强的公司，旗下的易事贴（Post-it）、投影仪等产品都得益于这一组织形象。不过，如果产品品牌的风头胜过组织品牌，那么组织属性就要借助产品来建立。比如，乐百氏饮料的名气要远远大于其背后的今日集团，所以今日集团干脆把名字改为乐百氏集团。

组织属性的规划通常可以有以下选择：社会或公众导向、认知品质、创新、为顾客着想、存在与成功、本土化与全球化。

1. 社会或公众导向

随着自然环境的恶化和消费者权益保护意识的增强，企业越来越注重企业的社会责任。打造一个关心社会、关心自然的企业形象成为许多企业的战略选择。对内，它们关心员工利益，给员工公平的待遇；对外，它们严格控制产品质量，保障人们的健康和安全，同时积极投身于解决社会和环境问题。英国的美体小铺是社会导向企业形象的典范，“有原则地盈利”一直是该公司的经营哲学，这使得它在激烈的竞争中独树一帜。慈善是摩托车品牌哈雷·戴维森的精神之一，哈雷及其车主一直积极参与各种慈善活动，包括“5·12”地震救助、参加福布斯慈善晚宴、组织川藏爱心之旅、为中缅边境的小学捐助图书馆等。

2. 认知品质

认知品质是消费者进行购买决策时考虑的首要问题。通过一些活动和事件，企业可以将注重品质、精益求精的形象传递给消费者。海尔集团的张瑞敏砸冰箱事件不仅使员工意识到产品质量的重要性，也给消费者留下了高品质的品牌形象。

3. 创新

市场需求不断升级，竞争态势不断加剧，创新精神成为了企业立于不败之地的制胜法宝。这并不是说产品一定要具有多么领先的技术，但至少要让消费者感觉到这是一家具有创新精神的企业。这种无形的实力能够成为企业长期的竞争优势。在一百多年的历史中，3M公司开发了六万多种高品质产品，以勇于创新、产品繁多著称于世。正如其在网站首页写到的：“3M，创新精神为本。我们始终致力于不断创新、开发新技术和新产品，随时满足客户所需。”

4. 为顾客着想

“为顾客着想”是一些世界级企业成功的秘诀。如果消费者相信企业是在努力为消费者着想，那么他们不仅对企业的产品和服务充满信心，还会乐意与企业形成某种亲密的朋友关系。诺基亚的“科技以人为本”、海尔的“真诚到永远”、Gateway的“你在业内有个朋友”等都是对公司与消费者之间朋友关系的诠释。“为顾客着想”不只是体现在“顾客是上帝”、“顾客永远是对的”等口号上，还应体现在企业的实际行动中。比如，产品包装除了美观，还应当考虑顾客使用的方便性；品牌汽车的 4S 店不仅应该为车主提供优质的维修服务，还应该及时提醒该做保养的时间。

5. 存在与成功

企业历史和成功的背景为品牌的推广提供了良好的平台。一个啤酒公司的研究证实了这一点。第一组被访者被告知该啤酒公司历史悠久、规模大，而第二组被访者则被告知该公司历史不长、规模偏小。在看完同一个广告片之后，第二组被访者对广告中宣传的产品优点表示出更多的怀疑，而第一组则表示更多的肯定。悠久的历史能够给人以信心，如“国窖 1573”让人觉得该酒陈香，美国史密斯热水器“洗了 50 年”的广告让人觉得质量可靠。如果历史不够悠久，那么市场规模或者获得奖项等都能增强消费者的信心，如华为 HVS 高端存储获得著名的德国产品设计红点大奖。

6. 本土化与全球化

企业可以只做地方性品牌，也可以走向国际市场。尽管地方性品牌的市场容量不大，但在创业初期，先以一个区域作为根据地发展实力是很有必要的，如“小肥羊”最早发家于包头。随着发展的需要，地方性品牌逐渐走向全国，甚至走出国门。目前，小肥羊的数百家火锅连锁店已遍布全国 34 个省、市、自治区（包含港、澳、台），以及美国、日本、加拿大等国家和地区。走向国际之后，企业需要考虑的品牌核心问题是“做本土化品牌还是全球化品牌”。本土化和全球化的最大区别在于，前者要求营销组合策略根据当地市场特点进行调整，而后者要求营销组合策略在全球保持统一。哈佛商学院的西奥多·莱维特（Theodore Levitt）教授主张营销全球化，认为通讯、交通的发达将带来全球消费模式的趋同。一些公司带有了浓郁的全球化色彩，如微软公司的 Windows 操作系统和 Office 办公软件等。另一种观点则认为世界各地市场差异甚大，必须对品牌进行调整，如可口可乐在中国推出的泥娃娃新春贺岁广告。当前最流行的一种理念是“思维全球化，行动本土化”，如维亚康姆提出“全球化经营、本土化落实”、迪士尼提出“全球化思维、本地化行动”、汇丰银行提出“环球金融，地方智慧”等。

（三）个人角度的品牌识别

个人角度的品牌识别建立起来比产品属性和组织属性的识别更丰富、有趣。根据大卫·阿克的观点，个人角度的品牌识别包括品牌个性（Brand Personality）和品牌关系（Brand Relationships）两个核心概念。

1. 品牌个性

（1）品牌个性的价值

品牌能够像人一样拥有幽默、睿智、值得信赖、活力、粗犷、纯真、有能力等人格特征，而且还可能具有人一样的性别、年龄、职业等人口统计特征。这在理论界被称为“品牌个性”。为品牌塑造个性是非常必要的，因为：

第一，品牌个性为消费者提供了一个表达自我的机会。根据自我概念理论，人们总是希望能从现实自我发展为理想自我，在这一过程中，品牌个性发挥了重要的桥梁作用。我们选择的品牌体现了我们的理想自我，我们通常会认为吸万宝路牌香烟的男人更具有阳刚之气。基于此，美国的卢瑟·贝克（Russell Belk）教授提出了“我消费什么，我就是什么”的说法来表达品牌个性的价值。

第二，品牌个性强化了产品属性和功能利益。广告大师李奥·贝纳（Leo Burnett）认为所有产品都有“与生俱来的戏剧性”，品牌个性可以说就是这种戏剧性，它的提炼大多来自于对产品特点的把握。反过来，提炼出来的品牌个性又会衬托产品的特点。例如，米其林先生强壮的体格使得米其林轮胎牢固、耐用的产品特色得以体现，绿巨人的绿色形象使得该品牌的豌豆特别新鲜。

第三，品牌个性是品牌与消费者关系的基础。没有人格特征的品牌很难和消费者建立关系。雅芳护肤品说“比女人更了解女人”，把自己塑造成“女人的知己”，从而与女性消费者之间形成了朋友般的亲密关系。瑞士制表品牌豪利时（Oris）聘请香港著名艺人谢霆锋做代言，把谢霆锋对工作的敬业、奉献及其本身成熟、独立、执着的个性特征巧妙的转移到品牌上，使品牌个性更加鲜明、突出，更容易被消费者接受。

（2）品牌个性维度

为了描述品牌个性特征，学术界提出了品牌个性维度（Dimensions of Brand Personality）的概念。美国斯坦福大学营销教授詹妮弗·阿克（Jennifer Aaker）是这一领域的权威学者。1997年，她在世界顶级营销学术杂志《营销研究期刊》（Journal of Marketing Research）上发表了一篇论文《品牌个性维度》，提出了五个品牌个性维度（被称为“大五”），即：真诚（Sincerity）、刺激（Exciting）、能力（Reliable）、精致（Sophisticated）和强韧（Ruggedness）①。品牌个性维度的开发过程涉及1000多名美国消费者，60个拥有独特个性的著名品牌，以及114种个性特征。为了品牌个性的表述更为准确，在“大五”品牌个性下面还有15个具体的品牌个性（见图3-5）。一些成功的品牌表现出了明显的品牌个性特征。例如，贺曼和柯达的品牌个性是真诚的、保时捷和维珍的品牌个性是刺激的、摩托罗拉和IBM的品牌个性是能力的，劳力士和香奈儿的品牌个性是精致的，万宝路和卡特皮勒的品牌个性是强韧的。如同人的个性是复杂的一样，品牌也可能同时具有多种个性，如麦当劳在纯真和能力个性上面得分很高，绝对伏特加是时尚和富有想象力的。需要说明的是，品牌个性与产品类别有关，强韧是李维牛仔的正面驱动因素，却是麦当劳的负面驱动因素；刺激的个性更适合于汽车、体育用品、服装、电子产品等。总的来说，与正面态度关联性更高的个性维度主要是真诚和能力。

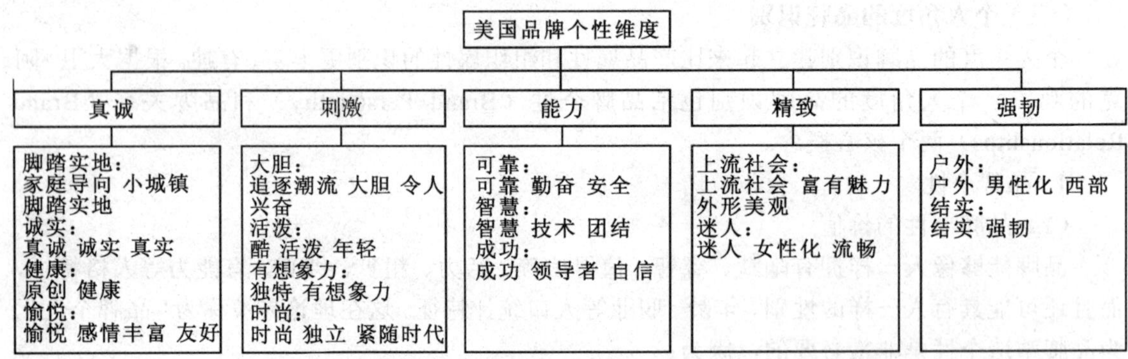

图3–5 美国品牌个性维度量表

资料来源：Aaker, Jennifer L.. Dimensions of Brand Personality[J]. Journal of Marketing Research, 1997, XXXⅣ(August): 347−356.

① Aaker, Jennifer L.. Dimensions of Brand Personality[J]. Journal of Marketing Research, 1997, XXXⅣ(August): 347—356.

品牌个性维度的词语都是一些描述人的个性的词语，不同国家和地区的人由于文化差异可能会出现不同的个性特征，因此，不同国家的品牌个性维度可能会存在跨文化的差异。2001年，为了探索品牌个性维度的文化差异性，詹妮弗·阿克教授与当地学者合作，对日本、西班牙的品牌个性维度和结构进行了探索和检验。结果发现：美国品牌个性维度的独特性维度在于“强韧”（Ruggedness），而日本是“平和”（Peacefulness），西班牙没有“能力”，而是“平和”和“激情”（Passion）。跨文化的检验还没有结束，智利、俄罗斯、法国、韩国、中国、伊朗、加拿大等国的学者都在利用詹妮弗·阿克的研究方法寻找自己国家的品牌个性维度。结果表明，品牌个性维度受到文化影响，不同国家会表现出一到两个特色的品牌个性（见表 3-2）。

表 3–2　各国品牌个性维度对比

学者	国家	时间	品牌个性维度
J. Aaker	美国	1997	真诚/兴奋/能力/精致/强韧
Koebel & Ladwein	法国	1999	支配/能力/尽责/男子气/豪放/诱惑
J. Aaker, Benet-Martinez & Garolera	日本	2001	真诚/兴奋/能力/精致/平和
J. Aaker, Benet-Martinez & Garolera	西班牙	2001	真诚/兴奋/精致/平和/激情
黄河胜	韩国	2001	仁/义/乐/勇/信
黄胜兵和卢泰宏	中国	2003	仁/智/乐/勇/雅
Magne & Kjell	俄罗斯	2003	成功和当代/真诚/兴奋/强韧/精致
Jose, Isabel & Elizabeth	智利	2004	真诚/兴奋/能力/精致
Romero, Monterrey & Guadalajara	墨西哥	2012	纯真/教养/强壮/时髦 / 活泼/家庭情感/成功/专业
Ekhlassi, Nezhad, Far & Rahmani	伊朗	2012	活跃/有责任心/冒险
Rojas-Méndez, Papadopoulos & Murphy	加拿大	2013	可靠/负责任/正直和可信赖

资料来源：根据各位学者相关文献整理。

（3）品牌个性的驱动因素

促使品牌个性形成的驱动因素可以从产品相关和非产品相关两个方面考虑。影响品牌个性产生的产品相关因素包括管理人员所做的与此品牌产品有关的所有决策，如产品类别、产品属性、包装、价格、促销以及产品的分销等。影响品牌个性产生的非产品相关因素不仅包括品牌典型使用者的个性特征，还包括与公司雇员、CEO、品牌代言人等相联系的个性特征。同时，公共关系、品牌象征符号、公司上市时间、广告风格、原产地、公司形象等外部因素都是促使品牌个性形成的因素（见表 3-3）。

表 3–3 品牌个性的驱动因素

大类	因素	例子
产品相关特性	产品类别	超市的品牌个性是脚踏实地的，而百货公司的品牌个性是精致的
	产品属性	飞利浦手机待机时间长，所以品牌个性是可靠的
	包装	水井坊酒的瓶子体现出优雅的品牌个性
	价格	万宝龙钢笔价格至少在 1000 元以上，所以形成了精致的品牌个性
	促销	佐丹奴服装品牌经常打折，所以它们的品牌个性是平民化的
	产品分销	三星彩电当年撤出沃尔玛，目的就是希望打造精致的品牌个性
非产品相关特性	使用者形象	大宝洗面奶的使用者是普通大众，所以品牌个性是平民化的
	赞助	奥运会合作伙伴被认为是有实力的
	标识	可口可乐动感的标识使品牌具有了有活力的个性
	公司历史	同仁堂的老字号形象带来的是诚实、脚踏实地的品牌个性
	广告风格	芝华士的广告风格清新和纯净，其品牌个性因此具有了纯洁和轻松的特点
	原产地	产自西班牙的吉他让人感受到热情奔放的品牌个性
	公司形象	美体小铺关心社会的公司形象使得旗下产品均带有健康、真诚的品牌个性
	CEO	曾经攀上珠峰万科 CEO 王石为万科带来了自信和成功的品牌个性
	代言人	美国西部牛仔形象为万宝路带来了粗犷的品牌个性

资料来源：根据大卫·阿克《创建强势品牌》一书资料整理，例子由本书作者列举。

（4）品牌原型

近年来，在国际广告界出现了一个与品牌个性紧密相关的概念——“品牌原型”（Brand Archetype）。这一概念的提出得益于瑞士著名心理学家卡尔·古斯塔夫·荣格（Carl Gustav Jung）的“原型”理论。不同于仅仅停留在表面的“品牌个性”，“品牌原型”将消费者最深层的动机与产品的意义联系在一起。原型式的产品形象能够直接与消费者内心深处的心灵印记对话，唤起人们对品牌的认同，深化品牌的意义，并由此召唤人们去满足他们的基本需求和动机。世界著名广告公司扬·罗必凯公司（Young & Rubicam）长达四年的研究表明，与单一原型关联密切的品牌，其市场增值（MVA，Market Value Added，即一家公司为其股东的投资增加或减少了多少价值）的幅度比原型模糊的品牌高出 97%，其经济增值（EVA，Economic Value Added，即净营业利润扣除掉投注于该企业中之所有资本的机会成本后的结果）比原型关联薄弱的品牌高出 66%[①]。可见，对于品牌赢利来说，品牌原型是一个重要的武器。

美国学者玛格丽特·马克（M. Mark）和卡罗·S·皮尔森（C. Pearson）利用自己多年对原型及世界各大知名品牌的研究经验，透过消费者对品牌的认同心理与品牌构成要素，在 21 世纪初推出了他们的著作《很久很久以前——用神话原型打造深入人心的品牌》。书中结合动机理论浓缩的四大人性动机“独立”、“征服”、“归属”、“稳定”，将原型具体归纳为十二种：天真者、探险家、智者、英雄、亡命之徒、魔法师、凡夫俗子、情人、弄臣、照顾者、创造

① （美）玛格丽特·马克和卡罗·皮尔森. 很久很久以前——以神话原型打造深植人心的品牌[M]. 汕头：汕头大学出版社，2003.

者和统治者。与此同时，奥美集团旗下的奥美互动亚洲公司 CEO 肯特·沃泰姆（Kent Wertime）在《形象经济》一书中也提出 12 种原型的神话档案：终极力量、塞壬、英雄、反英雄、创造者、变革大师、权力经纪人、智慧老人、忠诚者、圣母、小骗子和哑谜形象[①]。虽然两者对原型的命名不同，但原型的个性基本相似。表 3-4 对玛格丽特品牌原型的十二种分类进行了介绍。

表 3–4　品牌原型的十二种分类

人性动机	品牌原型命名	品牌原型释义	品牌例子
独立——向往天堂	天真者	快乐、纯洁与善良	迪斯尼乐园、可口可乐
	探险家	自主、企图心强、能忠于自己的灵魂	李维牛仔、动感地带
	智者	发现真理的深切渴望	哈佛大学、新东方
征服——刻下存在的痕迹	英雄	坚毅、勇气和胜利	耐克、联邦快递
	亡命之徒	颠覆、反抗	哈雷摩托车、维珍
	魔法师	自我创造和自我塑造	劳力士、Linux
归属——没有人是孤独的	凡夫俗子	朴实无华	神州行、人人乐超市
	情人	美丽、性感与激情	香奈儿香水、伊卡璐洗发香波
	弄臣	讨厌正经、古板和无聊，喜欢尽情欢笑、享乐	百事可乐、奥克斯空调
稳定——立下秩序	照顾者	热情、慷慨与助人为乐	佳洁士牙膏、静心口服液
	创造者	灵感与创新	3M、海信
	统治者	权力、影响和领导地位	微软、英特尔

资料来源：根据马克和皮尔森的《很久很久以前》一书资料整理，例子由本书作者列举。

2．品牌关系

品牌关系（即品牌与消费者的关系）是国际市场研究公司（Research International）的研究人员马克斯·布莱克斯顿（Max Blackston）于 1992 年提出的概念。与品牌个性、品牌形象等单向概念不同，品牌关系是一个双向互动的概念，包括消费者对品牌的态度和行为以及品牌对消费者的态度和行为两个方面[②]。这一新概念将品牌关系类比成人际关系，认为品牌也像人一样会对消费者产生态度和行为。日常生活中，人们已经在一定程度上把品牌当作亲密的朋友来看待了。例如，赛拉图的车主把爱车称为“图图”，伊兰特的则被称为“兰兰”，飞利浦手机被称为“飞机”，摩托罗拉的“MOTO”昵称来自台湾的年轻人等。

（1）品牌关系质量

波士顿大学教授苏珊·佛妮尔（Susan Fournier）是品牌关系领域的权威学者。她提出用“品牌关系质量”（Brand Relationship Quality, BRQ）来衡量品牌关系的强度、稳定性和持续

① （美）肯特·沃泰姆. 形象经济[M]. 北京：中国纺织出版社，2004.

② Blackston , M. Observations : Building brand equity by managing the brand’s relationships[J]. Journal of Advertising Research, 1992, (May/Jun): 79—83.

性。通过与老、中、青三位妇女的深入交谈，佛妮尔从大量的品牌故事（Brand Story）中提炼出品牌关系质量的六个维度：爱与激情（Love and Passion）、自我联结（Self-connection）、相互依赖（Interdependence）、承诺（Commitment）、亲密（Intimacy）、品牌伴侣品质（Brand Partner Quality）①。

1）爱与激情。强烈的品牌关系与深入的人际关系一样，其核心也是"爱"。这种感情能够带来持久、深入的品牌关系，使用者会对所用品牌形成有明显偏向性的肯定，拒绝将其与替代品牌进行客观比较；

2）自我联结。这一维度反映了品牌与消费者的自我概念相联结的程度、品牌帮助消费者表达自我的程度，与品牌的联结让消费者觉得自己得到了某种肯定；

3）相互依赖。强烈的品牌关系通常也表现为消费者与品牌之间的高度相互依赖，品牌完全融入消费者的个人生活，甚至成为不可或缺的一个部分；

4）承诺。强烈的品牌关系之下，消费者会对品牌做出承诺，这种承诺包括感情上的和行动上的。出于对品牌的喜爱和承诺，消费者会高度约束自己的行为，对品牌忠贞不渝；

5）亲密。强烈的品牌关系之下，消费者对品牌、甚至制造这一品牌的企业都知之甚详。消费者根据其对品牌的了解和情感，坚信该品牌卓越非凡，并会奋起反对竞争品牌的攻击；

6）品牌伴侣品质。这一维度借用了婚姻关系进行比喻，反映的是消费者对品牌能否胜任生活"伴侣"这一角色的评价。对强势品牌关系的研究表明，品牌的"伴侣"品质需要考评以下五个要素：①品牌的顾客导向，品牌要让其顾客感到他们被需要、被尊敬、被倾听、被关心；②品牌的可靠性，即能够预见品牌会履行其作为"伴侣"的责任；③品牌的持久性，即品牌能遵守"关系契约"（Relationship Contract）的系列条款；④对品牌的信任，相信品牌提供的正是所需所欲而非所恶所惧；⑤品牌能对其行为负责。五个要素若能兼备，品牌则被认为"伴侣"品质优秀。

我国著名品牌学者何佳讯教授也提出了中国的品牌关系质量维度②。与佛妮尔的结论相比，中国的品牌关系质量少了"爱与激情"、"亲密"，多了"真有与应有之情"、"社会价值表达"（见表3-5）。这是中国的关系文化和面子文化所致。

表3–5 中西品牌关系质量表各构面析义比较

提出者	Fournier（1998）	何佳讯（2006）
构面1	爱与激情：从友善、喜爱到激情、迷恋到自私的、着迷的依赖等一系列的爱的感觉。	真有与应有之情：在品牌使用中，消费者由喜爱品牌产生难以控制的正面情绪反应（真有之情），如高兴、愉快和乐趣等；以及受规范影响（如爱国主义、家庭和传统和礼节）而产生义务上的感情（应有之情）。
构面2	自我联结：反映品牌传达重要的认同关注、任务或主题的程度，表达了自我的一个重要方面。	自我概念联结：反映品牌传达重要的认同关注、任务或主题的程度，表达了自我（个人自我和中国文化中的"关系自我"）的一个重要方面。

① Fournier, Susan. Consumers and Their Brands: Developing Relationship Theory in Consumer Research [J]. Journal of Consumer Research, 1998, 24(4): 343—373.

② 何佳讯. 品牌关系质量本土化模型的建立与验证[J]. 华东师范大学学报（哲社版），2006，28(3): 100—106.

续表

提出者	Fournier（1998）	何佳讯（2006）
构面3	相互依赖：消费者与品牌相互影响的程度。	相互依赖：消费者基于成本和价值回报比较，与品牌积极互动的心理期待和行为表现。
构面4	承诺：不管环境可预见或不可预见，与品牌保持长久关系的行为意图。	承诺：不管环境可预见或不可预见，与品牌保持长久关系的行为意图。
构面5	亲密：消费者围绕品牌发展出详细知识结构，将品牌信息个人化地储存于记忆中。	社会价值表达：消费者对品牌象征性地赋予自己社会地位、社会性赞赏和影响的知觉程度，它带给消费者的是愉悦性的骄傲情绪，如自豪、神气、得意、优异和受尊敬等。
构面6	伴侣品质：消费者对品牌在伙伴关系中的表现评价。	信任：消费者对品牌行为按照自己期望发生的认知和感觉程度。

资料来源：根据Fournier（1998）、何佳讯（2006）文献整理。

（2）品牌关系型态

佛妮尔提出了品牌关系的种种型态。较有代表性的品牌关系型态有十五种，包括：包办的婚姻关系（Arranged Marriages）、一般朋友关系（Casual Friends/Buddies）、方便之约的关系（Marriages of Convenience）、承诺的伙伴关系（Committed Partnerships）、最佳的友谊关系（Best Friendships）、区分场合的友谊关系（Compartmentalized Friendships）、亲缘关系（Kinships）、回避关系（Rebounds/ Avoidance-driven Relationships）、童年友谊关系（Childhood Friendships）、求爱关系（Courtships）、依赖关系（Dependencies）、短期试用关系（Flings）、敌对关系（Enmities）、秘密关系（Secret Affairs）和奴役关系（Enslavements）。佛妮尔的研究结论集中在消费品领域，而澳大利亚学者斯威尼（Sweeney）和丘（Chew）则在服务领域做了补充①。他们除了证实佛妮尔提出的十五种品牌关系型态之外，还发现了爱恨交融（Love-hate）这一新的关系型态。同时，他们还对佛妮尔的十五种品牌关系类型进行了进一步归类，将其分成友谊关系（Friendships）、婚姻关系（Arranged Marriages）、“暗面”关系（Dark-side Relationships）和临时关系（Temporally Oriented Relationships）四大类。海尔家电、土星汽车与消费者形成的就是友谊关系，哈雷摩托车与消费者形成的就是婚姻关系，投诉品牌的时候是“暗面”关系，在景区餐厅消费属于临时关系。这些品牌关系型态能够帮助企业确定品牌关系建设的方向，指导品牌传播。本书作者对中国的品牌关系型态及驱动因素进行了研究（见链接材料3-3）。

链接材料3-3：中国的品牌关系型态及驱动因素

加拿大多伦多大学的潘卡奇·阿戈瓦（Pankaj Aggarwal）博士依据社会交换理论（Clark and Mills, 1993）将品牌关系型态分成交换关系（Exchange Relationship）和共享关系（Communal Relationship）两大类。在此基础上，本书作者周志民根据中国人际关系理论对中国品牌关系型态进行了实证研究，提出了既有工具、既有情感、交往工具、交往情感等四种品牌关系型态：（1）既有工具关系指消费

① Sweeny, J. and M. Chew. Understanding Customer-Service Brand Relationships: A Case Study Approach[J]. Australasian Marketing Journal，2002, (10): 26—43.

者是在几乎别无选择的情况下购买了一个没有什么偏好的品牌；（2）交往工具关系指消费者有足够的选择权，但选择品牌的原因并不是因为情感上的偏好，而只是因为品牌价格优惠；（3）既有情感关系指由于消费者与品牌的相关物之间存在一定的感情关系，使得消费者与品牌之间也形成了一种情感关系；（4）交往情感关系指消费者通过与品牌的长时间、多方面接触而形成了对品牌的好感。这一基于二维的四分法描述了品牌关系是通过既有或交往的过程而形成的、基于工具或情感的品牌与消费者之间的关系，相比阿戈瓦的品牌关系二分法而言更为全面。

周志民进一步探索了每一种品牌关系型态的驱动因素，研究发现：既有工具关系由群体压力、条件限制、节约现有等三个因子驱动；既有情感关系由公司声誉、地理认同、权威认可和口碑信任等四个因子驱动；交往工具关系由成本价格、品牌同质、尝试新品等三个因子驱动；交往情感关系由品牌内涵、员工服务、营销推广、产品设计、产品价值和品牌要素等六个因子驱动。

资料来源：（1）Aggarwal, P.. The Effects of Brand Relationship Norms on Consumer Attitudes and Behavior [J]. Journal of Consumer Research, 2004, 31(1): 87–101.（2）周志民. 品牌关系型态之本土化研究[J]. 南开管理评论，2007，10(2): 69-75.（3）周志民，张宁，李蜜. 品牌关系驱动因素研究——以年轻人样本为例[J]. 管理学报，2009，6(10): 1384—1391.

（四）符号角度的品牌识别

符号不仅能够区隔不同的品牌，还是品牌内涵的载体。符号具有象征性。通过符号的传载，消费者更容易感受和记住品牌到底意味着什么。大卫·阿克认为任何代表品牌的事物都可以成为符号。我们常见的品牌符号包括品牌名称、品牌标志、品牌口号、品牌音乐、品牌虚拟代言人、品牌外观、品牌传奇等等。符号识别设计的关键在于符号所反映的品牌内涵，没有象征涵义的品牌符号即使设计得再漂亮也没有价值。比如，Benz汽车在大陆的中文译名为“奔驰”，形象地表现出汽车风驰电掣般的雄姿，而在港台地区被译为“平治”、“宾士”则体现不出这种感觉；耐克的标志设计堪称经典，简洁的一勾让人联想到动感、速度和果敢；飞利浦的品牌口号“精于心，简于形”让人感受到产品设计的精心和顾客使用的简便；芝华士威士忌电视广告中美妙的音乐背景，让人对芝华士人生的纯净与惬意感受颇深；海尔兄弟的卡通形象让人们体会到海尔所说的“真诚到永远”；大众甲壳虫汽车曲线设计独特而经典；可口可乐当中 1%的神秘配方被锁在美国银行保险箱的故事让人感觉到可口可乐不可替代的经典。第4章将对各种品牌符号展开阐述，此处先略过。

我国著名品牌实战专家翁向东基于大卫·艾克的理论和自己的经验总结，在《本土品牌战略》一书中详细叙述了自己所理解的品牌识别内容（见链接材料3-4）。

链接材料3-4：翁向东的品牌识别内容

1. 品牌的产品识别

对于品牌来说，产品是成功的基础，也是品牌识别的主要载体。具体包括产品类别识别、产品特色识别、产品品质识别、产品用途识别、产品使用者识别、产品档次识别。

2. 品牌的企业识别

产品可以是相同的，但生产产品的企业却是千姿百态的。品牌的企业识别主要从企业理念与企业活动层面与竞争品牌形成区隔，具体有：企业领袖、企业理念与文化、企业人力资源、品质理念制度与行为、对消费者的需求与利益的关注。

3. 品牌的气质识别

品牌气质是消费者对品牌产生的一种心理感觉与审美体验，一般由产品包装、VI系统、海报、DM、报纸杂志等平面广告的设计风格、影视广告的画面等所决定的。

4. 品牌的地位识别

发展品牌在企业地位方面的识别，塑造品牌的王者之相，是提升品牌的捷径。以领先的销量、市场占有率或利润来树立领导品牌形象的企业比较多。此外，还有财力与资产规模的领先地位、管理的先进性、技术的领先地位、细分市场的领先地位。

5. 品牌的责任识别

从企业的社会责任层面形成的品牌识别对品牌的提升效果是广告、产品特征、技术优势等所无法达到的。

6. 品牌的成长性识别

即使企业现有的实力、销售额、技术等还谈不上领先，但可以把增长速度业内领先、企业拥有非常广阔的发展前景作为品牌的重要识别。塑造品牌的成长性、锐气与活力，能反衬出大品牌的老态龙钟、日薄西山，营造出马上要赶超行业老大的心理氛围。

7. 品牌的创新能力识别

创新能力的不足一方面让人觉得品牌给消费者的利益比竞争品牌差，更重要的是让消费者觉得品牌在走下坡路。企业只有在创新上领先于竞争者，展现出蓬勃的活力，才不会被消费者抛弃。一个成功品牌或老品牌的大忌是长时间没有产品、技术、服务、包装上的创新。

8. 品牌与消费者的关系识别

与消费者建立亲切、和谐、友好的关系是品牌的最高境界。一个品牌能与消费者建立良好的关系，就会获得很高的品牌忠诚度。

9. 品牌的符号识别

企业所有的品牌建设投入都是注入到品牌符号上的，因此成功的品牌符号识别规划是创建强势大品牌的基础。

资料来源：翁向东. 本土品牌战略[M]. 杭州：浙江人民出版社，2002.

三、品牌识别策划过程

品牌识别策划过程描述的是分析、提出和实施品牌识别的过程。大卫·阿克和爱里克·乔瑟米赛勒曾经提出一个品牌识别策划模型，包括战略品牌分析、品牌识别系统、品牌识别实施系统三个组成部分（见图3-6）。

（一）战略品牌分析

品牌识别是一个能与消费者产生共鸣、能与竞争对手形成差异、能反映企业组织优势的概念，所以，战略性品牌分析的内容包括消费者分析、竞争者分析和自我分析。

企业首先需要界定目标细分市场在哪里，之后通过深度访谈或焦点小组等定性方法来挖掘目标消费者对某类产品的购买动机和价值需求。消费者的分析必须采用发展的眼光，因为品牌的精髓一旦确定就不宜改变。

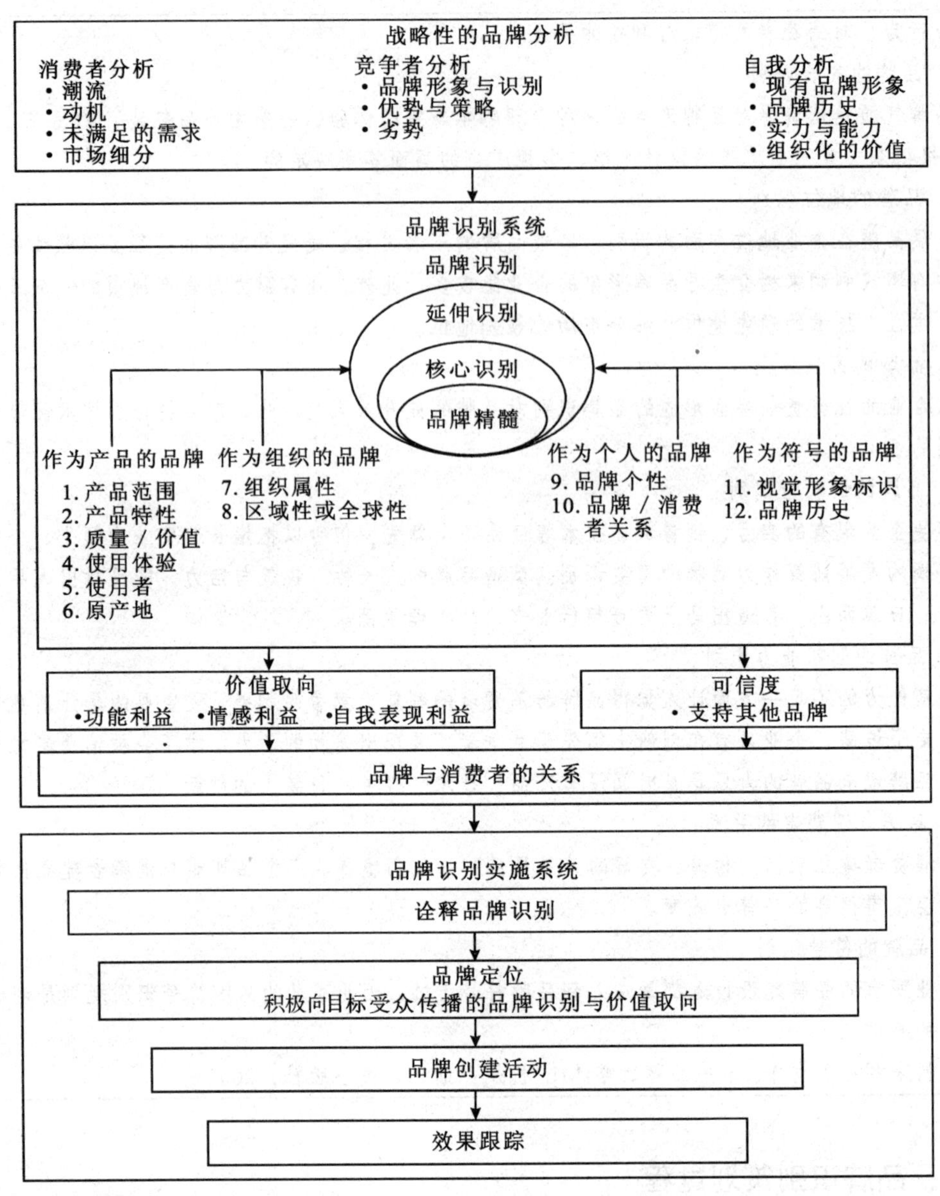

图 3–6　品牌识别计划模型

资料来源：（美）大卫・阿克，爱里克・乔瑟米赛勒. 品牌领导[M]. 北京：新华出版社，2001.

竞争者分析的目的在于为品牌找到一个差异点。不仅要关注现有竞争者，还要考虑潜在竞争者。例如，当年的大不列颠百科全书忽视了潜在竞争者微软 Encarta 电子百科全书，美国的巴诺书店（Banes & Nobel）忽视了亚马逊网上书店，最后都陷入了困境。竞争者分析的内容包括竞争者的实力、战略和品牌形象。这些内容可以通过监控竞争者的举措以及调查消费者对竞争者的评价来得到。

自我分析能帮助品牌战略制定者清晰地了解企业的价值观、现有品牌的形象、竞争优劣势，从而为品牌识别的规划提供支撑。如海南省旅游资源丰富，因此海南卫视直接以“旅游卫视”命名；飞利浦手机技术的特色是待机时间长，这成为了其手机品牌的核心识别。

（二）品牌识别系统

品牌识别系统包括品牌识别、价值取向、可信度、品牌与消费者的关系等几个部分。

品牌识别是核心内容，结构是品牌精髓、品牌核心识别、品牌延伸识别等从内到外的三层，内容包括产品角度的识别、组织角度的识别、个人角度的识别、符号角度的识别。

价值取向是企业希望品牌能带给消费者的利益，包括功能性利益、情感性利益和自我表现利益。品牌精髓实际上就是品牌核心价值或品牌核心价值中最重要的价值，而此处的价值取向则是从功能性、情感性和自我表现性三个方面同时对品牌核心价值进一步的阐释。

品牌不仅能够提供驱动消费者决策的价值，还具有为旗下产品和品牌提供担保的功能，这就是品牌识别的可信度。例如，人们购买海飞丝是因为其优秀的去头屑功能，而背后的宝洁公司为海飞丝的优秀品质提供了担保和“背书”。

建立品牌与消费者的关系是品牌识别的目的。当品牌被当成一个个性鲜明的人的时候，品牌与消费者的关系就可能形成。

（三）品牌识别实施系统

品牌识别实施系统包括品牌识别的诠释、品牌定位、品牌创建活动和效果跟踪等几个环节。

第一个环节是品牌识别的诠释。主要有四个要点：（1）品牌识别的先后顺序。品牌识别作为对品牌的多方位展示，本身是十分复杂的。产品属性、组织属性、品牌个性、品牌符号，这些概念当中的哪些应当作为品牌核心识别，哪些应当作为品牌延伸识别？是否与品牌精髓相吻合、能否与消费者产生共鸣、能否与竞争者清晰区隔等是判断品牌识别元素先后顺序的关键。能够强化和体现品牌精髓、与消费者产生共鸣、与竞争者明显区隔的元素应当成为核心识别，反之则是延伸识别。例如，耐克的品牌核心识别是产品属性（运动和健康）、使用者类型（顶尖运动员以及对健身和健康感兴趣的人）、表现（建立在卓越技术基础上的、表现出众的鞋）、强化生命力（通过运动增强人们的生命力），延伸识别是品牌个性（兴奋、进取、勇敢）、品牌关系（让消费者成为具有运动活力的人）、子品牌（乔丹气垫鞋等）、标识（勾）、品牌口号（Just do it）、代言人（乔丹、阿加西等顶尖运动员）、传统（在俄勒冈州开发的跑鞋）。（2）品牌识别支持活动的审核。品牌识别的内容蕴含着品牌对消费者的承诺，而企业的品牌战略责任就是支持品牌承诺的履行。例如，苏宁一项核心的品牌识别是服务品质，这一承诺通过店面、物流、售后、客户等几个部分构成的苏宁“阳光服务”体系来实现。（3）品牌识别角色模式。把品牌识别内容列成条文进行传播过于枯燥和单调，无法展示品牌识别的丰富性和感性。角色模式是将这些识别内容形象化的一种方式，包括内部角色模式和外部角色模式。内部角色模式是企业自身拥有的、最能体现品牌识别核心内容的传奇故事、项目、活动和人员。例如，速8经济型连锁酒店每年8月8日举办速8日纪念活动，维珍公司极富个性的品牌领袖布兰森等等都是内部角色模式的例子。当内部角色并不显著时，品牌可以扩展外部角色模式。外部角色不是企业自身所具备的，而是品牌的参照对象。例如，哈根达斯被誉为“冰激凌中的劳斯莱斯”。（4）视觉识别的制定。在传播品牌识别时，图像比文字更有效。以文字说明万宝路具有豪迈的男子汉气概与用西部牛仔图片来表述，效果是完全不同的。

第二个环节是品牌定位。品牌定位是传播品牌识别的奠基石，它积极与目标消费者沟通并展示本品牌相对于竞争品牌的优势所在。品牌定位的四个显著特征是“组成部分”、“目标市场”、“积极沟通”和“展示优势”：（1）品牌定位是品牌识别和价值陈述的组成部分，一些核心的识别和价值陈述会出现在品牌定位的陈述当中，如“麦当劳餐厅为儿童和家庭提供了快乐的场所”；（2）品牌定位需要明确目标市场，如奇瑞QQ汽车的目标市场是刚参加工作不久的时尚青年；（3）品牌定位应该明确沟通的目标，如益力矿泉水推出理性广告是希望消费者对其“富含矿物质”的卖点产生认同；（4）品牌定位还要展示优势，既要与消费者产生共鸣，又要具有差异性，如沃尔沃汽车定位为“最安全的车”。第5章将详细阐述品牌定位的内容。

第三个环节是品牌创建。品牌创建过程是品牌识别的传播过程。最常见的传播手段就是广告，但这不是唯一的工具。事件赞助、公共关系、促销等都有助于品牌识别的传播。第6、7章将对如何提供品牌体验以及如何使用各种品牌传播手段进行介绍。

最后一个环节是品牌跟踪。通过跟踪，企业能够及时了解品牌在消费者心目中的形象是否与品牌识别相吻合，最终形成的品牌资产如何。跟踪的方法包括定性和定量两种。定性跟踪的方法是以典型的目标消费者作为调查对象，进行深度访谈或者焦点小组访谈。定量跟踪的方法是找一些指标进行测量。第12章将会详细介绍品牌资产的评估方法。

第3节 其他著名品牌识别模型

除了大卫·阿克教授的品牌识别模型外，目前被广泛认同的模型还有法国卡普菲勒教授的品牌识别棱镜模型、日本电通广告公司的蜂窝模型、美国达彼思广告公司的品牌轮盘以及中美合资麦肯·光明广告公司的品牌印记等。

一、卡普菲勒的品牌识别棱镜模型

法国HEC商学院的卡普菲勒（Kapferer）教授是品牌识别理论的首创者。他在《新战略品牌管理：创建和维系长期的品牌资产》一书中提出了品牌识别棱镜（Brand Identity Prism）模型[①]，用以描述品牌识别的构成要素及其结构关系。

以往的品牌理论中或多或少地提到了品牌识别的一些组成部分，但由于缺乏理论框架，管理者被弄得一头雾水。根据传播理论，卡普菲勒从内在—外在、发送方—接收方两个维度构建了品牌识别棱镜模型。在这一模型中，品牌识别由品性、个性、关系、文化、消费者映像、自我形象等六个部分构成。其中，自发送者一端（企业端）到接收者一端（消费者端），内在的组成部分分别是个性、文化和自我形象，外在的组成部分分别是品性、关系和消费者映像（见图3-7）。

（一）品性（Physique）

Physique是一个法语单词，意思是“体格”，国内将其译作“品性”，取“产品或品牌之特性”之意。品性是品牌外在的显著特性，由产品的物理特性和品牌符号构成。比如，产品种类、产品属性、产品包装、品牌名称、品牌标识等都是品性的一种。品性是品牌存在的基

① Kapferer, Jean-Noël. The New Strategic Brand Management: Creating and Sustaining Brand Equity Long Term (4th ed.)[M]. London: Kogan Page Limited，2008.

础，就如花的茎，若没有茎，花就会枯死。例如，没有卓越的汽车制造技术，奔驰是不存在的；没有带有竹香的咸味膏体，LG竹盐牙膏也就不是竹盐牙膏了；没有黄色的拱形“M”，麦当劳也不就复存在。正因为此，在品牌调查过程中，消费者最先联想到的就是品性。品性是构筑品牌的第一阶段。

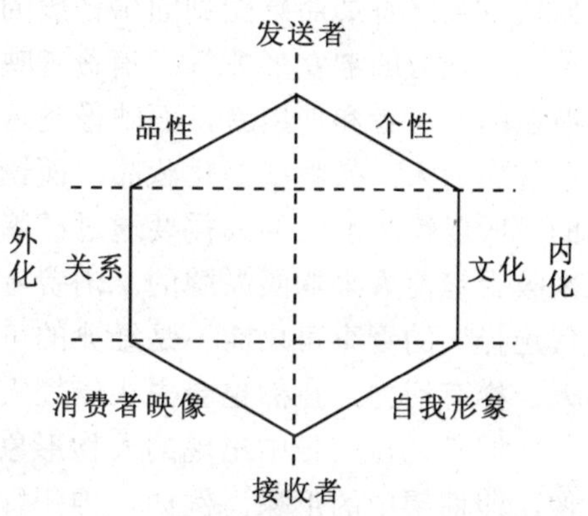

图 3–7　卡普菲勒的品牌识别棱镜模型

资料来源：Kapferer, Jean-Noël. The New Strategic Brand Management: Creating and Sustaining Brand Equity Long Term (4th ed.)[M]. London: Kogan Page Limited, 2008.

（二）个性

品牌需要有个性。通过传播，品牌个性会逐渐形成。有了个性，消费者会像谈论人一样地谈论产品或服务，也会挑选适合自己个性的品牌。例如，烟民们对阳刚之气十足的万宝路总是津津乐道，同样代表宏大气势的红河香烟则跻身中国烟草品牌销量的前三甲。自1970年个性成了品牌广告的中心，许多美国广告公司都将其作为传播活动的前提。达彼思（Ted Bates）广告公司创立了新的USP（Unique Selling Personality，独特销售个性），而精信（Grey）广告公司将个性作为他们对品牌的定义。

（三）关系

按照奥美广告公司的说法，“品牌就是消费者与产品或公司之间的关系”。这种关系让人感觉到消费者是在跟有思想、有个性的“人”在打交道，而不是一个产品的名称代号。比如，“威猛先生”厨房清洁剂就是家庭主妇们的生活助手，而哈雷摩托车是车主们的亲密伙伴。这些关系要作为品牌传播的目标，而不是顺其自然地发展下去。

（四）文化

品牌文化（Brand Culture）是品牌所蕴含的价值观，是品牌感染力的源泉。它不同于直接给消费者提供功能性价值的产品属性，而是将一种深厚的、沉淀的价值观念渗透到消费者的内心，以获得强烈的认同。

品牌文化可以来自以下方面：（1）地理文化。法国文化是浪漫的，所以香水和葡萄酒最诱人；意大利是时尚之都，所以服装和皮鞋最新潮；德国文化是严谨和理性的，所以汽车和电子产品质量一流。不仅是国家，一些地区也因为历史和产业缘故而带有特定的文化，所以出自那些地区的品牌也就具有了当地的文化特色，如苹果电脑来自以尖端的科技为象征的加利福尼亚州；（2）民族文化。我国著名服装品牌“红豆”巧妙地与王维的名诗《相思》相关联，通过举办七夕“红豆·相思节”等活动，提升品牌文化含量。此外，还有金六福酒的“福”文化，柒牌的“中山装”文化等；（3）品牌历史。品牌带给消费者的历史感本身就是一种文化，如国窖·1573，距今430多年的历史已让人感受到悠长与厚重；（4）产品类别。不同的产品类别与生俱来地带有一定的文化色彩，如快餐讲究速度和效率、旅游讲究享乐等；（5）企业文化。文化能将品牌和公司本身联系起来，特别是当它们用同一名称时。例如，我国著名的房地产企业中海地产“建世间精品，筑幸福人生”的价值观念使旗下所有楼盘品牌“中海·××”都带有了精益求精的文化特色。

（五）消费者映像

消费者映像（Consumer Reflection）是指在消费者拥有品牌之后而希望实现的理想形象，

如抽万宝路香烟而感受到的牛仔般的豪迈、阳刚的男子汉形象，用香奈儿香水而感受到了高雅、有魅力的淑女形象等。消费者映像很容易跟目标市场混淆。目标市场是指品牌的现有或潜在的购买者和使用者，而映像是这些人的理想形象。打个比方：目标市场就像一个站在镜子前面的人，品牌就是化妆品，而镜子中的人影就是映像。人们都希望镜子里面的人是美丽的，所以镜子前面的人需要通过品牌这个“化妆品”来修饰和实现。企业就是通过镜子映像来吸引镜前人来购买品牌的。消费者映像可以解释为什么一些年龄较大的人也会购买“新生代选择”的百事可乐而不是经典的可口可乐，因为年龄较大的人心态年轻，他们希望像年轻人一样有活力，自然也会去买年轻人喜欢的品牌。

通常，在广告中出现的人物形象有一些可能是目标消费者，也有一些可能是消费者的映像，即期望中的形象。例如，神州行广告中葛优代言的普通老百姓形象就是目标消费者；而在哈撒韦（Hathaway）衬衣广告中，奥格威塑造了一个带眼罩的男人。这是一个高傲、成熟的男人形象，但这并不意味着带眼罩的人就是哈撒韦衬衣的目标消费者。

除了直接描绘自己品牌的消费者映像，企业还可以利用对比竞争品牌的消费者映像来做文章。维珍商店的映像使得先前已确立起映像的竞争者显得过时，温迪汉堡在广告中让一个在麦当劳用餐的老太太大叫“牛肉在哪里”，借以衬托自己品牌的实在。要注意的是，直接在广告中对竞争品牌指名道姓的做法在很多国家都是违反《广告法》的，所以，很多广告将竞争者泛化，称之为“一般品牌”或“普通品牌”。

（六）自我形象

品牌识别的第六方面是消费者的自我形象（Self-image）。如果说映像是目标消费者理想形象的外在反映的话，那么自我形象则是目标消费者对自己现有形象的认知。比如，一些洗发水广告通常会先描绘一个由于发质不好、头屑很多而无精打采、毫无自信的女子，用了某品牌的洗发水之后，她变得秀发出众，精神倍加。其中，使用品牌之前所描绘的消费者形象就是企业想像当中目标消费者的自我形象，而使用品牌之后的形象就是消费者的映像。购买耐克运动鞋的消费者通常把自己看成是运动爱好者，而耐克品牌的产品使得他们在运动中更自信、显得更专业。

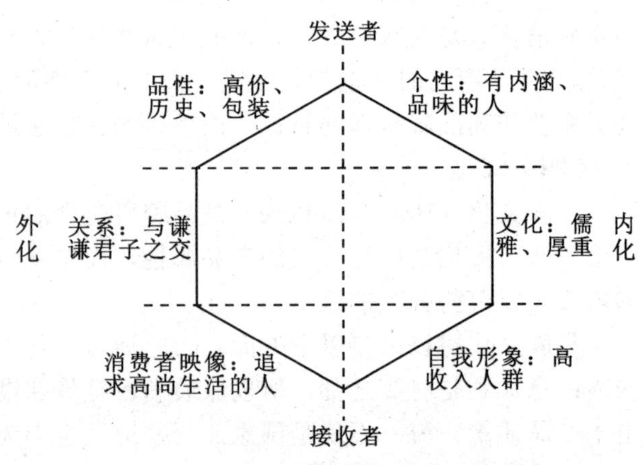

图3-8　水井坊的品牌识别棱镜模型

图3-8是利用品牌识别棱镜模型为我国白酒品牌水井坊做的简要分析。

二、电通的蜂窝模型

日本电通（Dentsu）株式会社成立于1901年，总部位于东京，是全球最大的广告代理公司，拥有3000多家客户。在广告公司管理界，电通因前社长吉田秀雄制定的“鬼才十则”而著称；而在广告公司的品牌咨询业务上面，电通又开发了著名的“蜂窝模型”。

随着媒体的发达，消费者被大量信息包围，品牌传播不可避免地走向了整合。面对新的品牌营销环境，品牌构建面临着两种整合：内容的整合和媒体资源的整合。奥美“360度品牌管家”和智威汤逊“品牌全营销策划”等一些欧美 4A 广告公司的品牌建设模型往往把品牌创建的焦点放到了媒体资源整合上，而电通蜂窝模型则把焦点放到了内容的整合上，强调对“潜在消费者心智图”的描述。电通蜂窝模型脱胎于阿克教授的品牌识别系统，它围绕品牌核心价值让各种品牌识别要素完美地组织起来。在阿克的模型当中，品牌识别要素有很多，但不是所有内容都要作为品牌定位传播的要素。电通蜂窝模型则帮助企业从品牌识别的各元素中挑选出应包含在品牌定位中的项目，并形成潜在消费者品牌认知图。

蜂窝模型是对品牌识别元素的一种形象描述：就仿生组织的层面而言，六边形的蜜蜂窝是一个把成长与扩张完美结合的结构，对外可承受巨大的压力，对内则协同分担。如今蜂窝模型已经广泛运用于无线通信领域中，所以“蜂窝”和“信息传播”之间建立起了一种指向关系。在电通的蜂窝模型中，其他各要素围绕核心价值而形成一个成长与扩张的结构。在品牌传播活动开展之前把这个图形分析透彻，开展活动就非常容易了。

蜂窝模型由品牌核心价值、符号、权威基础、情感利益、功能利益、品牌个性、理想顾客形象等七个要素共同构成（见图 3-9）。其中，核心价值是一个品牌独一无二且最具价值的部分，是品牌的最中心、最本质、且不具时间性的要素；符号是品牌形象的具象表现，如视觉影像和隐喻；权威基础是彰显品牌价值的基本事实，包括产品的特征、过去的历史、推荐者等；品牌个性是品牌表现消费者自我形象的差异化特征，是与典型消费者建立良好关系的基础；情感利益是品牌赋予消费者以情感共鸣；功能利益是向潜在消费群展示品牌对其意义的功能性作用；理想顾客形象是顾客在拥有品牌之后而形成的形象，是品牌个性的一个强力驱动来源。

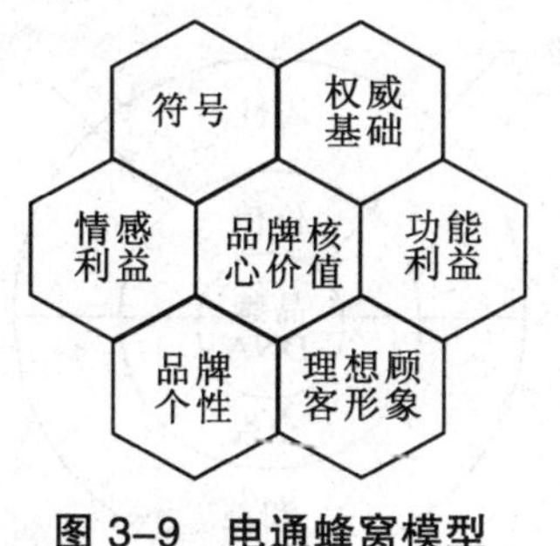

图 3-9 电通蜂窝模型

资料来源：MBA 智库百科, www.mbalib.com.

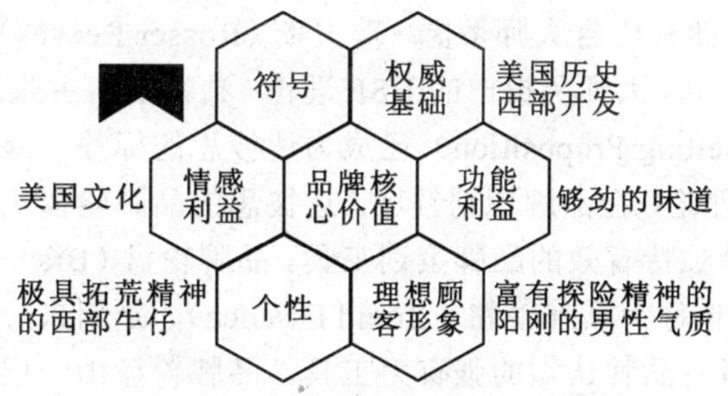

图 3-10 万宝路品牌识别的蜂窝模型

资料来源：MBA 智库百科，www.mbalib.com.

以下用蜂窝模型分析万宝路的品牌识别（见图 3-10）。万宝路的品牌核心价值是勇敢、冒险、阳刚的男子汉气概，符号包括红白相间的包装、万宝路（Marlboro）的命名和标识；权威基础包括全球销量最大、50 多年历史的美国香烟；情感利益是美国文化；功能利益是偏重、较辣的口感；品牌个性是豪放不羁的美国西部牛仔；理想顾客形象是充满阳刚之气、具有男子气概的人。

蜂窝模型的七个识别元素又可分成四个递进的层次：“这是……”、“我是……”、“你能得到……”、“你是……”。其中，“这是……”是代表没有拟人化的品牌客观信息，即符号和权威基础；“我是……”指代品牌个性，而“你能得到……”指代功能和情感利益；“你是……”指代理想顾客形象。可见，蜂窝模型描述了消费者不同层次的认知目标，由表及里，由浅入深，是一个逐级递进的过程。同样还是以万宝路为例分析这四个层次（见图3-11）：第一层是“这是万宝路香烟”；第二层是“我像一个具有拓荒精神的西部牛仔”；第三层是“在万宝路西部乡村的意味里，你能够体验美国的文化风味”；第四层是“当你经历万宝路的冒险之旅时，你将是阳刚的、男子汉的、有英雄气概的”。

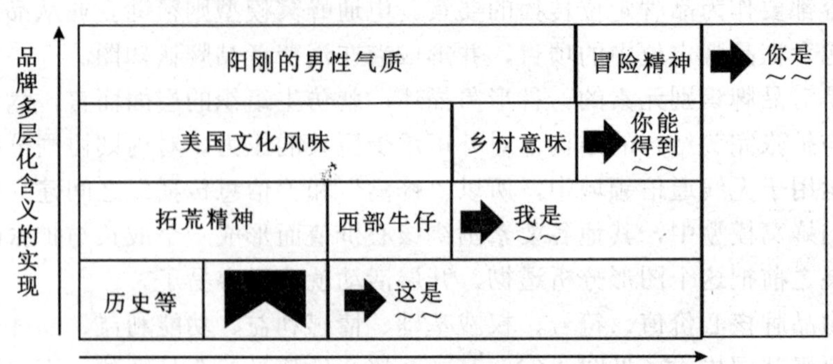

图 3-11 万宝路品牌识别蜂窝模型的层级关系

资料来源：MBA 智库百科，www.mbalib.com.

三、达彼思的品牌轮盘

达彼思（Ted Bates）广告集团于1940年创立于纽约，以拥有广告大师罗瑟·瑞夫斯（Rosser Reeves）而闻名于世。大师所提出的USP理论（独特销售主张，Unique Selling Proposition）已成为达彼思的标签。除了USP理论，在品牌识别领域，达彼思的品牌轮盘也成为一种独特有效的品牌策划工具。品牌轮盘（Brand Wheel）也称为品牌精髓（Brand Essence），是用来分析消费者对品牌认知的强有力工具。品牌轮盘由一层一层的同心圆组成，中心点就是品牌核心。在打造出品牌核心之前，必须一圈一圈由外而内抽丝剥茧地去做检视。这些由外而内的品牌要素分别是（见图3-12）：

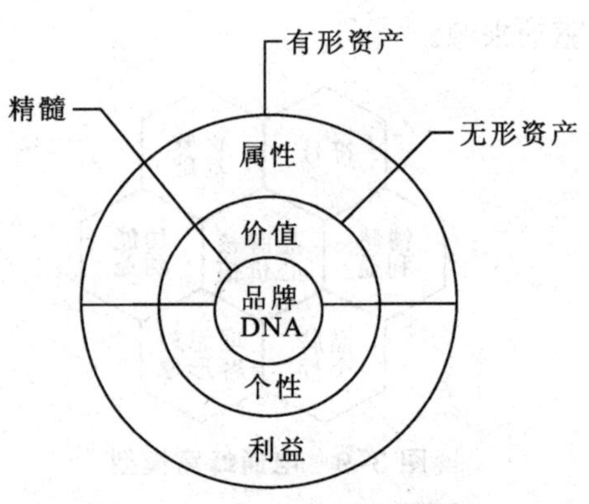

图 3-12 达彼思的品牌轮盘

资料来源：MBA 智库百科, www.mbalib.com.

品牌属性（Brand Attributes）：这个品牌的物理和功能特征为何？

品牌利益（Brand Benefits）：消费者使用了这个品牌后能得到什么？

品牌价值（Brand Values）：消费者使用了这个品牌后的自我感受是什么（Make me feel）？别人又是如何看待用了这个品牌的人（Make me look）？

品牌个性（Brand Personality）：如果把品牌看作人，它会是一个怎样的人？

品牌DNA：品牌在相当长一段时期内的内涵是什么？

以苹果电脑为例。苹果的品牌属性是产品新潮，功能先进；品牌利益是使用苹果电脑让人感觉色彩精美、外观漂亮、质量稳定；品牌价值是消费者会觉得自己是个专业人士，而别人也会很羡慕自己的专业水准；苹果品牌个性是一个引领潮流的时尚青年；苹果品牌DNA

是酷、时髦。

在描述以上要素时，有两点需要注意：

1．它们彼此之间具有关联性，且环环相扣，有什么样的品牌属性就会带出与其相关的品牌利益和品牌价值。

2．在推敲每一个要素时，思考的关键都在于与竞争者之间的区隔度如何。如果品牌特质和利益与竞争者的区隔度不够，就试着从品牌价值和品牌个性上去创造吧！经过了反复思考才能打造出品牌精髓。

四、麦肯·光明的品牌印记

麦肯·光明是 1991 年底由美国麦肯世界集团 (McCANN-ERICKSON WORLDWIDE) 与《光明日报》社合资组建的专业广告公司。公司一贯秉承“善诠涵意，巧传真实（TRUTH WELL TOLD）”的服务宗旨，得到了客户的认同和市场的认可。自 1995 年至今，营业额连续数年全国排名第二。

品牌印记（Brand Footprint）是麦肯·光明开发的一个品牌识别工具，用以定义品牌的真正内涵，以利于营销人员有效管理并建立品牌。品牌印记是对某一品牌的意义及其个性的宣言。更精确地说，品牌印记必须能够：（1）包括品牌的三个主要意义；（2）反映这三个意义的三个重要个性特征。所谓品牌意义，是指一个品牌在消费者心目中产生的印象。品牌意义由三个层面组成：首先是基本层面，是品牌与过去的联系，也可以说是品牌与产品之间的联系；其次是情感层面，是描述品牌与消费者之间情感联系的层面；再次是方向性的层面，是关系到品牌将来发展的层面，即品牌管理者的意向。

发展“品牌印记”的过程有五个步骤：

1．发现该品牌的现有联想意义

这是对现有品牌而言的，新品牌不需要做这一步。找到消费者对该品牌联想的方法有：（1）消费者投射法（例如：图像归类法、品牌联想法、品牌拟人法）；（2）重度使用者习惯的调查；（3）让非常熟悉该品牌及对该品牌特别有研究的人来判断，因为这些人对消费者的观点特别敏感；（4）让熟悉该品牌的人在小组讨论中列出自由联想意义的“清单”来。

2．找出竞争品牌的“印记”

这将有助于找出一个产品类别的主要需求点、竞争品牌在消费者认知上所占领的位置，以及各竞争品牌中最主要的差异点。

3．找出品牌的意义

把对该品牌的各种联想归纳为几个最能使消费者相信的正面印象，再对该品牌的意义进行调查以适用未来的发展。必须把这些意义精确地写下来，并将其活泼化为品牌的一幅独特的图画。例如，身着绿色树叶的、充满朝气的年轻人图片表现出绿巨人豌豆的新鲜和天然；ESSO 的老虎图象则表现出 ESSO 石油强劲的动力。

4．找出品牌的个性特征

品牌意义一旦被确定，与品牌意义相对应的品牌个性就可轻易地找出来。最终设定的品牌个性必须非常简明清晰。

5．修正以完成的“品牌印记”

评估竞争情势后，以一种具有全面性、相关性及强势的远见去评估这个品牌的意义和个性。

表3-6是美国运通（AMEX）和维萨（VISA）信用卡的品牌印记。通过对比可以发现，同为信用卡，品牌意义和个性都存在显著差异。

表3–6　美国运通和维萨卡品牌印记对比

	美国运通卡品牌印记	维萨卡品牌印记
品牌意义	• 美国运通卡的意义就是会员资格 • 美国运通卡的意义就是商业生活 • 美国运通卡的意义就是签帐卡	• 维萨卡的意义就是无所不在 • 维萨卡的意义就是高级生活 • 维萨卡的意义就是信用卡
品牌个性	• 美国运通卡是专业的 • 美国运通卡是世界性的 • 美国运通卡是负责的	• 维萨卡是社交的 • 维萨卡有风格的 • 维萨卡有活力的

资料来源：MBA智库百科, www.mbalib.com.

五、对各种品牌识别模型的评述

上节和本节共介绍了五种品牌识别的模型。由于提出者的背景差异，五个模型不尽相同。以下从结构、内容两个方面对各个模型进行评述。

阿克的模型在结构上从中心到边缘依次为品牌精髓、核心识别和延伸识别三个层次，越是中心的识别要素越不容易改变，而且还起到了主导边缘识别的作用。识别要素包括四个方面：公司、产品、个人、符号。这四个方面的内容分散在上述三个层次当中。阿克模型存在的最大问题是：如何才能准确地提炼出核心识别，并将核心识别与延伸识别区分开来？在阿克所列举的例子当中，土星汽车的核心识别当中有“关系”的内容，而麦当劳的“关系”内容却放在延伸识别当中。这种模糊性降低了阿克模型的实用性。

卡普菲勒的模型在结构上有其新意。他从内在—外在、发送者—接收者两个角度把六个品牌识别要素排列成六边形，从而带有浓厚的传播痕迹。从内容上来看非常全面，包括品性、个性、关系、文化、映像和自我形象等六个方面。卡普菲勒模型的问题是：没有在模型的最中心位置标出品牌核心价值，从而使六个方面的识别要素显得零散，缺乏导向性。

抛开中间的品牌核心价值，电通蜂窝模型外围的六个要素看上去非常像卡普菲勒的棱镜模型，尽管它自己声称是脱胎于阿克的模型。与卡普菲勒的模型相比，蜂窝模型外围的六个要素更注重产品和品牌的价值，而卡普菲勒模型注重关系和文化。

达彼思的模型在结构上分为里、中、外三层，最里层是品牌核心价值（品牌DNA、品牌精髓、品牌核心价值同义）。该模型认为，消费者是从外到内感受品牌的，而管理者应当从内到外地进行规划。与以上模型不一致的地方是：该模型并未提及消费者形象，而只是就品牌谈品牌。相对于以上品牌识别模型而言，达彼思的模型有些单薄，仅凭这几个要素建立的品牌识别体系不够丰满。

麦肯·光明的品牌印记是这些模型当中最简单的一个，其目的在于寻找品牌的内涵，以至于一些辅助表现内涵的元素并未涉及。模型并没有什么结构，而在内容上也只谈到了品牌意义和品牌个性两方面。对于品牌识别来说，这个模型还远远不够。

总的来说，阿克、卡普菲勒等品牌学者的观点更为全面和深刻，但操作性稍差；而电通、达彼思、麦肯·光明等广告公司的观点更倾向于指导品牌的广告传播，所以操作性更好，但识别的内容不够全面和深入。

案例分析

“成长”的雪花啤酒

2013 年 6 月，由世界品牌实验室（WBL）发布的“2013 年（第十届）《中国 500 强最具价值品牌》排行榜”发布，在入围的前 40 名品牌中，雪花啤酒经过近些年的迅速扩张，已经超越燕京（第 40 位），位居第 28 位，以 735.36 亿元的品牌价值，成为仅次于青岛（第 22 位）之后的中国第二大啤酒品牌。

此外，国家统计局近日公布的数据显示，华润雪花啤酒 2012 年销量为 1064 万千升。这也是华润雪花继 2011 年成为我国首个销量超过 1000 万千升的啤酒企业之后，销量再创新高。中国酿酒工业协会啤酒分会秘书长何勇表示，“华润雪花突破 1000 万吨销量对中国啤酒行业发展是个新的里程碑。以华润雪花为首的大型啤酒企业集团的快速发展，进一步奠定了中国的世界啤酒大国地位”。雪花的品牌成长之路值得探讨和总结：

2004 年初，华润雪花啤酒正式和科特勒集团签约。首先，对品牌定位的流程和方法进行了梳理，明确了品牌的定位。科特勒认为：“品牌定位的过程，就是寻找和品牌能建立联系的某种有价值的故事，寻找消费者心目中认可的与他们密切相关的故事。”经过对细分市场、竞争者状况的大量调查研究，并结合华润雪花啤酒相较于竞争者企业成长性突出的特质，合作双方于 2004 年 7 月正式确定品牌的核心定位为“成长”。在此基础上，结合对目标消费群的研究，又分别在产品特征、消费者利益点、企业价值、品牌个性上进行了定义，把雪花啤酒的主消费群确定为 20～35 岁的成长一代。这一代具备现代、进取的气质，充满梦想和探索精神，雪花啤酒的品牌价值就是为他们带来成长中的放松感和愉悦感。雪花品牌故事的主题就是成长的故事。

如果说，进行细分定位和区隔宣传让华润雪花完成了打造全国第一品牌的第一步的话，那么，企业改名、全国换标、广告联动的空地一体化的统一精准打击则是让华润雪花实现了高空品牌的软着陆。

第一个动作是 2004 年的 5、6 月份的全国性广告。华润雪花推出了一个电视广告，这是跟过去的雪花啤酒电视广告是截然不一样的，是说了一段故事，这个广告很有争议。有人觉得这个故事有价值，但对销售不一定有价值；也有人说这个故事一点价值也没有，但是对消费者有感觉。不管怎么说，这是华润雪花在打造品牌定位上迈开的第一步。为这个定位，华润雪花投入了 5000 万进行宣传和传播，完成了品牌定位后的第一轮传播。

第二个动作就是 2004 年 7、8 月份的企业改名。7 月底华润宣布把公司的名字改成华润雪花啤酒（中国）有限公司。改名，一方面是为了给雪花这个全国性产品品牌打造一个很强大的企业背景支持；另一方面，以企业背景和资源为依托整合各种资源聚焦雪花品牌，更有利于打造雪花品牌强大的市场竞争力和传播竞争力。2003 年整个华润雪花做到了 253 万吨，2004 年这一年做到了 313 万吨，2005 年做到了 395 万吨。这种传播资源足可以在短时间里集中爆破打造雪花的知名度和影响力。

第三个动作就是 2004 年底到 2005 年初的全国换标。继情感定位、大手笔投入 5000 万广告、更改企业名称之后，华润雪花开始了快速变脸计划。2005 年元旦前夕，雪花啤酒斥资千金换新装，迅速为 100 万吨啤酒穿上了新衣服。区别于以前瓶标中英文“SNOW”和中文“雪花啤酒”分置两侧的设计，雪花啤酒新包装将“SNOW”和“雪花啤酒”合并成了一个整体标识，更在合并的标识外部加以深绿色的勾边，使整个标识层次对比更加鲜明，加强了视觉识别性；同时加入了尖锐棱角和简洁线条的设计，凸现了雪花品牌年轻、时尚的特点；此外，新包装还巧妙运用了雪花标准色中的橙色和绿色，充分渲染了雪花啤酒活泼向上的个性。

2005 年华润雪花啤酒启动“勇闯天涯”原创性品牌推广活动，至 2013 年，已持续 9 年。雅鲁藏布大峡谷、长江源头、国境线、极地、乔戈里、长征之巅、可可西里、贡嘎雪山、喜马拉雅，这些户外极限爱好者们听到就会心潮澎湃的名字，是这些年雪花啤酒“勇闯天涯”活动挑战过的地方。“雪花啤酒勇闯天涯”系列活动以新锐的体验类户外推广活动，体现了雪花啤酒品牌年轻、求知、勇于探索的“成长”文化和中国企业的社会责任感的不断提高，诠释和张扬一种超越于庸常的生活态度和精神追求，借此扩大全国性品牌雪花啤酒的知名度与影响力，并使雪花啤酒迅速渗透到全国主要市场。

在 10 年的时间里，雪花啤酒从二十几家工厂(雪花啤酒)发展到现在在全国的 80 多家工厂，产量从不到 20 万吨发展到 1064 万吨，截止到 2012 年底，雪花啤酒品牌及华润雪花啤酒公司整体销量均居中国啤酒行业第一，同时荣获 2012 年度消费者最信赖品牌。

资料来源：根据《并购成就雪花啤酒品牌》（博悦管理在线，2006-05-16）、《让标识创造品牌资产——华润雪花啤酒品牌推广方略》（中国策划网，2006-09-23）、《雪花啤酒连续中国销量第一情况调查》（中国行业研究网，2013-03-29）、《雪花啤酒:中国啤酒第一品牌?》（世界品牌实验室，2007-11-23）、《华润雪花啤酒·十年》（博悦管理在线，2013-04-08）、《2013 年(第十届)《中国 500 最具价值品牌》揭晓!》（世界品牌实验室，2013-06-26）等网文改编。

讨论题：

1．请用品牌识别棱镜模型对雪花啤酒进行分析。

2．是什么原因促使雪花啤酒成长得如此迅速?

3．结合本案例，分析品牌识别在战略品牌管理当中的地位。

本章小结

品牌识别是品牌战略制定者对品牌核心价值及相应联想物的规划设计，目的是希望消费者能够对品牌产生丰富的、独特的、正面的联想，从而形成良好的关系。构筑完善的品牌识别体系是品牌管理工作中最具挑战性的任务之一，因为这项工作处处充满着陷阱。阿克指出，品牌识别可能存在四种陷阱：品牌形象陷阱、品牌定位陷阱、外部视角陷阱和产品属性陷阱。在规划品牌识别的时候，需要遵循六个原则：规划性原则、兼顾性原则、层次性原则、稳定性原则、丰富性原则、差异性原则。

围绕品牌识别的结构和内容，一些学者和广告公司纷纷提出了自己的品牌识别模型，最著名的有大卫·阿克的品牌识别模型、卡普菲勒的品牌识别棱镜模型、电通的品牌蜂窝模型、达彼思的品牌轮盘、麦肯·光明的品牌印记等。

阿克认为品牌识别模型应当包括三层：核心层为品牌精髓，中间层为品牌核心识别，外层为品牌延伸识别。为了确保品牌识别的广度和深度，公司需要将品牌考虑成产品、组织、个人和符号。其中，产品识别包括产品范围、产品属性、品质/价值、用途、使用者、原产国；组织识别包括社会或公众导向、认知品质、创新、为顾客着想、存在与成功、本土化与全球化；个人识别包括品牌个性和品牌关系；符号识别表现为外显的符号形象。为了分析、提出和实施品牌识别，阿克提出一个品牌识别策划模型，包括战略品牌分析、品牌识别系统、品牌识别实施系统三个组成部分。

卡普菲勒的品牌识别棱镜模型是根据传播理论从内在—外在、发送方—接收方两个维度构建的。自发送者一端（企业端）到接收者一端（消费者端），内在的组成部分分别是个性、文化和自我形象，外在的组成部分分别是品性、关系和消费者映像。日本电通蜂窝模型由品牌核心价值、符号、权威基础、情感利益、功能利益、品牌个性、理想顾客形象等七个要素共同构成。达彼斯的品牌轮盘从外到内由品牌属性、品牌利益、品牌价值、品牌个性、品牌DNA构成。麦肯·光明的品牌印记找到了品牌的三个主要意义以及这三个意义的三个重要个性特征。

总的来说，阿克、卡普菲勒等品牌学者的观点更为全面和深刻，但操作性稍差；而电通、达彼思、麦肯·光明等广告公司的观点更倾向于指导品牌的广告传播，所以操作性更好，但识别的内容不够全面和深入。

重点概念

品牌识别（Brand Identity）
品牌形象（Brand Image）
品牌精髓（Brand Essence）
品牌核心识别（Brand Core Identity）
品牌延伸识别（Brand Extended Identity）
品牌个性（Brand Personality）
品牌个性维度（Dimensions of Brand Personality）
品牌原型（Brand Archetype）
品牌关系质量（Brand Relationship Quality）
品牌关系型态（Brand Relationship Types）
品牌识别策划（Brand Identity Planning）
品牌识别棱镜模型（Brand Identity Prism Model）
品性（Physique）
消费者映像（Consumer Reflection）
自我形象（Self-image）
蜂窝模型（Honeycomb Model）
品牌轮盘（Brand Wheel）
品牌属性（Brand Attributes）
品牌 DNA（Brand DNA）
品牌印记（Brand Footprint）
品牌意义（Brand Meaning）

进一步阅读材料

1. Aaker, Jennifer L.. Dimensions of Brand Personality[J]. Journal of Marketing Research, 1997, XXXⅣ(August): 347—356.
2. Fournier, Susan. Consumers and Their Brands: Developing Relationship Theory in Consumer Research [J]. Journal of Consumer Research, 1998, 24(4): 343—373.
3. Kapferer, Jean-Noël. The New Strategic Brand Management: Creating and Sustaining Brand Equity Long Term(4th ed.)[M]. London: Kogan Page Limited, 2008.
4. （美）大卫·阿克. 创建强势品牌[M]. 北京：机械工业出版社，2012.
5. （美）大卫·阿克，爱里克·乔瑟米赛勒. 品牌领导[M]. 北京: 新华出版社，2001.
6. （美）玛格丽特·马克和卡罗·皮尔森. 很久很久以前——以神话原型打造深植人心的品牌[M]. 汕头: 汕头大学出版社，2003.

复习思考题

1. 什么是品牌识别？它在品牌管理当中起到什么作用？
2. 品牌识别的陷阱有哪些？
3. 在规划品牌识别的时候，需要遵循哪些原则？
4. 大卫·阿克品牌识别模型的结构和内容是什么？
5. 如何进行品牌识别的策划？
6. 利用卡普菲勒的品牌识别棱镜模型来分析任意一个你熟悉的品牌。
7. 试对比五个品牌识别模型。

第 4 章　品牌符号

引　例

近年来，“变脸”风一夜之间吹向众多大牌：麦当劳开了以黑色色调为主的新形象店；熟悉的“步步高”超市成了“Hyper-mart”；“90 后”李宁(专栏)经典的“L”标志也成了“李宁交叉”的抽象动作图案；近几天，连电脑右下角的 360 安全卫士也不甘寂寞，熟悉的绿色盾牌也变成了黄色圆球。截止到 2013 年 8 月底，海尔、海信、澳柯玛等相继完成了品牌标识的更新。大牌变脸的背后是品牌经营与营销策略的调整与提升。经常泡星巴克的李小姐最近突然发觉咖啡杯上的 LOGO 有些陌生，原本的英文名称“STARBUCKS COFFEE”被拿掉了，只剩下美人鱼孤零零地印在上边。“习惯了图文并茂的图案，突然缺了一块，还真有些不习惯。”李小姐有些纠结地表示。

资料来源：（1）标杆企业战略传承三大品牌集中换标[N]. 青岛财经日报，2014-01-01.（2）麦当劳、星巴克等知名品牌纷纷更换标识[N]. 长沙晚报，2011-04-06.

思考题：品牌在什么情况下需要“变脸”？“变脸”需要注意哪些问题？

第1节　品牌符号

美国品牌专家戴维森（Davidson）提出了“品牌冰山”（Brand Iceberg）的概念，意思是：品牌就像大海中的一座冰山，消费者只能看到浮在海面上的一部分，海面下面的那部分只能去感受和体会。其中，海面下的是隐性的品牌内涵，如品牌核心价值、品牌个性、品牌文化、品牌关系等，海面上的则是显性的品牌符号。品牌符号（Brand Symbol）是指品牌中能够被消费者感官认知的部分，包括品牌名称、品牌标志、品牌口号、品牌角色、品牌传奇、品牌音乐和品牌外观等七个部分。其中，前面两个是品牌的必备符号，后面五个是品牌的可选符号。品牌符号是品牌内涵的载体，没有品牌符号，品牌的内涵将仅仅停留在精神世界，而不能融入到消费者的生活当中。所以，对品牌符号的设计显得格外重要。

凯勒教授指出，品牌符号[①]的设计必须遵循六条原则[②]：易记忆（Memorability）、有含义（Meaningfulness）、受欢迎（Likability）、可转移（Transferability）、调整性（Adaptability）、保护性（Protectability）。其中，前三条与“品牌创建”有关，后三条与“品牌防御”有关（见图4-1）。以下详细阐述各个原则。

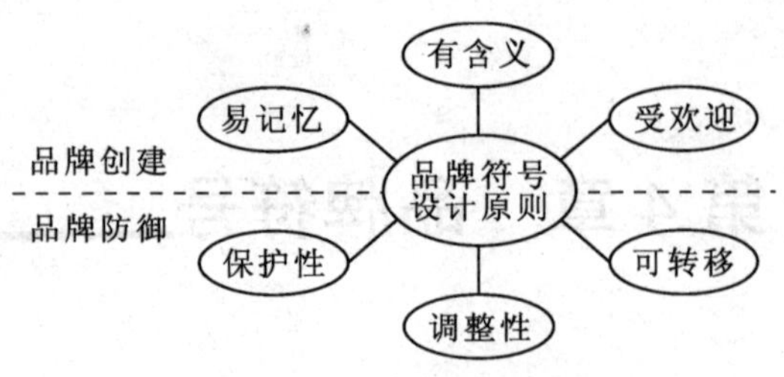

图4-1 品牌符号的设计原则

一、易记忆

一个强势的品牌应该是一个能够让人产生丰富联想的品牌，如果消费者连品牌名称都记不住，那么又何来联想？例如，美特斯·邦威运动服饰、九如通津楼盘等对于中国人来说并不好记忆。不可否认，通过简单的重复的确能加大消费者记忆的可能性，但这并不是明智之举。一个好的品牌应该是能够在低传播投入的前提下，让人“过目不忘”。在注意力经济时代，品牌符号设计得让人容易记忆是尤为重要的。

容易让人记忆的品牌符号具有以下特点：

1. 具有独特性。例如，网络名人罗永浩（老罗）推出的手机命名为“锤子”；玩具反斗城的“反”字是倒着写的，其英文Toys“R”us中“R”也是反着写的，非常特别（见图4-2）；耐克的标识是一个简单的“勾”，让人印象深刻；爆果汽黑色的瓶子以及五谷道场以黑白色为主色调的外包装等使其在货架上十分惹眼。

图4-2 玩具反斗城ToysRus的品牌标志

2. 消费者熟悉的元素。如江苏红豆集团的品牌名称以及品牌标识都让人想到王维的诗《相思》，全球最大的中文搜索引擎百度的品牌命名源于南宋词人辛弃疾的一句“众里寻他千百度”。

3. 与产品类别相关。如Rejoice翻译成“飘柔”，与洗发水行业紧密相关，如果根据字面意思翻译成“欢乐”或“欢庆”的话，那品牌的回忆度就不会很高；“康师傅”当中的“康”是健康的意思，而“师傅”通常是对厨师的称谓，所以消费者在购买方便面、饼干等食品时想到康师傅这个品牌就是很自然的事情了。此外，还有一些品牌命名模仿了使用产品时的声音，如柯达是照相时按快门的“咔哒”声，酷儿是喝饮料时的“咕嘟”声，恰恰是嗑瓜子的时候发出的“咔咔”声等。

二、有含义

品牌符号是否应该有含义？这是一个有争议的问题。有人反对品牌符号有含义，这样品牌才更具有延展力和可塑性，如索尼、曼秀雷敦等品牌名称；也有人认为品牌符号应该有含义，这样可以把品牌核心价值表现出来，如宝马、联想等品牌名称。凯勒教授认为品牌应该有含义，其内在的含义可以促进品牌联想的形成，如海飞丝让人想到秀发的飘逸等。

---

① 凯勒在《战略品牌管理》一书中用Brand Elements表述，译为“品牌要素”，本书为了跟前一章中大卫·阿克的品牌识别模型相对应，采用“品牌符号”表述，二者意思一样。

② （美）凯文·莱恩·凯勒. 战略品牌管理（第2版）[M]. 北京：中国人民大学出版社，2006.

一个好的品牌符号必须同时包括描述性含义和说服性含义。描述性含义反映出该产品类别、使用者、产地等信息。这样，当看到某品牌的时候，消费者很容易联想到其所在的产品类别，如奔驰反映出汽车的特点、飘柔反映出洗发水的特点、小肥羊是吃羊肉的地方、娃哈哈给人一个儿童品牌的印象、湘鬼酒显然是产自湖南的酒等等。说服性含义反映出该品牌和产品的利益，如奔驰反映出汽车开起来的快感、飘柔反映出头发的柔顺飘逸、红牛反映出喝完该饮料后所表现出的充沛活力。

不具有描述性和说服性含义的，品牌将要花费更多的传播费用才能使消费者对品牌形成一定的认知和记忆度。更严重的，不良的含义联想会招致一个品牌失败，如可口可乐在中国最早的译名“口渴口蜡”、“蝌蚪嚼蜡”使得产品无人问津；日本丰田越野车 PRADO 最初被译为“霸道”，结果引起了很多中国人的不满，后来改名为“普拉多”，避免了名称的负面含义。

三、受欢迎

美国著名营销学者伯纳德 •施密特（Bernd Schmitt）和亚历克斯 •西蒙森（Alex Simonson）教授提出的“营销美学”（Marketing Aesthetics）理论认为，品牌标识设计、营销活动等都应当为消费者带来美学上的感官体验①。根据这一理论，品牌符号应当设计得有趣、有丰富的想象空间和令人愉悦。这样可以使消费者在接触产品之前就对品牌产生感官上的好感。例如，酷儿儿童果汁饮料包装上可爱的蓝色卡通人物吸引了很多小孩子；绝对伏特加酒的瓶子设计得高贵典雅，令人爱不释手；飞利浦电器的品牌口号“精于心，简于形”引起了众多消费者的共鸣；百事可乐的品牌名称让人想到“万事顺意”的祝福。一些反面的例子如：雅戈尔服饰当年的品牌名称是“青春”，显得土气；金利来（Goldlion）以前的名称是直译的“金狮”，广东话发音就像“尽输”，自然不能博得人们的喜爱。

四、可转移

一个好的品牌符号应当具有大的包容性，即可以转移到不同的产品类别和不同的地理区域上去。这样，在进行品牌延伸和地理扩张的时候，品牌就能够利用原有的影响力而不致于“白手起家”和“另起炉灶”。

品牌符号越是具体表现出产品的种类和属性，其在不同产品类别上的转移性就越差。例如，“飘柔”在消费者心目中已等同于洗发水，所以其推出的沐浴露和香皂并不成功；“面点王”一看就是做面食的餐厅，想吃炒菜的顾客是不会去的。

当品牌准备进入新的地域市场时，品牌符号的跨文化含义研究显得非常必要，因为在一个地区内具有良好含义的品牌到了另一个地区可能会成为羁绊。例如，“芳芳”（FangFang）化妆品到了国外成了“毒牙”（Fang 在英文当中是“蛇的毒牙”的意思）；科斯啤酒的广告语是“放松一下”，被翻译成西班牙语就变成了“腹泻”。正因为此，EXXON 石油在取这个名字的时候调查了 55 个国家。

① （美）施密特，西蒙森. 视觉与感受：营销美学[M]. 上海：上海交通大学出版社，1999.

五、调整性

调整品牌符号的原因主要有：消费者审美观的改变、公司战略的调整、企业兼并收购等。既然品牌符号要反映出美感，那么随着人们审美观的改变，品牌符号也要进行调整。例如，美国通用磨坊（General Mills）公司旗下品牌贝蒂·克罗克（Betty Crocker）在80多年间更换了8次品牌虚拟代言人，因为美国人理想中的妇女形象发生了改变（见图4-3）。

图4-3 与时俱进的贝蒂·克罗克形象

公司战略调整时，品牌符号也应相应地调整。例如，腾讯的品牌标识从一只企鹅改成了三色环绕企鹅，意为腾讯从网络即时聊天工具服务商转型为互联互通的门户网站。

企业兼并收购的背后是企业文化的融合，在品牌符号当中也要得以反映。例如，1998年，德国戴姆勒—奔驰公司收购美国第三大汽车制造商克莱斯勒公司的时候，公司改名为“戴姆勒—克莱斯勒公司”，而2007年二者分道扬镳，公司名称重新回到“戴姆勒公司”。

六、保护性

不对品牌符号进行保护，企业将沦为“为他人做嫁衣”的可怜境地。品牌符号的可保护性体现在两个方面：法律和竞争。

从法律角度来看，品牌符号必须及时向工商管理部门申请注册，为了今后走向国际还应当在各目标国家申请注册。随着我国企业品牌意识的不断增强，为自己的品牌进行商标注册已非常普遍。然而，在国际上进行商标注册尚未引起国内企业的足够重视，一些著名商标被抢注的现象极为严重：“同仁堂”、“竹叶青”、“狗不理”等被日本人抢注；“青岛啤酒”在美国被抢注；“红塔山”、“云烟”在菲律宾被抢注；海信等中国企业的商标在德国被竞争对手西门子抢注。

即使商标进行了注册，但从竞争角度来看，竞争者仍然可能会选择“搭便车”，对企业品牌的名称、标志等进行模仿。例如，由厦门某食品公司罐装、珠海某公司经销的Hanlissy法国干邑白兰地系列酒，其包装盒、酒瓶和标贴上使用的“Hanlissy”及“图形＋Hanlissy”商标与雅斯·埃内西公司的注册商标Hennessy（轩尼诗）干邑白兰地十分相似，结果被法院裁定侵权处以罚款；与此相似的还有广东江门一家企业模仿广西梧州的豆浆晶系列产品品牌“冰泉”推出“冰泉百分百”，我国三家企业将索尼的品牌SONY模仿成SQNY等，同样都是侵权行为。因此，企业需要尽可能多地注册相关的品牌名称，以降低被竞争者模仿的可能，如美体小铺的网址包括www.thebodyshop.com、www.the-body-shop.com；又如娃哈哈注册了“娃娃哈”、“哈哈娃”、“哈娃娃”等诸多类似商标，只使用“娃哈哈”，其他起防御作用。

第 2 节　品牌命名

英国戏剧大师莎士比亚曾经说过："玫瑰之芬芳非因玫瑰之名。"言下之意，不管名字是什么，该香的还是香。而孔老夫子却说："名不正则言不顺，言不顺则事不成。"可见，名字十分必要。在品牌管理领域，业界普遍认为品牌名称是打造品牌的关键一步。美国营销专家阿尔·里斯在《打造品牌的 22 条法则》里明确指出："从长远观点来看，对于一个品牌来说，最重要的就是名字！"[①]品牌命名界一个广为流传的例子是 EXXON（埃克森）的命名历程。这家美国的石油公司为了设计出既适应世界各地风俗、又符合各个国家法律的名字和图案，邀请了多方面专家和机构，历时六年、耗资一亿美元调查了 55 个国家和地区，在设计出来的一万多个商标中进行筛选，最后才确定了 EXXON（埃克森）的命名。本节将对品牌名称的作用、命名原则、程序、类型以及互联网品牌命名的相关内容进行介绍。

一、品牌名称的作用

品牌名称并不像莎士比亚所说的"玫瑰无论叫什么名字都是香的"。一个好的品牌名称在营销当中起了重要的作用，包括：

（一）吸引消费者注意

在品牌信息爆棚的时代，注意力成了一种生产力，而一个好的品牌名称能够在第一时间抓住消费者的眼球。容易引起人们注意的品牌名称具有以下特点：（1）独特。例如一款情绪饮料名为"尖叫"，而另一款性别饮料则叫"他+她一"，着实勾起了人们的好奇心；（2）谐音。谐音名称让人觉得熟悉，同时还具有含义，如"清嘴"含片、"食尚空间"餐厅、"斯达舒"胶囊等。近些年，一些企业开始"打擦边球"，采用明星名字的谐音来作为品牌名称，例如一种止泻药取名"泄停封"，完全是"谢霆锋"的谐音；"关之琳"的谐音"关支灵"则被用作一种关节病用药的名字。

（二）便于消费者传播

除了广告的直接传播，品牌在很多情况下是由消费者推荐给朋友的。一个好记、好念、好写、易懂的品牌名称将有助于消费者快速地、广泛地进行口碑传播，如红桃 K、娃哈哈、金利来、小米、苹果等都是容易传播的名字。反之，一些品牌失去消费者口传的机会仅仅是因为失败的品牌名字。例如，欧洲第一大奶品公司"帕拉玛特"的名称拗口、难记且无意义，不适合在中国消费者当中传播；BMW 早年被译为"巴依尔"，让人不知所云，后改为"宝马"才开始大放异彩。

（三）提高产品档次和品味

绝大多数企业都希望自己的品牌卖得比别人贵，这就要求产品上档次且有品味。品牌名称往往能够在档次和品味方面助产品一臂之力。云南的上市公司"云大科技"曾经推出过一种化肥，取名叫"花草助长剂"，这个土气的名字使得品牌的目标消费者——城市居民不愿意购买，后来改名为"护花使者"，产品才畅销起来。丰田高档车凌志改名为"雷克萨斯"之后，

---

① （美）阿尔·里斯，劳拉·里斯. 打造品牌的 22 条法则[M]. 上海：上海人民出版社，2002.

让人感觉品味又上了一个台阶。此外，万宝龙钢笔、雅戈尔服饰、帝陀手表、珠江帝景楼盘等品牌都在档次或者品味上给产品加分。

（四）增加品牌联想

多数品牌名称都是有含义的。这些有含义的字词就像是一把钥匙，开启了品牌联想之门。品牌联想的内容非常丰富，有些与产品类别有关，如“血尔”与补血产品有关；有些与产品成分有关，如五粮液由五种粮食酿造；有些与产地有关，如北京银行；有些与产品利益有关，如“面鼎香”餐厅；有些与使用者有关，如太太口服液。一些品牌命名则是为了避免不利的联想，如KFC原名为Kentucky Fried Chicken（肯塔基州炸鸡），其中Fried是油炸的意思，让人联想到不健康食品，因此缩写为“KFC”，消除了不健康的联想；TCL原名为Telephone Communication Limited（电话通讯有限公司），一看就是一家电话生产商，后缩写为TCL，以便进入彩电等新的业务领域；日本胶卷品牌樱花被富士打败，原因不是产品质量问题，而是品牌名称的联想：“樱花”一词代表软性的、模糊的、桃色的，而“富士”让人想到日本圣山富士山，人们当然要购买富士了。

二、品牌命名的原则

一个好的品牌名称通常要遵循一定原则。这些原则可归纳为三个层面[①]：

（一）营销层面

1．品牌名称暗示产品特征

如果品牌名称能够暗示产品种类、利益、产地或成分等产品特征，就可以降低传播费用，提高传播效率。比如，农夫果园暗示该饮料的天然绿色和由多种果汁组合而成；可口可乐既有“可口”和“快乐”之意，又暗示产品含有古柯（Coca）的叶子和可乐（Kola）的果实两种成分；宁城老窖、孔府家酒、蒙牛标明了产地；天美时暗示该产品与时间有关；养生堂与健康产业相关；Lenovo（联想）的“Le”延续了原有的“Legend（传奇）”之意，而“novo”暗示了“Innovation（创新）”。这些含义促进消费者对品牌形成正面态度（见链接材料4-1）。

链接材料4-1：微软公司产品的品牌命名

微软公司产品品牌命名具有准确的意义指向性，详见下表。

序	产　品	品牌名字	释　义
1	文字处理工具	Word	意义：词、单词，谈话、言语，消息、音信，谣言、传说；承诺，诺言，保证；命令、口令；格言
2	电子表格处理工具	Excel	意义：优于，比…好或做得优于，超过，胜过；显示优越性；超过其他的人或事物
3	文稿图形演示工具	PowerPoint	Power：能力，力量，动力，功率，强烈；使…有力量，供以动力，激励； Point：点，尖端，分数；观点、建议，目的、论点；指向，指出，瞄准，加注标点。从以上解释中，可以看到：Power+Point 是如此的准确

① 何佳讯．品牌形象策划——透视品牌经营[M]．上海：复旦大学出版社，2000．

续表

序	产　品	品牌名字	释　义
4	WEB 站点创作和管理工具	FrontPage	Front：前面、前线、正面、态度。Page：页，记录，事件，专栏 FrontPage：前页、扉页、版权页、目次、插图、献辞、序言等 Front-Page：头版的、值得放在报纸第一版的、轰动的、头版新闻
5	可视化商务图表工具	Visio	来自英文 vision 的变形处理。vision 的意义是：视力，视觉，先见之明，眼力，想象力，幻想，幻影，景象；梦见，想象，显示这个单词非常生动形象地表述的用途和特点，必将成为一个现代信息新词汇！
6	商业排版出版工具	Publisher	意义：出版者，发行人
7	数据库管理工具	Access	acces 原意：进入，通道；使用，接近；市场销路，进入市场。但现在 access 在计算机科学中，"存取（数据或程序），访问"的意义已被人们广为接受。
9	个人信息管理和通信管理	Outlook	outlook 意义：景色、景致、前景；景况、观点；视野；看法；展望；了望点。既准确反映了 Outlook 收发电子邮件和通信、日程等记事安排功能，又拟人地体现了"景色、景致、前景"等生动形象。
10	因特网浏览器	Explorer	explorer 意义：探索者、勘探者，探测员、探险者，探测机、探查器、探索器具。借此反映因特网浏览器所具有的浏览、探索、探险功能。

资料来源：王文刚．学学微软的品牌命名[EB/OL]．中国营销传播网，www.emkt.com.cn，2002-10-9.

在暗示产品特征的时候，尽量不要过于限定在某种具体的产品上，而应该让品牌具有延展性，如"顺风"做电扇品牌非常合适，但延伸到彩电上面就格格不入了；同样，"飘柔"做洗发水品牌很理想，但延伸到沐浴露和香皂上面效果就打折扣了。公司品牌尤其要注意这一点。

2．品牌名称应具有广告作用

在首次购买的时候，很多消费者往往根据品牌名称来选择品牌，这时的品牌名称发挥了广告的作用。例如，小米手机的标识为"MI"造型，将 MI LOGO 倒过来，就像一个"心"字，可是少了右边的一个点儿，用意是"小米手机让每一位用户都能在应用时少操一点心"。其品牌名称及标识含义在网上引发了广大网友的兴趣和猜测，大家在讨论中加深了对小米的认识。

3．品牌名称与品牌标识物相对应

品牌标识物包括品牌标志、品牌角色、产品外观等外在显示的品牌符号。品牌名称如果能和标识物相对应，就能充分发挥整合的力量。如康师傅的品牌命名与其标识物——一个白胖的厨师形象相吻合；太阳神的品牌命名与其标识物——一个冉冉升起的红太阳相对应；麦当劳珍宝三角的品牌命名与其标识物——一个三角形的全麦薄饼相对应，强化了人们对品牌的印象（见图 4-4）。这些品牌名称的特点都是比较形象化的，如果是比较抽象的名称，则很难得到标识物的辅助。例如，格兰仕、索尼等就很难与标识物相呼应，事实上，大家也想不出它们有什么标识物。

（二）法律层面

1．品牌名称容许商标注册

企业应当在《商标法》允许的前提下为品牌命名，以得到法律保护。事实上，在未注册的情况下推广品牌是“为他人做嫁衣”，不但市场上会涌现大量的“搭便车”者，而且一旦某家企业出现问题就会遭受“株连”。比如，著名的熟食品牌“乡吧佬”实际上并不是一个注册商标，因为《商标法》第8条规定，“有害于社会主义道德风尚或有其他不良影响的”禁止作为商标使用，而“乡吧佬”是对农民的蔑称，带有非常明显的歧视农民色彩，所以工商局不允许将其注册成商标。正因为此，最早生产该品牌系列产品的浙江苍南县的卤制品厂家无法获得法律保护，致使全国生产“乡吧佬”产品的厂家数以千计。

图 4-4 康师傅、太阳神和珍宝三角的品牌名称与标识物

2．品牌名称相对于竞争者是独特的

从一定意义上来说，品牌命名不是一件容易的事，因为很多好听、好记、好彩头的名字都已被别的品牌占用了。据统计，我国以“熊猫”命名的产品有300多个，以“长城”命名的有200多个。有一年，杭州市210个注册商标当中，用“西湖”命名的就有58个。这些品牌命名因为不在同一行业，所以法律是允许的，但在一定程度上会让消费者产生混淆，从而影响了品牌的创建。设计一个独特的品牌名称更有利于打造强势品牌，如“他+她－”作为饮料名称非常引人注目，而后来出现了一批克隆族，如“男生女生”、“他动她动”、“他乘她除”、“他酷她酷”等就显得“黔驴技穷”了。

（三）语言层面

1．品牌名称的语音要好听易读

好听的品牌名称能增加消费者对品牌的好感，如可口可乐、雪花、海尔等；而易读的品牌名称将有利于消费者对品牌的记忆和传播，如宝马、联想、奇瑞QQ等。一些品牌名称则违反了这些要求，如一种益肤霜的品牌名称叫作“军献”，不好听也不易读。与此类似的还有欧洲的牛奶品牌“帕拉玛特”。

2．品牌名称的语形要简洁明快

字数过多、字形难写的品牌名称是不理想的，好的语形应当简洁明快。比如夏新原来的英文名称是 Amoisonic，现改为简洁明了的 Amoi，让人觉得干练简约；IBM 英文原名是 International Business Machine（国际商用机器公司），缩写成IBM之后，大大提高了传播效率；宏碁1976年创业时取名为 Multitech，1987年改为更加简练有力的 Acer，使宏碁在大量以“tech”结尾的国际竞争品牌名称中异军突起，成为国际性大品牌。关于宏碁更名还有一个小插曲：1981年，宏碁推出“小教授1号”，在世界各地颇获好评，西德的《6Chip》电脑杂志做了特别报道，却把英文名字错写成“Microtec”，正好是生产扫描仪的全友公司的英文名字，结果是大批订单跑到全友。所以，宏碁在加快国际化脚步时，就不得不考虑更换品牌。

3．品牌名称的语义要有积极寓意

有积极寓意的品牌名称能为品牌添色，而寓意不好的品牌名称会阻碍消费者的购买。一些有积极寓意的品牌如：家乐福、上好佳、吉利、丰田、喜力、金六福等（见链接材料 4-2）；一些品牌则让人产生不好的联想，如通用汽车公司一款名为“Nova”（新星）的汽车，到了南美的西班牙语国家经营惨淡，原因是 Nova 在西班牙语中是“走不动”的意思，谁会买一辆“走不动”的车呢？我国北方一种水饺的品牌名字叫做“毛毛”，尽管这个与很多中国人小名同名的名字让人感觉亲切，但当“毛”和食品“水饺”联系在一起的时候，不免让人吃后感觉嘴巴里面不舒服。一些品牌不仅没有让人产生正面的联想，还让人觉得恶俗露骨，如“二房佳酿”（后改为“二坊佳酿”）、“鸡婆”调味品、“痛经宝”药品（后改为“月月舒”）等。随着时代改变，一些以前有良好寓意的品牌可能变得土气和俗套，如“万年青”、“永久”、“胜利”、“飞跃”、“青春”等品牌已渐显老化。保持品牌的时代性和现代感是对品牌命名的一个新要求。

链接材料 4-2：宝洁公司的产品品牌命名

宝洁的众多子品牌中，品牌名称几乎个个都是好听又琅琅上口的：

飘柔（Rejoice/洗发水）就准确无误地意味着：这款洗发水产品的功效不仅是简单的清洗干净头发，而是可以让你的秀发更飘逸、更柔顺，飘柔现在的广告诉求递进了一步：“就是这样自信!”；

帮宝适（Pampers/可抛弃性婴幼儿纸尿片）言下之意：这是一款能够帮助宝宝获得舒适感受的产品；

护舒宝（Whisper/女性个人卫生护理用品）则告诉你：它会把你当宝贝一样精心护理，让女性舒服度过月经周期；

舒肤佳（Safeguard/香皂沐浴露）则说明了：这款皂类产品绝不会让你的皮肤有干涩、粗糙的用后感受，而是对皮肤又“舒”又“佳”，为什么呢？电视广告里解释给你听：含有抗菌性成分的迪保肤；

汰渍（Tide/洗衣粉）更不必多说：功效就是淘汰掉衣服上的油渍污渍、各种顽渍，而碧浪（洗衣粉）则是带给你“汰渍”之后的清爽洁净的品牌感受；

同样的道理还见于：激爽（香皂/沐浴露）等等。

摘自：陈庆新．商业品牌的第一桶金——品牌命名七势法与五好原则[EB/OL]．全球品牌网，www.globrand.com, 2007-6-22.

三、品牌命名的流程

全球顶级品牌命名机构英特品牌（Interbrand）公司的约翰·墨菲（John Murphy）提出了一个品牌命名的流程（见图 4-5）。这个流程是从专业命名机构的角度来谈的，而不是企业的角度，因此在企业内部应用时要进行必要的调整。归纳起来，这个流程分成六大步骤：

（一）确定命名的战略目标

首先综合考虑产品、消费者、市场、竞争情况以及公司战略，为品牌命名确定战略目标。需要思考的问题包括：该产品的特点是什么？在定位上与公司其他产品之间有何关系？目标消费者是谁？他们在该产品上的消费心理和行为是怎样的？竞争者的品牌命名是怎样的？它们如此命名的原因是什么？该产品的市场发展前景如何？品牌将来是否要用到其他产品上面去？品牌要在哪些国家使用？公司的发展战略是怎样的？该产品在公司战略当中充当什么角色？等等对于产品品牌而言，以上有关产品的问题应该多些考虑；而对于公司品牌而言，则要更多关注关于公司战略的问题。

我们可以从一些著名品牌的名称当中看出其命名的战略意图。比如公司品牌“蒙牛”，希望让消费者把它看作是来自内蒙古大草原的牛奶公司，而它自己是希望发展成为内蒙古乳业的代表品牌。旗下的产品品牌，如“吸吸爽”奶冻饮品、“酸酸乳”乳饮料、“早晨奶”、“晚上好”、“真果粒”等等，都体现出产品的特色、口味或使用的场合，各种产品品牌形成了互补。

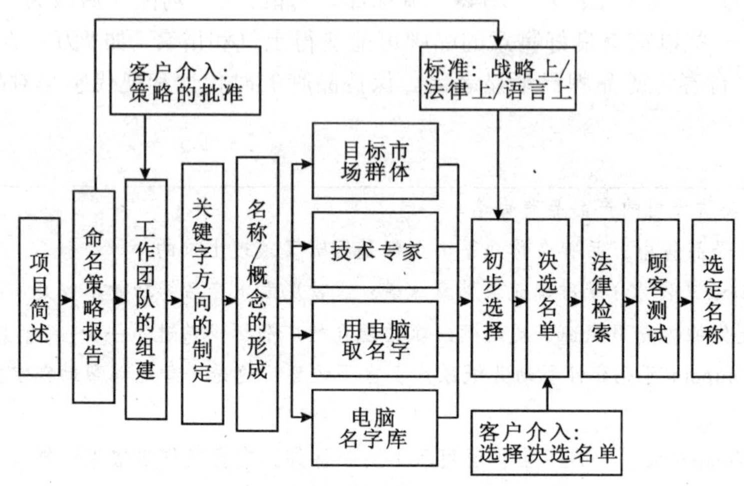

图 4-5　英特品牌公司命名流程

资料来源：（美）凯文·莱恩·凯勒. 战略品牌管理（第2版）[M]. 北京：中国人民大学出版社，2006.

（二）通过多种渠道提出备选方案

在命名战略目标的指导下，要尽可能多地提出命名的备选方案。为了确保方案的数量，有必要集思广益动用多方力量，包括公司领导、公司员工、中间商、供应商、广告公司、专家学者、专业命名机构、社会公众等。例如，联想的命名来自于公司的领导层，Acer 的命名是奥美广告公司的杰作，乐百氏集团的原名“今日集团”来自一个北京在校大学生的创意等等。通过公司内外的品牌名称征集，可以得到成百上千的名称备选方案。比如，EXXON 是从 1 万多个备选方案中选出来的，Acer 的备选方案则有 4 万多个。

（三）命名工作组对备选方案进行初步筛选

一个全面的命名工作组里面拥有语言学、心理学、美学、社会学、营销学等方面的专家。他们需要根据命名的营销、法律和语言层面的一些原则对命名的备选方案进行粗线条的筛选，从而缩小选择的范围。美国通用磨坊公司（General Mills）按照以下标准剔除掉一些名称：（1）有不必要的双重含义的名称；（2）比较难读、已被使用或与已有名称过于接近的名称；（3）明显会引起法律纠纷的名称；（4）与产品定位有明显冲突的名称。之后，通用磨坊公司还与合作伙伴一道深入讨论和评估，进一步精选名称；此外，还要进行初步的法律检测，剔除一些在法律上可能存在问题的名称。经过这一步骤，命名的方案通常剩下 5～10 个。

（四）初步筛选后命名方案的法律检索

在进行消费者测评之前，首先必须做一个更全面的国际法律检测。这是为品牌今后进入国际市场打下基础，防止待到国际化的时候品牌陷于不利。法律检索国家的范围与企业的国际化战略有关。

（五）命名方案的消费者测试

命名最终是要被消费者接受的，所以要从语言和营销角度测量消费者对命名的认知情况。调查的方法有很多，常见的有问卷调查法、投射技术、焦点小组法等。调查的内容包括：记忆测试、偏好测试、词语联想。记忆测试是调查消费者对品牌名称的记忆程度，如隔了一段时间，消费者对哪一个先前展示过的品牌名称记得最清楚；偏好测试是调查消费者对品牌名称的喜爱程度；词语联想是调查消费者在听到品牌名称时头脑当中浮现的事物，包括产品类别、产品利益、产品成分、产地、寓意等等。

（六）高层管理者最终确定品牌名称

经过以上各个环节，最终入选的品牌名称可能会有 3～5 个。命名小组要将这些最终的方案提交给公司的高层管理者，由他们定夺。

四、品牌名称的类型

品牌名称类型的划分角度有很多，如有学者提出按品牌文字类型划分和按品牌名称的字义来源划分，也有学者提出名称划分的角度有企业和产品的角度、客观事物的角度、文字和数字的角度。全球著名品牌设计公司朗涛公司（Landor Associates）认为品牌名称可分为六种：描述型、启发型、组合型、古典型、随意型、新颖型[①]。

（一）描述型

描述型品牌名称用文字描述产品或公司事实，具体包括：（1）描述公司所在地的名称，如海南航空、中央电视台、云烟等；（2）描述公司创始人的名称，如奔驰的英文名 Benz 来源于创始人卡尔·本茨先生（Karl Benz），我国著名的杀毒软件“江民”取自创始人王江民的名字，P&G 则是由 Procter 和 Gamble 两人创立的；（3）描述产品成分或工艺的名称，如 LG 的竹盐牙膏就直接表明了该牙膏的主要成分是竹盐，双轮池酒表明了该酒是经过双轮发酵的；（4）描述产品类别的名称，如五粮液是一种酒的名称，农夫山泉是一种水的名称，微软是与软件有关的名称，美体小铺与身体美容有关。

（二）启发型

启发型品牌名称暗示了某种功能或者价值，如立白让人想到“立即白”，珍视明让人想到眼睛明亮和视力增强，同仁堂让人想到“仁爱”，万宝龙让人想到尊贵，海飞丝让人想到头发的飘逸，雅芳则显然是一个高雅的女性品牌。

（三）组合型

组合型品牌名称是两个或多个词语的组合，含有比单个词语更多的意思，具体的形式包括：（1）两个或以上中文或英文的组合，以便用更多字词说明品牌含义。比萨饼几个品牌都是采用这种命名方式，如 Pizza Hut（必胜客）、PAPA JOHN’S（棒！约翰）、“上海风情”的素食比萨等。其他的如“东方银座”写字楼、“蓝色妖姬”数码产品、“巴黎春天”百货公司、

① （美）凯文·莱恩·凯勒. 战略品牌管理（第 2 版）[M]. 北京：中国人民大学出版社，2006.

“联合利华”日用品、“金六福”白酒等等；（2）两个或以上的中英文混合，通常用于一个品牌产品线当中的某个子品牌，如SOHO现代城、大宝SOD蜜、奇瑞QQ、凯越SUV等。

（四）古典型

古典型品牌名称出自古代文字或文学，能为品牌增添文化底蕴。如“露华浓”出自李白《清平调》中诗句——“云想衣裳花想容，春风拂槛露华浓”；红豆出自王维的《相思》——“红豆生南国，春来发几枝。劝君多采撷，此物最相思”；Acer来自拉丁文，意为有洞察力的、鲜明的、活泼的；联想Lenovo当中的“novo”也是拉丁文；还有一些古代名人的名字也被作为品牌名称，如陆羽茶庄、屈原酒业等等。

（五）随意型

随意型品牌名称与公司没有明显联系，通常用一些大家所熟悉的真实事物来表示，包括动物、植物、自然现象等。这种命名方式将人们对真实事物的印象转移到品牌上面，同时也方便与具象的品牌标志相对应。大家熟悉的随意型品牌名称有苹果电脑、布谷鸟服饰、长城电扇、熊猫电子、椰树椰汁、猎豹汽车、亚马逊网上书店、富士彩卷、霞飞化妆品等等。

（六）新颖型

新颖型品牌名称是一些新造的词语，在设计的时候也有其出处，但在消费者看来没有明显的含义。这类命名避免了品牌名称可能在另一种文化背景下带来的负面联想，犹如一张白纸，由管理者自由规划。常见的有无意义的文字、数字和字母单词。例如，索尼、999、IBM等。

五、互联网品牌命名的原则

网络时代的到来使得各类网站如雨后春笋般涌现。不仅是纯粹的网络公司，就连传统的营利性和非营利性组织机构也纷纷建立网站。如何在巨量的网站当中脱颖而出，成为网站管理者们思考的关键问题。品牌名称作为给网民的第一印象，在网站设计当中显得至关重要。在互联网环境下，网站的品牌命名与传统企业或产品的品牌命名有所不同，最大的差异是目标市场不同：传统企业和产品的目标市场是各类消费者，而网站的目标市场是各类网民。相比而言，网民的学历更高、年龄更小、创新意识更强、更活跃。因此，互联网的品牌命名也体现出一些独特的原则。

（一）易记性

一个易记的网站品牌将提高网民下一次访问或向别人推荐的可能性，因为易记的名字降低了网民搜寻记忆的成本。著名网上人才市场前程无忧的网名“51job”也容易让人想到我（5）要（1）工作（job）（见图4-6）。此外，一些简洁的命名也容易让人记忆，如当当、1号店等。

图4-6 前程无忧的网站命名

（二）具象性

心理学研究表明，图片比文字更容易让人记忆。同样道理，一个具象的名称会比一个抽象的名称容易记忆。网上有很多品牌采用了这种命名思路，如猫扑、搜狐、阿里巴巴、雅虎、天猫等等。

（三）行业性

网站命名应当带有较强的行业指向性，这样才能吸引网民在有限的上网时间里面访问自己的网站。一些知名网站从名称中就能看出其所从事的行业，如携程（与旅行有关）、淘宝（与交易有关）、珍爱（与婚恋有关）、百度（与搜索有关）、红袖添香（与阅读有关）、联众世界（与群体游戏有关）等。

（四）创新性

网民的年轻化决定了网络命名需要更多的创新意识，因此，很多互联网命名都是采用自造的新词。例如，Google 是从一个数学名词 Googol 演变过来的。该数学名词表示一个 1 后面跟着 100 个零，Google 使用这一术语体现了公司整合网上海量信息的远大目标。与此类似的互联网品牌名称还有 Yahoo、Sohu、Sina 等。

六、互联网品牌名称的类型

常见的互联网品牌名称类型有以下几种：

（一）数字字母型

早期互联网域名都是数字或字母型。这些数字或字母一般都是特有的网络语言，带有一定含义。具体来看，数字字母型包括三种：（1）纯数字型，如 51、163、17173、5460、8848、12530、519 等，不少数字名称是文字的谐音；（2）纯字母型，如 MSN、OpenV 等，通常为英文单词的简称；（3）数字与字母混合型，如 51Job、 51logo、D1 等，通常是谐音和简称的组合。不过，近年来我国的域名也可以采用中文表达，尽管更加直白，但少了谐音趣味。

（二）事物型

一些网站直接用现实当中的事物来命名，如亚马逊、太平洋、西祠胡同、芒果网、榕树下、百合网、中关村在线、深圳之窗、北方网等。这类命名比较具体形象，更容易让人记忆和产生联想。

（三）行为型

直接用行为动作来命名的做法在传统行业并不多见，但在互联网上却有不少。例如，小说阅读网、搜房网、淘宝网、走秀网等都直截了当地用动作命名，以反映所从事的行业。

（四）新词型

网络语言的兴起是网络文化的一种体现，一些新词被用作网站名称，以吸引年轻人。例如，优酷网、闪吧、偶偶网、都秀网、灌水网等等。

第 3 节　品牌标志

如果说品牌名称是品牌的抽象符号，那么品牌标志就是品牌的具象符号。品牌标志（Brand Logo）也称品牌标识，是用于识别品牌的视觉符号，包括图案、文字或色彩等组成部分。作为品牌必备的要素，品牌标志不仅能够区隔不同的品牌，还能帮助消费者产生相应的联想。因此，企业格外重视品牌标志的设计，如泛美航空公司现用的品牌标志是花 58 万美元征集而来的。

一、品牌标志的种类

常见的品牌标志有三种：

（一）文字标志

文字标志是用独特形式书写的品牌全称或首个文字或字母。采用品牌全称的有 SONY、KFC、TCL、3M、IBM、健力宝、Lenovo、Asahi（朝日啤酒）等，采用首个文字或字母的有麦当劳金黄色的“M”、京基集团的“京”等（见图 4-7）。文字标志是品牌名称和品牌标志的统一，它直截了当地将品牌名称展示给消费者，从而增强了消费者对品牌名称的记忆。

图 4–7　文字标志

（二）图案标志

图案标志是将标志设计成图案，包括形象图案和抽象图案。形象图案如苹果电脑的“被咬了一口的苹果”、美林证券的“扬起尾巴的牛”、中国银行的“中”字古铜板；抽象图案如奔驰的“形似汽车三叉星的方向盘”、宝马的“蓝天白云螺旋桨”、奥迪的“四个紧扣圆环”等（见图 4-8）。形象的图案能够把消费者对图案的印象转移到品牌身上，例如苹果电脑的苹果让人想到被树上掉下的苹果砸到的牛顿，并由此想到了智慧和创新；而抽象的图案则往往只起到区隔的作用，尽管抽象的图案背后通常也有其寓意，例如奥迪的四个环表示奥迪当初是由霍赫、奥迪、DKW 和旺德诺四家公司合并而成的，但这很少有人知道。因此，从激发联想的角度来看，形象图案比抽象图案的效果更好。

图 4–8　图形标志

（三）图文标志

文字标志虽然直接展示了品牌名称，但不容易引起联想，而图案标志虽然容易引起联想，但不能直接展示品牌名称。因此，很多品牌采用了图文标志，即将品牌名称中的某个字母或字母某一部分转化为图案的形式，从而既让人们记住了品牌名称，又给人一定的联想。与图案设计相仿，转化的图案可以是形象的，也可以是抽象的。形象图文的例子有：Sina（新浪）的“i”被设计成了一只眼睛，表示搜寻；CATERPILLAR（卡特皮勒）当中的第一个“A”下面被设计成一个三角形的黄土堆，表示该品牌与挖土机有关。抽象图文的例子有：Hisense（海信）基本都设计成绿色，但“H”左上角方块被设计成橙色，象征海信科技和创新精神。这一橙色基因被沿用到了被海信收购的科龙标志上面，Kelon 当中“K”的一撇由原先的红色改为了橙色（见图 4-9）。相比而言，抽象的图文难以清晰地让人知道其寓意，而形象的图文则让人一目了然。

图 4–9　图文标志

二、品牌标志的作用

作为品牌必备的要素，品牌标志发挥了以下几个作用：

（一）让品牌更容易识别和记忆

在品牌标志独有的图案、文字和色彩元素的影响下，消费者更容易识别和记住品牌，如耐克标志独特的一勾、Midea（美的）当中的“M”形成的一个圈、可口可乐和维珍标志独有的手写体、宝马标志的蓝白相间色彩、玩具反斗城 ToysRus 中的倒“R”等。特别是当品牌标志和品牌名称相呼应的时候，消费者的识别和记忆程度会更高。比如，搜狐网站设计了一个红黑相间的狐狸尾巴，让人记住了搜狐的“狐”；日本富士银行（Fuji Bank）的标志是富士山，让人过目不忘。

（二）增强了品牌联想

一个带有图案的品牌标志能够引发消费者的品牌联想，如产品类别、品牌特征等。例如，汉堡王（Burger King）的标志是一个汉堡，中间夹着英文 Burger King，让人一看就知道是出售汉堡的餐厅；中国工商银行的标志是一个中间带有“工”字孔的圆钱，让人联想到银行；中国联通的标志是红色的首尾相接的中国结，而 China 和 Unicom 当中的两个“i”都采用红色，并且上下呼应，这些都让人想到互联互通。

（三）简洁地表达品牌身份

有时，品牌由于受到限制而无法写出全名，如全名太长或者在特定位置写出全名不美观等，这时品牌标志就起到了很好的传播作用。标志是品牌身份的代表，是品牌信息的浓缩。站在大街上，在纷繁的广告牌中只要看到金黄色的 M，我们就知道那是麦当劳。在国际性体育比赛上，各国国旗也起到这样的作用。

（四）反映各子品牌之间的联系

很多公司采用的是多品牌管理，旗下不同产品对应着不同的品牌。对于这些子品牌而言，不仅要体现出各自的差异性，还要体现出一定的“同宗性”。各子品牌的“同宗性”可以通过标志之间的共同点来体现。例如，上海锦江国际有限公司旗下有锦江酒店、锦江客运物流、锦江地产、锦江旅游、锦江实业、锦江金融等几大产业，标志中间的核心部分都是相同的，只是外圈图形的形状及一个底部小色块不同。

（五）增强品牌的可变性

随着外部环境和企业战略的改变，品牌也需要跟着改变，俗称“品牌变脸”。能够适应变化的品牌才有生命力。然而，品牌名称作为品牌当中最重要的要素是不能随意改变的，因此品牌标志就充当了“微调器”的作用。当时代改变了，人们的审美观也会发生改变，企业可以通过调整品牌标志来增强品牌的时代感。例如，美的、壳牌、索尼的品牌标志都更改过数次，以适应当今社会的简约、国际化和时尚审美观。另一个导致品牌标志改变的原因是企业产品结构的战略调整，例如 2006 年，英特尔公司更改了使用 37 年之久的老标志，将原来标志中的“下陷 e”提高到其他字母的高度，表示公司不再只是做内嵌在电脑中的 CPU 了（见图 4-10）。

图 4-10　Intel 的品牌标志更新

三、品牌标志的设计原则

品牌标志的设计有五个原则[①]：

（一）营销原则

营销原则是指一个优秀的品牌标志必须具有思想，即品牌内涵。品牌标志是品牌内涵的载体。通过品牌标志，内在的品牌内涵才能够传达给消费者，如品牌价值观、产品类别、产品原料、产品产地等。例如，耐克的标志反映出品牌的果断和动感；美的柔美的标志反映出生活的温馨；彪马、安踏富有动感的标志反映出运动的活力；加勒比酒（Carib）的“酒瓶盖”标志反映出所经营的是酿酒业；贝蒂·克罗克的“勺子”标志反映出所从事的是食品行业；深圳航空的新标志是一个篆体的象形的“鹏”字，代表“鹏城”深圳等。

（二）创意原则

一定意义上说，优秀的品牌标志应当成为一件艺术品。因此，品牌标志设计应当强调创意，表现为：富有原创性、简洁明了、富有视觉冲击力。例如，耐克的“一勾”标志新颖独特，富有视觉冲击力，同时又简洁明了，不失为品牌标志的佳作。相反，一些品牌标志的设计模仿著名品牌，失去了独特性和原创性，如深圳某生产果冻等食品的企业的标志非常像统一企业的标志，只是颠倒了180°。

（三）设计原则

标志涉及到色彩、线条、形状等要素的组合，因此需要从艺术设计的角度予以考虑。不同的颜色、线条、形状均有不同的心理学含义，设计之前需要综合考虑。在设计标志时，还要考虑色彩、线条、形状、文字等搭配的协调性和对比性。协调性是指各种要素的分布让人赏心悦目，让人产生和谐的印象；对比性是指利用不同的大小、形状、密度和颜色把各种要素组合在一起形成视觉冲击力。例如，在IBM的标志中，各字母被等距线条隔开，让人有和谐之感；又如百事可乐的标志，由红与蓝两种对比色构成，视觉冲击力强。

（四）认知原则

标志是影响消费者的一种传播工具，因此需要从消费者认知的角度考虑其设计。认知方面的要求包括：通俗易懂、鲜明醒目、容易记忆、符合消费者的风俗习惯和审美观等。奔驰车的标志是一个三叉星环，很像一个方向盘，一看就知道是汽车品牌，很容易识别和记忆。

（五）情感原则

一个成功的品牌标志应当能让人产生情感上的偏好，这就要求标志设计必须具备以下特点：浓郁的现代气息、极强的感染力、给人美的享受、激发丰富联想、令人喜爱等。例如，2006年美的集团更换的新标志以单一的浅蓝色替代了原来的紫色和橙色，以凸显优雅、简约和国际化，更符合现代人的审美观；苹果电脑也将原来的彩色“苹果”标志调色成银色的透明“苹果”标志，也是为了增加现代气息。

四、标准字和标准色

标准字的设计和标准色的选用是品牌标志设计当中的重要环节。

---

① 何佳讯. 品牌形象策划——透视品牌经营[M]. 上海：复旦大学出版社，2000.

（一）标准字

标准字是指经过设计的、专用于表现企业或品牌名称的字体。与普通印刷字体不同，这些标准字是根据企业或品牌的个性设计的，对笔划的形态、粗细、字间的连接与配置、造型等都做了细致严谨的规划，因此与普通字体相比更美观，更具特色。标准字在品牌标志中所处的位置有两种：一种是文字型标志，整个品牌标志就是标准字，如 SONY、3M 等；另一种是图案性标志，在图案旁边会出现品牌名称的标准字，如耐克的“一勾”与 NIKE、标致的“站立的狮子”与 PEUGEOT 等。

从字体来看，标准字有三种：第一种是书法标准字，如中国银行（郭沫若题字）、保利（启功题字）、Virgin 维珍（布兰森亲笔英文手写体）。这种标准字显得独一无二，容易给人留下深刻印象；第二种是装饰标准字，如 IBM、TCL、可口可乐等。装饰字体是在基本字形的基础上加工而成的。它的特征是在一定程度上摆脱了印刷字体的字形和笔画的约束，根据品牌或企业经营性质的需要进行设计，达到加强文字的精神含义和富于感染力的目的；第三种是书法装饰混合标准字，如谭木匠标志中的“木”字采用装饰字体，以体现木器的特点，而“谭”字采用隶书，“匠”字采用魏碑体，给人历史感和雕刻感（见图 4-11）。这种混合标准字新颖独特，给人印象深刻。

图 4-11　“谭木匠”的书法装饰混合标准字

选择书法标准字还是装饰标准字并无严格的统一规定，品牌设计者完全可以根据自身品牌的内涵来进行设计。不过，就目前常见的标志来看，服务性行业（如银行、航空）和一些快速流通消费品行业（如方便面）比较适合采用书法标准字，如中国国际航空公司和康师傅的标准字；而一些标准化的高科技产品比较适合采用装饰标准字，如美的和联想的中文字。在装饰字体当中，不同线条的含意丰富多彩，如细线构成的字体，容易使人联想到香水、化妆品之类的产品；圆厚柔滑的字体，常用于食品、饮料、洗涤用品等产品；浑厚粗实的字体，常用于表现企业雄厚的实力；有棱角的字体，则易展示企业个性等等。

在正式确定标准字之前，应先对候选的标准字展开调查。调查的要点包括：（1）是否符合行业特征；（2）是否具有创新的风格和独特的形象；（3）是否符合购买者的喜好；（4）是否能表现出企业的发展性与可信赖感。

（二）标准色

标准色是用来象征公司或产品特性的指定颜色，是标志、标准字及宣传媒体专用的色彩。标准色具有科学性、差别性、系统性等特点。科学性是指不同的色彩带有不同的含义（如红色象征活力、黑色象征深沉、绿色象征生命），品牌设计者应该综合考虑产品类别、品牌理念等内容来对色彩进行选择；差别性是指不同企业的品牌标准色应该存在差异，这样才有利于形成品牌差异性，如可口可乐和百事可乐的包装分别是红色和蓝色的；系统性是指从标志设计、产品包装、媒体传播到多品牌管理，标准色都需要有一定的关联和承接，如维珍将红色广泛运用到各项产业（如航空、可乐）和各个媒体（如网站）上。

标准色的开发程序可分为以下四个阶段：

1. 理念设计阶段

色彩是表现品牌理念的视觉元素，确定了品牌理念，色彩才有了设计的思路和导向。因此，企业需要确立一个既符合消费者需求、又与竞争者相异，同时还符合企业资源、能力和愿景的品牌理念。

2. 色彩设计阶段

基于确立的品牌理念，设计者可以选择相应的色彩作为标准色。如果是要体现高科技感，那么通常会选择蓝色，如创维和美的等家电企业；如果是要体现激情和活力，那么通常会选择红色，如可口可乐、维珍、耐克等品牌。有时一种颜色可能不能很好地诠释品牌理念，因此可能需要采用多种颜色作为标准色。如百事可乐的标志有红白蓝三种颜色、Google 的标志用了蓝红黄绿四种颜色。一方面要考虑这些颜色所代表的含义，另一方面还要考虑这些颜色之间的协调性。

3. 色彩管理阶段

在实际使用中，不同情况下色彩会产生一定的色差，因此需要制定一个规范的文件进行色彩管理。例如，说明什么时候用黑白色，什么时候用标准色。

4. 效果测试阶段

在品牌标志面市之后，需要对消费者进行色彩认知监测，以检验标准色是否真的能够符合消费者的口味、是否真的具有竞争区别性、是否真的体现了品牌的价值理念。

第 4 节 品牌口号

一、品牌口号的界定

尽管品牌名称和标志都能在一定程度上传递品牌内涵，但只有品牌口号（Brand Slogan）才是品牌内涵最直观的表达。品牌口号通常表现为一个短句或词组，其诉求点可以有三种：（1）我是谁？（2）我能给你什么？（3）我主张什么？第一个诉求点说的是品牌的行业特点，如当当网说“网上购物想当当”；第二个诉求点说的是品牌给消费者带来的价值和利益，如欢乐谷说自己是“繁华都市开心地”、金威啤酒说自己“不添加甲醛酿造”、世界之窗说“您给我一天，我给您一个世界”、东京迪士尼乐园希望“人人都快乐”；最常见的是第三个诉求点，说的是品牌所主张的价值观和人生信念，如福特主张“活得精彩”，安踏主张“永不止步”（Keep moving），耐克主张“就这么做”（Just do it）等等。这些信念能够使消费者产生共鸣，从而增强了其对品牌的认同和情感。

图 4-12 安飞士的品牌口号

不少人把品牌口号等同于广告语或广告口号，这是关于品牌口号的最大误区。二者的差异在于：广告口号定位于产品本身，强调功能与促销所达到的效果，是短期行为；而品牌口号定位于企业本身，强调企业的核心竞争力与品牌文化内涵，是长期的。通常我们在广告当中能看到一些语句，那是为了配合广告主题画面而设计的广告语，并不是品牌口号。真正的品牌口号一般会出现在品牌标志附近，如安飞士（Avis）租车行在标志旁边写着“我们更努力”（We try harder）（见图 4-12），英特尔标志旁边写着“超越未来”（Leap ahead），美的标志旁边是“原来生活可以更美的”。

这些品牌口号并不是为配合某个广告设计的，而是作为一种品牌的信念长时间存在下去的。

二、品牌口号的作用

一个优秀的品牌口号能够起到以下作用：

（一）向消费者诠释品牌核心价值

品牌口号最主要的作用是向消费者诠释品牌核心价值。有了一个短句或词组，抽象的品牌内涵更容易传递出来。例如，飞利浦的品牌口号“精于心，简于形”（Sense and Simplicity）向消费者传递了产品设计的精心和使用的简便；定位在高端礼品市场的奥佳华按摩椅以“劳心的人，别劳身”的品牌口号表达了送礼者对收礼者的关怀和感恩；海尔“真诚到永远”的品牌口号突出了海尔是一家真诚为顾客服务的企业。

（二）统一内部员工的思想

品牌口号反映了品牌所主张的价值观和信念，不仅能够对外部消费者产生影响，还能对统一内部员工的思想起到重要作用。例如，安飞士的“我们更努力”会激发员工的斗志。

（三）统领品牌旗下各业务

对于旗下拥有多个业务的品牌来说，品牌口号有利于统一协调各项业务的传播，进而统一消费者对各项业务的认识。例如，尽管福特蒙迪欧、福特福克斯、福特 S-MAX 等车型之间存在差异，但都统一在“活得精彩”的价值理念下面（见图4-13）；沃尔沃的品牌口号是“为了安全”（For Life），这使得它的业务顺利延伸到了轿车、卡车和金融等领域。

图 4–13 福特品牌口号“活得精彩”

（四）增强品牌的记忆点

一句琅琅上口的品牌口号能够帮助消费者更牢固地记住品牌，如耐克的“Just do it”、佳能的“感动常在”。特别是在口号当中出现品牌名称时，记忆效果更佳，如中国联通的“让一切自由连通”、白沙香烟的“鹤舞白沙，我心飞翔”、金立手机的“金品质，立天下”、联想电脑的“人类失去联想，世界将会怎样”等都增加了消费者对品牌名称的记忆程度。

三、品牌口号的特性

一个优秀的品牌口号应具有以下特性：

（一）价值性

作为品牌价值观念的直接载体，口号当中应当蕴含品牌所能提供的价值和所持有的信念。这样，消费者才会与品牌产生共鸣。然而，我们看到一些品牌只是叫了一些空洞的口号，并无实际意义，如一些报纸的品牌口号“办市民最喜爱的报纸”、“办中国最好的报纸”并无明确的价值主张。

（二）兼容性

出于多品牌管理的考虑，一个好的品牌口号应当能够适用于多个行业。例如，宝洁公司的“亲近生活，美化生活”使它的产品顺利跨越了洗发、美容、个人护理、食品等多个日用品行业；相反，立白集团当年的品牌口号“不伤手，立即白”使得它很难进入到牙膏领域，后来只好淡化这一口号，同时将“立白”牙膏更名为“珍亮”牙膏。

（三）独特性

作为区别于竞争者的一个品牌符号，品牌口号需要体现出与众不同的差异性。然而，我们看到一些品牌在设计口号时扎堆地追求时尚新词，从而产生了很多雷同的语句。例如欧瑞莲化妆品打出“美丽成就梦想”的旗号，东风悦达起亚汽车说“激情超越梦想”，惠普公司则讲“科技成就梦想”。虽然前面两个字都清楚地说明了企业经营的业务范围，但在消费者脑海中，几个“梦想”还是容易混为一谈。为了应对品牌口号的抄袭现象，许多企业和组织对品牌口号进行了注册。例如，安飞士公司的品牌口号“We try harder”就实行了注册保护；同样，2008年北京奥运的口号是“同一个世界，同一个梦想”（One World One Dream），早在口号公布前，主办单位就完成了多个国家和地区的45个类别的商标注册。

（四）易记性

易记的品牌口号将帮助消费者唤起对品牌的回忆，所以简洁、易懂、顺口是对口号的基本要求。一些品牌口号由于设计得过长或过于抽象而难以让人记住。山东一家日报的口号是“宣传质量经营创收科学管理同驱动，社会效益经济效益外部形象一齐要”，尽管对仗整齐颇具文采，但这样长的口号晦涩冗长，很难让人记住。又如，在一次汽车品牌口号的测试过程中，君越、天籁、领驭、雅阁、皇冠、马自达6的车主均未能准确说出他们座驾的品牌口号。这在一定程度上反映了当前汽车品牌口号设计存在不易记忆的问题。

（五）相对稳定性

在相当长的一段时间内，品牌口号不应发生改变，因为品牌的核心价值没有改变。然而，一些品牌没有遵循这一原则，随意更改品牌口号，致使消费者产生认知混淆。比如，帕萨特原来的品牌口号是“成就明天”，领驭出来后变成了“志·在掌握”；君越刚上市时用的是“突破诞生”，不到一年改成了“动静不凡，见车见志”。这些改变都大大影响了人们对这些品牌口号的记忆程度。品牌口号并不是不能改变，但如果品牌核心价值没变，口号也不宜轻易改变。例如，世界最大的钻石商戴比尔斯（De Beers）的品牌口号“钻石恒久远，一颗永流传”已沿用了50多年，而飞利浦的品牌口号“让我们做得更好”是在使用10年之后才改变成“精于心，简于形”的。

链接材料4-3为国内外一些优秀企业的品牌口号范例。

链接材料4-3：品牌口号范例

1. 国际品牌的品牌口号

（1）Walt-Disney（迪士尼）——人人都开心

（2）Panasonic（松下）——ideas for life

（3）Wal-Mart（沃尔玛）——天天平价，始终如一

（4）Nokia（诺基亚）——科技以人为本

（5）Epson（爱普生）——Exceed Your Vision（梦想让视野无限）

（6）Avis（安飞士）——We try harder（我们更努力）

（7）Google（谷歌）——Don‘t be Evil（决不邪恶）

（8）Mcdonalds（麦当劳）——I'm lovin' it（我就喜欢）

2. 国内品牌的品牌口号

（1）海王——健康成就未来
（2）海尔——真诚到永远
（3）联想——让世界一起联想
（4）TCL——今天进入未来
（5）中国移动——沟通从心开始
（6）白沙——我心飞翔
（7）南方周末——深入成就深度
（8）东方早报——影响力至上
资料来源：根据互联网资料整理。

第5节　品牌角色

品牌角色（Brand Characters）又称品牌虚拟代言人、品牌卡通形象、品牌吉祥物或品牌象征物，是指采用人或其他生物的形象来作为一种特殊的品牌象征符号。在广告、包装及一些推广活动中，品牌角色起到了非常重要的作用。这些利用品牌角色进行推广的营销方式被称为"角色营销"（Chararter Marketing）。在娱乐经济的影响下，天生带有娱乐特性的品牌角色在营销当中越来越普遍，如迪士尼的米老鼠、米其林的轮胎人、万宝路的牛仔、鳄鱼恤的鳄鱼仔、动感地带的M仔等随处可见。

一、品牌角色的作用

对于品牌创建而言，品牌角色起到以下作用：

（一）便于消费者产生品牌联想

通常，品牌角色总是被设计成一个新颖独特的卡通形象，因此很容易在消费者脑海当中留下印记。例如，一想到万宝路，人们的第一反应往往是牛仔形象；一提到麦当劳，人们也总是会想到门口的麦当劳小丑；而一谈到酷儿，几乎会将这个品牌的饮料与酷儿卡通人物对等起来。

（二）将品牌个性形象地传递出来

为品牌塑造鲜明的个性成为当前企业品牌建设的一个重点。要使品牌具有人一样的个性，最好的方法是把品牌当作人来培育。设计者可以根据品牌个性和产品类别等特征来选择品牌角色的造型、颜色、性别、职业等要素，通过鲜活的品牌角色让品牌个性展现得一览无余。例如，致力于引领和践行中国酒业的年轻化、时尚化、国际化的低度酒品牌"我是江小白"通过江小白的卡通形象及其"青春宣言"向年轻消费者传递着品牌的青春文艺、张扬个性的个性特性，迅速获得了年轻消费者的高度认同（见图4-14）。

图 4-14 低度酒品牌“我是江小白”

（三）便于与消费者沟通，从而形成品牌关系

阿克、凯勒、卡普菲勒等权威品牌教授都认为，与消费者建立关系是品牌建设的目标。阿克教授提出，品牌个性是形成品牌关系的基础，没有个性的品牌在建立与消费者关系方面困难重重，品牌个性使品牌—消费者关系的发展更清晰。品牌角色的导入使得品牌更像一个人，从而强化了与消费者的沟通，促进了关系的形成。例如，酷儿蓝色娃娃的头像对于 3～15 岁的少年儿童来说非常亲切，就像朋友一样；康泰克先生凭借其胶囊人的造型让消费者觉得专业，就像一个医生在给出保健意见；瑞星杀毒软件通过狮子“卡卡”来与用户产生交互，让人有安全感。

（四）降低广告成本

如果不设计品牌角色，企业可能需要聘请明星来进行品牌代言。目前一些一线的明星代言费用已高达千万元，如陈慧琳以七位数天价代言卫浴品牌，陈宝国以 1080 万代言居然之家，梁朝伟千万身价代言熊猫手机等等。不仅费用高昂，而且明星代言的合约期限通常只有 1～2 年，明星效应刚产生又要结束合作。这对于一些中小企业来说，财务负担很大。但是，品牌专属于企业，无需支付任何酬劳，只要花费一些制作、推广和维护费用。

（五）增强品牌传播的控制性

品牌角色的可控性表现在三个方面：

1. 品牌角色不会出丑闻。明星并非完人，也会犯种种错误，这些错误因为其名人背景而分外惹人关注，从而损害到其所代言的品牌形象。例如，百事可乐曾花巨资启用杰克逊作为代言人，但随即出现的杰克逊猥亵儿童事件使公司不得不很快撤销杰克逊的所有广告。类似的还有赵薇的日本军旗服事件、伏明霞脏话裤子事件、红豆亵童案事件、陈冠希“艳照门”事件等。品牌角色是企业虚构的，其一言一行都在企业的掌控之中，不会出现形象受损的问题，如麦当劳叔叔、海尔兄弟、永备电池的劲量兔子等一直能够保持良好形象。

2. 品牌角色具有可塑性。明星是不能由企业掌控的，其个性特点都是其自身发展的结果；而品牌角色可完全由企业建构，外观如何、具有什么个性、今后往哪个方向发展都由企业所掌控。而且，企业可以根据需要对品牌角色进行适时调整。如米其林轮胎人 100 多年来外观造型在不断改变，以适应时代的需要。

3. 品牌角色具有企业的专属性。在品牌代言中，一个明星代言多个品牌的情况非常普遍，甚至一些一线明星还同时代言多个品牌，这使得人们很难将明星和其所代言的品牌一一对应起来。明星是明星，品牌是品牌，很难把二者对等起来。而品牌角色具有品牌的专属性，这使得品牌就是角色，角色就是品牌。例如，谈到西部牛仔，除了万宝路我们不会想到第二个品牌；一看到满头白发留着山羊胡的桑德斯上校，我们会很快想到肯德基而不是麦当劳。

链接材料 4-4 为美国《广告时代》评选出的二十世纪十大品牌代言人，均为品牌角色，足以见得品牌角色对品牌形象建立的重要作用。

链接材料 4-4：美国二十世纪十大品牌的代言人

《广告时代》评选出二十世纪依据市场产生强烈共鸣的十大品牌形象。评判准则依照有效性、持久性、公认程度以及文化冲击力。

排名	代言人	产品	年份	创造者
1	万宝路硬汉	万宝路香烟	1955 年	李奥·贝纳广告公司
2	罗纳德·麦克唐纳	麦当劳快餐店	1963 年	华盛顿特许经营商奥斯卡·戈尔茨坦
3	绿色巨人乔利	绿色巨人蔬菜	1928 年	明尼苏达州坎宁山谷公司
4	贝蒂·克罗克	食品，包括蛋糕、糖霜、微波炉爆米花和饼干	1921 年	沃什伯恩·克罗斯比公司
5	劲量兔子	永备电池	1989 年	Chait/Day 广告公司
6	皮尔斯伯里面团娃娃	各类皮尔斯伯里食品，包括冷冻炸面团、面包半成品、面包卷	1965 年	李奥·贝纳广告公司
7	杰迈玛姑妈	杰迈玛姑妈薄煎饼半成品和糖浆	1893 年	里斯·拉特 / 戴维斯·米宁公司
8	米其林男子	米其林轮胎	1898 年	埃杜阿德·米其林构思；奥加洛普艺术加工；恒美环球广告公司后来执行
9	老虎托尼	凯洛格食品公司的霜雪花（糖霜谷物薄片）	1951 年	李奥·贝纳广告公司
10	奶牛埃尔西	博登日用产品	1939 年	博登广告经理斯图尔特·皮博迪

资料来源：（美）多蒂·伊里科. 美国十大品牌形象[J]. 国际广告，2000，(1).

二、品牌角色的种类

当前品牌角色的应用越来越普遍，我们可以从对象和数量两方面对其进行划分：

（一）根据对象划分

根据对象，品牌角色可以划分成卡通形象和真实人物两种。卡通形象是艺术化、拟人化的角色形象，具体又分为卡通人物和卡通动物①。卡通人物如酷儿、海尔兄弟、Lee 牌牛仔的 Buddy Lee（见图 4-15）、蒙牛的奶人多多等；卡通动物包括永备电池的劲量兔子、瑞星的狮

① 按道理植物也可以制作成卡通形象，不过目前将植物作为品牌角色形象的案例还相当少见，因为植物的个性没有人物和动物强。

子卡卡等。真实人物实际上并不是现实中的某个明星，而是一个塑造出来的真人形象，如万宝路牛仔、贝蒂·克罗克等。品牌角色的卡通形象更能增加品牌的活力和纯真，如凯蒂猫（Hello Kitty）吸引了众多年轻女生，而真实人物形象则更具有生活感和真实感，如贝蒂·克罗克就像亲切的邻家主妇。

图 4–15 Lee 牌牛仔的 Buddy Lee

（二）根据数量划分

根据数量，品牌角色可以划分成单一角色和多个角色。单一角色使品牌与角色形成一对一的关系，指向清晰，不易混淆，因此在品牌角色的案例中最为常见，如米其林的轮胎人、酷儿儿童果汁饮料的酷儿、日清杯面的“清仔”等。多个角色又分为完全虚拟代言人和明星代言人与虚拟代言人组合两种。完全虚拟代言人全部由虚拟代言人构成，如奥运福娃；明星代言人与虚拟代言人组合则在品牌传播的过程中同时出现了现实和虚拟两种代言人，如美特斯·邦威在聘请郭富城代言的同时，又创造了一个虚拟形象“小郭”。多个角色的导入有三个方面的原因：一是多个角色能更好诠释品牌的特点和个性，如奥运福娃采用了鱼、大熊猫、奥林匹克圣火、藏羚羊和燕子的形象，以代表海洋、森林、火、大地和天空，从而全面展现中国的灿烂文化（见图 4-16）。海尔兄弟通过两个亲密兄弟的形象来反映海尔对待消费者的真诚；二是多个角色能覆盖更广泛的目标消费者群体，如雅士利奶粉为了吸引不同性别的消费者，创造了两个代言人——雅雅小姐、士利先生；三是多个角色能更全面地表达产品特点，如高乐高就创造了“乐颠一族”，按照不同的成分导入不同的虚拟代言人：钙奇妹、贪吃铁、大头锌、百变麦、维灵娜、大力可。

图 4–16 一个品牌多个角色——奥运福娃

三、品牌角色的创建

创建品牌角色需要遵循以下五个步骤（见图 4-17）：

（一）品牌角色设计的基础分析

品牌角色的设计需要考虑行业特征、目标消费者特征、竞争环境、企业营销策略和品牌个性①。

① 高剑锋. 品牌铸造新魔法——虚拟代言人[EB/OL]. 全球品牌网，www.globrand.com，2005-01-28.

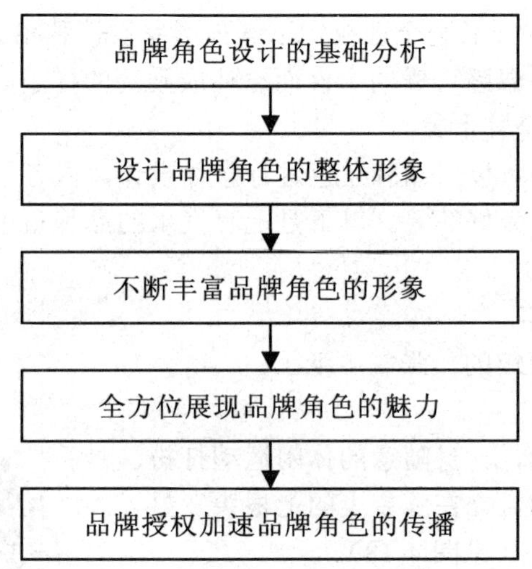

图 4-17　品牌角色的创建步骤

1. 行业特征

目前，品牌角色主要应用于快速消费品行业、耐用消费品行业，以及 IT 行业。卢泰宏等学者指出："抓住体验消费，开展体验营销已经成为中国营销创新的重要课题。在新闻及娱乐业、服务业、房地产业、化妆品业、旅游业、培训业、高科技业、生物/制药/医药/保健行业及其他专业服务、金融服务、零售业等领域，体验消费将是主流消费之一，而体验营销无疑将成为主流解决方案的新焦点。"[①]因而，上述行业有着导入品牌角色的潜在需求。相反，在一些针对企业间业务的工业品市场上，品牌角色的价值就相对较小。

2. 目标消费群特征

由于品牌角色的卡通形象特性，其适用的品牌目标消费群通常比较年轻，如儿童、青少年及年轻人。这也从另一个角度限制了品牌角色的行业适用范围。随着卡通形象的成人化趋势，越来越多的成年人开始接受品牌角色。

3. 竞争环境

品牌角色传递着品牌的个性，满足的是消费者的情感需求，因此适合于比较成熟的竞争环境。而一些行业主要以低价作为竞争手段，如一些工业建材和原料等，采用品牌角色作用就不大。在这些行业的竞争环境下，品牌角色占据消费者心智的作用被价格等非长效性竞争手段屏蔽掉了。

4. 企业营销策略

一般来说，企业如果以创建品牌个性为目标，选用角色营销或者体验营销作为其产品的主要营销方法，则企业导入品牌角色的可能性就比较大；如果只是追求短期销量，那么建设品牌角色的必要性就不大了，因为品牌角色带来的是长期影响，短期效果不明显。

5. 品牌个性

品牌个性是决定品牌角色设计的最核心要素。蓝猫淘气饮品公司表示："我们要赋予产品生命力和活力，让孩子们在喝蓝猫饮品时，体验到蓝猫的聪明、健康、幽默的感觉和蓝猫所

---

① 卢泰宏，何佳讯，张红明. 第五种消费者价值与体验营销[J]. 销售与市场，2004，(3).

带来的生命力和文化力。”这一品牌个性决定了蓝猫形象设计和相关故事编排的思路。另一只小猫 Hello Kitty 则因为品牌温馨可爱的个性而设计成乖巧的样子。

（二）设计品牌角色的整体形象

基于以上分析，设计师可以对品牌角色进行整体设计，内容包括：名称、年龄、性别、种类、造型、颜色、性格、爱好等等。以下是七喜汽水的品牌角色 FIDO 的个人档案：

- 姓名：FIDO DIDO
- 出生时间：1987 年
- 诞生地点：纽约餐馆的一张餐巾纸上
- 年龄：永远年轻
- 特征：酷酷的外形，一身随意的休闲运动打扮代表着青春和活力，立在脑袋上的七根头发显示独特不羁的个性（见图 4-18）。
- 最喜欢的饮料：七喜，因为七喜自然、清新、透亮、清澈、清爽，不会太甜腻，够 fashion，够 cool。

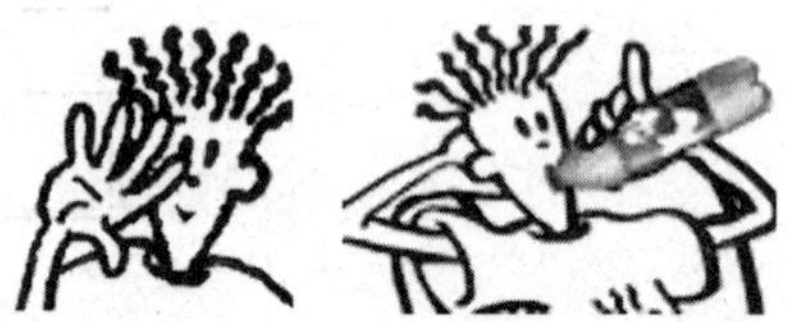

图 4–18　七喜品牌角色 FIDO

- 性格特征：聪明的、自信的、积极的、乐观的，有着强烈的好奇心，并且偶尔会做出一些出人意表的事情，崇尚自我，张扬个性。

（三）不断丰富品牌角色的形象

设计出来的品牌角色只是一个静态的形象，只有把这个形象放在故事里面才能使其丰富起来。例如，七喜为 FIDO 设计了 FIDO 名言、FIDO 之“做与不做”等等；在 QQ 或 MSN 里，兔斯基时而无可奈何地冲你甩手耸肩，时而郁闷地想要撞墙致死，偶而也会撒个娇、耍个狠或“抽个疯”，其表情举动无不透出一股幽默、搞笑的俏皮劲儿[①]。

随着时间和空间环境的改变，品牌角色也要不断完善。例如，米其林轮胎人从 1894 年诞生以来就不断调整外形，无论是眼睛、嘴巴、脖子还是体型、手臂，都适应新时代的要求。进入到不同国家，米其林轮胎人又积极当地化：在日本，穿一件漂亮的和服；在瑞士、奥地利、德国、北欧和东欧各国，为雪路轮胎做广告，戴着滑雪帽，脖子上围着围巾；在澳大利亚为水路轮胎做广告，戴着潜水眼镜。

（四）注重线下推销，全方位展现品牌角色的魅力

品牌角色不仅需要在各类广告媒体和包装上出现，而且还需要深入到人们的日常生活当中。在生活当中，通过实际接触，消费者能更深刻体会到品牌角色的魅力。例如，从 1963 年开始，米其林轮胎人每年夏天就陪伴着度假的人周游各地。米其林的广告旅游队在 7、8 月出发，遍及法国及欧洲各国，由打扮成轮胎人的主持人通知人们将在海滩上举行的表演，吸引了无数孩子，并大获成功。海滩广告表演一直持到七十年代。1973 年，轮胎人还参加了环法自行车赛，在消防车的楼梯上，它向观众频频打招呼，观众对它的表演如醉如痴。

（五）采用品牌授权，加速品牌角色的传播

为了加快品牌角色的传播，企业应当选择适合的产品进行品牌授权。通过其他深入人们生活的产品，品牌角色能够广泛传播，并深入人心。品牌授权这种经营方式最早始于迪士尼

---

① 吴群华，周志民. 网络蹿红“兔斯基”[J]. 销售与市场（营销版），2007，(12): 86—88.

公司。当时，沃尔特·迪士尼为了宣传米老鼠的形象，允许许多厂商免费使用米老鼠等卡通形象来促销其产品，印有迪士尼卡通形象的商品从几美分的普通橡皮到2万美元的高级手表应有尽有。现在，越来越多的卡通形象通过品牌授权进行推广，如日本的“蜡笔小新”已经有逾800种周边授权产品，涵盖了玩具、文具、服饰、家用品、个人护理品、礼品等多个行业；我国的蓝猫则授权给多家企业，合作生产文具、玩具、食品、日化、鞋业、钟表、童车等产品。

第6节　品牌传奇

一、品牌传奇的界定

品牌的一大作用是用情感和相关性将企业的产品、服务和消费者联系起来，为消费者创造一种迷人的、令人愉快和难以忘怀的消费体验。在品牌设计中加入“讲故事”(Story Telling)的元素能够让品牌建设更加有效。这些故事以传奇的形式表现出来，让品牌带有了神秘色彩。美国营销顾问劳伦斯·维森特（Laurence Vincent）提出了“传奇品牌”（Legendary Brands）的概念，指的是通过品牌叙事使一种世界观和相应的物质实体发生联系。作为品牌诉求的一个载体，品牌传奇是品牌在发展的过程中将其优秀的方面梳理、总结出来，并且形成一种清晰、容易记忆又令人浮想联翩的传导思想。很多品牌都有一个或几个不错的传奇故事，如海尔的76台冰箱事件、联想收购IBM的PC业务等等；而不成功的品牌要么就是存在一些负面报道，要么就是没能在消费者头脑中留下什么痕迹。可见，成功品牌的共同点是：品牌传奇非常清晰、品牌特征非常鲜明、利用多重渠道来传播自己的品牌传奇。

二、品牌传奇的种类

品牌传奇有很多种，常见的几种类型有：

（一）创业历史型

许多品牌创始人会将其艰辛的创业历程编辑成一个小故事，通过广告、宣传册、网站、软文、包装和零售店等渠道进行传播。这既让员工知道公司的创建来之不易，也让消费者为之肃然起敬，自然也添加了几分对品牌的好感。例如，在著名水饺品牌“湾仔码头”的包装上，就印有青岛的臧姑娘（臧健和）到人生地不熟的香港艰苦创业卖水饺的经历；又如，所有谭木匠连锁店的墙上，都挂有一个刻有创始人谭传华的辛酸家史及创业历程的木牌。

（二）产品发明型

一个伟大产品的发明历程总是那么引人入胜，将其诞生的传奇故事公布于众能够满足消费者的好奇心。例如，云南过桥米线连锁店的墙上会挂一个牌子，上面写道，滇南一个妇女天天过桥送饭给苦读的丈夫吃，一次偶然机会发明了过桥米线。可口可乐则是亚特兰大药剂师彭博顿在自家后院调制出来的旷世杰作，其诞生的故事也是充满神奇色彩。

（三）品牌由来型

品牌的命名、标志、包装等要素的设计通常有着一段美丽或有趣的故事。例如，星巴克的名字源于美国作家麦尔维尔的小说《白鲸》中一位处事极其冷静，极具性格魅力的大副，其嗜好就是喝咖啡；劳斯莱斯银光闪烁的飞翔女神标志的创意，取自巴黎卢浮宫艺术品走廊的一尊有两千年历史的胜利女神雕像，当汽车艺术品大师查尔斯·塞克斯应邀为劳斯莱斯汽车公司设计标志时，深深印在他脑海中的女神像立刻使他产生创作灵感，于是，一个两臂后伸、身带披纱的女神像飘然而至（见图 4-19）；可口可乐线条优美的瓶子设计据说来自于印第安那州一个名叫凯普曼·路德的年轻人看到女友穿脚伴裙后获得的灵感。

图 4-19 劳斯莱斯飞翔女神标志

（四）质量管理型

为了做出精良的产品，一些著名品牌在生产环节上精益求精，对质量进行严格控制，留下了令人称道的话语。例如，1985 年，海尔老总张瑞敏为了培育员工的品质意识，不惜砸掉了 76 台冰箱，而每台冰箱的价格相当于当时普通工人两年的工资。无独有偶，1995 年，当时账面并不宽裕的“谭木匠”主动烧毁了 15 万把梳子，因为它们不符合“谭木匠”的质量标准，会影响“谭木匠”的精品属性，这一举措成为当时很多媒体争相报道的话题。

（五）产品特色型

产品的特色也可以作为品牌传奇进行传播，因为消费者会对产品特色的成因感兴趣。比如，“乌江三榨”涪陵榨菜在包装上印有乌江（古称“涪水”）的地图，以示榨菜正宗；又如，水井坊酒大做“1999 年中国十大考古发现”的文章，打出“中国白酒第一坊”的口号。

（六）客户服务型

在产品同质化程度严重的今天，优质服务成为了企业的重要竞争力。收集日常优质服务的点点滴滴，将其通过企业刊物、网络等形式传递出去，不失为建立品牌形象的好方法。例如，东京迪士尼乐园餐厅有一个故事在网上流传，讲的是一名餐厅服务员为一对失去孙子的老夫妇提供了感人而真挚的服务，这件事令读者对其强烈的服务意识赞叹不已。

（七）领导风采型

企业领导是品牌的精神领袖，其举措会赋予品牌一定的内涵。例如，万科 CEO 王石钟爱登山，至今已攀登过包括珠峰在内的各大洲境内的所有最高山峰，其魄力也传递到了万科品牌身上；英国维珍 CEO 布兰森行为举止怪异，是有名的“嬉皮士富翁”，这也给维珍品牌打上了叛逆和活力的烙印；海尔 CEO 张瑞敏是第一个登上哈佛讲台的中国大陆企业家，这也使得海尔的品牌打上了国际化的印记。

（八）业绩成就型

企业、产品、品牌获得的各项殊荣需要以适当的方式传递出去，以增加消费者对品牌的信心。相关的例子如：茅台在 1915 年获得“巴拿马国际金奖”的故事至今让人称道，因为这是中国民族品牌走向世界的最早代表；小米公司在成立后的短短三年多时间里，市值从 2.5 亿美元暴增到 90 亿美元，身价翻了 36 倍，成为国内仅次于百度、阿里、腾讯的第四大互联网公司。

三、品牌传奇的作用

（一）增加品牌记忆点

相对于产品特点的理性说教，品牌传奇总是更能引人入胜。当消费者被品牌传奇所吸引和打动时，他们对品牌就增加了一个新的记忆点。

（二）增加神秘色彩

一些品牌传奇由于历史悠久，情节曲折，一定程度上为品牌增添了神秘色彩和魅力。如可口可乐的配方自 1886 年在美国亚特兰大诞生以来，已保密达 120 年之久。为了保住这一秘方，可口可乐公司的元老罗伯特·伍德拉夫在 1923 年成为公司领导人时，就把保护秘方作为首要任务。当时，可口可乐公司将这一饮料的发明者约翰·潘伯顿的手书藏进了银行保险库，并声明如果谁要查询这一秘方必须先提出申请，经由公司董事会批准，才能在有官员在场的情况下，在指定的时间打开。如今，只有极少的几个人知道此配方。

（三）传播品牌的理念

一些品牌理念蕴含在品牌传奇当中，消费者在了解品牌传奇的同时也在体会品牌的理念和精神。比如，前述的海尔 76 台冰箱和谭木匠 15 万把梳子的故事都体现出企业对品质精益求精的严谨态度。

（四）增加口碑传播的题材

根据传播学理论，品牌的传播首先是通过媒体传递给意见领袖，然后意见领袖通过口头的方式传递给普通大众。与产品本身的信息相比，精彩的品牌传奇增添了人们对品牌的谈资。例如，地产巨头 SOHO 公司 CEO 潘石屹“触电”拍电影《阿司匹林》、万科 CEO 王石顺利登顶“世界屋脊”珠穆朗玛峰等事件都引发一些媒体和人们的关注和议论。

（五）使品牌角色变得鲜活

品牌角色不只是要设计出来，还需要出现在各种故事场景中，以便丰富和完善。例如，奥格威为哈撒韦衬衣创造的品牌角色“带眼罩的男人”就频繁出现在各种场合的广告当中，包括在卡内基音乐厅指挥纽约爱乐乐团、演奏双簧管、开拖拉机、击剑、驾驶游艇、购买雷诺阿的画等等。

四、品牌传奇的开发

尽管多数品牌传奇都是已经发生的事实，但从品牌建设的角度仍需对其进行故事化处理，以便于传播。古希腊哲学家兼戏剧评论家亚里士多德早在 3000 年前就推论说，一个好的故事可以解构为六个部分：情节、人物、推理（主题）、场景、歌曲、措词。劳伦斯·维森特在《传奇品牌》一书中对此进行了浓缩，提出了品牌传奇开发的四个要素[①]：

（一）主题

主题就是品牌的意义和内涵，是品牌传奇所希望表达出来的东西。它主宰着品牌传奇的开发方向和思路。例如，万事达信用卡在设计品牌传奇时希望表达的主题是“生活是充实的”；南方黑芝麻糊的品牌传奇是希望表达出“怀旧”的主题；美国家电制造商美泰公司（Maytag）通过一个脾气坏的老维修工总是在广告中抱怨他公司的洗衣机和干燥器太耐用了，使他成天无所事事的故事传递“产品耐用”的主题。

（二）人物

故事当中的人物选择需要考虑三个方面：一是抽象性，该人物要代表某一种原型；二是文学性，人物的选择和特点要给人以深刻印象；三是相关性，选定的人物需要与消费者有一

① （美）劳伦斯·维森特. 传奇品牌[M]. 杭州：浙江人民出版社，2004.

定的关联性。比如，在南方黑芝麻糊的一则经典的广告当中，卖黑芝麻糊的妇女是母亲的原型，小女孩是童年玩伴的原型，这些都带给主人公儿时的记忆，感人至深。片中人物的关系引发了观众的共鸣，因此主人公的感受便顺理成章地转移到观众身上了。

（三）情节

情节是指品牌传奇的活动部分，通常表现为事物发生的逻辑结构和人物的经历过程。套用亚里士多德的三幕结构，情节包括起因、深化、解决三个环节。起因是指消费者有某种需要，深化是指消费者选择了某个品牌，解决是指该品牌满足了消费者的需求。如海飞丝等一些洗发水的广告都是采用这三个环节来设计故事情节的。

（四）美学

同样的主题、人物、情节，采用不同的讲法，其效果是不一样的。一些美学原则的修饰将大大提升品牌传奇的吸引力。这些美学原则来自一些感官，如声音、影像、气味、触觉等。在云南过桥米线的连锁店里，需要过一座小桥，这就是对“过桥米线”传奇故事的感官处理。这样，每一个来过的客人都会对“过桥”认识深刻。

第7节 品牌音乐

品牌音乐是指那些用以传递品牌内涵的声音效果。从整合传播的角度来讲，有形有色还要有声。越来越多的企业开始整合视觉和听觉对品牌进行多层次全方位设计。一些企业专门为品牌设计了专属的音乐，以便促进品牌建设。

一、品牌音乐的类型

品牌音乐可以按照作用、来源和内容等几个方面进行划分：

（一）根据作用划分

按照音乐的作用，可以把品牌音乐划分成企业主题歌曲、广告背景音乐和品牌标识音乐三种。企业主题歌曲通常是聘请著名词曲作家，为企业的整体形象和企业文化进行量身定做的歌曲，通常还会配以视频做成MV。这些歌曲不仅向消费者传达企业的理念和文化，也对企业员工起到激励和凝聚的作用。目前CCTV-3台有一个栏目专门播放企业歌曲，五粮液等一些知名品牌利用这一平台充分展示了企业魅力和形象。广告背景音乐则一直配合着广告的图像进行播放，衬托广告的画面主题，如王老吉凉茶的“怕上火喝王老吉”广告歌。同一个品牌的不同广告会因内容不同而设计不同背景音乐，如金六福酒突出“金”、“六”、“福”三个字的一则广告用到了《刘三姐》的对歌式音乐，另一则“春节团圆篇”广告则用到了美国乡村歌曲《老橡树上的黄丝带》（Tie a Yellow Ribbon Around the Old Oak Tree）。品牌标识音乐则只是在广告片尾才出现，其作用是强化品牌的内涵和主张，所以在很长一段时间内都会保持不变，一些国际品牌甚至在不同国家还保持统一，如麦当劳“Balabababa，我就喜欢”（I'm lovin' it）的品牌音乐在全球120个国家同时推出。即使是多产品情况下，片尾音乐也是统一的，如飞利浦公司在电动剃须刀、液晶彩电等产品的广告片尾都会播放两个清纯的音节。

（二）根据来源划分

按照音乐的来源，品牌音乐可分为定制音乐和现有音乐。定制音乐是指专为某个品牌创作的音乐，具有独特性和专属性，如张含韵为蒙牛酸酸乳演唱的《酸酸甜甜就是我》，郭富城为美特斯·邦威演唱的《不寻常》；而现有音乐是指将已有的著名音乐用到某个具体的品牌上面，以其熟悉性来吸引观众的眼球，如美好时光海苔采用了红遍中国的《吉祥三宝》作为背景音乐，让人记忆深刻。

（三）根据内容划分

按照音乐的内容，品牌音乐可以分为有歌词和无歌词两种。在有歌词的音乐中，通常广告文案编成歌词，配以音乐便于传播，如金六福酒的《刘三姐》广告歌；而在无歌词的音乐中，音乐与广告解说词没有直接联系，只是作为一个背景，甚至一些音乐只是在广告片尾才出现，强调品牌识别，如英特尔标志性的四个音节。

二、品牌音乐的作用

（一）加深消费者对品牌名称的记忆

有时品牌名称不好记忆，而通过与某个专属的音乐相联系可以帮助消费者记住这个品牌名称，这是因为人们不仅看到了这个品牌，而且还听到了这个品牌，多媒体的传播方式加强了品牌传播效果。比如，伊莱克斯刚进入我国市场时就遭遇品牌名字不利于口头传播的困扰。中国消费者觉得伊莱克斯这个名字太长、拗口、不好记，一不留神就容易把“伊莱克斯”叫成“伊拉克”。后来企业将品牌名称附上音乐，旋律悦耳、声音清脆的“伊莱克斯”经电视广告反复播放，从而使消费者对伊莱克斯的名字记忆深刻。

（二）有助于消费者自行传播

生活中经常可以看到一些人不经意地哼出一首品牌音乐，特别是儿童。对他们而言，品牌音乐已脱去了商业化的外衣，仅仅是一首旋律优美、琅琅上口的歌曲。然而，对于听者而言，听到这首歌的时候就想到某个品牌，实际上形成了品牌广告的二次传播。当前，网站上出现大量搜索广告歌曲的帖子和可下载的广告音乐。其中，比利时三人梦幻流行乐队 Hovver Phonic 为芝华士（Chivas）威士忌定做的 30 秒音乐《When you know》受到网友们普遍赞赏和追捧，好评如潮。消费者传唱的方式潜移默化地传播了品牌，而且成本低廉。所以，创作一段适合传唱的品牌音乐是品牌符号设计中的一项重要工作。

（三）跨越文化差异

雀巢公司 CEO 包必达（Peter Brabeck-Letmathe）曾说：“我们必须有一个世界通行的营销方法，什么东西可以在不同的人种之间实现没有障碍的共享呢？毫无疑问，是音乐！”确实如此，贝多芬、巴赫、柴可夫斯基等一些音乐大师的作品风靡全球，因为音乐传载了灵魂和思想，这些对于不同文化背景下的人们来说都是相通的。2003 年，麦当劳在全球 120 多个国家同一时间发布“我就喜欢”的全新形象，其“Balabababa”的品牌音乐带给全世界的消费者的都是一样的轻松欢快的心情。

（四）传载品牌的核心价值

音乐只是一种形式，更重要的是其所蕴含的品牌核心价值。对于表达品牌内涵而言，音乐是一种很好的途径。例如，飞利浦简洁清脆的两个音节与“精于心，简于形”的广告语配合得天衣无缝，准确地传递出“精致、简约”的品牌核心价值。

（五）增强品牌感染力

根据美国营销学者马克英尼斯（MacInnis）和帕克（Park)的研究，广告音乐能引起人们的情绪反应，包括积极的情绪反应（如高兴、幸福、兴奋、感动、舒适等）和消极的情绪反应（如悲伤、焦躁、厌烦等）两种[①]。一些研究还涉及到音乐的具体属性特征（节奏、音量、速度、种类、悦耳度、熟悉度、品味等）带来的情绪反应，如音乐的节奏和速度过快或者过慢不容易导致积极的情绪[②]，低音量更能带来积极的情绪反应[③]等等。通过精心设计音乐元素，设计师能够使消费者在倾听音乐的同时感受到品牌的魅力和内涵。例如，"悠悠岁月酒，滴滴沱牌曲"这一荡气回肠的广告音乐让人们感受到了沱牌曲酒品牌的大气、悠长，而超女张含韵演唱的《酸酸甜甜就是我》使人们认同了蒙牛酸酸乳"酸酸甜甜"的少女情怀。

（六）拉近品牌与消费者之间的距离

期初，消费者可能不熟悉品牌，但如果选用消费者熟悉的音乐作为品牌音乐，那么品牌也能很快被大家记住。在此，音乐作为桥梁拉近了品牌与消费者的关系。例如，早年小霸王游戏机的广告音乐是小孩子们非常熟悉的《拍手歌》，美好时光海苔的广告音乐是《吉祥三宝》，OLAY玉兰油的广告音乐是台湾音乐组合"自然卷"的《坐在巷口的那对男女》。

第8节 产品外观

随着品牌的发展，品牌旗下包含的产品越来越多，但当消费者提到品牌名称时，总是不自觉地想到该品牌的某一个典型产品的外观。例如，在很多人看来，康师傅与红色包装的红烧牛肉面几乎可以划等号，虽然康师傅的业务领域早已跨越了方便面、饮料、饼干等行业。从识别角度讲，典型产品独特的外观能够在消费者心目中留下深刻印象，并影响消费者对于品牌的印象。因此，在设计品牌符号的时候，需要考虑典型产品的外观特色。

一、产品外观的种类

在本书中，产品外观是一个比较宽泛的概念，包括产品包装、产品外形、产品颜色、产品味道等等。

（一）产品包装

产品包装是一个产品最重要的外观。马克·戈贝（Marc Gobe）在《情感品牌》一书中，把包装称为"一部半秒钟的商业广告"[④]。包装能够在造型和颜色等方面体现独特性。具有造型特色的产品包装有可口可乐线条优美的瓶子、M&M巧克力外包的糖衣、金帝巧克力独创的透明靴子包装、农夫山泉瓶盖一拉就响的包装等；而具有颜色特色的产品包装有五谷道场方便面的黑白色包装、健力宝的爆果汽的黑色瓶子等等。这些包装不同程度上传递了品牌的个性和内涵，如爆果汽黑色瓶子表现出爆果汽品牌的"酷"，绝对伏特加简约而艺术的瓶子

① MacInnis, D.J. and C.W. Park. The Differential Role of Music on High and Low- Involvement consumers' Processing of Ads[J]. Journal of Consumer Research, 1991, 18(2): 161—173.

② Hahn,Minhi and Insuk Hwang. Effects of Tempo and Familiarity of Background Music on Message Processing in TV Advertising:A Resource Matching Perspective[J]. Psychology and Marketing, 1999, 16(8): 659-676.

③ Kellaris, J.J., A.D. Cox and D. Cox. The Effect of Background Music on Ad Processing: A Contingency Explanation[J]. Journal of Marketing, 1993, 57(4): 114—125.

④（美）马克·戈贝. 情感品牌[M]. 海口：海南出版社，2004.

表现出绝对伏特加品牌的“典雅、简约和创意”（见图4-20）。

图4–20 绝对伏特加的瓶子

（二）产品外形

产品外形是产品自身的造型，与产品包装无关。一些品牌经过多年发展，在产品外形上逐渐形成了统一而恒久的风格。例如，一提到大众甲壳虫，人们总是会想到圆润而流畅的汽车外形；一提到英国服装品牌巴宝莉（Burberry），人们会联想到其独特的有着浓郁苏格兰风情的格子；一提到星巴克，人们会想到店内轻松风格的装修和布局。这些产品的外形以其独特的魅力和品味吸引了大量的忠实顾客，而外形已具有了排他性，改变外形是会引起消费者强烈不满的。

（三）产品颜色

尽管世界是多彩的，产品颜色也有越来越多的选择，但一些品牌的某款颜色已成为经典之作，不可替代。比如，法拉利跑车一定是红色的才最正宗，健力士（Guiness）黑啤则以极富个性的黑色在啤酒行业占领一席之地，草珊瑚牙膏因含有草珊瑚成分而独显绿色，纳帕佳服装（LAPARGAY–COLLECTION）以其鲜明的黑白色调成为中国最具个性服装品牌等。

（四）产品味道

对于一些涉及到人们嗅觉、味觉的产品来说，独特的味道成为一个重要的识别要素。比如，LG 日用化工的竹盐牙膏，因为含有独特的韩国竹盐成分而带有了竹香和咸味；一走进一家名为“六千馆”的餐馆，浓郁的骨头煲浓汤香味就会扑鼻而来。

二、产品外观设计的要求

产品外观设计要想成功，需要遵循以下几点要求：

（一）独特

产品的同质化程度日益加剧，唯有设计出独特的产品外观，品牌才有可能与众不同。以上谈及的五谷道场方便面的包装色彩、纳帕佳服装的色调、LG 竹盐牙膏的口感等等都是如此。

（二）相关

与产品属性相关的外观设计更能加强品牌的产品指向性，从而强化品牌联想。例如，法国高档矿泉水依云在包装上采用了水滴造型的设计，让人想到矿泉水；法拉利跑车的经典红色让人想到驾驶时的激情；健力士啤酒独有的黑色让人感受到品牌“酷”和“成熟”的个性。

图 4–21　谭木匠专卖店

（三）美感

产品外观设计要有美感，让人心情舒畅。人们会将对于产品外观的好感转移到品牌身上。比如，“谭木匠”专卖店装修得古色古香，“好木沉香”、“我善治木”的牌匾以及一段刻在墙上的家史无一不透露出品牌的文化底蕴（见图 4-21）。

（四）持久

并不是第一次设计的产品外观就一定要保留下来，但是经典的产品外观一定要持久地传承下去。否则，消费者很难在产品外观和品牌上建立联系。例如，可口可乐的瓶子、大众甲壳虫的车型自诞生以来就没有多大改变。这才能使产品外观变成永恒的经典，也才能使消费者着迷。

案例分析

由劲霸换标看企业品牌形象的再设计

一、劲霸标志的创立

劲霸男装有着三十来年的创业史，但品牌经营的历史只有十八年。劲霸在创建企业之初只在加工生产上赚取薄利，直到 1992 年才在国家工商总局注册了公司历史上的第一枚商标，这与我国品牌发展历史是一致的。改革开放以前，中国企业处于品牌意识薄弱阶段。1983 年《中华人民共和国商标法》正式实施，促使中国企业开始了以注册商标为特征的品牌建设行为，在这个时期，多数企业对于“产品力”的认识远胜于“品牌力”。当时的劲霸仅仅是意识到需要把优质服饰产品和商标对接起来。

二、劲霸的三次换标

图 1

图 2

图 3

图 4

劲霸品牌初始的标志图形为一个向上的“火箭头”，汉语拼音可以看出企业仅关注国内市场的特征。设计风格上带有明显计划经济的色彩（图 1）。尽管标志图形语言易记醒目，但从视觉设计上看，显得过于简单直白。迄今为止，劲霸品牌在间隔很短的时间内进行过三次换标。劲霸的标志设计处于一个应对市场变化的动态发展过程中，这一过程也是该企业对品牌内涵、品牌形象和品牌资产的认识逐步加深的过程。劲霸副总裁连进先生评价说“我们每一次标志的更新换代，都伴随着企业迈向全新高度的发展。”

第一次换标在 1996 年。当时劲霸处于从产品到品牌的经营转型期。随着中国经济市场化的全面启动，跨国品牌大量地涌入中国市场，并且凭借成熟的品牌模式取胜市场。与此同时，众多民族品牌却面临着市场萎缩、利润微薄的窘境。现实让中国企业意识到只有拥有与国外品牌相当的知名度才能取得市场的占有率。在这个背景下，劲霸意识到先前的标志已不能满足品牌经营的需要，只有使标志更具行业特点并形成完整的品牌形象才可能形成市场竞争力。劲霸企业快速地导入 CIS 企业识别系统，使企业初具品牌经营的格局。第二次换标在 1997 年。这个阶段劲霸处于品牌建设的加速期。面对中国企业市场化进程加速，市场结构不断升级，国际品牌在高、低端市场快速扩张，中外品牌开始了新一轮的激烈竞争。这些都促使了各行业在品牌数量、品牌集中度、市场份额的重新分配。

这两次图形的转换对劲霸的品牌形象的再设计而言成效显著，劲霸借换标弥补此前品牌定位不甚清晰的不足，使得目标消费群体明晰化。

第三次换标在 2008 年奥运会前夕。此时劲霸品牌在国内高速增长已经形成了较为成熟的品牌战略。奥运会以其国际影响力成为中外企业品牌的助推器，许多国际品牌以前所未有的力度涌向中国。这是中国企业融入全球性的产业整合和竞争格局中去的绝佳时机，为了符合国际市场顾客的认知和消费习惯，劲霸提前更换了标志，更新后的劲霸标志中“拳王”图形语言更突出抽象化，标志设计呈现出的亲和力表明劲霸品牌形象的再设计更为注重消费者感受。再者，指向性与原有标志相一致，把原有的品牌价值平稳地转移到新标志上（图 4）。新图形摈弃了标志形象局部含义的描绘，而更加注重表现品牌个性，标志形态元素的表现力和形式美感，给人以品牌内在的精神美感，契合当下品牌形象再设计的社会审美取向。由新标志形成鲜明的品牌形象识别系统，配合优秀的媒体资源使劲霸品牌形象得到了很大的提升。以 2008 奥运会为契机，劲霸实现了品牌的腾飞。

资料来源：李招乐. 由劲霸换标看企业品牌形象的再设计[J]. 装饰，2010-04-01.

讨论题：

1. 劲霸品牌为什么先后三次更新品牌标志？
2. 劲霸品牌四次设计的标识是否都符合品牌标志的设计原则？
3. 您认为劲霸品牌可以采取哪些促销活动来配合第三次换标？

本章小结

品牌符号是品牌内涵的载体，没有品牌符号，品牌的内涵将仅仅停留在精神世界。凯勒指出，品牌符号的设计必须遵循六条原则：易记忆、有含义、受欢迎、可转移、调整性、保护性。

品牌名称是品牌符号中最有价值的部分。其作用是：（1）吸引消费者注意；（2）便于消费者传播；（3）提高产品档次和品味；（4）增加品牌联想。品牌命名需要遵循营销原则、法律原则和语言原则。品牌命名的流程可分成六大步骤：（1）确定命名的战略目标；（2）通过多种渠道提出备选方案；（3）命名工作组对备选方案进行初步筛选；（4）初步筛选后命名方案的法律检索；（5）命名方案的消费者测试；（6）高层管理者最终确定品牌名称。品牌名称可分为六种：描述型、启发型、组合型、古典型、随意型、新颖型。互联网的品牌命名遵循一些独特的原则：易记性、具象性、行业性、创新性。常见的互联网品牌名称类型有：数字字母型、事物型、行为型、新词型。

如果说品牌名称是品牌的抽象符号，那么品牌标志就是品牌的具象符号。常见的品牌标志有三种：文字标志、图案标志、图文标志。作为品牌必备的要素，品牌标志发挥了以下几个作用：（1）让品牌容易识别和记忆；（2）增强了品牌联想；（3）简洁地表达品牌身份；（4）反映各子品牌之间的联系；（5）增强了品牌的可变性。品牌标志的设计有五个方面的原则：营销原则、创意原则、设计原则、认知原则、情感原则。标准字和设计与标准色的选用是品牌标志设计当中的重要环节。

品牌口号是品牌内涵最直观的表达。其诉求点可以有三种：（1）我是谁？（2）我能给你什么？（3）我主张什么？品牌口号不同于广告语或广告口号，它并不是为配合某个广告设计的，而是作为一种品牌的信念长时间存在下去的。一个优秀的品牌口号能够起到以下作用：（1）向消费者诠释品牌核心价值；（2）统一内部员工的思想；（3）统领品牌旗下的各项业务；（4）增强品牌的记忆点。品牌口号具有以下特性：价值性、兼容性、独特性、易记性、相对稳定性。

品牌角色是指采用人或其他生物的形象来作为一种特殊的品牌象征符号。品牌角色起到以下作用：（1）便于消费者产生品牌联想；（2）将品牌个性形象地传递出来；（3）便于与消费者沟通，从而形成品牌关系；（4）降低广告成本；（5）增强品牌传播的控制性。可以从对象和数量两方面对品牌角色进行划分：（1）根据对象，品牌角色可以划分成卡通形象和真实人物两种；（2）根据数量，品牌角色可以划分成单一角色和多个角色。创建品牌角色需要遵循五个步骤：（1）品牌角色设计的基础分析；（2）设计品牌角色的整体形象；（3）不断丰富品牌角色的形象；（4）注重线下推销，全方位展现品牌角色的魅力；（5）采用品牌授权，加速品牌角色的传播。

品牌传奇是品牌在发展的过程中将其优秀的方面梳理、总结出来，并且形成一种清晰、容易记忆又令人浮想联翩的传导思想。品牌传奇常见的几种类型有：创业历史型、产品发明型、品牌由来型、质量管理型、产品特色型、客户服务型、领导风采型、业绩成就型。品牌传奇的作用表现为：（1）增加品牌记忆点；（2）增加神秘色彩；（3）传播品牌的理念；（4）增加口碑传播的题材；（5）使品牌角色变得鲜活。品牌传奇开发有四个要素：主题、人物、情节、美学。

品牌音乐是指那些用以传递品牌内涵的声音效果。品牌音乐可以按照作用、来源和内容等几个层面来划分类型：（1）按照音乐的作用，可以把品牌音乐划分成企业主题歌曲、广告背景音乐和品牌标识音乐三种；（2）按照音乐的来源，品牌音乐可分为定制音乐和现有音乐；（3）按照音乐的内容，品牌音乐可以分为有歌词和无歌词两种。品牌音乐的作用有：（1）加深消费者对品牌名称的记忆；（2）有助于消费者自行传播；（3）跨越文化差异；（4）传载品牌的核心价值；（5）增强品牌感染力；（6）熟悉的音乐拉近了与消费者的距离。

在设计品牌符号的时候，也很有必要考虑典型产品的外观特色。产品外观是一个比较宽泛的概念，包括产品包装、产品造型、产品颜色、产品味道等。产品外观设计需要遵循以下几点要求：独特、相关、美感、持久。

重点概念

品牌要素（Brand Elements）
品牌符号（Brand Signals）
品牌设计（Brand Design）
营销美学（Marketing Aesthetics）
品牌命名（Brand Naming）
互联网品牌命名（Internet Brand Naming）
品牌标志（Brand Logo）
标准字（Standard Character）
标准色（Standard Color）
品牌口号（Brand Slogan）
品牌角色（Brand Characters）
品牌音乐（Brand Jingle）
品牌传奇（Brand Legend）
产品外观（Product Apparence）

进一步阅读材料

1.（美）阿尔·里斯，劳拉·里斯. 打造品牌的 22 条法则[M].上海：上海人民出版社，2002.
2.（美）施密特，西蒙森. 视觉与感受：营销美学[M]. 上海：上海交通大学出版社，1999.
3.（美）凯文·莱恩·凯勒. 战略品牌管理（第 3 版）[M]. 北京：中国人民大学出版社，2010.
4.（美）史蒂夫·瑞夫金. 品牌命名[M]. 北京：企业管理出版社，2007.

复习思考题

1. 品牌符号设计应遵循哪些原则？
2. 品牌命名有哪些原则？
3. 试采用品牌命名流程为某一新产品命名。
4. 品牌标志有何作用？
5. 如何设计品牌标志？
6. 请为某一汽车公司品牌设计口号。
7. 品牌口号有何特性？
8. 品牌角色有何作用？
9. 品牌传奇有哪些种类？
10. 如何设计品牌传奇？
11. 品牌音乐有何作用？
12. 品牌外观有哪些类型？

第三篇　品牌传播

第 5 章　品牌定位

引　例

近年来，中国白酒行业得到了前所未有的发展，众多的流派和品牌（如老品牌：茅台、五粮液、二锅头，新兴品牌：金六福、洋河蓝色经典等）繁荣了整个白酒行业，但整个行业都处于“假、大、空”的文化中，行业缺乏“真、善、美”的精神。作为中国白酒行业曾经的带头大哥——汾酒，正是看到了这一个市场切入点，从 2008 年开始了一场声势浩荡的为白酒行业找魂的运动，确定了“真、善、美”的品牌价值定位，主张净化白酒行业的文化发展方向，重塑中国酒魂的价值体系（真：真实荣耀历史再现，重塑中国白酒之形；善：善待同行振兴国酒，守卫中国白酒之誉；美：美哉中国酒魂战略，打造中国白酒之魂）。正是通过这种巧妙的品牌定位，汾酒品牌才得以再次崛起，成为中国白酒行业中的一个强势品牌。

资料来源：邹文武. 汾酒塑造了中国酒魂的价值体系：真善美[EB/OL].世界品牌实验室，2012-11-28.

热身思考：汾酒为什么把“真、善、美”作为其品牌定位诉求点？

第 1 节　定位理论的提出

早期的品牌塑造大多都是通过广告来实现的，因此，当时的品牌传播理论多为广告理论。从演变过程来看，20 世纪的广告创意理论经过了三个发展阶段：50 年代的 USP 理论、60 年代的品牌形象理论和 70 年代的定位理论[①]。

一、USP 理论

USP 意为“独特销售主张”（Unique Selling Proposition），指的是一个广告中必须包含一

① 卢泰宏，李世丁. 广告创意——个案与理论 [M]. 广州：广东旅游出版社，1997.

个向消费者提出的、不同于竞争者的销售主张。该理论由美国达彼思（Ted Bates）广告公司的董事长罗瑟·瑞夫斯（Rosser Reeves）于 20 世纪 50 年代提出。50 年代以前，产品基本还处于供不应求的卖方市场状态，竞争产品还不丰富，产品的同质化情况还不严重，人们对产品的要求还停留在产品的功能和质量上。因此，当时的广告理论以“广告科学派”旗手克劳德·霍普金斯（Claude Hopkins）的科学广告理论为主导。受此影响，瑞夫斯总结多年的广告从业经验，认为要在广告当中诉求产品的功能性卖点，通过广告告知消费者能从产品当中获得什么利益，以此来促进产品的销售。USP 理论的思想最后在 1961 年出版的《实效的广告》（Reality in Advertising）一书中得以系统阐述①。

瑞夫斯提出的 USP 理论有三个要点：

（一）功效性

每一个广告都应该强调产品的一种功效和能够给顾客带来的利益，如立白洗衣粉说“不伤手”、飘柔洗发水说“使头发柔顺”等。

（二）独特性

通常独特性表现为竞争对手所没有的功能利益，如摩托罗拉曾推出世界上最薄的手机锋薄（RAZR），手机厚度仅为半英寸（见图 5-1）；沃尔沃汽车的独特卖点是“安全”，因为它持之以恒地钻研汽车安全技术，并持之以恒地传播。还有一种情况下也能产生独特性，即虽然是大家都有的卖点，但看谁先提出来。例如，喜力滋（Schlitz）啤酒声称“我们的每一个啤酒瓶都经过蒸汽消毒”，尽管这是所有啤酒制造商常规工作的一个环节，但消费者并不知晓，于是成为了喜力滋的独特卖点。这一“独特性”使喜力滋啤酒由原来的行业第五跃升为行业第一。

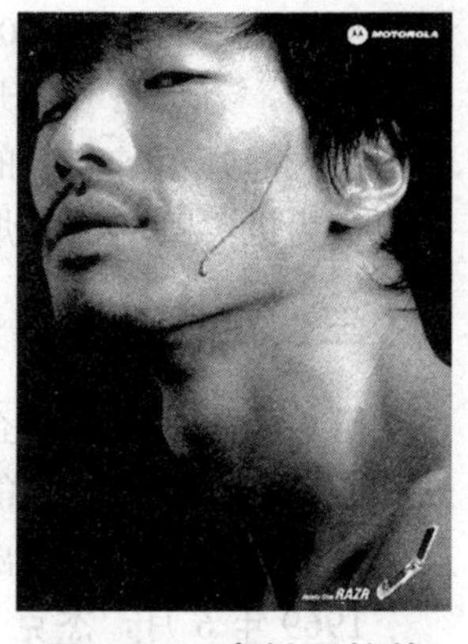

图 5-1　摩托罗拉锋薄手机广告

（三）相关性

独特功能的销售主张要能够与消费者的需求相关，要对消费者具有强大的吸引力，并对其进行集中传播。如沃尔玛“天天平价”的诉求点吸引了大量注重实惠的顾客。

USP 理论注重挖掘产品本身的特征，符合当时消费者注重产品实效的时代背景，因此在 20 世纪 50 年代的广告界影响甚大。一些经典的广告创意都源于这一理论的启发，如 M&M 的巧克力的“只溶在口，不溶在手”、劳斯莱斯汽车的“在一小时 60 迈的劳斯莱斯车中，最大的噪声来自于电子钟”等等。

二、品牌形象理论

从 20 世纪 50 年代开始，产品的同质化程度开始加剧，要挖掘产品独特的功能特性变得越来越难。而且，消费者开始不仅仅满足于产品的功能利益，还希望得到一些心理层面的利益。在这样的背景下，奥美广告公司创始人大卫·奥格威（David Ogilvy）曾于不同场合阐述了品牌的重要性，并于 60 年代中期提出了品牌形象（Brand Image）理论。该理论的要点有：

① （美）罗瑟·瑞夫斯. 实效的广告[M]. 呼和浩特：内蒙古人民出版社，1999.

（一）广告的品牌导向

任何一个广告都是对品牌的长期投资，广告应该尽力去维护一个好的品牌形象，而不惜牺牲追求短期效益的诉求重点。

（二）产品差异难以挖掘

随着同类产品间差异性的减小，品牌之间的同质性增大，消费者选择品牌时所运用的理性越来越少。因此，描绘品牌的形象要比强调产品的具体功能特性更重要。

（三）心理利益的需求

一般消费者在购买时追求的是"实质利益＋心理利益"，对某些消费群来说，心理利益的比重可能更大，因此，广告应该重视运用形象来满足其心理需求。

品牌形象论是广告创意策略理论中的一个重要流派。在此策略理论影响下，出现了大量优秀的、成功的广告。如大家熟知的万宝路（Marlboro）形象。万宝路一度曾是女性过滤嘴香烟，销售状况一直不温不火。20世纪50年代中期，经过广告大师李奥•贝纳的策划，万宝路香烟开始和"牛仔"、"骏马"、"草原"的形象结合在一起，粗犷豪迈的品牌形象开始深入人心，万宝路也因此发展成为世界第一的香烟品牌（见图5-2）。

图5–2 万宝路的牛仔形象

三、定位理论

随着传媒的发展和企业广告意识的增强，消费者接收的产品和品牌信息越来越多。根据认知心理学，消费者只能接受有限的信息，很多广告因此而被埋没在爆棚的信息当中。一些广告专家开始思考新的出路。

1969年6月，杰克•特劳特（Jack Trout）在美国《行业营销》（Industrial Marketing）杂志上发表了题为《定位：同质化市场的突围之道》（Positioning is a game people play in today's me-too market place）的文章，提出通过定位来突破同质化的瓶颈，然而这一思想在当时波澜不兴。1972年4月～5月，阿尔•里斯（Al Ries）和特劳特为《广告时代》（Advertising Age）撰写了题为"定位新时代"的系列文章，开始引起人们的广泛注意。1981年，里斯与特劳特合作推出《定位：攻占心智》（Positioning: The Battle for Your Mind）一书，在美国企业界引起巨大轰动，从此带来了全世界营销理念翻天覆地的变化。1996年，特劳特与瑞维金联手推出《新定位》（The New Positioning），被称为定位理论的刷新之作。

2001年，美国市场营销协会（AMA）评选有史以来对美国营销影响最大的观念，结果不是罗瑟•瑞夫斯的USP理论、大卫•奥格威的品牌形象理论，也不是科特勒所架构的营销管理及顾客让渡价值理论、迈克尔•波特的竞争价值链理论，而是阿尔•里斯与杰克•特劳特提出的"定位"理论。这一次评选活动极大地肯定了定位理论在品牌战略和传播中的重要地位。

四、USP理论、品牌形象理论与定位理论的关系

从理论提出的时代背景来看，三个理论有一定的替代性：USP理论产生于产品理性利益盛行的时代，所以关注产品本身；品牌形象理论产生于产品同质化严重、差异化功能难以挖

掘的时代，所以关注品牌；定位理论产生于信息爆棚的时代，所以关注消费者的心智。然而事实上，理论也在不断演变，如今的 USP 理论已经与过去不一样了，如今的品牌形象理论也在考虑与消费者形象的一致性，因此，这些理论在当前处于并存的状态，而不是取代的关系。以 USP 理论为例。初期的 USP 理论由于受当时历史条件的限制，不可避免地带有自身的缺陷，主要表现在：注重产品本身，以产品及传播者为中心而很少考虑到传播对象；20 世纪 70 年代，USP 理论从满足基本需求出发追求购买的实际利益，逐步走向追求消费者心理和精神的满足；20 世纪 90 年代后，USP 理论的策略思考的重点上升到品牌的高度，强调 USP 的创意来源于品牌精髓的挖掘，并把 USP 改为“独特销售个性”（Unique Selling Personality）。可见，现在的 USP 理论与品牌形象理论差异不大了，甚至从一定意义上说，其范畴超过品牌形象理论，因为 USP 理论除了涉及产品的实际功效，还包括品牌形象理论所关注的消费者心理和精神需求。尽管一些人仍然坚持认为 USP 和品牌形象理论偏向于产品和品牌，定位理论偏重于消费者认知，但本书认为三个理论本质上已无明显区别，因为创建品牌的过程本身就是建立消费者认知的过程，建立产品 USP 和品牌形象的过程将不可避免地会经过分析消费者认知的环节，因此三者应该趋于统一。

第 2 节　品牌定位的内涵

一、消费者心智模式

定位的前提是了解消费者的心智模式。1996 年，特劳特与瑞维金在《新定位》一书中列出了消费者的五大心智模式①：

（一）消费者只能接收有限的信息

哈佛大学心理学教授乔治·米勒（George A. Miller）的研究表明，人类智力通常不能同时处理超过七件事情。在纷繁的信息中，消费者会按照个人的经验、喜好甚至情绪来选择接受和记忆信息。

（二）消费者喜欢简单，讨厌复杂

由于各种媒体广告的狂轰滥炸，消费者没有时间处理长篇累牍的信息，所以最希望得到简单明了的信息。简明扼要的广告信息能够集中力量将一个重点清楚地打入消费者心中，突破人们痛恨复杂的心理屏障。

（三）消费者缺乏安全感

根据行为学家的研究，在选择品牌的时候，消费者可能面临功能风险、生理风险、财务风险、社交风险、心理风险、时间风险等六个方面的风险。广告在宣传品牌时应当尽量减少消费者对这些风险的感知，增强消费者的安全感。

（四）消费者对品牌的印象不会轻易改变

一旦在消费者的脑海沉淀下来，品牌的形象就会根深蒂固。所以，第一印象总是特别重要，如康师傅最早推出的“红烧牛肉方便面”至今还是消费者对康师傅品牌的第一反映，尽

① （美）特劳特，瑞维金. 新定位[M]. 北京：中国财政经济出版社，2002.

管该品牌早已经进入了饮料、饼干等其他食品领域。

（五）消费者的想法容易失去焦点

越来越多的品牌同时进入多个产品领域，并与时俱进地不断变换品牌的诉求点，结果却是使消费者模糊了原有的品牌印象。

以上这些消费者的心智模式直接限定了传播的模式，而一个适当的定位能够很好地解决消费者的心智问题。

二、品牌定位的定义

什么是定位？里斯和特劳特认为，定位是从产品开始的，可以是一件商品、一项服务、一家公司、一个机构，甚至是一个人。但定位并不是对产品做什么事情，而是为产品在潜在消费者的脑海里确定一个合适的位置。产品的确需要配合定位来进行设计和生产，但其目的是在潜在消费者心中得到有利的地位。可见，定位的焦点是消费者的心智，所以里斯和特劳特给《定位》一书拟定的副标题是"攻占心智"（Battle for the Mind）[①]。

在《定位》一书完成之后，特劳特进一步阐述了定位的概念。他认为，所谓定位，就是令你的企业和产品与众不同，形成核心竞争力，对受众而言，即鲜明地建立品牌。菲利普·科特勒教授指出，品牌定位是设计公司的提供物以及形象，从而在目标客户的印象中占有独特的、有价值的地位。凯勒教授认为，品牌定位就是明确竞争对手在客户印象中的位置，再确定本品牌在客户印象中的最佳位置，以实现公司潜在利益的最大化。由此来看，定位的本质是差异化。根据主体的不同，定位可以分成企业定位、市场定位、产品定位、价格定位和品牌定位等类型。企业定位是确定企业将要投资的行业和业务，市场定位是确定目标市场，产品定位是确定产品的特征，价格定位是确定价位的高低，品牌定位是确定品牌的特征。不管是哪种类型的定位，其宗旨都是在消费者心智中建立一个独特的位置。

特劳特（中国）品牌战略咨询有限公司总裁邓德隆指出，所谓定位，就是让品牌在消费者的心智中占据最有利的位置，使品牌成为某个类别或某种特性的代表品牌。当消费者产生相关需求时，便会将定位品牌作为首选，即这个品牌占据了这个位置。

以邓德隆的定义为基础，结合以上各位学者的观点，本书提出了品牌定位的定义：让品牌在消费者心智中占据一个与消费者相关、与竞争者不同的有利位置，使品牌成为某个品类或某种特性的代表品牌。这一定义有三个要点：

1. 品牌定位的焦点是消费者的心智。不过，里斯和特劳特所说的"定位并没有对产品做什么"的观点并不完全准确，科特勒指出，里斯和特劳特的定位概念只是针对已有产品而言的心理定位和重定位，而潜在产品的推出则是在定位之后"使产品特色确实符合所选择的目标市场"，说明对于潜在产品而言，定位能够引导产品的设计。

2. 品牌定位的诉求点是与消费者需求相关，同时与竞争者之间存在差异。不与消费者的需求相关，其诉求点不可能打动消费者；而不与竞争者之间产生差异，其诉求点无法在繁杂的信息中脱颖而出。

3. 品牌定位的结果是将产生一个品类的代表或者是特性的代表。品类是指产品所处的某种类别，而特性是指产品所具备的某种利益特点。例如，清扬已成为"男士去屑洗发水"这

① （美）阿尔·里斯，杰克·特劳特. 定位[M]. 北京：机械工业出版社，2013.

一品类的第一品牌，而海飞丝代表的是“去屑”这种产品特性。

三、品牌定位的意义

尽管品牌定位理论已经提出二十多年了，但在实际操作中，一些企业仍然希望打造一个人人都适用的品牌。这种大众化营销（Mass Marketing）的粗犷式经营手法早已过时。阿尔·里斯和劳拉·里斯在《品牌之源》（The Origin of Brand）一书中指出：“分化才能成功塑造品牌。”①对于在激烈竞争压力下成长的品牌来说，品牌定位是它们通向成功的必要途径。英国 NOP 咨询公司对 62 家制造公司进行调查，结果显示：影响新产品成功的关键因素中，58%选择产品独特的市场定位，44%选择产品优于竞争者的性能；在导致新产品失败的因素中，37%认为是因为没有独特的市场定位，18%认为产品品质没有优势。

品牌定位的意义具体表现为：

（一）提高品牌传播的效率

在科特勒的营销管理框架中，营销战略部分的核心内容是 STP 战略，即市场细分（Segmentation）、目标市场选择（Target）、市场定位（Positioning）。在确定品牌的定位之前，首先要确定目标市场。有了目标市场，管理者才知道向谁传播、传播什么、采用什么方式进行传播。比如，奇瑞 QQ 面对的是年轻人，它声称自己是“年轻人的第一辆车”，打出“秀我本色”的口号。

除了目标市场的确定，定位本质上也是对品牌卖点的确定。有了明确的卖点，管理者就能很好地把各种传播手段有效地整合在一起。例如，一家银行将自己定位为“服务快捷”，那么，在服务方面就应该多开设一些服务窗口和网络与终端自助服务，在价格方面可以开展限时服务、超时补偿的做法，在布局方面应该体现简练快捷的主题，在宣传方面应该强化快捷服务的概念等等。如果事先没有“服务快捷”的定位，那么这一系列传播手段将会显得非常零乱，以至于效果不佳。

（二）凸显品牌的差异性

差异化是在同质化时代能够竞争制胜的法宝。为了给品牌找到一个最有利的定位，管理者需要分析竞争者的诉求点，根据竞争者的空白点来找到本品牌的切入点。所以，一个好的定位需要体现出一个差异化的诉求。有些差异化的诉求是竞争者所没有的，如伊卡璐洗发水的天然芳香、霸王洗发水的防脱发、飞利浦手机的超长待机等等；还有些差异化诉求并非品牌所独有，但是竞争者没有说，于是第一个说的品牌就独享了这一卖点，如金威啤酒声称“不添加甲醛酿造”、乔治·华盛顿·希尔烟草商说他的香烟是“烤制的”、救生牌香皂说“祛除体味”。

（三）为消费者提供明确的购买理由

差异化并不是品牌竞争成功的充分条件，光是与众不同并不足以让消费者购买，因为消费者需要的是满足他们需求的东西。品牌定位是在消费者心智当中找到一个能打动消费者的位置，从而为消费者提供了一个明确的购买理由。例如，捷达汽车的外观并不时尚，但其皮实耐用的特点却很明显；泰昌足浴盆基于“孝心礼品”的品牌定位成为儿女们孝敬父母的绝佳选择。

---

①（美）阿尔·里斯，劳拉·里斯. 品牌之源[M]. 上海：上海人民出版社，2005.

四、品牌定位的原则

为了保证品牌传播的成功，品牌定位必须遵从以下几个原则：

（一）心智主导原则

无论是为一个已有产品还是潜在产品定位，管理者都是在目标消费者的心智当中建立位置。一个已有产品往往不需要做任何改变，就会因为消费者的认知改变而得到完全不同的结果。例如，当七喜被定位为一种清爽的饮料时，它的业绩很不理想，后来在消费者心目中建立了“非可乐”的全新品类，才使得七喜一跃成为继可口可乐、百事可乐之后美国排名第三的饮料。在这一定位过程中，七喜本身并没有做任何改变，改变的是消费者的心智。

（二）差异化原则

品牌定位的本质是差异性。不能形成差异性，品牌将无法从竞争品牌当中脱颖而出。比如，为提高收视率，我国各大省份的卫视展开了定位之争，如湖南卫视的娱乐定位、安徽卫视的电视剧定位、海南卫视（即旅游卫视）的旅游定位、凤凰卫视的资讯定位等等。在定位过程中，一个容易走入的误区是紧跟竞争者的步伐，追逐时尚。例如，青岛啤酒的品牌口号是“激情成就梦想”，燕京啤酒的是“创造卓越，超越梦想”，这么多的“梦想”过于同质化，会令消费者眩晕；又如 FedEx 的口号是“使命必达”，而 DHL 的口号几乎类似——“一路成就所托”。过于雷同的定位会令消费者无所适从。

（三）稳定性原则

除非是原定位不合时宜，否则品牌定位不要随意更改。为了在消费者心智中打上品牌的烙印，管理者必须持之以恒地将品牌定位传递出去。随着时间的推移，品牌的确需要做一些改变，但改变的通常不应该是品牌定位，而是一些外在的部分，如广告语、代言人等。即使一些外在的部分调整了，但其内涵也仍应该反映原来的品牌定位。例如，美国通用磨坊公司早在 1921 年就采用了一个虚构的名为“贝蒂·克罗克”的美国妇女形象来推广产品。为了体现时代的特征，“贝蒂·克罗克”的容貌、服饰和发型历经 1936 年、1955 年、1965 年、1968 年、1972 年、1980 年、1986 年、1996 年的八次修改。然而不管怎么变，在消费者心目中，“贝蒂·克罗克”永远是“一个蓝眼睛的美国女子，一个慈祥的母亲，一个烹饪行家，一个无所不能的治家典范，一个关心公益、助人为乐的热心人。”

（四）简明性原则

很多企业管理者想当然地认为品牌的卖点越多，吸引力就越大，消费者就越会购买。殊不知，喜欢简单的信息是消费者心智的一大特征。在大量品牌信息充斥消费者脑海的时候，唯有简明清晰的定位才能使品牌脱颖而出。简单明了的品牌定位有助于消费者的接收、记忆和传播。例如，联合泽西银行只说“快”，TCL 的美之声电话说“清晰”，王老吉凉茶说“预防上火”等。沃尔沃曾一度把自己定位成可靠、奢华、安全、开起来好玩的车，结果造成了消费者混乱的认知，后来修正定位，只讲“安全”，从而形成现在一提起最安全的车就想到沃尔沃的理想结果。

第 3 节　品牌定位的过程

品牌定位的过程是一个为品牌在消费者心智中确定独特位置的过程。凯勒教授在《战略品牌管理》一书中提出品牌定位的框架有四点：（1）目标消费者；（2）主要竞争对手；（3）本品牌与竞争者的共同点；（4）本品牌与竞争者的差异点[①]。这一思路实际上是把定位分成了寻找品牌共同点和差异点两条思路。其中，共同点是指本品牌与竞争者所共享的联想，包括产品大类共同点联想和竞争性共同点联想。产品大类共同点联想是指那些在某一特定产品大类中消费者认为任何一个合理的、可信任的产品都必须具有的联想，如所有的银行都应该是一个可以储蓄和贷款的地方，所有的可乐都应该是一种含有咖啡因的碳酸饮料等等；竞争性共同点联想是指那些能够抵消竞争对手差异点的联想，如海飞丝洗发水定位是"专业去屑"，而清扬洗发水也宣传自己"去屑持久"，同时推出"男士去屑"的概念。美国西北大学凯洛格商学院的营销教授艾丽斯·泰伯特（Alice Tybout）和布雷恩·斯滕萨尔（Brian Sternthal）指出，品牌定位的过程当中有四个要素非常重要：（1）目标消费者；（2）竞争参照系；（3）与竞争者的差异点；（4）令消费者相信差异点的理由[②]。结合以上学者的观点，本书提出，品牌定位的过程有以下几个步骤（见图 5-3）：

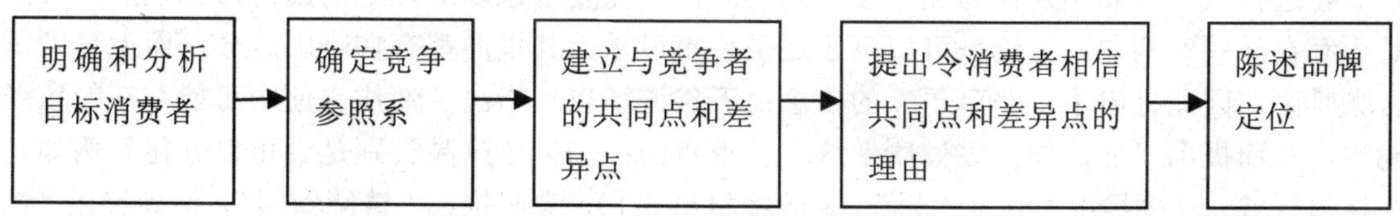

图 5–3　品牌定位的过程

一、明确和分析目标消费者

根据科特勒的 STP 战略理论，在对品牌进行定位之前，首先必须对市场进行细分，然后选择适合本品牌发展的目标市场。消费品市场细分的基础有地理、人口、心理、行为等，工业品市场细分的基础有产品性质、购买条件、地理因素等。凯勒教授认为可以把这些细分基础归纳为描述性细分基础和行为性细分基础两种。描述性基础与某类人或组织有关，如年龄、收入、企业规模等，行为性基础与顾客对产品的看法或使用方法有关，如生活方式、追求的产品利益等等。根据描述性基础，"他+她－"饮料把饮料市场分成了男和女，特仑苏牛奶把牛奶市场分成了高收入和低收入者；而根据行为性基础，牙膏市场被分成了感觉型（追求香型）、交际型（追求洁白）、担忧型（预防蛀牙）和独立型（追求低价）四种。

在结束市场细分之后，企业需要根据市场的吸引力以及自身的资源、能力和发展目标来选择其中一个或几个细分市场作为目标市场。比如，吉利汽车的 CEO 李书福说"吉利的使命是造老百姓买得起的好车"，可见其选择的目标市场是中低收入者。

---

① （美）凯文·莱恩·凯勒. 战略品牌管理（第 3 版）[M]. 北京：中国人民大学出版社，2009.

② （美）艾丽丝·泰伯特，蒂姆·卡尔金斯. 凯洛格品牌论[M]. 北京：人民邮电出版社，2006.

二、确定竞争参照系

当竞争品牌不多的时候，每个品牌各占据一个细分市场，彼此之间没有冲突，整个市场呈现相安无事的格局。从某种意义上来说，各品牌之间并未形成竞争关系。但现在，绝大多数行业当中都聚集了大量竞争品牌，彼此的目标市场之间出现重叠，从而加大了竞争的激烈程度。例如，腾讯的微信与网易的易信面对的都是移动互联网用户，提供的产品和服务又类似，对于后来者易信而言，竞争压力不言而喻。为了使自己的定位避开激烈的竞争，管理者首先需要分析竞争者目前在消费者头脑中所处的位置，以找到自己品牌定位时的参照系。

一般来说，一个品牌的竞争者应当是同行业的另一个品牌，如可口可乐的竞争者是百事可乐，但实际上，竞争的参照系可以有两种：一种是以产品类别作为参照系，一种是以竞争品牌作为参照系。

把产品类别作为参照系是一种比较新的品牌定位思路，其目的通常是希望创造出一个新的产品类别，然后把自己的品牌定位为该品类的代表品牌。正如阿尔·里斯和劳拉·里斯所说的，分化已成为一种创建品牌的趋势，通过创建新品类来创建品牌的例子越来越多。例如，早期的经典案例是七喜，它把可乐行业作为竞争参照系，从而提出“非可乐”这一全新品类；近年来我国涌现的案例包括今麦郎的弹面、五谷道场的非油炸方便面、雅客 V9 的维生素糖果等等。

在选择某个产品类别作为竞争参照系的时候，需要考虑以下几个问题：（1）该产品类别是否存在问题？例如，无论是可口可乐还是百事可乐，其里面都有咖啡因成分，而七喜则不含咖啡因，因此打出了“非可乐”的概念；五谷道场也是指出了油炸方便面可能存在的致癌隐患，从而提出“非油炸，更健康”这一诉求点的；（2）该产品类别是否可以分化？例如，在饮料行业，红牛推出“能量饮料”（见链接材料 5-1），尖叫推出“情绪饮料”，他她推出“性别饮料”，酷儿推出“儿童果汁饮料”，农夫果园推出“混合果汁饮料”等等，都是对原有大品类的分化。如果原有品类存在问题或者可以进一步分化，那么完全可以把原有品类作为参照系，推出新的品类，从而使自己成为新品类的第一品牌。

在决定把哪一些品牌作为竞争品牌的时候，需要考虑以下几个问题：（1）竞争品牌是否跟本品牌处于同一个价格档次？不是一个档次的品牌没有参照的必要。例如，奔驰的竞争品牌可能是宝马，而不可能是伊兰特；（2）竞争品牌是否与本品牌服务于同一个细分市场？不在同一个细分市场的品牌没有参照的必要。例如，清扬会把海飞丝当成强大的竞争者，而不是沙宣或者伊卡璐。

链接材料 5-1：红牛打造世界能量饮料第一品牌

2005 年，美国《福布斯》杂志评选出过去四年“全球十大高增长品牌”，红牛以 31% 的价值涨幅与苹果、BlackBerry、Google、亚马逊、雅虎、eBay 等品牌一同上榜，成为唯一闯入前十的饮料品牌；2006 年，红牛又一举创下能量饮料年销售超过 40 亿罐的好成绩，市场份额达 40%～50%，以至于老牌的可口可乐、百事公司都将其视为新兴领域最具实力的竞争者——红牛“世界能量饮料第一品牌”的美名可谓是当之无愧！

作为全球最早的能量饮料品牌之一，红牛诞生于 1966 年，并以单一产品撬动了一个市场，传承数十载，才开拓出了今日之广袤疆域，行销于全球 140 多个国家和地区。早在 20 世纪 80 年代，红牛饮料便被引入欧洲市场。进入欧洲市场后，红牛率先打出了“能量饮料”的概念，以与碳酸饮料建立区隔。因功能非凡、口感独特且极具个性，很快便取得了成功，红牛品牌亦随之为大众熟悉并喜爱;1995 年,红牛进入中国。2011 年,红牛在全球市场的销售量达到 46 亿罐,比上年增长 11.4%;全球销售额达 42.5 亿欧元，增长 12.4%。

仅凭一个单品饮料打开了一个崭新的市场，并构建了一个成功的品牌，这正是红牛令人惊叹的关键所在。红牛，世界能量饮料的第一品牌，正以其独到的眼光和营销，引领着全球能量饮料市场的进一步发展！

来源：（1）段思羽. 红牛打造世界能量饮料第一品牌[N]. 深圳商报，2007-2-6.

（2）中华人民共和国商务部网站（http://www.mofcom.gov.cn/aarticle/i/jyjl/m/201203/20120308033303.html）.

三、建立与竞争者的共同点和差异点

建立与竞争者的共同点（the Point of Parity）有两个目的：（1）帮助本品牌跻身于与各大竞争品牌同档次的产品类别之中。例如，当蒙牛推出“特仑苏”高档牛奶之后，伊利也及时跟进，推出“金典”牛奶，尽管是后来者，但因为品质、价格、终端生动化与“特仑苏”非常相似，所以二者很快成为高档牛奶市场的两大品牌。如果光明要推出高档牛奶，那么只需模仿特仑苏和金典牛奶的一些做法即可。再看非常可乐的例子。尽管非常可乐比可口可乐的推出要晚一百多年，但无论从包装、色泽还是口味来看，二者都很相似，以至于在一次盲测中，受试者把所喝的非常可乐当成是可口可乐。（2）帮助本品牌具备竞争品牌的卖点，而且要更胜一筹。既然竞争品牌为某目标市场确定了一个定位，说明其选择的目标市场规模大、定位有吸引力。所以，模仿竞争者的定位也能获得很好的发展机会。只不过，在竞争者的定位点上，本品牌应强调自己更具竞争力。例如，乐百氏纯净水通过诉说自己经过了“二十七层净化”来强调水的纯净，而屈臣氏蒸馏水是通过诉说在生产环节质量控制的严格程度来强调水的纯净。

为了在关键属性上跟竞争品牌进行全方位的比较，我们可以导入定位排比图（the Parallel Map of Brand Positioning）来进行分析。排比图是一种有用的定位技术（见图 5-4），其操作方法是：首先，根据专家意见法或消费者调查法找出所有影响消费者购买的因素；其次，根据调研结果对影响因素进行重要性排序；然后，根据消费者对本品牌及竞争品牌的属性评价分值在排比图中标出各品牌的位置，从中可知各品牌的差距，以明确本品牌未来的定位方向。以图 5-4 服务品牌的定位为例。品牌 B 的服务专业性要胜过品牌 A，所以品牌 B 可以定位为“专业化服务”，而品牌 A 在服务态度方面得分高过品牌 B，所以品牌 A 可以定位为“优质的服务态度”。至于后面几个服务属性，因为对目标消费者而言，重要性并不很高，因此不宜作为定位的主要方向，顶多作为品牌的辅助宣传，如“品牌 A 在注重提升专业服务水平和优质服务态度的同时，也注重让顾客感受到服务过程中的公平性”等等。

	差		品牌表现			好	
重要性	1	2	3	4	5	6	影响因素
1			A		B		专业服务
2			B			A	服务态度
3			B		A		服务公平
4				A	B		服务及时
5	A			B			企业历史

图 5–4 品牌定位排比图

光靠建立与竞争者的产品类别共同点，品牌很难吸引消费者，即使在与竞争者相似的特性上做得更好，有时也未必能使本品牌脱颖而出。因此，管理者需要提炼与竞争者之间的差异点（the Point of Difference），给目标消费者一个独特的选择理由。通常，消费者选择品牌的理由是基于四个方面的利益：功能性利益、情感性利益、社交性利益和财务性利益。差异点可以围绕这四个方面来展开。在寻找差异点之前，首先必须知道竞争品牌在消费者心智中的位置。这需要对消费者展开调查，之后的分析工作则可由定位知觉图（the Perception Map of Brand Positioning）来完成。常见的定位知觉图是一种二维图（见图 5-5）①，两个维度是两个影响消费者购买的最重要的属性。这两个属性的确定非常关键，它们决定了品牌定位点的选择。每个竞争品牌可以根据属性得分在知觉图上找到相应的位置，而消费者的期望也需要在知觉图上表达出来（如图 5-5 中用圆圈表示）。通过知觉图，企业可以避开竞争品牌的位置，寻找到竞争空白点，同时结合消费者需要的位置为品牌定位。例如，在图 5-4 中，圈 1 表示一个追求高品质、接受高价格的细分市场，圈 2 表示一个追求高品质但希望低价格的细分市场，圈 3 表示一个接受低价格、低品质的细分市场。在圈 1 和圈 2 附近都已经有好几个品牌占据，竞争过于激烈，唯有圈 3 附近还是一个空白，所以一个新的品牌可以把自己定位为以超低价位提供基本产品质量的品牌。

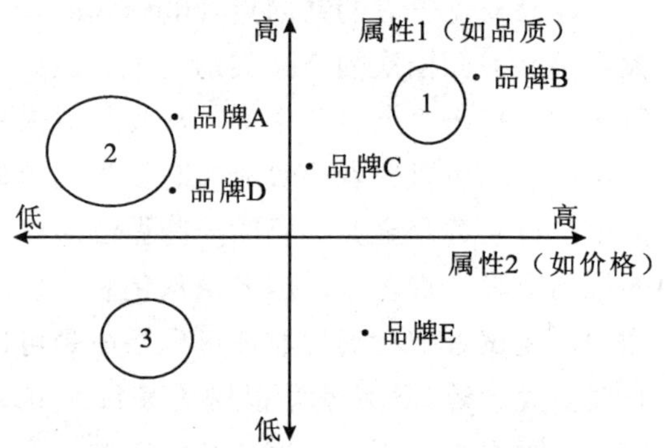

图 5–5 品牌定位知觉图

四、提出令消费者相信共同点和差异点的理由

只有一个定位的口号并不能完全征服消费者的心，消费者希望能够了解到品牌为什么具有这样或那样的定位诉求点。这就需要管理者提出令消费者相信共同点或差异点的理由。对于功能性定位点，常见的支撑理由包括技术、成分、外观等，例如，沃尔沃大量的安全专利技术支持了“最安全的汽车”的定位，清扬内含维他矿物群因子从而可以“头屑不再来”，奇瑞 QQ 靓丽可爱的外型设计使其具有了时尚的特征。对于财务性定位点，支撑理由主要是低

① 定位知觉图也可以是三维图，即用三个最重要的属性来描述各品牌在消费者心目中的位置。但因绘图技术以及效果问题，目前最常用的还是二维图。

成本、高效率，如沃尔玛高效的物流配送体系使其能有效控制成本，得以坚持“天天平价”的低价定位。对于情感性定位点和社交性定位点，支撑理由并不在于产品本身，而是广告等传播方式中所渲染的一种情境，而品牌以直接或间接的方式嵌入其中，从而使消费者感受到情境当中的意境。例如，哈根达斯之所以能够让消费者有甜蜜的感觉，是因为其广告中一对情侣在共享一杯冰激凌。

五、陈述品牌定位

综合以上各个要素，可以提出品牌定位的表述语句，即：“××（品牌）的产品能够为××（目标顾客）带来××（独特价值），这种价值是××（竞争品牌）所不具备的，因为它含有××（支持点）。”举个例子：沃尔沃汽车能够为非常关注安全的高收入者带来安全的独特价值，这种价值是宝马、奔驰等竞争品牌所不具备的，因为它几十年来一直专注于汽车安全技术的研究，至今已研制出多个安全专利技术。品牌定位说明书（Brand Positioning Statement）是一个公司的内部文件，并不需要展示给消费者看，但必须在品牌传播当中以创意的形式表现出来。

第 4 节　品牌定位的方法

品牌定位的方法是指挖掘品牌定位点时所采取的视角。品牌定位方法有很多，不同学者的提法都不统一，如定位论的提出者里斯和特劳特提出八种方法[①]、新加坡品牌专家保罗·唐波拉尔（Paul Temporal）提出十三种方法[②]、我国品牌学者何佳讯教授提出十种方法[③]，等等。本书认为，方法太分散不易掌握，还是需要对其进行分组。法国著名品牌学者卡普菲勒教授指出，品牌定位必须考虑四个问题[④]：（1）品牌的服务内容，即产品或服务；（2）品牌的服务对象，即目标消费者；（3）品牌消费情境，包括时间和场合；（4）品牌竞争者。这四个问题也可以被看作是品牌定位的四个角度。另一种比较流行的观点认为品牌定位的角度包括产品、消费者、竞争者和品牌识别[⑤]（见图 5-6）。本书采用这种观点而不是卡普菲勒的观点，原因是：一方面，卡普菲勒提出的目标消费者和消费情境都可归为消费者的范畴，另一方面，品牌识别的部分内容也可以作为定位的视角。对于一个企业来说，必须综合考虑这四个角度来为品牌定位，这样定位才能准确，才能更好地指导传播。

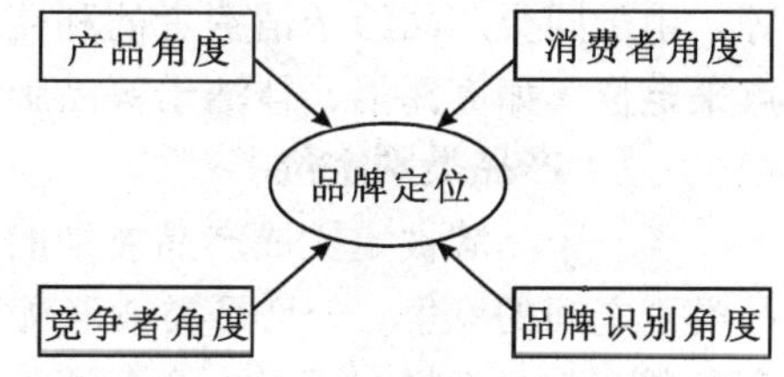

图 5-6　品牌定位的角度

① （美）阿尔·里斯，杰克·特劳特．定位[M]．北京：机械工业出版社，2013.

② （新加坡）保罗·唐波拉尔．高级品牌管理：实务及案例分析[M]．北京：清华大学出版社，2004.

③ 何佳讯．品牌形象策划——透视品牌经营[M]．上海：复旦大学出版社，2000.

④ Kapferer, Jean-Noël. The New Strategic Brand Management: Creating and Sustaining Brand Equity Long Term(4th ed.)[M]. London: Kogan Page Limited，2008.

⑤ 戴亦一．品牌营销[M]．北京：朝华出版社，2004.

一、产品角度

（一）产品属性定位

产品属性指的是产品或服务自身所具有的特征。这一特征通常是竞争品牌所不具备的。例如，德国大众公司的甲壳虫汽车曾因其又小又丑而在美国市场受到冷遇，20 世纪 60 年代，广告大师威廉·伯恩巴克（William Bernbach）反其道而行之，以其外形的“小”作为甲壳虫的卖点，为其创作了名为“柠檬”的广告，提倡买汽车“想想还是小的好”(Think Small)，结果使甲壳虫汽车在美国大受欢迎（见图 5-7）；90 年代中期，重庆奥妮洗发水采取了鲜明的“植物一派”定位，从而与宝洁、联合利华的日用化工洗发水产品区分开来；有“三种水果在里面”的农夫果园凭借“混合果汁”的新定位在果汁饮料行业独树一帜。产品属性定位的本质在于将鲜明的产品特色与品牌相联系，但可能面临的问题是产品特色很容易被竞争者模仿，而且竞争者在此基础上添加一些新元素后还可能会超越本品牌。

图 5-7 甲壳虫汽车经典广告

（二）产品利益定位

与产品属性不同，产品利益是产品带给消费者的好处。产品属性只是说“产品是什么”，而产品利益则是强调“产品能给你什么”。从这点来说，产品利益定位与瑞夫斯的 USP 理论同义。快速消费品和耐用品通常会采用产品利益定位。例如，宝洁的几个洗发水品牌定位分别是：海飞丝“使头发没有头屑”，飘柔“使头发柔顺”，潘婷“使头发营养健康”；高露洁旗下推出的牙膏子品牌有：防蛀的高露洁全面防蛀牙膏、美白的高露洁冰爽劲白牙膏，清新口气的高露洁维 C 爽牙膏等等；在冰箱行业，新飞宣传自己“节能”，而美菱强调“保鲜”等等。由于同类产品给予消费者的利益就那么几点，因此，必定会有很多品牌采用相同的利益点来定位（如高露洁、佳洁士等品牌都推出防止蛀牙的牙膏），从而加剧了品牌竞争度。

（三）产品类别定位

当一个品牌被定义成产品类别的代表品牌时，该品牌与其他品牌之间的竞争就变成了产品类别之间的竞争。一旦品类被消费者选择了，那么品牌将直接进入消费者的选择集。当年，商务通一句“呼机、手机、商务通，一个都不能少”的广告语使其获得了巨大的市场份额，其中一个很重要的原因就是恒基伟业公司把“商务通”这一品牌名称放在了呼机和手机这些行业名称之列，使消费者误认为商务通就是掌上电脑（PDA），掌上电脑就是商务通。格力空调在说“好空调，格力造”的时候，也是在告诉大家，格力是专业制造空调的企业。近年来，通过创新品类来打造品牌的案例越来越多，如五谷道场的非油炸方便面、恰恰的香瓜子等等。产品类别定位成功的关键在于消费者对品类的接受程度，如果非油炸方便面市场规模很小的话，那五谷道场也就不具有成长的潜力。产品类别定位的一个弊端就是品牌一旦与某个具体的品类挂上钩，就很难再顺利延伸到其他品类，里斯和特劳特把这种现象称为“跷跷板效应”。IBM 被视为“大型机”和“商用机”的代名词，所以它曾经推出的软件、芯片、个人电脑都很难成功。

（四）产品价格定位

由于不同消费者群体的收入差异甚大，所以不同的品牌可以选择高收入者或者低收入者作为目标市场来展开定位。常见的定位有高价位、低价位和中等价位三种。高价位不仅表示产品具有高质量，而且还象征事业成功和较高的社会地位；低价位大受普通老百姓的青睐；中等价位则居于二者之间，表明质量要比低价的品牌好，而价格又比高价的品牌要便宜。部分显示成就感和社会地位的高价格品牌是奢侈品品牌，如价值 1188 万的宾利汽车、几千块钱一支的万宝龙钢笔、上万元的 LV 手提包等等；还有一些代表高质量的高端品牌，如特仑苏 OMP 牛奶、云南白药牙膏、哈根达斯冰激凌等等。低端定位的品牌很多，如“只选对的，不选贵的”的雕牌洗衣粉、“据说两亿人在用”的神州行电话卡、靠低价短线航运持续赢利的美国西南航空公司、“天天平价”的沃尔玛超市、“为老百姓造车”的吉利汽车、敢于公开空调和手机成本的奥克斯等等。中等价格定位的品牌如香港港丽酒店，曾经在香港经济不景气的时候将自己定位为“四星半”，言下之意，比五星级酒店的价位要低些，比四星级酒店的服务还好些。一个公司产品线中各品牌的定位通常会涵盖高、中、低三个档次，如东风悦达起亚的 K 系列汽车既有高档的 K5、中档的 K3，也有低档的 K2。产品价格定位能够旗帜鲜明地吸引到目标消费者，但容易出现的问题是今后很难将品牌向上或向下延伸，例如，当年丰田公司的低档汽车定位在美国已深入人心，为提升形象，丰田开发了高档次的凌志车（即雷克萨斯），却不敢直接告诉顾客这是丰田生产的汽车；又如派克钢笔的品牌形象已大不如前，原因是其推出的几十元钱的低档笔破坏了原来的高档次定位。

二、目标消费者角度

（一）消费群体定位

消费群体定位是将品牌定位成某一类细分群体专用的产品或服务，以便给消费者“我自己的品牌”的感觉。这种定位的关键是找到一个可以赢利的、而竞争者尚未进入的细分群体。常用的细分基础包括地理、人口、心理、行为等。地理细分群体定位的例子有：广州银行定位成“广州人自己的银行”，非常可乐定位成“中国人自己的可乐”等等；人口细分群体定位的例子很多，如按照性别划分的有清扬的男士去屑洗发水、金利来的男士服饰、华夏银行的丽人卡、朵唯的女性手机等，按照年龄划分的有适合已婚年轻女性的太太口服液、适合更年期女性的静心口服液、适合儿童的酷儿果汁饮料、适合新生代的百事可乐等，按照职业划分的有适合公务员的中国银行孺子牛信用卡、适合商务人士的利郎商务男装、适合工作不久的年轻人的奇瑞 QQ 汽车等；心理细分群体定位的例子有像沉默男人一样的札幌啤酒、像美国西部牛仔一样的万宝路等；行为细分群体定位的例子有北京统一石油化工公司的“统一经典”润滑油，它定位为“高级轿车专用润滑油”，开高级轿车的人才是其目标顾客。

（二）生活方式定位

同样性别、年龄、收入、职业的使用者群体也可能会表现出不同的生活方式，因此，按照生活方式来为品牌定位可能更有价值。在利郎商务男装的广告中，代言人陈道明传递出利郎“简约而不简单”的人生哲学；雪花啤酒通过感人的广告诠释“畅想成长”的人生经历（图 5-8）；芝华士威士忌通过冰山、渔船、海钓、朋友、干杯、欢笑等场景以及旋律动人的音乐描绘出美妙的“芝

图 5-8　雪花啤酒“畅享成长”电视广告

华士人生”；无印良品倡导的“自然、简约、质朴”的生活方式也大受品味人士的推崇；奥林匹克花园楼盘则打出“运动就在家门口”的口号，以此吸引热爱体育运动的年轻人。

（三）使用场合或时间定位

通过定位在某个特定的场合或者时间使用，品牌能够使消费者形成排他性的认知。这种定位往往会改变消费者以往的生活习惯，提高生活质量。例如，“八点以后”（After 8）巧克力薄饼声称是“适合八点以后吃的甜点”，于是过了晚上八点钟，很多人要吃甜点时会自然而然地想到“八点以后”；同样是甜点的米开威（MilkyWay）则自称为“可在两餐之间吃的甜点”，从而开辟了新的空间；金宝汤（Campbell）定位于“午餐用的汤”，它一直以来不断地在午间通过电台广告宣传，因此提起午餐汤，金宝汤就会浮现在人们的心头；红牛功能饮料一直在说“困了、累了喝红牛”，所以很多消费者已经把红牛当成提神醒脑、补充能量的专用饮料。类似的案例还有白加黑感冒药，“白天吃白片不瞌睡，晚上吃黑片睡得香”的诉求使得以往吃了就打瞌睡的感冒药相形见绌；蒙牛早餐奶和光明舒睡奶则分别占领了早餐和睡觉之前的牛奶市场。使用场合或时间定位的关键点有两个：（1）确定使用场合或时间的重要性，要让消费者觉得某个场合或时间有必要使用一个特定的品牌，如白加黑提出了白天和夜间服用不同感冒药的必要性；（2）要让品牌与使用场合或时间相联系，使该品牌成为该场合或时间消费时的指定品牌，如“八点以后”和“白加黑”品牌命名就非常形象和直白。

（四）购买目的定位

购买目的定位是从消费者角度来阐述选择某一品牌的又一个原因。例如，云南的“云大科技”公司曾经推出一种专门帮助城市居民在家里种植花草的肥料，一度销售不佳，原因是该产品的名字土气，叫做“花草助长剂”，像给花农提供的产品。后来，有人建议将其改名为“护花使者”，销售业绩随之上升，这是因为“护花使者”的品牌名称很好地表达出该产品是专供城市居民家庭使用的；脑白金是近年来中国销售最火的一个保健品品牌，究其原因，除了持续的广告轰炸之外，“送礼就送脑白金”的礼品定位功不可没；台湾山叶钢琴的广告语“学琴的孩子不会变坏”堪称佳作，因为它明确地告诉家长为什么要给孩子买钢琴；戴比尔斯钻石经典的广告语“钻石恒久远，一颗永流传”，是在劝说男人通过送爱人戴比尔斯钻石来表达永恒的爱情。

三、品牌竞争者角度

（一）首席定位

首席定位强调品牌在某个产品类别中的领导地位。在信息爆炸的时代，消费者无法记住大量的信息，但对具有领导地位的品牌印象深刻。人们总是容易记住第一名，在奥运比赛中，冠军总是那么光彩夺目，但很少有人去关心亚军、季军是谁；谁都知道世界第一高峰是珠穆拉玛峰，但极少有人能说出第二大高峰。常见的首席定位通常会用“最”、“第一”等词来表述，如企业规模最大、市场份额第一、产品技术最先进、推出时间最早、口味最正宗等等。例如，百威啤酒宣称是“全世界最大、最有名的美国啤酒”，AT&T 是世界上首家电话公司，工商银行是“2011 年全球最赢利的银行”，万科是全球最大的专业住宅开发商，格兰仕是全球微波炉霸主，双汇强调“开创中国肉类品牌”等。还有一类首席定位的例子是原产地，用“正宗”表示，如德国啤酒最出名、俄罗斯伏特加最纯正、意大利服装最流行、法国香水最好、重庆的火锅最正宗等等。蒙牛乳业飞速发展，一个重要的原因是其身处有优质奶源的内蒙古大草原，这是最适合奶牛生长的地方。

（二）关联比附定位

当本品牌实力不错但知名度不高的时候，通常可以采用关联比附定位的方法来攀附一个更具实力的品牌，以此来加速提高自身在消费者心目中的影响力。其潜台词是“如果你认同了我关联的那个品牌，你也应当认同我，因为我们类似”。这是一种低成本打造品牌的方法，要求本品牌的产品质量具有较好基础。

有两种关联比附的方法：一种是同业比附，指的是与同一产品类别的领导品牌相关联，例如，比利时国家旅游局为了加快发展旅游业，极富创意地推出“比利时有5个阿姆斯特丹”的广告宣传攻势，产生了巨大效果；大连的大黑山矿泉水也学习了比利时的做法，提出“大黑山，大连人的阿尔卑斯山”的口号，将人们对阿尔卑斯山高品质矿泉水的评价转移到大黑山上面；内蒙古的宁城老窖酒宣称是“塞外茅台”，无疑大大提升了档次。另一种是跨业比附，指的是与其他产品类别或者类别当中的强势品牌相关联，如波导曾用过的广告语“波导，手机中的战斗机”，让人们感受到波导的实力和锐力；WNQ健身器材打出“WNQ，健身器材中的F1”的口号，让人觉得WNQ品牌也具有F1方程式赛车般的领先和速度；著名策划人王志纲给顺德碧桂园做的广告创意“给您一个五星级的家”，将商品房与星级酒店联系到了一起；哈根达斯被誉为“冰激凌中的劳斯莱斯”的说法被广为传播，形象地传递出品质和档次。由于关联比附定位能够帮助品牌在消费者心智中迅速建立优势地位，因此，品牌必须具备真正的实力，否则泡沫很容易破灭。

（三）俱乐部定位

如果自身实力在同类产品当中并不靠前，那么采用俱乐部定位方法是一个不错的选择。这里，“俱乐部”并不是指高尔夫球会那样的会员制俱乐部，而是形容一个门槛较高的行业品牌群体，如“全球500强”、“中国富豪榜”、“中国名牌产品”、“中国驰名商标”、“国家免检产品”等等。在消费者看来，能够进入到行业品牌俱乐部的品牌一定实力不俗，自然也应该成为购买时的选择对象。例如，对于中国人来说，《红楼梦》、《三国演义》、《水浒传》、《西游记》这“中国四大古典名著”是很有必要一读的；进入普华永道、德勤、毕马威、安永等全球四大会计师事务所工作历来是会计专业人士的理想，而与这些事务所合作也会为企业增添脸面；“千里草原腾起伊利、兴发、蒙牛乳业”，创业初期蒙牛就在广告宣传当中把自己和内蒙古的一些著名乳业企业放在一起，提出共建“中国乳都”，这是非常高明的俱乐部定位，因为当时的蒙牛无论从历史、规模还是业绩上都不足以和这些著名品牌相提并论；劲霸男装一直宣称自己入选为“展演于巴黎卢浮宫的中国惟一男装品牌”，使得该品牌与其他在巴黎卢浮宫展演的优秀品牌为伍，大大提升了档次和形象；1996年，在法国国庆期间，台湾统一企业推出的冷藏杯装咖啡品牌“左岸咖啡馆”与雷诺、标致、香奈儿、迪奥等法国品牌一道作为庆宴和法国电影节的赞助商，从而使品牌带有浓郁的法国风情。

（四）进攻或防御式定位

在品牌具有比较优势的时候，企业可以指出竞争品牌的弱点，提出更胜一筹的定位点，即采用进攻式定位。比如，在清扬洗发水的一则电视广告中，代言人小S一出场就说“如果有人一次次对你撒谎，你绝对会甩掉他，对吗？”矛头直指海飞丝。清扬凭借其在法国清扬技术中心研制的维他矿物群宣称能够使“头屑不再来”，着实对海飞丝产生了不小的冲击。和其正凉茶凭借“瓶装更大气”、“瓶装更尽兴”的口号直击王老吉包装罐容量小的软肋。在止痛药市场，美国的泰诺击败行业领导者阿斯匹林，也是采用这一定位方法。由于阿司匹林有潜在的引发肠胃微量出血的可能，泰诺就宣传“为了千千万万不宜使用阿司匹林的人们，请大家选用泰诺”；云南白药创可贴充分发挥其国家机密配方的优势，以“云南白药创可贴，有药好得更快些”的进攻式定位，给邦迪创可贴带来了很大的挑战。

当品牌实力不足时，企业可以委曲求全，以退为进，即采用防御式定位。最经典的案例莫过于安飞士（Avis）租车行。美国安飞士租车行从 1952 年成立至 1962 年一直亏损，到 1962 年底亏损已达 125 万美元。面对行业最厉害的、瓜分全部市场份额 1/4 的赫兹（Hertz）租车行，安飞士公司打出了这样口号：“我们是第二，所以我们更努力”（We are No.2，We try harder）。作为一家连续亏损十年之久的公司，安飞士并不是真正的行业第二，但第二的形象一推出，其广告宣传中诚恳、自谦的精神赢得了消费者的信任和赞扬。结果，安飞士还真的成为了行业中的第二品牌，而且出现了直逼第一的局面。蒙牛乳业在创业初期也采用了防御式定位方法。当时蒙牛排在全国乳品行业的第 1116 名，却打出了“向伊利学习，为民族工业争气，争创内蒙古乳业第二品牌”的口号，让人们认为蒙牛是一家勤奋上进、有发展前途的公司，结果短短几年后，蒙牛不仅真的成了行业第二品牌，而且还一度成为业界第一。与此类似的还有山咖咖啡（Shanka），在广播广告中声称“我们在美国是销量第三的咖啡”。

四、品牌识别角度

（一）品牌个性定位

通过品牌传播，品牌会具有像人一样的个性。如果品牌的个性能够与目标消费者的个性产生共鸣，那么消费者将会喜欢上这个品牌。所以，在对品牌进行个性定位之前，首先需要明确目标消费者的个性。英国维珍公司（Virgin）在 CEO 理查德·布兰森的带领下，努力打造鲜明的“叛逆、反权威”品牌个性；苹果麦金塔（Macintosh）电脑让人有“酷”的感觉；万宝路的美国牛仔形象带给万宝路“粗犷、豪迈”的男子汉气概；贺曼贺卡（Hallmark Cards）则代表了“纯真”。

（二）品牌文化定位

将文化融入品牌，能大大提高品牌的品味和内涵，使品牌形象更加独具特色。品牌文化往往与地域有关，如肯德基的老北京鸡肉卷、墨西哥鸡肉卷、新奥尔良烤鸡腿堡等，仅从命名中就能感受到不同地域的文化特色。中国文化源远流长，国内企业应当从中多多挖掘，以便打造深厚的品牌文化。白酒行业在这方面有不少成功的案例。一些酒的品牌反映出哲学道理，如云峰酒业的“小糊涂仙”酒成功地将郑板桥的名言“难得糊涂”融入品牌之中，使得一个本没有什么历史渊源的品牌运作得风生水起；沱牌曲酒旗下高端白酒品牌“舍得”酒立志做“中华第一文化酒”，它诠释了“有舍才有得”的人生哲理，以一种文化底蕴厚重、个性鲜明、古朴雍容、颇具大家气派的品牌形象展示在消费者面前（见图 5-9）。一些酒品牌反映了民俗文化，如高档白酒“酒鬼”酒体现出浓郁的嗜酒文化；金六福酒以“福”文化作为品牌内涵，拥有了广泛的群众基础。还有一些酒品牌强调历史深厚，如源自“中国第一窖”泸州老窖的高档品牌“国窖·1573”，其酒窖建于 1573 年；“中国白酒第一坊”水井坊采用古法酿酒秘笈，激活历经元、明、清三朝的古窖池

图 5-9　舍得酒的平面广告

微生物菌群，利用现代生物技术酿制而成；号称是“唐朝宫廷酒”的剑南春，诉说了 1200 多年的酿酒史等。

（三）品牌关系定位

品牌与消费者之间的关系是品牌建设的目标。品牌关系反映了如果品牌是一个人，他对消费者是一种怎么样的态度？是专家般的告诫，朋友般的真诚，还是亲人般的爱护？海尔与消费者的关系像是真诚的朋友关系，其“真诚到永远”的服务理念以及海尔兄弟的卡通形象令消费者倍感安心；贝蒂·克罗克与消费者的关系就像和睦的邻居关系，“她”总是富有耐心地、热心地教大家做可口的食物；佳洁士与消费者的关系就像是老师与学生的关系，通过比喻或夸张的手法，将产品功能及其背后的科学原理娓娓道来。

第 5 节　品牌重定位策略

一、品牌重定位的内涵

准确地讲，品牌重定位（Repositioning）有两种理解：一种是竞争品牌重定位，即改变竞争品牌在消费者心智中原有的定位；一种是本品牌重定位，即改变本品牌在消费者心智中原有的定位。

第一种理解类似于进攻式定位，里斯和特劳特称之为“重新为竞争者定位”①。它是通过打破产品在消费者心目中所保持的原有位置与结构，使产品按照新的观念在消费者心目中重新排位，调理关系，以创造一个有利于自己的新秩序。例如，以往的方便面竞争都发生在具体品牌之间，如强调面饼量多、味道鲜美、面条筋道等等，但五谷道场却扬起“非油炸更健康”的旗帜，实际上是在消费者心目中把方便面分成了油炸和非油炸两类；此外，非可乐、非传统牙膏等定位也是将竞争者在消费者心智中的位置改变，有些甚至使竞争品牌处于不利，如金威啤酒第一个提出“不添加甲醛酿造”，言下之意是别的啤酒品牌可能添加了甲醛；喜力滋啤酒声称“啤酒瓶经过蒸气消毒”，是在说别的品牌的啤酒瓶可能没有经过蒸气消毒。从一定意义上来说，朝着竞争者定位方向的细化和深入也是一种为竞争品牌重定位的方式。例如，尽管一句“头屑去无踪，秀发更出众”的广告语早已使得海飞丝成为国内去屑洗发水市场上的翘楚，但风影说“去屑不伤发”，实际上是影射海飞丝可能在去屑的同时伤害发质；清扬说“头屑不再来”、“说话算数”，也是在暗示海飞丝去屑效果不佳。当然，由于我国禁止比较广告，因此竞争品牌的名称是不能出现在广告中的。

第二种理解针对的是本品牌在目标市场上已存在一段时间的情况。这是国内品牌营销界对品牌重定位最常见的理解。要对本品牌进行重新定位，首先需要清除本品牌在消费者心目中所保持的原有位置，然后再创造一个有利于自己的新位置。要把旧有的认知搬出消费者的记忆并非易事，因为原有的品牌形象已经根深蒂固。而且，如果改变得不彻底，还容易造成消费者对品牌的认知混乱。例如，索尼是什么？娱乐、影音、游戏、在线下载、消费电子？索尼原本希望通过涉足更多有发展前途的行业来打造更加强势的品牌，但却在不知不觉中从

① （美）阿尔·里斯，杰克·特劳特. 重新定位[M]. 北京：机械工业出版社，2011.

单一的消费电子领域延伸得让人摸不到头脑，虚弱的业绩说明索尼已经没有强势的业务主导板块。即使在消费电子领域，索尼曾经的高端产品形象也打了折扣。

二、品牌重定位的时机

此处探讨的品牌重定位是对本品牌的重新定位。品牌重定位如果处理不好，就容易犯“品牌精神分裂症”，即消费者对品牌的认知模糊混乱。但是，在一些对品牌不利的情况下，如果不及时进行重定位，品牌将陷入困境。因此，需要在合适的时候对品牌进行重定位。一般来说，品牌重定位的时机可能有以下八种：

（一）原有定位老化

由于时代变迁，消费者的需求和兴趣会发生改变，如果品牌的定位不能及时跟进，那么定位将出现老化现象。具体表现为消费者对品牌失去了新鲜感，品牌对消费者的刺激减弱，品牌的生命力日渐衰落等。这时必须对品牌重新定位，为企业注入新活力。例如：麦当劳的笑容持续了将近50年来，不少消费者已感厌倦，麦当劳的品牌形象日显老态。2003年，麦当劳开始全面更新品牌形象，包括品牌口号、个性、电视广告及主题歌曲、员工制服等。全面更新的“I'm lovin'it”（我就喜欢）嘻哈一派，以时尚现代的价值观来重新阐释麦当劳的品牌理念。事实证明，麦当劳公司重定位之后的时尚年轻、充满活力的形象赢得了更多小孩和年轻人的青睐，公司业绩明显回升。

（二）原有定位错误

由于目标消费者需求分析的偏差、竞争品牌分析的疏漏，或者自身资源和实力的缺陷，有些品牌定位一开始就是错误的，再怎么加大传播力度都可能是徒劳。所以，碰到这种情况，企业必须尽快重新为品牌进行定位。江中健胃消食片初期定位也曾出现过这样的问题。该产品原定位是中药保护的健胃药，而消费者对于用于消化不良的日常小病药根本就不在乎它是否是中药保护，他们需要的只是一种可以多吃而没有太大副作用的药。后来，公司对江中健胃消食片进行重定位，根据消费者实际需求将其定位为“日常助消化用药”。这一重新定位说明江中是可以日常吃、同时又只是助消化的日常小药（意味着不是治疗，副作用不大），从而奠定了其在日常消化不良用药行业的领头羊位置。结果，销售额迅速突破两亿，创造了一年七个亿的销售神话。此外，万宝路的“变性手术”也是一个经典案例，广告大师李奥·贝纳硬是将万宝路从一个女士香烟品牌变成了一个男人味十足的品牌（见链接材料5-2）。

链接材料5-2：万宝路的重定位

万宝路这一香烟品牌诞生于1924年，由美国的菲利普·莫里斯公司生产。最初，万宝路是专为女士设计的，其名字“万宝路”（Marlboro）是“Man always remember love because of romantic only”（男人记得爱只是因为浪漫）的缩写。万宝路当时的广告口号是：像五月的天气一样温和。尽管当时美国吸烟的人数每年都在上升，但是“万宝路”的销量却始终不好。莫里斯公司做了很多努力试图改变这种销路不佳的状况，可是这一切还是没能挽回万宝路走向衰落的命运，最终被迫在20世纪40年代初停产。二战后，美国吸烟人士继续增多，万宝路重返香烟市场。当时美国香烟消费量达3820亿支一年，平均每个美国人每年要抽烟达2262支之多，但是，万宝路却依然卖不出去。在一筹莫展之后，1954年，莫里斯公司决定向李奥·贝纳求助。

李奥·贝纳经过周密的调查和反复的思考之后，向莫里斯公司提出了他那大胆的“重新定位”策略：将万宝路香烟的定位由女士香烟改为男士香烟，目的在于让万宝路作为一种男子汉的香烟而吸引广大男性烟民。为了找到合适的产品形象代言人，李奥·贝纳大费心力，他决心要创造一个真正的“万宝路的男人”。为寻找这个形象，万宝路试用过邮递员、飞行员、伐木工、潜水员等不同角色，但最终还是锁定在美国西部牛仔。因为伴随着美国西部片的盛行，在美国民众看来，牛仔才是真正的英雄。万宝路没有使用演员扮演牛仔，而是一头扎进美国西部的各个大牧场去寻找真正的牛仔，直到有一天发现了他们要寻找的那个牛仔形象。万宝路对这个牛仔的眼神、体形甚至遛马的动作、套马的技术等等都进行了精细的雕琢，一切都必须典型地体现出真正美国西部牛仔的做派——于是，一个目光深沉、皮肤粗糙、浑身散发着粗犷、原始、野性、豪迈的英雄气概的牛仔形象出现了，他袖管高高卷起，露出多毛的手臂，手指间总是夹着一支冉冉冒烟的万宝路香烟，跨着一匹雄壮的高头大马驰骋在辽阔的美国西部大草原——真正的“万宝路的男人”就这样诞生了。广告推出后，万宝路香烟销售额飞速上升，而这一则广告也被人们模仿和记忆。现在，万宝路已经成为一种人们梦想中的生活方式，一种男人都渴望追求、女人都希望欣赏的男性性感形象的象征。

应该说，李奥·贝纳为万宝路策划的重新定位是极为成功的。1955 年，在李奥·贝纳为万宝路做了重新定位之后的第二年，万宝路香烟在美国香烟品牌中销量一跃排名第 10 位。1968 年，万宝路香烟已占美国香烟市场销量的13%，居美国烟草工业第二位。1975 年，万宝路香烟销量超过一直位居香烟销量首位的云斯顿香烟，坐上了美国烟草业的第一把交椅。从 1955 年到 1983 年，莫里斯公司平均每年销售额增长率为 24.7%，这个速度在战后美国轻工业公司中是绝无仅有的。从 20 世纪 80 年代中期一直到现在，万宝路香烟销量一直居世界香烟销量首位。世界上每被抽掉的 4 支香烟中，就有一支是万宝路。

1995 年，美国《金融世界》评定万宝路为全球第一品牌，其品牌价值高达 446 亿美元。

资料来源：根据互联网资料整理。

（三）原有定位模糊

一些品牌由于不断延伸，结果冲淡了其在消费者心目中最早的印象，品牌定位变得模糊。美国雪佛兰汽车公司就经历过这样的事情。过去，雪佛兰汽车是美国家庭汽车的代名词，但在雪佛兰将生产线扩大到卡车、跑车等车型后，消费者心中原有的“雪佛兰就是美国家庭房车”的印象焦点模糊了，而让福特站上了第一品牌的宝座。如果雪佛兰能及时将定位聚焦，像其他汽车公司一样，不同车型推出不同品牌，后果可能会是另一种情况。

（四）原有定位过窄

在公司创业初期，品牌总是跟某一种产品、某一类消费者或某一个地域紧密相关，以至于品牌成为了某类产品的代名词。消费者会觉得，Intel 就是做 CPU 的、Dell 就是做电脑的、康师傅就是做方便面的、娃哈哈就是儿童营养品品牌、金利来就是男士服饰品牌、湖北证券就是扎根于湖北的证券公司等等。这在创业初期是品牌的优势，到了后期却成为品牌延伸和扩张的障碍。因此，拓宽原有定位的边界变得十分重要。我国知名的电子生产厂商“夏新”的名字原为“厦新”，后来将“厦门”的“厦”改为了“华夏”的“夏”，从而淡化了品牌的地域限制；全国销量最大的杂志之一《家庭》以前叫做《广东妇女》，其当时的影响力可想而知是多么地局限；深圳太太药业由于在原来畅销产品太太口服液基础上增加了静心口服液、鹰派花旗参等新产品，因此公司名称也相应改为“健康元药业”，以打破“太太”这一群体的限制；当王老吉凉茶要进入广东、广西以外的市场时，其“凉茶”的中草药诉求成为桎梏，后来改为预防上火的“饮料”之后，王老吉才得以飞速发展；强生婴儿沐浴露在广告中声称“宝宝能用，你也能用”，以吸引年轻的女性市场；巴黎欧莱雅的广告在我国一向都是请巩俐、李嘉欣、裴蓓等女星代言，现在也开始聘请男星吴彦祖代言，以期开拓男性市场，广告片尾的一句“你也值得拥有”当中的“也”字点出了这一意图。

（五）竞争品牌模仿

一个好的定位点通常会吸引竞争者加入，如果对本品牌产生了较大危害，企业应当稍微变通一下。例如，联邦快递公司（FedEx）一直强调自己“使命必达”，后来者中外运敦豪快递公司（DHL）一开始说自己“最了解亚太地区”，与联邦快递形成了差异。但近年来，敦豪又打出了与联邦快递类似的“一路成就所托”，使得二者颇为相似。所以，联邦快递在坚持“使命必达”的同时，推出“国内限时”的全新服务，以此来拉开与敦豪的差距。在去屑洗发水行业，针对一些以“去屑”为卖点的竞争者，海飞丝增加了海洋活力型、丝质柔滑型、怡神舒爽型、清爽控油型、水润滋养型、深层洁净型、莹采乌黑型、轻柔呵护型等八个品种，以此细化去屑的定位点。

（六）原有定位遭遇变故

由于政治、经济、文化、技术、自然等宏观环境的变化，品牌原有的定位点可能带来负面的影响。这时品牌的重定位可能要划分立场，与原有定位正好相反。例如，肯德基全称为“肯塔基州炸鸡”（Kentucky Fried Chicken），因为“油炸”（Fried）这个词与人们的健康意识相佐，所以缩写为“KFC”；中美史克公司推出重新定位于“不含 PPA 的速效感冒药”的“新康泰克”，原因是国家发布了一项“暂停含有 PPA 的 OTC 药品在市场上销售”的政策规定，而原来的康泰克正含 PPA；香港港丽酒店原为五星级，在经济不景气的时候才被迫定位为“四星半”，经济复苏后又回到了五星级。

（七）品牌战略转移

宏观环境的变化迫使一些企业在产业投资方向上发生转移，品牌定位也要随之而变。例如，2013 年，RIM CEO Thorsten Heins 在 BlackBerry 10 Experience 发布会上宣布拥有接近三十年历史的 RIM（Research In Motion）正式更名为“BlackBerry”。RIM 以旗下最知名的品牌 BlackBerry 作为新的公司名，是想在黑莓市场份额不断被苹果、三星等挤占之时，重新扩大宣传，树立品牌识别度，重振旗鼓。又如，2013 年，苏宁宣布将公司名称从“苏宁电器”改为“苏宁云商”，突出苏宁以云技术为基础的核心目标，融合线上线下购物体验流程。不仅公司更名，同时在形象上，也启用了全新的 VI 系统。

（八）发现了一个更有价值的定位

如果随着时间的推移，企业能找到一个更有价值的定位，那么也可以为品牌作重定位，以期获得更大的收益。例如，当五谷道场和油炸方便面阵营打得不可开交的时候，四川白家方便粉也顺势加入进来，提出要建立“非油炸食品联盟”。而事实上，在五谷道场尚未出来以前，白家方便粉并没有最先提出“非油炸”的概念。

案例分析

苏宁重定位：店商+电商+零售服务商

苏宁董事长张近东在该公司春季部署会议上对该公司中高层管理人员表示，苏宁将围绕

“店商+电商+零售服务商”的新定位（即中国零售业“云商”模式）对苏宁的组织架构、年度计划、经营策略、人员任命等进行全面部署和调整。

互联网电子商务的发展让张近东无限感慨：过去二十年，苏宁由小到大、由区域到全国，始终面对竞争。“我们深刻地感受到，竞争是永恒的，不断变换的是对手和竞争手段。新的十年，不是同行的成了同行，不是对手的成了对手。”张近东表示，这并不是针对苏宁的挑战和竞争，这是针对整个零售行业的挑战，这是面向所有零售企业的竞争。

事实上，苏宁的财报已经体现出了线下和线上所发生的明显的趋势性变化，京东等电商企业的冲击也让苏宁的净利润出现了幅度不小的下滑。公司 2012 年前三季度的财报显示，苏宁电器前三季度实现营业收入 724.31 亿元，同比增长 7.1%，归属于母公司的净利润为 23.52 亿元，同比下滑 31.28%。

其中，值得注意的变化是苏宁线下实体店“同店增长”为-10.11%。而苏宁的线上业务，苏宁易购增速迅猛，2012 年总收入 183.36 亿元，与 2011 年相比，已经实现了 210.8%的增长。张近东希望易购能带动苏宁电器整体业态的多元化转型。就在易购宣布上线图书频道后不久，苏宁电器宣布旗下的乐购仕品牌将在当年布局北京、上海等一线城市。乐购仕门店定义为以个人消费品为主导、家用家居日用品为延伸的主题生活广场，区别于普通的苏宁电器门店，乐购仕在售卖产品的品类多样化方面将进行全面扩张，拓展了包括动漫、玩具、钟表、乐器等在内的多个品类，并将配备游乐亲子区、水果吧和一系列社会化功能。为此，苏宁电器 2013 年初对公司组织体系进行了调整，新增了百货、图书、日用品等五大采销中心。

根据张近东的规划，业态多元化之后的苏宁将是一个综合性的消费大卖场，目前在一些有条件的苏宁门店已经包括了游乐、餐饮等功能。而在谈到今后的发展时，张近东表示，苏宁的风格一直以来比较沉稳，一直在零售流通行业深耕，今后会增加苏宁的“科技”色彩，“易购继续发展之后，苏宁要做‘沃尔玛+亚马逊’，我们也提出了‘智慧苏宁’的口号，苏宁是一家科技企业。”在苏宁之前部署的全国 60 个物流基地当中，将包括 8 到 10 个自动化程度较高的小件商品择拣配送中心。

“生于忧患，死于安乐，零售企业决不能坐等春天的到来。”张近东说，零售业的春天只能由零售企业自己去开创。他认为，未来的零售企业，不独在线下，也不只在线上，一定是线上线下的完美融合，没有线上就没有线下，有了线下才能有更好的线上。

在讲话中张近东不点名地提到了马云与王健林的赌局，显然，这两个人的赌局对张近东的影响巨大。张近东说，“大家知道，去年底一个地产界的企业家和一个互联网界的企业家，以中国零售业的未来为筹码，下了一个不小的赌注。如果按照这样的假设，未来十年的消费市场，不消分流一半的销售，现在所有的零售企业都将丧失利润和生存能力”。

张近东认为，电子商务的主力军应该是店商，而不应该是电商，无论店商还是电商，零售盈利的精髓都取决于本地化的经营和服务；同时，电子商务的发展要由零售企业自己主导，而不是由电商服务商主宰，电子商务是实体经济不是虚拟经济，虚拟经济主导实体经济必然导致泡沫经济。

也正是在这样的中国零售行业发展前景判断下，张近东提出了苏宁“店商+电商+零售服务商”的新定位，即在做好线上线下融合的同时，逐步转型为“零售服务商”，不断对外开放苏宁的核心竞争力，实现苏宁的平台化发展。

资料来源：1. 王鹏. 张近东酝酿苏宁架构巨变：定位店商+电商+零售服务商. 凤凰科技

网. 2013-02-18. 2. 祝剑禾. 张近东：苏宁稳中求变 重新定位[N]. 京华时报. 2012-03-05.

讨论题：

1．你认为苏宁进行重定位的具体原因有哪些？

2．你认为苏宁的重定位策略是否合理？请运用你所学过的品牌重定位理论加以分析。

3．如果你是苏宁董事长张近东，你会怎样对苏宁进行重定位？请说明你的理由。

本章小结

从演变过程来看，20世纪的广告创意理论的发展经过了三个阶段：50年代的USP理论、60年代的品牌形象理论和70年代的定位理论。USP理论产生于产品理性利益盛行的时代，所以关注产品本身；品牌形象理论产生于产品同质化严重、差异化功能难以挖掘的时代，所以关注品牌；定位理论产生于信息爆棚的时代，所以关注消费者的心智。随着理论发展，三个理论本质上已无明显区别，因为创建品牌的过程本身就是建立消费者认知的过程，建立产品USP和品牌形象的过程将不可避免地经过分析消费者认知的环节，因此三者应该趋于统一。

定位的前提是了解消费者的心智模式。消费者的五大心智模式是：（1）消费者只能接收有限的信息；（2）消费者喜欢简单，讨厌复杂；（3）消费者缺乏安全感；（4）消费者对品牌的印象不会轻易改变；（5）消费者的想法容易失去焦点。本书将定位定义为：让品牌在消费者心智中占据一个与消费者相关、与竞争者不同的有利位置，使品牌成为某个品类或某种特性的代表品牌。品牌定位的意义具体表现为：（1）提高了品牌传播的效率；（2）凸显了品牌的差异性；（3）为消费者提供了一个明确的购买理由。品牌定位必须遵从几个原则：心智主导原则、差异化原则、稳定性原则、简明性原则。

品牌定位的过程是一个为品牌在消费者心智中确定独特位置的过程。结合各学者的观点，本书提出，品牌定位的过程有以下几个步骤：（1）明确和分析目标消费者；（2）确定竞争参照系；（3）建立与竞争者的共同点和差异点；（4）提出令消费者相信共同点和差异点的理由；（5）陈述品牌定位。品牌定位排比图和知觉图是有用的定位工具。

品牌定位的方法是指挖掘品牌定位点时所采取的视角。品牌定位的角度包括产品、消费者、竞争者和品牌识别。对于一个企业来说，必须综合考虑这四个角度来为品牌定位，以便定位准确、指导传播。其中，产品的角度包括产品属性定位、产品利益定位、产品类别定位、产品价格定位；目标消费者的角度包括消费群体定位、生活方式定位、使用场合或时间定位、购买目的定位；品牌竞争者的角度包括首席定位、关联比附定位、俱乐部定位、进攻或防御式定位；品牌识别的角度包括品牌个性定位、品牌文化定位、品牌关系定位。

品牌重定位有两种理解：一种是竞争品牌重定位，即改变竞争品牌在消费者心智中原有的定位；一种是本品牌重定位，即改变本品牌在消费者心智中原有的定位。对本品牌重新定位的时机可能有以下八种：（1）原有定位老化；（2）原有定位错误；（3）原有定位模糊；（4）原有定位过窄；（5）竞争品牌模仿；（6）原有定位遭遇变故；（7）品牌战略转移；（8）发现了一个更有价值的定位。

重点概念

独特销售主张（Unique Selling Proposition, USP）
品牌定位（Brand Positioning）
竞争参照系（the Reference for Competition）
共同点（the Point of Parity）
差异点（the Point of Difference）
品牌定位排比图（the Parallel Map of Brand Positioning）
品牌定位知觉图（the Perception Map of Brand Positioning）
品牌定位陈述（Brand Positioning Statement）
品牌重定位（Repositioning）

进一步阅读材料

1. Kapferer, Jean-Noël. The New Strategic Brand Management: Creating and Sustaining Brand Equity Long Term(4th ed.)[M]. London: Kogan Page Limited, 2008.
2.（美）阿尔·里斯，劳拉·里斯. 品牌之源[M]. 上海：上海人民出版社，2005.
3.（美）阿尔·里斯，杰克·特劳特. 定位[M]. 北京：机械工业出版社，2011.
4.（美）阿尔·里斯，杰克·特劳特. 重新定位[M]. 北京：机械工业出版社，2013.
5.（美）艾丽丝·泰伯特，蒂姆·卡尔金斯. 凯洛格品牌论[M]. 北京：人民邮电出版社，2006.
6.（新加坡）保罗·唐波拉尔. 高级品牌管理：实务及案例分析[M]. 北京：清华大学出版社，2004.

复习题

1. USP、品牌形象、定位论三个品牌创意理论的关系是怎样的？
2. 什么是定位？
3. 试根据品牌定位的过程为某一新产品定位。
4. 如何寻找定位诉求点？
5. 什么时候应该为品牌进行重定位？

第6章　品牌体验

引　例

传统家具零售企业的产品是按功能、按类别分类摆放的，顾客购买时要在众多的同类产品中挑选，单独购买后，回家再进行搭配组合。而宜家开创了家居业的一个先例——样板间。根据住房面积的不同，将单独或成套的不同风格的样板间完全按照实际的居住形式进行布置，连灯光这一细节也不放过。在这样一种舒适又温馨的居家氛围的渲染下，消费者一进入到样板间，便会不由自主地产生一种仿佛置身于自己家一样的感觉。同时，宜家还会在样板间内打出这样一个诱人的提示："一套完整的卧室家具低于2500元！"巧妙地刺激了消费者潜在的购买欲望。诚然，宜家采用样板间直接增加了其经营成本，但各具创意的样板间可以更直观地展现每种产品的现场效果以及其体现出的格调，也让消费者学习到家具与色彩的搭配技巧和装饰灵感，更减少了消费者担心自己单独买到的家具组合起来不协调的后顾之忧。

摘自：曲纾瑶. 宜家家居（IKEA）体验营销策略研究[J]. 中国外资，2013，(287)：125.

热身思考：什么要素构成了宜家式的品牌体验？

第1节　体验经济的到来

体验是一个神奇的东西——你单独卖咖啡豆，可以定价为每磅1美元；当你卖煮好的咖啡，你可以定价为一杯5～25美分；如果你在咖啡店里卖咖啡，就可以定价为一杯50美分到1美元；而在星巴克，每杯咖啡要几美元。原因就是，它们提供了不同的体验。巴黎里昂火车站旁边有一家"蓝色火车"咖啡馆。在这里，一杯看似平常的苦咖啡需要5美元。但是，对于品尝咖啡的人而言，他们所支付的不仅是咖啡本身的价钱。在那里，他们可以悠闲地躺在豪华的真皮沙发上，静静地欣赏那些足以在卢浮宫展出的洛克克式绘画作品，真切地体会到巴黎"美好时代"的感受。虽然咖啡很快就会喝完，但在如此独特氛围中的体验却给人留下终生难忘的回忆，它的价值恐怕已远远超过5美元了。

一、体验经济的提出

早在20世纪70年代，美国著名未来学家阿尔文·托夫勒（Alvin Toffler）就预测，未来的经济会建立在经验和心理基础上。他在《未来冲击》（1970）一书中首次谈到"体验经济"，指出服务经济的下一步是走向体验经济，商家将靠提供某种体验服务取胜。1993年，美国经济学家斯坦利·莱波哥特在《追求幸福：20世纪的美国消费者》一书中写道："消费者在琳琅满目的街边集市采购，他们只是为了最终获得他们所需要的各种体验。”真正对体验展开详细研究的是美国俄亥俄州战略地平线（Strategic Horizons LLP）顾问公司的共同创办人约瑟夫·派恩二世（B. Joseph Pine II）与詹姆斯·吉尔摩（James H. Gilmore）。他们在美国《哈佛商业评论》（1998 年 7～8 月号）上发表论文“体验式经济时代来临”（Welcome to the Experience Economy），指出体验式经济时代已来临，其区分经济价值演进的四个阶段为产品、商品、服务与体验，相对应的经济形态分别为农业经济、工业经济、服务经济和体验经济。在《体验经济》一书中，他们指出，“体验是第四种经济提供物，它从服务中分离出来，就像服务曾经从商品中分离出来那样。”

在实务界，一些意识超前的企业已经开始运用体验来设计产品和开展推广活动。例如，英特尔公司总裁葛洛夫曾经指出：“我们的产业不仅是制造与销售个人电脑，更重要的是传送信息和形象生动的交互式体验。”联想商用电脑——开天系列的产品设计号称是用“全面客户体验”理念打造的“全三维品质”精品；微软 Windows XP 全球面市的时候，比尔·盖茨宣称该新操作系统“重新定义了人、软件和网络之间的体验关系”，其中“XP”来自单词“Experience”，即体验；当惠普公司并购康柏公司后，新总裁卡莉·费奥利娜（Carly Fiorina）提出要带领新惠普由传统的产品经济、服务经济全面转向体验经济，为客户构造“全面客户体验”（Total Customer Experience）……

二、体验与体验经济的内涵

（一）体验的内涵

如果你为物品和有形的东西收费，你所从事的是商品业；如果你为自己开展的活动收费，你所从事的是服务业；只有当你为消费者和你在一起的时间收费时，你才算进入了体验业。所谓体验，是指企业以服务为舞台，以商品为道具，以消费者为中心，创造能够使消费者参与、值得消费者回味的活动。它的实现方式是设计一个事件，让每个人以个性化的方式参与其中。在消费者看来，个性化体验比简单的商业交易拥有更高的价值，他们愿意为此付出额外的金钱。例如，人们在星巴克不只是为了喝咖啡，还为了感受星巴克独有的“第三空间”品牌文化，这种文化是星巴克所独有的，值得消费者回味。有关体验的一个极端例子是，英国维珍银河公司计划于 2014 年开始开展太空旅游业务，使用该公司的飞船“太空船 2 号”携带乘客前往亚轨道空间，每名游客每趟需要支付 12.8 万英镑（约合 132.1 万元人民币）。

（二）体验经济的内涵

派恩和吉尔摩把人类的经济活动分为农业经济、工业经济、服务经济和体验经济四个阶段。不同经济发展阶段的提供物不同，所表现出来的特征也不同（见表 6-1）[①]。

表 6-1　经济发展中的四个阶段

经济提供物	产品经济	商品经济	服务经济	体验经济
经济形态	农业	工业	服务	体验
经济功能	采掘提炼	制造	传递	舞台展示
提供物性质	可替换的	有形的	无形的	难忘的

① （美）约瑟夫·派恩二世，詹姆斯·吉尔摩．体验经济[M]．北京：机械工业出版社，2002．

续表

经济提供物	产品经济	商品经济	服务经济	体验经济
关键属性	自然的	标准化的	定制的	个性化的
供给方法	大批储存	生产后库存	按需求传递	定期披露
卖方	贸易商	制造商	提供者	展示者
买方	市场	用户	客户	客人
需求要素	特点	特色	利益	感受

农业经济的提供物是产品，真实的产品是从自然界中发掘和提炼出来的原材料，比如矿石、粮食、蔬菜、动物等。农业经济因其附加值低、生产周期长，一般以年为单位，经济效益最低。

工业经济把产品当作原材料，实行标准化、工厂化生产，加工成有用的商品，其生产周期一般以月为单位，较之农业经济，效益有极大提高。

服务经济是根据已知客户的需求进行定制的无形活动。服务人员以商品为依托，为特定的消费者（如到医院看病）或消费者所指定的物品（如汽车维修）服务。服务经济一般以天为单位，较之工业经济效益更高。

在体验经济中，企业提供的不再仅仅是商品或服务，而是为消费者提供最终体验，并充满了感情的力量，给消费者留下了难以忘却的记忆。消费者消费的也不再是实实在在的商品，而是一种感觉，一种情绪上、体力上、智力上、精神上的感觉。美国的拉斯维加斯是典型的"体验之都"，在这里从设在机场的老虎机，到脱衣舞场相邻的赌场；从主题公园到歌舞、马戏表演；从温馨舒适的购物商场，到令人刺激的赛马以及各种狂欢游戏项目，都是精心设计的体验项目。体验经济的周期一般以小时为单位，周期短、见效快，效益最高。

表 6-2 从衣、食、住、行、教育、娱乐等层面举例、探讨上述四个经济发展阶段的演进。随着网络信息技术的发展，互联网经济越来越发达，网络体验以及移动互联网体验也给企业营销活动带来了新的机遇和挑战，链接材料 6-1 是一个反映网络体验经济魅力的例子。

表 6–2 经济发展阶段影响生产及消费行为

发展阶段	农业经济	工业经济	服务经济	体验经济
衣（服饰）	自己织布及裁缝做衣服	买成品布请裁缝师傅做衣服	在服饰店购买适合自己尺寸的各类衣服	服饰店不仅仅是卖衣服，更强调店面整体搭配，体现自身品位，并推出专卖店以突显品牌特色
食（蛋糕）	以自家农场生产的面粉、鸡蛋等材料，亲手做蛋糕，成本不到一美元	从商店购买蛋糕粉等材料，自行烘烤，仅仅花费几美元	在面包店订购做好的蛋糕，花费十几美元	过生日不再是以蛋糕为主角，更强调以生日宴会等方式创造难忘的体验，花费一百美元
住（房屋买卖）	买卖房屋靠口耳相传	通过在各种媒体上刊登广告达到宣传目的	委托专业的房地产销售（中介）公司	通过推出具有特色的服务，如数字化小区、绿色家园等，给消费者以想象的空间，以吸引顾客的注意力

续表

发展阶段	农业经济	工业经济	服务经济	体验经济
行（汽车）	被视为昂贵的交通工具，少数人专用的，且被定义为代步工具	强调汽车的安全性、耐用、经济实惠	建立较为庞大的汽车销售网络，以提供完整的售后服务	除了注重汽车的性能外，更强调汽车与生活、休闲及个性色彩的结合，透过感情及联想的诉求，提供给驾驶者更多的体验空间
教育	以学校教育为主			学校不再只是上课的唯一场所，通过森林小学、户外教学方式给学生提供直接的体验，建立师生间的双向互动关系
娱乐	休闲娱乐活动单一且单调			强调亲身体验的旅游特性，使用高科技手段造就各种主题乐园，同时新兴的旅游型态如亲自动手之休闲农场、SPA、度假村等也应运而生

资料来源：张璠，张吉宏，朱琦文. 体验经济时代来临对工业区域发展之影响[J]. 经济情势暨评论，2001，6(4)：154—169.

链接材料 6-1："啪啪"的网络营销体验

在快餐店排队时、在公交站等车中、在咖啡厅等人时，以前不知如何打发的"碎片时间"似乎已经找到了它们的安身之所，统统聚拢到了几英寸的手机屏幕里。小伙伴们各自埋头，生怕由于半分钟的停歇错过某个段子而沦为不谙世事的人。于是，移动互联网巨头们纷纷亮剑，抢夺这"碎片时间"的高地，微信和新浪微博无疑成了最大的赢家。就在大咖们纷纷推出新版本打响新一轮战役的时候，啪啪却另觅新机，悄无声息地瞄准了"被动时间"。

都市人群在工作生活中，有很大一部分时间是被动浪费消耗的，如堵车的时候、地铁上、候机、高铁上等等，连续的 30 分钟、一个小时甚至更长的时间在我们的等待中度过，这个时间被定义为"被动时间"。

啪啪是国内首款将语音和图片巧妙结合的社交应用，用户在拍摄照片之后，按住录音按钮，可以录制自己的声音，讲述这张照片背后的故事，让内容更加生动有趣。

在啪啪中有不少播放量很高的段子，这些段子要么恶搞，博得网友哈哈大笑；要么动人，使得大家感慨万千。但是有一个共同点，它们都巧妙地植入了广告元素。许朝军介绍说："我们提倡的是原生广告，内容即广告，广告即内容。这种内容是可以消费的，能带来娱乐体验的广告表达也比较符合用户的消费习惯。比如在一个搞笑语音段子中加入'纯爷们'、'室友'等可口可乐昵称瓶的软性广告元素，并附上一张可口可乐的宣传照片，用户和广告主们对这种原生广告喜闻乐见。"

啪啪总是随着用户的需求，不断丰富产品内容，满足用户体验。2013 年 9 月 12 日，啪啪低调开放了网页版。网页版啪啪的出现，并不单纯是方便了用户使用电脑上传图片，其重点是用户可以享受原来只有明星用户和企业用户那种专属的特权——128MB 音频上传。相比手机客户端音频录制最多支持 6 分钟，这无疑是一个为用户带来意外惊喜的消息。那些曾经一心想把好看的图片配上自己喜欢的音乐的用户们，也终于能够实现自己的自由创作了。

资料来源：向林杰. 啪啪：让照片发声 趣味营销新体验[EB/OL]. 和讯网，http://www.hexun.com，2013-10-9.

（三）体验经济的基本特征

体验经济具有以下基本特征：

1. 非生产性

体验是一个人达到情绪、体力、精神的某一特定水平时，他意识中产生的一种难忘感觉和值得回味的记忆。它本身不是一种经济产出，不能完全以清点的方式来量化，因而也不能像其他工作那样创造出可以触摸的物品。

2. 短周期性

一般规律下，农业经济的生产周期最长，一般以年为单位，如大米的种植；工业经济的周期以月为单位，如汽车的生产；服务经济的周期以天为单位，如旅游；而体验经济是以小时为单位，有的甚至以分钟为单位，如到酒吧喝一杯价格不菲的德国原装啤酒。

3. 参与互动性

农业经济、工业经济和服务经济是卖方经济，它们所有的经济产出都停留在消费者之外，如消费者所消费的水果、洗发水或住宿服务；而体验经济则不然，因为任何一种体验都是某个人身心体智状态与那些筹划事件之间的互动作用的结果，消费者全程参与其中，如到欢乐谷体验一次刺激的过山车。

4. 不可替代性

农业经济对其经济提供物——产品的需求要素是特点，工业经济对其经济提供物——商品的需求要素是特色，服务经济对其经济提供物——服务的需求要素是利益，而体验经济为其经济提供物——体验的需求要素是突出感受。这种感受是个性化的，在人与人之间、体验与体验之间有着本质的区别，因为没有哪两个人能够得到完全相同的体验经历。

5. 深刻烙印性

任何一次体验都会给体验者打上深刻的烙印，几天、几年、甚至终生不忘。一个刺激的游乐项目、一种只在当地吃得到的特产、第一次与恋人的甜蜜远足，所有这些都会让体验者无穷回味，记忆深刻。日后想来，感动或兴奋一如既往。

6. 高经济价值性

一杯咖啡在家里自己冲，成本不过2毛钱；但在鲜花装饰的走廊、伴随着古典轻柔音乐和名家名画装饰的咖啡屋，一杯咖啡的价格可能超过20元。即使如此，消费者也会认为物有所值。有幸进入太空旅游的美国富翁丹尼斯·蒂托和南非商人马克·沙特尔沃斯，他们各自为自己的太空体验支付了2000万美元的费用。而一个农民二亩地种一年的产值、一个工人加班加点干一个月的工资也不过一千元人民币。这就是体验经济，一种低投入、高回报的暴利经济。

三、体验经济到来的原因

体验经济的到来有其发展的必然性，以下是促成体验经济形成的一些原因：

（一）消费者需求的升级

随着经济的繁荣、社会的进步和人们心理的成熟，消费者在需求上面呈现出较大的变化（见表6-3）。有需求就有供给，这些新的需求诱发大量企业开发出体验式的提供物，从而促成了体验经济的形成。

表 6-3 新旧消费者差异

旧消费者	新消费者
同质化、大众化	个性化、唯一化
低参与度、被动接受	高参与度、互动接受
从众消费	独立消费
寻求便利性	寻求便利、真实、可靠性
信息闭塞、知识程度低	信息灵通、知识程度高
追求物质性价值	追求精神价值
追求功能性价值	追求情感性价值
实用的、便宜的	体验的、属于我的
价格弹性高	价格弹性低或无弹性
市场追随者	市场领导者
品牌从众意识	品牌自我意识
消费权力意识差	消费权力意识强
消费唯物主义	消费唯心主义

资料来源：（美）约瑟夫·派恩二世，詹姆斯·吉尔摩．体验经济[M]．北京：机械工业出版社，2002.

（二）消费者收入的增加

从整体上看，全球经济呈上升趋势，一些国家的经济保持着高速增长，如我国近几年的GDP增长速度平均都在10%以上。居民收入的增加为高经济价值的体验消费提供了坚实的基础，越来越多的消费者参与到体验消费当中，一些高价位的体验物发展潜力巨大。

（三）竞争程度的加剧

竞争程度加剧为企业的竞争突围带来了很大挑战，企业不断追求独特卖点，但跟风模仿者众多，独特性不断被磨灭。而唯有为消费者提供体验，才能在竞争中立足。因为，体验是个人参与事件之后的感受，带有很大的主观性，不容易被模仿和克隆。例如，尽管世界各地的主题公园层出不穷，但迪士尼乐园带给游客的童话般的快乐体验却是独一无二的。

（四）技术的进步

一些体验的提供和传递需要新的技术来支撑，尤其是数字技术。麻省理工学院（MIT）媒体实验室创始人尼古拉斯·尼葛洛庞帝（Nicholas Negroponte）教授在富有洞见的《数字化生存》一书中指出，数字化将会带来一个全新的世界。在这个新世界里，消费者能通过网络获得前所未有的体验。例如，李宁等一些企业已充分利用网络技术设计了体验互动式的网站，消费者能够在网上感触产品、能够参与到一些网络互动游戏当中。

第2节 体验营销与品牌体验的内涵

一、体验营销与品牌体验的定义

在体验经济的大背景下，企业的营销模式也在逐渐发生转变。许多企业无论从产品的研发设计、广告的创意制作，还是终端的生动化、公关活动的参与性来看，无不体现体验的魔力。央视调查咨询公司结合多年消费领域的研究成果，提出中国消费市场的十大趋势之一就是“全面体验消费模式”，认为现今消费者不仅重视产品或服务给他们带来的功能利益，更重视购买和消费产品或服务过程中所获得的、符合自己心理需要和情趣偏好的特定体验。在产品或服务功能相同的情况下，体验成为关键的价值决定因素，是消费者做出购买决策的主要动机。中山大学卢泰宏教授明确指出：“在新闻及娱乐业、服务业、房地产业、化妆品业、旅游业、培训业、高科技业、生物/制药/医药/保健行业及其他专业服务、金融服务、零售业等领域，体验消费将是主流消费之一，而体验营销无疑将成为主流解决方案的新焦点。”①抓住体验消费，开展体验营销已经成为当前企业营销创新的重要课题。

“体验营销之父”、美国哥伦比亚大学营销学教授伯纳德·施密特（Bernd H. Schmitt）在《体验营销》（Experiential Marketing）一书中指出，体验营销是站在消费者的感官（Sense）、情感（Feel）、思考（Think）、行动（Act）、关联（Relate）五个方面重新定义、设计营销的思考方式。本质上，体验营销是基于消费者精神享受和心灵体验的营销活动。它以满足消费者精神体验为出发点和归宿点，通过一系列的营销调研、策划、传播、执行等实践活动，在消费者身心愉悦的同时，以教育的、审美的、道德的、文化的力量，创造消费者体验，以实现消费者品牌忠诚的营销目标。为使消费者获得体验，企业通常会让他们观摩、聆听、尝试产品或服务，使其亲身感受产品或服务的品质和性能，从而促使他们认知、喜好并购买产品或服务。这种方式以满足消费者的体验需求为目标，以服务产品为平台，以有形产品为载体，为消费者创造独一无二难忘的体验，以此拉近企业和消费者之间的距离。

在品牌塑造的过程中，把体验作为主导和核心将更容易促成品牌的成功，因为一个品牌所带来的体验是独一无二和难忘的。所谓品牌体验，是指消费者在与品牌接触的全过程中，品牌带给消费者感官刺激和精神享受，最后在消费者心灵留下难以磨灭的印记。这个定义有三个要点：（1）品牌体验的平台是消费者与品牌的接触过程，只有在与品牌的互动当中，消费者才能获得体验；（2）品牌体验的基础是品牌带给消费者的感官刺激和精神享受，这是企业创造品牌体验的手段；（3）品牌体验的结果是消费者心灵的印记，这一印记将促使消费者花上更高的费用来重温一种心灵的触动。一些品牌体验的例子如：耐克公司将价值20美元的帆布胶底运动鞋变成了价值100美元的越野训练工具；香港海洋公园兜售“人与海洋动物真实亲密体验”，游客可以真的和海豚一起游泳，还可以举行海底婚礼。

① 卢泰宏，何佳讯，张红明. 第五种消费者价值与体验营销[J]. 销售与市场，2004，(3).

二、体验营销的误区

尽管体验营销的理论在中国传播已有几年光景，但真正将其付诸实施的企业并不太多，而且主要是大企业采用，很多中小企业对体验营销存在一些理解上的误区，导致操作失败或望而却步。体验营销的误区主要有以下五个方面①：

（一）认为体验式营销就是做好服务或服务就是体验营销

有人认为只要把服务做好了就能带给消费者体验，这一理解混淆了体验与服务的概念差异。体验是消费者参与一个事件之后而获得的回味。这个事件可能是在藏民家里品尝了正宗的酥油茶、青稞酒和烤全羊，可能是在一个海洋公园与海豚握手拍照，也可能是在一个农庄学习如何种植各种农作物等等。这些经历当中，产品、服务只充当了工具和手段的作用，而不是体验本身。

（二）认为体验营销只适合服务性企业

由于体验不等于服务，因此不只是服务行业可以采用体验营销，其他一些消费品甚至工业品行业也完全可以采用体验营销。例如，张裕冰酒曾经举办过一个活动，邀请幸运消费者参加张裕冰酒生产基地桓龙湖畔的系列活动，如采摘冰葡萄、酿制葡萄酒等，消费者有机会带走自制的葡萄酒回去赠送亲友。一些工业品企业则邀请潜在客户参观新产品的生产车间，让他们亲自操作机器模型或观看机器运作过程的模拟效果图。这些也都是一种体验营销的做法，但与服务行业无关。

（三）认为体验营销是大企业的专利

的确，消费者会为体验付出更高的价格，但这并不是说只有大企业才能为消费者提供体验。体验的类型有很多种，可以是花一个月工资去五星级酒店享受舒适的总统套房，也可以是去一条巷子深处的一家小店品尝价廉物美的、全城独一无二的烤鱼片。两种消费都可以给消费者带来值得回味的深刻记忆。日本奈良有一家温泉酒店，在一个山林之中，不通汽车，需步行 30 分钟的林间小路才能到达，但照样生意兴隆，因为城里人在城市之中无法获得这样返璞归真的体验。这并不需要什么大企业来操作。

（四）完全按照由西方传过来的、适用于成熟经济环境下的体验营销理论操作

体验营销起源于西方，是市场经济高度发达的产物，其产生的前提是消费者需求升级已成为普遍现象。而在中国，目前的市场尚处于计划经济向市场经济转型的时期，消费者需求仍处在较为低端的层面。因此，大量研究西方体验营销的案例、照搬西方体验营销的理论对于现阶段的中国企业而言，并不完全适宜。中国企业的体验营销必须在研究中国消费者体验需求的基础上，开发出适合中国人的体验模式。比如，西方人可能为了愉悦的环境体验而愿意支付高价，而中国人限于收入水平对这些体验望而却步，这也是高端定位的购物中心（Shopping Mall）在我国始终难有起色的一个主要原因。

（五）体验营销太虚了，只适合塑造品牌，对促销产品没什么直接帮助

尽管促销强调的是短期刺激，品牌塑造的是长期的形象，但如果运作得好，二者是可以统一起来的。这需要在设计体验的时候既考虑到活动对于品牌形象的价值，同时又要考虑到活动当中产品的销售业绩。比如，2013 年，长隆集团举办或参与了一系列特色活动，包括 10

① 史光起. 中国式体验营销——有效的平民化营销工具[EB/OL]. 中国营销传播网，www.emkt.com.cn，2007-08-15.

月具名赞助凤凰卫视主办的“2013 中华小姐环球大赛”，并将大赛地点设立在珠海长隆国际海洋度假区；11 月在珠海横琴长隆国际马戏城内举办第一届中国国际马戏节，十多天里上演了十二场精彩马戏，期间马戏表演更走进社区，为广大市民进行三场惠民演出；12 月邀请《爸爸去哪儿》节目组进驻长隆拍摄节目。这些引人瞩目的营销活动极大地丰富了其品牌体验的深度和广度，扩大了品牌的社会影响力，对增加公司未来的业绩功不可没。

三、传统营销与体验营销特征的对比

传统营销是为了迎合工业时代的需求而发展起来的，因此，其所具有的一些特征并不适合当前体验经济的要求。施密特教授对传统营销与体验营销的特征进行了对比（见表 6-4）[①]：

表 6–4　传统营销与体验营销的差异

	传统营销	体验营销
关注点	关注于功能特色和益处	关注消费者体验
竞争范围	对于产品类别和竞争定义比较狭隘	消费作为一种整合体验
消费者	消费者被看成是理性决策者	消费者是感性和理性相结合的动物
分析方法	采用分析、定量和处理语言信息的方法	方法比较折衷

资料来源：（美）伯纳德·施密特. 体验营销：如何增强公司及品牌的亲和力[M]. 北京：清华大学出版社，2004.

（一）关注点

传统营销关注于功能特色和利益。从业者认为消费者是根据产品或服务的特色和利益来做出购买决策的。特色是产品或服务所具备的补充产品或服务基本功能的特征，如飞利浦手机待机时间长就是特色；利益源于特色，它是产品或服务带给消费者的好处，如洁白牙齿的牙膏、干净的酒店、快捷的银行服务等。体验营销关注消费者体验。体验是遇到、遭受或经历过某些情景之后才会产生的结果。这些情景能激发灵感和触动心灵，而不像传统营销那样关注功能性价值。比如，去内蒙古草原骑着奔驰的骏马、住着蒙古包、品尝地道的马奶等“内蒙古草原之旅项目”带给游客的是前所未有的异域体验。

（二）竞争范围

传统营销的竞争专注于产品类别的范围，如可口可乐与百事可乐竞争、肯德基与麦当劳竞争；而体验营销的竞争则关注的是消费的氛围和感觉，把产品放在社会文化的背景下来考量。这样，在体验营销当中，可口可乐的竞争者可能是星巴克咖啡或果汁先生，因为消费者从几个产品类别当中获得的心理感受是不同的：可乐代表了活力和激情，咖啡意味着品味，果汁表示健康。

（三）消费者

传统营销当中，消费者被看成是理性的决策者，决策过程是一个问题的解决过程，包括识别需求、收集信息、评估信息、购买消费等环节。每一个环节都充满了理性。而在体验营销中，消费者是感性和理性相结合的动物。一方面，消费者仍然根据理性来进行决策，以性价比作为决策基础；另一方面，消费者会受到情感的影响和驱动，追求乐趣、刺激与愉悦。

---

① （美）伯纳德·施密特. 体验营销：如何增强公司及品牌的亲和力[M]. 北京：清华大学出版社，2004.

例如，消费者选择维珍航空的理由不仅是因为维珍的价格便宜，还因为维珍能够带给消费者值得回味的飞行体验；贺曼公司以贺卡为载体、以情感为核心，真诚地关心消费者，成为了消费者传递感情、增进重要人际关系的最佳选择。

（四）分析方法

传统营销强调科学的调研方法，在分析消费者行为时，常用一些定量的方法，如大样本的问卷调查等等；而体验营销则在重视定量调查的同时也较多地采用了探索性的方法，如深度访谈、焦点小组法等等，从一些定性的材料中发掘消费者的心理感受。

四、传统品牌塑造与体验品牌塑造的对比

施密特教授从四个方面对传统品牌塑造与体验式品牌塑造（Experiential Brand Building）进行了比较（见表 6-5）[①]：

表 6–5　传统品牌塑造与体验式品牌塑造的差异

性质	传统品牌塑造 品牌=标识	体验式品牌塑造 品牌=体验
角色	品牌作为一种标识	品牌作为体验提供者
要素	品牌名称、徽标和口号	名称、标识、口号、活动以及其他消费者联系
策略	知名度和形象	感官、情感、创新性联系以及和生活方式和品牌之间的联系

资料来源：（美）伯纳德·施密特. 体验营销：如何增强公司及品牌的亲和力[M]. 北京：清华大学出版社，2004.

（一）性质

传统品牌塑造把品牌等同于标识——而且仅仅是标识而已。这些标识是静态的，用以表明所有权和保证质量，从而与竞争者相区分。传统品牌塑造忽视了品牌非常重要的本质，即品牌是感觉、情感和认知关联的源泉，而这些又会带给消费者难忘而有价值的品牌体验。在游客们看来，迪士尼乐园绝不仅仅只是一个有一些卡通人物的主题乐园，更主要的是这些场景和人物带给游客童话般的体验。

（二）角色

传统品牌塑造认为品牌在人们消费过程中扮演的是用于区隔的标识的作用，因此特别注重品牌的视觉设计。然而，这些品牌标识以及相应的产品质量并不足以让消费者做出最后的决策，影响最后决策的重要因素是品牌体验。一些著名调研公司的调查结果为此提供了证据：明略行（Millward Brown）调研公司发现“品牌派生物”在消费者购买资金中所占的比例最大；Manning Selvage & Lee 调研公司发现，品牌领导者不仅仅拥有让人难忘的名称和卓越的形象，而且还能带给消费者品牌体验。因此，体验式品牌塑造认为，品牌在消费过程中充当了体验提供者的角色，消费者可以从品牌使用中获得感官刺激、心灵触动和灵感激发。

（三）要素

传统品牌塑造认为品牌是由名称、标志、口号等构成的，企业想尽办法把这些识别元素在各个物品和媒体上展示，如 T 恤衫、钥匙扣、纪念章、台历、圆珠笔等等。这样做的确能

① （美）伯纳德·施密特. 体验营销：如何增强公司及品牌的亲和力[M]. 北京：清华大学出版社，2004.

够获得大众的注意力，但对于吸引消费者而言还远远不够。消费者不会因为看到这些品牌的元素漂亮而购买产品或服务，真正打动他们的是品牌相关的活动以及与消费者的联系。

（四）策略

在传统的品牌塑造过程中，建立强势品牌的策略就是建立品牌知名度和品牌形象，这些强调的是消费者对品牌的认知程度，是一种单向传播的策略。而在体验式品牌塑造过程中，建立强势品牌的策略是建立品牌与消费者之间的感官、情感、创新性以及生活方式的联系。通过建立体验，人们已经把品牌当作他们生活方式的一部分。例如，人们去星巴克是为了获得一种休闲轻松的自由空间，他们的生活本该如此，而星巴克通过咖啡馆这一载体融入了人们的这种生活方式。

第3节　品牌体验设计

一、体验与品牌体验的分类

美国市场营销协会（AMA）提出，“了解消费者体验”是最重要而且急需研究的课题。体验究竟有哪些种类呢？如果要列举体验的例子，我们会发现可以称得上是“体验”的例子数不胜数。施密特教授在《体验营销》一书中列举了大量关于体验营销的案例，包括交通运输领域、技术与工业产品领域、新闻和娱乐领域、咨询领域、医药领域、金融领域等等。其中，很多体验从本质上来看都是相似的，因此可以对体验进行分类。由于分类的视角不同，不同学者划分出来的体验与品牌体验的类别也会不同。以下对派恩、吉尔摩的四种体验类型和施密特的五种体验模块予以介绍。

（一）派恩和吉尔摩的四种体验类型

《体验经济》一书的作者派恩和吉尔摩选择了“消费者参与程度”和“联系的类型”两个维度对体验进行了分类[①]。其中，“消费者参与程度”的一端是消极的参与者，意味着消费者并没有直接影响表演，参与者只是作为受众在欣赏，如听交响乐；另一端是积极的参与者，意味着消费者可能影响到事件的发生，参与者参与创造了他们自己的体验，如滑雪。而“联系的类型”的一端是吸收，意思是体验进入客体，如到比赛现场观看世界杯足球赛；另一端是浸入，意思是客体进入体验，如玩刺激的网络游戏。根据这两个维度，体验可分为娱乐（Entertainment）、教育（Education）、审美（Estheticism）、逃避现实（Escape）四种类型，可统称为“4Es”（见图6-1）。

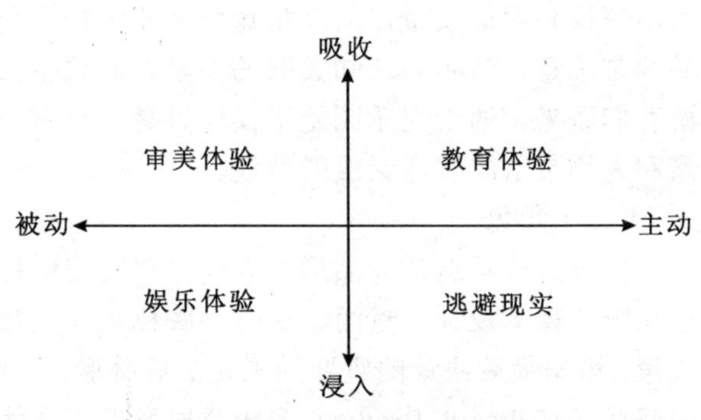

图6-1　体验的四种类型

资料来源：（美）约瑟夫·派恩二世，詹姆斯·吉尔摩．体验经济[M]．北京：机械工业出版社，2002.

① （美）约瑟夫·派恩二世，詹姆斯·吉尔摩．体验经济[M]．北京：机械工业出版社，2002.

1. 娱乐体验

娱乐体验是消费者被动地浸入而获得的一种消遣。按照《牛津英汉大词典》上的定义，娱乐是“使人愉快并吸引人的注意力的行为，是一种消遣”。经济学家亚当·斯密提出，运动员、小丑、音乐家、舞蹈家等一些职业都是“非生产性劳动者”，实际上就是指娱乐的提供者。所以，人们在看演出、听音乐、读小说的时候就是在消遣娱乐。拉斯维加斯的古罗马交易市场就是一个让消费者享受到娱乐体验的例子。在那里，所有的商品都按古罗马的集市设计。每小时都会有一次 5～10 分钟的表演，人们时而感觉自己置身于古代亚特兰蒂斯城的车水马龙中，时而感觉彷佛在观看古罗马军队的游行队伍。尽管在表演时商店都会暂停业务，但这并没有使商店利润下降。恰恰相反，单就每平方英尺的购物花费而言，古罗马式商店的这一数据较一般购物中心高出很多，差不多是后者的 4 倍。

2. 教育体验

教育体验是指消费者积极主动地参与知识的获取过程。在教育体验中，人们为了吸取某种知识技能而主动地参与到一项活动中。目前，IBM、动感地带、长虹、DELL 等一些著名品牌在全国开了很多的体验店，到店的消费者可以零距离地接触和感受知名品牌的全新产品，从而获得令人震撼的新知识体验。以 IBM 的 ThinkPad 为例，消费者不仅可以体验到外壳和键盘的触摸质感、TrackPoint 指点设备、ThinkLight 照明灯等一系列独特的设计，还能够了解到 IBM 无线、安全和可管理性等最新的基于 PC 的解决方案。在这里，人们通过与咨询人员的交流可以了解 PC 的最新发展动向。除了一些高新科技产品的展览，教育体验还出现在很多专业和技能培训、历史博物馆、科普教育基地、国防军事教育基地等领域。

3. 逃避现实的体验

逃避现实的体验指消费者不仅完全沉浸在某种体验里，而且还主动积极地参与到某种体验里。这些消费者厌倦了现实生活，希望摆脱日常工作和生活的束缚，以轻松的姿态绽放真实的自己。例如，他们可能会选择去内蒙古大草原骑马或去哈尔滨雪场滑雪感受另一种真实的生活，又或者会在虚拟网络游戏中的角色扮演以及澳门威尼斯人大赌场豪赌当中感受虚拟世界的快感。逃避现实的体验是对乏味而平淡的现实生活的弥补。

4. 审美体验

最后一种体验类型是审美体验。在这种体验中，消费者沉浸在某一事物或环境之中，他们对事物或环境基本没有产生影响。例如，游览“人间天堂”九寨沟、参观明清书画家的作品展、在以热带雨林主题的餐厅享受晚餐、购买一瓶古朴典雅的“酒鬼”酒都是审美体验的体现。企业通过为消费者提供感官上面的美学刺激来促进消费者的愉悦情绪。

消费者获得四种体验的目的是不同的：参与有教育意义的体验是想学习，参与逃避体验是想去做，参与娱乐体验是想感受，参与审美体验的人就想到达现场。企业可以选择某种体验作为自己产品和品牌的定位方向，以指导品牌传播策略的设计，也可以同时考虑四种体验来进行产品和传播设计。例如，野外生存活动的举办既让参与者暂时撇开了现实的束缚，完全感受野外的原始生活，又教会参与者一些野外生存的知识技能，还让参与者欣赏到了原始和天然的美，最后，一些趣味的对抗性的活动还带给参与者娱乐的体验。

（二）施密特的战略体验模块

施密特教授将消费者的种种体验类型视为“战略体验模块”（Strategic Experiential

Modules，SEMs)，包含感官、情感、思考、行动与关联五个方面①。

1. 感官体验

感官体验的诉求目标是运用视觉、听觉、嗅觉、味觉与触觉达成刺激的过程，为消费者提供美学的愉悦、兴奋与满足。如果管理得当，感官体验能够实现公司与产品的差异化、刺激消费者以及为消费者带来价值。例如，RICHART——一家高级巧克力生产商，通过将字母“A”设计成独具特色的斜体“*A*”，以体现“艺术性”（ART）；产品目录中每个产品都配有照片，放在精美的货架上；包装设计得非常雅致，内分很多小格，每个巧克力独立摆放；巧克力造型各异、色彩丰富。总体上，RICHART 给人高雅的美感，难怪英国《时尚》（Vogue）杂志将其称为“世界上最漂亮的巧克力”。我国的“酒鬼”酒在感官体验营销方面做得也很到位，例如在哈尔滨糖酒会上将苗鼓舞、湘西民居、土家民俗等元素融进了酒鬼酒的展厅，研发出继酱、浓、清、米、兼五大香型后第六大白酒香型“馥郁香型”，请素有“画坛鬼才”之称的黄永玉老人精心设计外形似捆口麻袋状的紫砂陶瓶包装等（见图 6-2)。这些举措使得“酒鬼”酒彰显了湘西“醉乡”的鬼魅个性和淳朴民风。

图 6–2 酒鬼酒的古朴包装

2. 情感体验

情感体验诉求消费者内在的情感及情绪，目标是唤起消费者的情感。情感体验有不同的程度——从温馨浪漫的甜美心情到奔放骄傲的强烈情绪，大部分情感是在消费过程中发生的。被誉为“冰淇淋中的劳斯莱斯”的哈根达斯以高出普通冰淇淋 5～10 倍的价格，在中国市场上每年的增长幅度高达 40%，大赚特赚，钵满盆溢。其成功除了因为其品质的确不俗之外，“爱她就请她吃哈根达斯”这句颇有做秀意味的广告语可谓功不可没。通过这句广告语的传播，哈根达斯冰淇淋竟然变得跟钻戒、巧克力和鲜花一样代表着浪漫而甜蜜的爱情。与其说是在品尝哈根达斯的极品冰淇淋，不如说是在享受甜蜜的爱情。还有很多有关情感体验的例子，如全球最著名的贺卡品牌贺曼卡素以感人至深的情感广告来增添情感色彩，南方黑芝麻糊的一则老巷老房的广告令消费者产生强烈的怀旧情结。

3. 思考体验

思考体验诉求的是智力，目标是用创意的方式使消费者获得认知与解决问题的体验。思考体验运用的是消费者的求知心理，对未知世界的探索和对新知识的获取将使他们获得愉悦的感觉。一些思考体验营销的例子有联想早期的经典广告语“人类失去联想，世界将会怎样”，马来西亚的“马石油”推出的悬念广告片“知道马师傅吗”等。中央电视台曾推出“幸运 52”、“开心辞典”等一批受欢迎的电视节目，原因也是因为它们能够带给观众思考体验——无论是答题者还是电视机前的观众都在思考主持人的提问，在获得知识的同时，也享受成功的喜悦。

4. 行动体验

行动体验的目标是影响身体的具体感受、消费者的生活方式及与消费者互动。互动营销是近几年来一种十分有效的营销模式，消费者通过参与企业所策划的活动，潜移默化中接受了品牌。而且，因为亲身经历过，所以印象深刻。近几年流行的“超女”、“好男儿”、“红楼

① （美）伯纳德·施密特. 体验营销：如何增强公司及品牌的亲和力[M]. 北京：清华大学出版社，2004.

梦中人"、"中国好声音"等平民选秀活动中，大量采用了大众短信投票的方式，实际上就是让观众不只是在一旁观看，而是亲历亲为地参与到活动当中来。再如，2006 年圣诞节即将来临之际，张裕冰酒举办了一场黄金冰谷体验之旅活动——一群有心人冒着零下 8℃的严寒，经受住重重考验，在凌晨三点的时候，来到葡萄酒庄园里摘下冰葡萄，亲手压榨出果汁，并亲自设计个性化的酒标献给最爱的人。他们亲身体验了张裕冰酒诞生的整个独特过程，留下了一段唯美、浪漫的难忘经历。

5. 关联体验

关联体验的诉求目标是使个人与品牌中的社会与文化环境产生关联，藉由社会文化意义与消费者互动，产生有利的体验。其范围可从直截了当的特定团体识别（消费者感觉与其他的使用者相连）到高度复杂的品牌社群形成（消费者视品牌为社会组织中心，甚至成为营销者的角色）。例如，雪花啤酒 2007 年开始力推"非奥运营销"，即不是直接链接某个奥运项目，而是打出"啤酒爱好者的正式合作伙伴"的口号，通过支持广大的"啤酒爱好者"来体现奥运会"全民参与"的精神（见图 6-3）。

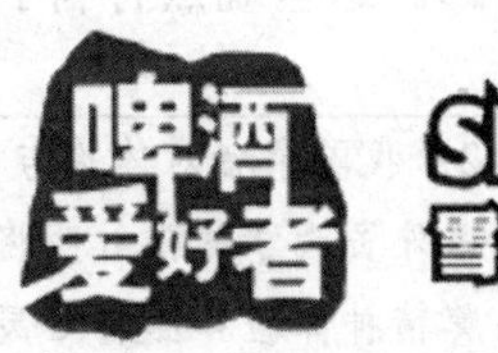

啤酒爱好者正式合作伙伴

图 6–3　雪花啤酒"非奥运营销"

施密特认为，这五种体验可以分为两组：一组是消费者在其心理和生理上独自的体验，即个人体验，包括感官、情感、思考；另一组是必须有相关群体互动才会产生的体验，即共享体验，包括行动、关联。有些行业可能更适合提供个人体验，因此可以采用前三种体验，如巧克力、纯净水等等适合选择感官、情感体验；有些行业可能更适合提供共享体验，因此可以采用后两种体验，如酒吧适合选择行动或关联体验。

在选择一种体验模块来设计产品和传播的时候，我们需要考虑消费者、竞争者和发展趋势。需要分析的关键问题是：（1）谁是目标消费者群？（2）消费者最欣赏产品的哪个方面：感官、情感、思考、行动还是关联体验？（3）竞争对手采用哪种体验方式？他们成功了吗？（4）整个行业的发展趋势和方向在哪里？业内有没有运用独特体验方式而取得成功的小型竞争对手？以下结合苹果手机 5S 和 5C 的例子来分析上述四个问题：（1）苹果的风靡已经把智能手机的体验变成了普世价值；（2）苹果打破了产品与消费者的距离边际，在苹果体验店里，消费者感觉不到销售的存在；（3）竞争者三星的出现丝毫不意外，它靠"机海战术"，凭借出色的外观设计和先进性的技术成为跟随者与苹果竞争；（4）手机行业的趋势是智能化、人性化。根据以上分析，苹果要想成功击退竞争者，保住自己在手机市场的霸主地位，就需要改变其原有的由于价格高而使普通消费者望尘莫及的形象，因此，苹果在 2013 年推出 iPhone5s 和 iphone5c，5s 延续其原有的高端形象，新增加指纹识别功能。5c 不仅在外观上更受果冻一代的青睐，其价格也开始走亲民路线。

在设计体验的时候，企业往往会努力创造出一种同时包含五种体验在内的全面体验（Holistic Experiences），这是体验营销的终极目标，对消费者而言是非常具有吸引力的。例如，新加坡航空公司在视觉上具有感染力（感官）、空姐友好好客（情感）、勇于创新（思考）、以优质服务为导向（行动）、兼具国际化与新加坡风格（关联）。即使不能同时提供五种体验，企业也会尽可能创造两种或两种以上的体验模块，形成混合式体验（Experiential Hybrids）。例如，百事"三人制街头篮球赛"就融合了对抗竞争（行动）和青春活力（关联）两种体验，深受年轻人的喜爱。混合式体验的设计需要考虑效应层次的递进关系，即“知晓—理解—态度—购买”。其中，感官模块需要引发消费者的注意和兴趣；情感模块能够与消费者建立情感纽带，使体验和个人结成良好的关系；思考模块让人们对体验产生持久的认知和兴趣；行动模块促使消费者产生行动动机、建立品牌忠诚度和对未来的见解；关联模块则超越了个人的体验而在更广阔的社会层面上产生意味深长的影响。多个体验模块混合的效果要好过单个体验模块的效果，因为每一个体验模块都从不同角度和不同程度给消费者带来印象深刻的回味。

除了以上国外学者的分类，我国一些学者也对体验和品牌体验进行了不同视角的分类（见链接材料6-2）。这些观点有利于我们更全面地思考和设计品牌体验类型。

链接材料6-2：我国学者对体验与品牌体验的划分

广东外语外贸大学的张红明将品牌体验分为五种类型：品牌感官体验、品牌情感体验、品牌成就体验、品牌精神体验和品牌心灵体验。

1.感官体验是最基本的反应，它是眼、耳、口、鼻、身在与外界进行信息交换过程中所感受到的愉悦感。

2.情感体验指把没有生命的物体拟人化，它也包括人与人之间情感的传递。

3.成就体验是指在实现了基本的生存和安全需要后，对自我尊重和自我实现需求的追求。

4.精神体验表现为对世俗名利的舍弃和对高雅情趣的追求。

5.心灵体验是人对生命最本质问题的关注而产生的体验，如宗教体验，这种体验只可意会，不可言传。

南开大学的陈英毅和范秀成根据共性的已有知识，以及成功企业的卓越实践，将顾客体验分为娱乐体验、审美体验、情感体验、生活方式体验和氛围体验等五大类。企业可采取的体验营销策略分别是娱乐营销、美学营销、情感营销、生活方式营销及氛围营销。

1.娱乐营销就是企业巧妙地寓销售和经营于娱乐之中，通过为顾客创造无所不在的娱乐体验来吸引顾客，达到促使顾客购买和消费的目的。

2.美学营销是以满足人们的审美体验为重点，经由知觉刺激，提供给顾客以美的愉悦、兴奋与享受。

3.情感营销以消费者内在的情感为诉求，致力于满足顾客的情感需要。

4.生活方式营销就是以消费者所追求的生活方式为诉求，通过将公司的产品或品牌演化成某一生活方式的象征甚至是一种身份、地位识别的标志，从而达到吸引消费者、建立起稳固的消费群体的目的。

5.氛围指的是围绕某一群体、场所或环境产生的效果或感觉。好的氛围会像磁石一样牢牢吸引着顾客，使得顾客频频光顾。氛围营销就是要有意营造这种使人流连忘返的氛围体验。

中国人民大学的郭国庆等人参考Brakus等人新开发的品牌体验量表和Schmitt发表的消费者体验量表的相关问题，把品牌体验分为四个维度：

感官体验：由视觉、听觉、嗅觉、味觉及触觉形成的知觉刺激，以形成美学的愉悦、兴奋、美丽与满足。

情感体验：可由正面、负面的心情及强烈的感情所构成，而且接触互动及消费期间的情感最为强烈。

思考体验：可通过创造惊奇感、诱发及刺激而产生，以吸引消费者关注、引发好奇心及激发刺激感。

行动体验：通过创造身体感受行为模式、生活形态及互动关系而形成的。

资料来源：（1）张红明. 品牌体验类别及其营销启示[J]. 商业经济与管理, 2003, (12): 22—25.;（2）陈英毅，范秀成. 论体验营销[J]. 华东经济管理，2003，17(2): 126—129.;（3）郭国庆，牛海鹏，刘婷婷，姚亚男. 品牌体验对品牌忠诚驱动效应的实证研究[J]. 经济管理研究，2012（2）：58—66.

二、体验媒介

体验的模块或类型是体验的内容本身，这些内容需要通过一些媒介传递出去。施密特将其称为"体验媒介"（Experience Providers，ExPros），即营销人员为消费者创造体验时的战术实施活动，具体包括传播、视觉和语言标识、产品、联合品牌塑造、空间环境、网站与电子媒介以及人员（见图 6-4）[①]。

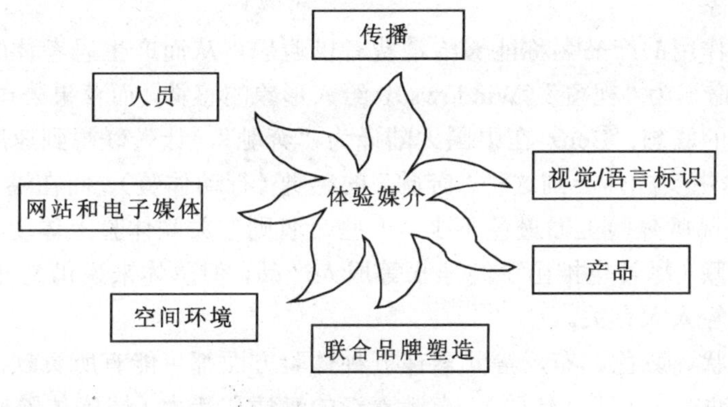

图 6–4　体验媒介

资料来源：（美）伯纳德·施密特. 体验营销：如何增强公司及品牌的亲和力[M]. 北京：清华大学出版社，2004.

（一）传播

传播的体验媒介包括广告、公共关系以及其他的公司外部与内部传播方案（如：目录杂志、小册子与新闻稿、年报等）。

广告是创造体验的重要传播手段。如今无论是在报纸、杂志、广播、电视等四大传统媒体，还是户外、互联网、显示屏、短信等新型媒体中，人们都能感受到广告所带来的体验。比如，一些炫丽的广告画面或震撼的音响效果所带来的感官体验；动人故事所带来的情感体验；悬念广告所带来的思考体验；互动广告中消费者参与其中环节所获得的行动体验；消费者感受到品牌广告与自己个性产生共鸣的关联体验。

赞助、事件营销等都是目前公共关系当中的主要策略，其创造体验的原理是让消费者在活动参与中获得对品牌的全方位感受。2013 年，加多宝集团除了继续延续"正宗好凉茶+正宗好声音"的合作，冠名第二季"中国好声音"之外，还和浙江卫视联合主办"唱·饮加多

① （美）伯纳德·施密特. 体验营销：如何增强公司及品牌的亲和力[M]. 北京：清华大学出版社，2004.

宝，直通中国好声音”活动，活动共分“征集唱饮好声音”、“选拔直通好声音”和“决战加多宝好声音”三个阶段，历时6个月。这些与加多宝品牌内涵相关的事件行销活动，极大地提高了消费者的品牌体验。

目录杂志、宣传册、新闻稿是一些常见的外部传播工具。这些宣传品中采用照片、故事、评论等元素给消费者带来感官和思考的体验。比如，一家名为“雨花”的西餐厅在其菜谱中，对每道菜都展示精美菜肴图片和说明性文字，让消费者看到美味佳肴的同时又了解了该餐厅烹饪技术的独到之处，从而形成独特而深刻的印象。

一些公司在对内部员工进行培训时，也进行了体验式的设计。例如，我国著名营销策划人叶茂中曾在其公司里树了一面玻璃墙，上面写着“没有好创意就去死吧”几个大字，虽略显粗俗，但却给人强烈的感官震撼；而近几年，企业流行对员工进行拓展训练式的培训，以激发员工的潜能和培养团队意识，这是典型的行动体验。

（二）视觉/语言标识

产品名称、视觉标志、独特音效等标识系统可用于创造感官、情感、思考、行动及关联体验的品牌体验形象。

一个拥有暗示作用的产品名称能够给消费者以遐想，从而产生思考体验。例如，微软公司推出的操作系统命名为“视窗”（Windows），给人形象的感觉，而苹果公司推出的Mac OS X让人难以产生丰富的联想；Benz在中国大陆译为“奔驰”，让人联想到速度和奔放（思考体验），并在驾车的途中实际体会到这种“奔驰”的感觉（行动体验），而在港台地区翻译成“平治”或“宾士”，在品牌体验上面逊色不少。一些命名则在关联体验上体现特色，如娃哈哈是与儿童这一群体关联（尽管也推出了纯净水等成人产品，但总体来说仍是儿童品牌），太太口服液与结婚后的年轻太太有关。

视觉标志的形状、颜色、布局等元素在五种体验方面都可能有所贡献。耐克的标志是一个红色的勾，视觉冲击大（感官体验），充满青春的激情和活力（情感体验），极富运动感（行动体验），让人想到率性（思考体验），与年轻人有关（关联体验）。

独特音效是在产品使用或广告传播当中出现的、专属于某个品牌的声音，如Windows开机、关机的时候都会发出一个固定的声音，飞利浦手机开机声音和广告片尾的声音都是两个简单的音节等等。独特音效对听觉能够产生一定刺激（感官体验）、能够调动消费者的情绪（情感体验）、能够让消费者对产品和品牌有一种联想（思考体验）。

（三）产品

产品的体验媒介包括产品设计、包装、产品展示、品牌角色。

产品设计要表现出产品的特色，不仅要让消费者一眼就能识别出来（感官体验），还要让消费者一看就喜欢上（情感体验），并带给消费者一些独特的联想（思考体验）。例如，大众甲壳虫汽车的外观是一个经典的设计，这个曾经被美国《时代》周刊的记者讥讽为“甲壳虫”（Beetle）的汽车竟然凭借世界上独一无二的圆溜溜的造型风靡了半个世纪（见图6-5）；为了适应年轻消费者口感的需求，中国新兴白酒企业“江小白”在酒体口感上进行了深度创新，使产品具有国际化的入口纯净柔和、单纯甜润、不上头不口干、醉酒慢、醒酒快的显著特点。同时，江小白还具备了作为调味基础酒的先天优势，可根据个人喜好，冰镇冰饮、加入冰块口感更佳，亦可与瓶装冰红茶、绿茶、红牛、王老吉、柠檬、橙汁、苏打水等混合调制充满个性与创意的“小白鸡尾酒”，营造了全新的口感体验及感觉。

中国自古就有“买椟还珠”的故事，说明产品包装对消费者的吸引力非常大。对于大多数品牌而言（有些产品是没有包装的，如汽车），包装就像是一件外衣，其对体验的影响与产品设计相仿。绝对伏特加的瓶子是一个经典的包装设计，这个源自瑞典古老药瓶创意的包装简单、时尚、完美，让许多“绝对迷”们痴迷不已。另一个例子是水饮料的包装，无论是纯净水还是矿泉水，从产品本身来说差异非常小，于是，厂家们纷纷在瓶子上做文章，风格各异的水瓶子层出不穷。比如，香港屈臣氏蒸馏水的瓶子由大名鼎鼎的香港靳与刘设计顾问公司设计，深受大众喜爱（见图6-6）。

图6-5 德国大众的甲壳虫小汽车

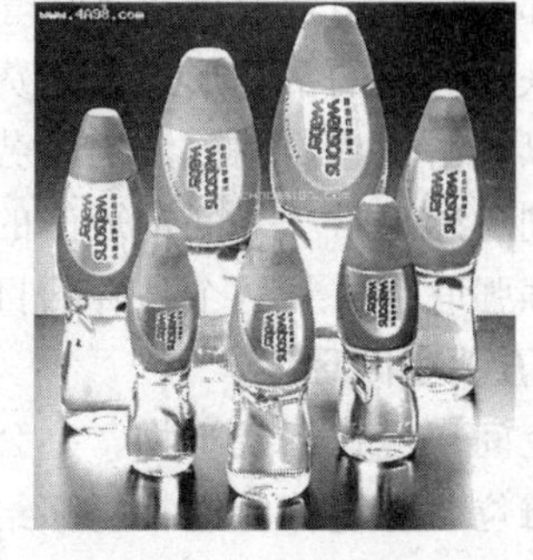

图6-6 香港屈臣氏蒸馏水的瓶子

原精信传播集团中国区董事长陈一枬女士指出，很多的体验发生在购买者（Shopper）而非消费者（Consumer）身上，可见产品展示显得非常重要。终端生动化已成为诸多品牌在通路终端竞争的利器，现代化的终端推广已不满足于POP广告了，而是加入了更多体验的成份。例如，在超市的一些农副食品销售区，商家会用粗糙的木条搭建一个西瓜或葡萄棚子，给人营造一种自然而原始的购物环境（感官体验、行动体验）；在很多超市的液态饮品货架旁边，我们可以免费试喝啤酒、咖啡、牛奶、汤汁和其他饮料，亲口体会产品的特点（感官体验、行动体验）；在面包新语（Bread Talk）或“棒！约翰”（Papa John's）比萨饼店，我们可以透过透明的玻璃或者直播的摄像头看到餐厅开放式厨房的操作，从而在获得品质保证（感官体验、思考体验）的同时增加了娱乐性（行动体验）。

作为品牌的虚拟代言人，品牌角色积极参与与消费者的互动活动，使消费者获得了情感和行动体验。例如，迪士尼乐园的米老鼠、唐老鸭等卡通形象与游客们拍照、游戏，给他们留下了愉快的心情和难忘的记忆。

（四）联合品牌塑造

联合品牌塑造体验媒介包括建立品牌联盟或战略合作伙伴关系、产品在节目中的展示和联合促销等形式，其作用原理是将消费者对知名的合作方的体验部分转移到自己品牌身上。

建立品牌联盟关系将有助于一个品牌联盟方获得另一方的声誉转移。例如，成为2008北京奥运会的合作伙伴不仅在奥运会期间具有排他性的展示权，还能提高品牌的国际声誉。同时，品牌与高水平体育运动相关联，使品牌形象上也带有青春活力的气息。

产品在节目中展示被称为是“嵌入式营销”的一种做法。通过多次在电影、电视剧、小品等节目情节中出现，品牌增加了曝光率，如冯小刚的贺岁片《大腕》夸张地把品牌的嵌入式运作展示得一览无余。不仅如此，品牌还因为某个名人的使用而形成一股流行风。2013年初，中国“第一夫人”彭丽媛参观了坦桑尼亚“妇女与发展基金会”，并赠送了“阮仕珍珠”、

“百雀羚”等中国品牌产品，引起了社会的广泛关注，相关国货受益于国礼待遇，品牌形象大幅提升，销量巨增，着实红火了一把。无独有偶，2013年底，习近平总书记在北京庆丰包子铺消费（图6-7），自己排队买包子、端盘子、取包子、买单，一时间让庆丰包子铺的品牌响彻大江南北，人们竞相前往该店体验“主席套餐”。类似的，还有2013年12月英国首相卡梅伦在成都火锅店消费引爆“首相套餐”等。

图 6–7 习近平总书记在庆丰包子铺

联合营销的常见形式是消费两个有合作关系的品牌可以获得优惠。例如，麦当劳曾和动感地带合作，凡收到动感地带一个促销短信的用户到麦当劳就餐可以享受优惠。品牌合作方的选择依据通常是强强联合，且两个品牌的目标消费群相似。

（五）空间环境

空间环境包括建筑物、办公室、工厂、零售与公共空间及商展摊位。环境体验通常能够给人留下全面、深刻的印象，因为环境具有实体性。深圳海王大厦从半空玻璃外墙突兀而出的青铜半截雕飞马和海王波赛东十分抢眼；长沙远大中央空调城的建筑富有艺术性，其间一栋大楼建得像一座古希腊的大殿，草地上还建有雅典先贤的雕塑（见图6-8）；宜家的家私摆放不仅仅是展示产品独立的个体，还特别注重产品的完整性和可搭配性，一些家私形成的是一个小的生活区域和情境；各式餐厅、酒吧通过空间装饰布置来打造个性鲜明的文化，如各少数民族餐厅、各国风情餐厅、各主题餐厅等。

图 6–8 长沙远大空调城内的管理学院建筑

（六）网站与电子媒介

互联网的交互性使得它成为众多体验的诞生地，具体的媒介包括网站、电子公告栏、线上聊天室等。不少公司没有意识到互联网对体验的巨大贡献，仅仅把它作为信息的发布渠道，甚至有些公司为了省钱连网站也不做，从而失去了与消费者建立紧密关系的平台。耐克、李宁等一些著名企业在网站互动方面做得非常优秀，它们不仅从画面和音效上把网站做得非常动感，而且有一些互动的栏目（如广告片、广告壁纸的下载、产品的电子化立体化介绍），甚至还设计了很多游戏供访问者消遣。网上论坛则是当前消费者获取信息和发表观点的主要通道，其信息的全面性、娱乐性和可填补性是任何一种媒介都无法比拟的。近年来的诸多热点新闻：李亚鹏与王菲的婚变、汪峰的“头条战争”、大S突然怀孕、冯小刚执导马年春晚、央视名嘴集体出走等，这些话题在网络上被热烈讨论和大肆PS（即用Photoshop图片处理软件进行图片改造），虚拟社区的兴起极大地补充了人们在现实生活中享受不到的体验。

（七）人员

这里的人员指销售人员、公司代表、客服人员及任何与消费者关联的人。与人打交道显然是体验的最重要来源，因为体验当中的核心要素——感情在人际交往中更容易培养，而且更加深入。企业在对员工进行培训的时候，应该有意识地强化为消费者创造体验的重要性。迪士尼乐园要求所有部门的领导和员工每年都要轮岗从事卖票、迎宾、清洁等最基层的工作，以训练为消费者提供价值的意识。丽兹—卡尔顿酒店以杰出的服务闻名于世，超过90%的丽兹—卡尔顿酒店的消费者仍回该酒店住宿。该酒店的著名信条是："在丽兹—卡尔顿饭店，给予客人以关怀和舒适是我们最大的使命。我们保证为客人提供最好的个人服务和设施，创造一个温暖、轻松和优美的环境。丽兹—卡尔顿饭店使客人感到快乐和幸福，甚至会实现客人没有表达出来的愿望。"

三、体验矩阵

施密特认为，可以结合战略体验模块和体验媒介来构建一个体验矩阵（见表6-6）①。在该矩阵中，战略体验模块相当于体验的内容，而体验媒介相当于体验的途径，通过体验媒介能为消费者创造各种体验模块，所构建的二维组合为体验矩阵单元。任何一种体验模块都可以用所有的媒介来创造，但某一种媒介可能比另一种媒介更适合创造某种体验。例如，视觉标志、网站、产品包装、空间环境等更适合创造感官体验，人员、广告、公关更适合创造情感体验，品牌名称、广告、联合品牌更适合创造思考体验，赞助、网络社区更适合创造行动体验，人员更适合关联体验等等。因此，在设计体验矩阵的时候，需要选择某个体验模块，也需要考虑最适合该体验模块的几个体验媒介。

表6-6　体验矩阵

		体验媒介						
		沟通	识别	产品	联合品牌塑造	空间环境	网站	人员
战略体验模块	感官							
	情感							
	思考							
	行动							
	关联							

在体验矩阵的设计当中，需要考虑四个问题：

（一）强度问题：强化还是弱化

从体验矩阵来看，强度问题涉及到单独的矩阵单元。从动态的角度看，以前选择了某个体验模块和某个体验媒介所构成的体验矩阵单元，可能需要随着时间的推移而加强或者弱化。究竟是加强还是弱化？如何加强或弱化？这些都是体验矩阵单元的强度需要考虑的关键问题。雪花啤酒在大张旗鼓推向全国市场的时候，通过"畅享成长"的广告诉求给目标群体以情感体验和关联体验，而后来推出"勇闯天涯"的活动，则是强化了行动体验。

（二）幅度问题：丰富还是简化

从体验矩阵来看，幅度问题是横向问题，涉及到体验媒介的管理问题：应当增加新的体验媒介来强化某种体验模块，还是专注于某一种体验媒介呢？例如，李宁网站已经给消费者

---

①（美）伯纳德·施密特. 体验营销：如何增强公司及品牌的亲和力[M]. 北京：清华大学出版社，2004.

提供了互动体验，那么现实当中的一些活动如何体现这些互动体验呢？还是暂时不考虑线下活动，而专注于线上的互动？

（三）深度问题：扩展还是收缩

从体验矩阵来看，深度问题是纵向问题，涉及到体验模块的管理问题：应该从个人体验扩展到混合体验或全面体验，还是保持单一体验呢？例如，金威啤酒是否要加强对“不添加甲醛酿造”的传播，以增强消费者的思考体验，还是要策划一些互动活动来增加行动体验？

（四）联接问题：结合还是分散

从体验矩阵来看，联接问题是纵向各战略体验模块之间关系或者横向各体验媒介之间的关系问题。除了增减体验模块或媒介的数量之外，企业还应当考虑：体验模块之间的关系是什么？体验媒介之间如何配合？不是所有的体验模块或者媒介都需要被企业采用，过多的模块或媒介可能由于信息过多过杂而导致消费者认知的混淆。例如，雪花啤酒从品牌命名来看给人柔性纯洁的感官体验，“畅享成长”给人奋斗的情感体验和关联体验，“勇闯天涯”的活动给人阳刚坚毅的行动体验，后面几种体验比较协调，但与感官体验似乎有些冲突。关于体验媒介之间的关系，一个非常有争议的问题是产品呈现问题，即是否可以用一个品牌推出多个不同行业的产品，如美的空调和美的客车的共存是否合理？我们看到了成功的案例，如英国最著名的品牌维珍（Virgin）。也看到了失败的案例，如早年三九药业延伸到三九啤酒。可见，这不是三言两语能够解决的问题，本书第8章对此有所讨论。

链接材料6-3说明了如何判断特定的体验媒介是否适合特定的战略体验模块。施密特介绍的体验矩阵主要是二维矩阵。不过他建议可以增加一维，形成三维的体验矩阵。这一维可以是接触的次数，用以设计不同消费者和品牌关系阶段下的体验模块和媒介；也可以是不同文化价值观下的国家，用以设计全球营销下品牌体验的战略。当然，也可根据企业实际情况找出这第三个维度。

链接材料6-3：体验矩阵的评估工具

美国哥伦比亚商学院的施密特教授及其博士乔斯克·布拉克斯（Josco Brakus）一起建立了一个简单直接的测量标准，可以测量特定的体验媒介（如徽标、广告、内部信息或网站）是否适合特定的战略体验模块。这种标准由每种体验媒介的几个方面构成，同时由“非常不好”到“非常好”之间有个7个层次。根据常规的测量实践，这种测量标准被证实是很可靠而有效的。请注意有些测量标准使用消极负面的措辞，因此要以减号标示，而措辞积极正面的测量标准以加号表示。

下面是一些标示。

感官模块：

· 体验媒介激起我的感受。（+）

· 体验媒介引发我的兴趣。（+）

· 体验媒介对我缺乏吸引力。（—）

情感模块：

· 体验媒介让我有某种感情。（+）

· 体验媒介让我产生某种情绪反映。（+）

· 体验媒介对我的情感没有影响。（—）

思考模块：

· 体验媒介激发我思考。(+)

· 体验媒介引起我的好奇心。(+)

· 体验媒介没有启发我的创造性思维。(—)

行动模块：

· 体验媒介让我思考我的生活方式。(+)

· 体验媒介让我想起要做的事情。(+)

· 体验媒介没有使我产生行动或行为的动机。(—)

关联模块：

· 体验媒介让我想到人际关系。(+)

· 通过体验媒介我和其他人有了联系。(+)

· 体验媒介没能让我想起社会规范和安排。(—)

资料来源：(美)伯纳德·施密特. 体验营销：如何增强公司及品牌的亲和力[M]. 北京：清华大学出版社，2004.

四、创建品牌体验的步骤

品牌体验的创建流程是怎样的？这是企业体验营销实务最最关注的一个问题。结合派恩和吉尔摩的观点，本书认为，创建品牌体验的流程有以下六个步骤：

（一）分析目标市场和竞争者

体验是消费者以参与的方式所获得的难忘记忆。参与体验活动的消费者不同，体验的战略规划就可能不同。因此，在为品牌明确体验类型之前，首先必须明确哪些消费者是品牌的核心消费者群，并分析他们希望获得哪些体验。比如，迪士尼吸引的目标消费群主要是一些带有小孩的家庭，因此，希望消费者把它看成是“富有想象力的家庭娱乐”；左岸咖啡馆吸引的目标消费群是具有浪漫文学气息的年轻女性，所以提供的体验应该是法国的人文情怀和艺术气质。

需要分析的另一个对象是竞争者。看看竞争者是如何为消费者创造体验的，这种体验是否为竞争者带来了成功？分析竞争者体验的目的是帮助自身品牌避开竞争者的锋芒，寻找属于自己的“蓝海”。例如，青岛、抚顺、大连等地推出的是极地海洋世界，而深圳海洋世界则以“十六套水中特色节目”而闻名。

（二）明确品牌体验的主题

主题是体验设计的核心，没有主题的体验是空洞的、零散的，甚至是虚假的。随着近年来体验经济的呼声越来越高，一些零售商也加入进来，声称为消费者带来“购物体验”。然而，由于没有主题，这些零售商所谓的“体验”变成了只是有一些 POP 广告、微笑的服务、诱人的折扣、摆放整齐的商品，丝毫没有让消费者留下难忘的值得回味的东西。这样的“体验”是有名无实的，而且一哄而上，显得雷同。

由于一些企业规模较大，因此，在设计主题的时候可以分为总主题和分主题两个层次。比如，在香港迪士尼，游客们可以体验到“幻想世界”的童话故事，可以体验到“明日世界”的宇宙探索，可以体验到“探险世界”的野外探险，还可以体验到“美国小镇大街”20 世纪初的风情。这四大主题乐园各自为游客带来了四种不同的主题体验，但总体而言又统一在“欢乐与梦想”的主题之下。

在《视觉与感受：营销美学》一书中，施密特和西蒙森教授提出了体验主题的九个来源：历史、宗教、时尚、政治、心理学、哲学、实体世界、大众文化、艺术①。不管是选择哪个来源，体验主题成功的关键都是领悟什么是真正令人瞩目的和动人心魄的。派恩和吉尔摩认为，创意好的主题有五大标准②：（1）具有诱惑力的主题必须调整人们的现实感受，如旅游农庄对城市居民非常有吸引力；（2）最丰富的有关地点的主题通过影响人们对空间、时间和事物的体验，彻底改变人们对现实的感觉，如宜家家私按生活情境进行摆放，创造了空间的主题；一些餐厅导入解放战争时期的元素，创造了时间的主题；一些书店同时供应咖啡和独特造型的座椅，创造了休闲的主题；（3）富有魄力的主题集空间、时间和事物于相互协调的现实整体，如美国旧金山一家餐饮连锁店营造的是20世纪50年代的环境，自动葡萄酒机、弹球机、电话亭、统一制服的侍者等等；又如深圳海上世界一家酒吧举办了一个聚会活动，主题是“70年代”，要求参加者模仿70年代的爆炸头、喇叭裤、松糕鞋，现场提供70年代流行的饮品；（4）多景点布局可以深化主题，如同上述的香港迪士尼，四个主题乐园共同支撑了迪士尼品牌的“梦想与欢乐”体验。（5）主题必须与提出体验的企业性质协调，如左岸咖啡馆的体验是浪漫、人文情怀，与咖啡这一行业相吻合。

（三）选择品牌体验的类型

主题为企业指明了体验设计的方向，接下来就需要明确具体的体验类型。最好的体验当然应该是全面体验，即所有体验在设计和执行当中都有体现。但实际上，由于费用、场地等客观条件的限制，最终提供的体验可能是混合式体验甚至单一体验。因此，有必要根据主题来选择最适宜的体验类型。感官、思考、行动体验可能适合历史名胜古迹等行业的主题，感官、情感、行动、关联体验适合酒吧等行业的主题，感官、行动、关联体验适合汽车等行业的主题等。

（四）设计品牌体验的剧本和道具

准确地讲，体验不是企业提供的，而是消费者感受的。企业在体验产生的过程中发挥的作用是设计剧本和道具。消费者获得的体验都是按照企业设计的剧本在一步步实施，剧本充当了体验流程的作用，而道具则是剧本实施的工具。如果说悠闲地安坐在一个角落享受着美味咖啡和“第三空间”是星巴克体验的剧本的话，那么抽象的艺术壁画、香醇的现磨咖啡、美妙的音乐、友善的侍者就是星巴克体验的道具。尽管这些环境和产品设计每个企业都有，但在体验主题的规范下，它们才能发挥合力，提供独特体验。

（五）吸引消费者的参与

以上介绍的体验设计步骤仅仅是企业一方所做的努力，如果消费者不参与进来，那么体验还是无法产生的。消费者参与的最主要动机是体验带来独特的感受，这需要通过一些传播活动来进行推广。如深圳华侨城集团投资兴建的“东部华侨城”度假村刚开业的时候，在深圳投入了大量电视、报纸、车身广告进行宣传。而对于一些不知名的品牌所举办的体验活动来说，由于宣传力度不够，只能靠适当的促销诱惑（如参与者获得赠品等）来吸引人群。

---

①（美）施密特，西蒙森．视觉与感受：营销美学[M]．上海：上海交通大学出版社，1999.

②（美）约瑟夫·派恩二世，詹姆斯·吉尔摩．体验经济[M]．北京：机械工业出版社，2002.

（六）评估体验的效果

最后一步是评估体验的效果。一些定量的效果评估指标有销售额的增长率、溢价水平、忠诚意愿等。除此之外，消费者对品牌的认知、联想和内心感受等一些定性调查也是评估体验的好方法。定性定量方法需要结合在一起，才能全面评估体验的效果。

案例分析

Apple Store“卖体验”的逻辑

自从 1997 年乔布斯重新执掌苹果公司后，苹果产品疾风迅雷般在全球市场攻城拔寨，并且引领科技时尚的新潮流。然而，如果只是简单地将苹果的辉煌归功于耀世的产品，那么人们为什么还会乐此不疲地涌入苹果零售店（Apple Store）？

2008 年 7 月 19 日，苹果公司在北京三里屯开设了中国第一家直营店。2012 年 10 月 20 日，在北京最繁华的地段王府井，中国第三家苹果零售店，也是亚洲最大的直营店开张，规模和气场均无比诱人。苹果直营店的开店速度正在进一步加快，预计未来三年苹果在中国的零售店将达到 25 家。事实是，整洁的店面、宽敞的空间、华丽的设计以及优异的服务，使苹果零售店成为吸引“果粉”去体验的绝佳理由。

2000 年，当美国超市连锁商 Target 销售主管罗恩·约翰逊被乔布斯力邀设计苹果零售店的时候，这位号称“零售行业天才”的人物就将“不同凡想”的理念引入苹果公司。而乔布斯也对苹果零售店的未来抱有很大期许。

约翰逊到苹果公司任职高级营销副总裁。他的一个天才设想就是创立“天才吧”，即一个提供售前咨询服务和售后服务的团队。2001 年，“天才吧”随苹果零售店创立，理由很简单：用户通常视寻求客服解决问题为一件很麻烦的事，约翰逊坚信“面对面的服务才能真正帮助顾客”。为了解决用户“怕麻烦”的问题，苹果零售店通过“天才吧”的服务，让用户的产品一有问题便可到此寻求解决。因为在“天才吧”，苹果公司配备了训练有素的员工，他们知识丰富，可以立即回答用户对苹果产品的大量疑问，苹果用户可以无限制地到零售店享受这种支持服务。这种杰出的服务源自一份内容丰富的培训手册，它用于培训新员工如何与用户进行互动。一项调查数据显示，60%的苹果用户因为体验了苹果的独特服务，进而达成可能再次购买苹果产品的意向。

从缔造苹果零售店开始，“天才吧”就成了用户体验产品魅力和贴心服务的地方，而不只是一个零售场所。在苹果产品没有采用可替换设备零部件的销售模式前提下，“天才吧”服务就成为了苹果零售店的专属标签。这是其他品牌的零售店不可比拟的。

三年后，“天才吧”为苹果赢得了最好客服公司的美誉。约翰逊甚至将之视为苹果零售店的“心脏和灵魂”。现在，人性化的“天才吧”正在受到全球“果粉”的好评。很大程度上，这也是苹果零售店取得成功的重要因素之一。超越“体验店”本身，传统零售店的行规必然是赚钱，否则谁都不可能像苹果一样大手笔地开店。

2001 年 5 月 19 日，苹果公司在美国弗吉尼亚的高端购物中心 Tysons' Corner 和加州格伦代尔市的 Glendale Galleria 同时开设了两家零售店，由此拉开了苹果产品快速扩散的历史一页。短短两年后，在芝加哥、檀香山和东京等繁华地段先后有 70 多家苹果店铺开张。

今天，苹果零售店在全球已有 350 多家，它们都无一例外地坐落于城市的繁华商圈，每天都会吸引大量“果粉”蜂拥而来，即使他们当中有人并不具备苹果产品的购买力——而对潮流保持追随与敬畏也无可厚非。

究竟 Apple Store 拥有怎样的魅力？苹果与其他零售商最核心的不同就是，它是真正的体验店，从不以销售为目的。“苹果零售店以用户为中心，让顾客享受购物的体验，而不是怂恿他们下订单。”白刚说：“他们强调的是体验，销售只是潜在客户获得完美体验后的自然结果。从苹果零售店的店员没有销售提成就可以看出这一导向。”

在 Apple Store，“店员的收入和销售额没有关系，而是专注于帮助顾客，这样可以加强顾客与苹果的关系”。约翰逊如此定义苹果零售店的内涵。但实际上，重新定义销售关系的游戏规则，恰恰创造了苹果产品的销售奇迹——苹果零售店现在是全球单位面积最为盈利的商店。

为什么苹果可以做到如此惊人？当然是乔布斯先见之明地发掘了苹果零售店的特有内涵，即：Apple Store 与其他零售商最核心的不同就是，它是真正的体验店，从不以销售为目的。在苹果零售店里，通过与用户进行更为直接的交流并获得相应的回馈，比参加任何产品贸易展更实际。事实上，用户的体验正是通过与苹果零售店员工的互动来实现的。

2007年，苹果公司开创性地推出 iPhone，欢迎大量用户直接到零售店去体验。当时，在美国所有零售商店，购买 iPhone 的用户都会受到苹果销售人员的热烈欢迎，离店时还会得到他们的友好欢送。这种超一流的服务方式，让苹果 iPhone 成为毫无争议的霸主产品，并吸引了更多用户纷纷前来体验。

苹果零售店吸引用户的最佳方式是给用户更大自由，选择可以随心所欲。一个实际例证便是，苹果零售店向消费者提供免费的网络连接服务。用户可以在店里上网、发电子邮件等，只要用户乐意，就会得到满足——哪怕不买任何一款苹果产品。更为重要的是，为用户提供丰富的体验，对苹果员工而言是一种使命：聆听和帮助顾客，与顾客贴近关系。实际上，这已经远远超越“体验店”概念本身。体验式扩张的苹果与众不同，正在使苹果零售商店变得更具吸引力。热衷于苹果的用户，如果想要体验苹果最炫的产品或服务，最好最快的途径就是去 Apple Store。

现在，苹果零售店正以惊人的速度在全世界扩张，所到之处几乎成为城市繁华的地标。

资料来源：朱丽. Apple Store“卖体验”的逻辑[J]. 中外管理，2012，(12)：108—109.

讨论题：

1. 苹果给予消费者哪些具体的体验？
2. 苹果的品牌体验通过哪些体验媒介传递出来？
3. 苹果店为什么能带来如此巨大的效应？你从中获得什么启示？

本章小结

经过农业经济、工业经济、服务经济，社会已经开始进入体验经济。在实业界，一些意识超前的企业已经开始运用体验来设计产品和开展推广活动。所谓体验，是指企业以服务为舞台，以商品为道具，以消费者为中心，创造能够使消费者参与、值得消费者回味的活动。在体验经济中，企业提供的不仅仅是商品或服务，它提供最终体验，并充满了感情的力量，给消费者留下了难以忘却的记忆。体验经济具有以下基本特征：非生产性、短周期性、参与互动性、不可替代性、深刻烙印性、高经济价值性。促成体验经济形成的一些原因包括：（1）

消费者需求的升级；（2）消费者收入的增加；（3）竞争程度的加剧；（4）技术的进步。

体验营销是站在消费者的感官、情感、思考、行动、关联五个方面，重新定义、设计营销的思考方式。这种方式以满足消费者的体验需求为目标，以服务产品为平台，以有形产品为载体，为消费者创造独一无二的难忘体验，以此拉近企业和消费者之间的距离。在品牌塑造的过程中，以体验为主导和核心，将更容易促成品牌的成功。所谓品牌体验，是指消费者在与品牌接触的全过程中，品牌带给消费者感官刺激和精神享受，最后在消费者心灵留下难以磨灭的印记。很多企业对体验营销存在一些理解上的误区，包括：（1）认为体验式营销就是做好服务或服务就是体验营销；（2）认为体验营销只适合服务性企业；（3）认为体验营销是大企业的专利；（4）完全按照西方传递过来的成熟经济环境下的体验营销理论操作；（5）体验营销太虚了，只适合塑造品牌，对促销产品没什么直接帮助。可以从四个方面对传统营销与体验营销的特征进行对比：关注点、竞争范围、消费者、分析方法。同时，可以从四个方面对传统品牌塑造与体验品牌塑造进行比较：性质、角色、要素、策略。

对于体验的管理可以从内容和媒介两个方面来看。派恩和吉尔摩选择了“消费者参与程度”和“联系的类型”两个维度，将体验分为娱乐、教育、审美、逃避现实四种类型，可统称为“4Es”。施密特将消费者的种种体验类型视为“战略体验模块”，包含感官、情感、思考、行动与关联五个方面。体验的模块或类型是体验的内容本身，这些内容需要通过一些媒介传递出去。施密特将其称为“体验媒介”，即营销人员为消费者创造体验时的战术实施活动，具体包括传播、视觉和语言标识、产品、联合品牌塑造、空间环境、网站与电子媒介以及人员。可以结合战略体验模块和体验媒介来构建一个体验矩阵，战略体验模块相当于体验的内容，而体验媒介相当于体验的途径，所构建的二维组合为体验矩阵单元。在设计体验矩阵的时候，需要选择某个体验模块，也需要考虑最适合该体验模块的几个体验媒介。体验矩阵的设计需要考虑四个问题：（1）强度问题：强化还是弱化？（2）幅度问题：丰富还是简化？（3）深度问题：扩展还是收缩？（4）联接问题：结合还是分散？创建品牌体验的流程有六个步骤：（1）分析目标市场和竞争者；（2）明确品牌体验的主题；（3）选择品牌体验的类型；（4）设计品牌体验的剧本和道具；（5）吸引消费者的参与；（6）评估体验的效果。

重点概念

体验经济（Experience Economy）
品牌体验（Brand Experience）
体验营销（Experiential Marketing）
体验式品牌塑造（Experiential Brand Building）
娱乐（Entertainment）
教育（Education）
审美（Estheticism）
逃避现实（Escape）
感官（Sense）
情感（Feel）
思考（Think）
行动（Act）

关联（Relate）
战略体验模块（Strategic Experience Modules, SEMs）
混合式体验（Experiential Hybrids）
全面体验（Holistic Experiences）
体验媒介（Experience Providers，ExPros）
体验矩阵（Experiential Grid）

进一步阅读材料

1.（美）伯纳德·施密特. 体验营销：如何增强公司及品牌的亲和力[M]. 北京：清华大学出版社，2004.
2.（美）施密特, 西蒙森. 视觉与感受：营销美学[M]. 上海：上海交通大学出版社，1999.
3.（美）约瑟夫·派恩二世，詹姆斯·吉尔摩. 体验经济（更新版）[M].北京：机械工业出版社，2012.

复习思考题

1. 体验经济与以往的经济形态有何不同？
2. 什么是体验？
3. 体验式品牌塑造与传统品牌塑造模式有何不同？
4. 派恩和施密特的体验分类有何不同？
5. 体验媒介有哪些？
6. 如何设计体验矩阵？
7. 根据品牌体验的创建步骤为某一产品创建体验。

第 7 章　整合品牌传播

引　例

2012 年，加多宝和广药对王老吉商标的争夺战相信已经是无人不知。早在商标争端之初，出于对王老吉商标使用权前景的不确定性预期，加多宝就开始加快去王老吉化步伐。2012 年 2 月 29 日，加多宝发布官方声明，加多宝开始去王老吉化，红罐王老吉启动全新包装。广告语也由以前的“怕上火喝王老吉”变更为“正宗凉茶加多宝出品”。连平面海报也很难找到王老吉商标的踪影。

2012 年 5 月仲裁结果出来后，加多宝方面立即召开新闻发布会。公司最高层亲自面对媒体，向媒体表明公司的重视程度，以及对仲裁结果的态度和立场。表明加多宝更名实属无奈之举，加多宝勇于承担责任的态度赢得了媒体和公众的理解。

2013 年 2 月份加多宝在其官方微博上一连发了四条主题为“对不起”的微博，并配以幼儿哭泣的图片，这组图片极具视觉力和传播力，并且每张图片配以一句简单的话语作为文案，引发了网络关注，其四条微博迅速被转发超过四万。

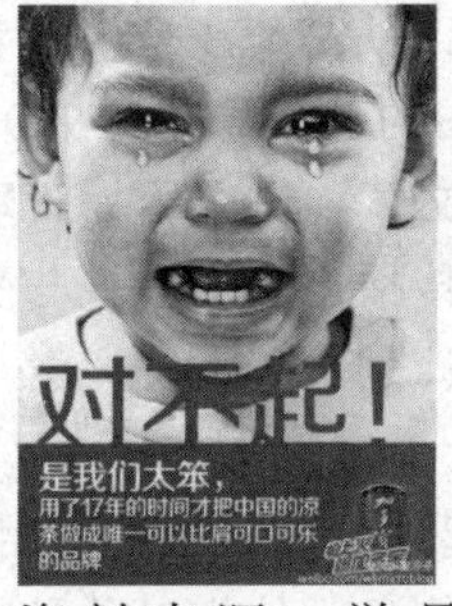

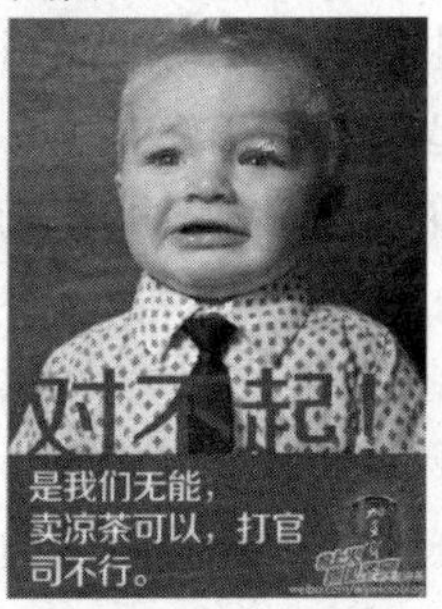

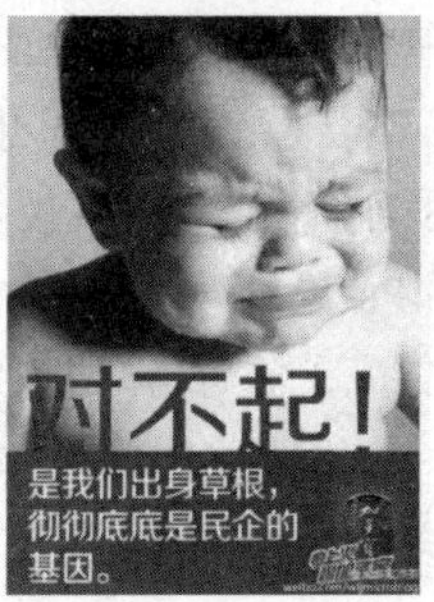

资料来源：游昌乔．中国营销传播网 [EB/OL]. http://www.emkt.com.cn/article/591/59198-2.html.

热身思考：你如何评价加多宝的“对不起”广告？你认为这一传播策略对相关品牌有何影响？

第 1 节　整合品牌传播概述

一、整合品牌传播的定义和原则

（一）整合品牌传播的定义

英特品牌（Interbrand）公司整合传播和策划部主任卡罗琳·雷（Carolyn Ray）认为，整合品牌传播（Integrated Brand Communications，IBC）是一个整体性的传播策略，整合了所有传播活动——如公共关系、广告、投资者关系、互动或内部传播，用这样的策略来经营企业最宝贵的资产——品牌。整合品牌传播源自于品牌价值管理，它的核心理念是通过管理品牌的整合传播来实现品牌价值最大化。由此来看，整合品牌传播的概念本质是品牌资产导向的整合营销传播。结合整合营销传播接触点视角的理解，本书将卡罗琳·雷的定义进一步放大，认为整合品牌传播是指企业从内容和时间上整合所有可能影响消费者的接触点，持续传递统一的品牌识别，最终建立品牌资产的一切营销活动。

（二）整合品牌传播的原则

在整合品牌传播过程中，需要遵循以下原则：

1．整合品牌传播强调品牌接触点传播

消费者对品牌的印象是多渠道、多次接触积累的结果，某一个方面的细节做得不到位都有可能影响到消费者对品牌的评价。例如，消费者到某个餐厅吃饭，感觉餐厅的环境和食物本身都很好，但只是某一位服务员的态度较差，那么消费者对整个餐厅的评价就会受到影响。因此，要想做好整合品牌传播，首先就要做好足以影响消费者购买决策的“关键性接触点”的管理。斯堪的纳维亚航空公司前总裁简·卡尔宗把它形象地称为“关键时刻”（Moments of Truth）。他认为只要在最能给顾客留下好印象的地方竭尽全力，就能成功。美国先知品牌战略咨询公司（Prophet Brand Strategy）合伙人斯科特·戴维斯和迈克尔·邓恩对内部和外部品牌接触点进行了全面分析[①]。

2．整合品牌传播强调与受众的互动交流性

舒尔兹教授认为，企业过去的座右铭是“消费者请注意”，现在则应该是“请注意消费者”。事实上，整合营销传播思想起源于欧美20世纪90年代以消费者为导向的营销思想。1990年，北卡莱罗纳州立大学教授罗伯特·劳特朋在《广告时代》杂志上发表文章，提出用4Cs取代传统的4Ps论的观点，其核心思想就是消费者导向。同样，整合品牌传播也应当重视与受众的互动交流，在了解到消费者的动态个性化需求后再设计整合的传播计划。

3．整合品牌传播强调所有传播内容的统一性

不同的传播工具都有其自身特点，如广告起到告知的作用、促销起到短期刺激的作用等，但对于消费者而言，如果他们接受到来自不同传播工具的杂乱的品牌信息，他们对于品牌的印象就会模糊。这对于统一的品牌形象的形成是非常不利的。所以，整合品牌传播要以品牌的核心价值为统帅，对各传播工具的内容进行统一管理，发挥合力协调作战。20世纪90年代，三星为了提升品牌档次，加大了技术研发，同时不惜眼前的利益毅然从定位偏低的沃尔玛超市退出，这些举动具有很高的统一性，最终成就了三星国际一流的品牌梦想。

4．整合品牌传播强调时间序列上的连续性

不仅是同一时期内传播的内容要保持统一，在不同时期内传播的内容也应有一定连续性。因为消费者对品牌的印象是一个积累的结果，不同时期不同内容会相互混淆甚至冲突。比如，近几年来，蒙牛从事了大量与健康有关的营销活动，如“绿色蒙牛，幸福畅游”开箱赢大奖活动、“每天一斤奶，强壮中国人”免费捐奶公益活动、“蒙牛城市之间”大型趣味体育比赛、赠送《乳品与人生》健康图书的活动等等，从而在“健康”这一诉求点上产生了很好的积累

---

① （美）斯科特·戴维斯，迈克尔·邓恩．品牌驱动力[M]．北京：中国财政经济出版社，2007．

效应。

5．整合品牌传播从内部传播开始，再到外部传播

尽管整合品牌传播在设计方案的时候是由外（消费者）而内（企业）的，但在传播的时候却是由内而外的，因为品牌核心价值的传递需要内部员工甚至是中间商的配合执行。因此，品牌首先在企业内部传播是非常必要的。将每位员工塑造成“品牌标准人”和“品牌大使”是内部品牌传播的目标，因为他们都可能成为消费者与品牌的接触点，即使不是直接的接触点，也是对接触点有重要影响的人。如生产一线的工人尽管不与消费者直接接触，但其生产的产品却是与消费者接触的关键点。

二、整合品牌传播的流程

英特品牌公司的卡罗琳·雷提出，整合品牌传播的流程有十个步骤①：

（一）明确品牌在企业中充当的角色

品牌通常被定义为通过创造顾客忠诚，以确保未来收入的一种顾客关系。越来越多的企业发现，品牌才是企业最宝贵的资产。然而，这也不是绝对的。一些企业更看重价格、产品和渠道，而不是品牌。所以，整合品牌传播的起始点包括分析品牌所充当和能充当的角色。这需要对企业战略的审视，而顾客、雇员和关键股东等因素，都需要考虑进去。

（二）理解品牌价值的构成要素

正如品牌管理是对生意的管理一样，整合品牌传播需要考虑回报，而不只是对传播活动的安排和预算。在规划整合品牌传播活动的时候，有必要明确究竟采用哪些指标来对品牌的业绩进行量化，这样有利于对传播进行目标管理。

（三）明确谁是品牌信息期望到达的人群

明确品牌的角色之后，至关重要的一步就是要找出关键的目标受众。目标受众需要分成两个层次：一个是直接受众，即最先接触到品牌信息的人，他们通常也是意见领袖；另一个是间接受众，即受到意见领袖影响的普通大众。关键问题是要明确直接受众的特征和兴趣。

（四）形成“大创意”

大创意（Big Idea）是指独特的价值诉求。尽管一些平庸的诉求通过媒体轰炸也能产生一定的效果，但大创意能在降低传播成本的情况下产生更佳的效果。如脑白金、哈药集团的成功要素之一是狂轰滥炸的广告，一旦广告停下来销售业绩马上就要受影响，而南方黑芝麻糊的广告创意则使人在十几年之后仍然记忆犹新。伟大的创意需要符合四个基本的标准：符合受众需要、诉求区别于竞争对手、诚实可信、具备能够随着企业业务的发展而发展的内在张力。例如，绝对伏特加的酒瓶广告创意堪称经典，其完美、优雅、简洁、智慧的品牌内涵打动了消费者的心，又区别于竞争对手，其风格让人信服，在不同国家推广时也能将“绝对”系列广告进行当地化的调整。

（五）明确怎样才能通过改变认知来获得大创意

大创意在进入受众脑海的时候，可能会碰到一些感知障碍，管理者需要进行分析和排除。例如，五谷道场方便面提出了“非油炸更健康”的独特诉求，挑战的是人们脑海当中油炸方

① Ray, Carolyn. Integrated Brand Communications: A powerful new paradigm[EB/OL]. www.brandchannel.com, August, 2004.

便面的垄断位置，因为消费者之前所有吃过的方便面都是油炸的，油炸方便面是否真的对身体有害还有待考证；又如，当年农夫山泉为了推广天然水而做了一个水仙花生长对比实验，以此来证明天然水比纯净水有营养。认知决定了消费者的购买行为，因此，营销传播的核心目标应当是促进消费者品牌认知的形成。

（六）通过信息传播改变消费者认知

对消费者品牌认知的改变需要传播上的努力。然而，传播者可能会碰到两方面的阻碍：一个是消费者固有的认知（如一开始美国消费者并不接受“速溶咖啡”这种消费理念），一个是竞争者信息的干扰（如当前洗发水广告千篇一律的是美女在舒展瀑布般的秀发）。好的品牌传播必须要穿透消费者每日因接触过载信息而形成的“防火墙”，并改变他们的预设心理。比如，在让人眼花缭乱的洗发水广告里，清扬打出“男士去屑专用”的口号，使其迅速异军突起，同时给人们的洗发水使用经验来了一个“大洗脑”。

（七）理解单个媒介在改变认知态度和维持发展势头中的作用

媒介是传播的具体策略，如广告、公关、互联网络营销等。由于媒介自身的特点以及与消费者的接触状况不同，消费者对媒介会产生不同评价，导致媒介对形成消费者品牌认知的作用也不同。例如，广告和公关都是建立品牌认知和改变品牌态度的有力工具，但广告的效果比较直截了当，而公关则是潜移默化式的；互联网营销注重互动，因此在消费者体验方面效果很好。

（八）确定最佳媒介组合

媒介需要进行组合以达到最优效果，这一方面是因为品牌传播受到有限媒介预算的影响，全部用来投放广告预算会很紧张；另一方面是因为不同的传播媒介都有其利弊，媒介组合有利于弥补弊端。

最佳媒介组合有两层含义：一层含义是在消费者与品牌接触的不同阶段，媒介需要交替使用，如品牌刚上市的时候宜采用免费试用的促销手法，并且配以告知性广告的攻势；到了成长期，以美誉度为目标的广告和赞助活动更加有效；成熟期时，价格促销和其他非价格促销是主要的策略。另一层含义是在同一阶段不同传播媒介也要配合使用，如清扬刚推出的时候，几个版本的广告频频出现在电视、户外、网站等各种媒体上面，在零售终端大搞买一送一的促销活动，甚至还策划了“千万人去屑大挑战，赢巴黎时尚之旅”的事件营销活动。不管是何种形式的媒介组合，从整合品牌传播的角度来讲，都是以最低的媒介成本发挥最大的媒介合力，最终建成强势品牌。

（九）效果测量

一些企业愿意花大笔费用来做广告和搞价格促销，却不愿意花一小笔费用来测量品牌传播的效果。这是极其错误的。一百年前，美国费城商人约翰·华纳梅克（John Wanamaker）就曾说过：“我的广告费有一半被浪费了，问题是我不知道是哪一半。”实际上，说“浪费了一半”还是太过客气。按照市场调查机构 Zenith Optimedia 的统计，全球广告业 2006 年的全年收入大约有 4280 亿美元。据一位行业高管估计，在全球范围内广告主浪费（亦即信息到达的并不是目标受众或者干脆没有受众）的广告金额有 2200 亿美元，已经超过了总广告费的一半，其中仅美国的广告主每年浪费就有 1120 亿美元。因此，品牌传播者应该建立评估的意识，要相信对整合品牌传播效果的测评是一种投资，而非花销。通过定性与定量结合的方法了解信息和媒介的传播效果，将有助于在接下来的几年中优化传播计划，提高传播效率。

（十）从第五步开始，重复整个过程

整合品牌传播是一个持续的过程。在测量完首次效果后，返回到整合品牌传播活动的初始，并考虑进一步提升的机会。一般而言，除非大创意存在非常严重的问题，否则，大创意不宜轻易改变。因此，卡罗琳·雷建议从第五步开始重新考量整合品牌传播。重新回到对信息的考量上，探求使他们更具有驱动性的机会；重新回到媒介计划上，考量是否到达目标受众；重新回到媒介预算上，考量这些预算是否被合理配置；最后，重新回到评估工具上，确定它们是否有助于推动和管理计划的实施。

三、整合品牌传播策略的框架

整合品牌传播包括内部品牌传播（Internal Brand Communication）和外部品牌传播（External Brand Communication）。尽管整合品牌传播是一个消费者导向的概念，思考的方向上看应该是由外到内（即从消费者到企业），但从传播的过程看却应该是由内到外的，传播的对象从企业内部员工到外部合作伙伴（如零售商）和消费者。如果员工不能接受和认同品牌信息，那么他们也不可能以实际行动表现品牌的精髓，并向外部的零售商和消费者传递正确的品牌信息。

结合凯勒教授在经典教材《战略品牌管理》当中的观点，同时考虑到当前外部品牌传播的热点话题，本书将外部品牌传播当中的 4P 内容分为营销活动和营销沟通两组，其中营销活动包括产品、价格、渠道，营销沟通包括广告、促销、公关、推销、口碑（见图 7-1）。

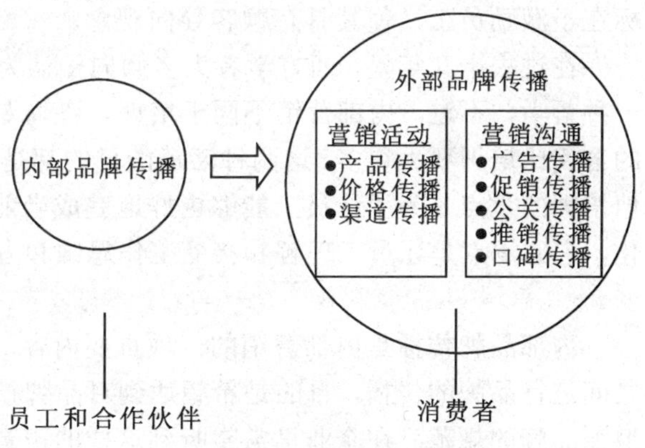

图 7-1　整合品牌传播的策略框架

以往很多有关品牌管理的专著和教材都着眼于企业对消费者的外部品牌传播，而实际上对于内部员工以及合作伙伴的品牌传播也是至关重要的，因为他们是对消费者进行品牌传播的执行者。维珍集团 CEO 布兰森认为，维珍成功的要素“在于你拥有什么样的员工。如果你的员工很快乐，每天面带微笑，以工作为乐，他们就会有出色的表现。顾客自然也会喜欢和你的企业打交道。”他把在与英国航空公司的诽谤案中获得的 61 万英镑的赔偿金与当时所有的维珍员工平均分配，每一位维珍员工都得到了被称为“英国航空公司津贴”的 166 英镑。这件事情传递给所有员工的信息是：他们一起赢得了一次巨大的胜利。畅销书《发现利润区》的作者亚德里安·斯莱沃斯基称：“你在内部营销上花的每一个美元和每一个小时，对你的外部关系都会产生倍增的价值。”正因为如此，很多企业特别重视员工的品牌传播，如迪士尼每一位新员工都会接受一天半的“传统教育”，这些课基本上由那些自愿来授课的老员工讲解，他们通常会讲述自己在迪士尼的工作经历，让新员工们受到感染和鼓舞；麦当劳专门设立了“汉堡包大学”来训练员工，不断提高员工的服务能力，从而使麦当劳员工有能力提供卓越的服务；维珍的布兰森会花很大力气去激励员工，每个月都会亲自写信给他们。一些企业则坚持“员工第一，顾客第二”的经营理念。例如，美国罗氏旅游公司的老板桑布鲁斯以“顾客第二”的营销之道，在短短 15 个春秋就把原先只不过是费城地区的一家小旅社，经营为年营业额达15亿美元的世界三大旅游公司之一；星巴克将巨额的广告费用转换成对新开店面的每一位员工的教育和培训上，坚持每一位员工都拥有最专业的知识与服务热忱；美国西南航空公司的股价在30年间上涨了1400倍，当时的总裁赫伯·凯勒尔（Herb Kelleher）认为其成功的关键在于始终固守一个清晰、简单的战略思想，这个思想已经得到了公司全体员工的认可并融入其日常行为之中。

第2节 品牌的内部传播策略

一、内部营销与内部品牌传播的含义

内部品牌传播的理论前提是内部营销理论的提出。1981年，北欧服务营销学派的鼻祖、芬兰著名营销学教授格朗鲁斯（Gronoos）提出了一个新的营销概念——内部营销（Internal Marketing）。在他看来，内部营销是以一种积极的、通过营销方式进行的、互相协调的方法来推动公司职员为顾客创造更好的服务。可见，内部营销是一种把员工当作顾客的哲学，目标在于激励员工，使其具有顾客导向观念。

在过去十几年里，西方学者大多倾向于认为内部营销是从营销角度进行人力资源管理的一种哲学。不过，内部营销不同于培训。咨询专家亚德里安·斯莱沃斯基解释说，内部营销的含义比培训要大得多。这两种活动的目的都是以特殊的方式改变员工的思维、态度和行为，但培训的重点是为了让员工能够更好地完成当前的工作；而内部营销则涉及企业的根本性变化，它的重点是让员工理解和接受工作思维和方式的改变，并且能够身体力行地促进这一改变。

内部品牌传播是内部营销的一项重要内容，指的是用营销的策略在企业内部及合作伙伴之间进行品牌的传播，目的是希望达到对品牌核心价值的一致认同，并在今后的营销工作中遵循品牌的规范。在企业里常常听到这样的声音——“我们要加强品牌建设，将品牌建设工作落实到每一个部门、每一位员工中去”，那么如何将品牌建设工作落实到每一个部门、每一位员工中去，落实了以后企业又期望得到什么结果？企业常常没有明确的答案。事实上这就是企业内部品牌传播的过程。在这一过程中，品牌是营销的核心，所有的理念、知识和能力的提升都应当与品牌的识别和核心价值有关。一个成功的内部品牌传播将会造就与品牌荣辱与共的内部员工，如迪士尼的员工以在迪士尼工作而感到快乐和自豪。

二、品牌内部和外部传播的区别

尽管都是品牌传播，但内部传播和外部传播在以下几个方面还是存在差异：

（一）传播对象

外部传播针对的是消费者，而内部传播针对的是公司全体员工，不管是一线与顾客直接打交道的部门，还是后勤支撑部门，也不管是一线员工，还是中层领导。换句话说，内部传播是为了塑造全员品牌营销意识。不仅如此，就连合作的零售店也应当在内部传播对象之列，因为消费者对零售店的满意度或多或少会影响他们对产品品牌的评价。

（二）传播目的

外部传播的目的是让一切外部受众知晓新的品牌信息并认同、接受；而内部传播的目的则是让全体员工以身作则，用自己的一言一行为企业的品牌代言。

（三）传播内容

外部传播仅仅让顾客认同并接受品牌的卖点就足够了，内部传播却不仅仅要让员工知道自己产品与品牌的独特之处，更需要员工知晓品牌的文化、内涵与个性。如果品牌是一个人，那么，公司每一个员工都应该是这个“品牌人”的化身和全权代表。

三、内部品牌传播的途径

品牌的内部传播已逐渐受到一些企业的关注，各种传播途径也层出不穷。内部品牌传播可归纳成四个方面①：

（一）企业内部媒体上的品牌传播

企业内刊、内部网、宣传栏、办公用品等企业内部媒体都是内部品牌传播的主要途径。早年的企业内刊模式大多是“历史+时事+作品”，即对企业辉煌历史的回顾和对企业新闻的报道，再加上员工自己撰写的诗歌散文或是创作的书画摄影作品。然而在市面上大量精美而充实读物的冲击下，这样的内刊逐渐失去了生命力，取而代之的是内容时尚、文字精美、装帧考究的新型内刊。对于内刊人来说，如何在品牌传播的目的性和内容的可读性两方面达到平衡是最为重要的。内部网是现代化企业当中员工与员工、员工与领导之间沟通的主要渠道，一些切实可行的内部品牌传播技巧是制作精美的品牌主题桌面和屏保、有趣的品牌故事FLASH、品牌广告片、若干主题的品牌 BBS、总裁在线栏目等等。宣传栏是比较传统的宣传媒体，是内部网在线下的补充，最常见的内容如优秀员工的照片、一些团队的作业竞赛情况等，目的在于激励员工奋进，此外还有一些品牌宣传海报、以往获得的荣誉等。印有名称、标志、口号、角色等品牌识别元素的办公用品（如笔、信纸、台历）应为企业内部员工免费提供，从而让品牌融入他们的日常工作，成为他们工作方式的一部分。

（二）企业固定场所里的品牌传播

企业厂房、楼梯、电梯、办公楼走廊、食堂、洗手间、门卫室、会议室、接待室、办公室等企业固定场所也是很好的品牌传播载体。这些地方构成了员工们的工作环境，以此为载体而进行的品牌传播（如张帖海报、播放视频及其他宣传品）具有潜移默化的作用。在长沙远大空调城里面，办公楼的墙壁上挂着总裁张跃亲手创作的油画，而公司的管理学院则是仿希腊建筑，草地上有希腊先贤的雕塑，以人为本和创新的企业文化非常浓郁。在“脉动”饮料运行初期，乐百氏集团就像是“脉动”公司：当电梯门徐徐打开时，迎面的玻璃门上贴着脉动的标签（引宾标签）；往接待厅的沙发一坐，看到桌子上面摆放着脉动的小摇旗（桌面小摆设）；细心观察走动的员工便会发现，在他们的胸牌上都出现了“脉动”的形象；进入办公区，电脑屏幕上出现的是脉动的桌面和脉动的屏幕保护程序。

（三）企业内部活动中的品牌传播

企业内部举办的各种会议和活动都是很好的品牌传播途径，包括公司周年庆典、元旦迎新晚会、中秋聚会、公司运动会、新员工入职仪式、培训、公司营销年会、公司年终总结大

① 谢付亮，朱亮. 品牌天机——超低成本塑造品牌的 16 条黄金法则[M]. 北京：机械工业出版社，2007.

会、部门例会等等。尽管一般的企业都会举办这些活动，但一个品牌导向的企业会在这些活动过程中特别强化品牌知识的传递和品牌文化的塑造。例如，天津移动的客户内部品牌传播活动包括成立以副总经理为组长、各部门主要领导人为副组长的“客户内部品牌传播活动”领导小组；向全体员工下发《中国移动通信客户品牌手册》，人手一册开展各项学习活动；组织集团公司范围内的品牌知识竞赛，队员由基层单位选拔；在办公室、电梯间、楼道、宣传栏等场所张贴海报进行宣传；由公司副总经理召开动员大会，从品牌的意义、品牌战略的关键因素等方面阐述了做好品牌传播的重要性；此外，还开展“品牌功夫DV秀”和“品牌大赢家”等活动。再来看豪雅的例子。如何让员工了解自己公司的品牌？怎样才能让他们向顾客展现品牌的魅力？豪雅表的答案是——内部营销。2011年，豪雅在上海举行内部特卖会，仅限持有邀请函和员工卡的内部员工，每人限购两只。这种活动一般每年都有。

（四）企业员工层面的品牌传播

企业员工的衣着打扮、言谈举止等等不仅是外部品牌传播的一个通道，也是内部品牌传播的“活广告”。通过对员工的着装与言行进行规范，企业成员能够更好地凝聚在品牌之下，对外形成统一的形象。比如，制服作为一个重要的工作道具能够增强员工的工作态度和专业精神。最严格的制服制度莫过于军服，“服从、效率”等军队品牌文化融入到了军服文化当中。导入CI系统的企业在员工仪容仪表、服务态度、文明用语、行为举止等方面都有细化规范。不过，从品牌的角度来讲，员工在这些方面的表现应当体现出品牌的特色，如一家以“快捷服务”为品牌内涵的银行需要培养员工语言的简练性和行为的迅捷性，总体印象给人应该是“麻利干练”的。这些在员工品牌手册上都应有明文规定。除了一线员工之外，一些内勤人员也是内部品牌传播的对象，即使他们不直接面对顾客，但他们的言行举止也会给接触过他们的客人留下印象。如迪士尼乐园的清洁工都要求对自己公司的品牌非常熟悉，因为游客可能会有问题咨询他们。全员品牌传播才能保证品牌与组织的高度统一。

四、内部品牌传播的内容

由于传播的目标不同，内部品牌传播与外部传播的内容也有所不同。内部品牌传播的内容包括品牌理念、品牌知识和品牌技能三个方面。

（一）品牌理念

思想决定行为，首先要把组织内部成员的品牌理念树立起来，他们才能接纳品牌的知识，并在为顾客的服务过程中创建品牌。品牌的理念主要有顾客导向理念和品牌价值观两类。

品牌的基本理念是顾客导向的理念。斯堪的纳维亚航空公司前CEO简·卡尔宗说：“看一下我们的资产负债表。在资产方面，你可以看到有多少架飞机值多少亿钱。然而，你错了；我们是在自己欺骗自己。在资产方面，我们应该填的内容是，去年我们的班机共有多少愉悦的乘客。因为这才是我们的资产——对于我们的服务感到高兴并会再来买票的乘客。”尽管“顾客是上帝”、“为顾客创造价值”的口号已经叫了很多年，但仍然有很多品牌并没有真正体现顾客导向的理念，原因在于在很多员工看来，“顾客是顾客，我是我”。如果企业员工什么时候能够采取“我就是顾客，顾客就是我”的换位思维来工作的话，那么品牌才真正实现了顾客导向。有“中国第一股票分析师”美誉的瑞银华宝高级研究员张化桥不仅专业水准高超，在顾客导向理念上面也是身体力行。一次，一位机构客户要张化桥陪同去考察国内一家上市公司，张化桥到北京接机时发现北京天气非常干燥，自己的嘴唇有些开裂，他马上想到了客户来北京也会有同样的麻烦，于是他给客户买了一支润唇膏，当客户一下飞机就递到了客户的手上。这件小事让这个客户感动了许多年，后来他一直是瑞银华宝的忠实客户。

顾客导向理念是所有品牌共通的理念，而凸显品牌差异的则是不同的品牌价值观。一般而言，品牌的价值观由企业家所主导，如维珍集团 CEO 理查德·布兰森坚持维珍要走“反传统、反权威”的品牌个性路线，旗下所有产业在价值观方面都体现了这一思想；国内著名营销策划人叶茂中崇尚“拒绝平庸，拒绝驯化”的狼文化，以狼作为其营销策划公司的代言形象，并提出“没有好创意就去死吧”的口号来鞭策自己和创意团队。品牌的价值观理念不是用一句品牌口号或者一个形象代言就能形成的，更重要的是渗透到日常的工作细节当中。座落在美国中西部明尼苏达州首府圣保罗市的巨型企业 3M 公司以创新而闻名于世，这根源于 3M 对员工创新的支持和尊重。比如，在美国，3M 有一项特别的政策，允许员工每天有 15% 的工作时间可以做本职工作之外的事情，以此来鼓励员工创新。3M 另一个很著名的做法是鼓励“无心之失”（Honest Mistake），即对于员工创新中的失败非常宽容，允许他们犯错误。3M 从来没有过由于员工希望多做点事情结果没有做好而被惩罚的例子。3M 公司宽松的环境有利于激发员工的创新精神，目前该公司产品种类达 66000 多种，成为世界上多元化程度最高的公司。我国房地产界的领头羊“万科地产”在员工的工作牌后面印着万科的核心价值观，即：“第一，客户是我们永远的伙伴；第二，人才是万科的资本；第三，阳光照亮的体制；第四，持续增长。”

（二）品牌知识

既然公司上下所有人员都是品牌的代言人，他们就必须对品牌方方面面的知识有所了解。有关的品牌知识包括两个方面：一是品牌管理学的基本知识，包括品牌的涵义、品牌的作用、品牌的规划、品牌的创建、品牌的提升、品牌的测量等；二是本企业品牌区别于其他企业品牌的知识，包括本品牌识别当中的公司、产品、个人和符号等四组内容，如公司识别的规模、创新、社会责任，产品识别的品种、特点、目标顾客群、生产地，品牌识别的个性与关系，符号识别的品牌设计要素及意义等等。这些知识虽然是品牌管理者的必备知识，但对公司全体员工而言也有学习的必要，因为一个品牌导向的公司在品牌实际运作中需要各个环节细致的配合，如研发、生产、财务、人力资源等职能部门都影响到了品牌的表现，而不仅仅是市场营销部门。惠普新总裁卡莉·菲奥莉娜在上任后不久就让公司 200 名高层经理观看了一部消费者讨论“惠普变得如何的不一致”的录像片，其目的就是希望公司不同部门都要合作，以同一个面孔面对消费者。

（三）品牌技能

技能训练是目前企业最为关注的一个方面。常见的技能训练包括售前的推介、售中的订单处理、售后的服务与技术支持等方面。这些工作与品牌的购买和消费息息相关，形成了消费者与企业接触的全过程，对于消费者品牌体验的形成意义重大。目前各公司在推介、订单处理、服务和技术支持方面的技能培训存在雷同的现象，导致消费者无法体会到各个品牌之间的差异。而一个品牌导向的技能培训应该是将品牌融入到操作技能当中去，让消费者在购买和消费的过程中形成独一无二的体验。例如，星巴克为了让顾客获得高品质的咖啡文化体验而要求员工具备“星级技巧”——接触、发现、回应三点。所谓接触就是顾客进门 30 秒之内打招呼；发现就是通过主动引导话题来了解顾客的需求；回应就是让顾客觉得这是一次完美的体验，愿意下次再来。麦当劳为了强化顾客对麦当劳品牌“服务迅捷”的体验，策划了一个“59秒”活动，即员工必须在59秒之内送上顾客点好的食品，不然就要罚赠一个冰激凌甜筒给顾客。海尔在售后服务方面具有很高的美誉度，“真诚到永远”的服务理念贯穿到服务人员技能培训当中，例如“12345服务规范”的提出给接受服务的消费者留下了深刻的印象。

第3节 营销活动与品牌传播策略

从广义的角度来看，产品、价格、渠道、沟通等4P营销组合策略都有利于品牌的传播。本节介绍产品、价格、渠道策略与品牌传播的关系，下一节介绍沟通策略与品牌传播的关系。

一、产品策略与品牌传播

尽管产品（包括商品和服务）并不等同于品牌，但产品是品牌成功的基石，没有好的产品也不可能有好的品牌，而好的产品质量也会带来高的投资回报。本部分主要从品类、感知质量等两个方面来阐述产品策略在品牌传播中的作用。此外，包装也是产品当中影响品牌的重要因素，第4章已对产品包装有所介绍，此处不再赘述。

（一）品类与品牌传播

1. 品类的概念

在思考如何创建强势品牌的过程中，一个往往被忽视的问题是——产品的品牌是建立在品类基础之上的，跨越品类来直接讨论品牌是缺乏根基的。心理学研究发现，大多数人记忆储存的方式是基于天然分类的形式记忆，即概念抽屉。品类就是消费者心中的概念抽屉。消费者在认知产品的时候，都存在一定的认知定势，他们会不自觉地把产品按照自己的逻辑与“同类”产品进行比较。例如，人们在口渴后要购买饮料时，通常先想到的是纯净水、矿泉水、果汁或者茶饮料这些品类，然后才会决定购买哪个品牌的饮料。人们的这种“先品类，后品牌”的思维过程，表明了建立品类的必要性。菲利普·科特勒教授从营销理论上对此也做出了阐述。根据他对产品层级的界定可知，品牌是属于产品项目层面的概念，是从属于产品线（即品类）的，因为从消费者购买心理来讲，选择品牌之前一定是要考虑购买哪一类产品来满足自己的功能需要。凯勒教授则从另一个角度指出，所有品牌都具有类似的联想和差异的联想，其中类似的联想是指品牌所属品类的基本特性。由此可见，创建品牌的首要任务是对品牌所属品类的特性进行分析。

在20世纪八九十年代，随着市场竞争加剧和信息技术发展，欧美等国家的企业率先兴起了品类管理。品类管理又称需求管理，是把品类作为战略业务单元，通过消费者研究，以数据为基础，对品类进行数据化的、不间断的、以消费者为中心的决策及管理过程。在品类管理的概念当中，品类是指购物者认为是相关联的或可以相互替代的、易于一起管理的一类产品，如洗发护发品类、口腔护理品类等。本书提出的品类概念与品类管理当中的品类概念有所区别，本书的概念指的是满足消费者特定需求的某类产品总和。建立品类，就是有意识地创造开发出一种新的、具有鲜明个性的、唤起并满足消费者某种需求的产品类别。

品类与行业有所不同，主要差异在于品类比行业的范畴要小，如服装行业可能包括西服、休闲装、职业装、运动装等品类，再细化下去就是休闲西服、男士西服、高档西服、国产西服等等更细的品类。可见，相对于行业的规范性而言（如国家统计局对行业有明文规定的分类标准），品类带有更多的随意性。以往品类的细化主要是技术的创新所致，而现在新品类的出现更多的是受到营销和技术的双重影响，如“立领”这种服饰的出现既是新服装设计风格的产物，也是民族文化营销的结果。提出品类概念的最大价值在于指出各种品类之间的本质差异，从而指导品牌按照品类的特征建立。

2. 品类对品牌传播的影响

在品牌创建的理论当中，品类还是一个较新的概念。阿克教授在新著《品牌相关性》一书中，提出要建立品牌与品类的相关性，从而将竞争者排除在该品类之外①。品类对品牌传播的影响体现在三个方面②：

（1）品类的创新为品牌的占位提供了空间

由于技术的普及，产品同质化程度日趋严重，品牌竞争变得越来越激烈。按照《蓝海战略》一书的作者钱·金教授的说法，市场陷入了一片“红海”之中。要想在“红海”之中出人头地，没有雄厚的基础和实力是非常困难的。因此，最好的竞争战略是开拓一片“蓝海”，即进入一个没有竞争的领域。品类概念的提出为开辟“蓝海”创造了一个新的途径，在新品类当中，作为开创者的品牌水到渠成地成为品类第一品牌。举个例子，如果说要在方便面领域抢占市场的话，再靠强调面条多么筋道、汤料多么香浓已经没有太大竞争力了，因为不管怎么样都还是“方便面”，而方便面市场的大片江山已被康师傅和统一两大巨头牢牢占据。一个新的方便面品牌要想占有一席之地，就必须从品类的角度思考品牌的出路。在这方面，我们已经看到了一些成功的案例，如今麦郎推出“不易煮烂”的弹面、白象推出更有营养的大骨面、五谷道场推出“更健康”的非油炸方便面等等。甚至一些品牌完全跳出方便面领域，推出方便米粉（如四川白家）和方便米饭（日本大家）。腾讯在网络社交媒体领域推出了微信，其“圈子”功能使得用户迅速成长，社会影响力巨大，这对新浪微博的地位产生了极大的挑战。可见，一个新的品类运作得当极可能挑战甚至替代老的品牌。

（2）品类个性是确定品牌个性的参照坐标

对消费者而言，任何一个品类都是一个综合的认知集，既包括基本的物理功能，也包括由物理功能而引发的情感性联想。品类的这些物理功能及其所带来的情感联想给了消费者完全不同的感觉。这些感觉可比拟成性格各异的人所带来的感觉，而用一些描述性格的词语来拟人化地描述这些感觉更为简练、形象，于是就形成了品类个性（Category Personality）。其实，广告大师李奥·贝纳很早就提出产品具有“与生俱来的戏剧性”的观点，说明每一个品类的产品固有独特的、充满魅力的特点。品类个性正是这么一个描述“产品戏剧性”的新术语。

按照凯勒教授的观点，所有品牌应当具有共性和个性，共性即品类的共通特性，在本书中就是品类个性。由于品牌个性的本质是品牌的差异性，因此某个品牌的个性一般不宜以其所属的品类的个性作为基础（除非是行业的领导品牌），而是应尽量避开品类个性。所以，品类个性对品牌个性起到了参照系的作用，而不是直接的套用。当然，一个品类只有一个品牌的情况下二者就会重叠。可见，在确立品牌个性之前，需要弄清品类个性，以使品牌的个性

① 戴维·阿克. 品牌相关性：将对手排除在竞争之外[M]. 北京：中国人民大学出版社，2014.

② 周志民. 品类个性的形成与作用机理[J]. 深圳大学学报（人文社科版），2006(2)：94—99.

凸显巨大差异化。例如，明基是一个电子产品的品牌，其品类个性应该体现专业和能力，但事实上其品牌个性却是时尚、生动，从而很好地与 IBM 区隔开；牙膏等日用品从品类个性来看应该是真诚的生活帮手，但广告当中更多看到的是最新配方的增添，从而显示出这些品牌技术上的先进性和创新性。

在一个企业中，品类与品牌之间通常存在三种关系：第一种是一个品类一个品牌（如格力空调）；第二种是一个品类多个品牌（如宝洁的各种洗发水）；第三种是多个品类一个品牌（如三星彩电和手机）。第一种情况中，品牌个性最好与品类个性紧密联系，这样会给消费者极为专业化的印象，如格力就给人空调专家的印象，其广告语“好空调，格力造”就极力体现这一点；在第二种情况中，众多品牌存在个性差异，但也有共性，即品类个性，因此，尽管宝洁洗发水品牌众多，但都体现了洗发水的能力个性；第三种情况属于品牌延伸，众多品类差异很大，但要找到品类共性，以此作为品牌个性，这样才能保持多品类下的品牌个性清晰化，如彩电和手机品类在设计上都可以体现时尚的个性，因此三星就因此作为其品牌的个性（见图 7-2）。

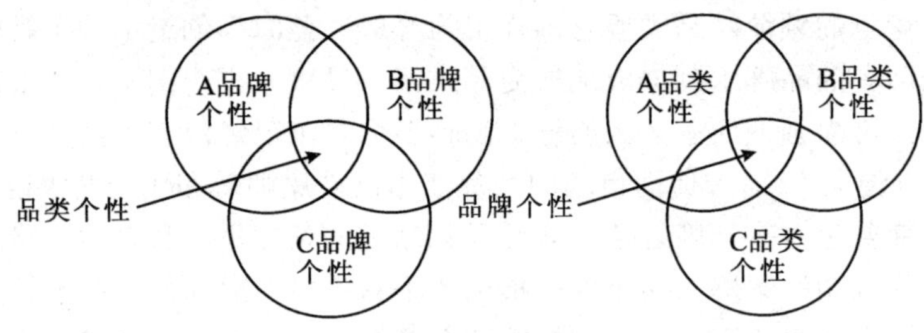

图 7–2　品牌个性与品类个性的关系

（3）品类个性影响了品牌传播

由于品牌归属于品类的门类中，也由于品类是人们选择品牌的必由路径，因此，在进行品牌传播时必须考虑品类个性对其的影响。根据传播学理论可知，从发送方来看，品牌传播是一个编码的过程，其中包括传播源、传播媒体和传播内容等三个要素，所以品类个性对品牌传播的影响也表现在这三个方面：①品类个性影响了传播源的选择。传播源的特性与品类个性相符才能使消费者更容易接受该品牌。比如，专家和行业协会适合推介音响、家具等具有严谨、专业个性的品类，影视明星适合推介洗发水、服装等具有流行、时尚个性的品类，普通老百姓适合推介洗衣粉等具有真诚、实在个性的品类等；②品类个性影响了传播媒体的选择。由于传播媒体与生俱来的特点，人们对媒体有着不同的认识，这些认识上升为不同的个性。例如，杂志比报纸更精致、更有品位，这与珠宝首饰、高级小汽车等高端、上流的品类个性相符；③品类个性影响了传播内容的设计。传播内容是直接影响人们认知和偏好的关键要素，而其设计首先要符合品类个性才能符合人们的认知习惯，否则容易产生认知冲突。例如，办公管理软件的品类具有专业和高效的特点，因此在品牌传播中要突出管理问题被快速解决的内容；而游戏软件的品类具有刺激和幻想的特点，因此在品牌传播中要涉及玩家从游戏中获得的快感和成就感。

（二）感知质量与品牌传播

1. 感知质量的界定与评价

产品的感知质量（Perceived Quality）是现代营销学里面非常重要的一个概念。它不等于产品的实际质量，尽管它需要以后者作为基础。国内著名品牌专家余明阳教授对感知质量的界定非常清晰。他认为，品牌感知质量是消费者对某一品牌在品质上的整体印象，强调的是消费者的主观评价，而非产品和服务的现实品质状况。其内在影响因素主要包括产品具体的物理属性，诸如功能、特点、可信赖度、耐用度、服务度、效用评价、外观属性等，外在影响因素则包括价格、广告表现水准、产品保证等。凯勒教授在对感知质量的界定中指出，消费者对感知质量评价的过程是，首先设定了高质量产品的指标，之后用这些指标去评价产品的质量。有研究表明，现在要提高感知质量比过去困难，因为多年来产品质量的持续改进提高了消费者产品质量的预期水平。比如，以前消费者对手机质量的要求是耐用，现在则要求技术先进、功能齐全、外观漂亮等。

美国营销学者大卫·伽文（David Garvin）提出了消费者评价产品质量的七个指标，包括：（1）性能，即产品主要特征的表现程度，如DELL电脑性能过硬；（2）特征，是产品主要性能的补充，如沃尔沃除了性能优异之外，还具有安全性；（3）达标质量，指产品通过某权威机构鉴定或零缺陷，如获得某某机构认证等等；（4）可靠，指在一段时间内产品性能的稳定性，如德国的产品以性能稳定而著称；（5）耐用，即该产品功能的持续时间，如一些老字号的产品经久耐用；（6）便捷，指产品使用的便利性，如一些手机的菜单使用起来很方便；（7）风格与设计，指对外观的感觉。除了这些产品本身的质量特点之外，品牌的象征意义、个性和关系对感知质量也是有影响的，如我们会觉得雀巢咖啡要比一个不知名品牌的咖啡质量要高，尽管两种咖啡的产品差异可能并不大。著名的麦肯锡咨询公司提出了一个3—D营销模型来说明产品给消费者带来的不仅仅是性能利益，还有流程利益和关系利益[①]。其中，性能利益指产品的功能属性和质量，流程利益指产品信息、交易和获取的便利性，关系利益指个性化服务、情感联系和忠诚度回报计划等。航空公司在这三种利益方面给出了典范，如常客积分计划提供了关系利益，网上购票提供了流程利益，服务的改进提高了性能利益。

2. 感知质量对创建品牌的作用

（1）感知质量是品牌美誉度的基础

在创建品牌的过程中，感知质量充当了非常重要的角色。尽管行业领导品牌的产品实际质量不一定是最好的，但在消费者看来，其感知质量一定是最高的。例如，人们会认为哈根达斯是最美味的冰激凌，尽管这可能不是事实。有了高的感知质量，品牌就拥有了美誉度，也就向忠诚度迈进了一步。

（2）感知质量为品牌占位提供了机会

由于感知质量是一种主观质量，因此营销的焦点变成了使消费者相信品牌具有这样的质量。一旦消费者相信你的品牌在某种特征方面最为出众，那么其他品牌可能在这一卖点上就失去了机会。例如，当年农夫山泉刚上市的时候打出"农夫山泉有点甜"的广告语，让人们相信了这种天然水的确口感有点甜，其他品牌再打"有点甜"的卖点就有点跟风从众失去个性了。沃尔沃通过坚持不懈的努力，让人们相信它是世界上最安全的车，从而使其他价格更昂贵的汽车在安全性能方面不具备优势。

3. 提高品牌感知质量的步骤

为了提高品牌感知质量，管理者需要完成以下步骤的工作：

---

① （美）凯文·莱恩·凯勒. 战略品牌管理（第2版）[M]. 北京：中国人民大学出版社，2006.

（1）调查消费者对产品质量评价的标准

不同的消费者会从不同的角度来评价产品质量，如在手机质量的评估上面，有人看重待机时间，有人看重坚固程度，有人关注故障率，甚至有人会从价格的高低判断。管理者需要做一个问卷调查，全方位了解消费者对产品质量的判断依据。

（2）对各评估标准进行重要性排序

把第一步所获得的产品质量评估标准提交给消费者，让他们对其进行重要性排序。每个人的排序肯定会不同，但汇总起来可以得到一个大多数消费者认可的排序。

（3）分析竞争者在各标准上面的表现

就像定位排比图一样，可以找到每个竞争者在各质量标准上面所处的位置，这些都是帮助确定自己品牌努力方向的参照坐标。

（4）提炼一个有别于竞争者的品牌宣传主题

综合质量标准的重要性、竞争者所处的位置以及自己品牌的表现，可以提炼出一个品牌应该宣扬的特征。例如，飞利浦手机在待机时间方面具有无人能比的优势，而三星手机则主推时尚。

（5）设计整合传播活动推广该主题

品牌传播的任务就是围绕这一主题进行多种策略的整合，单一传播手段的效率不高。

二、价格与品牌传播

已故的哈佛商学院营销教授雷蒙德·科瑞（Raymond Corey）曾说："定价是真理的时刻——定价决策是所有营销活动的焦点。"对消费者而言，尽管产品很重要，但影响他们购买决策的因素往往是价格；而对于企业而言，价格也是一个非常关键的要素，因为其他的营销手段如产品、促销、渠道都是在投入，而只有价格才能产出。价格一旦定得好，企业的利润将会猛增，而一旦定得不好，企业甚至可能会招致灭顶之灾。这并不是将价格定得高或者低那么简单，因为高价或者低价都有可能会遏制销量或者提高销量，而且价格还要根据企业营销战略和外部环境变化而进行调整。所以，哈佛商学院的定价专家罗伯特·多兰（Robert Dolan）教授认为，"定价是经理们在营销中面临的最大问题"①。

（一）价格对品牌的影响

1. 价格是判断品牌质量和档次的重要线索和信号

消费者不是产品专家，在很多情况下，他们不能根据产品本身的属性和指标来准确地判断产品的质量。心理学家理查德·派蒂（Petty）和约翰·卡乔鲍（Cacioppo）提出的详尽可能性模型（Elaboration Likelihood Model, ELM）指出，如果消费者有能力和动机处理产品信息，他们就会通过中心途径（产品的属性）而形成对产品质量的评价；反之，他们就会通过周边途径（如价格、包装、代言人等）形成对产品质量的评价。长期的生活经验告诉人们"一分钱一分货"，尽管价格便宜不一定质量就很差（如沃尔玛以"天天平价"为卖点），但低廉的价格会损害到品牌的形象（如沃尔玛钻石项链估计销量好不到哪去）。派克成立初期价格昂贵，是总统用的钢笔，后来为了抢占低端市场推出了3美元一支的派克笔，品牌形象急剧下滑，原来的高档笔也受到牵连。我国的两大名酒——五粮液和茅台酒之间的竞相提价也说明

① （美）罗伯特·多兰. 定价圣经[M]. 北京：中信出版社，2005.

了价格在提高品牌档次上面的作用。

2. 高价格能够体现品牌的稀有性和个性

“物以稀为贵”，反之也成立，“物以贵为稀”。体现品牌稀有的最常用方法就是定一个高价。奢侈品品牌的定价是最典型的例子，如瑞士日内瓦珠宝商 GoldVish 推出了号称“世界最昂贵的手机”，标价 100 万美元，全球限量发售三部。一些虽然高档但非奢侈品的品牌也通过纪念版和限量版的方式定出了奢侈品的价格，如五粮液公司曾经推出了一款 90 周年金奖纪念酒，价格高达 88000 元。据悉，此酒全球限量销售 100 瓶。更为普通的一些商品尽管生产规模可以扩大，但为了凸显产品的稀有性也采取限量生产的方式，以便定出比一般竞争者高的价格。例如，上海“衫国演义”（C—PIX）服装公司的 T 恤定价比普通的 T 恤要贵，且购买数量多也不打折，这不仅因为 T 恤上面的图案很特别（如有中国传统的窗花或剪纸图案、埃及的象形文字、12 星座图案等），更主要是因为每款 T 恤都是限量生产的——如 C—PIX 最经典的图案白纸图在五年间总共才印制了 800 多件。

3. 价格是灵活达成品牌目标的工具

在营销的 4P 组合策略当中，产品、渠道、促销三个策略一旦确定好就不易改变，而相比之下，价格具有灵活的可变性。处于不同的阶段，企业也会制定不同的品牌目标，而价格则通过其灵活的变动性帮助达到这些目标。如新产品上市之初，为了凸显品牌的技术含量和新颖款式，价格可以定得高些，如 2000 年以前的美宝莲在中国属于中高档化妆品；在产品的成长阶段，品牌的目标是提高销量以抢占市场份额，如 2000 年以后美宝莲唇膏的价格基本上位于 30 元～60 元这个区间，已经被刚工作不久的年轻女性所接受；在产品库存量大的时候，品牌的目标是尽快清货，因此产品会降价。在与竞争者的激烈竞争中，品牌可以通过提价来抬高品牌形象，如美国 AO 史密斯热水器通过高出竞争对手的价格而获得了高额的利润；也可以通过降价来抢占市场份额，如前些年日韩平板电视联手降价抢夺中国的市场。

（二）基于品牌的定价方法

根据营销学理论，影响定价的三个因素分别是产品成本、竞争者定价和顾客价值认知，并由此形成了三种定价方法：成本导向定价法、竞争导向定价法、需求导向定价法[①]。

1. 成本导向定价法

产品成本是价格的底限，尽管为了一些战略目标（如酒店开张试业、面对竞争者挑起的价格战或牺牲品定价）价格可能会低于成本，但绝大多数情况下，价格高于成本，甚至为了另一些战略目标（如提升品牌档次）而高出成本很多。成本导向的定价方法适用于品牌优势不明显的时候，其目的是通过收回投资而不亏本。

2. 竞争导向定价法

竞争者价格是产品定价的重要参照系，因为价格是消费者在对比不同品牌时考虑的一个非常重要的要素。竞争导向定价的前提是在消费者心目中确定各品牌的竞争关系，因为如果消费者认为本企业品牌是与高端竞争者竞争，那么品牌的价格也可以随之而抬高；如果与低端品牌为伍，品牌的价格就很难提高。与竞争者的价格相比，本品牌的定价可以选择更高或者更低。高价暗示了优质，如 20 世纪 50 年代末到 60 年代早期，德国的 Lowenbrau 是美国市场排名第一的进口啤酒品牌，该啤酒提价后销量反而节节攀升；低价则给予顾客实惠，如

① （美）菲利普·科特勒，凯文·凯勒. 营销管理（第 12 版）[M]. 上海：上海人民出版社，2006.

一些国产彩电比日韩彩电要便宜不少，而对于很多顾客来说，质量上并无明显差异。与竞争者定相同的价格反倒不是一个好的策略，因为目前很多行业的品牌存在的最大问题就是与竞争者过于相似，如果再加上价格也相同，那就很容易淹没在诸多品牌当中。

3. 需求导向定价法

只要顾客认为产品的价值高，那么品牌通常可以定高一点的价格。比如，蒙牛推出的高端牛奶品牌“特仑苏”定价要比普通牛奶贵一倍，因为它让人们相信其富含的牛奶蛋白营养价值高；云南白药牙膏卖出20多块钱的高价，因为它让人们相信牙膏中独特的云南白药成份能够防止牙龈出血。这些价格远远高于普通的产品，但销量仍然很好，原因在于人们对这些产品的价格敏感度不高（见链接材料7-1）。

链接材料7-1：影响价格敏感性的因素

1. 参考价格效应：产品价格相对于替代产品越高，价格敏感性越高，如当消费者觉得几个品牌的液晶彩电质量上差异不大的时候，他们不容易接受价格高的品牌；

2. 对比困难效应：消费者很难对比替代产品的价值时，价格敏感性降低，如旅游点纪念品和特产等；

3. 转换成本效应：更换供应商的成本越高，价格敏感性越低，如用惯了一个品牌的手机之后，再要换手机也极有可能还选这个品牌，因为一些手机菜单操作已经熟悉了，当然，不满意的品牌除外；

4. 价格—质量效应：当高价代表高质量（形象、独享）时，价格敏感性低，如万宝龙、LV等奢侈品；

5. 支出效应：当费用支出比例较大时，价格敏感性高，如多数人在购房方面显得非常谨慎；

6. 最终利益效应：产品对最终利益的贡献越大，价格敏感性越低，如人们在治疗严重疾病的特效药方面不会吝啬；

7. 分担成本效应：购买者自己支付的比重越小，价格敏感性越低，如一些企业通过赠送抵价券来招徕生意；

8. 公平效应：如果推断供应商有好的动机，价格敏感性会低，如海尔为顾客提供真诚的服务，因此价格定得较高也有市场；

9. 框架效应：如果价格带来的是损失而不是利益，价格敏感性就高，如消费者对一点点提价都会很敏感；

10. 供给效应：产品越是供不应求，价格敏感性越低，如奢侈品定价。

资料来源：本书作者在内格尔《定价策略与技巧：赢利性决策指南》一书内容基础上增补。

不管是采取以上哪种导向的定价方法，产品的价格都是由品牌的定位决定的。如果定位为高端品牌，那么企业就可以加大成本投入，制定高于竞争者的价格，从而使消费者认同品牌的高价值；反之，如果定位为低端品牌，那么企业就需要压缩成本投入，制定低于竞争者的价格，从而使消费者认为品牌提供了更多的实惠。我们看到了一些品牌通过低价获得成功（如沃尔玛、雕牌、奇瑞 QQ），那是因为它们定位在普通大众市场上，以经济实惠占领市场份额；我们也看到一些品牌由于定价很高而获得成功（如万宝龙、LV、宾利），因为它们定位在高端市场上，以高档品味来帮助顾客彰显身份和满足内心的精神需求。

（三）价格战的应对策略

对于中国企业来说，价格战是最为头痛的事情，不跟着降价很可能眼睁睁地看着市场份额流失，而跟着降价又使得利润稀薄和品牌形象受损。因此，有人戏称："跟着降价是找死，不跟着降价是等死。"尽管大家都对"价格战是一把双刃剑"心知肚明，但问题是，竞争的压力迫在眉睫，企业面对对手的低价攻势，是应该置之不理、消极撤退，还是积极应战呢？若要应战，应当采取何种战略？

一般来说，企业可以选择的战略有四种：静观、非价格应对、价格应对和撤退。①

1. 静观战略

是否要应战取决于以下三个问题：（1）对方的降价活动将维持多久？（2）对方降价的幅度有多大？（3）对方此次降价对我方销售额将造成多大损失？如果对方降价的时间不长、幅度不大、对我方的冲击不算强烈，那么企业可采取静观的战略，以原价销售；反之，三个问题中有一个对企业不利，企业就应迅速做出反应。显然，这三个问题的答案存在一个度的问题，对这个度的把握依赖于理论的研究和实践的摸索。

2. 非价格应对战略

非价格应对战略，顾名思义，是指企业避开价格战这把双刃剑，以非价格的方式应对竞争者。通常，企业可采取的非价格应对策略有以下几种：

（1）公开成本优势

向价格战发起者发出威慑性信号以表明企业在成本方面有足够实力，会使发起者重新部署价格战略甚至退出。具体地说，成本优势的公开有两种形式：一是言论公开，指企业在一些公开场合（如记者招待会、商界聚会等）发表演说，声明自己在降低成本方面的能力，如固特异公司占领子午线轮胎市场时曾多次通过记者招待会向外界声称，公司建立了高度自动化的轮胎工厂，以便压低成本；二是行为公开，指企业一贯走低价路线，以实际行动证实自己持久的成本优势，如沃尔玛"天天平价"的价格策略。

（2）展开质量竞争

以优质产品策略击败低价策略可有以下几种形式：一是加强现有产品认知质量，降低消费者的价格敏感度，为本产品塑造物有所值的形象；二是强化"低价低质"的消费观念，为竞争者的低价找到"理由"；三是推出技术含量更高的新产品，以预示竞争对手的产品即将过时，同时也体现出企业的研发能力和创新精神。

（3）影响利益相关者

此处所指的利益相关者包括上游的供应商和下游的分销商，企业可以采取某种战略来影响它们，从而在竞争对手的上下游施加压力。可以说，这是一种旁敲侧击的应对战略，具体包括控制供应商和联合分销商。控制供应商战略的基本思想是企业通过控制行业主要供应商，使其高价出售或不向竞争对手提供原材料或中间产品，最后导致竞争产品成本过高或供应不足，促使其降价计划流产。目前，企业采用的控制手段主要有垄断和要挟两种形式。联合分销商是指企业采取折扣、返利、销售竞赛、合作广告等多种交易促销形式争取到分销商的通力合作，从而抵制竞争者商品的销售。

---

① 周志民. 价格战的若干应对策略[J]. 粤港澳价格，2001，(4): 7—10.

3. 价格应对战略

价格应对战略可以分为现有产品降价策略和推出低价的新品牌策略两种形式，具体分析如下：

（1）现有产品降价策略

即企业对现有产品不做产品层面的变革，只是调低价格。根据价格下调的可视性，可将其分为直接降价策略和间接降价策略。直接降价策略是最简单、最原始的价格应对方式，即随行就市，紧随竞争者变化而直接调低价格。采取这种策略的关键是价格降幅的确定，需要结合需求价格弹性来考虑。如果需求价格弹性系数大于或等于1的话，则直接降价对企业有利；反之，企业应对降价策略慎之又慎。间接降价策略则以促销的方式使消费者在购买时额外获利。间接降价（即消费者促销）有多种形式，如附送赠品、以旧换新、赠优惠券、购物奖券、消费积分等。本质上，直接降价和间接降价都是让利给消费者，但直接降价会让人产生持币待购、低价低质、价格刚性（即价格能下不能上）等多种消费心理，从而影响降价策略的短期效果和企业的长期发展；而间接降价具有隐蔽性，对企业的负面影响相对较小。

（2）推出低价的新品牌策略

无论是直接降价还是间接降价策略，使用过度将会损害品牌形象，但企业对竞争对手的低价攻势又不能置若罔闻。克服这一问题的方法是推出低价位的新品牌，理论界称之为“斗士品牌”（Fighter Brand）。由于新品牌与原有品牌并无直接从属关系，所以新品牌的低价策略只会树立新品牌的低档形象，不会对原品牌的形象造成损害。拥有著名品牌“康师傅”的顶新集团就采用了这一策略，它针对收入水平较低的消费群体推出了低档品牌“福满多”，从而在低档方便面市场占有了一席之地。这种策略最大的缺点就是建立一个新品牌需要大量投资，这是一些小企业难以承受的。

4. 撤退战略

当某一行业因为白热化的价格战而利润微薄时，或者由于企业实力不足，根本无法抵抗大企业的低价倾销时，企业又当如何应对？在这两种情况下，企业或许应当选择退出该行业。第一种情况的价格应对是不合算的。例如，20世纪90年代中期，由于大量微利竞争者涌入录像带行业，使得该行业盈利微薄，最后迫使3M公司从中退出，尽管3M是录像带的发明者。就第二种情况而言，当大企业进行低价倾销时，小企业既无成本优势又无财力支持，所以无法正面抗衡或侧翼进攻。“三十六计走为上”，小企业只有从该行业退出，进入一个被大中型企业遗漏或不屑一顾的补缺市场，以此作为生存空间甚至是发展契机。

三、渠道与品牌传播

渠道在当前市场营销领域中处于非常关键的位置，因为渠道是企业与消费者之间的通道，掌握了渠道就掌握了消费者，所以有人甚至提出了“渠道为王”的观点。以下从渠道合作、销售终端、直接渠道等三个方面来分析渠道对品牌的影响。

（一）渠道合作对品牌的影响

渠道合作是指制造商与中间商之间的合作关系。选择怎样的中间商进行合作、合作的程度怎么样等等，都可能会影响到品牌。

1. 渠道成员的形象影响了品牌形象

品牌形象是消费者对品牌的综合看法，与品牌相关的一些要素都会影响消费者对品牌的看法。作为产品流向消费者的必由之路，渠道在影响消费者购买决策方面责任重大。从品牌的角度来讲，渠道成员形象也会在很大程度上影响品牌形象。渠道成员形象受到两个方面因素的影响，即渠道的类型和档次。传统的渠道类型包括折扣店、便利店、超市、百货公司、购物中心（Shopping Mall）等，新近的渠道类型主要是一些无店铺销售模式（如互联网、电话销售当中的渠道）以及联合渠道的创新（如蒙牛进入肯德基销售）等。不同的类型会使消费者产生不同的感觉，如折扣店、便利店、超市让人会感觉到廉价，而百货公司价位高些，购物中心则不仅价位高，品味也高。三星彩电当年为了打造高端品牌形象，毅然从沃尔玛撤出，尽管它在沃尔玛是赢利的。相比传统的有店铺的渠道类型而言，没有店铺的直销由于缺乏店铺内的实物展示，在建立品牌信任方面可能比较困难。联合渠道近年来逐渐流行起来，这种方式能够帮助双方相互提升形象，并增加赢利。如蒙牛牛奶进入了星巴克、小肥羊、肯德基等终端进行销售，成功实现了品牌形象和经营业绩等方面的双赢。除了渠道类型，渠道成员的档次也对品牌形象产生了很大影响。以超市为例。在中国，我们可以看到大大小小、形形色色的超市，一些名为“超市”的商店实际上只是一个社区的“士多”小店，很多无法进入知名大型超市的品牌只好进入这些小店，而那些大型超市则对一些没有影响力的品牌予以限制。所以，我们会认为大超市的品牌更加可靠。

2. 渠道成员的合作程度影响了品牌的销售

俗话说“家和万事兴”。很多案例告诉我们，当制造商与中间商之间以及中间商与中间商之间的渠道合作出现问题时，制造商品牌的销售业绩会大受影响。渠道冲突包括纵向渠道冲突、横向渠道冲突和多渠道冲突三种。纵向渠道冲突常见的形式有拖欠制造商的货款、将制造商品牌随意打折或作为赠品送出、将制造商品牌摆在很差的货架位置上、推出中间商自有品牌来挑战制造商品牌、不配合制造商的营销推广活动等等。2004 年，由成都国美挑起、波及全国的国美与格力的渠道冲突事件使格力失去了一个重要的销售渠道。但是，为了共同的利益，2007 年双方才在广州开始小范围合作。横向渠道冲突的表现形式主要有因不同销售地的价格差异而产生的产品流向混乱，即窜货。多渠道冲突表现形式主要是由于制造商采取两个以上的渠道向同一个市场销售同样的产品，导致不同渠道争夺同一市场。这两种情况都会使消费者对品牌产生不满意和不信任，因为同样产品的价格不同，导致部分消费者的利益受损。

3. 渠道模式的选择体现了品牌的独特性

不同的品牌在渠道模式选择上具有差异性。这是由不同品牌的目标细分市场所决定的。差异性的渠道不仅满足了一个细分消费群体的独特需求，而且也成为了品牌联想的一个记忆点。渠道模式选择包括选择渠道的类型以及渠道的成员两个方面。一些企业在渠道类型的选择上颇有特色，如谈到直销，我们很容易就想到雅芳、安利、玫琳凯等老牌化妆品企业；另外一些企业则在渠道成员的选择上独具一格，如欧莱雅的薇姿声称“全球仅在药房出售”，以凸显其品牌的专业性；西安杨森公司的采乐去屑特效药因为其药物性质也选择在药房和医院出售，其广告语直接说“买采乐，去药店！”；中国移动的电话卡选择了遍布街头的报亭作为营业厅的辅助销售渠道，在增加消费者购买便利性的同时也提高了销量。企业最好有意识地采取与竞争者不同的渠道模式，这样既可以避免一些正面的竞争，也可以增添品牌的差异性。

（二）销售终端对品牌的影响

在零售店内，终端生动化和终端拦截都会对品牌产生影响：

1. 终端生动化能增强消费者对品牌的体验

终端是产品以实体形态与消费者亲密接触的地方，也是品牌体验的一个重要场所。终端陈列得是否生动在很大程度上决定了产品的销售业绩，因为多数情况下零售店的销售人员不会对每个品牌都进行推介，品牌只有靠终端生动化的魅力自己招徕生意。终端生动化包括静态的终端产品陈列、宣传品展示和动态的营业员演示产品、娱乐游戏表演等形式。如今，整齐的产品摆放已显得过于单调，产品陈列的造型、背景灯光、音乐和布景等已成为产品陈列的基本要求。比如，在光线柔和、音乐美妙、布景别致的背景下，书店把畅销书摆放成螺旋形或三角形，宜家把家私组合成一种生活情境，服装店把衣服摆成某种造型等等都令人获得一种体验。终端的宣传品是各种POP广告，包括张贴画、条幅、装饰旗帜、终端视频（电子广告牌或电视机）、宣传单页、印有品牌标识的礼品等。目前，动态的终端生动化技术受到越来越广泛的应用，一些新的举措为企业宣传加入了更多娱乐的成份。例如，一些内衣品牌聘请女模特直接穿着内衣坐在橱窗内来个“真人秀”，一些家电品牌在国美、苏宁等家电零售店门口大搞歌舞“路演”（Road Show）和现场抽奖活动等等。通过静态和动态终端生动化的配合，企业不仅对消费者进行了促销，更重要的是，消费者从中获得了体验。

2. 终端拦截能提高品牌的销售量

仅仅是终端生动化就能抓住消费者吗？营销专家走访家电终端发现，终端拦截比终端生动化来得更厉害，毕竟“死”的产品陈列无法与“活”的人员推销相提并论。顾客选购的过程本身就是一个反复比较和不断思考的过程，而终端拦截就是整合终端所有的广告、促销、产品等资源，促使顾客放弃竞争品牌，来选购自己的品牌。通俗点来说，就是“引、抢、围、逼”，即引导顾客的思路，从竞争对手那里抢顾客，以更多的产品信息来对顾客心理进行包围式的诱导、来强化顾客的选购意向，用各种手段“诱逼”促成顾客迅速成交①。尽管从一定意义上来说，终端生动化也是终端拦截的一种形式，但目前最重要的拦截方式还是终端促销人员的推销。在我国，丝宝集团旗下的舒蕾洗发水最早派出促销小姐进驻超市，一开始取得了良好的业绩。它的竞争对手宝洁不能坐视市场份额丧失，于是他们也建立了店内促销小姐队伍，进行拦截，致使舒蕾的市场份额又恢复从前。舒蕾和宝洁的终端之争在中国终端营销界起到了示范作用，目前，很多小品牌都采用这种方法来提高销量。

（三）直接渠道对品牌的影响

直接渠道指没有中间商，产品直接从制造商流向消费者的一种渠道模式，主要形式是品牌专卖店（包括自营店和加盟店）。由于缺乏中间商，直接渠道与品牌的关系表现出与间接渠道不同的关系：

1. 直接渠道能够增加消费者与制造商的双向沟通

在具有中间商的间接渠道当中，消费者不能与制造商直接沟通，对制造商产品的一些意见也无法直接传递给制造商。同时，由于中间商不会卖力地帮助某一个品牌促销，因此，一些制造商的信息也可能没有传递给消费者。而直接渠道则不同，它不仅是一个产品分销的通道，也是一个信息沟通的通道。比如，在专卖店里，消费者可以把自己对产品的个性化要求直接传递给制造商，制造商也可以及时回答消费者提出的问题，甚至针对消费者的特定需求来定制产品。因此，通过直接渠道，消费者会产生更高的满意度。

---

① 白宏伟. 终端拦截九攻略[EB/OL]. 中国营销传播网，www.emkt.com.cn，2004-4-28.

2. 直接渠道更好地展示了品牌形象

为了避免中间商对品牌展示的冷落、增强对品牌形象传播的控制力，许多品牌选择了专卖店，具体形式包括街头独立店铺和租借商场铺位开设的专卖店或专柜两种。在开设专卖店以前，耐克公司发现百货商店把耐克的产品摆放得没有逻辑，而且有些产品还缺货；通过自己开设专卖店，耐克能够全面展示品牌产品的花色品种，并以某种构思巧妙的主题进行摆放。一种更前卫的专卖店的形式是概念店。相比较传统的专卖店而言，概念店是一种品牌传播的新型手段，一些最新的产品设计风格和理念通过概念店展出，使得消费者对于品牌的内涵有了切身的体验。例如，2012 年初，源于美国的 Friday's 在北京开设其在中国及全球的首家新概念餐厅。新概念店是 Friday's 打造的第三代主题休闲餐厅。第一代餐厅多以 20 世纪六七十年代的美国文化为主要内容，猫王、喇叭腿的牛仔裤、蛤蟆镜是当时的代表元素，怀旧成为了消费的主要内容；第二代店则是以台球的装饰墙、热门的电影海报、宽大的电视屏幕等为装饰特色，更适合几个同伴边看球赛边品美食。而 Friday's 新概念店中的装饰更加突出飞机模型、宇航员、个性夸张的歌手，迎合了年轻人的生活方式。

第 4 节　营销沟通与品牌传播策略

营销沟通是企业为消费者提供信息来促使他们购买的策略。一般营销教科书上把营销沟通（4C 当中的“Communication”，对应于传统 4P 当中的“促销”）分为广告、促销（即销售促进，Sales Promotion）、公关、人员推销等几种形式。以下除了讨论这些沟通策略与品牌传播的关系之外，还增加讨论口碑与品牌传播的关系。这是一种古老而又新颖的沟通方式，需要引起管理者的重视。

一、广告与品牌传播

广告无处不在。法国广告评论家罗贝尔·格兰甚至夸张地说：“我们呼吸着的空气，是由氧气、氮气和广告组成的。”广告（Advertising）是广告主通过付费的方式将其公司、产品或品牌信息通过媒体传递给受众的过程。一提到品牌传播，很多人会想到广告，这是因为我们身边不乏靠广告而一夜成名、一鸣惊人的品牌。的确，对于绝大多数品牌而言，广告是品牌传播中最重要的策略之一。以下就广告的传播系统模型、广告作用机理模型、广告创意理论、广告媒体等与品牌传播紧密相关的几个问题进行介绍。

（一）广告传播系统模型

广告是如何把信息传递给消费者的？广告传播系统模型为我们描述了这一过程（见图 7-3）。该模型由五个要素构成：信源、信息、渠道、接收者、大众。这五个要素形成了两个认知过程：第一个认知过程是广告的目标受众（接收者）对广告信息的接收和理解，其途径是广告媒体；第二个认知过程是大众对目标受众（接收者）所传递信息的接收和理解，其途径是口头传播。模型中所提出的两个认

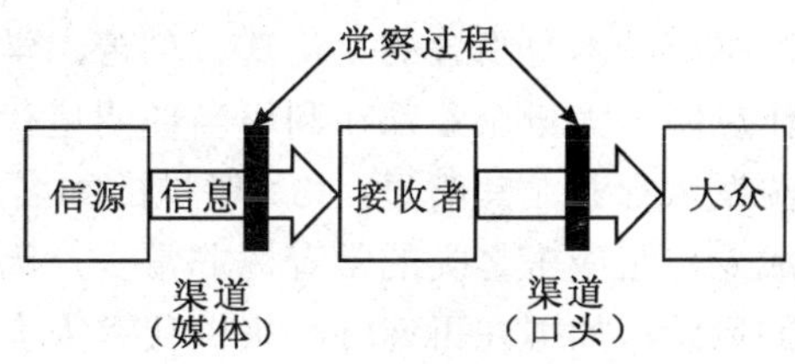

图 7-3　广告传播系统模型

资料来源：（美）巴茨，梅尔斯，阿克. 广告管理（第 5 版）[M]. 北京：清华大学出版社，1999.

知过程实际上告诉我们，广告信息的传递不是一次就完结的，除了广告直接影响目标受众之外，更重要的是目标受众利用其影响力将所理解的信息进行更广泛的群体扩散。因此，一个广告传播过程通常是经过了一个二次传播的过程。以下对广告传播系统模型的五个要素进行介绍。

1. 信源

信源（Source）即信息来源，是广告传播中信息的产生点。广告信息要么出自自己之口（即公司），要么出自别人之口（即代言人）。

（1）公司信源

有研究表明，公司的声誉会促使消费者尽早接受新产品，如在知道清扬洗发水是联合利华的产品之后，消费者对清扬这种新产品的评价提高了很多。不过，如果决策风险很大时，公司声誉的影响力就小了。比如，国内知名电子企业夏新电子从DVD转而生产手机时，消费者很容易接受，但要做笔记本电脑就不那么容易了，因为消费者购买笔记本电脑的决策风险远大于手机。正因为如此，夏新最终放弃了经营四年的笔记本电脑的自主品牌路线，改走ODM（Original Design Manufature）代工模式。

（2）代言人信源

与公司的“王婆卖瓜”相比，通过代言人（Spokesman）来传递信息更容易让人接受。目前代言人主要有四类：名人、典型顾客、专家和虚拟代言人。虚拟代言人即品牌角色，第4章已有详细介绍，此处不再赘述。名人代言人分很多种，有影视歌明星（如刘德华代言金立手机）、电视节目主持人（如汪涵代言统一老坛酸菜面）、体育明星（如刘翔代言可口可乐）、企业家明星（如万达老总王健林代言格力空调）等等。名人代言人适合被广大消费者使用的产品，不过，尽管名人能够为品牌带来很高的人气，但不是所有企业都适用的，原因在于：一方面，名人的代言费用太高，数百万元的报酬是很常见的，中小企业难以承受；另一方面，名人代言的产品有可能使消费者产生距离感，如明星穿着服装的潇洒样在普通老百姓身上可能体现不出来。为此，不少企业采用典型顾客来作为代言人。典型顾客是品牌的目标消费群体，通过典型顾客对产品的使用，品牌特征能得到更真实的演绎，更容易让消费者接受和认同。例如，大宝SOD蜜、雪花啤酒等等都是采用典型顾客来作为代言人的。专家代言人适用于一些专业性和设计性较强的产品，如音响师代言音响、调酒师代言葡萄酒、服装设计师代言服装等等。

尽管采用明星代言人有利于品牌的快速成长，但企业仍须警惕代言人可能对品牌产生的负面影响。明星代言广告的六大风险包括[①]：（1）对明星代言人的选择判断风险，指的是明星与品牌的个性产生了冲突，如活泼、搞笑的娱乐主持人何炅代言E百分学习机，明显与学习机产品本身隐含的“认真、刻苦，学习至上”的本质属性相违背；（2）明星广告的创意制作风险。大量企业都在利用当红明星代言广告，结果让受众产生了审美疲劳和认知混淆，如洗发水行业尤其明显；（3）明星的知名度（人气）风险。明星往往是“流星”，能够像刘德华、成龙、张曼玉之类的常青树非常少，因此在聘请明星的同时，企业承担着明星可能迅速过气的风险，如现在再请F4来做代言人会使品牌形象有些老化；（4）明星的道德风险。明星出现绯闻和丑闻将使得品牌形象大受打击，如张柏芝受到陈冠希“艳照门”事件影响，其代言

① 罗建幸．明星代言广告的六大风险[EB/OL]．中国营销传播网，www.emkt.com.cn，2006-07-19.

的某女性洗液广告在全国各大电视台遭封杀，企业品牌形象也受到一定损害；（5）明星的事件风险。明星有时可能不是因为道德问题，而是某个无意的举动触犯众怒，从而形象下滑。2001年，赵薇拍摄了一组穿着“日本军旗服”的照片，结果引起公众极大不满，这一事件也使得夏新手机的广告不得不全部撤下，其代言的夏新手机形象一落千丈，销量更是直线下滑；（6）明星的健康风险。2005年，正当壮年的明星高秀敏、傅彪突然去世，所代言的仍在播放的补血颗粒、不粘锅广告就引起了很多消费者的质疑，认为这是对逝者的不尊重。与此类似的还有多年前著名健身教练马华之猝死，使其所代言的健身产品非常尴尬。

由于不同类型的代言人具有不同的特征，因此企业选择代言人的目的也不同。选择名人代言人的目的是：（1）提高受众对广告的注意力和记忆力。名人的人气能够立即吸引受众的眼球，并增加广告的记忆点，这在注意力经济时代显得格外重要；（2）增加受众对品牌的喜好度。选择品牌目标市场所中意的名人作为代言人，能提高消费者对品牌的喜好度；（3）增加品牌信息的可信度。有名人的信誉作担保，消费者更容易相信广告所传递的品牌特点，如成龙增加了人们对霸王洗发露的信任度；（4）强化品牌个性。为打造充满活力的品牌个性，动感地带聘请歌坛巨星周杰伦作为代言人；（5）提升品牌的档次。当年TCL为了塑造国际化形象，请来了“韩国第一美女”金喜善小姐代言；联合利华旗下的力士也是坚持请国际巨星作为代言人，玛丽莲·梦露、黛米·摩尔、凯瑟琳·泽塔·琼斯等明星都曾出现在力士的广告里。选择典型顾客代言人的目的是：（1）增加品牌平民化的亲和力。如大宝SOD蜜定位中低档，所以广告是由普通老百姓代言的；（2）强化品牌本身的特点。有研究表明，明星代言人可能会抢了品牌的“风头”，导致受众记住了明星而忘记了品牌信息。典型顾客则不会对品牌信息起“干扰”作用；（3）提高品牌信息的真实性。近年来名人代言人所代言的品牌频频出事（如刘嘉玲代言的SK-Ⅱ、唐国强代言的北京新兴医院等），致使名人代言人的可信度受到质疑，于是一些企业选择了更可信的真实客户作为代言人，如阿里巴巴电子商务公司在广告当中请客户来代言。选择专家代言人的目的是：（1）突出品牌的专业性。如张裕葡萄酒请来自澳大利亚的“葡萄酒之乡”阿德莱德市的国际品酒师克瑞斯先生作为广告代言人；（2）体现品牌的差异性。明星代言已经泛滥，受众已很难分清究竟哪个品牌是哪个明星代言的。为此，一些企业开始剑走偏锋，聘请专家来作为代言人。例如，比德文电动车请的是刘德华代言，而天津的小鸟电动车则请来国家自行车质量监督检验中心工程师郑培东作为品牌代言人，被业界称为妙手偶得、神来之笔。

2. 信息

信息（Information）是指广告当中所传递的品牌内容和表现形式，即广告当中“What”和“How”的问题。“What”是指广告“说什么”，解决的是广告所要传递的内容问题，如乐百氏纯净水的卖点是“纯净”；“How”是指广告“怎么说”，解决的是广告内容的表达方式，如乐百氏广告采用27层净化过程的方式支持水的“纯净”。在广告“说什么”的问题上，可以有理性诉求、感性诉求和道德诉求三种类型。理性诉求以理服人，讲述的是产品的功能性利益，如沃尔沃讲“安全”、飞利浦手机讲“待机时间长”，可以采取说明性的文字来表述，也可以运用一些象征性图片来传递；感性诉求以情动人，讲述的是产品的情感性利益，如贺曼卡片讲“真情”、劲霸男装讲“酷”；道德诉求以伦理道德作为突破口，通过制作企业公益广告来树立企业品牌“关爱社会”的良好形象，如汤姆布鞋就声称“顾客每买一双鞋，他就为世界上那些没鞋穿的孩子捐出一双新鞋”。在广告“怎么说”的问题上，目前常见的形式有幽默（如一则 Chunky 面酱广告显示美丽的蒙娜丽莎因为贪吃 Chunky 而变得肥胖不堪）、悬念（如马来西亚国家石油公司品牌“马石油”推出的“知道马师傅吗？”悬念电视广告）、恐惧（如新加坡保健促进局发布的一个女子吸烟导致满嘴溃烂的戒烟广告）、温情（如雕牌洗衣粉以一则“妈妈，我可以帮你洗衣服了”的广告篇感动了很多女性的心）、说理（如佳洁士在广告中不厌其烦地说明佳洁士的防蛀功效）等。

3. 渠道

渠道（Channel）是广告信息从信息发送者到接收者的通道，具体包括两个：第一个是信源到接收者的渠道，由各种广告媒体构成，如报纸、杂志、广播、电视、户外、互联网、直邮、短信等等。各种媒体对品牌传播的贡献都不一样，都有其利弊，且费用不同，因此在广告管理当中需要根据媒体总的预算额来选择几种媒体进行组合。第二个是接收者到大众的渠道，是一个口头传播的通道。对于很多人来说，他们首次接收到品牌信息都是通过身边的亲戚朋友介绍的，而且，这种口碑的介绍比商业广告的可信度更高。

4. 接收者

尽管企业通常都是希望越多人知道广告信息越好，但由于经费问题，每一次广告可能都只能影响到某一群人。他们是广告的目标受众。为了提高广告的效果，对目标受众的研究最为重要，因为目标受众的人口统计、心理和社会特征会影响到广告信息设计和媒体投放计划。例如手机广告，对于大学生市场而言，互联网是不错的媒体，手机设计的时尚性和娱乐性应当成为广告诉求点；而同样是手机广告，对于一般的主妇来说，电视媒体可能更好，广告当中应当诉求手机设计的轻便性和美观性。

5. 大众

由于媒体投放和广告费用的限制，广告的影响范围有限，因此广告传播系统模型并不是将广告信息传递给接收者过程就结束了，而是希望接收者进一步将信息通过口头的方式传播给大众。相比之下，大众可能是更大的一个群体，采用口头的方式传播可以节省企业的广告费用。为此，企业需要设法让早期接收广告信息的那部分人主动将广告信息告知他们的亲友。这也就是目前引起理论界和实务界普遍关注的口碑营销。

（二）广告的作用机理模型

广告传播系统模型说明了广告传播的过程，但广告具体对受众产生了怎样的影响，对品牌具体有何贡献，则没有涉及。美国著名广告学家巴切（Batra）、梅尔斯（Myers）和阿克（Aaker）介绍了一个广告作用机理模型（见图 7-4），对这些问题做了说明。

从模型来看，当广告出现之后，看到广告的受众会产生以下反应：（1）对品牌认知和熟悉，如全国各大电视台连续几年播放的脑白金广告让全国人民耳熟能详；（2）了解品牌的利益和属性，如消费者通过金威啤酒的广告了解它是“不添加甲醛酿造”的啤酒；（3）形成对品牌个性的感知，如陈道明代言的“利郎商务男装”广告让消费者感受到了利郎品牌的“成熟、睿智、简约”的个性；（4）与品牌形成情感关系，如芝华士威士忌的《冰雪篇》电视广告让很多消费者喜欢上了这个品牌；（5）效仿参照群体的消费模式，如加多宝广告当中展示的各种“容易上火”的消费场景教会了消费者在什么情况下可以喝加多宝凉茶；（6）刺激购买，如一些零售店在店庆日的促销广告上声称“买 100 送 100”，引发了购物热潮。从图中可以看出，消费者对广告的前 5 个反应都会影响到他们对品牌的态度，之后产生购买行为，而第 6 个反应则不影响品牌态度，而是直接导致消费者购买行为。从短期来看，第 6 个反应与前 5 个一样，都能促使消费者购买，但长远地看，促销广告的刺激是短期性的，因为品牌态度没有改变。一旦竞争品牌也推出促销活动，消费者又会流失。所以，为了使品牌持续获利，企业应当把前 5 个作为广告的目标来进行广告的策划。

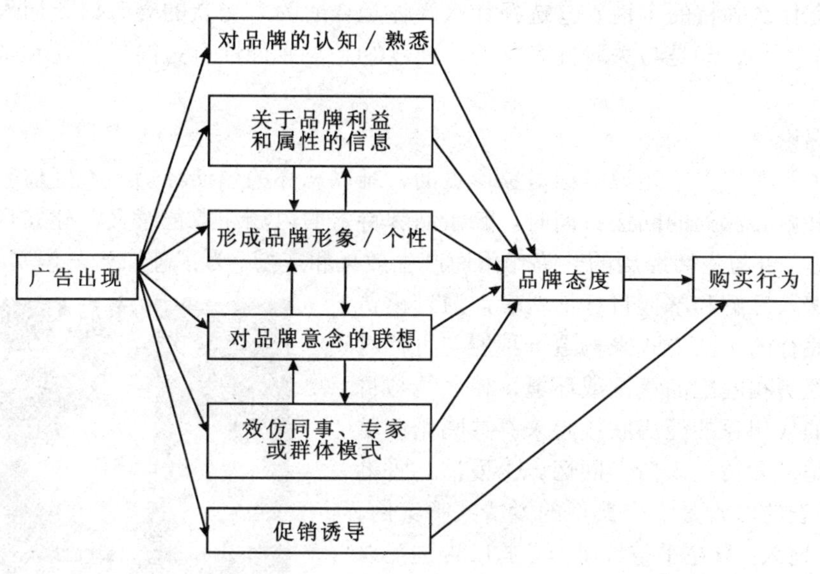

图 7–4　广告的作用机理模型

资料来源：（美）巴茨，梅尔斯，阿克. 广告管理（第 5 版）[M]. 北京：清华大学出版社，1999.

（三）广告创意理论

1. 主流的广告创意理论

我国著名广告学者卢泰宏、李世丁教授曾在《广告创意——个案与理论》一书中对广告创意理论做了介绍。在他们看来，西方主流的广告创意理论包括 USP 论、品牌形象论、ROI 论、共鸣论、定位论和品牌个性论①。本书第 5 章品牌定位部分已经对 USP 论、品牌形象论和定位论做了介绍，以下重点介绍 ROI 论、共鸣论和品牌个性论。

（1）ROI 论

ROI 是关联性（Relevance）、原创性（Originality）和震撼性（Impact）三个单词第一个字母的组合，是广告大师威廉·伯恩巴克（William Bernbach）创立的 DDB 广告国际有限公司提炼出的广告创意理论。该理论认为，好的广告应该同时具备三个基本特质：关联性、原创性和震撼性。广告与商品没有关联性，就失去了意义；广告本身没有原创性，就欠缺吸引力和生命力；广告没有震撼性，就不会给消费者留下深刻印象（见图 7-5）。我们看到很多失败的广告案例，就是缺乏这三种特质中的一种或几种。比如，金嗓子喉宝以足球巨星罗纳尔多作为代言人，让人实在无法将二者联系起来（缺乏关联性）；电视里每天播放的洗发水广告几

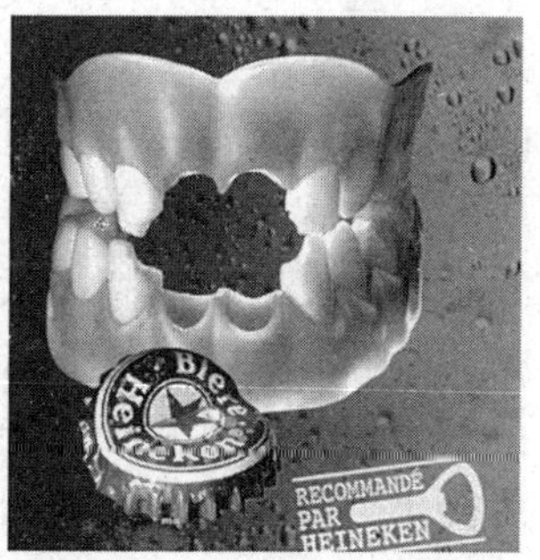

图 7–5　喜力啤酒的震撼性广告

① 卢泰宏，李世丁. 广告创意——个案与理论[M]. 广州：广东旅游出版社，1997.

乎是千篇一律的靓女挥洒着黑亮秀发，让人对不上号（缺乏原创性）；更多的广告是平铺直叙，创意平庸，让人看完就忘（缺乏震撼性）。要做到ROI，必须具体明确地解决以下五个问题：①广告的目的是什么？②广告做给谁看？③有什么竞争利益点可以做广告承诺？有什么支持点？④品牌有什么独特的个性？⑤选择什么媒体是合适的？受众的突破口或切入口在哪里？其中，问题①、②、⑤是与关联性有关的，问题③是与原创性有关的，问题④是与震撼性有关的。

（2）共鸣论

共鸣论主张在广告中述说目标对象珍贵的、难以忘怀的生活经历、人生体验和感受，以唤起并激发其内心深处的回忆；同时，赋予品牌特定的内涵和象征意义，建立目标对象的移情联想，通过广告与生活经历的共鸣作用而产生效果和震撼。为了使广告与消费者产生共鸣，策划人必须深入理解和掌握目标消费者，通过模仿目标对象所盛行的生活方式来构造一种能与目标对象所珍藏的经历相匹配的氛围或环境，使之能与目标对象真实的或想象的经历联接起来。共鸣论侧重的主题内容是：爱情、亲情、回忆。①爱情。香港“铁时达”手表的广告是一个典型的爱情共鸣案例。“不在乎天长地久，只在乎曾经拥有”的广告词配以兵荒马乱战争年代的动人爱情场面，使消费者对该品牌产生强烈的共鸣；②亲情。中央电视台播出的一则公益广告，讲述一位老人患了老年痴呆症，什么都不记得了，唯独记得儿子喜欢吃饺子，其将饺子放入衣服口袋的场景令人动容；③回忆。南方黑芝麻糊十几年前的一则经典广告让人至今难以忘怀。该广告以怀旧而温馨的镜头回顾了童年的一段美好回忆——热腾腾的锅，浓香的芝麻糊，男孩天真的吃相，大婶关爱的目光，每一个镜头无不触动人们的心灵（见图7-6）。雪花啤酒所拍摄的《畅想成长篇》电视广告也是对主人公的成长经历进行了回顾，从而引出雪花啤酒这个成长中的伴侣的。

图7–6 南方黑芝麻糊经典电视广告

（3）品牌个性论

一些学者和机构从人性化的视角来探讨企业与品牌，如美国精信（Grey）广告公司提出了“品牌性格哲学论”，日本小林太三郎教授提出了“企业性格论”等等，从而形成了一种新的广告创意理论——品牌个性论。该理论认为，通过品牌传播可以赋予品牌一种心理特质，从而使品牌具有像人一样的个性。品牌个性取决于特定品牌使用者的个性，它反映了使用者的生活态度。当品牌被赋予个性的时候，品牌就具有了生命，甚至成为一些狂热拥趸者的图腾，如哈雷摩托车之于H.O.G（哈雷车主会）。如果一个品牌个性是清晰的，人们就可以用一些形容词来描述其个性特质。斯坦福大学的詹妮弗·阿克教授对这些形容词进行了研究，最后提出了五个品牌个性因素，即“真诚”、“刺激”、“能力”、“精致”和“强韧”。这些词语可以作为品牌个性塑造的方向，如贺曼为了打造“纯真”的品牌个性，推出了一系列感人至深的广告。除了一些描述个性的词语之外，品牌个性还可以用人口统计特征来描述，如性别、年龄、收入、社会阶层等。第3章对品牌个性做了详细的介绍，此处不再赘述。

2. B/W 广告模式

德国两位广告专家安德雷亚斯·布霍尔茨和沃尔夫兰·维德曼在《营造名牌的 21 种模式》一书中提出了"动机圈理论"和广告战略创意 21 种模式①。他们命名为"B/W 广告模式"。该模式是两位专家历时四年，对世界上 480 个最成功品牌广告进行研究而获得的非常实用的成果。研究的过程包括四个阶段：第一阶段，最重要的购买动机的研究；第二阶段，成功品牌分析；第三阶段，模式的开发；第四阶段，对不成功的广告宣传的探讨。这四个阶段的研究成果是 B/W 模式。

（1）动机圈之一：价值

价值动机的核心论点是："消费者之所以喜欢你们公司的产品，是因为他相信它能够给他带来比同类竞争产品更大的价值。"具体有四种广告战略可以建立潜在的价值：①诉诸需求的广告战略。当消费者的某种需求受到的刺激越多时，他就越迫切地想满足这一需要。如雀巢特浓速溶咖啡通过浓郁的香味打动了消费者的嗅觉；②诉诸指标的广告战略。从产品的产生、发展或使用范围提炼出一个特别的特征（指标）加以宣传，让消费者从中得出你们公司的产品质量优异的结论，如水井坊酒以"中国白酒第一坊"的考古发现作为品牌诉求点；③诉诸情感的广告战略，即向消费者说明，直接使用你们公司的产品能产生积极的情感作用，如迪比尔斯的广告语"钻石恒久远，一颗永流传"；④诉诸引导的广告战略，即把所有的广告表现元素（图像、声音、风格和语言）调动起来，以引导出唯一的、对购买决定特别重要的广告论点。如绝对伏特加简约优雅的酒瓶造型广告对绝对伏特加的品牌塑造起到了决定性的作用。

（2）动机圈之二：规范

规范动机的核心论点是："消费者之所以喜欢你们公司的产品，是为了避免或消除一种（与其规范和价值相左的）内心冲突。"在社会规范下创建品牌有五种常见的广告战略：①合乎规范广告战略，即向消费者证明，你们公司的产品非常符合对他十分重要的规范和价值，如美体小铺一些平面广告宣传的是"有原则的获利"经营原则，主张保护环境、人权和动物；②良心广告战略，即戏剧性地告诉消费者如何借助你们公司的产品来消除对他人的内疚或不安，如雕牌洗衣粉在广告中宣扬"只选对的，不选贵的"的生活观；③惩罚广告战略。戏剧性地渲染目标顾客只有使用你们公司的产品，才能达到他们对自己提出的较高要求（呼唤自豪感、自尊心和虚荣心）。如海飞丝在一则电视广告中描述了年轻妈妈因为头皮屑过多而在孩子面前产生的尴尬；④不和谐广告战略。向目标顾客传递一种不安的感觉，让他们感到其行动与个人的规范和价值观尖锐对立。如意大利著名服装品牌贝纳通的一则平面广告是一个修女和牧师在亲吻，让受众感受到极度的不和谐，从而对该品牌的服装产生很另类的评价（见图 7-7）；⑤冲破常规广告战略。以尽量咄咄逼人的方式向目标顾客说明，你们公司的产品只是一个普通的生活用品，以此消除附着在产品身上的社会禁忌。如妇女卫生巾广告越来越多，使得这种本来是一种很私密的商品变得很普通。

图 7-7 贝纳通的平面广告

① （德）安德雷亚斯·布霍尔茨，沃尔夫兰·维德曼. 营造名牌的 21 种模式[M]. 北京：中信出版社，2001.

（3）动机圈之三：习惯

习惯动机的核心论点是："消费者之所以喜欢你们公司的产品，是因为他无意识地习惯使用这种产品。"有五种基本的广告战略：①分类广告战略，即把你们公司的产品划归到与消费者的认知习惯不同的另一个类别中去，如云南白药牙膏称自己是"非传统牙膏"；②分级广告战略，即把你们公司的产品划归到一个新的、更高的等级中去，从而避免与现有竞争产品展开激烈竞争，如西藏冰川水是来自青藏高原海拔5100米的冰川融化的水，定价比市面上1～2元的普通矿泉水高出近10元；③替代广告战略。为你们公司的产品树立一个令人意外的、可以替代的新"对手"，拿你们公司产品的优点与对手的弱点比较。如一则保鲜冰箱广告通过夸张烤牛扒的紧迫性来说明冰箱不会使营养流失；④新目标顾客广告战略。用尽可能意外的方式让新的目标顾客发现你们公司的产品，从而赢得这批新目标顾客。如强生婴儿沐浴露为了吸引年轻女性也购买使用，在广告中声称"宝宝能用，你也能用"；⑤情景化广告战略。在消费者本来不使用你们公司产品的情景中，向他们展示该产品的成功使用（示范作用）。如一则广告是说一位女士雨天在野外驾车时车轮陷入烂泥中，而后通过中国移动的服务联系上救援人员。

（4）动机圈之四：身份

身份动机的核心论点是："消费者之所以喜欢你们公司的产品，是因为产品使他自己更觉尊贵，也在他人面前尽显身份。"可以从三个方面来提高身份：①信条广告战略。用一个简明扼要、不合常规的信条（如短语）来标榜你们公司的品牌，让这一信条赋予消费者一种明显无误的身份，如美特斯邦威的"不走寻常路"；②性格广告战略。让你们公司的品牌有的放矢地传递目标顾客最渴望拥有的那种性格，如万宝路牛仔的硬汉形象；③明星广告战略。把你们公司的品牌变成一个明星，以体现目标顾客理想中的品格，如动感地带请周杰伦作为代言人以增强其青春活力。

（5）动机圈之五：情感

情感动机的核心论点是："消费者之所以喜欢你们公司的产品，是因为他喜欢这个品牌。"有四种广告战略可以帮助提升消费者对品牌的情感：①情感转移广告战略。刺激消费者头脑中业已存在的"感情结"，使之与你们公司的品牌融合在一起，如非常可乐讲"中国人自己的可乐"；②憧憬广告战略，即把目标顾客对特定的情感场景的憧憬表现出来，如安踏一则广告把胜利后观众的欢呼表现出来，而这只是主人公的憧憬，眼前还是"永不止步"地奔跑着；③生活方式广告战略。用你们公司的品牌体现消费者对一种可以实现的理想生活的全面憧憬，如一些别墅的广告都在塑造一种惬意休闲的生活方式；④小说式广告战略。即以小说家们撰写发行百万、风靡全球的畅销书的法则为基础，给你们公司的品牌营造强烈的情感，如湾仔码头水饺的包装上都印有臧姑娘艰苦创业的故事，让人为其精神所折服。

除了以上介绍的广告创意理论之外，还有很多著名的广告公司和创意人员提出了优秀的广告理论，如链接材料7-2是法国EUROCOM广告集团的创意理论。

链接材料7-2：广告创意解码

法国EUROCOM广告集团生活研究室的广告专家贝纳德·格塞雷和罗伯·埃伯格撰写了一本"广告天书"——《广告创意解码》，提出了包含20类广告传播模式共60种创意策略，称之为"传播综合系统模式"。这一广告模式阵容庞大，限于篇幅，以下仅列出基本的架构。其中，F表示功能型广告，S 表示社会型广告，P 表示心理型广告。

类别	F	S	P
第 1 类广告传播模式——添加奥秘：	F01 引发事件型	S01 弦外之音型	P01 莫测高深型
第 2 类广告传播模式——注入能量：	F02 靠山背景型	S02 膜拜图腾型	P02 颠覆叛逆型
第 3 类广告传播模式——纯粹冲击：	F03 无所不在型	S03 咒语笼罩型	P03 重力冲击型
第 4 类广告传播模式——抬高地位：	F04 实践理念型	S04 一脉相传型	P04 原生力量型
第 5 类广告传播模式——炫耀智能：	F05 层层剖析型	S05 经验至上型	P05 魔法奇迹型
第 6 类广告传播模式——增强信用：	F06 断言肯定型	S06 口碑支持型	P06 至理名言型
第 7 类广告传播模式——加重权威：	F07 宇宙真理型	S07 制定标准型	P07 视野不凡型
第 8 类广告传播模式——突显个性：	F08 精密细致型	S08 流行时尚型	P08 夸张演出型
第 9 类广告传播模式——架构舞台：	F09 朴实无华型	S09 华丽丰富型	P09 疯狂纷乱型
第 10 类广告传播模式——强力呼唤：	F10 耳目一新型	S10 挑战认知型	P10 圣像显示型
第 11 类广告传播模式——动摇观点：	F11 假装平凡型	S11 制造紧张型	P11 大吃一惊型
第 12 类广告传播模式——地位不凡：	F12 精英桂冠型	S12 顶尖大亨型	P12 少数异类型
第 13 类广告传播模式——拉近距离：	F13 逻辑说理型	S13 攀龙附凤型	P13 游戏人间型
第 14 类广告传播模式——更加亲和：	F14 机智风趣型	S14 喜剧笑果型	P14 刻意嘲弄型
第 15 类广告传播模式——完美境界：	F15 证据证明型	S15 社交道具型	P15 改造生活型
第 16 类广告传播模式——以利诱人：	F16 实际利益型	S16 社会地位型	P16 感官享乐型
第 17 类广告传播模式——反射自我：	F17 专家捷径型	S17 融入团体型	P17 自我陶醉型
第 18 类广告传播模式——成功之道：	F18 化繁为简型	S18 磁石吸力型	P18 幸福理想型
第 19 类广告传播模式——相亲相爱：	F19 近邻相亲型	S19 物以类聚型	P19 心灵默契型
第 20 类广告传播模式——亲密关系：	F20 忠诚见证型	S20 表白推荐型	P20 完全信服型

资料来源：（法）贝纳德 · 格塞雷，罗伯 · 埃伯格. 广告创意解码[M]. 北京：中国市场出版社，2003.

（四）品牌传播中的广告媒体

媒体令广告无处不在。有人甚至形容，在美国，随便扔一块石头，都会砸到一件同广告有关的东西[①]。尽管有些夸张，但媒体令广告充斥我们的生活却是不争的事实。在广告预算中，媒体是最大的项目，西方企业广告费有 80%花在媒体上。由于不同媒体在费用、作用方面有很大的差异，因此，在品牌传播的不同阶段和不同区域需要对媒体进行组合，以实现媒体间的协同效应。传统的媒体包括报纸、杂志、广播、电视，近些年随着科技的发展，各种新媒体也层出不穷。根据形式不同，媒体可分为印刷媒体、电波媒体、流动媒体、直接媒体、新媒体和其他媒体[②]。

1. 印刷媒体

（1）报纸媒体

报纸广告的历史悠久，最早的专业广告代理商都在制作报纸广告。作为广告媒体，报纸的优点在于传播及时、覆盖面广、成本低、可灵活调整内容，缺点在于保存寿命短、印刷质

① 王宁，钱婷. 美国广告内幕[M]. 北京：中国经济出版社，1991.

② 汪涛. 广告学通论[M]. 北京：北京大学出版社，2005.

量差、不易引起注意。鉴于这些优缺点，一些带有公告性质（如促销、新产品的信息）的广告更适合在报纸上刊登，品牌形象广告则不太合适。

（2）杂志媒体

杂志的优点在于受众指向性强、保存寿命长、印刷精美，缺点是不宜调整、成本较高、对象狭窄。所以，一些高档产品（如洋酒、高级轿车、钻戒、别墅等）比较适合做杂志广告。另外，杂志与报纸一样同属于印刷品广告，因此也存在静态、不易引起注意、比较被动的缺点。例如，一项对杂志广告的调研结果显示，三分之二的读者可能对杂志广告都不看。

2. 电波媒体

（1）广播媒体

广播媒体的优点是传播迅速、成本低、灵活、受众指向性强，缺点是信息一闪而过、缺乏图像而不足以引起人们的注意。大卫·奥格威认为广播广告当中有四点很关键：尽早说出品牌名称；经常提及品牌名称；尽早说出受众可以获得的利益；经常重复播放广告。此外，美妙的音乐、个性化的音效、幽默或悬念的对话都是广播媒体广告创意的要点。

（2）电视媒体

我国城市目前电视普及率已接近 100%，这使得电视媒体成为目前广告媒体当中最重要的一种类型。电视媒体的优点在于覆盖面广、视听结合、千人成本低、形象好，但缺点也是明显的，如广告信息转瞬即逝、广告费绝对值高、受众指向性差。尽管如此，仍然有大量企业在电视媒体上掷以重金，这从最近十多年来CCTV广告时段招投标的火热程度可见一斑（见表7-1）。

表 7-1 CCTV 历年广告标王一览

年份	中标价	标王
1995	3079 万元	孔府宴酒
1996	6666 万元	秦池酒
1997	32000 万元	秦池酒
1998	21000 万元	爱多 VCD
1999	15900 万元	步步高
2000	12600 万元	步步高
2001	2211 万元	娃哈哈
2002	2015 万元	娃哈哈
2003	10889 万元	熊猫
2004	31000 万元	蒙牛
2005	38000 万元	宝洁
2006	39400 万元	宝洁
2007	42000 万元	宝洁
2008	37800 万元	伊利
2009	30500 万元	纳爱斯
2010	20390 万元	蒙牛
2011	23050 万元	蒙牛
2012	44300 万元	茅台
2013	60300 万元	剑南春

资料来源：本书作者根据互联网相关资料整理。

3. 流动媒体

（1）户外媒体

目前常见的户外媒体有路牌广告、招牌广告、霓虹灯广告、电话亭广告、气球气模广告、飞艇广告、车站招贴画等，最新的户外广告媒体有户外 LED 彩屏媒体。户外广告的优点是可精心选址、重复出现、成本低廉，缺点是信息容量小、覆盖面小。为了从随处可见的户外广告牌当中脱颖而出，户外媒体广告要在广告语、图片甚至造型上做文章，如立邦漆“彩色小屁股篇”的路牌广告就非常成功（见图 7-8）。有人甚至在人体身上做文章，将人体也开发成一种媒体。这是一种比较另类的户外广告媒体，它是通过人所穿着的衣服、佩戴的帽子以及发型和人体彩绘来帮助品牌的传播。这种做法比较新颖，在闹市中很容易引起别人的注意。

图 7–8　立邦漆的路牌广告

（2）交通媒体

交通媒体包括车内广告（如小贴士）和车身广告。目前在城市里面，绝大多数的公交车都充分发挥着交通媒体的作用。交通媒体的优点在于曝光率高、具有路线的选择性、成本低，缺点是覆盖面不够、不易引起专门的关注。很多企业都利用交通媒体作为其他媒体的辅助，如清扬洗发水广告在电视上和公交车身上同时出现。

（3）显示屏媒体

显示屏媒体自 2003 年以来发展迅猛，几乎所有的写字楼、住宅小区的电梯间外都引进了显示屏媒体，一些还进入了超市、药店、的士、公交车、候车室、候机室、航班等区域。这种新型的媒体是由分众传媒（Focus Media）公司发展起来的，被命名为“中国生活圈媒体”（见链接材料 7-3）。其优点在于高度的受众指向性、成本低、信息全面、视听结合，缺点是影响面窄、可信度较低。显示屏媒体最好与其他权威媒体广告（如电视广告）相结合使用，以提高信息的可信度。

链接材料 7-3：分众传媒

分众传媒，中国生活圈媒体群的创建者，是面向特定的受众族群的媒体。这部分受众群体能够被清晰地描述或定义，同时，这部分群体也恰恰是某些产品或品牌的领先消费群或重度消费群。

分众传媒旗下拥有中国商务楼宇联播网、中国领袖人士联播网、中国时尚人士联播网、中国商旅人士联播网、中国医药联播网、中国大卖场联播网、中国超市便利店联播网、中国公寓电梯联播网（框架平面媒体）、户外大型 LED 彩屏网络（城市彩屏联播网）以及手机广告网络（分众无线）等等多个针对特征受众、并可以相互有机整合的媒体网络。

分众传媒以独创的商业模式、媒体传播的分众性、生动性及强制性赢得了业界的高度认同。2005 年 7 月分众传媒成功登陆美国 NASDAQ，成为海外上市的中国纯广告传媒第一股，并以 1.72 亿美元的募资额创造了当时的 IPO 纪录，2013 年公司退市私有化时估值达到 37 亿美元。

资料来源：根据互联网资料整理。

---

4. 直接媒体

直接媒体是广告信息直接传递给特定受众的媒体形式。早期的直接媒体主要有直邮信函、产品目录、宣传小册子等，近年来在技术的支持下逐渐出现了邮寄 DVD 光碟、直销电话、E-mail 广告、短信等新的形式。直接媒体的优点是受众指向性强、灵活性高、信息全面，缺点是成本高，目标受众信息难以收集，发出的广告信息可能招致受众的反感，以致于没有细看就当作“垃圾邮件”处理。以前的一些直接宣传品（如小册子）成本较高，现在有互联网的帮助，一些成本几乎为零的媒体（如商业 E-mail）被广泛采用。

网站媒体是直接媒体当中一种特殊的形式，因为一般的直接广告（如直邮信函）都是消费者被动接收信息，而网站媒体上面的广告则是消费者主动点击的。这是网站媒体最大的优点。此外，其他优点还包括参与互动性高、视听结合、信息全面、灵活性高、方便计算点击率、成本低，缺点则是创意难度大、好的广告位不多、收看率可能不高。目前，网站媒体广告的形式主要有网幅广告（也称“旗帜广告”）、按钮广告、文本链接广告、赞助型广告、插播型广告等。

5. 新媒体

新媒体主要以互联网为平台，是新的技术支撑体系下出现的媒体形态，如数字杂志、数字报纸、数字广播、手机短信、网络、桌面视窗、数字电视、数字电影、触摸媒体等。相对于报纸、广播、电视、杂志四大传统意义上的媒体，新媒体被形象地称为“第五媒体”。随着社会生产力的发展和科学技术的进步，2013 年，以移动互联网、物联网、大数据为代表的智能化革命成为了继工业革命、电气化革命和信息革命之后的第四次革命。近年来，智能手机、平板电脑、社交网络不断普及，移动终端和移动网络环境得到改善，移动商务与移动营销（特别是微营销）得到了快速增长。一些品牌在新媒体的支持下迅速成长，如小米手机、《逻辑思维》等都是新媒体下的产物。

6. 其他媒体

其他媒体包括店头媒体、包装媒体、礼品媒体、影视歌媒体等。店头媒体即 POP 广告媒体，美国 POP 广告研究会把所有店头广告分成 60 种，可谓种类繁多。这种媒体最大的好处在于将信息传播与购买渠道结合在一起，有利于促成购买行为。包装媒体包括包装纸、包装盒和手提袋，特别是手提袋能够循环使用，上面的广告信息也得以循环传播。礼品媒体如企业制作的年历、圆珠笔、笔记本、小工艺品等，上面通常印有企业的品牌名称和标志。礼品的使用频率是这种媒体发挥作用的关键。影视歌媒体有两种：一种是嵌入式媒体，通过将品牌以道具的方式很自然地加入到影视歌的情境当中，让人潜移默化地强化对品牌的认知。早在 1951 年，在《非洲皇后号》电影里就出现了戈登杜松子酒明显的商标；而通过 007 系列影片，詹姆士·邦德的专属用车阿斯顿·马丁也闻名于世。另一种是赞助式媒体，如凤凰卫视的王牌栏目“王朝特约之小莉看世界”就是由王朝葡萄酒公司特约赞助的。在选择影视歌媒体的时候，形象是否与品牌相符、受众数量是否足够、受众对象是否与品牌目标市场相吻合是成功的前提。

二、促销与品牌传播

（一）促销对品牌的影响

1. 促销短期内能够加快或增加品牌的销售

如果说广告提供了购买的理由，那么促销则提供了购买的刺激。促销是销售促进（Sales Promotion，SP，也译为“营业推广”）的简称，是指企业对消费者和经销商的短期刺激工具，用以激励他们更早或更多地购买某一特定的产品或服务。因此，在品牌销售额业绩的压力下，促销变成了营销的主要工具。例如，在美国，十年前，促销占广告与促销费用总和的 40%，如今已提升到了 75%。促销对于品牌销售的效果是非常明显的，其本质就是给顾客优惠，而“趋利避害”是人的天性。2013 年 11 月 11 日凌晨 0 时开始，一场持续 24 小时的“光棍节”促销战开始，天猫再次延续几年来的传统，，展开全天疯狂打折活动。截至 11 月 12 日凌晨，支付宝全天成交金额为 350 亿元人民币，这一交易额是去年美国“网购星期一”121 亿元的近三倍。

2. 促销长期来看可能会损害品牌的形象

正如定义中所说的，促销是一种“短期”工具，短期来看品牌销售业绩喜人，但却是缺乏发展后劲的。这是因为促销对品牌形象产生了不良影响，表现为：（1）市场上长期的价格促销活动养成了消费者以价格为导向的购买习惯，为了维系市场份额，许多品牌不得不竞相打折促销，结果使得品牌形象一蹶不振，而消费者却仍然在寻找价格更低的品牌，如国产彩电就陷入这样的尴尬境地；（2）一些品牌为了标新立异吸引人气，大搞媚俗的促销活动，在赢得知名度的同时使得品牌形象低俗不堪，如“你敢穿我敢送”的三点式内衣走秀、美女当街洗澡促销浴缸等等可能带来的是负面的知名度；（3）多数促销方式都是帮助引发冲动型购买，结果使得消费者买回一大堆没用的东西，后悔之余也产生了对品牌的不良印象。因此，在创建品牌的过程中，促销需要慎用。

（二）常见的促销工具种类

根据对象不同，促销可分为以消费者为对象的消费者促销（Consumer Promotion）和以中间商为对象的交易促销（Trade Promotion）。

1. 以消费者为中心的消费者促销

消费者促销的形式有很多种，根据促销与产品的关系，可以分成与产品本身有关的消费者促销和与产品本身无关的消费者促销①。前者是指随着促销的过程而传递出产品的信息，如赠送的样品帮助消费者了解产品特点；后者是指促销与产品并无关系，如抽奖方式与所促销的是什么产品并无直接联系。以下简要介绍各种消费者促销工具。

（1）与产品本身有关的消费者促销

①样品：促销中的样品包括赠送小包装的新产品和现场品尝两种。许多企业常常采用赠送小包装产品的方式来促使消费者了解新产品，如送一小支新牙膏；如果是食品，则干脆拿到商店里请顾客直接品尝，如在超市里，魔厨高汤加入现煲的骨头汤内让顾客免费品尝。

②赠品：购买金额达到一定程度的时候，企业会向顾客额外附送赠品。从品牌传播的角度，对赠品的要求是实用、质量较好、有特色、上面印有品牌元素。如中国电信会给申请 ADSL 的用户攀登背包、茶杯、相框等不同赠品选择。

③现场演示：现场演示的方法可以使顾客以身临其境的方式迅速了解产品的特点和性能，获得感性认知后产生购买的欲望。常见的有蒸汽熨斗、食品加工机、各种清洁工具和保健按摩用品等。

④竞赛：竞赛的方法有多种，常用的还是智力和知识方面的竞赛，其内容多数都是与销售产品的公司或它的产品有关的问题。问题一般都很简单，只要对公司和产品有所了解都能

① （美）凯文·莱恩·凯勒. 战略品牌管理（第 2 版）[M]. 北京：中国人民大学出版社，2006.

答上来，因为竞赛的目的就是降低门槛，让更多人参与。

⑤展销会：展销会集商品展示与销售活动于一体，产品价格会比零售价格略低。新产品再加上低价格，自然容易吸引顾客购买。

⑥联合促销：两个或以上的公司合作推出优惠促销活动，让消费者在购买几种产品上面都得到实惠。合作的几个品牌一般市场地位相当、目标市场一致、品牌形象较好，如金龙鱼和苏泊尔、动感地带和麦当劳都曾举办过联合促销。

⑦产品保证：同行们在产品保修期上面的雷同已悄然成为行业惯例，而如果一家公司能够率先推出更长的保修期，那么对于购买者也是一个不小的吸引力。如赛拉图引入国外汽车行业的先进服务理念，在合资品牌中率先将保修期按基本保修（3 年/5 万公里）和动力保修（5 年/10 万公里）两个标准执行，使很多犹豫不定的顾客锁定了这个品牌。

（2）与产品本身无关的消费者促销

①代价券：代价券又叫折价券，是零售商伴随广告、产品外包装或前一次购买而送给顾客的一种标有价格的凭证，上面规定在指定的期限内到指定的商店里方可生效。比如，北京赛特购物中心发行过“衣、食、用”系列代价券，其券面优惠的数额分别为 20 元、10 元和 20 元。

②附加交易：附加交易即“买几送几”，具体做法是在交易中向顾客给付一定数量的免费的同种商品以示奖励，如面包店里面经常搞的促销活动是“买 5 个蛋挞送 1 个蛋挞”。

③折扣：折扣是企业直接给予顾客的价格优惠，一般发生在特定的节庆日、一次购买量较大或者累积量较大的时候。折扣的幅度一般在 5%至 50%之间，幅度过大会让顾客怀疑产品的质量，幅度过小又失去了折扣的意义。为了让顾客明确看到所得到的优惠，可以将因折扣而不必支付的那部分费用标出来，如当当网在定价时会标出“原价”、“折扣”和“节省”三个金额。

④回扣：给消费者的回扣并不在购买商品时立即实现，而是需要一定步骤才能完成。回扣一般用印花的形式表示，如饮料的瓶盖或易拉罐拉环、食品包装的内置卡片等都是常见的回扣印花。

⑤有奖销售：有奖销售是最富有吸引力的促销手段之一，因为奖品的价值通常是诱人的。在中国，法律规定有奖销售的单奖金额不得超过五千元。除了即买即开的奖品外，为了提高有奖销售的可信度，抽奖的主办单位一般都要请公证机关来监督抽奖现场，并在发行量较大的当地报纸上刊登抽奖的结果。

⑥换购：即以旧换新，旧的产品可以抵一部分货款。旧的产品可以是自己品牌的，也可以是竞争品牌的。

2. 以中间商为中心的交易促销

一项调查显示，制造商花在交易促销上面的费用占广告与促销费用总和的 46.9%，远高于消费者促销的比例 27.9%，以及媒体广告的比例 25.2%。交易促销是推动中间商把产品销售给消费者的关键一步，因此对于制造商来说格外重要。交易促销的手段主要有：价格折扣、折让、免费商品和销售竞赛。

（1）价格折扣：在某一指定时期内或者进货达到一定数量的前提下，制造商给予中间商一定比例的价格折扣。这一做法的基础是需求价格弹性理论，即价格下降时，需求量会增加。

（2）折让：为了促使零售商向消费者大力推介本企业的产品，制造商会提供多种形式的折让。如广告折让是弥补零售商在推广中的广告费用，陈列折让是感谢零售商在产品陈列上给予的特别照顾。

（3）免费商品：当零售商采购了一定数量的产品或试销新产品的时候，制造商通常还会免费赠送一些产品。

（4）销售竞赛：销售本品牌业绩最好的几家经销商将获得制造商给予的奖励，奖品包括奖金、旅游、商业培训等。例如，蒙牛乳业出资奖励全国优秀经销商在清华大学接受高端的专业管理培训。

（三）促销活动的设计

哈佛大学的约翰·奎尔奇（John Quelch）教授提出了促销活动设计中的六个注意事项①：

1. 类型：应当使用何种促销方式？

所有促销方式都具有优缺点，如折扣能迅速促进品牌销售，但会使品牌形象受损；样品可以帮助消费者尽早了解产品特点，但销售业绩的提升会慢些。所以，企业应当根据当时的营销目标进行促销方式的选择。消费者促销的目标主要有激励客户购买新产品、激励竞争者客户转而购买本品牌、激励原有客户继续支持本品牌；交易促销的目标有货品陈列的支持、产品推介的支持、增加库存量等。

2. 产品范围：促销哪些型号的产品？

促销的产品可以是旧产品，也可能是新产品。促销旧产品的目的是尽快清货，为新产品让道，同时收回部分投资；促销新产品的目的是缩短新产品上市的时间，以新产品的优势来抵御竞争对手。

3. 市场范围：在哪个地域的市场开展促销？

选择某个地区还是选择全国开展促销活动，是由促销战略目标、企业实力、市场竞争情况等综合决定的。比如，依靠实力强劲的联合利华，清扬洗发水在全国300个大卖场开展促销活动。

4. 时间：促销何时开始？持续多久？

促销的时机有很多，如新产品上市时、产品有大量库存积压时、竞争者蚕食了市场份额时、产品销售出现淡季时、产品销售旺季到来之前等等。促销持续时间太短和太长都不是好事，太短的话促销效果尚未显现就已经结束了，太长的话又容易降低品牌形象，而且顾客会对促销产生"免疫力"。早期的一项研究表明，理想的促销持续时间约为每季度使用3周时间，其时间长度即平均购买周期的长度。

5. 折扣率：促销应当包括哪些折扣？

在使用最为广泛的折扣促销中，折扣率的确定是一个关键问题。折扣太多或太少都对品牌销售业绩不利，所以折扣与品牌销量之间并不是简单的线性关系。为了找到折扣率与销量的最佳均衡点，企业需要分析该产品及品牌的需求价格弹性。

6. 条件：促销中应当附加怎样的销售条件？

很多企业在促销当中会增加一个"门槛"，即购买到一定量时方可享受到促销的好处。关键在于，这个"门槛"该定多高？附加条件的制定取决于企业的目标，如果想要维系品牌的高档形象可以将条件抬高，如一些高档购物场所要求顾客消费到一定数额时才能申请办理金

① （美）凯文·莱恩·凯勒. 战略品牌管理（第2版）[M]. 北京：中国人民大学出版社，2006.

卡，成为高级会员；如果是想吸引人气，那么“门槛”可以很低。不过要注意两个方面的问题：一是促销产品供应不足会引发顾客抱怨和投诉；二是可能无法控制混乱的现场，如2007年重庆家乐福在特价食用油的促销活动中就发生了踩踏事件，导致3人死亡31人受伤的恶性后果。

三、公关与品牌传播

（一）公关的定义与职能

美国公共关系协会（Public Relations Society of America，PRSA）在1998年对公共关系做出这样的定义：“公共关系帮助一个组织和它的所有公众相互适应对方。”美国公关业权威书籍《有效公共关系》（Effective Public Relations）在2000年的第八版中，对公共关系是这样定义的：“公共关系是一项管理职能，它的目的是在一个组织和决定该组织成败的所有公众之间建立和维持相互受益的关系。”从上面两个权威的定义来看，公共关系（简称“公关”）的核心是建立和维系关系。结合以上观点，在营销学当中，公关是指通过引起消费者的正面注意、树立良好的公司形象、处理或消除不利的传言或事件等，与公司利益相关者建立良好的关系。

结合科特勒教授的观点以及现实来看，企业公关部门履行的职能有八个：

（1）与新闻界的关系：引导新闻媒体对本企业和产品进行正面的报道；

（2）产品宣传：发布某些特定产品的信息；

（3）公共事件：建立和维系与当地社区和国家的关系；

（4）游说：与立法者和政府官员打交道，以促进或挫败立法和规定；

（5）投资者关系：与财务方面的利益相关者和其他人保持良好的关系；

（6）拓展：与捐赠者或非营利组织的成员保持关系，以获得财务的支持；

（7）咨询：就公司的一些公众事件、公司形象向管理层提出建议；

（8）危机处理：在发生公司、产品危机的时候及时展开危机公关，减少损失。

（二）公关与广告及品牌的关系

1. 公关与广告的关系

尽管公关作为品牌传播的一种策略受到所有营销专业人士的认同，但传统观点还是“唯广告论”，公关并没有得到应有的重视。数据显示，在比较成熟的传播市场中，广告和公关营业额的比例大致是80:20。2002年，定位论提出者阿尔·里斯与其女劳拉·里斯合作写了一本书《公关第一，广告第二》（The Fall of Advertising & the Rise of PR），提出了“公关时代的到来”①。在书中，他们对比了公关与广告的作用，认为当今的市场营销首先是要进行公共关系，只有通过公共关系才能使自己的品牌在消费者心中占有一席之地；市场营销始于公共关系，而广告则是公共关系的延续，因此是公共关系在打造品牌，广告则起到提醒消费者的作用。美体小铺、星巴克等一些著名品牌就是使用公关而非广告方式获得成功的。广告方式是爆炸式的，而公关方式则是潜移默化的。在形形色色的广告大量充斥市场的今天，消费者对广告已经产生了审美疲劳，只是停留在表面，而唯有公关才能渗透到消费者的心里。所以有业界人士直言，“广告做的是面积，公关做的是深度”。

① （美）阿尔·里斯，劳拉·里斯. 公关第一，广告第二[M]. 上海：上海人民出版社，2004.

2. 公关对品牌的作用

公关对品牌的作用表现为三个方面：

（1）公关有利于建立消费者与品牌之间的关系。企业通过一系列公关活动，升华了与消费者的关系，让消费者对品牌产生认同和好感。例如，汇丰银行在环保事业上做了大量贡献，从而赢得了人们的赞誉，被《福布斯》评为“最环保的银行”；蒙牛乳业曾举办大型的“每天一斤奶，强壮中国人”活动，为全国500所贫困地区的学校捐赠了价值1亿元的牛奶，从而留下了良好的口碑；

（2）公关有利于降低品牌传播的成本。一方面，公关的费用本身要远低于广告费，另一方面，公关的影响效应是长期的，分摊来看，单位时间成本是很低的；

（3）公关不能直接导致品牌的销售，而是促进品牌的长期销售。公关不像广告一样直接提出品牌的卖点，所以短期内品牌的销量不会有很大提高，但因为深入了消费者的心里，所以会产生长期的影响，在很长一段时间内都会有销量。比如，我们不会因为三星电子在高校设立了奖学金就马上购买它的产品，但品牌偏好会有一个长期的效应，可能会在适当的时候采取购买行为。

（三）营销公关工具的种类

根据科特勒教授的观点，营销公关工具主要有：

1. 公开出版物

企业内刊或报纸是公司公开出版物的最主要形式。把这些刊物寄给客户将帮助客户也融入企业的文化当中。例如，万科地产编制了精美的、充实的、可读性强的《万科周刊》，在万客会（万科的顾客俱乐部）的维系当中起到了重要作用。最近几年，以成功企业经营案例为题材的书籍犹如明星出书一样畅销，《非常营销》、《华为真相》、《奥美的观点》、《海尔的品牌之路》、《蒙牛内幕》等一批优秀图书在给读者带来管理智慧的同时也传递了企业的品牌精髓。

2. 事件

企业可以主办一些活动来吸引顾客关注产品和公司，以及与公司融洽关系。这些活动包括研讨会、郊游、体育比赛、周年庆典等等。例如， 2013 年比亚迪推出的“千里寻秦”品牌营销活动，为双擎双模车型的上市吸引眼球。“寻秦”车队从深圳出发途经湖北、山东、北京、河北、河南等地，行驶总里程逾7000公里，最终抵达“秦”的生产工厂——陕西西安，完成寻秦之旅。该活动不仅能够通过长距离的试驾验证品牌品质，而且能够使品牌、比亚迪厂址以及历史文化底蕴产生微妙的关联，通过一个看似未知的结果去吸引受众，从而达到成功造势的目的。

3. 赞助

赞助（Sponsership）是目前非常普遍的一种营销手法，大大小小的赞助随处可见。常见的赞助包括赞助文化活动、体育比赛等等。例如，为了提升品牌的认知度，世界保险巨头怡安集团与曼彻斯特联足球俱乐部签订了4年球衣赞助合同，金额高达8000万美元。一个值得赞助的活动应该是：（1）活动对象与品牌目标市场相吻合；（2）活动有足够的知名度和形象，能吸引人们的参与和关注；（3）赞助的厂商不多；（4）活动能促进品牌形象的发展。如果没有找到合适的赞助活动，企业也可以自己创办一些特色活动，如深圳移动连续几年自己推出“全球通中外艺术精品演出季”，节目精彩纷呈，深受市民追捧。

4. 新闻

公关人员需要挖掘公司、产品或员工的亮点，以在媒体或新闻发布会上展示。新产品上市经常使用新闻的方式来做铺垫。与广告的“强行推销”相比，这种被称作“软文”的新闻报道方式更加柔和，让人冷不丁地掉入了被精心设计过的“软文广告陷阱”。而且，由于软文是新闻的形式，像是报社记者的报道，因此利用了其立场的中立性以及报纸新闻的权威性来增添产品信息的可信度。比如，云南白药牙膏上市的时候，在报纸上推出了《云南白药里的国家机密》、《谁在买20多块的云南白药牙膏》等系列软文报道，引发了许多消费者的好奇心。

5. 演讲

在产品发布会、公司庆典活动等很多场合，公司高层领导都需要出来与媒体见面，回答各种问题。在一些公司，甚至专门设有新闻发言人来处理媒体沟通事宜。不过，从塑造品牌的角度来讲，高层领导在公众场合亲自演讲是非常必要的，因为高层领导往往是品牌价值观的主导者，他的思想和言行将赋予品牌以灵魂。我们看到很多企业领导通过展示其魅力来帮助品牌成长。例如，维珍CEO理查德·布朗森通过其怪异的言谈举止给维珍打上了“叛逆、不羁”的品牌个性烙印；万科CEO王石不仅花三分之一的时间来攀登世界高峰，而且还在国内十几座城市巡回演讲签售他的自传《道路与梦想》，这些“企业家行为艺术”进一步提升了万科在地产界的明星地位。

6. 公益服务活动

片面追求企业利润最大化，是以牺牲社会公共利益为代价的。企业在自身发展的同时，必须以符合伦理道德的行动回报社会。向某些公益事业捐赠成为目前树立企业良好形象一种最常用的方法，因为它帮助企业建立了可信度。单纯的捐赠对于企业品牌而言意义不大，将公益事业与企业营销相结合才是高明的做法。比如，全球第二大葡萄酒和烈酒集团保乐力加一直致力于在世界各地支持并开展避免酒后驾车、保障道路安全的公益教育活动。除在包括北京、上海、广东在内的10个省、市电视台推出“酒后不开车”的公益广告外，还在北京地区，联合北京市交管局向餐饮渠道发放公益宣传桌卡，提醒公众注意驾车安全。

四、人员推销与品牌传播

人员推销是指以销售为目的，面对面地与顾客一对一进行交流的方式。这是最古老的促销方式，尽管此后出现了各式各样的营销沟通方式，但人员推销却一直保留至今，说明其威力巨大。在B2B市场上，人员推销是最重要的推广方式；而在B2C市场上，人员推销的方式也在一些行业频繁使用，如金融保险经纪人、酒店啤酒推销员、化妆品直销员、零售店推销员、房地产售楼员、展会推销员等。

（一）人员推销在品牌传播中的作用

1. 人员推销是引导顾客选购品牌的关键一步

广告的作用在于最大范围地告知顾客品牌信息，而人员推销的最大特点是能够与顾客充分互动和个性化沟通，现场解决顾客的疑虑，引导顾客购买。实际上，解决顾客疑虑的过程就是品牌销售的过程，典型个案如化妆品直销员“雅芳小姐”。而在一些间接渠道上（如零售终端），很多企业也纷纷派出销售员到超市的货架旁进行终端推广和终端拦截。近年来，沃尔玛启动了一项重要的架构调整，对成都地区部分职能部门进行了解散或重组，减少了人员配置，通过大量增加促销员来代替卖场员工。显然，此举是为了提高终端销售对品牌的影响力，凸显了人员推销的重要性。

2. 人员推销需要其他品牌传播方式的辅助

一个品牌只靠人员推销来推广是很难成功的。原因在于：一方面，顾客过于分散，人员推销的成本很高；另一方面，单靠销售员对品牌的"自吹自擂"有时很难令顾客信服。因此，为了提高传播效果，企业不仅需要广告、促销、公关等方式的配合，还需要把产品实力的证明材料、媒体广告的投放情况、各种促销手段的展开情况、前期销售业绩的证明等等提供给销售员以作推广的支持。如果有了广告的前期铺垫，再加上促销活动的支撑，销售员就能充分发挥"临门一脚"的关键作用，如上述的清扬销售业绩的迅猛提升就是庞大的促销团队和紧密的广告、促销排期相辅相成的结果。

（二）利用人员推销进行品牌传播的要点

人员推销达成交易的技巧有很多，一些教材有专门介绍，本书不再赘述。此处仅探讨人员推销在品牌传播当中的成功要点。

1. 销售员要把自己与所推广的品牌合二为一

销售员推广品牌的过程就是推广自己的过程，如果客户对自己产生了信任，他们就会接受自己所推介的品牌。在与客户接触的过程中，销售员应当不断地以营造品牌体验为导向，让客户从自己身上看到品牌的影子。例如，游客们能切实从迪士尼员工身上感受到迪士尼品牌的"快乐"文化；而在与麦肯锡咨询公司接触过程中，客户能深刻感受到麦肯锡顾问们的专业性和责任感。

2. 销售员应当与售后服务人员无缝联结，维护品牌的一致性

在销售时承诺一大堆，到了维修时麻烦一大堆，这是招致品牌失败的重要原因。究其根本，是因为企业没有将销售员与售后服务人员协调好，几个环节产生了脱节，导致顾客对品牌的期望和实际感受严重不匹配。预防这种现象出现的办法是将销售员与售后服务人员组成顾客服务小组，协调工作来维护品牌的一致性，使顾客获得统一的满意的体验。

3. 销售员应以建立顾客关系作为品牌传播的目标，而非销售量

年度销售业绩考评的压力使得销售员们想尽办法来追求销售量，而不是建立和维系与顾客的关系。这往往得不偿失，因为顾客关系才是企业持续发展的动力，短期的销量不是。从建立品牌的角度出发，销售员应当时时刻刻以顾客关系为导向，通过为顾客提供消费价值来保障品牌的持久发展。当然，要使销售员有这样的意识，企业必须在绩效考评的指标上进行调整，不能把销售量作为单一的指标，而要增加衡量顾客关系质量的一些指标。

五、口碑与品牌传播

（一）口碑营销的定义

《营销全凭一张嘴》（The Anatomy of Buzz）一书的作者伊曼纽尔·罗森（Emanuel Rosen）认为："口碑（Word of Mouth or Buzz）是关于品牌的所有评述，是关于某个特定产品、服务或公司的所有的人们口头交流的总和。"[①]《新闻周刊》（Newsweek）则称口碑是"传播性闲聊；关于某个新热点人物、地方或事物的真实的街道层次的热烈谈论"。传统的口碑形式是面对面的交流，随着新技术的发展，口碑形式也出现了新的类型，如电话传播、博客、网络 BBS

① （美）伊曼纽尔·罗森. 营销全凭一张嘴[M]. 沈阳：辽宁教育出版社，2002.

交流帖、即时聊天工具（如QQ）传播等，并已成为口碑的主流形式。

严格来讲，口碑传播是人们之间自发的口头相传，但由于口碑独有的传播效果，20世纪50年代，美国的企业开始将口碑传播引入企业营销活动当中，由企业来启动口碑传播。按照这种做法，一家百货公司竟然在一周之内卖出了七千件一直滞销的雨衣。美国资深口碑营销专家马克·休斯（Mark Hughes）认为，口碑营销就是要吸引消费者和媒体的强烈注意，强烈到谈论你的品牌或你的公司已经变成甚具乐趣、引人入胜、有媒体报道价值的程度①。简单地讲，口碑营销就是启动交谈。让人们有谈资，是启动口碑营销的唯一途径。从这个意义上讲，口碑传播中的意见领袖可以被视为企业“聘请”的“虚拟推销员”，而口碑营销可以视为人员推销的一个特例。

（二）口碑对品牌的作用

1. 口碑增加了品牌信息的可信度

大量的虚假广告充斥着我们的生活，人们对广告的信任度持续下降。2012年，尼尔森公司发布了一项关于“全球广告信任度”的调查报告，结果发现，传统媒体的信任度表现呈急速下降的态势，如电视广告和平面杂志的信任度均为47%，报纸为46%，较2009年都出现了大幅下跌，跌幅分别达到了24%、20%、和25%。相比之下，可信度却是口碑的灵魂。智灵广告公司（Euro RSCG）研究过口碑的影响力，发现口碑的成效是电视或平面媒体广告的10倍。这是因为，在一个口碑接收者看来，口碑传播者对所说的品牌都有过亲身体验，他们对品牌是最有发言权的（见链接材料7-4）。从大众心理来讲，人们对于商业的、强制推销的、非常功利的信息传递已经十分厌倦和警惕，而网络口碑正是给了大家一个填补信任空缺、可以互相信任的空间，并建立了一种网络传播信任机制。腾讯微信正是通过构建基于“草根口碑文化”传播机制，从而营造一种虚拟网络上“人们毗邻而居的天然信任”（详见链接材料7-5）。

链接材料7-4：“来自消费者的推荐”最值得信任

根据尼尔森2013年的广告信任度报告显示，在来自全球58个国家的受访者中，68%表示他们相信网上公布的消费者观点，这种形式的广告在消费者信任度排行上位居第三。消费者对品牌官网上广告的信任度达到69%，在消费者最信赖的广告形式排名上居第二位。排名榜首的仍然是亲友的口碑传播，信任度高达84%。

至于其他网络广告，近半数（48%）受访者表示他们相信搜索引擎结果上的广告、网络视频广告以及社交网络上的广告。超过十分之四的人（42%）相信网络横幅广告。这对广告商来说是好消息，今年第一季度他们在这个广告形式上多花了26%的钱。尼尔森2013年调查的45%受访者认为手机显示广告可靠，而37%人相信手机上的文字广告，而在2007年仅为18%。

“虽然电视仍旧是付费广告中传播营销信息的领先者，但是全球消费者也会通过网络媒体获取品牌信息”，尼尔森“广告客户解决方案”全球负责人Randall Beard道，“另一方面，公关广告营销渠道让消费者能够拥护自己喜爱的品牌，是不该被品牌广告商忽略的。”

资料来源：2013年消费者对广告信任度调查[EB/OL]. 亿邦动力网，http://www.ebrun.com/20130926/82490.shtml.

①（美）马克·休斯. 口碑营销[M]. 北京：中国人民大学出版社，2006.

链接材料 7-5：腾讯微信的草根口碑

2011 年以来，以腾讯微信为代表的一系列即时通讯产品，异军突起，发展势头强劲，成为了网络社交与网络传播的新宠。2013 年微信全球用户数已突破 6 亿，腾讯微信在短时期内以其良好的交互式体验、丰富的功能界面，并通过“网络口碑传播”方式，聚集起一个庞大的用户群体，点对点精准营销是微信传播的一个特色。微信通过 QQ 群聊、LBS 找朋友、SNS 交互等多维渠道，构建基于同嗜性的网络社群，并通过“意见领袖”营造网民忠诚与口碑偏好，并最终形成腾讯微信的网络口碑价值。这种“草根口碑”之所以更可信，是因为“草根口碑”真实、可靠、非功利特质。正因为如此，微信的增长势头锐不可挡。从 0 到 1 亿，用了 14 个月；从 1 亿到 2 亿用了半年；从 2 亿到 3 亿，约 4 个月；此后每 5 个月增长 1 亿。估计这个增速会继续保持 1～2 年。一是因为智能手机红利，今年和明年仍将保持高速增长；二是得益于微信海外拓展的顺利。从 wechat 改名到 5 千万用了 14 个月，8 月抵达 5 千万只耗时约 2 个月，这速度与国内市场齐头并进。即每 4～5 个月微信国内和国际用户分别增长 1 亿，全球则增长 2 亿。

改编自：（1）张向阳，苏莹莹. 基于“网络口碑”价值的腾讯微信网络传播策略研究[J]. 电子世界. 2013, (10), 152—152.（2）罗超. 微信用户数已破 6 亿 继续增长势不可挡[EB/OL]. 圣才学习网. http://xwcb.100xuexi.com.

2. 口碑大大降低了品牌传播的成本

传统的口碑传播都是消费者自发的，产品自身的绝佳表现使得消费者主动向身边的亲友推荐，而企业并未花费一分钱进行推广。例如，同仁堂、全聚德等一些老字号就没有主动发起过什么“口碑营销”而赢得了几百年的赞誉。只是当口碑传播为企业营销所用、成为企业主导行为的时候，口碑传播的成本才发生。由于口碑营销的作用机理是企业启动一小部分口碑传播者谈论品牌的兴趣，然后剩下的事情就是人们自发地进行交流传播、媒体对品牌事件的免费报道等等，因此口碑营销的成本仅仅是前端的一部分投入。有资料显示，口碑营销所花的费用只是传统营销传播费用的 1/10。

3. 口碑传播不受控制，可能与品牌传播相冲突

相比前面所提到的广告、促销、公关、人员推销等传播形式而言，口碑传播是不受企业控制的。这也正是其成本比其他传播方式低的原因。媒体、大众对品牌的议论有时可能是有利于品牌发展的，这是企业所希望的结果，如人们对《小时代》、《私人定制》、《爸爸去哪儿》等电影的议论大大刺激了票房收入，在 2014 年春节的业内业外争议声中，《爸爸去哪儿》仅仅用 7 天时间就拿下 4.6 亿的票房（详见链接材料 7-6）；但有时也可能由于自身的原因、媒体的误导甚至是他人的“陷害”而使品牌落得个“坏名声”，如南京冠生园月饼的“陈陷风波”经媒体和公众的口传而连累了全国数十个“同名异胞”的兄弟；而三株口服液尽管官司打赢了，但公众之间的“以讹传讹”却使其输掉了市场；在美国，不法之徒丧心病狂的投毒使得“泰诺胶囊致死案”让人人心惶惶，口碑传播加重了品牌的负面形象。所以，口碑传播当中，企业还应担负起为正面口碑“保驾护航”的职责。

链接材料 7-6：

一部仅用了 5 天就拍摄完成的大电影《爸爸去哪儿》，7 天拿下 4.6 亿的票房，堪称 2014 年春

节档最大黑马，甚至还引发了国外媒体的关注。与票房的凯歌高奏相比，这部大电影的质疑声却是源源不断，甚至引发电影圈的口水仗。业内质疑影片拍摄周期太短，没有完整故事等，甚至还有网友调侃，《爸爸去哪儿》证明了"高票房甚至和电影无关"。可不管怎样，作为影片的制片人与监制，曾以《失恋33天》在电影圈打下江山的滕华涛则不这么看。他认为，"你得承认它是观众喜欢的电影"。而且他也直言，如果让孩子们像演电影那样去演故事，就是一个失败的作品。

作为2013年最火的一档综艺节目，《爸爸去哪儿》成为全民皆议的话题。其电影版抢在大年初一全国上映，拍摄周期只有5天，从拍摄到上映也不过一个月的时间，如此快速"赶工"出一部电影，在上映前质疑之声已经不绝于耳，"纯属圈钱"、"粗制滥造"的声音也甚嚣尘上。

"这不是一部真正的电影。"这是网络中对《爸爸去哪儿》给出最多的评价，在影迷以及专业人士的眼中，这部电影最大的问题就是没有完整的故事，且仅仅花了5天的拍摄周期。但滕华涛不这样认为，他直言从专业角度来讲，这部电影完全是按照电影的模式在操作。"如果让孩子们演一个故事，我觉得这肯定是一个失败的作品。所以我们仍就采用了节目的形式，也是像纪录片的东西。5天的时间已经足够，小孩子超过2天他们就会不喜欢。其实现在大家看到的画面，我们同时动用了25台机器摄影、19组录音、10组剪接，在现场有高达400多人的摄制组。这（阵容）对于一部电影而言，它是破了纪录了。"

业内人士认为，作为中国首部真人秀电影，《爸爸去哪儿》也许不是好的艺术范本，但它一定是一个好的商业范本，虽然项目启动较晚，但《爸爸去哪儿》在各个方面都有着精心的安排和规划。

1．主创分头走访影院。按照惯例，宣传方率先需要发布各种宣传物料，包括海报、剧照等二维平面的辅助物料。华西都市报记者在各个推广平台看到《爸爸去哪儿》的预告片都是百万量级播放量，这说明《爸爸去哪儿》人气热度极高，也促使电影版的期待值增加。而主创分头以40场见面会的密度走遍重点市场的重点影院。

2．萌娃线上拜年送福。在华西都市报记者所在相关微信群中，宣传方更是不吝啬其广泛的群众基础和口碑效应，时不时地放出五个萌娃的各种祝福视频和拜年短信，让不少节目原本的"死忠粉"争相奔走相告，一定要去电影院看片。

3．乐正传媒资讯研发总监彭侃认为，《爸爸去哪儿》能够成功的诀窍之一就是题材讨喜，而天娱传媒的总裁龙丹妮更坦言："在我的概念里，电影不叫电影，电视不叫电视，它们都是产品。"

资源来源：陈颖．电影版《爸爸去哪儿》引争议 网友：纯属圈钱[N]．华西都市报．2014-2-8.

（三）口碑营销的基本程序

日本口碑营销专家中岛正之等人在ICETILE公司开发的"口碑传播活用模型"基础上，详细说明了口碑营销的基本程序①。

1．寻找

意见领袖是口碑传播的起点，企业需要自主地选出这些人。对口碑传播对象商品和服务有正面理解且能进行肯定性发言的用户是意见领袖的合适人选。选择的途径有：（1）在自己公司的顾客当中挑选；（2）对目标市场有权威影响力的人士；（3）在目标市场兴趣共同体或社团中选择。

① （日）中岛正之．口碑营销[M]．北京：科学出版社，2006.

2. 加深印象

在挑选出意见领袖之后，企业需要向他们传递“希望大家知道的品牌信息”和“希望大家传播的品牌信息”。提供信息的要诀是：传播的故事性和使用用户满意度很高的品牌特性。品牌特性是口碑传播的内容，而故事性是口碑传播的形式。有三种方法可以加深意见领袖对公司和产品的印象：（1）让他们参与产品开发，如 Linux 向用户开放源代码；（2）让他们到生产基地和研究所参观，如张裕冰酒邀请幸运顾客参观冰葡萄种植基地，亲自采摘葡萄并制作冰酒；（3）让他们参加特别的活动，如邀请用户参加周年庆典。马克·休斯则提到有六个口碑的启动按钮①：禁忌（如 Calvin Klein 的“性”诉求）、不寻常的事物（如美国的“监狱”主题餐厅）、大胆新奇的事物（如“喝涂料”、“吃家具”等商业炒作）、逗趣的事物（如麦当劳《摇篮篇》的幽默广告）、引人注目的事物（如罗永浩的“锤子手机”发布会公开售票）、秘密（如可口可乐 1%的神秘配方）。

3. 推广

推广过程分为“引人谈论”和“引人观看”两部分。

“引人谈论”是让意见领袖拥有发言的机会。与人员推销不同，企业不能直接让意见领袖来传递企业制定的品牌信息，而应当由他们选出自己理解的信息，再以自己的语言传递出去。有三种方法可以引人谈论：（1）让意见领袖派发样品；（2）举办聚会活动；（3）利用品牌的广告作为共同话题。

“引人观看”是让更多的人看到意见领袖所传递的信息。三种引人观看的方法是：（1）在聚会上让一般的用户发言；（2）将出现在电视等大众媒体上的人发展成为意见领袖（如明星、媒体编辑）；（3）在杂志或网络上刊登。

4. 验证

通过问卷调查和内容分析等方法可以了解口碑营销的效果如何。调查的对象有：（1）意见领袖用户，询问他们何时、何地、向谁进行了口碑传播；（2）新用户，询问他们是从谁那里得到信息的，因何而购买了此商品；（3）目标市场，将他们接受口碑传播前后对品牌的印象进行对比；（4）网友留言，收集本品牌相关的网友自发性留言。

案例分析

京东的整合品牌传播

针对“‘灰’常 SMART，只在京东”的特别营销活动，京东商城在 2012 年情人节档特别策划“银幕”+“阵地”的整合营销传播方案。SMART 作为梅赛德斯—奔驰汽车旗下最具艺术气息的子品牌，目标人群以时尚潮流、热爱创意生活的年轻人为主。电影媒体的受众与 SMART 的目标人群相契合，情人节这一特殊档期，影院不仅具备高人流量，同时受众还具有“情侣性”、“家庭性”的特点。整个营销传播方案除了通过“银幕巨阵”对固定观影人群做到品牌形象的建立，同时针对那些“凑热闹”的人群实施“阵地”营销推广，直接促进销售。

传播运动目标

京东商城试图利用央视三维电影传媒的优质资源，实现渠道的差异化传播，锁定相契合的受众人群，在旗下的“银幕巨阵”投放品牌广告，提高京东的品牌形象，在电影媒体受众

① （美）马克·休斯. 口碑营销[M]. 北京：中国人民大学出版社，2006.

心目中提升品牌偏好度，并直接转化为网站访问行为。另外，针对"'灰'常SMART，只在京东"的特别营销活动，运用央视三维独特的影院空间"线上+线下"整合营销传播模式，提升网络线上营销活动的线下曝光率，建立品牌形象的同时刺激产品销售。

创意策略核心

2011年整年，中国电影观影人次为3.8亿，其中固定观影人群为3000万人，平均每月观影1至2次，针对那些固定观影人群全年持续投放品牌广告，建立品牌形象。在一些特殊的档期，有一小部分人因为特殊节日或针对大片才进影院观影，这一小部分人群有着"凑热闹"的心态，针对这些档期进行促销类的广告投放。根据不同的档期，选择符合广告主的营销组合方式以达到营销目的。京东商城选择了情人节档期投放其品牌广告，既保证了品牌忠诚度高的固定观影人群，同时囊括了观影高峰期更广泛的电影受众群体。

作为娱乐化内容媒体传播平台，影院具备"内容+时间+空间"三者重合的独特属性。CTR调研显示，观影人群平均在影院内逗留33分钟，观众在大银幕上接收广告片感性诉求的同时，还能在观影前后与品牌、产品进一步接触，充足的时间和空间可以为广告主提供更有力的媒体宣传攻势，达到1+1>2的营销宣传效果。电影全线整合传播方式已成为电影媒体有别于其他单一线上媒体的重要特征。

整合传播策略及实施

京东商城在情人节档期，选择了北京、上海、广州、深圳、杭州五大票仓城市的核心影院，进行了为期两周的"线上+线下"电影媒体整合营销传播。线上品牌广告树立品牌形象，线下"'灰'常SMART，只在京东"实车展示与受众亲密接触，带动销售。

1. 线上品牌攻势，建立品牌形象

"别把网购当智力游戏。从赝品里选真货，不如从正品里面选好货；叫你亲，不如质量精。"当孙红雷出现在大银幕上说着这些经典对白的时候，台下的观众被这支诙谐的广告引发笑声，孙红雷的"顾小白"形象深入人心，广告将个人的形象品牌化，增加了观众对京东这个品牌的心理附加价值。巨大银幕的视觉冲击，搭配高质量的环绕声音响效果，在无干扰的封闭式空间中拉近了品牌与观众的距离，使广告与观众产生情感共鸣，感性的品牌广告搭配"银幕巨阵"传达的穿透力，有效的激发了消费者的感性消费，增强了品牌偏好度。这条感性与理性诉求完美结合的广告片，在影院的大银幕上大放异彩，成功地在都市主流观影人群中树立起了全新的品牌形象。

2. 线下产品互动，品牌、销售两得益

2012年2月14日至18日，在北京、上海、杭州、深圳、成都五大城市的精选影院进行了"smart流光灰影院巡展"影院线下实车展示活动。首先，选择的五家影院都处于城市的中心商业区，观众为城市中最活跃的消费人群；其次，在阵地活动的整体安排上，央视三维专业策划团队针对京东与Smart各自的属性特征，对真车展示进行了创意设计：以京东网页作为展台外框，小巧时尚的Smart在镂空中巧妙展示。过往的观众被展台吸引驻足的同时，使广告主获得了与消费者零距离沟通的机会，甚至直接促成购买。整个阵地线下营销活动达到了提升京东品牌形象的效果，同时也起到了有效促进特别销售活动的双重效果。

传播运动效果

2012年2月9日-22日，京东电影媒体整合传播覆盖影片共计12部，包括《碟中谍4》、《我爱你》、《我愿意》等高票房影片。2月14日～18日的阵地活动更是同时覆盖了两个不同观影高峰值（情人节+周六），仅情人节当日，票房就占了总月度票房的25%左右。

“‘灰’常 SMART，只在京东”限量300台SMART流光灰特别版在京东独家出售，2012年2月20日开售89分钟内售罄！京东通过央视三维投放广告后，取得了显著的效果，成功跳出以往大家所认知的电商，精准切入受众人群，利用情感诉求成功建立了品牌壁垒，线上线下整合营销传播方式，多方面体现了电影媒体的营销价值。

资料来源：京东商城影院媒体整合营销传播[J]. 广告大观综合版，2012.07：52—53.

讨论题：

1. 京东商城采用了哪些品牌传播策略？是否具有整合性？
2. 京东商城的品牌策略有何特色？
3. 京东今后还可以采用哪些品牌传播策略？

本章小结

整合营销传播是20世纪90年代以来营销界和广告界最为热门的话题之一。确切地说，“整合营销传播”的实质是“整合品牌传播”。整合品牌传播是指企业从内容和时间上整合所有可能影响消费者的接触点，持续传递统一的品牌识别，最终建立品牌资产的一切营销活动。其概念本质是品牌资产导向的整合营销传播。在整合品牌传播过程中，需要遵循以下原则：（1）整合品牌传播强调品牌接触点传播；（2）整合品牌传播强调与受众的互动交流性；（3）整合品牌传播强调所有传播内容的统一性；（4）整合品牌传播强调时间序列上的连续性；（5）整合品牌传播从内部传播开始，再到外部传播。整合品牌传播的流程有十个步骤：（1）明确品牌在企业中充当的角色；（2）理解品牌价值的构成要素；（3）明确谁是品牌信息期望到达的人群；（4）形成“大创意”；（5）明确怎样才能通过改变认知来获得大创意；（6）通过信息传播改变消费者认知；（7）理解单个媒介在改变认知态度和维持发展势头中的作用；（8）确定最佳媒介组合；（9）效果测量；（10）从第五步开始，重复整个过程。系统地讲，整合品牌传播包括内部品牌传播和外部品牌传播，传播的对象从企业内部员工到外部合作伙伴（如零售商）和消费者。从广义的角度来讲，营销皆传播，整合外部品牌传播包括产品、价格、渠道、广告、促销、公关、推销、口碑。

内部品牌传播是内部营销的一项重要内容，指的是用营销的策略在企业内部及合作伙伴之间进行品牌的传播，目的是希望达到对品牌核心价值的一致认同，并在今后的营销工作中遵循品牌的规范。内部传播和外部传播在传播对象、目的、内容上面存在差异。内部品牌传播的途径有四个方面：（1）企业内部媒体上的品牌传播；（2）企业固定场所里的品牌传播；（3）企业内部活动中的品牌传播；（4）企业员工层面的品牌传播。内部品牌传播的内容包括品牌理念、品牌知识和品牌技能三个方面。

产品策略在品牌传播中的作用可以从品类、感知质量、大规模定制化、包装等几个方面来分析。品类对品牌传播的影响体现在三个方面：（1）品类的创新为品牌的占位提供了空间；（2）品类个性作为品牌个性确定的参照坐标；（3）品类个性影响了品牌传播。感知质量对创建品牌的作用表现为：（1）感知质量是品牌美誉度的基础；（2）感知质量为品牌占位提供了机会。提高品牌感知质量的步骤包括：（1）调查消费者对产品质量评价的标准；（2）对各评估标准进行重要性排序；（3）分析竞争者在各标准上面的表现；（4）提炼一个有别于竞争者的品牌宣传主题；（5）设计整合传播活动推广该主题。大规模定制对品牌的作用表现为：（1）大规模定制表现出品牌顾客导向的理念和形象；（2）大规模定制增强了品牌的竞争力；（3）大规模定制提高了品牌的收益。大规模定制对企业的创新要求包括：（1）营销创新——准确地获取顾客需求；（2）技术创新——敏捷地开发设计产品；（3）生产创新——柔性地生产制造；（4）流程创新——构建高效的供应网络。

定价是经理们在营销中面临的最大问题。价格对品牌的影响在于：（1）价格是判断品牌质量和档次的线索和信号；（2）高价格体现品牌的稀有性和个性；（3）价格是灵活达成品牌目标的工具。基于品牌的定价方法有：成本导向定价法、竞争导向定价法、需求导向定价法。面对价格战，企业可以就静观、非价格应对、价格应对和撤退等四种战略进行选择。

渠道对品牌的影响可以从渠道合作、销售终端、直接渠道等三个方面来分析。渠道合作对品牌的影响表现为：（1）渠道成员形象影响了品牌形象；（2）渠道成员的合作程度影响了品牌的销售；（3）渠道模式的选择体现了品牌的独特性。在零售店内，终端生动化和终端拦截都会对品牌产生影响：（1）终端生动化能增强消费者对品牌的体验；（2）终端拦截能提高品牌的销售量。由于缺乏中间商，直接渠道与品牌的关系表现出与间接渠道不同的关系：（1）直接渠道能够增加消费者与制造商的双向沟通；（2）直接渠道更好地展示了品牌形象。

广告传播系统模型描述了广告传播的过程。该模型包括五个要素：信息源、信息、渠道、接收者、大众。五个要素形成了两个认知过程：第一个认知过程是广告的目标受众对广告信息的接收和理解，其途径是广告媒体；第二个认知过程是大众对目标受众所传递信息的接收和理解，其途径是口头传播。广告作用机理模型说明了广告对受众产生的影响：（1）对品牌认知和熟悉；（2）了解品牌的利益和属性；（3）形成对品牌个性的感知；（4）与品牌形成情感关系；（5）效仿参照群体的消费模式；（6）刺激购买。西方主流的广告创意理论包括USP论、品牌形象论、ROI论、共鸣论、定位论和品牌个性论。“B/W广告模式”提出了五个动机圈来进行广告创意：价值、规范、习惯、身份、情感。根据形式不同，媒体可分为印刷媒体、电波媒体、流动媒体、直接媒体和其他媒体。

促销对品牌的影响包括：（1）促销短期内能够加快或增加品牌的销售；（2）促销长期来看可能会损害品牌的形象。根据对象不同，促销可分为以消费者为对象的消费者促销和以中间商为对象的交易促销。前者根据促销与产品的关系可以分成与产品本身有关的消费者促销和与产品本身无关的消费者促销。与产品本身有关的消费者促销包括样品、赠品、现场演示、竞赛、展销会、联合促销、产品保证。与产品本身无关的消费者促销包括代金券、附加交易、折扣、回扣、有奖销售、换购。以中间商为中心的交易促销手段主要有：价格折扣、折让、免费商品和销售竞赛。促销活动设计中有六个注意事项：（1）类型：应当使用何种促销方式？（2）产品范围：促销哪些型号的产品？（3）市场范围：在哪个地域的市场开展促销？（4）时间：促销何时开始？持续多久？（5）折扣率：促销应当包括哪些折扣？（6）条件：促销中应当附加怎样的销售条件？

企业公关部门履行的职能有八个：（1）与新闻界的关系；（2）产品宣传；（3）公共事件；（4）游说；（5）投资者关系；（6）拓展；（7）咨询；（8）危机处理。广告方式是爆炸式的，而公关方式则是潜移默化的；广告做的是面积，公关做的是深度。公关对品牌的作用表现为三个方面：（1）公关有利于建立消费者与品牌之间的关系；（2）公关有利于降低品牌传播的成本；（3）公关不能直接导致品牌的销售，而是促进品牌的长期销售。营销公关工具主要有：

公开出版物、事件、赞助、新闻、演讲、公益服务活动。

人员推销在品牌传播中的作用是：（1）人员推销是引导顾客选购品牌的关键一步；（2）人员推销需要其他品牌传播方式的辅助。利用人员推销进行品牌传播的要点是：（1）销售员要把自己与所推广的品牌合二为一；（2）销售员应当与售后服务人员无缝联结，维护品牌的一致性；（3）销售员应以建立顾客关系作为品牌传播的目标，而非销售量。

口碑对品牌的作用表现为：（1）口碑增加了品牌信息的可信度；（2）口碑大大降低了品牌传播的成本；（3）口碑传播不受控制，可能与品牌传播相冲突。口碑营销的基本程序包括：（1）寻找；（2）加深印象；（3）推广；（4）验证。

重点概念

整合营销传播（Integrated Marketing Communication，IMC）
整合品牌传播（Integrated Brand Communication，IBC）
内部品牌传播（Internal Brand Commnication）
外部品牌传播（External Brand Communication）
品类个性（Category Personality）
感知质量（Perceived Quality）
大规模定制化（Mass Customization）
成本导向定价法（Cost-oriented Pricing Approach）
竞争导向定价法（Competition-oriented Pricing Approach）
需求导向定价法（Demand-oriented Pricing Approach）
价格战（Price War or Price Competition）
渠道合作（Channel Cooperation）
销售终端（Point of Sales）
直接渠道（Direct Channel）
广告传播（Advertising Communication）
广告创意（Advertising Creativity）
广告媒体（Advertising Media）
销售促进（Sales Promotion）
消费者促销（Consumer Promotion）
交易促销（Trade Promotion）
公共关系（Public Relations）
人员推销（Personal Sales）
口碑（Word of Mouth or Buzz）
口碑营销（WOM Marketing or Buzz Marketing）

进一步阅读材料

1. （德）安德雷亚斯·布霍尔茨，沃尔夫兰·维德曼. 营造名牌的 21 种模式[M]. 北京：中信出版社，2001.
2. （法）贝纳德·格塞雷，罗伯·埃伯格. 广告创意解码[M]. 北京：中国市场出版社，2003.

3. （美）阿尔·里斯，劳拉·里斯. 公关第一，广告第二[M]. 上海：上海人民出版社，2004.
4. （美）巴茨，梅尔斯，阿克. 广告管理（第五版）[M].北京：清华大学出版社，2003.
5. （美）马克·休斯. 口碑营销[M]. 北京：中国人民大学出版社，2006.
6. （美）唐·舒尔茨，海蒂·舒尔茨. 整合营销传播：创造企业价值的五大关键步骤[M]. 北京：清华大学出版社，2013.
7. （美）伊曼纽尔·罗森. 营销全凭一张嘴[M]. 沈阳：辽宁教育出版社，2002.
8. （日）中岛正之. 口碑营销[M]. 北京：科学出版社，2006.
9. 卢泰宏，李世丁. 广告创意——个案与理论[M]. 广州：广东旅游出版社，1997.
10. 谢付亮，朱亮. 品牌天机——超低成本塑造品牌的16条黄金法则[M]. 北京：机械工业出版社，2007.

复习题

1. 什么是整合品牌传播？
2. 整合品牌传播的步骤是什么？
3. 整合品牌传播的模型是怎样的？
4. 如何进行内部品牌传播？
5. 品类对品牌有何影响？
6. 如何应对价格战？
7. 渠道与品牌的关系是怎样的？
8. 广告对品牌的作用机理是怎样的？
9. 有哪些广告创意理论？
10. 如何运用新媒体进行品牌推广？
11. 促销与品牌的关系是怎样的？
12. 公关与广告是怎样的关系？
13. 推销如何与品牌结合？
14. 如何进行口碑营销？

第四篇 品牌提升

第8章 品牌延伸与授权

引 例

到范思哲（Versace）喝杯咖啡，去 Prada 的酒吧饮杯酒，约朋友在香奈儿的餐厅吃饭，交流一下试用富士集团新推出的艾诗缇（ASTALIFT）化妆品的心得，一起去帮朋友选购一个 Zippo 打火机的同时再试穿一件 Zippo 的男装。尽管初听起来让人惊诧，但这是各大品牌当下正在尝试的事，越来越多的品牌开始将业务和产品线延伸到主营业务之外。

摘自：袁远. 品牌跨界——一朵带刺的玫瑰[N]. 中国贸易报，2013，3，(7)：1.

热身思考：品牌延伸之路是否总是康庄大道？

第1节 品牌延伸概述

一、品牌延伸的定义与分类

定位论的鼻祖阿尔·里斯曾说："若要撰述美国过去十年的营销史，最具有意义的趋势就是延伸品牌线。"据大卫·阿克教授的一项研究表明，凡是业绩优秀的消费品公司，在开拓新产品时，有 95%通过品牌延伸策略进入市场。一项针对十年间美国超市快速流通商品（FMCG）的研究显示，有 2/3 的成功品牌（指年销售额在 1500 万美元以上）属于延伸品牌，而不是新上市品牌。国际市场研究公司（Research International）对 22000 件产品进行调研后发现，其中 82%的产品都是原有品牌的延伸，而且这一趋势不会改变。该调研还发现，只有 2%的营销经理表示，在未来几年内会把创建新品牌作为产品投放市场的主要手段。在我国，品牌延伸也备受各类企业的青睐，娃哈哈、海尔、联想、康师傅等著名企业都从中受益匪浅。乐百氏营销总经理杨杰强指出："品牌延伸前乐百氏的销售额只有 4 亿多，延伸后不到三年就达到近 20 亿。品牌延伸使乐百氏的发展有了一个加速度。"可以说，在企业推出新产品的过程中，品牌延伸已成为最常使用的一种策略。

（一）品牌延伸的定义

美国康奈尔大学（Cornell University）营销博士爱德华·陶博（Edward Tauber）是品牌延伸研究的先行者。1981 年，他发表了论文《品牌授权延伸，新产品得益于老品牌》，首次系统地提出了品牌延伸的理论问题[①]。他还成立了一家专门从事品牌延伸研究和咨询的机构“品牌延伸研究”（Brand Extension Research）。在他之后，品牌学术界掀起了品牌延伸的研究热潮。目前西方品牌学术研究当中，品牌延伸位居最热门的选题之列。

究竟什么是品牌延伸（Brand Extension）？学者们的观点有些差异。凯勒教授认为，品牌延伸是利用一个已有的品牌引进一个新产品。这一界定并不是很清晰，凯勒并未指明到底什么才算是“新产品”。科特勒、陶博、卡普菲勒等教授则认为，品牌延伸是利用现有品牌名称来推出其他产品类目中的新产品。这一定义把新产品限定为其他产品类别而不是本产品类别的填补项目。上海交通大学的余明阳教授认为，品牌延伸有狭义和广义之分。狭义地看，新产品与原产品不是一个类别；广义地看，新产品不仅可以是新的产品类别，也可以是原产品线中产品项目的填补[②]。中山大学卢泰宏教授更全面地表述了这一概念，他认为，所谓品牌延伸，是指借助原有的已建立的品牌地位，将原有品牌转移使用于新进入市场的其他产品或服务（包括同类的和异类的），以及运用于新的细分市场之中，以达到以更少的营销成本占领更大市场份额的目的[③]。本书采用卢教授的观点。其观点的要点在于：（1）母品牌已建立了品牌地位，没有声誉的品牌进行延伸是没有意义的；（2）新的产品或服务包括同类和异类的，同类是原有产品线的延伸，而异类是新的产品类别，两种延伸都是品牌延伸；（3）品牌延伸的目的是以降低营销成本的形式来进入新的细分市场和扩大品牌的市场份额。在品牌延伸中，被延伸的品牌称为母品牌（Parent Brand），延伸的新产品称为延伸产品（Extended Product）。

需要注意的是，品牌延伸与多元化经营并不是一个概念。多元化可能会采用同一个品牌，也可能采用多个品牌来经营。如果采用的是同一个品牌，那就属于品牌延伸，如三星公司推出三星液晶电视、三星手机、三星洗衣机、三星 MP4 等；反之，如果采用多个品牌就不属于品牌延伸了，如宝洁旗下有飘柔洗发水、汰渍洗衣粉、玉兰油护肤品等。

（二）品牌延伸的分类

根据不同的划分标准，品牌延伸可以有以下几种分类：

1. 根据延伸的产品是否归公司所有，可以把品牌延伸分为公司内品牌延伸和公司外品牌延伸。我们一般讲的品牌延伸都是公司内品牌延伸，它是指延伸产品都属于一家公司所有，如美的空调和美的电饭煲都属于美的公司。公司外品牌延伸就是通常所说的品牌授权（Brand Licensing），是指企业把品牌授权给其他公司使用，以推出延伸的产品，如迪士尼、凯蒂猫（Hello Kitty）等都采用品牌授权的方式进行快速延伸。尽管延伸的产品属于另一家公司，但母品牌的使用是由公司授权的，所以本质上也是一种品牌延伸。

2. 根据延伸产品与原产品之间的关系可分为同类产品延伸和异类产品延伸。不同的学者

---

① Tauber, Edward M. Brand franchise extension: New product benefits from existing Brand Names[J]. Business Horizons, 1981, 24(2): 36—41.

② 余明阳. 品牌学[M]. 合肥：安徽人民出版社，2003.

③ 卢泰宏，谢飙.品牌延伸的评估模型[J]. 中山大学学报：社会科学版，1997，(6): 8—13.

对这两个概念的表达有些差异。例如，荷兰的莱兹伯斯教授把同类产品延伸称为产品延伸，把异类产品延伸称为名称延伸，把延伸产品和母品牌差异很大的情况称为概念延伸[①]。后面这种延伸实际上也是异类延伸，只不过延伸的产品跨度更大。营销学者琼恩·金姆（Chung K. Kim）和安妮·拉瓦克（Anne M. Lavack）指出，品牌延伸包括横向延伸（Horizontal Extension）和纵向延伸（Vertical Extension）。横向延伸指将原有的品牌名应用在与母品牌种类相似或无关的新产品上，即异类产品延伸；纵向延伸则指引入与原产品种类相同、但通常在价格和质量上与原产品差别较大的新产品，即同类产品延伸。美国卡内基—梅隆大学教授彼得·法古哈（Peter Farquhar）的提法更容易理解。他认为，品牌延伸可分为两种类型：产品线延伸（Line Extension）和产品类别延伸（Category Extension）[②]。本书采用他的分类方法。

（1）产品线延伸

产品线延伸也称为线延伸，是指用母品牌作为原产品大类中针对新细分市场而开发的新产品的品牌。这是品牌延伸的主要形式，目前在品牌延伸中有 80%～90%是属于产品线延伸。产品线延伸的方式有很多，如不同的口味、不同的成分、不同的形式、不同的大小、不同的用途、不同的档次等。比如，随着消费者健康意识的增强，箭牌公司在绿箭、黄箭、白箭等口香糖的基础上推出了品牌名为“5”的无糖口香糖，包括奔涌西瓜味、魅幻蓝莓味、激酷薄荷味等，这种延伸就属于口味延伸；可口可乐香草可乐的推出就属于成分延伸；益力的桶装水和瓶装水就属于形式延伸；“一品国香”中华香米的 5kg、10kg、25kg 就属于大小延伸；诺基亚商务手机、音乐手机的推出就属于用途延伸；宝马 3 系的 320i 和 325i 就属于档次延伸。

（2）产品类别延伸

产品类别延伸又称大类延伸，是指母品牌被用来从原产品大类进入另一个不同的大类。法国品牌权威学者卡普菲勒教授把产品类别的品牌延伸细分为两种类型：相关延伸（或称持续延伸）和间断延伸[③]。相关延伸往往借助于技术上的共通性进行延伸，如索尼借助于成像技术推出数码照相机、数码摄像机等，耐克借助运动产品的研发能力推出各类运动鞋、运动用品、运动装等。由于延伸的产品与最初的产品在技术上很接近，因此母品牌覆盖的产品范围较窄。间断延伸则是将母品牌延伸到与原产品并无技术联系的新产品类别上。比如法拉利不仅拥有经典跑车，还借助自身无与伦比的设计优势和品牌优势，或独自或与其他公司合作，推出了自行车、手表、香水、手机、数码相机、笔记本电脑、主题公园等不同领域的产品；海尔既有电器，又有生物医药、金融、物流、旅游、房地产等不相关的产业；重型机械设备供应商卡特彼勒公司依据其坚固、粗犷、勇敢、不辞劳苦的品牌个性、犀利的风格将产品延伸至鞋子、手表和牛仔裤等产品。这种远离原有产品领域的延伸使品牌覆盖了更宽广的产品范围。

3. 根据延伸产品的品牌命名策略，可以把品牌延伸分为单一品牌延伸、主副品牌延伸和亲族品牌延伸。单一品牌延伸是指延伸的产品与原产品的品牌名称完全一样，如金利来领带和金利来西服；主副品牌延伸也称为母子品牌延伸、复合品牌延伸，是指延伸产品与原产品的品牌名称采用两段式，前面的主品牌名称相同，后面的副品牌名称有差异，以体现产品特

---

①（荷）里克·莱兹伯斯等. 品牌管理[M]. 北京：机械工业出版社，2004.

② Peter Farquhar. Managing brand equity[J]. Journal of Advertising Research, 1990，30(4): 7—12.

③ Kapferer, Jean-Noël. The New Strategic Brand Management: Creating and Sustaining Brand Equity Long Term(4th ed.)[M]. London: Kogan Page Limited，2008.

点，如别克凯越和别克君越；亲族品牌延伸是指延伸产品与原产品的品牌名称有部分相同，部分不同，如麦当劳的麦乐鸡、麦香鱼、麦辣鸡等都有“麦”（Mc）字。其中，尤以主副品牌延伸使用最为平常，因为它既利用了原品牌的声誉又突出了不同产品的差异性。

二、品牌延伸的作用与陷阱

（一）品牌延伸的作用

品牌延伸的作用可以从新产品和母品牌两个方面来分析（见图8-1）：

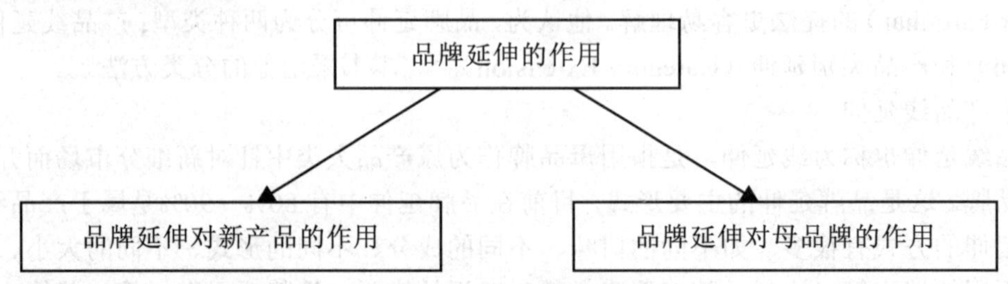

图8-1 品牌延伸的作用

1. 品牌延伸对新产品的作用

（1）减少消费者认知风险，提高试用率

被延伸的母品牌通常要求具有较高的品牌知名度和正面的品牌形象，这样，即使消费者不了解新产品，也会“爱屋及乌”，基于对母品牌的熟悉和好感而尝试使用新产品。比如，1985年，柯达推出一种名为“极寿”的碱性电池，结果无人问津，名称换成“柯达”后，销量直线上升。随着品牌延伸范围的不断扩展，品牌延伸的行为本身为企业树立了一个具有实力的品牌形象，消费者会依此认为该品牌更可信，如GE、3M、维珍等企业品牌的大范围延伸就使得其品牌更值得信赖。在母品牌的支持下，新产品更容易被消费者接受。OC&C战略咨询公司的一项调查表明，消费者对新品牌的试用率比品牌延伸的试用率低23%。

（2）增加了分销的可能性

在“渠道为王”的今天，零售商的货架是非常稀缺的资源，对于新产品的采购一般会很谨慎。由于零售商相信消费者更乐于尝试品牌延伸的产品，因此他们也更愿意销售这样的产品。斯坦福大学营销学教授大卫·蒙哥马利（David Montgomery）的研究表明，品牌声誉是超市采购部门进行新产品决策时的关键选择标准。

（3）避免了培育新品牌的成本，提高了传播费用的效率

推广新品牌的成本巨大，而且失败率也非常高。品牌延伸使得新旧产品都采用一个品牌名称，不必专门为创造和推广新品牌而花费成本。由于在母品牌下面导入了新的产品，品牌宣传活动使得品牌下的更多产品受益，从而提高了传播的效率。据估计，在全美市场推出一个全新品牌的产品需要3000万～5000万美元，而运用品牌延伸策略可以节省40%～80%的费用。以广告费用为例。玛丽·沙立文（Mary Sullivan）、丹·斯坦利（Dan Stanley）等学者各自的研究结果均表明，要达到一定的销售量，品牌延伸所使用的广告费用会低于新品牌。

（4）给予消费者多元化选择的机会

如今，要想获得消费者对一个品牌的忠诚是越来越难了。为了留住“喜新厌旧”的消费

者，企业可以通过品牌延伸推出更为齐备的产品线项目或者相关产品类别以供选择。这样，尽管顾客可能不选择原来的那个产品了，但还是极有可能会选择该品牌的其他相关产品。比如，麦斯威尔咖啡既有原味也有特浓口味，宝马既有轿车也有越野车，摩托罗拉既有商务手机也有娱乐手机等。

2. 品牌延伸对母品牌的作用

（1）使品牌涵义清晰化

最初，一个品牌通常指代一个产品类别的实体，随着品牌延伸的深入，越来越多的产品加入品牌，使得原有的品牌逐渐增加了感性的内涵，并因为各产品的某种共性而使品牌内涵得以深化和清晰化。英国维珍集团最初从唱片起家，之后的业务扩展到航空、可乐、网上商店、铁路、电信、大卖场、婚纱、影院、金融服务、手机等行业。尽管延伸的产品之间风马牛不相及，但其共性是“反叛和娱乐”的品牌个性，每一个延伸的产品都在使这一品牌的内涵清晰化。当最初的产品早已明确了品牌内涵时，品牌延伸当中出现的名称、标志等品牌要素可以强化这一涵义。比如，在挪威，有民意调查显示，50%的人看了万宝路服饰的广告后，都认为那是在为万宝路香烟做广告。链接材料 8-1 说明了为什么宝马会将品牌延伸到衣服上面。

链接材料 8-1：宝马为什么可以衍生到衣服？

宝马把品牌延伸到服饰行业，中国的第一家专卖店就开在北京东方广场，产品有男女正装、运动休闲与配饰系列。宝马服饰看准时尚、崇尚健康、喜爱运动的成功人士。

宝马之所以能延伸到服饰，是因为宝马不仅象征着非凡的制车技术与工艺，还意味着“潇洒、优雅、时尚、悠闲、轻松”的生活方式，车和服饰都是诠释宝马核心价值观的载体。

宝马服饰选用纯绵、纯正美利诺羊毛等优质面料，并且强调时尚和功能并重，比如在受力点采用高科技的材料以加强拉力牢度，在冷风进口处，加上恒温面料来保暖。这些都是功能化的具体表现。从外观上看，宝马服饰在设计上力求与宝马汽车的风格一致；在颜色的选择上绚丽而不失稳重，线条上也保持宝马汽车流线型的设计。

宝马汽车代表了豪华，宝马服饰也是服装中的贵族，在北京东方广场宝马生活方式店，衬衫的价格为 1823 元，带汽车抽象图案的领带价格为 1571 元，女士丝巾价格为 1571 元。车和服饰都能传神地体现宝马的核心价值观“潇洒、优雅、时尚、悠闲、轻松”的生活方式，这种延伸无疑是对的。

宝马延伸到服饰不仅能获得服饰的利润，更重要的是通过涉足服饰领域向更多的消费者推广宝马生活方式与宝马这个品牌。

宝马注意到，人们空闲时很少到汽车展示厅闲逛，而去商业中心娱乐成为都市人们的一种休闲方式。因此，宝马希望通过宝马生活方式店的服饰向人们直接展示宝马精良的品质和完美的细节，从而将人们培育成为宝马汽车的潜在消费者。

宝马希望在消费者还很年轻的时候，就钟爱宝马这个品牌，成为宝马汽车的潜在消费者。刚从大学毕业的男士，要购买一部宝马汽车，可能力不从心，但他可以先购买一件宝马服饰，从中感受到宝马生活方式。如果他女友对他这款宝马服饰赞美有加，他将对宝马品牌留下很深的印象。因此对宝马品牌的信任和忠诚度可提前培育，等到他事业有成，选择高档汽车时，就会先入为主，对宝马汽车情有独钟。

资料来源：根据互联网资料整理。

（2）提高了母品牌的展示度和实力

一旦母品牌延伸到了新的产品项目或产品类别上面，顾客就能更多地在零售终端、各类媒体广告上看到品牌的身影。比如，海飞丝8种类型的洗发水使得它在货架上格外抢眼；小肥羊连锁火锅店不仅在各大城市遍地开花，而且还在各大超市出售小肥羊汤料和羊肉片；飞利浦剃须刀、液晶电视、照明、手机等产品的电视广告都在片尾采用了同样的画面和音效。消费者通常会认为，产品的种类越多，品牌的实力就越强。

（3）为品牌找到新的利润增长点，活化品牌

当原产品进入了产品生命周期的成熟期或衰退期时，企业需要考虑引进新的产品来延续品牌的寿命。比如，波导以前是做寻呼机的，随着寻呼机行业走向了衰亡，波导及时延伸到了手机行业。夏新经历过录像机、电视机、VCD/DVD、手机、笔记本电脑等产品延伸阶段，目的也是为夏新寻找新的利润增长点。在利润增长点不断更新的过程中，品牌能够得以活化。

（4）扩大了母品牌的延伸范围

每进行一次品牌延伸，母品牌的延伸范围就增加了一点，特别是产品类别的延伸。从这点来说，品牌的承载性是有弹性的，品牌延伸的过程就是弹性拉大的过程。比如，海尔最早是做电冰箱起家的，随后延伸到了洗衣机、空调、电热水器、微波炉、吸尘器、手机、电脑等行业，海尔成为了家电的代名词。后来，随着海尔进入金融、地产、生物制药等领域，海尔的品牌范围又扩大了，代表的是“真诚”的品牌核心价值，而不仅仅是家电的具体产品类别。所以，每次品牌延伸都是为下一次的品牌延伸奠定基础。

（5）帮助母品牌避开了传播的法律禁令

品牌延伸的这种作用比较独特，主要见于烟草行业。世界上有很多国家的法律都禁止利用广播、电视、报刊等媒体为烟草做广告。于是，万宝路等烟草品牌通过延伸到互补或相关产品的方式来宣传品牌。这时，广告显示的是允许做广告的一些产品，而明眼人都清楚，实际上这就是变相在为香烟做广告。这种“打擦边球”的方式屡试不爽。比利时和法国禁止烟草广告后，万宝路牌打火机和火柴的广告就开始替代了万宝路牌香烟的广告。有广告人士评论：“人们并不愚蠢，他们很快就能通过打火机和火柴识别香烟品牌。”与此类似的香烟品牌的延伸产品还有骆驼牌靴子、登喜路皮具、七匹狼男装等。马来西亚的数据显示，虽然取缔了直接的烟草广告，但马来西亚的烟民每年还是呈3%的速度递增，这足以说明烟草企业通过品牌延伸而进行的间接烟草广告的效果卓著。

（二）品牌延伸的陷阱

品牌延伸是一把双刃剑，在发挥作用的同时也会出现一些问题。定位论的提出者阿尔·里斯和杰克·特劳特甚至认为，“品牌延伸是品牌塑造的‘天敌’，是破坏品牌的最有效的手段”。[①]以下介绍品牌延伸可能使企业落入的陷阱。

1. 使消费者产生类别认知的混乱

里斯和特劳特是品牌延伸的坚决反对者。他们指出“品牌延伸是橡皮筋，你愈伸展一个名称，它也就会变得越脆弱。”他们认为品牌延伸将产生“跷跷板现象”，即延伸产品占据优势的时候，原产品就会由于受到冷落而处于弱势。这是因为品牌延伸将品牌所指向的产品类别给弄混淆了。比如，春兰本为空调业第一品牌，然而春兰品牌从空调延伸到了摩托车、自

① （美）阿尔·里斯，杰克·特劳特. 定位：头脑争夺战[M]. 北京：中国财政经济出版社，2002.

动车、冰箱甚至汽车等行业，延伸的跨度过大，结果淡化了消费者对春兰的空调品牌认知。国酒茅台从白酒延伸到啤酒、干红上面，也在一定程度上影响了茅台高端白酒的专业形象。

2. 延伸产品与原产品产生认知冲突

有些时候，延伸产品与原产品的冲突会对母品牌产生负面影响。这里的冲突有两种：一种是类别冲突。比如，雕牌是著名的洗衣粉品牌，延伸到牙膏上面也叫“雕牌”，让人在使用雕牌牙膏的时候总是会想到洗衣粉的味道。后来，公司把牙膏的品牌改成“纳爱斯”，业绩才有所改观。此外，霸王从洗发水延伸到凉茶、梦之雾气雾剂推出香体剂和香厕剂等都使消费者产生了认知冲突。另一种是档次冲突。比如，高端钢笔品牌派克（Parker）曾经为了抢占低端市场，推出了 3 美元一支的低端派克笔，结果使原有的高档品牌形象受损。

3. 母品牌可能会受到延伸产品失败的株连

由于共用一个品牌，品牌延伸往往会出现“一荣俱荣，一损俱损”的株连现象。比如，1996 年，因“常德事件”等原因的影响，三株口服液销量剧减，“三株”品牌（既是企业品牌也是产品品牌）声誉一落千丈。为了避免受到更大的损失，三株公司只好将护肤品子品牌“生态美”产品包装中的“三株”字样去掉，使得“生态美”得以保全。相比之下，雀巢就没那么幸运了。20 世纪七八十年代，“雀巢婴儿奶粉”曾因品质问题和宣传不当等问题导致多达九个国家抵制雀巢品牌。抵制运动持续了七年，雀巢公司利润直接损失 4000 万美元，其他业务都不同程度地受到了影响。

4. 可能会挤占原产品的销量

采取产品线延伸的时候，原产品与延伸产品是具有一定替代性的，如康师傅各种口味的方便面、可口可乐几种配方的可乐、美的几种不同特点的空调等之间都具有一定的竞争关系。当然，这也未必不是好事，因为这样的品牌延伸将通过市场检验遴选出最受市场欢迎的产品项目，而且“肥水不流外人田”，不管顾客选择哪个产品都是该品牌旗下的。

5. 受到零售商抵制

如前所述，大量的品牌延伸采用的实际上是产品线延伸，这就使得同一品牌类似的产品（ME-TOO）过多。在货架紧缺的情况下，零售商不愿意摆放太多延伸的产品，而是希望引入更多的品牌来扩大消费者的选择范围。美国食品营销协会（FMI）在一项长达一年的研究报告中表明，零售商们在不影响其销售额的前提下，大约要对 5%～25%的延伸产品加以限制。

6. 使公司放弃了开发新品牌的机会

品牌延伸的一个机会成本是放弃了开发新品牌的机会，这样母品牌的负担将会加重，且品牌与细分市场的匹配度变差。试想，如果宝洁不推出飘柔洗发水诉求“柔顺”、海飞丝洗发水诉求“去头屑”，而是以一个品牌统领所有洗发水产品的所有特征，那就无法建立其在各洗发水细分市场的专业化形象。

第 2 节　品牌延伸的步骤

品牌延伸成功与失败的案例都非常普遍。为了提高品牌延伸的成功率，本书结合凯勒、卡普菲勒等教授的观点，同时分析品牌延伸的一些案例，提出品牌延伸必要的几个步骤[①]（见图8-2）。

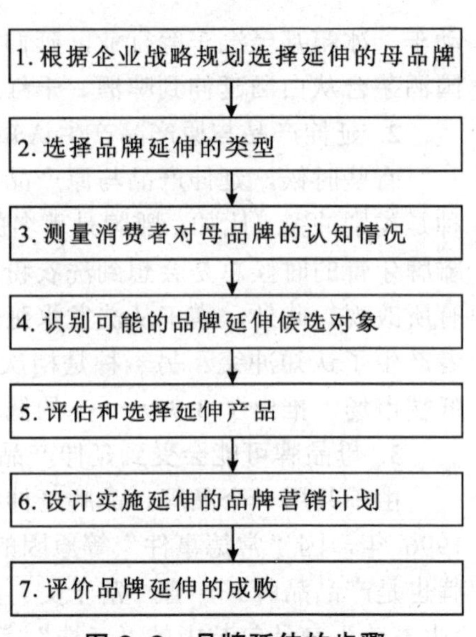

图8–2 品牌延伸的步骤

一、根据企业战略规划选择延伸的母品牌

一般来说，被延伸的品牌以公司品牌居多，如海尔、美的、小米等，但也有一些案例中延伸的是子品牌，如通用汽车在别克这一子品牌下面推出了别克凯越、别克君威、别克君越、别克林荫大道等品牌的汽车。究竟选择公司品牌还是子品牌进行延伸主要看企业的行业发展战略规划——如果企业计划进入新的行业，可以选择公司品牌进行延伸（当然，推出新品牌另当别论）；如果企业只是希望丰富和填补原有的产品线，则选择子品牌来延伸新产品更为明智。

不管是选择公司品牌还是子品牌，一个容易成功延伸的母品牌应该具有较高的知名度和良好的形象。从现有的成功经验来看，品牌延伸应该是"步步为营"。在没有建立品牌知名度和品牌形象之前就急于延伸，会分散品牌的力量。

二、选择品牌延伸的类型

品牌延伸的类型将决定延伸产品的选择方向，因此在提出候选的延伸产品之前需要对延伸类型进行选择。首先要考虑的问题是采用公司内延伸还是公司外延伸。公司内延伸比公司外延伸的企业可控性更强，但对企业的财务、生产和营销压力也更大，选择前者还是后者，取决于公司对哪方面更加重视。之后的决策问题是采用产品线延伸还是产品类别延伸。一般的规律是先进行产品线延伸，在某一个产品领域做大做强之后，再凭借专业品牌优势来进行产品类别延伸。产品线延伸并不困难，因为延伸产品与原产品同属于一个产品线，消费者容易形成一致性的认知。难办的是产品类别延伸，由于各产品类别存在差异，延伸产品可能会与原产品产生冲突，不仅容易失败，还可能会损害母品牌形象。所以，尽量不要采用产品类别延伸。一般来说，只有当原产品类别利润空间不大、竞争过于激烈的时候，延伸到新的产品类别才是明智之举。例如，康佳在电视机行业面临巨大竞争压力的时候，选择了手机、电冰箱作为延伸的新品类，以求增加新的利润增长点。

三、测量消费者对母品牌的认知情况

母品牌该向何处延伸取决于消费者对该品牌的认知情况，而不是企业自身的看法，所以企业需要对消费者进行品牌认知的调研。调研的方法包括定性和定量两类：（1）常用的定性方法包括自由联想法和投射法。自由联想法采用焦点小组法或深度访谈法进行，向被访者提问"看到品牌X，你能想到什么"，以此探索品牌在消费者头脑中有关品类、价位、特色、个性等方面的联想。由于并没有对联想的内容和方向进行限定，因此可能会获得意想不到的答

① 周志民，熊义萍. 品牌延伸七步曲[J]. 销售与市场（管理版），2010，(2)：54—57.

案。投射法（Projective Technique）是一种心理学测试技术，它能使被访者在轻松的状态下回答一些不愿回答或者难以回答的问题，原因是用以测试的简单图片或问题背后对应着复杂的心理活动。最常见的投射法工具是图片，可以是人物、风景、动物、建筑物、汽车等。通常的问题是“你觉得品牌 X 给你的感觉像以下哪个图片？”。国际市场研究公司（Research International）有一项投射法的专利技术“品牌视觉画廊”（Brand Sight Gallery Exercise），其中包括 20 张在全球经反复测试挑选出来的图片。这些图片的内容基本都来源于自然界的景物，因而摒弃了不同文化、地域因素对图片解释的影响。每一张图片都有一种标准化的解释。例如，热带雨林的图片象征着生机与成长性，但很可能由于发展过快，容易失控。研究者让消费者根据对被测试品牌的直觉，选择若干张最能代表该消费者对品牌感觉的图片，以确立品牌形象的核心。（2）定量方法则是采用李科特（Likert）量表来表述品牌认知和形象的问题，以便将消费者对品牌认知的程度进行量化。李科特量表的表达方式，如“品牌 X 是一个运动品牌。⑤完全同意 ④比较同意 ③中立 ②比较不同意 ①完全不同意”。显然，通过定性调研可以获得更为深入的信息，而定量调研则具有规模上的统计意义，二者结合可以取长补短。

四、识别可能的品牌延伸候选对象

以下介绍几个有关品牌延伸范围的模型，以帮助管理者识别可能的延伸产品候选对象。

（一）品牌延伸范围模型

戴维森（Davidson）描述了品牌延伸的可能范围，具体包括内核、外核、延伸区域和禁区（见图 8-3）。内核的延伸是产品线的延伸，是距离原产品最近的延伸，如诺基亚推出的各种商务、音乐手机等；外核的延伸是同一类产品的延伸，距离原产品比较近，如海尔彩电、冰箱、洗衣机、电热水器等家电产品；延伸区域是不同类产品的延伸潜力，距离原产品比较远，如法国 Bic 从一次性圆珠笔到一次性打火机；禁区是品牌不宜延伸的产品类别，强行延伸将使得延伸产品与原产品产生行业、市场、档次等方面的认知冲突，最终威胁到原品牌资产。比如，立白洗衣粉延伸到立白牙膏就存在行业认知冲突，金利来从男装延伸到女装就存在市场认知冲突，而派克笔从高端延伸到低端就存在档次认知冲突。

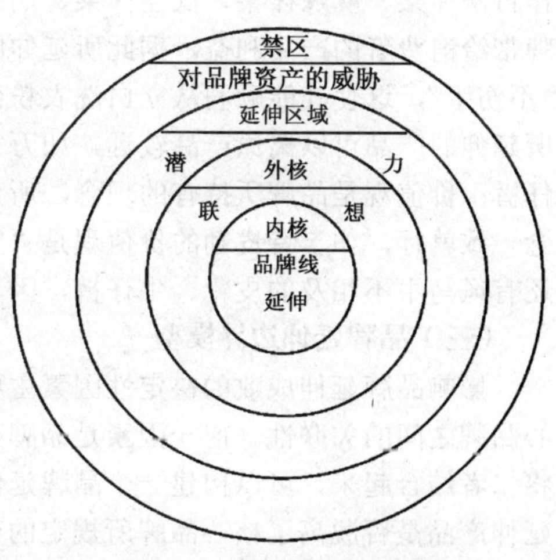

图 8–3　品牌延伸范围模型

资料来源：（英）莱斯利·德·切纳托尼，M.麦克唐纳. 创建强有力的品牌——消费品工业品与服务业品牌的效益[M]. 北京：中信出版社，2001.

（二）品牌延伸能力模型

究竟如何确立延伸的候选产品？卡普菲勒教授提出了一个品牌延伸能力模型（见图 8-4）。

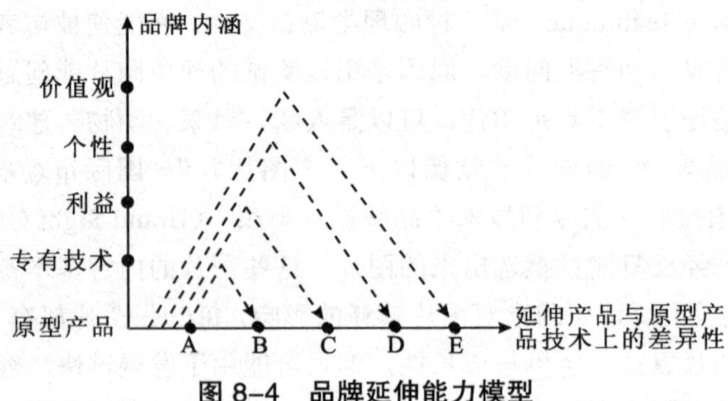

图 8-4　品牌延伸能力模型

资料来源：Kapferer, Jean-Noël. The New Strategic Brand Management: Creating and Sustaining Brand Equity Long Term (4th ed.)[M]. London: Kogan Page Limited, 2008.

该模型纵轴是品牌类型，横轴是产品相似程度。品牌类型指母品牌具有显著特征的一个方面，包括专有技术（Know-how）、利益（Benefit）、个性（Personality）、价值观（Values）；产品相似程度是指延伸产品与原产品之间的技术相关性。由模型来看，根据品牌类型的不同，延伸产品和原产品的相似性也不同。专有技术是品牌原产品所具备的技术特长，据此所延伸的产品与原产品应当较为相似，如乌江三榨的专有技术是腌制榨菜，这一技术使得它可以制作古法榨菜、麻辣榨菜、低盐榨菜、川香菜片、原味榨菜、榨菜碎米等系列产品；利益是品牌带给消费者的产品利益，据此所延伸的产品与原产品距离稍远，如立白洗涤用品的利益是“不伤手”，这使其能顺利从立白洗衣粉延伸到立白洗洁精；个性是品牌的拟人化特点，据此所延伸的产品可以离原产品较远，如万宝路的个性是豪迈、粗犷，所以它能从香烟延伸到牛仔裤；价值观是品牌所持有的理念，所延伸的产品可与原产品在技术上不相干，只要保持理念一致就行，如卡特皮勒的价值观是“坚韧、粗犷、户外”，它旗下不仅有挖土机、拖拉机，还有风马牛不相及的皮靴、牛仔裤，因为都体现了“坚韧、粗犷、户外”的品牌价值观。

（三）品牌延伸边界模型

影响品牌延伸成败的决定性因素主要有两个：消费者对核心品牌的认知和延伸产品与核心品牌之间的关联性。前一因素是品牌延伸的优势基础，后一因素是品牌延伸的指导原则，将二者结合起来，可以构建一个品牌延伸的边界模型（见图 8-5）①。品牌延伸的成败取决于延伸产品是否脱离了核心品牌所规定的延伸边界。消费者对核心品牌的认知可分为功能性和表现性两种②，如果再将每种认知分为高低两种，那么消费者对核心品牌的认知就又可以分为高功能—高表现性、高功能—低表现性、低功能—高表现性、低功能—低表现性四种。延伸产品与核心品牌间的联系又可分为与产品特征有关的技术性、互补性、替代性以及与产品特征无关的价值性四种③。其中，技术性指核心技术与资源的可转移性；互补性指延伸产品与原产品之间的配套补充，如柯达胶卷与柯达相纸、柯达连锁冲印店；替代性指延伸产品与

① 周志民. 试论品牌延伸的边界[J]. 商业经济与管理，2001，(7): 12—16.

②（英）莱斯利·德·切纳托尼，M.麦克唐纳. 创建强有力的品牌——消费品工业品与服务业品牌的效益[M]. 北京：中信出版社，2001.

③ Kapferer, Jean-Noël. The New Strategic Brand Management: Creating and Sustaining Brand Equity Long Term(4th ed.)[M]. London: Kogan Page Limited，2008.

原产品之间可以相互替代；价值性指品牌概念、表现、内涵等核心价值的一致性。结合以上两个决定性因素，可以确定四类品牌延伸的边界：

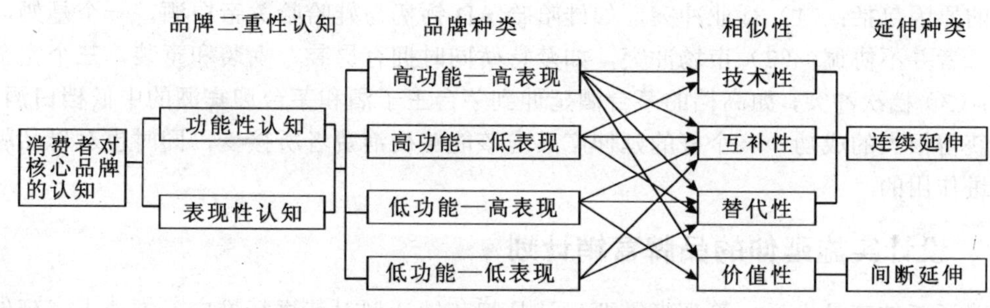

图 8-5　品牌延伸边界模型

资料来源：根据周志民（2001）模型修订。

1．高功能—高表现性品牌，可在技术、互补、替代、价值上延伸，较少受到限制，成功的机会也比较大。例如，劳斯莱斯轿车可以向私家游艇延伸（技术性、价值性），可以向专用轿车配件、装置延伸（互补性），也可以推出另一型号的豪华轿车（替代性）。又如，牛津大学不仅开设其他教育机构和出版专业图书（功能性延伸），还将品牌授权给一家服装生产商使用（价值性延伸）。

2．高功能—低表现性品牌，应选择技术性、互补性、替代性这三方面延伸，而不宜向价值性延伸。例如，松下可以很成功地延伸到各类家电产品，却无法进入高档手表或名贵香水等表现性产品。

3．低功能—高表现性品牌，优先采用价值性延伸，也可以向互补性和替代性产品进行适当延伸。例如，高档洋酒本身并无太大功能性，但其名贵的特征会满足部分人的虚荣心，所以更适合向名贵家居装饰品或珍藏品延伸（价值性），也可延伸到高档酒具（互补性），以及其他口感的高档洋酒（替代性）。

4．低功能—低表现性品牌，从理论上讲，延伸困难很大。但是，对于互补性与替代性产品的延伸如果操作得好，也能够获得成功。例如，一种普通食盐品牌可以延伸到碘盐、铁盐、钙盐上面（替代性），也可延伸到味精、酱油等其他调味品（互补性）。

五、评估和选择延伸产品

对候选的延伸产品进行评估需要考虑两个方面的问题：（1）消费者对延伸产品的接受程度如何？（2）延伸产品对母品牌有何影响？第一个问题需要启动对消费者的抽样调查，让消费者对备选方案进行评分，看看母品牌延伸到哪些新产品上更容易被接受并解释原因。为了保证所列的延伸方案没有遗漏，还可以请被访者补充适合延伸的产品。通常会有好几个延伸产品的备选方案，被访者被要求对最适合的对象进行排序。第二个问题的答案有三种可能：正面影响、负面影响、无明显影响。正面影响是管理者最希望看到的结果，通常延伸产品与原产品之间关系比较紧密，如海尔延伸到洗衣机、空调、电热水器等产品之后强化了海尔“家电巨头”的形象；无明显影响是管理者能够接受的结果，因为毕竟一些跨度很大的延伸很难直接带给母品牌帮助，如海尔生物制药对海尔“家电”形象没有太大的促进作用；负面影响是管理者极力避免的，但很多时候企业还是会犯种种错误，使母品牌受损。一些可能招致负面影响的原因包括：（1）行业冲突，如娃哈哈AD钙奶与娃哈哈关帝白酒，一个是奶，一个是酒，二者并不协调；（2）市场冲突，如梦特娇同时拥有男装、女装和童装，三个完全不同的市场；（3）档次冲突，如高档的茅台酒延伸到茅台王子酒和茅台迎宾酒的中低档白酒上面，并没有获得很大的成功。一个好的延伸产品应该能够被消费者所接受，同时也对母品牌具有正面促进作用的。

六、设计实施延伸的品牌营销计划

明确了延伸产品之后，管理者需要设计品牌营销计划对其进行推广。本质上，延伸产品营销的关键在于建立延伸产品与母品牌之间的共同点，使母品牌的资产能够部分转移到延伸产品上。最核心的一个问题是延伸产品的品牌命名问题，即究竟采用单一品牌延伸、主副品牌延伸还是亲族品牌延伸。如果延伸产品与原产品属于同一类别但希望强调产品的特色，就可以采用主副品牌延伸，如马自达在中国合资公司推出的M6、M3、M2等不同风格的车型；如果延伸产品与原产品不属于同一个类别且类别之间不容易产生认知冲突，那么可以采用单一品牌延伸，如三菱空调和三菱电梯；如果延伸产品与原产品之间容易产生认知冲突（如档次差异大、行业之间易产生不良联想等）的话，则最好采用亲族品牌延伸。亲族品牌延伸是一种特殊形式的主副品牌延伸，适合于主品牌与副品牌若隐若离的关系。比如，高档酒五粮液为了向中低端延伸，推出了五粮春和五粮醇等亲族品牌，其中“五粮”二字表明了几个品牌之间的根源关系，而“液”、“春”、“醇”则避免了各种不同档次产品的冲突。

除了品牌命名，延伸产品营销的计划还有采用相同或类似的品牌标志，如华伦天奴的“V”型标志在皮具、服饰上都稍有微调；采用相同的品牌口号，如飞利浦在所有产品的广告上都以“精于心，简于形”作为结尾；采用类似的产品特征或广告诉求，如飘柔洗发水讲“使头发柔顺”，而飘柔沐浴露和香皂讲“使肌肤顺滑”。

七、评价品牌延伸的成败

最后，管理者需要对品牌延伸的表现做出评价。这个评价基于两个标准：（1）延伸的产品是否获得了良好业绩？（2）延伸产品对母品牌资产产生了什么样的影响？如果两个标准上得分都很高，那么该品牌延伸就非常成功，如耐克从篮球鞋延伸到运动用品和运动服装就非常成功；如果只是标准1得分很高，标准2得分接近0（即没有什么影响），那么该品牌延伸效果尚可，如奥克斯空调延伸到奥克斯手机，后者对前者并无明显作用，延伸效果一般；如果标准2得分为负数（即延伸产品对母品牌产生了负面影响），那么无论标准1得分如何，该品牌延伸都是失败的，如Clorox漂白剂延伸到洗衣粉就很失败，因为人们总是担心使用了这种洗衣粉会使色彩鲜艳的衣服褪色。

中山大学卢泰宏教授指出，为了计算品牌延伸的成功率，需要考虑相似度、品牌强势度、品牌认知度、品牌联想度、营销竞争力等五个一级指标、十五个二级指标①。上海交通大学

① 卢泰宏，谢飙.品牌延伸的评估模型[J]. 中山大学学报（社会科学版），1997，(6): 8—13.

的薛可在此基础上，于《品牌扩张：延伸与创新》一书中提出了品牌延伸决策评估模型[①]。该模型的目的是将品牌延伸的成功率进行量化，指标体系涉及到三个一级指标（品牌的强势度、核心品牌与延伸产品的相关性、环境因素）、八个二级指标、三十一个三级指标。其中，品牌的强势度是指品牌力的强弱和势能，是品牌长期积累的结果，包括品牌的美誉度、品牌的定位度、品牌的知名度；核心品牌与延伸产品的相关性包括产品相关度和受众相关度；环境因素是除品牌强势度和产品相关度之外的其他要素，包括目标市场环境、同行竞争环境、延伸推广力度。通过层次分析法（AHP），指标体系中的各个指标能够被赋予权重，以便层层汇总计算出最终品牌延伸的成功率。

如何保证品牌延伸的成功？著名专家爱德华·陶博博士提出了品牌延伸的十大原则（见链接材料 8-2）。

链接材料 8-2：品牌延伸的十大原则

基于多年的研究和咨询经验，品牌延伸领域的专业研究人士爱德华·陶博博士提出了品牌延伸的十大原则，以帮助提高品牌延伸的成功率。

原则 1：除非品牌对新的目标市场来说是非常知名和有好的声誉的，否则不应该进行品牌延伸。例如，由于康师傅在方便面领域的地位使其很成功地延伸到了其他方便食品领域（如雪饼等）。

原则 2：品牌延伸从逻辑上来说应当符合消费者的期望。例如，荣昌肛泰痔疮栓和荣昌甜梦口服液联系在一起，让人有不良联想，从逻辑上无法接受两种产品是出自同一个品牌。

原则 3：品牌延伸要能够对新产品类别有杠杆作用，即母品牌的独特资产能够转移到新产品上面以给其优势。维珍的“反权威”的品牌精髓就很好地贯穿到所有的延伸产品上面。

原则 4：如果延伸产品会使母品牌的认知混淆或者对母品牌有负面影响，那么品牌延伸就不应该进行。

原则 5：如果消费者已把品牌等同于产品类别了，那么就不应该将品牌延伸到其他产品类别上面。立白、雕牌等品牌已经被消费者认为是洗涤织物的产品，延伸到牙膏上面就不能采用原来的品牌了，只能换名。

原则 6：品牌不应该被延伸到过多不相干的产品类别上面，否则长期来看品牌会被稀释。就目前来看，与原有主业差异甚大的延伸是很难成功的，除了维珍等寥寥无几的几个品牌，做得好的几乎都是相关类别的延伸。美的的家电系列产品做得很有影响力，因为延伸是相关的，而美的客车目前并不算成功，因为客车与家电毕竟差异太大。

原则 7：不能为母品牌创造正面协同效应，品牌延伸就不应该进行。如娃哈哈关帝白酒对娃哈哈这个品牌并没有正面效应，因此延伸是失败的。

原则 8：品牌延伸必须使业务清晰化。

原则 9：每一次品牌延伸都应该为公司开辟新的产品类别。总是在一个产品类别范围内开展产品线延伸将使得品牌的发展过于局限。

原则 10：每一个品牌延伸研究的关键在于开发一个品牌计划。品牌发展的短期和长期可能性都需要预先考虑。

资料来源：爱德华·陶博的品牌延伸研究网站。

① 薛可. 品牌扩张：延伸与创新[M]. 北京：北京大学出版社，2004.

第3节 品牌授权概述

一、品牌授权的定义与发展现状

（一）品牌授权的定义

狭义地看，品牌延伸是将品牌运用在公司内部其他新产品的命名上面，而如果广义来看，品牌延伸也可以将品牌运用到其他公司的产品推广上去，这就是品牌授权（Brand Licensing）。品牌授权又称品牌许可，是指授权者（版权商或代理商）将自己所拥有或代理的品牌以合同的形式授予被授权者使用；被授权者按合同规定从事经营活动（通常是生产、销售某种产品或者提供某种服务），并向授权者支付相应的费用——权利金；同时授权者给予被授权者人员培训、组织设计、经营管理等方面的指导与协助。从这一定义来看，品牌授权有点类似于贴牌生产（OEM），都是将品牌使用到其他企业的产品上面。不过，两者还是存在本质的区别：品牌授权是品牌持有者将品牌授权给某个制造商使用，被授权的制造商拥有品牌的使用权和产品的处置权；而贴牌生产是品牌持有者要求制造商在产品贴上指定的商标，制造商既无品牌的使用权也无产品的处置权。

在品牌授权过程中，那些被授权的品牌名称、标志、卡通形象等被称为授权资产（Licensing Property）。这其中既有商业性品牌的授权资产，如天线宝宝授权儿童摄影店使用其品牌和形象，也有非牟利性品牌的授权资产，如奥运会给予合作伙伴联合商标使用权。一些虚构形象经过运作已成为非常具有商业价值的形象（见链接材料8-3）。品牌授权过程中涉及到几个关键的利益方，包括品牌授权商（Licensor）和被授权商（Licensee）。其中，品牌授权商分为品牌版权商和品牌代理商两种。品牌版权商是拥有授权品牌版权的公司或个人，如沃特·迪士尼公司拥有旗下所有卡通形象的版权，而韩国流氓兔（MASHIMARO）的版权则归创造者韩国漫画家金在仁个人；品牌代理商是品牌授权商指定的，全权代理某一地区授权业务的公司，如英属维京群岛商英佩德实业有限公司是华纳兄弟公司消费品部门在台湾地区的授权代理商，而流氓兔的品牌授权业务是由韩国CLKO娱乐公司负责代理的。被授权商是获得品牌授权商授权、在合同约定范围内使用其品牌的公司，如立鼎国际企业有限公司获得迪士尼公司的授权生产销售小熊维尼品牌的玩具、糖果产品。

> 链接材料8-3：虚构形象富豪榜
>
> 美国著名财经杂志《福布斯》公布了2010年全球虚拟人物财富榜。其中，魔幻小说《暮光之城》中的吸血鬼卡莱尔·卡伦、史高治·麦克老鸭（迪斯尼动画中唐老鸭的舅舅）和《小富豪》中的小鬼里奇依次跻身三甲，身价均高达数百亿美元；而美剧《绯闻女孩》中的查克·贝斯由于继承了其父的财产，以11亿美元的身价首次入榜。

全球虚拟富豪榜前十名名单

排名	名称	价值
1.	卡伦医生（《暮光之城》系列）	341 亿美元
2.	史高治·麦克老鸭（迪斯尼）	335 亿美元
3.	里奇（《小富豪》）	115 亿美元
4.	托尼·斯塔克（《钢铁侠》）	88 亿美元
5.	杰德·克莱皮特（《豪门新人类》）	72 亿美元
6.	奥兹曼迪斯（《守望者》）	70 亿美元
7.	布鲁斯·韦恩（《蝙蝠侠》）	65 亿美元
8.	牙仙（《牙仙》）	39 亿美元
9.	瑟斯顿·霍威尔三世（《梦幻岛》）	21 亿美元
10.	"胖总管" 托芬海特（《托马斯和朋友》）	20 亿美元

资料来源:《福布斯》网站，www.forbes.com.

（二）品牌授权的发展现状

在过去的十几年中，无论是在发展中国家还是在发达国家，品牌授权都已经被证明是一种行之有效的经营模式，被西方发达国家称为"21 世纪最有前途的商业经营模式"。这种新的品牌经营模式起源于欧美，后来在日、韩等国蓬勃发展。最早进行品牌授权的企业当属沃特·迪士尼（Walt Disney）影片公司。在迪士尼公司创始之初，一位家具制造商找到沃特说："如果你允许我把米老鼠的形象印在我的写字台上，我给你 300 美元。"这笔钱不仅使迪士尼公司获得了意外的收入，同时也启发了沃特可以从品牌授权中找到金矿。这种全新的经营模式造就了迪士尼日后的辉煌。今天，迪士尼公司在全球已拥有 3000 多家品牌授权企业，其产品从最普通的圆珠笔，到价值 2 万美元一块的手表，涉及到各个行业、各种价位的产品。

目前，中国的品牌授权业发展还非常落后，国际授权协会（LIMA）在其调查报告中显示，2012 年全球授权业产值 1890 亿美元，其中美国 1121 亿美元，日本 161 亿美元，英国 132 亿美元，德国 90 亿美元，中国 52 亿美元，而 2005 年中国授权业的市值仅为 11 亿美元。从该数据中可以看出，中国占全球零售额不超过 3%，在国际授权业协会主席瑞奥托看来，虽然中国授权业在全球市场所占比重较低，但是增长速度很快。"中国是世界上增长最快的授权市场"瑞奥托说。相对比较成熟的市场，如美国、西欧和日本，在这段时期只能保持平稳的发展。"中国有望在近几年内超过英国、日本、德国，成为仅次于美国的全球第二授权大国。"有数据显示，预计到 2020 年，中国的中产阶级将达到 6 亿人次，随着本土品牌知名度的提升，对国际品牌的追求，通过现代科技对全球文化的了解，中国授权业的未来一片光明。①

二、品牌授权的种类

品牌授权有不同的分类方法：

（一）按授权行业划分

根据授权的行业不同，可以将品牌授权分成同业品牌授权和异业品牌授权。其中，同业品牌授权是指品牌授权商将品牌授权给同行业的一些企业使用，也就是通常所说的“特许加盟连锁”。比如，肯德基公司自己开设了一些门店，而另一些门店则是一些投资人以特许加盟的形式经营的，那些加盟店就属于同业品牌授权的。异业品牌授权则是品牌授权商将品牌授权给不同行业的一些企业使用。

（二）按授权资产划分

结合国际专利授权业协会的观点，本书认为按照授权资产可将品牌授权分为四种：

1. 企业品牌授权

常见的企业品牌授权是以企业的品牌名称和标志作为授权资产，包括食品饮料品牌（如可口可乐）、服饰品牌/服装设计师品牌（如皮尔·卡丹）、汽车品牌（如吉普）、杂志书刊品牌（如花花公子）、大学/地标/建筑品牌（如牛津大学）等（见链接材料8-4）。

链接材料8-4：品牌授权之下的喜“洋洋”

最近，网络上对于喜羊羊形象版权授予美国迪士尼公司议论颇多。为此，有媒体采访了上海迪士尼公司相关负责人，并确认了早在2011年1月喜羊羊出品方原创动力公司便与迪士尼签署了喜羊羊卡通形象衍生品的全球授权协议一事。据此，有人惊呼喜羊羊被“卖”了。其实品牌授权与版权出售是两回事，品牌授权只是允许被授权公司在某一段时间以及某一区域内拥有该品牌或卡通形象的使用权，喜羊羊的版权还是属于其出品方原创动力公司。如果出售版权，那么喜羊羊就真的被卖了，也即喜羊羊的形象版权就归迪士尼所有了。

2009年动画片《喜羊羊与灰太狼之牛气冲天》获得巨大成功，当年票房高达1.1亿，随后，喜羊羊与灰太狼的形象在国内几乎家喻户晓，赢得了大众的喜爱。第二年的《喜羊羊与灰太狼之虎虎生威》的票房还是一路飘红，并且以1.3亿元创下了动画电影票房的纪录。此后，“喜羊羊与灰太狼”的电视剧、漫画书相继播出和出版。与电影、电视剧和书籍火爆相对应的是各大商场、地边小摊充斥着大量采用喜羊羊、灰太狼形象制成的商品，而其中80%以上并未获得使用许可，也就是盗用了喜羊羊、灰太狼的形象版权。喜羊羊和灰太狼大红大紫，但原创动力公司作为其形象的创造者和形象版权的拥有者，获利并不丰厚。由于在当前的中国动漫市场中，维权成本太高，因此原创动力公司选择把喜羊羊和灰太狼的版权授权给迪士尼的做法是可以理解的。

查看网络，对于迪士尼公司获得喜羊羊和灰太狼品牌授权一事，网民主要有以下两种不同意见：一种意见认为，迪士尼拥有丰富的资源和渠道优势，喜羊羊借助其力量不仅能获得出镜机会，还能进一步开拓国际市场。最近网上已出现据说是经过迪士尼“改造”的喜羊羊和灰太狼的新形象，这些形象很Q，并已取了英文名字；另一种意见则认为喜羊羊授权给迪士尼，前景很难预测。因为迪士尼麾下拥有众多卡通形象，它是否会着力将喜羊羊的形象进行系统的推广，很难断定。外加一些

① 改编自：国际授权业协会主席：中国是世界上增长最快的授权市场. 人民网.

> 前车之鉴，如一些大牌的国际企业，一旦获得了中国的品牌之后，并不是发展该品牌，而是将之雪藏，转而尽力发展自身品牌，扩大在中国大陆市场的占有率。喜羊羊是否会遭遇同样的命运？
>
> 资料来源：薛敏芝. 品牌授权之下的喜“洋洋”[J]. 广告大观综合版，2012（1）：33—34.

2. 卡通形象与娱乐授权

卡通形象授权包括电影/电视/卡通动画娱乐类形象（如哈利·波特）、网络动画类形象（如流氓兔）、电子宠物形象（Post Pet，如索尼的 Mome）、造型图案类形象（如腾讯的 QQ 企鹅）。而娱乐授权包括所有与娱乐相关的智慧产品、娱乐界知名人士相关的授权，如电影或家用录影带节目名称（如星球大战）、电视电动游戏（如魔兽）、影艺偶像（如刘德华）。根据哈佛商学院和耶鲁大学商学院的调查结果，2002 年在美国 59 亿美元的授权费收入中，卡通和娱乐业占的比例最大（达到 44%），说明卡通形象和娱乐最适合做授权资产。

3. 运动品牌授权

以运动品牌作为授权资产的是一些体育赛事品牌、体育团队或体育明星，如奥运、NBA、迈克尔·乔丹、刘翔、中国国家乒乓球队等。

4. 艺术授权

艺术授权包括艺术画作或艺术家（如毕加索）、图书/漫画（如几米的漫画）、卡片/纸品/印刷品（如贺曼）的授权。

（三）按授权目的划分

根据所授权的目的，品牌专家曾朝晖提出了五种常见的品牌授权类型①：

1. 商品授权

商品授权是指被授权商可以将授权品牌的标志、人物及造型图案等无形资产，运用在产品的设计和开发上，并进行销售。例如，湖南三辰卡通集团授权加盟商生产、销售蓝猫儿童食品，中粮集团授权食品企业生产梅林、长城品牌罐头，腾讯与万事达包业合作 QQ 休闲包品牌等。

2. 促销授权

促销授权是指被授权商可以将授权品牌的标志、人物及造型图案等无形资产，运用在自身品牌的促销、推广活动中，但不得应用在产品上进行销售。例如，购买麦当劳套餐赠送天线宝宝玩具或 Snoopy 玩具等。

3. 主题授权

主题授权是指被授权商可以将授权品牌的标志、人物及造型图案等无形资产，策划并经营某一主题项目，如迪士尼乐园里面的好莱坞主题酒店。

4. 连锁授权

连锁授权也称通路授权，是指被授权商可以加盟授权品牌的连锁专卖店或专柜，统一销售授权品牌的商品。例如肯德基、真功夫加盟连锁店。

5. 专利授权

专利授权是指被授权商可以将授权品牌的配方等专利技术，应用于经营活动中。例如土家掉渣儿烧饼的品牌加盟中，就涉及到烧饼制作技术的授权。

---

① 郭素娥. 品牌授权，鲜花与陷阱并存[N]. 中国文化报，2007-03-22.

三、品牌授权的作用

品牌授权的作用可以从其对授权方和被授权方两个角度来看：

（一）品牌授权对授权方的作用

1. 以低投入获得主营业务之外的经济回报

在正常的主营业务经营之外，企业可以通过品牌授权获得一笔授权收入。在品牌授权当中，企业几乎不用投入什么成本（主要是一些交易成本），因此投资回报率很高。而且，品牌可以根据其授权的区域、时间、行业的不同进行多个授权，从而大大提高授权收入和利润。迪士尼的一个授权商称，根据授权的内容不同，这笔费用一般在100万～500万元人民币之间。从沃特·迪士尼公司2013年度财务报告来看，消费品部门（从事品牌授权业务）的营业收入为35.55亿美元，比2006年增长了62.3%，这说明品牌授权业务增长前景广阔。在全球，3000多家授权商正在销售着超过10万种与迪士尼卡通形象有关的产品。在中国，也已经有100多家公司取得了迪士尼的品牌授权，如爱国者MP3上的米老鼠造型、三枪儿童内衣胸前的小熊维尼、儿童家具用品上的灰姑娘故事等。

2. 降低产品研发成本，丰富产品种类

品牌的发展要求不断推出新产品以增添品牌活力，但自行研发新产品不仅开发时间长，而且失败率非常高。通过品牌授权，企业能够将新产品的研发工作“外包”给一家性价比最高的企业，自己则着力推广品牌。这样，企业就能够大大降低新产品的研发成本，在短时间内推出更多种类的产品。比如，通过品牌授权，在蓝猫旗下已有玩具、文具、童装、图书、饮料、食品等各种产品。尽管这些被授权商生产的新产品并不真正归授权商所有，但在消费者看来，所有使用同一品牌的产品都应该是一家公司的。所以，可以把品牌授权看成是“虚拟联合生产”的一种形式。

3. 降低营销推广成本，扩展授权品牌的影响范围

通过品牌授权，消费者就能够看到、接触到某一品牌冠名的形形色色的产品。这些产品在货架上出售以及消费者消费的过程本身都是在宣传品牌，不仅降低了品牌推广的成本，还能扩大品牌的影响范围。例如，全球3000多家企业同时销售10万种迪士尼品牌授权的产品，这使得迪士尼这个品牌时刻出现在人们的日常生活当中，迪士尼公司自己不需要花费推广成本就极大地提高了品牌曝光率。

（二）品牌授权对被授权方的作用

1. 降低新品牌的开发成本，加快产品的被接受度

很多被授权的企业本身具有较强的生产能力甚至研发能力，但在营销和品牌方面比较薄弱。据统计，在美国开发一个新品牌需要3500万～5000万美元，而新品牌的失败率高达80%。品牌建设说到底就是一个心理认知的构建工程，要让消费者在众多竞争者当中接受一个全新品牌是需要加以时日和耗费大量财力的。对于众多实力较弱、无法承受住品牌建设时间和费用考验的中小企业来说，凭借授权品牌让产品快速进入市场是一条“曲线救国”的战略途径。

2. 增强产品的受欢迎度，提高产品的利润率

一家普通的企业可以凭借授权品牌的知名度和吸引力来获得市场对其产品的认可。赖恩公司是一家制造电动玩具火车的企业。本来都已向法院申请了破产，后来获得迪士尼公司授权后生产米老鼠造型的火车玩具，投入市场4个月就卖了25万部，这家公司也因此奇迹般地

起死回生。某市场当中的雀巢雪糕计划年销量 100 万件，在将多啦 A 梦（即机器猫叮当）的卡通形象印在雪糕杯外包装后竟卖出了 500 万件。品牌授权还可以提高产品的价格。在台湾，一般 CD—R 平均每片零售价约新台币 4.5～6 元，打上卡通肖像造型后，同样质量的 CD—R 就可卖到 8～12 元。

3. 学习知名品牌的成功经验和经营模式，增强自身的竞争力

很多的品牌授权合同当中会规定，授权方在进行品牌授权的时候还要给予被授权者一些品牌经营和管理的培训、指导。如肯德基在进行特许加盟授权经营过程中，就要求候选人接受为期 12 周的餐厅相关事宜培训，在日常经营过程中，还要按照品牌管理手册中的内容进行操作。即使授权方没有提供正规的指导，在合作过程中，被授权方也能了解到授权方的一些管理制度和风格。一个聪明的企业应该是一个善于学习的企业，懂得从与优秀企业的合作中学到品牌管理的经验。

四、品牌授权的风险

无论对于授权方还是被授权方而言，品牌授权都可能存在一定的风险：

（一）对授权方而言品牌授权的风险

1. 授权监控的风险

在把品牌授权给其他企业使用之后，从理论上说，原本由品牌所有者负责的品牌变成了由品牌授权商和被授权商共同经营。然而，被授权商只获得了该品牌在合同期内的使用权而不是所有权，因此他们更多地会从自己的角度考虑品牌问题，即关注短期赢利而无视品牌的维护与发展。由于品牌授权商受到地理或权限等因素的限制，无法对被授权商的活动进行全面监控。但是，被授权商一旦出现问题，作为品牌所有者的授权商就会受到牵连。比如，著名热水器制造商万家乐公司曾许可珠海市飞翔达实业有限公司在其生产的空调器中独家使用“万家乐”商标，并在国家商标总局备案。后来，飞翔达公司由于无力偿还银行及经销商近两亿元的债务而被法院查封。尽管万家乐与飞翔达在品牌授权合同上划清了二者的法律责任界限，但消费者在看到媒体报道的时候并不知道二者的关系，万家乐的品牌可信度也受到负面影响。

2. 授权产品混乱甚至冲突的风险

品牌授权与品牌延伸之间存在一个相同点，即将原品牌运用到一个新的产品上去。这就使得品牌授权像品牌延伸一样需要考虑新产品与原产品的关系问题。如果二者的关系是紧密相关或者不相关的，都是可以接受的；最怕出现的问题是二者的关系是混乱乃至冲突的，如某个品牌既授权给食品生产企业又授权给药品生产企业使用。或许从企业的角度来看，食品和药品公司分属于不同的经济主体，但对于消费者而言，产品只要使用了同一个品牌，就是来自同一家公司。于是，消费者对授权品牌旗下各种产品的感觉都会归结到一个品牌上面。

（二）对被授权方而言品牌授权的风险

1. 授权品牌不受保护的风险

由于被授权方只拥有品牌一定期限内的使用权而非所有权，因此被授权方无法处理品牌被其他企业侵权的问题。如果品牌授权方对品牌侵权都无能为力，那么被授权方将会受到侵权企业很大的冲击。例如，几年前土家掉渣儿烧饼如雨后春笋般地红遍大江南北，大街小巷到处都可以看到土家烧饼的专卖店。然而，好景不长，现在除原产地湖北恩施外，全国的土

家掉渣儿烧饼都销声匿迹了，其中一个很重要的原因是授权品牌未得到保护。“掉渣渣”、“掉掉渣”、“掉渣王”、“土掉渣”……各式各样的名称出现在街头巷尾的小店招牌上，每家都称自己是正宗土家烧饼，而当某些“貌似神离”的品牌出现质量问题时，正宗的土家烧饼加盟店也受到牵连。

2. 授权变“圈钱”的风险

一些企业通过虚假宣传造成了品牌的“虚假繁荣”之势，然后通过大量的品牌授权来敛财，一旦获得授权收益，当初承诺的品牌推广支持便不再兑现。最常见的授权幌子是取一个洋品牌名称，或者干脆在国外注册商标，以此虚假的“海归”身份来欺骗被授权商。

第4节 品牌授权的步骤

用于授权的品牌可以是传统的企业品牌，也可以是一个运动品牌、明星品牌、艺术品牌，当然，目前见得最多的还是卡通品牌。企业品牌、运动品牌、明星品牌、艺术品牌的创建并没有太独特的地方，因为它们都有一个实体来支撑，与传统的品牌建设无异，倒是卡通品牌的创造，完全是一个从无到有、创建虚拟形象的过程。因此，建立卡通品牌形象的授权更加困难。以下以卡通品牌授权为例，介绍品牌拥有者是如何一步步实施品牌授权战略的（见图8-6）①。

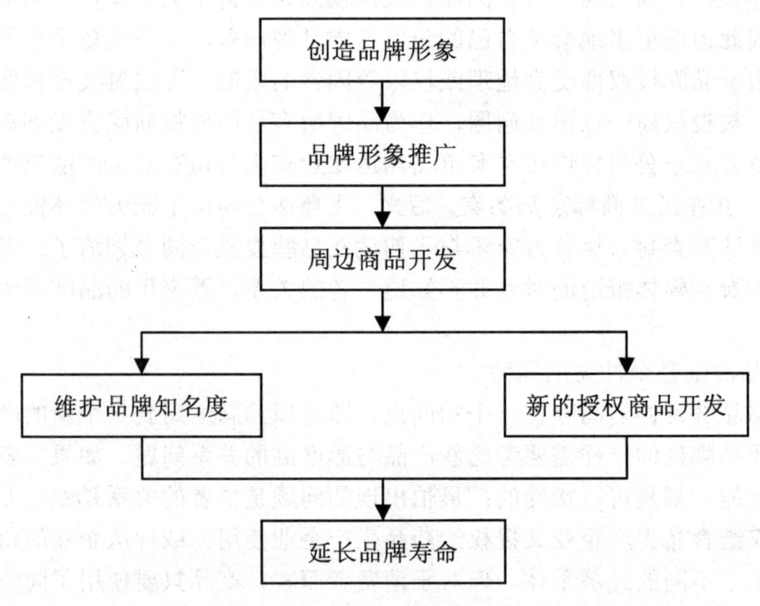

图8-6 品牌授权的步骤

① 刘劲成. 如何进行品牌授权——品牌授权业的经营模式分析[EB/OL]. 中国营销传播网，www.emkt.com.cn，2004-02-11.

一、创造品牌形象

一个可以用来授权的品牌首先必须是一个具有良好形象的品牌。卡通形象的开发有两种方式：

（一）根据广为流传的传统故事、结合现代流行元素开发

这种卡通娱乐形象已经有了流传多年的、家喻户晓的传统故事作为形象设计的基础，因此省去了形象知名度和形象特征的推广费用，一经推出就能很容易与人们的认知对接。比如，我国的传统故事《西游记》当中的孙悟空、《宝莲灯》当中的小沉香、《木兰从军》当中的花木兰等经过现代元素的处理都有潜质成为一个人见人爱的卡通形象。

（二）新创品牌形象

如果没有上述传统故事的基础，企业就需要重新创造一个新的卡通娱乐品牌形象。这个形象的最大特点是符合现代人的价值观，比如 Hello Kitty 的纯真可爱、黑猫警长的智勇双全、米老鼠的机灵、兔斯基的搞笑。首先要在个性上对品牌形象进行鲜明的定位，然后再根据个性定位来选择人物或动物种类，之后对其进行标志性的设计，包括五官、动作、语言等。受众都是从外到内地理解品牌形象的，而品牌设计者必须从内到外地进行设计。

二、品牌形象推广

在设计完卡通品牌形象之后，接下来的工作就是将形象向市场推广。日本卡通形象品牌首先在杂志上连载漫画，然后再发行漫画单行本，第三步再从中选取最受欢迎的单元拍成卡通电视片/电影。而英国的哈利波特，则首先是通过小说风靡全球，然后才拍成电影的。电视或电影的上映应该是卡通形象推广的最佳渠道（见链接材料 8-5），原因是：第一，受众影响面广；第二，可以直观立体地表现品牌形象的特征；第三，能对漫画或小说的销售产生拉动作用。比如，52 集大型动画连续剧《哪吒传奇》在中央电视台开播后，动画图书《哪吒传奇》也受到中国儿童的欢迎，这套丛书曾连续十几周高居北京图书大厦销售排行榜首位。媒体之间的联动加快了卡通品牌形象的建立。消费者一旦熟悉和了解了品牌形象，企业就可以让卡通形象从书里面或银幕上走到台前，进入到人们的现实生活当中与其互动。譬如，从 1963 年起，米其林的广告旅游队每年 7、8 月份出发，走遍法国的 40 多个海滩，米其林轮胎先生与人们一起玩杂耍，听爵士乐。这种海滩广告表演一直延续到 70 年代。此外，网络游戏、媒体报道等方式都能使品牌形象有足够的机会与目标受众互动。

链接材料 8-5：蓝猫和史努比的形象建立

1. 蓝猫

三辰卡通企业集团的“蓝猫”品牌就是《蓝猫淘气 3000 问》卡通片塑造出的儿童用品知名品牌。《蓝猫淘气 3000 问》全长 3000 集，每集 15 分钟，可供电视台连播 8 年，先后在两岸三地 1020 家电视台同步播出。随着节目的连续播出，已形成上至中央台、下达县区、覆盖全国、多级重叠、长期稳定的立体播出网络。播出网络中，上星台通过“亚太 1A”、“亚洲 2 号”、“鑫诺 1 号”三个卫星覆盖全国和欧、亚、非、大洋洲的 54 个国家和地区；省级台在本省范围实现“无微波死角”传送；市台覆盖本市及周边县市区；县区台直达本区域基层用户，各级教育台凭借教育行政部门和学校的特许、推荐、组织，在老师、学生中产生较大的影响。

2. 史努比

SNOOPY（史努比）是美国著名卡通画家查理·舒兹（Charles M. Schulz）先生创作的著名卡通形象。从 1950 年开始，在持续 50 年的时间里，全球共有 75 个国家、3 亿多读者在 2500 多家不同的报纸上看到了 1 万 8 千多套 SNOOPY（史努比）的漫画。通过漫画和卡通片的传播，SNOOPY（史努比）成为风靡世界的著名卡通人物。

资料来源：根据互联网资料整理。

三、通过品牌授权进行周边商品的延伸开发

卡通品牌形象一旦受到人们的青睐，前来要求授权的产品生产商就会络绎不绝。授权产品的开发是品牌授权步骤的核心环节，不能因为一点点授权费用就对授权产品降低门槛。对授权产品的选择有以下几个要求：（1）授权产品在产品类别上应与原品牌产品之间具有较高的特征相似性。任何一个品牌在产品覆盖面上都是有边界的，一旦授权产品的类别过于杂乱，就会损坏品牌形象；（2）授权产品的品类特征必须与原品牌的核心价值保持一致性。如果原品牌的形象是天真可爱，那么可以授权给文具、玩具、童装、手袋、茶杯等日用品，而不适合手提电脑、商务手机、西服等专业产品；（3）授权产品的品类不可交叉重复，每一品类只授权给一家企业使用。中国动画片衍生产业的先驱者“蓝猫”，就在业内引发了“蓝猫之乱”，单在饮料界就有六只经过授权的“蓝猫”在混战，使得消费者对品牌形象的认知产生混乱；（4）授权产品制造商必须具有一定的实力，因为一旦授权，建设品牌的责任实际上分摊在了品牌拥有者和品牌被授权商身上。实力不够的被授权商一旦出现问题，消费者可能会认为是品牌出现了问题，就像万家乐在珠海的被授权商出现了负面报道，对万家乐品牌产生不良影响一样。

四、维护品牌知名度、不断开发授权商品，延长品牌寿命

在日益变迁的市场上，授权品牌需要不断更新维护，否则可能会出现老化现象。如果维护得好，一个上了年纪的卡通形象仍然会焕发青春活力。加菲猫已经 20 多岁了，米老鼠有 80 岁高龄，而米其林轮胎先生更是“百岁老人”，但它们在受众心目中还是那么年轻。卡通品牌延伸寿命的秘诀包括：

（一）不断更新品牌形象

随着时代的不同，人们的审美观也发生了很大的改变，在当时非常时髦的东西现在看来已是过时的了。卡通品牌形象在发展初期一般都是由著名画家绘制的，非常适合当时人们的审美观，但时过境迁，如果不根据时代潮流进行修改，必定会失宠于新一代的受众。更新的要点是：在保留卡通形象原有灵魂的同时增加新的价值理念。这主要通过新一代卡通形象的外型设计、故事情节、动作语言来体现。比如，米其林轮胎先生最初是一个骁勇善战的轮胎人，而现在增加了很多柔性的元素，使这位“轮胎堆积起来的胖子”和蔼可亲。为了怕米其林先生孤单，还设计了米其林太太和小米其林，使他们一家快乐生活。在不同国家的广告里，米其林先生都以当地的形象展示于人：在智利，他骑一辆摩托车；在塞维利亚，他趴在一辆

靠在城墙下的马车上；在印度，他又跑到了阿姆里扎市的金寺里……[①]米其林就是一个“变色龙”，能够根据时间和地点的不同而改变，以迎合受众的口味。

（二）不断出现在媒体上

品牌与消费者的关系是在不断接触的过程中积累起来的，如果接触少了，关系自然也就淡了。卡通品牌必须充分利用各种媒体展现在人们面前。比如，可以通过出续集的方式不断在漫画、报章连载、小说、电视剧当中出现，提高卡通形象的曝光率。而围绕续集，还可以引发媒体的相关报道和受众的讨论。比如，《暮光之城》通过出系列小说和电影的方式使品牌形象变得越来越强大，其主角卡伦医生成为 2010 年《福布斯》推出的“虚构形象富豪榜”第一名，其价值高达 341 亿美元，比 2003 年的第一名“米老鼠和它的朋友们”多了 283 亿美元。

（三）不断出现在现实当中

各种媒体的传播毕竟使卡通形象还是活在虚拟空间，为了进一步拉近与受众的距离，卡通形象应当走进人们的生活，让人们觉得卡通是鲜活的、亲近的。使卡通形象现实化的方法有两种：(1) 开设卡通品牌专卖店或专柜，让人们能够切身感受卡通品牌的魅力。如腾讯 QQ、迪士尼都授权开设了多家专卖店，销售带有他们品牌的产品；(2) 举办丰富的商业活动或公益活动，邀请人们参加，如噜噜米 Moomin 经常现身在大型百货公司的促销活动中。

（四）不断开发新的授权产品

通过广泛授权，让卡通品牌形象走上各种产品的包装和外型上，是令卡通品牌永葆青春的最佳方法。这些带有卡通形象的产品深入人们的生活，使卡通形象成为人们生活当中的朋友和伴侣。这不仅使人们熟悉卡通品牌形象，而且还会建立深厚的情感关系。

案例分析

云南白药品牌延伸之路

一、从云南白药创可贴起步

在严酷的市场竞争条件下，即便是云南白药这样一个响当当的品牌，也曾遭遇过挫败。20 世纪 90 年代以前，云南白药公司的主打产品还是传统的散剂，其核心功效是止血，可就在这个强项上，他们也摔了跟头。1992 年，强生公司的邦迪创可贴进入我国市场，让许多中国人都知道了这个神奇的小玩意能够快速止血。由于它简单易用，满足了消费者内在的需求，在短短几年的时间里，中国快速止血市场上，到处都是邦迪创可贴，云南白药公司散剂的身影逐渐消失。

痛定思痛，云南白药公司开始觉醒：在市场竞争的条件下，如果不进行品牌延伸，无异于慢性自杀，不仅现有的局面难以维持，而且老的品牌地位也会被竞争对手蚕食，直至丧失。从 20 世纪 90 年代末期开始，云南白药公司开始有意识地围绕其传统的白药生产线大做文章，实施品牌延伸策略。

2001 年，云南白药公司投资成立上海透皮技术研究有限责任公司，主要负责云南白药创可贴与云南白药膏的研究、生产和销售，这两种白药延伸产品充分利用了消费者对云南白药品牌的认知优势，保持了传统白药的核心功效；同时，结合消费者使用便利的要求，对传统白药进行了深度挖掘改造，保证了产品的创新性和实用性。这两种产品一经推出，很快就获

① 于萍. 广告奇才：米其林轮胎先生[J]. 三联生活周刊，2006，(23).

得了成功。比如，在创可贴市场上，云南白药在不含药创可贴市场的份额居第二位，在含药创可贴市场的份额高居首位。据有关调查，在国内市场几种创可贴产品的评比中，云南白药创可贴以其特有的止血、消炎等组合功效，获得综合得分第一。另外，云南白药还以传统白药为基础，先后开发出胶囊剂、酉丁剂、硬膏剂、气雾剂、喷雾剂等新剂型，逐步形成了围绕云南白药内服和外用的立体化产品系列。通过这一连串的品牌延伸，云南白药重新恢复了活力，为进一步发展打下了坚实的基础。

二、进军日化行业

随着公司的发展，云南白药公司发现日化行业有较高的利润率，而且通过日化行业，可以非常有效地进行品牌延伸，扩展公司的业务范围。

基于此，云南白药公司强势进入了日化行业。其实早在 2003 年云南白药公司就有意识地进行了布局。这一年的云南白药股东大会上，通过了"在营业范围内增加食品、日化用品内容"的《公司章程》修改议案，为云南白药公司进军日化行业做出了规划。2004 年，在一片质疑观望中，云南白药牙膏被开发出来，投向牙膏的高端市场。令业内人士大跌眼镜的是，在竞争高度激烈的高端牙膏市场，云南白药公司硬是抢占了相当大的一部分市场份额，和传统的高端牙膏巨头（佳洁士、高露洁和中华）鼎足而立。正如云南白药董事长王明辉所言："对于云南白药而言，无论进入哪个领域，产品只是一个载体，其中所蕴涵的自药活性成分及其所具备的独特功效才是云南白药的真实卖点。这就是云南白药品牌延伸的核心实质！在牙膏市场，云南白药还在不断推出各种新型牙膏，以满足不同的细分市场，拓展品牌延伸的广度和深度。

此外，云南白药公司还开发了沐浴露、洗发水、"鞋爽"气雾剂、"车爽"气雾剂等产品。这些不断推出的新产品既丰富了云南白药日化产品线，也能够在整体上实现较强的产品销售协同效应，达到品牌延伸的目的。

资料来源：刘迅. 云南白药的品牌延伸[J]. 企业管理，2011，（2）：46—48.

讨论题：

1. 云南白药每一次的品牌延伸的依据是什么？
2. 云南白药的品牌延伸是否过度？为什么？
3. 你认为云南白药还可以向哪些领域进行品牌延伸？请说明你的理由。

本章小结

在企业推出新产品的过程中，品牌延伸已成为最常使用的一种策略。所谓品牌延伸，是指借助原有的已建立的品牌地位，将原有品牌转移使用于新进入市场的其他产品或服务（包括同类的和异类的），以及运用于新的细分市场之中，以达到以更少的营销成本占领更大市场份额的目的。被延伸的品牌称为母品牌，延伸的新产品称为延伸产品。品牌延伸与多元化经营并不是一个概念。根据延伸的产品是否属于公司所有，可以把品牌延伸分为公司内品牌延伸和公司外品牌延伸。根据延伸产品与原产品之间的关系，可以将品牌延伸分为同类产品延伸和异类产品延伸，即产品线延伸和产品类别延伸。根据延伸产品的品牌命名策略，可以把品牌延伸分为单一品牌延伸、主副品牌延伸和亲族品牌延伸。

品牌延伸的作用可以从对新产品和对母品牌两个方面来分析。品牌延伸对新产品的作用包括：（1）减少消费者认知风险，提高试用率；（2）增加了分销的可能性；（3）避免了培育新品牌的成本，提高了传播费用的效率；（4）给予消费者多元化选择的机会。品牌延伸对母品牌的作用包括：（1）使品牌涵义清晰化；（2）提高了母品牌的展示度和实力；（3）为品牌找到新的利润增长点，同时活化品牌；（4）扩大了母品牌的延伸范围；（5）帮助母品牌避开了传播的法律禁令。品牌延伸是一把双刃剑，在发挥作用的同时也会出现一些问题，可能使企业落入的陷阱，包括：（1）使消费者产生类别认知的混乱；（2）延伸产品与原产品产生认知冲突；（3）使母品牌受到延伸产品失败的株连；（4）可能挤占了原产品的销量；（5）受到零售商抵制；（6）使公司放弃了开发新品牌的机会。

品牌延伸需要遵循一定的步骤：（1）根据企业战略规划选择延伸的母品牌；（2）选择品牌延伸的类型；（3）测量消费者对母品牌的认知情况；（4）识别可能的品牌延伸候选对象，几个有关品牌延伸范围的模型如品牌延伸范围模型、品牌延伸能力模型、品牌延伸边界模型；（5）评估和选择延伸产品；（6）设计实施延伸的品牌营销计划；（7）评价品牌延伸的成败。

品牌授权是指授权者（版权商或代理商）将自己所拥有或代理的品牌，以合同的形式授予被授权者使用。那些被授权的品牌名称、标志、卡通形象等被称为授权资产，既有商业性品牌的授权资产，也有非盈利性品牌的授权资产。品牌授权过程中涉及到几个关键的利益方，包括品牌授权商和被授权商。其中，品牌授权商分为品牌版权商和品牌代理商两种。品牌授权已经被证明是一种行之有效的经营模式，被称为“21 世纪最有前途的商业经营模式”。根据所授权的行业，可以将品牌授权分成同业品牌授权和异业品牌授权。按照授权资产可将品牌授权分为四种：企业品牌授权、卡通形象与娱乐授权、运动品牌授权、艺术授权。根据所授权的目的可分为商品授权、促销授权、主题授权、连锁授权、专利授权。品牌授权的作用可从对授权方和被授权方两个角度来看。品牌授权对授权方的作用表现为：（1）以低投入获得主营业务之外的经济回报；（2）降低产品研发成本，丰富产品种类；（3）降低营销推广成本，扩展授权品牌的影响范围。品牌授权对被授权方的作用表现为：（1）降低新品牌的开发成本，加快产品的被接受度；（2）增强产品的受欢迎度，提高产品的利润率；（3）学习知名品牌的成功经验和经营模式，增强自身的竞争实力。对授权方而言，品牌授权的风险有：（1）授权监控的风险；（2）授权产品混乱甚至冲突的风险。对被授权方而言品牌授权的风险有：（1）授权品牌不受保护的风险；（2）授权变“圈钱”的风险。

卡通品牌授权的步骤包括：（1）创造品牌形象，可以根据广为流传的传统故事结合现代流行元素开发，也可以新创品牌形象；（2）品牌形象推广；（3）通过品牌授权进行周边商品的延伸开发；（4）维护品牌知名度、不断开发授权商品，延伸品牌寿命，首先要不断更新品牌形象，然后要不断出现在媒体上和现实当中，此外还要不断开发新的授权产品。

重点概念

品牌延伸（Brand Extension）
母品牌（Parent Brand）
延伸产品（Extended Product）
横向延伸（Horizontal Extension）
纵向延伸（Vertical Extension）
产品线延伸（Line Extension）

产品类别延伸（Category Extension）
品牌延伸范围（the Scope of Brand Extension）
品牌延伸边界（the Boundary of Brand Extension）
品牌延伸候选对象（the Candidates for Brand Extension）
品牌授权（Brand Licensing）
卡通形象授权（Character Licensing）
授权资产（Licensing Property）
授权商（Licensor）
被授权商（Licensee）

进一步阅读材料

1. Kapferer, Jean-Noël. The New Strategic Brand Management: Creating and Sustaining Brand Equity Long Term(4th ed.)[M]. London: Kogan Page Limited, 2008.
2.（美）阿尔·里斯，杰克·特劳特.定位：有史以来对美国营销影响最大的观念[M].北京：机械工业出版社，2011.
3.（英）莱斯利·德·切纳托尼，M.麦克唐纳. 创建强有力的品牌——消费品工业品与服务业品牌的效益[M]. 北京：中信出版社，2001.
4. 卢泰宏，谢飙.品牌延伸的评估模型[J]. 中山大学学报（社会科学版），1997，(6): 8—13.
5. 薛可. 品牌扩张：延伸与创新[M]. 北京：北京大学出版社，2004.
6. 周志民. 试论品牌延伸的边界[J]. 商业经济与管理，2001，(7): 12—16.

复习思考题

1. 什么是品牌延伸？
2. 有哪些品牌延伸的种类？
3. 品牌延伸的作用与陷阱分别是什么？
4. 如何进行品牌延伸？
5. 如何选择延伸产品？
6. 什么是品牌授权？
7. 品牌授权有哪些种类？
8. 品牌授权的作用与风险分别是什么？
9. 如何实施卡通品牌授权战略？

第 9 章　品牌组合

引　例

联合利华公司成立于 1929 年，由英国 Lever 公司与荷兰 Margarine Unie 公司组建。目前，该公司已经成为了世界级的日用消费品公司之一。从品牌架构来看，联合利华采用的是不相关品牌的架构，即其产品品牌与母公司名称没有关系。从品牌组合运营策略来看，其采用的是多品牌策略。以洗发水为例，联合利华拥有力士、夏士莲、清扬等品牌。虽然均采用多品牌策略，但是联合利华与宝洁有着很大的不同。宝洁公司洗发水品牌强调功能性，专注于特定的细分市场，如海飞丝专注于去屑，潘婷专注于养护，飘柔专注于头发柔顺。而联合利华的洗发水品牌之间在功能上存在一定的交叉，不能明显地区分每个品牌的受众。例如，力士品牌不仅有洗发水，而且还有香皂、沐浴露产品，单就其洗发产品也有五种，而且涵盖了众多功能。清扬最初就是强调去屑和男士专用打入中国市场，但是现在清扬系列产品也推出了通用、丝柔等产品。

改编自：马旭升. 联合利华品牌组合与收缩分析[J]. 现代商贸工业，2012，(18):64.

热身思考：与宝洁公司相比，联合利华的品牌结合设计有何优劣势？

第 1 节　品牌组合战略管理概述

一、品牌组合战略管理的定义

先让我们来看一些品牌的清单：飘柔、潘婷、沙宣、海飞丝、伊卡璐、玉兰油、SK—II、伊奈美、威娜、舒肤佳、玉兰油、吉列、博朗、佳洁士、欧乐—B、护舒宝、帮宝适、品客、碧浪、汰渍、兰诺、金霸王……以上这些鼎鼎大名的品牌均来自日化巨头宝洁（中国）公司，它们俨然已经形成了一个庞大的品牌军团，美国《时代》（Times）杂志称其为“毫无拘束、品牌自由的国度”。令人惊讶的是，各个品牌各司其职、井井有条，纵然是五大洗发水品牌林立，我们也并没有感觉到杂乱无章。很多品牌管理者都认为，管理一个品牌并不难，难的是管理一群品牌。而在品牌组合战略的管理方面，宝洁公司做出了有力的探索与实践。

按照凯文·凯勒教授的观点，品牌组合（Brand Portfolio）是指公司出售的各个特定产品大类下面所包含的所有品牌的组合。一个企业的品牌组合有三个来源：自己创建的品牌（品牌开发）、并购的品牌（品牌并购）以及与其他组织合作的品牌（品牌联盟）。选择哪一种类型的品牌取决于企业期望品牌组合建立的速度、对品牌市场地位目标的控制程度以及企业愿意承担的经济风险的规模。荷兰的里克·莱兹伯斯教授等人对三者进行了对比（见表9-1）。

表9-1 建立品牌组合的三种策略

策略	评价标准		
	速度	控制	投资
品牌开发	慢	中	中
品牌并购	快	高	大
品牌联盟	中	低	小

资料来源：（荷）里克·莱兹伯斯等. 品牌管理[M]. 北京：机械工业出版社，2006.

为了促进品牌组合内部的协同效用、杠杆作用和清晰化，创造出相关的、差别化的、充满活力的品牌群，企业管理者需要很好地规划品牌组合战略。大卫·阿克教授指出，品牌组合战略详细地说明了品牌组合的结构、各品牌的范围、职能和相互关系，以及处理多品牌组合和某一产品品牌层级的关系。把品牌组合上升到战略管理的高度，需要考虑以下品牌决策①：

（1）是否增加、删除品牌或子品牌，是否改变它们的优先顺序？

（2）是利用描述性品牌或子品牌，还是利用担保品牌将一个品牌延伸到另一个产品类别中？

（3）是否将品牌向高端或低端发展？

（4）是否发展品牌联盟？

（5）是定义一个新产品类别或子类别，还是与一个新产品类别或子类别联系起来？

（6）是创造一个品牌化的差异点，还是利用品牌化的产品特性、成分，或者是与众不同的技术、服务或活动？

（7）是开发一个品牌化的活力点，还是发展品牌化的赞助、产品和促销活动，或是发展一个与目标品牌相联系的实体，以促进联想、兴趣和活力？

本章的内容将对以上问题逐一解答。

二、品牌组合战略管理的意义

为了保持市场份额和持续的现金流，成熟行业的企业在使用新品牌和新产品追求持续增长的同时，并不愿意减少现有的品牌和产品，造成品牌数量以惊人的速度增长。20世纪八九十年代盛行的品牌并购，让这个问题更为复杂。例如，百事可乐收购桂格麦片（Quaker Oak）公司佳得乐（Gatorade）饮料品牌的同时，也购买了其他品牌——从谷类早餐 Cap'n Crunch 到受欢迎的晚饭产品 Rice-A-Roni，这使得品牌的管理工作变得愈加困难。

2004年，大卫·阿克教授出版了他的第四部品牌专著《品牌组合战略》（Brand Portfolio Strategy）。在与英国《金融时报》的知名财经专栏作家西蒙·伦敦（Simon London）的对话中，阿克谈到："几乎我拜访过的每一家公司都感到这个问题（指品牌组合战略）很棘手"。他认为，理解和管理品牌组合对于制定、实施一个制胜的企业战略十分关键。这至少有五个

① （美）大卫·阿克. 品牌组合战略[M]. 北京：中国劳动社会保障出版社，2005.

方面的原因[①]：

（一）协同效应

如果组合中每个品牌都履行一个明确的职能，就能产生决定性的竞争合力。在这里，"职能"既指每一个品牌自己定义的范畴，也指对于其他品牌的协助作用。如今的市场单靠一个品牌来打天下越来越难，成功的企业多数都是品牌兵团作战。一个管理良好的品牌组合应当能够产生"1+1＞2"的协同效应，如北京现代汽车公司凭借雅绅特、伊兰特、索纳塔、御翔、途胜等五个品牌协同作战，分别占据一个市场要隘，同时又相辅相成。欧莱雅庞大的品牌军团也产生了协同效应（见表 9-2）。

表 9-2　欧莱雅集团旗下品牌及其市场定位

品牌名称	市场定位
赫莲娜	"超越时代之美"；"美容界的科学先驱"；提倡美容科学；消费群体的年龄相应偏高，具有很强的消费能力
兰蔻	护肤、彩妆及香水系列的极品；消费者年龄比赫莲娜年轻一些，具有相当的消费能力
碧欧泉	秉承"高尚的生活格调源于简约自然的保养"的护肤理念；面向具有一定消费能力的年轻时尚消费者
植村秀	专业彩妆、高档护肤品及专业化妆工具；面向时尚、具有国际视野的高收入年轻女性
薇姿	提倡健康护肤的理念
理肤泉	皮肤科疾病的辅助性治疗产品
巴黎卡诗	"洗、护、韵"美发理念；专业护发
欧莱雅专业美发	"与众不同，展现自我"；专业美发
巴黎欧莱雅	"巴黎欧莱雅，你值得拥有"，提供护肤、彩妆、及染发品；面向大众消费层
羽西	秉承"专为亚洲人的皮肤设计"的理念
美宝莲	亲和、时尚、活力、朝气；"美来自内心，美来自美宝莲"；面向大众消费层
卡尼尔	以"健康之源美于自然"为宗旨，致力开发天然美容产品，面向大众消费层
美奇丝	"激情美发"；面向 20～30 岁的年轻、时尚人士，低端市场
小护士	"自然精华，健康肌肤"；面向追求自然美的年轻消费者，低端市场

资料来源：根据互联网资料整理。

（二）资源配置

从组合的视角看待品牌，可以确保未来的品牌获得它们成功所必需的资源。不是所有的品牌对企业业绩的贡献都是一致的，一些品牌不但没有对企业产生贡献，甚至可能蚕食了其他品牌的利润。因此，在企业资源普遍紧张的情况下，不应该对所有品牌一视同仁。这是一个很简单的道理，但在实际操作中却很复杂，因为一些现在处于弱势的品牌将来可能很有发展潜力。通过品牌组合分析，可以明确各品牌的战略角色，抛弃那些无利可图或发展前景不大的品牌。例如，继关闭在华唯一自有鞋厂，并停止对亚洲多家运动鞋代工厂下单和终止与数家亚洲服饰代工厂合作后，全球最大的运动鞋和服装生产商耐克公司继续瘦身。在宣布以

① （美）大卫·阿克. 品牌组合战略[M]. 北京：中国劳动社会保障出版社，2005.

2.25 亿美元出售旗下品牌茵宝之后，2012 年底，耐克公司宣布，将以 5.7 亿美元出售旗下品牌 Cole Haan 的高档鞋和手提包业务，这项业务将由私募股权公司 Apax Partners(安佰深)接手。耐克的“瘦身”，旨在优化品牌组合，剔除那些可能和自主品牌产生竞争的品牌。

（三）应对竞争

理解品牌组合的观点、工具和方法能够帮助组织通过调整战略来应对竞争挑战。当竞争品牌产品价格、特色的“长矛”直指我们企业的主力品牌时，我们该如何反应？改变主力品牌将可能陷入不利的境地，而品牌组合为我们提供了保驾护航的工具。对于竞争品牌的低价攻势，企业可以导入一个独立的低价品牌进行反击，这个品牌即使出现什么闪失也不会对主品牌产生太大影响，如福满多的低价并没有对康师傅产生很大的负面影响；如果竞争品牌以产品特色来挑衅，企业就可以引入新的品牌、主副品牌或者描述性词语的方式来应对，如别克凯越、福克斯、赛拉图等纷纷推出两厢车来应对竞争。

（四）战略发展

通过利用组合工具可以解决战略发展问题。要向高端或低端市场扩张，直接延用原有品牌并非明智之举。一个好的做法是推出全新的品牌。例如，国内化妆品企业上海家华采用差异化经营战略，通过旗下的六神、佰草集、美加净、友谊、清妃、高夫等品牌占据了众多关键细分市场的领导地位，成为国内日化行业中少有的能与跨国公司开展全方位竞争的本土企业。往低端市场扩张的时候，可以把原有品牌当作担保者；而往高端市场扩张的时候，最好暂不提及原有品牌，因为原有的品牌形象可能会带来负面影响。丰田凌志（Lexus，现为“雷克萨斯”）推向美国市场的时候，刻意抹去丰田的印记，只突出凌志。

（五）减轻负担

一个品牌可能拥有过于复杂的、混乱不清的消费者群体，其结果可能不利于客户关系。每一个品牌都有一个承载产品信息的边界，过多的信息载入将使得品牌“疲惫不堪”，具体表现为消费者对品牌的认知混乱。引起品牌信息混乱的原因有很多，如产品价格跨度太大、目标市场范围太大、产品关联性不高等。有了清晰的品牌组合战略，各品牌的定义范围以及相互关系就能明朗化，如美国 GAP 服装公司就使用了 Old Navy、Gap、Banana Republic、Gapkids 等几个品牌来满足不同细分市场的需求。

三、品牌组合战略管理的目标

品牌组合战略管理与单个品牌战略管理的目标有所不同：单个品牌战略管理的目标是建立单个品牌的持续盈利性，而品牌组合战略管理不仅要使得每一个品牌都有利可图，而且还要考虑到对其他品牌的贡献。以体育比赛为例，如果把单个品牌战略管理看作是一个人的 100 米赛跑的话，那么品牌组合战略管理就是一队人的足球比赛。100 米赛跑完全依靠的是选手的个人能力，而足球比赛不仅需要每个人发挥出色，而且特别强调配合。具体分析，品牌组合战略管理的目标有以下五个[①]：

（一）促进品牌之间的协同作用

品牌组合管理当中一个常见的问题是品牌之间缺乏协同作用，表现为：（1）几个品牌的定位互相重叠，从而发生“内讧”，相互侵蚀和削弱；（2）根据各品牌现有贡献率来分配企业

① （美）大卫·阿克. 品牌组合战略[M]. 北京：中国劳动社会保障出版社，2005.

资源，表面上看似公平合理，实际上忽视了一些高潜力品牌的发展。在第一种情况下，管理者需要对各品牌进行再定位，理顺各品牌之间的关系，并删除一些多余的品牌，如联合利华旗下的品牌数量从1600个缩减为400个，但利润却获得很大提升；在第二种情况下，管理者需要从战略高度挑选未来的主力品牌，并配以充足的资源。

（二）发挥主力品牌的杠杆作用

推出一个新的品牌不仅成本高，而且失败的可能性很大，一个行之有效的办法是利用现有品牌资产的杠杆作用。品牌组合管理的一个目的就是要分析企业现有的品牌资产，找出能发挥杠杆作用的那个主力品牌，并在品牌组合当中确定该品牌的统领位置。这个主力品牌可以是公司品牌，如保利地产，也可以是某一个产品系列的品牌，如通用汽车旗下的别克系列。主力品牌对产品品牌的推广有很大作用，因为当消费者知道该产品“系出名门”时，他们更愿意接受它。

（三）创造和保持与市场的相关性

在顾客、技术、竞争的多重影响下，市场时时发生着改变。应对变化成为品牌管理的一项重要任务。然而，一味地在原有品牌上进行修补会使品牌的负担过大，而且还不能满足变化的需求。因此，通过品牌组合管理，管理者可以在原有品牌基础上增加一个子品牌，或者增加一个独立的全新品牌，以便企业能与市场发展趋势建立关联。比如，蒙牛早餐奶子品牌的推出就是为了以专业品牌的姿态进入早餐奶的细分市场；本田为了挺进高档车的行业，推出了独立新品牌“讴歌”（Acura）。

（四）创建强势品牌

强势品牌是能够与消费者产生共鸣、具有差异性、充满活力的品牌。创建强势品牌是品牌管理和品牌组合管理一个最基本的目标。在品牌组合当中，可以选择一个品牌来开发其差异点和活力点，以此来带动整个品牌组合的发展。比如，清扬将去屑洗发水首次按性别划分，突出男士去屑洗发水，使得清扬其他洗发水乃至公司品牌都具有了差异性色彩。产品的特性、成分、服务或活动都可以作为差异点，品牌的活力点则非常广泛，包括产品、促销、赞助、标识、活动、CEO、用途、生活方式等。

（五）实现每一个品牌的清晰化

一般而言，最初品牌的产品和市场边界都是非常清晰的。随着消费者需求和市场竞争的变化以及品牌并购的发生，品牌的边界逐渐变得模糊，不光是消费者，就连员工和合作伙伴都感到混淆。这使得品牌的管理变得越来越难。在品牌组合当中，每一个品牌都需要被赋予一个产品的边界，哪些产品能够加入、哪些不能都要给出指南。例如，百胜餐饮集团旗下拥有肯德基、必胜客、必胜宅急送、塔克钟、东方既白等著名餐饮店品牌，其中肯德基是美式的烹鸡专家，必胜客是最大的比萨专卖店，必胜宅急送经营比萨外送，塔克钟是墨西哥风味的快餐店，东方既白则是“中国人的快速餐饮”，各自占领一个餐饮市场领域，定位清晰。

第2节 品牌组合的战略框架

制定品牌组合战略是一个复杂而困难的过程。按照麦肯锡芝加哥公司董事史蒂芬·卡洛提（Stephen Carlotti）等人的观点，企业需要完成的工作有：（1）从消费者认知的角度入手，考虑各品牌可以涉足的产品种类；（2）在收益机会和品牌现实之间做平衡，贡献率和增长性都不高的品牌需要放弃，否则会影响组合的总体收益；（3）做出艰难的选择，确定各品牌的定位和主次顺序；（4）任命品牌组合经理，一般由首席营销官（CMO）或营销部门主管兼任，如果品牌过多、组合问题过于复杂时，则设立全职的品牌组合经理。

大卫·阿克教授提出了一个品牌组合战略模型，更全面、更清晰地说明了品牌组合的战略框架。[①] 该模型涉及六个方面（见图9-1）：

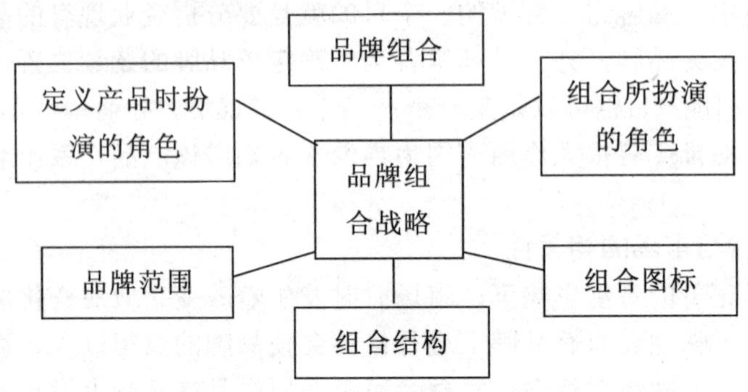

图9-1 品牌组合战略框架

一、品牌组合

品牌组合包括一个组织所管理的所有品牌，包括主品牌、担保品牌、子品牌、描述性品牌、产品品牌、公司品牌、品牌化的差异点、品牌化的活力点、品牌联合等。品牌组合的基本问题是构成问题，即增加还是减少品牌、是改变独立品牌还是子品牌？这不是一个简单的问题，因为增加或减少品牌、改变独立品牌或子品牌都有可能会使企业赢利，后面的分析将帮助解决这个问题。

二、在定义产品时所扮演的角色

每一个产品都需要一个或一套品牌描述，目的在于引导消费者的认知。在界定一个产品的过程中，涉及的品牌有：

（一）主品牌

产品的基本参考点，在视觉上处于显要位置。主品牌可能是公司品牌（如绝大多数本田车的车标都是本田公司的标志），也可能是产品品牌（如本田讴歌的车标）（见图9-2）。

图9-2 本田和讴歌的车标

（二）担保品牌

又称背书品牌（the Endorsing Brand），它为产品提供可信度担保和特性说明，通常是公司品牌，其信誉和专业性来源于公司的历史、地位和价值观。宝洁（P&G）是典型的担保品牌，它为旗下的品牌提供了品质和实力担保。

① （美）大卫·阿克. 品牌组合战略[M]. 北京：中国劳动社会保障出版社，2005.

（三）子品牌

为体现某个产品特性或为适应某个细分市场，产品需要增加一个子品牌来进一步说明主品牌的某方面特性，如海尔的小小神童、美的的冷静星、康师傅的茉莉清茶等。

（四）描述性品牌

产品的功能性术语就是产品所属的行业名称，如 iPhone 的描述性品牌是智能手机，iPad 的描述性品牌是平板电脑。实际上，描述性品牌并不是真正的品牌，而是品类名称，不过它对品牌的意义重大，如非油炸方便面的描述性品牌对五谷道场的成功起到了决定性作用。有时，描述性品牌太新而不为人所知时，会影响品牌的推广，如“格瓦斯”是俄罗斯的传统面包发酵饮品的名称，但在中国没有多少认知，人们甚至会误认为格瓦斯是一个品牌而不是一个品类。

（五）产品品牌

即产品的区别性名称。一般产品品牌的表述形式是“主品牌+描述性品牌”（如统一冰红茶），随着产品的增多，很多企业增加了子品牌，所以现在产品品牌表述形式多为“主品牌+子品牌+描述性品牌”（如比亚迪 E6 电动汽车）。

（六）保护伞品牌

通常介于公司品牌和产品品牌之间，起到了统领一类产品品牌的作用。比如，通用汽车公司的别克就是一个保护伞品牌（见图 9-3），旗下有君威、凯越、君越、陆尊、林荫大道的具体产品品牌；Microsoft Office 则对旗下的 Word、Excel、Powerpoint、Frontpage、Access 等品牌起到保护伞作用。

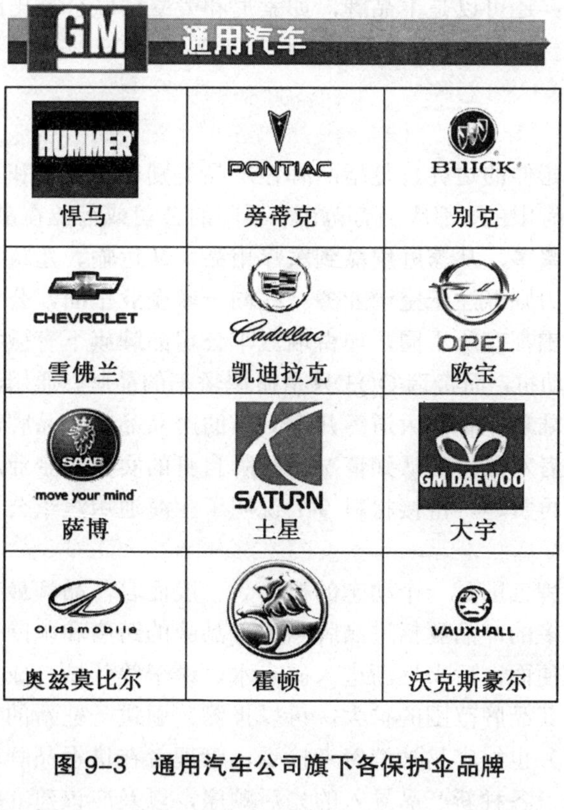

GM 通用汽车

HUMMER 悍马	PONTIAC 旁蒂克	BUICK 别克
CHEVROLET 雪佛兰	Cadillac 凯迪拉克	OPEL 欧宝
SAAB move your mind 萨博	SATURN 土星	GM DAEWOO 大宇
Oldsmobile 奥兹莫比尔	霍顿	VAUXHALL 沃克斯豪尔

图 9-3　通用汽车公司旗下各保护伞品牌

（七）驱动角色

反映了一个品牌能在多大程度上推动购买决策和说明使用经历。主品牌通常是主要的驱动角色（如卡罗拉的车标是丰田的标志），但担保品牌、子品牌、描述性品牌有时也可能是驱动角色（如联合利华对中华牙膏的担保、Thinkpad对联想笔记本电脑的驱动、两厢车对福特福克斯的驱动），只是强度较弱。

（八）品牌化的差异点

对一个产品特性、成分、服务或活动进行定义的品牌或子品牌。产品特性是产品具备的为消费者带来某种利益的一种属性，如创维彩电独特的“六基色”技术保证了色彩的还原度；一些企业在产品当中加入某种成分，以增加产品的利益，如惠氏1段金装爱儿乐奶粉添加了对婴儿眼睛发育有促进作用的叶黄素；品牌化的服务用以扩充产品品牌，如海马汽车推出的“蓝色扳手”售后服务品牌；品牌化活动提供了与产品和品牌相关的活动，以增加品牌内涵，如希尔顿荣誉贵宾计划（Hilton Honors）。

（九）品牌联合

也叫品牌联盟（Brand Alliance），包括不同公司间的品牌合作计划和成立新的合作品牌。品牌合作计划是一种灵活、松散、短期的合作方式，如统一冰红茶和洽洽瓜子的联合促销活动。甚至于，企业聘请代言人也可以看成是一种品牌合作计划的形式，如刘翔代言EMS可视为个人品牌与企业品牌的合作。相比而言，成立新的合作品牌是一种更固定、更牢固、中长期的合作方式。合作品牌中的成员可以是一个成分品牌（Ingredient Brand），如DELL笔记本电脑与成分品牌Intel公司的酷睿双核（Core Duo）合作；可以是一个担保品牌，如金龙鱼曾是奥运会指定食用油；还可以是主品牌，如索尼和爱立信联合推出的索爱手机，中国建设银行、VISA和银联联合推出的“数字龙卡”信用卡等。

三、品牌范围

品牌范围，即品牌延伸的边界，是指品牌在产品类别、子类别和市场上的跨度和边界。每一个品牌的承载力是有限的，都应当有范围。不同的公司或行业在品牌范围上面差异很大，如3M公司的产品种类繁多，从家庭用品到医疗用品，从运输、建筑到商业、教育和电子、通信等各个领域，而格力则专注于空调业务。在同一家企业里面，公司品牌与产品品牌、产品品牌与产品品牌的范围都有所不同，如奇瑞汽车公司品牌旗下有微型轿车、家用轿车、商用轿车、轿厢车以及发动机，而奇瑞QQ3只是微型轿车的品牌，通用汽车旗下的别克系列则有凯越、君越、君威、陆尊、林荫大道等几个具体的产品品牌。品牌范围跨度的选择取决于多方面的因素，如消费者对品牌的认知情况、品牌自身的实力、企业战略目标等。第8章对此有大量说明，此处不再赘述。链接材料9-1说明了上海通用汽车公司对雪佛兰和别克品牌范围的思考。

需要注意的是，品牌范围是一个动态的概念。一般而言，品牌最初只是代表一个或少数几个产品，随着越来越多的产品囊括进品牌当中，品牌的跨度和范围也得以拉伸。比如，康师傅最初的业务只是方便面，后来逐渐进入矿泉水、饼干等领域，成为一个食品品牌而不只是方便面品牌。正因为其品牌范围的扩大，可以推测，引进一些新的食品类别（如糖果、木糖醇、牛奶、牛肉干等）也很容易被消费者接受。管理者在进行品牌范围的界定时，应该考虑品牌未来的发展方向、各种新产品导入的先后顺序，以及应该建立哪些消费价值联想。如深圳健康元药业原名为“太太药业”，后来由于企业的产品不只是太太口服液，还推出了静心口服液、鹰牌花旗参、丽珠得乐、意可贴等保健品和OTC产品，原来的“太太药业”品牌范围不足以容纳这么多“非太太”专用的产品，因此不得不改名以增加品牌延伸的弹性。

链接材料9-1：关于上海通用汽车公司老总的采访

- 每日经济新闻：孙总，请问雪佛兰景程上市的同时，为什么要把赛欧归入雪佛兰系列？
- 孙晓东：这主要是目前上海通用已经明确细分了三大系列，把它们分别归为不同的档次。赛欧作为一款经济型的家庭用车，经过了数次降价，最低价格已达6.88万元。因此它的购买群体已经发生了变化，我们原来定位的那部分购买群体现在都已成为凯越的潜在或既成消费者了。对于赛欧来说，如果把它放在定位为中高档车的别克系列里面，一方面有点不伦不类，另一方面，我们担心它会把别克品牌稀释掉。
- 每日经济新闻：既然这样，为什么当初赛欧上市的时候会归到别克系列？
- 孙晓东：其实这件事情我们内部当初也有过争议，是直接叫别克呢，还是叫雪佛兰？之所以最后选择放入别克系列有两方面的原因：一是当初赛欧的定位是“小车中的精品”，定位不低，与别克的目标客户基本一致；另一个，最重要也是决定性的因素是资源问题。如果另外建立一个“雪佛兰体系”，就需要重新建立雪佛兰的销售和服务网络，而当时上海通用的资源有限，从能力上很难去支撑“第二品牌”；反过来，对于销售服务网络来说，也必须不断有后续产品去支撑，可当时并没有后续产品，这就相当于一个大型的超市通常大概需要40万个品种才能支撑起来，如果你只有4万个产品，怎么去支撑？还有一点值得一提，此前我们也进行了一个非常慎重的调查，当时的调查显示：赛欧的车主也非常喜欢自己被称为“小别克”，沾一点别克的光，而别克的车主也并不介意别克系列出现一款10万元左右的车。
- 每日经济新闻：现在上海通用已经把三大系列分开了，但业内外人士普遍认为你们的品牌定位和区分并不是特别明显，尤其是雪佛兰和别克，从价格上看，雪佛兰景程甚至是别克凯越的竞争对手，对此您怎么看？
- 孙晓东：其实这也是上海通用在品牌规划上的最大挑战，每个品牌之间都要有区别，每个细分市场的产品之间都要有差异。我们把凯越的客户定义为“一群有激情的人”，他们不断地想超越自己、追求突破，就车型而言，他们今天买了凯越明天就想去买别克；而雪佛兰的客户则是相对稳重的，他们更加追求事业与家庭的平衡。随着我们车型的不断推出，每个品牌的个性也会越来越明显。就目前来说，至少雪佛兰系列不会造20万元以上的车，而别克系列不会造低于10万元的车。

资料来源：《每日经济新闻》网站，www.nbd.com.cn。

四、品牌组合的角色

品牌组合的角色是指公司从多个品牌之间关系管理的角度对每一个品牌的战略功能做出的定位。通过各品牌功能的梳理，管理者能够使得品牌之间的关系清晰化，从而实现品牌资源配置的最优化，并更好地发挥多品牌的合力。关于品牌组合中的角色，不同学者有不同看法，如荷兰的莱兹伯斯教授认为品牌组合中的角色有主力品牌（Bastion Brand）、侧翼品牌（Flanker Brand）、斗士品牌（Fighter Brand）、威望品牌（Prestige Brand）四种，本书采用更为全面的大卫·阿克的观点。阿克教授认为，品牌组合中的各种角色包括战略品牌、品牌化的活力点、银弹品牌、侧翼品牌和现金牛品牌。这些角色并不相互排斥，如一个品牌既可以是战略品牌同时也可以是银弹品牌。品牌组合的角色具有动态性，在公司的不同发展阶段，银弹品牌可能发展成为战略品牌。而在不同的地理市场上，品牌组合的角色也可能不同，如美国的一个现金牛品牌到了中国可能成为战略品牌。

（一）战略品牌

战略品牌是对组织战略具有重要意义的品牌。它的成功与否对企业的生存和发展至关重要，因此必须得到企业资源的重点投入。通常有三种战略品牌：当前的实力型品牌、未来的实力型品牌和关键品牌。当前的实力型品牌是正在为公司带来主要销售额和利润的品牌，如北京现代的伊兰特汽车、可口可乐公司的可口可乐饮料；未来的实力型品牌是未来可能会为公司带来主要销售额和利润的品牌，如吉利汽车公司的远景汽车、苹果公司的iPod音乐播放器；关键品牌并不直接影响未来的销售额和市场地位，但却在企业长期发展过程中起到关键或杠杆作用，如360随身WiFi的火爆销售，为360公司未来进入IT硬件市场树立了良好的市场口碑。

在战略品牌的投资方面存在两个误区：一是“品牌业绩近视症”，即根据业绩分析显然会只重视当前的实力型品牌，而忽视了未来的实力型品牌和关键品牌，这对企业的长期发展不利。试想，如果Intel公司一直抱着“奔腾”CPU不放，那么就不可能会出来后面的酷睿双核甚至四核等产品；二是“品牌业绩远视症”，即过于关注未来的实力型品牌和关键品牌，而对当前的实力型品牌放之任之，这可能会使得当前的实力型品牌因为资源补给不足而萎缩。比如，20世纪90年代宝洁公司业绩不佳，部分原因就是对新品牌投入过大，而忽视了老品牌的发展。

（二）品牌化的活力点

品牌化的活力点是指能够提升或激活目标品牌的任何产品、促销、赞助、项目或其他独立于产品功能之外的实体。活力点与品牌之间是通过联想发生作用的。以汽车业为例。2010年，吉利成功收购沃尔沃，成为吉利品牌国际化的一个重要里程碑；2012年，奇瑞与捷豹路虎建立合资公司，此举显著提升了奇瑞的品牌形象。

（三）银弹品牌

“银弹”英文为Silver Bullet，原意是传说中能把人狼变回人类的一种子弹，用在品牌当中是指能改变或支持另一种品牌形象的战略角色。银弹品牌的出现通常是因为现有的组合品牌形象不理想，希望通过重定位一个现有品牌或者创造一个新品牌的方式来使得品牌形象改善。例如，沱牌公司通过推出高端白酒“舍得”，一举改变了其产品不能进入高端白酒品牌阵营的局面；娃哈哈的非常可乐旗下推出非常咖啡可乐这一新产品，目的也是希望通过带有都市特色的新产品来消除非常可乐的土气形象，增强其品牌的时尚感。

（四）侧翼品牌

在阿克的品牌理论里，侧翼品牌就是斗士品牌，是为保护战略品牌而独立设立的辅助性品牌，一般在传播的时候不强调其与战略品牌的关系。如果竞争对手以低档或独特的品牌来抢夺市场份额，企业最好采用侧翼品牌来进行反击。这样，战略品牌可以避免因降价而自损形象，或者跟随竞争者的独特卖点而改变自身一贯的特征。康师傅当年为了应对低档方便面竞争者蚕食它的市场份额，推出了全新的低档面品牌福满多；可口可乐为了抵御百事可乐推出的低卡路里的轻怡可乐，也推出低卡路里的健怡可乐。采用侧翼品牌既对抗了竞争者的进攻，同时又保全了品牌原有的定位和形象。即使侧翼品牌最后不成功，也不会对战略品牌产生负面影响。

（五）现金牛品牌

在经典的 BCG 矩阵（波士顿咨询集团法）当中，有一种市场增长率缓慢但相对市场份额很大的业务，称之为“现金牛”业务。现金牛品牌的特点与此相仿，即无需加大投资，仍拥有一定市场地位和收益回报的品牌。这些品牌已经建立了很强的市场地位，拥有了一批忠诚的顾客，只是市场饱和度很高，业绩难以有新的提升。所以，企业通常对这些品牌采用顺其自然的态度，不过多地增加投资。例如，在欧美等国家，LV 等一批奢侈品就属于现金牛品牌，它们已到了成熟期，市场业绩稳定。此外，著名的现金牛品牌还有康师傅的红烧牛肉面和微软的 Office 系列软件等。

五、品牌组合结构

品牌组合结构是组合当中的品牌之间的逻辑关系。混乱的逻辑关系将使得公司旗下的各品牌之间产生冲突；反之，清晰的逻辑关系能够使各品牌之间的协同效应达到最优。例如，广东移动原有全球通、动感地带、神州行、神州大众卡四个品牌，由于神州行和神州大众卡名称相仿、市场重叠，所以将二者合并。目前，广东移动旗下的三个品牌组合结构清晰，全球通针对追求通信服务质量的商务市场，动感地带针对追求动感活力的年轻人，神州行针对追求廉价的普通大众市场。

基本的结构类型有三种：横向结构、纵向结构和联合结构。横向结构是几个并行的品牌之间的关系，如宝洁公司的潘婷和海飞丝就形成了横向关系；纵向结构是一个具体产品用一套品牌描述而形成的关系，如微软公司的 Windows 9 版本；联合结构是不同公司之间的品牌合作，如网易和中国电信联合推出“易信”即时通讯软件。第 4 节将对品牌联合的内容进行详细介绍。当这三种结构交织在一起且品牌众多的时候，品牌组合结构就会显得非常复杂，必须通过一些专业的工具和技术进行分析。下一节将详细介绍这些品牌组合结构的分析方法。

六、组合图标

组合图标是跨品牌和不同环境（如不同国家）的品牌视觉展示形式，包括标志、包装、产品设计、符号、布局、广告语等。在同一个公司的不同品牌的产品上或在不同区域的同一个品牌的产品上可以看到相同或不同的品牌视觉表现，相同的视觉形式表明了这些品牌之间的共通性（如福特旗下的品牌都采用统一的品牌口号“活得精彩”），而不同的视觉形式则表明了这些品牌之间的差异性（如屈臣氏蒸馏水和矿泉水的外包装分别采用深绿色和淡绿色的盖子）。

组合图标有三个方面的功能：（1）表明在一套品牌中哪个因素处于相对驱动的位置。在汽车尾部，我们能够看出一套品牌中的不同组成部分是如何影响消费者购买决策的。比如，本田雅阁汽车的车标是本田汽车系列的统一标志“H”，“Accord”（雅阁）的产品品牌字样则处于车尾右侧，而本田讴歌（Acura）的车标则与本田其他车都不同，采用的是形似“A”的“H”状标志。显然，雅阁等品牌主要以本田（Honda）为驱动，而讴歌是以自身为驱动的。品牌的驱动作用与品牌视觉展示的大小和位置有关；（2）区分两种品牌或两个系列。康师傅

“亚洲精选”和“食面八方”系列方便面在外包装上有所不同，而两个系列里面不同口味的方便面包装却类似，从而清晰地标识了不同的品牌系列；（3）直观地说明品牌组合的结构。海信在收购科龙之后，为了强化两个品牌的关系，将 Kelon 中“K”的红色锋利的“一撇”改换成 Hisense 中“i”的一个橙色小方块，让人感觉二者有共同的基因，“如出一辙”。

第3节　品牌组合结构分析方法

因为品牌组合管理的前提是如何梳理多品牌关系的问题，所以描述品牌组合结构在品牌组合管理当中至关重要。有很多学者提出了关于品牌组合结构分析的模型和方法，以下对此一一介绍。

一、凯勒的品牌层级理论

（一）品牌层级的内涵

品牌层级（Brand Hierarchy）是描述某一个具体产品时所使用的一套品牌之间的纵向关系。这些层次的品牌在定义产品时发挥了不同的作用。凯勒认为，从上到下可以从四个品牌层级来简单描述一个产品：公司品牌（Corporate Brand）、家族品牌（Family Brand）、个体品牌（Individual Brand）、修饰品牌（Modifier）[①]。公司品牌位于品牌层级的最高层，通常是一个组织的名称，包括总公司品牌（如百胜集团）或子公司品牌（如肯德基餐厅）。公司品牌通常会出现在产品或包装上面，至少也会在公司名称一栏标出；家族品牌位于品牌层级的次高层，通常是一个产品大类的统一名称，如康师傅的“食面八方”系列方便面；个体品牌是某个具体产品的品牌，如本田的思域汽车；修饰品牌用以标示某一具体产品的项目、型号、版本或成分等，如百事可乐的红罐纪念装、宝马3系、益达木糖醇的薄荷口味等。拿通用汽车公司的别克凯越 HRV 来看，通用汽车是公司品牌，别克是家族品牌，凯越是个体品牌，HRV 是修饰品牌。品牌层级越往下，指向越明确。并不是说所有的产品描述都要用到这四个层级的品牌，如在娃哈哈纯净水当中，只有公司品牌（娃哈哈）和修饰品牌（如瓶装水和桶装水），而可口可乐水森活纯净水则除了公司品牌和修饰品牌，还有个体品牌“水森活”。品牌学者范·贝克（Van L.Baker）提出了名为品牌柱（Branding Column）的品牌组合模型，与凯勒的品牌层次结构类似（见链接材料9-2）。

> 链接材料9-2：品牌组合柱模型
>
> 范·贝克提出了名为“品牌柱”的品牌组合模型。如下图所示，该模型按照品牌范围和品牌特征将公司的品牌组合分为产品品牌（Product Brands）、属性品牌（Attribute Brands）、市场细分品牌（Market Segment Brands）、业务线品牌（Line of Business Brands）和公司品牌（Company Brands）。其中产品品牌和公司品牌是每个公司必须要管理的品牌，位于中间的三类品牌，公司可有选择性地去管理，目的在于最大限度地去扩大品牌影响力和品牌收益。

---

① （美）凯文·莱恩·凯勒. 战略品牌管理（第2版）[M]. 北京：中国人民大学出版社，2006.

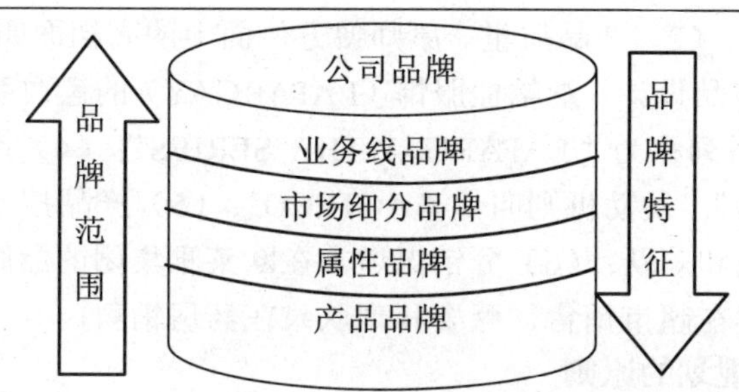

1. 公司品牌（Company Brand）：指使用公司名字为品牌命名。
2. 产品品牌（Product Brand）：指描述产品种类的名字，如手机、洗发水、夹克等。
3. 业务线品牌（Line of Business Brand）：指事业部品牌，如通用下面的雪佛兰、别克等系列汽车品牌。
4. 市场细分品牌（Market Segment Brand）：指专注于某一细分市场的品牌，例如 HP 公司使用 Pivilion 品牌作为家用电脑品牌，而使用公司品牌作为商务电脑品牌。
5. 属性品牌（Attribute Brand）：指用来区分品牌时所强调的一个特别的品牌特征或元素。例如佳得乐饮料品牌强调"运动"。

资料来源：Baker, Van L.. Make the Most of Your Brand Portfolio[J]. Cross-Industry Research Report, February 2005, 1-9.

（二）品牌层级树

可以利用品牌层级树把一个主力品牌下面的各种品牌和产品的关系理清。这个树状模型类似于一个组织结构图，横向表示处于同一层次的各种品牌，纵向表示不同层次品牌的归属关系。以下根据奇瑞汽车部分品牌简单绘制一个品牌层级树（见图 9-4）。有了品牌层级树的辅助，可以分析出公司同级品牌之间以及上下级品牌之间的逻辑关系如何，进而知道哪个品牌或型号是不足的或是多余的，是重叠还是互补等。比如，东方之子 Cross 既与东方之子有紧密关系，又在外形上归为运动型多功能汽车（SUV），所以有些混乱。

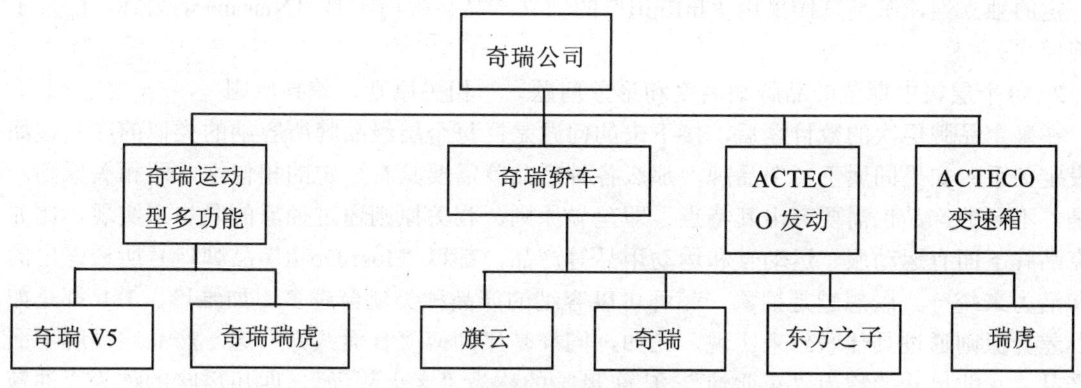

图 9-4 奇瑞汽车品牌等级树

关于品牌层级树，一个技术性问题是：究竟按照什么标准来划分同一层次的品牌。这个技术称为"品牌分组"，指的是根据共有的、有意义的特征将品牌进行逻辑分组。很多标准都可以用来划分，包括：（1）细分市场。金龙制衣的男士内衣使用"健将"这一品牌，女士内衣使用“爱莎”这一品牌；（2）产品质量。康师傅方便面中的高档面叫做“康师傅”，中低档面叫做“福满多”；（3）产品设计。纳帕佳服饰（LAPARGAY）的黑白系列称为“LAPARGAY–COLLECTION”，彩装系列称为“LAPARGAY-THE SERIES”；（4）产品品类。奇瑞汽车公司的汽车产品叫做“奇瑞”，发动机则叫做“ACTECO”；（5）产品技术。Intel 公司目前有三个技术平台：迅驰、博锐和欢跃；（6）分销渠道。在欧莱雅集团的品牌当中，兰蔻在百货商场销售，欧莱雅和美宝莲在超市销售，薇姿和理肤泉在药房销售。

（三）品牌层级战略规划的原则

品牌层级战略规划问题涉及到四个方面：（1）层级通常应包含的层次数目是多少？（2）每一个层次期望的品牌认知和形象是怎样的？（3）对于某个产品而言，如何安排不同层次的品牌元素？（4）品牌如何跨越多个产品而产生联系？针对这些方面的问题，凯勒教授提出了若干原则①。

1. 品牌层级的数目问题——简单原则

在一个新产品设定品牌的时候，首先要考虑的决策问题是选择几个层次的品牌。通常多数企业都会选择多层次的品牌，因为品牌层次越多，蕴含利益点的信息量就越大，就越能刺激消费者购买。试想，美的空调与美的冷静星 1.5 匹立式空调哪个更容易吸引消费者？几个层次的品牌组合在一起，不仅能够充分利用高层次品牌的辐射效应，还能够通过子品牌丰富和延展高层次品牌的内涵。比如，耐克持续不断地在篮球产品线上推出子品牌（如 Air Jordon、Air Flight、Air Force），使得耐克在篮球鞋领域成为绝对的权威。

不过，过多的品牌层次也会加大消费者对品牌的认知难度。一旦超过三个层次，消费者就会混淆不同层次的品牌之间的关系。在这种情况下，管理者需要采取简单原则，即根据与品牌相关的产品的复杂性以及产品与品牌的关系设置品牌层次的数目。如果产品很复杂或者希望将产品与品牌关系拉近，那么通常会推出多个品牌层次；反之，如果产品比较简单或者希望将产品与品牌关系疏远，那么通常会推出较少的品牌层次。比如，口香糖是一种相对简单的产品，所以绿箭口香糖的品牌层次非常少，而汽车是一种很复杂的产品，所以一汽大众速腾 2.0L 自动档的品牌层次就较多；出自尼桑公司的英菲尼特汽车因为其高端定位而希望保持一定的独立性，于是直接采用“Infiniti”的独立产品品牌而不是“Nissan+子品牌”的母子品牌模式。

2. 每个层级中期望的品牌知名度和形象问题——相关原则、差异原则

在确定品牌层次的数目之后，接下来的问题是：每个层级品牌所容纳的类似的产品该如何设定关系？如果同属于一个品牌，那么各种产品就需要具有一定的相似性，即相关原则。但是，不同的产品也需要突出其特点，即差异原则。相关原则通过抽象的联想来实现，比如耐克品牌下面有运动服、运动鞋和运动用品等产品，都以“Just Do It”品牌口号所透露出的酷和活力来统一。联想越是抽象，品牌可以容纳的产品种类就会越多，如维珍、3M 都是如此。差异原则通过具体联想来实现，比如，同样是康师傅“食面八方”这一产品线品牌下面的产品，东北风味的称为“东北炖”、广东风味的称为“老火靓汤”、四川风味的称为“油辣子传奇”、山西风味的称为“酸香世家”、福建风味的称为“山珍海烩”等。包装采用的颜色和广告出现的画面背景突出了各地方口味的差异（见图 9-5）。没有相关性，各产品就成了“散

① （美）凯文·莱恩·凯勒. 战略品牌管理（第2版）[M]. 北京：中国人民大学出版社，2006.

兵游勇”，失去了发挥合力的作用；而没有差异性，消费者就无法对产品进行有效区分，进而产生选择困惑。

图 9–5　康师傅“食面八方”风味的方便面

3. 如何安排不同层次的品牌元素的问题——主导原则

对于同一个产品，不同层次的品牌元素如何组合，哪个层次的品牌元素要更突出一点？这一问题牵涉到品牌对于消费者购买决策的驱动问题。有些品牌是由低层级的品牌驱动的，为了突出低层级品牌的地位，把低层级品牌名称和标志做的很大，有些品牌则相反。万宝路就是低层级品牌驱动的，所以没有多少人知道它的生产厂商菲利普·莫里斯（Philip Morris）公司（现更名为“高利亚 Altria”）；而三星手机是高层次品牌驱动的，所以旗下各字母和数字组合的型号修饰品牌不容易让人记住。对于如何安排不同层次品牌的关系问题，可以采取主导原则。格雷和斯梅尔策认为有五种主导的类型：（1）单一实体，即只提供一条产品线或一种风味，公司形象与产品形象完全一致，如联邦快递；（2）品牌主导，即突出产品品牌，如汰渍洗衣粉；（3）同等地位，即公司和产品品牌同等重要，如 LG 巧克力手机；（4）混合主导，即公司的品牌组合比较杂，有些产品是品牌主导，有些产品是公司主导，有些又是同等地位。如在本田汽车公司，本田雅阁等车型是公司主导，而讴歌是品牌主导，因为后者的品牌标志不同于本田标志；（5）公司主导，即突出公司品牌，如 DELL 公司。

4. 如何跨越产品链接品牌的问题——共同原则

前面涉及的是同一个产品不同层次品牌的关系，而接下来谈论的是同一个品牌如何跨越各种产品又能保持一定的一致性。共同原则可以用于解决这一问题。不同产品共用的品牌符号越多，产品之间的联系就会越紧密。共用的品牌符号包括品牌名称、品牌标志、品牌口号等。很多企业在进行产品多元化经营时，直接采用完全一样的品牌名称，如锦江国际旗下的旅游、地产、酒店、金融等产业的名称都叫“锦江”，维珍“Virgin”字样的品牌名称出现在航空、铁路、手机、可乐、唱片、婚纱等几十个风马牛不相及的产业当中；一些企业则采用了某个专用的字词来建立各产品的关系，如索尼的 Walkman 和 Discman 都采用了“man”的后缀，麦当劳用“Mc”前缀推出了很多产品，如 Chicken MaNuggets，Egg McMuffin 和 Mcrib

三明治。品牌标志的使用也是如此，前述的锦江国际旗下的产业在品牌标志上都差不多，只是外圈的形状和底部的色块稍有不同。品牌口号是链接各产品的另一主要粘合剂，福特旗下的福克斯、蒙迪欧、翼虎、嘉年华等品牌都统一在“活得精彩”的手写体品牌口号下面。

二、阿克的品牌关系图谱

（一）品牌关系图谱中品牌组合的四种模式

品牌组合结构研究领域的先驱奥林斯（Olins）描述了三个最基本的品牌组合结构：品牌化结构（The Branded）、品牌担保（The Endorsed）、单品牌集合（The Monolithic）。拉福雷特（Laforet）和桑德斯（Saunders）在这三种结构下面又细化为企业品牌（Corporate Dominant）、分部品牌（House Dominant）、双重品牌（Dual Brands）、被担保品牌（Endorsed Brands）、单品牌（Brand Dominant）和隐藏品牌（Furtive Brand Dominant）等六种品牌结构。此外还有卡普菲勒教授提出的品牌架构（Brand Architecture）理论（见链接材料9-3）。大卫·阿克教授提出的品牌关系图谱（Brand Relationship Spectrum）更是在以上学者基础上推进一步，其组合结构分析是目前最为全面的一个。此模型根据各个品牌之间的关系从近到远将品牌与品牌之间的关系分为四种：品牌化集合体（A Branded House）、主品牌之下的子品牌（Subbrands under a Master Brand）、被担保品牌（Endorsed Brand）、多品牌集合体（House of Brands）①。

品牌化集合体也叫单一品牌战略，是指各产品的品牌全部相同，产品差异通过描述性品牌来体现，表现形式是“主品牌+描述性品牌”。雀巢咖啡、雀巢牛奶和雀巢奶茶就属于这一类。

主品牌之下的子品牌指在主品牌相同的同时，根据产品的不同特征附加一个修饰性的子品牌，表现形式是“主品牌+子品牌”，也称主副品牌或母子品牌。海尔很早就开始使用这种方式来建构品牌之间的关系，如滚筒洗衣机领域的海尔阳光丽人、玫瑰丽人品牌，空调行业的海尔健康聪明风等。

被担保品牌通常指一个产品有两个以上品牌，一个是担保品牌，一个是被担保品牌。担保品牌通常是企业品牌，为被担保品牌提供信誉和保障，被担保品牌则相对独立，表明产品的功能、价值和购买对象，表现形式是“担保品牌+被担保品牌”。与主品牌之下的子品牌不同，被担保品牌当中的两个品牌并不是联结在一起出现，而是保持了一定的距离。例如，索尼与游戏品牌PS2、苹果与音乐播放器品牌iPod之间的关系就没有通过写在一起的方式直接联结起来。

多品牌集合体指不同品牌彼此独立，在各个细分市场发挥自己最大的影响力，表现形式为“子品牌”。宝洁公司大量采用了多品牌集合体的品牌组合模式，如在洗发水领域就有潘婷、飘柔、海飞丝、沙宣、伊卡璐等五个品牌。

从品牌的驱动作用来看，一个品牌集合体是靠主品牌进行驱动的，描述性品牌的驱动作用很小或几乎没有；子品牌与主品牌在驱动作用方面贡献差不多；对于被担保品牌而言，担保品牌的驱动作用比被担保品牌的要小；多品牌集合体则是各品牌自己作为驱动者。

---

① （美）大卫·阿克. 品牌组合战略[M]. 北京：中国劳动社会保障出版社，2005.

链接材料 9-3：卡普菲勒的品牌架构理论

卡普菲勒教授提出的品牌架构（Brand Architecture）理论稍微复杂一点。在他看来，品牌与产品的关系（即品牌架构）可能有六种类型：产品品牌（the Product Brand）、产品线品牌（the Line Brand）、范围品牌（the Range Brand）、伞状品牌（the Umbrella Brand）、来源品牌（the Source Brand）和担保品牌（the Endorsing Brand）。产品品牌就是以上所述的个体品牌与修饰品牌的综合，在百事推出的清柠可乐中，清柠可乐是个体品牌，而罐装或是瓶装就是修饰品牌了。产品线品牌、范围品牌和伞状品牌则都属于家族品牌，但也存在一定的区别：产品线品牌囊括的是同一品类的产品，各新产品的推出只是对某一品类的填补，比如纳爱斯旗下的雕牌就涵盖了洗衣粉、天然皂粉、洗洁精等洗涤用品；范围品牌囊括的是相关的不同品类产品，如联想旗下拥有台式电脑、笔记本电脑、手机等消费电子产品；伞状品牌囊括的则是不相关的不同品类产品，如雅马哈旗下钢琴、电子琴、摩托等产品都以雅马哈（Yamaha）命名。来源品牌实际上就是主副品牌或者母子品牌，即主品牌加上产品品牌，如海尔小小神童洗衣机等。与范围品牌和伞状品牌不同的是，来源品牌当中已经标出了产品自身的个体品牌，而前两者的产品并无独立的品牌。担保品牌通常就是公司品牌，它不像来源品牌一样直接与产品品牌写在一起推广，而是以一种松散的方式为产品品牌担保。例如，联合利华作为担保品牌就与旗下的洁诺、立顿、中华、老蔡、清扬、金纺、和路雪、家乐、旁氏等产品品牌保持一定的距离。

资料来源：Kapferer, Jean-Noël. The New Strategic Brand Management: Creating and Sustaining Brand Equity Long Term（4th ed.）[M]. London: Kogan Page Limited, 2008.

（二）各品牌组合战略的具体形式

以上所说的四种品牌组合战略是基本战略，具体还包括九种形式。从左到右，这九种形式按照从统一到独立的方向排列（见图 9-6）。

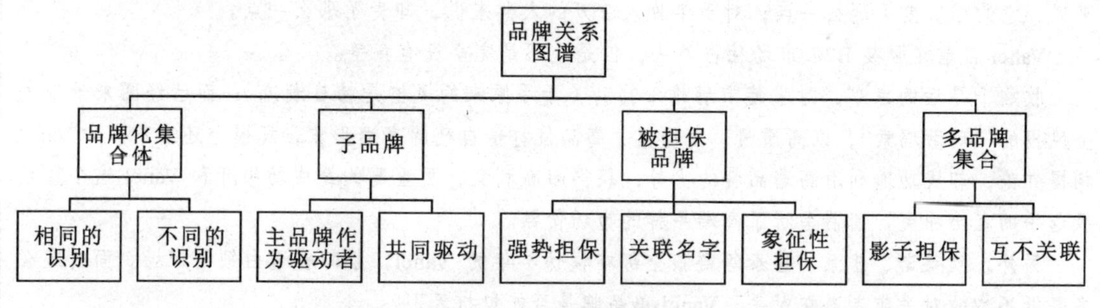

图 9-6　品牌关系图谱

资料来源：（美）大卫·阿克. 品牌组合战略[M]. 北京：中国劳动社会保障出版社，2005.

1. 品牌化集合体

尽管品牌化集合体当中所有品牌都采用同一个品牌名称，但在品牌标识方面还是存在两种类型。

（1）相同的识别。如中国中信集团公司旗下的中信证券、中信出版社、中信银行等产业全部采用一致的品牌标识，国际著名企业美国通用电气公司（GE）和日本三菱株式会社旗下业务也都是采用统一品牌标识的。这样能够降低各业务的品牌传播费用，同时又能增加主品牌的实力。不过，这种相同识别的单一品牌策略可能不能满足多样化的市场需求（见链接材料9-4）。

（2）不同的识别。深圳招商局集团下面一些产业的品牌标志就不一样。比如招商银行、招商证券、招商石化都是“M”字母品牌标志的变种，即使招商地产、招商局物流、招商局蛇口工业园等产业的品牌标志形状相同，颜色也有所不同。上海锦江国际有限公司的品牌标志也有一定差异。这家大型集团公司下有锦江酒店、锦江客运物流、锦江地产、锦江旅游、锦江实业、锦江金融等几大产业，标志中间核心部分是相同的，但外圈图形的形状及一个底部小色块不同。稍有差异的品牌标识能够突出产业特点，而品牌主体内容相同又表明各产业都属于同一个品牌，体现出该品牌的实力。

尽管品牌化集合体的优点是显而易见的，但也存在一个很大的问题，即如果某项业务出现问题就会对其他业务产生“株连效应”。因此，品牌化集合体当中的每项业务都需要严加监管，对旗下的业务没有十足把握，最好不要采用这种形式。

链接材料9-4：Vancl（凡客诚品）单品牌能否包打天下？

Vancl长期坚持大众化的产品，无论面对男士、女生、儿童，都千篇一律地用“优质材料+精细做工+低廉价格”这几个词来诠释，却无法在此基础上，展示“动感”、“活泼”、“成熟”、“奢华”、“优雅”、“内敛”、“稳重”这些形象，因为任何一个元素被强调，小众客户倒是满足了，大众客户却要丧失了。

求“同”却不能“存异”，这就是单一品牌无法在每个细分的用户群中产生共鸣和消费号召力的原因。当前Vancl这个品牌无法彰显消费者的个性，严重制约了其在个性化服装领域的发展。

Vancl 现在的品牌定位是城市白领、年轻上班族。但是中国一、二线城市有地域收入差异，白领阶层收入水平也有差异。Vancl这个品牌实际上能服务的人群还是有限的：对年收入15万的人群来说，它的档次差了那么一点；对于年收入2万的人群来说，却贵了那么一点。

Vancl目前在服装B2C市场独占鳌头，但是也不是完全没有竞争。

收购千寻后的京东，对服装市场雄心勃勃（千寻原来的风格是韩日潮流）；而已经圈来千万美金风投的“玛萨玛索”，以高质量、高价格、高品位打造自己的高端形象，规模上还远不能和Vancl相提并论，却成功地利用高端品牌的优势，获得超高利润，更重要的是成功错开和Vancl这个重量级选手的直接冲突，悄悄垄断了高端品牌的市场份额。

另外，欧莱诺、普派、鲁泰等群狼全部在模仿早年的 Vancl，紧盯普通白领的市场。面对这么多高低不均的对手或者潜在对手，Vancl单品牌是否能包打天下？

资料来源：李晓明. Vancl产品线拓无可拓，多品牌势在必行[J]. 销售与市场·渠道版，2010-05-04.

2. 主品牌下的子品牌

子品牌下面有两种具体形式：一种是主品牌作为驱动者，一种是共同驱动。

（1）在主品牌作为驱动者的情况下，消费者主要是由于主品牌的影响而购买产品的，子品牌只起到次要的作用。例如，苹果公司热销的iPhone 5S品牌手机中，显然是“iPhone”驱动消费者购买的，而非“5S”。这种组合形式的形成常常是因为主品牌的实力很强大。

（2）共同驱动的案例很多发生在汽车行业。在选购丰田凯美瑞汽车的过程中，消费者同时受到“丰田”和“凯美瑞”主副两个品牌的影响，二者的驱动作用相当。如果希望强化子品牌的地位，那么选择共同驱动的组合形式是必要的。

子品牌既能利用到主品牌的声誉，又可描绘出各产品的特色，因此深受企业的喜爱。现在有很多企业都是用子品牌来进行新产品推广的。不仅如此，子品牌还是相对安全的一种品牌组合战略，因为即使子品牌出现问题，对主品牌影响也不大，对其他子品牌的影响就更小。但是，子品牌的数量也不宜过多，否则会使消费者产生认知的混淆，如手机、数码相机等电子产品的型号就太多，会让人觉得有点乱。

3. 被担保品牌

被担保品牌具体有三种形式：强势担保、关联名字和象征性担保。

（1）强势担保通常会通过醒目的标志直观地显示出来，如雀巢担保的奇巧（Kit-Kat）巧克力，Nestle 的标志出现在包装的左上角。主品牌实力强大同时又希望突出子品牌的地位，就适合选择强势担保的方式。

（2）关联名字是在各产品品牌当中都共同存在担保者品牌的某个字词。例如，麦当劳餐厅曾推出一系列带有“麦”字的汉堡包，如麦乐鸡、麦辣鸡、麦香鸡、麦香鱼、麦咖啡等。这种形式在突出各自品牌特点的同时也强调了各品牌与主品牌有着某种联系。

（3）当担保品牌出现在包装背后的时候，我们说这是一个象征性担保。象征性品牌的担保关系没那么强，如宝洁对品客薯片、联合利华对中华牙膏的担保。通常这种担保形式适合新品牌不需要担保品牌担保的情况，如新品牌档次较低、新品牌希望创造独立的全新形象。福满多刚推出来的时候，很多人不知道它与康师傅出自同一家公司，因为顶新集团只是在厂址的位置出现；英菲尼特的车标与尼桑其他汽车的车标都不同，厂家希望它作为高端品牌能保持一定的独立性。

被担保品牌突出了子品牌的特点，淡化了担保品牌的影响力，适合子品牌差异较大的企业。但也正因为淡化了担保品牌的影响力，使得子品牌的推广费用增加。以上三种形式在担保程度上有所递变，但要判断新产品适合其中的哪一种并非易事。

4. 多品牌集合体

多品牌集合体有影子担保和互不关联两种形式。

（1）影子担保品牌并不直接与被担保品牌相关联，但许多消费者知道这种联系。这样，被担保品牌一方面能够获得影子担保品牌部分优势的庇护，另一方面又可能摆脱影子担保品牌的束缚而保持较大的独立性。影子担保品牌通常来自一个完全不同的产品领域，如广州保利房地产公司的母公司是北京保利集团——一家颇具实力的军工背景企业，一些知道这一背景的人会口耳相传，从而增加了对保利地产的信任。

（2）互不关联是品牌之间关系最弱的一种品牌组合形式，目的是希望保持各品牌的独立性。宝洁公司旗下的品牌独立性非常强，甚至出现海飞丝与飘柔相互竞争消费者的情况。

多品牌集合体适合于各产品品牌差异很大的情况。但遗憾的是，不能利用公司品牌的影响力，并为打造公司品牌的实力做出贡献。而且，多品牌打造的成本也不是一般企业能够承受得了的。

（三）在品牌关系图谱上进行位置选择

如果要推出一个新的产品，在品牌关系图谱上有四组九种品牌组合模式可供选择。究竟选择哪一种需要考虑以下三个问题：（1）现有品牌是否能够提升新产品的形象和销量？（2）新产品能否提升现有品牌的形象？（3）是否有充足的理由来创造一个新品牌（它是一个独立的品牌、被担保品牌还是子品牌）？如果对前两个问题的回答是肯定的，而对第三个问题的回答是否定的，那么最优的选择应该接近一个品牌集合体，如三星 GALAXY Note 3 手机的推出；如果对前两个问题的回答是否定的，而对第三个问题的回答是肯定的，那么最优的选择应该是多品牌集合体，如讴歌具有相对于本田其他汽车品牌的独立性以及本田自身的经济实力。

三、品牌组合网络模型

品牌组合网络模型是以网络的形式直观显示组合品牌的关系结构，具体来说有三种类型的网络模型：

（一）品牌组合分子模型

2001 年，美国品牌咨询顾问萨姆·希尔（Sam Hill）和克里斯·莱德勒（Chris Lederer）在《哈佛商业评论》上撰文并出版专著，提出了一个名为“品牌组合分子模型”（the Molecule Model of Brand Portfolio）的三维立体模型①。该模型中的组合品牌由所有影响消费者购买决策的品牌构成，包括公司内部品牌和与其他公司合作的品牌。因为不只是一家公司旗下的品牌会影响消费者购买决策，合作公司（如经销商、广告媒体）的品牌也会影响。模型中的品牌甚至不仅是描述产品或服务的品牌名称，还可以是赞助、活动、代言人、广告语等。

该模型的构件包括：大小、距离、粗细和颜色。大小是分子球体的尺寸。根据功能可将模型中的品牌分为领导品牌、战略品牌、支持品牌。其中，领导品牌用大分子球体表示，是对消费者购买决策影响最大的品牌，战略品牌次之，支持品牌最小，后者对前者有支撑作用。距离和粗细都反映了分子之间的关系，越远或越细说明关系越弱，反之则关系越强。颜色表示品牌对消费者购买决策的作用性质，绿色（或白色）表示正面影响，红色（或黑色）表示负面影响，蓝色（或灰色）表示影响不大。

希尔和莱德勒以米勒（Miller）啤酒为例对模型进行了说明。米勒是领导品牌，米勒正宗生啤是战略品牌，支持品牌是 Rusty Wallace。“米勒时代”广告语促进了米勒品牌的发展，因此是绿色的，且距离近，线条粗；而米勒淡啤与米勒豪华啤酒的消费者群体不一致，因此是红色的，且距离远，线条细。

品牌组合分子模型是一个立体模型，因此可以非常形象地描述组合品牌之间的关系以及对消费者购买决策的影响。不过，如何确定各分子品牌在模型当中的位置不是一件易事，而且，当品牌过多时，会使模型变得很复杂，不便解释。

（二）品牌网状模型

品牌网状模型由品牌组合当中所有的品牌及表明其关系的线条组成。模型最中心是主品牌，可以是公司品牌，也可以是其他战略品牌。与主品牌的关系有直接和间接两种。直接关系的品牌用线条直接与主品牌连结起来，间接关系的品牌则连结的是直接关系品牌而非主品牌，以此类推。如果各品牌之间还有关系也需要用线条连结。线条的粗细代表着一个品牌对另一个品牌的影响力大小。通过网状模型，管理者可以知道全部品牌之间的关系远近。网状模型是一个平面图，在描述品牌组合结构方面有一定的局限性，如不能说明品牌对消费者购买决策的影响程度。

① （美）萨姆·希尔，克里斯·莱德勒. 品牌资产[M]. 北京：机械工业出版社，2004.

（三）太空星球模型

太空星球模型把品牌组合结构比拟成恒星、行星和卫星的关系。恒星品牌是主品牌，其他行星品牌都必须围绕它转；行星品牌是次级品牌，若干卫星品牌围着它转；卫星品牌是一些修饰品牌，如型号、版本、技术等。如果品牌组合结构复杂，卫星还可以有更小的卫星环绕。以联想为例。联想是毫无争议的恒星品牌，台式电脑、笔记本电脑、手机等行业描述性名称可看成是行星，其中笔记本电脑的卫星就是昭阳、天逸、旭日，更小的卫星如昭阳的 K41、天逸的 F41A 等。该模型非常形象地说明了不同层级品牌之间的从属关系，但不能很好地说明同一层级品牌的关系如何。

第 4 节　品牌联合战略

一、品牌联合的定义

传统的观点认为品牌组合所管理的品牌都属于同一家企业，而新近的观点认为品牌组合还包括该企业与其他企业合作的品牌，即联合品牌。联合品牌是一个名词，其动词形式即品牌联合（Co-branding）。这是一个新的品牌研究领域，随着联合营销和并购的升温而逐渐被品牌研究与实践者重视。

在《品牌联合》一书中，英国英特品牌公司的副董事长汤姆·布莱克特（Tom Blackett）将品牌联合定义为“两个或者两个以上消费者高度认可的品牌进行商业合作的一种方式，其中所有参与的品牌名称都被保留”。该定义有两点值得关注：（1）联合在一起的品牌都是强势品牌，即所谓的“强强联合”；（2）参与品牌的名称都要显示出来，而不是作为幕后支持或影子担保。与品牌联合非常相近的一个概念是品牌联盟（Brand Alliance）。实际上，品牌联盟是品牌联合的一种方式，只不过合作的广度、深度和长度都要更胜一筹。

二、品牌联合的类型

从表面上看，品牌联合就是两个或以上的品牌进行的合作，似乎很简单，但实际上，由于合作的目的和创造的价值不同，品牌联合体现出不同的类型。大卫·阿克和英特品牌公司都对此提出过自己的分类。

（一）阿克的品牌联合分类法

大卫·阿克根据各合作品牌之间的关系将品牌联合分成四种类型①：

1. 合作主品牌

合作主品牌是指合作的几个品牌都承担着合作产品或营销计划的主品牌角色，即几个品牌在合作产品或营销计划当中的地位都是相等的，共同发挥主要驱动者的作用。通常是在双方各自具备某方面独特优势的情况下建立合作主品牌。比如，索尼爱立信（简称“索爱”）手机综合了爱立信卓越的通讯技术和索尼的创新设计能力，两个品牌都对合作产品产生了主要驱动力作用。合作主品牌的品牌联合策略往往会使得合作各方获得比它们独立经营更好的效

① （美）大卫·阿克. 品牌组合战略[M]. 北京：中国劳动社会保障出版社，2005.

果。美国市场营销协会（AMA）曾经做过一个调查，有80%的人认为他们会购买索尼和柯达公司联合出产的数码影像产品，而如果被告知该产品是由索尼独家生产的，只有20%的人说可能会买；同样，被告知由柯达独家生产的，购买的比例也是20%。

2. 外部品牌化的差异点

一般品牌化的差异点都是在企业内部寻找的，而外部品牌化的差异点是在企业外部寻求。外部的这个品牌已经具有吸引力、可信度和强有力的品牌联想，可以是品牌化的产品特性、服务、活动或产品成分。产品成分最为常见，如捷豹汽车（Jaguar）在英国使用的是康纳利（Connolly）皮革作汽车内饰，以体现与其他汽车的不同。外部的差异点应该是竞争对手所不具备的，如果竞争对手都能轻易获得，那就不适合作为外部差异点。比如，杜比系统、莱卡、Intel都不适合作为差异点。要保证独家拥有外部品牌化的差异点，就必须与合作伙伴签订一个排他性的长期合同，规定外部合作者不得与竞争者合作。

3. 外部品牌化的活力点

另一些外部品牌合作者是本品牌的活力点，即为品牌创造了活力、知名度、联想等。外部活力点的来源包括赞助活动、明星代言人、产品、国家或地区、卡通象征物等。蒙牛酸酸乳通过赞助“超级女声”歌手选秀活动，使得“自信、率真”的品牌个性被激活；动感地带凭借天王级歌星周杰伦的代言，为品牌增添了不少“酷、自主”的情感成分；雅虎请陈凯歌、冯小刚、张纪中三位中国最著名的导演每人拍摄了一部网络视频广告，在网上流传甚广，这成为雅虎的一大亮点；一瓶香水只要与法国联系在一起，马上会被赋予浪漫的情调，而与西班牙联系在一起，则马上会被烙上激情的印记；卡通小狗Snoopy近20年来一直为中美大都会人寿保险有限公司（Metlife）代言，卡通小猫咪Hello Kitty则让一些女孩子专用产品（如发卡、女士皮包）变得可爱起来。

4. 战术性的品牌联合

以上的品牌联合带有一定的长期性，事实上，企业也可以选择与其他企业开展短期合作，以便获得声誉、差异性和活力。这种方式被称为战术性的品牌联合，包括合作广告、联合促销等。其中，联合促销（United Promotion）是战术性品牌联合的最主要形式。联合促销又叫合作促销，是两家或以上的企业联合在一起，相互以对方的产品或让利作为促销刺激的一种形式。这种方式不仅促进了双方产品的销售，而且强化了双方的品牌联想。例如，动感地带在全国面世不久就和麦当劳合作，推出了一系列的活动，包括每个季度将由动感地带客户通过短信、彩信、WAP等方式投票组合麦当劳的动感套餐，动感地带客户凭1860/1861发出的一条身份确认短信可在全国各地的麦当劳店内享受获选“动感套餐”的优惠等。麦当劳的“我就喜欢”和动感地带的“我的地盘，听我的”在品牌主张上有异曲同工之处，同时两个品牌的目标市场有重叠，所以联合促销使得两个品牌的品牌联想都得以强化。

（二）英特品牌公司的品牌联合分类法

英特品牌公司根据合作中共有价值的创造因素对品牌联合进行了分类[①]，四种品牌联合的类型在所创造的价值上由低到高分别是：

1. 接触/认知型品牌联合

这种品牌联合的目的在于增加了合作伙伴的顾客作为宣传传播对象，以迅速提高公众对

① （美）汤姆·布莱克特，鲍勃·博德. 品牌联合[M]. 北京：中国铁道出版社，2006.

品牌的认知。比如，中国建设银行、深圳天威视讯（一家经营深圳地区有线电视网络的公司）、VISA 卡三家合作推出了“数字龙卡”信用卡，就帮助了中国建设银行和 VISA 卡通过有线电视的消费而进入了深圳的千家万户。对于消费者来说，几方的品牌合作要能带给他们一定的利益，否则他们不会有兴趣关注联合品牌和合作项目；而对于合作企业来说，最好是对方能帮助扩大自己品牌的传播范围，以降低品牌传播的费用。

2. 价值认可型品牌联合

价值认可型品牌联合有三种：第一种是两个或以上互补型的专业品牌进行的合作，强调的是品牌的专业性。比如，苏泊尔与金龙鱼在全国联合开展了大型促销活动——“好油好锅，健康新食尚”，双方基于在“提倡优质生活，倡导健康美食”品牌理念上的契合，集中各自优势，共同打造健康饮食文化，提升消费者的健康生活水平。第二种是某行业品牌与奥运会等强势体育品牌之间的合作，借以提升自己的实力，如三星自 1997 年签约成为奥组委 TOP 赞助商后一直为之后的几届奥运会提供无线通讯服务，其品牌地位大大提升。第三种是某行业品牌与慈善、环保等公益事业品牌之间的合作，旨在提升品牌的公益形象，体现企业的社会责任。例如，农夫山泉近几年来一直在开展“一分钱”公益活动，消费者每购买一瓶农夫山泉，公司就会给公益事业捐助一分钱，至今涉及的公益事业包括支持申奥、支持贫困山区的体育设施建设（“阳光工程”）、支持中国体育事业、帮助水源地的贫困孩子（“饮水思源”）等。

3. 元素组成型品牌联合

元素组成型品牌联合专指一个成分品牌与最终产品品牌之间的合作，目的是凭借对方的专业声望来提高自身的品质。在合作的双方当中，至少有一方是非常知名的品牌——要么是成分品牌很知名，产品品牌借以抬高声誉，如宣称用莱卡纤维面料做的服装会比没有莱卡面料好卖；要么是产品品牌很知名，成分品牌借以抬高声誉，如 1991 年 Intel 花了 1 亿美元与 IBM、康柏、戴尔、Gateway 等著名电脑厂商的合作，要求他们在电脑说明书、包装和广告上加入“Intel Inside”独特标志；要么双方的品牌声誉都很好，互相强化产品的品质，如凌志车（现为雷克萨斯）使用美国 Bose 音响产品、福特林肯轿车采用 Coach 皮革作内饰等。

4. 能力互补型品牌联合

能力互补型品牌联合是几个拥有专业优势的品牌通过合作生产推出全新产品的过程。这种联合方式的前提是合作各方必须具有较高声望的专业优势。比如，拥有 100 多年历史的著名钟表品牌劳力士（Rolex）联合 LG 开发劳力士手机。在此之前，LG 电子曾与 Prada、Roberto Cavalli、Levis 和 Armani 等众多时尚品牌合作推出前卫手机产品。此次推出的劳力士手机依托 LG 在时尚手机制造方面的专长，同时融入了劳力士的外观设计理念。机身部分采用了应用在劳力士手表上的精致皮革和材质，力求使得这部手机具备像腕表一样的精致做工和不俗的气质。

除此之外，我国的品牌专家也从客户感知的角度提出了新的品牌联合分类方法（见链接材料 9-5）。

链接材料 9-5：客户感知的角度的品牌联合分类

从客户感知的角度出发，品牌联合可以分为如下三种情形：

1. 客户感知相对独立的品牌联合

就品牌联合的双方而言，这类品牌联合不会使目标客户对其品牌感知有太大的影响，品牌联合的双方保持一定的独立性。选择此类品牌联合的企业主要注重的是对销售产生的影响，对于企业品牌特征（价值、定位、个性等）的协同性不做太多的考虑，其品牌联合产生的风险也相对较小。比如国航和中银（香港）信用卡公司、香格里拉酒店集团、万豪国际酒店集团、携程旅行网等的合作等。

2．客户感知有所重叠的品牌联合

这类品牌联合的最大特点在于品牌联合对目标客户本身产生影响。对客户影响小的联合形式有赞助等，影响大的联合形式有捆绑销售、并购（保持独立品牌）等。这一类型的合作要求合作品牌之间有一定的相似性，即品牌价值、个性应该保持相对协同。具有相似性的品牌进行联合能够强化客户对品牌的忠诚，共同提升品牌的价值。但是，这种合作方式也存在一定风险，且随着合作深入增加，处理不好可能使客户弃之而去。相关案例如nike+ipod产品。

3．客户感知完全重叠的品牌联合

这类品牌联合的最大特点在于品牌联合对目标客户本身产生了巨大影响。比如品牌授权行为和并购行为使得客户对其中一种品牌的感知直接延伸到了另一品牌，如果一方客户对另外一方的品牌强烈不满就可能选择直接离弃，但是也可能会把对其中一个品牌的高忠诚转向合作品牌。此类型的合作风险巨大，且具有长期性。而且由于两个品牌之间的特征不可能完全趋于一致，常常会带来一定的负面效果。中国联想收购IBM电脑业务就是一例，二者有相似的品牌特征，但是客户对二者的感知肯定不太一致。所以，品牌联合在产生价值的同时必定也伴随着部分客户忠诚度改变的情况。

资料来源：许文峰．品牌联合亦有道[EB/OL]．全球品牌网，www.globrand.com，2006-12-29.

三、品牌联合的作用与风险

（一）品牌联合的作用

多年前，营销专家艾略特·艾登伯格（Elliott Ettenberg）就在其著名的《4R营销》一书中预言："联合营销（Co-Marketing）将是后经济时代新的大趋势。"品牌联合之所以受到越来越多企业的欢迎，是因为具有以下作用：

1. 深化品牌内涵，强化品牌个性

如果进行联合的几个品牌具有类似的个性，那么通过品牌联合将进一步强化品牌的内涵和个性。比如，法国雪铁龙C2汽车与意大利Kappa服装联合推出C2车主自己的专用服饰——C2—Kappa炫装，二者所具有的个性和时尚的品牌内涵都得以深化。

2. 提高产品品质的认知度，增加品牌的声誉

美国明尼苏达州立大学卡尔森管理学院的一位教授说："当品牌单独出现没有说服力时，联合品牌可以更好地标明商品的品质。""Intel Inside计划"就帮助英特尔公司大获成功，成为CPU领域的第一品牌。

3. 扩大市场范围

通过联合，品牌能够进入到另一个合作品牌的市场范围，从而扩大市场影响力。比如，LG与奢侈品劳力士手表的合作就帮助LG拓展了其在奢侈品手机领域的市场机会。

4. 降低进入市场的费用和风险

通过与当地的知名品牌合作，一个新进入的品牌能够产生"搭便车"的效果。二十世纪六十年代中期，美国的麦斯威尔咖啡在日本联合各大连锁面包公司，通过把咖啡样品封在一斤装的面包包装内的方式，先后进行了3次大规模的样品派送，共送出了1800万份咖啡样品，范围遍及日本全国，让马克威尔咖啡迅速在日本成为家喻户晓的咖啡品牌。

（二）品牌联合的风险

当然，企业也需要警惕品牌联合带来的风险。《品牌联合》一书的合著者鲍勃·博德（Bob Boad）对品牌联合可能存在的风险和陷阱进行了全面分析[①]，本书仅介绍其中三个主要的内容：

1. 合作方的株连问题

某一合作方的财务、产品、广告等方面的问题不仅会使其自身品牌形象受损，而且也可能会殃及其他合作品牌。比如，明星代言人的绯闻丑闻使得聘请其代言的企业遭受损失，毛宁的负面新闻使其所代言的名人牙膏当年销售额下滑，杜邦的“特富龙事件”也令使用特富龙不粘锅涂料的炊具生产商陷入困境。

2. 合作方仓促终止合作

当合作的一方发现品牌联合的行动不能达到其财务或其他目标时，就有可能会仓促终止协议。这样对合作的另一方是不利的，因为这就逼着他们独自应付想要继续购买联合品牌的产品或服务的失望的客户。美国的 Price Chopper 超级市场就面临这个问题。它与 M&T 银行联合发行的信用卡无法达到后者的预期，因为太多的购物者每月都付清欠款而不发生任何利息费用，这使得 M&T 银行终止了协议。

3. 合作结束后被认为合作关系还在

建立品牌联合的协作不是件容易的事，要分开品牌联合独立重建品牌也同样困难重重，因为消费者对品牌的认知在短期内不易改变。特别对于一些品牌联合的程度非常紧密的情况（如联合推出一个以两个品牌命名的新产品或者成立合资公司）更是如此。几十年以来，壳牌—麦克斯（Shell-Mex）和 BP 进行了合资，在石油产品的分销和推广中使用了双方的品牌。尽管合资企业在 1976 年解体，两家公司已独立标志自己的产品，但在合作终止后的一段时间里，仍有一部分的公众还是继续错误地认为两家公司之间有着某种联系。

四、品牌联合的管理原则

为了充分发挥品牌联合的作用，避免可能出现的风险，管理者应当注意以下几个管理原则：

（一）根据实际需要选择品牌联合的类型

不同的品牌联合类型在选择合作者和合作经营方面是不一样的。当需要另一个著名品牌也起到驱动购买的作用时，可以选择合作主品牌的类型，必要时甚至合资；如果只是要满足某一短期的销售目标，则可以选择战术性联合进行联合促销。一般的品牌联合要么是跨行业的联合，要么是一个产业链上下游的联合，而如果某一问题需要整个行业共同面对的时候，甚至可以不计前嫌地发起同业竞争者之间的联合。比如，东莞机动车协会联合东莞众多车行搞的联合营销促销活动，就是对这一策略的具体应用。他们面对目前比较萧条的车市，不是进行品牌间的恶意竞争，而是化干戈为玉帛，握手共同开拓市场，以盛大宣传场面为冷淡车市赢得眼球。

（二）合作者的品牌内涵、目标市场等要相吻合

由于品牌联合将几个合作品牌放在一起进行推广，因此消费者会把这些品牌的内涵视为

① （英）汤姆·布莱克特，鲍勃·博德. 品牌联合[M]. 北京：中国铁道出版社，2006.

具有同一类特征。如果品牌内涵不吻合，就会让消费者产生认知混乱。另外，各合作品牌的目标市场应该一致，因为各联合品牌在联合推广时所对应的是同一个市场。例如，帕萨特一向表现出成熟和稳健，如果和动感地带进行品牌联合就会显得不伦不类，和全球通进行联合倒是成功的可能性很大。所以，在选择品牌联合候选企业的时候，需要考虑该品牌的内涵、个性以及对应的目标市场。

（三）合作品牌的产品类别要有一定的关联性

具有关联性的几个产品进行合作，才更容易让消费者配合使用，如金龙鱼和苏泊尔的品牌联合就非常成功，因为“好油”加“好锅”配合得天衣无缝。如果产品之间没什么联系，那么产品的销量还是很难提高。不仅如此，不相关的产品联合还会影响到品牌的定位。在日本，一个主要的咖啡制造商给法国蓝带烹饪学院（Le Cordon Bleu）提供了一个具有获利潜力的品牌联合机会。经过仔细考虑，他们拒绝了，因为他们担心蓝带烹饪品牌所代表的特殊专业和价值会被过度延展到食品杂货市场的领域中去。而当他们和日本第四大食品生产商日本火腿公司达成协议销售品牌联合的肉酱、羹汤和专业预煮的菜肴时，并没有这些疑虑。

（四）合作者的资源要能互补

资源互补型的品牌才能有更坚固的合作基础。比如，在英国，埃索（Esso）石油公司和特易购（Tesco）便利店联合在加油站建立了 24 小时营业的迷你超市。该超市既有埃索强大的品牌力量、优越的地理位置和加油站经营经验作为基础，又有特易购的品牌力量、顾客购买信息、采购能力和超市经营能力作为基础，因此合作关系是牢固的。

（五）品牌在各自行业中的地位要均等

一般而言，合作各方在各自行业当中的地位均等时，合作起来才能“门当户对”。如若不然，品牌联合过程中将会产生很多纠纷，而且处于高地位的品牌也不会心甘情愿地全力投入到合作中。比如，当年英特尔公司要启动“Intel Inside 计划”的时候，IBM 对此就兴趣不大，因为当时二者市场地位差异较大。

第 5 节 贴牌生产

一、贴牌生产的定义和类型

贴牌生产（即 OEM，Original Equipment Manufacturer，直译为“原始设备制造商”），又称定牌生产或委托代工，是指一家厂商根据另一家厂商的要求为其生产产品。按照要求进行加工生产的厂商没有自己的产品品牌，即使具有自己的品牌也不在产品上贴自己的商标，而是在为其他著名品牌厂商生产产品后贴上对方的商标。在贴牌生产中，委托方拥有自己的品牌、技术或者市场，而被委托方则具有规模生产和低成本的优势。可见，贴牌生产是社会生产分工的产物，合作双方实现的是优势互补。

可以说，贴牌生产是品牌联合的一种特殊形式。说其“特殊”，是因为一般的品牌联合是地位平等的品牌持有者与品牌持有者之间的合作，而贴牌生产则发生在具有不平等地位的品牌持有者和产品制造商品牌之间。一般的品牌联合都需要将所有合作品牌的名称展示出来，但贴牌生产只展示品牌持有者的名称，会将生产商的名称隐藏，最多只在生产商信息一栏注明。例如，iPhone 手机由富士康集团代工，手机上是看不到“富士康”字样的。

根据所贴之牌的不同，可以将贴牌生产分成工业企业的贴牌生产和零售企业的贴牌生产。一般谈到贴牌生产的时候，很多人都会想到是 GE、耐克、雀巢之类的工业企业的委托生产，这是目前贴牌生产当中最主要和常见的形式。然而，市场上也还存在另一种形式的贴牌生产，即沃尔玛、家乐福、麦德龙等一批零售企业选取了一些优秀的生产型企业为其生产某些商品，然后贴上零售商自创的品牌，这就是零售商自有品牌（Private Brand）。这种形式正越来越广泛地被各大零售商采用。

二、贴牌生产的作用和弊端

（一）贴牌生产的作用

尽管中国品牌在海外市场还非常少见，但有“Made in China”印记的国外品牌产品却随处可见，鞋、服装、玩具、文具、金属制品等一些日用品的比例在许多国家甚至超过了 90%。贴牌生产在当前的工业化大生产进程中发挥了举足轻重的作用。我们可以从生产厂商和品牌持有者两个方面来分析贴牌生产的作用。

1. 对生产厂商来说

（1）利用企业富余的生产资源

有很多企业全部的业务都来自于贴牌生产，但有些只是部分。他们也推出自创品牌，然而因为营销能力不强，市场销量不大，导致部分生产资源闲置。可以通过贴牌生产充分利用生产资源，提高固定资产的投资收益。比如，格兰仕一方面打造自主品牌“格兰仕”，另一方面又为全球 250 多家微波炉生产商贴牌生产。

（2）有利于产品进入市场

市场竞争激烈程度与日俱增，如果不帮助知名品牌贴牌生产，很多企业的产品就很难进入市场，特别是海外市场。通过贴牌生产，尽管制造商的企业品牌被隐藏了，但其制造的产品毕竟进入了市场，得到了市场的检验。

（3）了解先进的管理经验、产品信息和生产技术

通过与知名企业进行贴牌生产合作，制造商能够了解到知名企业的生产管理经验、当前产品技术的发展态势以及产品的核心技术等信息。可以说，贴牌生产发挥了了解世界的窗口作用，在企业规模很小的时候非常适用，三星等许多著名品牌也都是从贴牌生产起步的。

（4）降低技术风险和市场风险

由于不用花费时间和资金进行技术研发和市场推广，只需按订单生产，因此制造商可以避免技术研发和市场推广失败的风险。当然，报酬自然也会较低。

（5）有利于提高产品质量

一般而言，品牌持有者为了维护品牌的声誉，会对制造商的产品质量进行严格监控和检查，不合格的产品不予出厂。这一严格的品质保障体系促使承担生产任务的工厂提高产品质量，为以后推出自主品牌打下基础。比如，奇瑞汽车获得了为克莱斯勒代工生产小型车的资格，这对其提升产品品质非常有利。

2. 对品牌持有者来说

（1）减少了生产成本

雀巢、耐克等一些全球最著名的企业都不拥有自己的工厂，他们采用“虚拟经营”的方

式，只承担技术研发和市场营销工作，生产制造转交给一些劳动力密集型国家和地区的工厂完成。这样，他们大大降低了厂房、机器、原料、工人工资等生产成本，使得最终产品获得价格优势。

（2）增加了产量弹性

如果不采取贴牌生产的方式，品牌商很难在市场需求大增的时候提供充足的货源，在市场需求下滑的时候又减少存货。完全由品牌商自己生产产品，就需要在生产环节按照充足的市场需求量来购置固定资产，一旦市场需求降低就会导致固定资产闲置，产生不必要的成本。采取贴牌生产则具有相当大的产量弹性。

（3）帮助生产地加速产业发展

很多经济不发达地区的企业由于产品技术和营销水平落后，靠自己的能力很难获得市场认可。品牌商通过让他们承担贴牌生产任务，可以帮助他们逐渐提高产品质量和研发技术，从而使当地的产业形成规模，而品牌商自己也获得了良好的企业形象。可以说，如果没有“三来一补”的生产模式，珠三角地区的经济就不可能发展得这么好。尽管品牌商获取了更高额的利润，但他们也为当地的经济发展做出了贡献。

（二）贴牌生产的弊端

尽管无论对生产厂商还是品牌持有者而言，贴牌生产都有众多益处，但同时也存在一些弊端，包括：

1. 对生产厂商来说

（1）利润薄弱

贴牌生产招致诟病的最主要原因是留给制造商的利润太薄。以芭比娃娃为例，国际市场售价每个一般都在 10 美元以上，而深圳一些加工企业每个芭比娃娃获得的加工费不足 50 美分。宏基前董事长施振荣用一个“微笑曲线”描述了研发、生产和营销之间的关系（见图 9-7），即做研发和营销都能获得高额利润，但生产只能赚点“辛苦钱”。日本管理大师大前研一的估算是，如果市场上的价值是 100%的话，其中制造产生的只占 25%。在制造这个 25%的过程中，还需要购买零部件，因此，制造的价值至多只占 6%～8%的份额。尽管如此，对于既无产品技术又无营销能力的小企业而言，帮名企贴牌生产可能是其发展壮大的捷径。

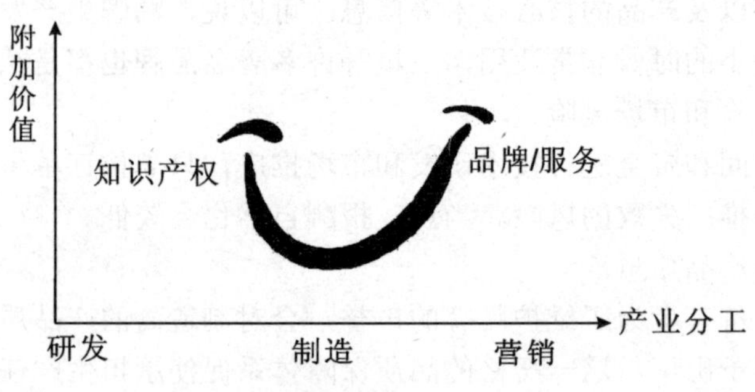

图 9-7 施振荣的“微笑曲线”

资料来源：施振荣. 全球品牌大战略：品牌先生施振荣观点[M]. 北京：中信出版社，2005.

（2）不利于打造自主品牌

从事贴牌生产就意味着一定程度上放弃了打造自主品牌的机会，这对企业的长期发展并不是好事。索尼第一次进入美国的时候，在还没有名气的情况下，断然拒绝了美国公司要求的 10 万台小型收音机的贴牌订单。尽管失去了一个能够让索尼过上好日子的大订单，但索尼却因此获得了一个打造自主品牌的机会。

（3）不利于开展核心技术的研发

尽管贴牌生产能帮助制造商学习一些先进的产品技术，但在核心技术研发方面却可能因为企业的生产导向而被忽视。这将导致制造商无法在技术上获得竞争优势，对企业的长期发展不利。

（4）业务生命线由品牌商掌控

靠贴牌生产生存的企业具有极大的生存风险，因为品牌商很有可能会由于种种原因而终止与原制造商的合作。一旦制造商为生产投入过多，那么合作的突然终结将会使其陷入困境。比如，现在一些国外品牌商将一些制鞋订单交给了越南厂商，使得东莞很多鞋企处境艰难。

2. 对品牌持有者来说

（1）产品质量问题

由于某个合作环节监控不严，制造商的产品质量可能会出现问题。这将在很大程度上损害品牌商的形象和声誉。基于这一考虑，国外的一些奢侈品公司并不愿意将产品放在中国的工厂代工。

（2）培养了竞争者

在进行贴牌生产合作的同时，品牌商也在培养一个竞争者。从帮别人代工中，制造商能积累生产技术和管理经验，为今后推出自主品牌奠定了基础。HTC 手机、雷士照明、安踏运动等很多公司都经过了从代工到自主品牌的阶段。所以，如何为核心技术保密成为品牌商考虑的一个重要问题。

三、对我国企业贴牌生产的几点认识

关于贴牌生产，我国目前有两种声音：一种主张打造自主品牌，一种主张继续贴牌生产。显然，打造自主品牌是中国企业发展的方向，但并不是说就应该立即摒弃贴牌生产。我们应当对中国企业的贴牌生产有足够认识。

（一）应当明白贴牌生产中的地位本来就是不平等的

很早以前彼得·德鲁克就说了，以后发展中国家能不能发展，完全仰仗于跨国公司对它青睐的程度。沃尔玛在孟加拉采购牛仔裤，成本 1 美元，售价 100 美元，即使“剥削”这样厉害，孟加拉还得求着它给单。正如施振荣的“微笑曲线”所示，做研发、营销和做生产的价值回报是不平等的，这也就决定了品牌商和生产商之间的地位也是不对等的。拥有技术和市场的品牌商占有绝对的主动权，生产商对于订单、定价、交货期等核心问题缺乏话语权。可以说，选择了贴牌生产就意味着选择了被动。

（二）应当把贴牌生产看作一个阶段而非终点

贴牌生产是当前我国大多数中小企业主要的生产模式，但应当将其视为企业发展的一个阶段，而不是终点。在不具备人才、技术、经济实力的时候，一味地自主研发和打造品牌将加速企业的灭亡。当然，制造商始终应当树立打造自主品牌的信念，伺机推出自己的品牌，否则，将企业生命线交由品牌商是充满风险的。如果一直抱着“代工厂”安枕无忧，就不会有今天的格兰仕等一批名企的辉煌。相反，正是因为我国的玩具厂商绝大多数成为了国外企业的代工厂，才致使中国自主的知名玩具品牌至今缺失。

（三）应当明确贴牌生产的关键是学习

选择了贴牌生产的生产商应当清楚，贴牌生产的目的不是为了赚取高额利润，而是为了学习先进的产品技术和管理经验。只靠贴牌生产不可能有大的发展，而从传统贴牌到自主创新也不可能一蹴而就。生产商应当把当前的收入损失看成是向先进企业学习过程中所交的学费，以及对未来自主品牌发展的投资。有了一定的技术基础和业界声誉才能提高自主经营的成功率。目前，广东、浙江的一些企业正在实践一种“新型贴牌”的生产模式，即在传统贴牌的基础上增加了部分自主创新的技术，从而增加最终产品的附加值。这是从传统贴牌到自主创新的过渡阶段，也是通过贴牌生产学习的结果。

（四）应当清楚贴牌生产也是在打造品牌

从品牌联合的角度看，被世界知名品牌选择作为贴牌生产商说明企业的生产能力和产品质量是具备较高水准的，品牌商和生产商的合作是品牌与生产两个领域优势的互补。从这个意义上讲，生产商在品牌商看来也是一个品牌，只不过，由于在最终产品上体现不够而未受到最终消费者的注意。既然作为一个品牌，生产商就应该思考如何提升自己的行业地位，提高不可替代性，以减少被动性。退一步讲，代工产品外包装上的“Made in China”信息也是一个广义的工业型产地品牌，如果能够加强产品质量并不断升级产业结构，那么“Made in China”树立的品牌声誉将帮助更多的中国自主品牌顺利进入国外市场。在这方面，“Made in Japan”品牌形象的崛起过程值得我们借鉴。

四、零售商自有品牌的发展及其原因

（一）零售商自有品牌的发展状况

进入一些大型的零售店，我们会发现一些在其他品牌零售店看不到的品牌，比如沃尔玛的“惠宜”、家乐福的“家乐福”、麦德龙的“Aka”、人人乐的“好唯乐”等。这些品牌越来越常见，我们称之为“自有品牌”。自有品牌（Private Brand，PB）是商业企业通过搜集、整理、分析消费者对某类商品的需求特性的信息，开发出新产品功能、价格、造型等方面的设计要求，自设生产基地或选择合适的生产企业进行加工生产，最终由商业企业使用自己的商标对该新产品注册并在本企业销售的商品品牌。常见的自有品牌可以是零售商的名称（如屈臣氏、家乐福），也可以是零售商创立的新名称（如沃尔玛的“惠宜”）。如果自有品牌涉及的行业跨度过大，还可以设立多个自有品牌，如深圳著名的人人乐超市就拥有“人人乐”、“好唯乐”、“乐丝”、“乐可兔”、“齐乐”等多个自有品牌（见图9-8）。

图9-8 人人乐超市的自有品牌

世界上第一个零售商自有品牌源于英国的马狮百货（Marks & Spencer）。1928年，马狮百货推出自有的“圣米高”内衣品牌。“圣米高”这一品牌的商品并不是马狮百货自己生产的，马狮百货只是对商品提出品种、规格、质量的要求，直接向制造商订货。这种零售商和制造商合作生产的全新方式逐渐在欧洲蔓延，并波及到了美国。1979 年，美国当时最大的零售商西尔斯（Sears）创建了自有品牌的轮胎，取得了巨大成功。今天，自有品牌在全世界范围内都繁荣发展。AC 尼尔森 2003 年《全球经理人报告》显示，排在自有品牌市场份额前五名的国家均来自欧洲：瑞士（45%），德国（30%），英国（28%），西班牙（26%）以及比利时（25%）。有媒体报道称，世纪联华自有品牌拖鞋一年卖出 2000 万元，占该类商品销售额的 50%。屈臣氏、永辉、沃尔玛等超市均打造自有品牌，部分自有品牌商品价格较其他非自有品牌便宜约 30%，利润却常常在 15%以上。2012 年，尼尔森的《零售和购物趋势报告》显示：商店自有品牌在亚洲发展较慢，在现代经销渠道中销售占比不到 8%。商店自有品牌增长最快的地方在中国台湾、韩国和印尼，销售增长都超过 20%。

在我国，自有品牌是在 20 世纪 90 年代初引入连锁经营机制后才引起广泛关注的，很多零售企业都采用商店名称或自创品牌来销售产品。中国自有品牌起步较早、发展较好的上海华联超市，在 1996 年就创建了“勤俭”牌的自有品牌，包括粮油制品、日用百货、洗涤用品、调味品等 15 大类、1000 多种，年销售额近 2 亿元；而南京苏果超市自有品牌的商品据称已经超过了 1000 种。2006 年 6 月，法国家乐福同时在北京、上海宣布：中国 23 个城市的 46 家分店全面推出自有品牌产品共 435 种，占其销售商品总量的 5%。据 2009 中国百强连锁经营企业统计，中国百强连锁经营企业自有品牌还不到整个连锁经营企业销售额的 1%，其中经营自有品牌产品的多数是外资超市，不过相对于 2006 年的 0.5086%还是有了很大的增长。与欧美等发达国家相比，我国的连锁企业自有品牌不仅整体市场份额较低，而且超市自有品牌的产品集中在一些技术含量较低的卫生纸等“大路货”上，单品的销售额很低。这说明我国的零售商自有品牌发展空间还非常巨大。

（二）零售商自有品牌发展迅速的原因

自有品牌之所以在全球范围内发展迅速，是因为：

1. 提高利润率

为了获得价格优势，制造商往往会压低零售商的利润，甚至通过“建议零售价”的方式对产品价格进行限制。在强势制造商的价格打压下，完全靠销售制造商的产品来实现快速发展和壮大变得越来越困难。自有品牌的推出则在利润上给零售商以弥补和平衡。尽管自有品牌的产品的定价通常低于普通的制造商产品，但由于省去许多中间环节（如交易费用和流通成本）以及广告费，而且在终端上享有最佳摆放位置，因此自有品牌仍然可以获得较高的资产利润率。

2. 摆脱厂家控制

制造商对零售商拥有供货、价格、品种等方面的控制权。零售商推出的自有品牌使其大大增加了在供货、定价、品种等方面的主动权。屈臣氏中国总经理谭丽娴评价道：“自有品牌的增长将不仅帮助公司增加和平衡利润，同时也能够帮助公司抵御供应商施加的越来越大的价格压力。”

3. 零售商能够推出适合顾客需求的产品

处于市场一线的零售商能够直面顾客的需求，大量的顾客需求信息将使得零售商能够设计出更加符合顾客需要的产品。比如，屈臣氏店内的自有品牌产品种类有 500 种之多，每一种都是经过销售趋势和消费者偏好分析的。

五、零售商发展自有品牌的注意事项

（一）慎重处理与合作制造商的关系

1. 制造商的选择

首先一个问题是如何选择市场合作制造商的问题。合作制造商的选择需要注意两个方面的问题：一是品质问题，二是实力问题。尽管自有品牌的产品价格通常比制造商品牌的产品便宜20%以上，但自有品牌的质量不能因此而降低。本来自有品牌就一直被人视为低价低质，如果真的出现某些质量问题，那整个自有品牌战略的推行就会严重受阻。因此，零售商对自有品牌产品的品质要求一般会比较高，在对潜在商品供应商进行选择时，要对其产品质量、生产能力、管理水平、地理位置等方面的因素做出慎重的考虑。另一方面，零售商应当更多地考虑生产能力过剩、市场开拓能力较弱的制造商，这些制造商更愿意全心全意地跟零售商合作。选择制造商以后，商家还应随时检测产品的各项指标，甚至派专人验收或深入生产企业参与管理，保证产品质量真正符合市场需求。

2. 与制造商的关系

零售商需要思考与制造商之间的关系是控制还是平等？很多零售商依仗其终端市场控制权来压迫制造商的利润，以谋取更大利益。这并非明智之举，因为自有品牌产品是双方合作的结果，双方应当相互依赖。频繁更换制造商将增加零售商的交易成本和影响商品的供应节奏，对零售商并不利。某些零售商“以强凌弱”，通过压价来增加获利，将双方关系搞僵，实在是十分短视。

（二）自有品牌与开店数量和经营规模密切相关

自有品牌与制造商品牌之间存在着一个很大的不同：自有品牌仅在自己的零售店内销售，而制造商品牌可在多家不同零售店销售。于是，零售商的连锁规模就成为自有品牌战略是否应当实施的重要前提。不具备足够多的连锁店和足够大的经营规模，所推出的自有品牌就难以产生规模经济效应，在产品价格上就无法获得竞争优势。

（三）适合自有品牌的商品选择

正如我们在零售店内所看到的一样，不是所有的商品都适合使用自有品牌。一般自有品牌商品应当具有以下四个特点：

1. 技术含量不高的商品

与制造商品牌相比，自有品牌通常显得不够专业，因此适合于技术含量不高的大众商品，如服装、食品、饮料、家用品和文具等。而像电视机、手机等技术要求较强的商品很难通过自有品牌来担保其质量。

2. 单价较低的商品

自有品牌的购买具有一定的风险性。单价较低的商品的购买风险比较低，消费者可在第一次购买后通过使用来决定是否再次购买。比如，相比于手提电脑等高价商品来说，卫生纸、纯净水等低价商品更适合推出自有品牌。

3. 购买频率较高的商品

商品的高购买频率能够扩大产品的生产规模，从而降低生产成本，确保自有品牌的低价优势。此外，消费者对此类产品的忠诚度相对较低，更可能试用新品牌的产品，从而增加了自有品牌的售出可能。例如饮料、零食等一些快速流通消费品等。

4. 情感利益不重要的商品

作为一个非专业的品牌，自有品牌是很难表现出情感利益的，因此，项链、珠宝、手表、西服等一些象征身份和品味的商品不适合使用自有品牌。

（四）零售商自有品牌与同类产品制造商品牌的关系

不可否认，自有品牌将与传统的制造商品牌产生竞争冲突，但零售商设立自有品牌的目的并不是要把制造商品牌全部赶出去，像马狮一样全店只销售自己的自有品牌。伦敦商学院的奎尔奇教授解释了不能把制造商全部赶出零售店的理由：首先，制造商品牌会增加零售商对顾客的吸引力。当一个商店缺少著名制造商品牌的时候，消费者会降低到该商店购物的兴趣而转到别的商店；其次，用一个自有品牌涵盖多种类别的商品，会使这一品牌的形象模糊不清，许多消费者不相信一个自有品牌能够提供全部高质量的商品。因此，零售商应当有节制地在一定的行业范围内发展自有品牌。

案例分析

张裕的品牌组合

2010年1月，“烟台张裕国际葡萄酒研发与制造中心项目”启动仪式在烟台举行。该中心将历时五年建成，将成为集研发、制造、生态旅游、文化展示等多功能于一体的葡萄酒研发与制造基地。此外，张裕还分别启动了其在西部集葡萄种植、葡萄酒生产、研发、生态旅游、文化展示等为一体的三大酒庄（新疆石河子市、宁夏贺兰山东麓与陕西咸阳市）建设。这一系列的运营投入将进一步丰富张裕的产品组合，也将为张裕扩充产能、提高品质和占领市场奠定更为坚实的基础。

原先，张裕采用单一品牌的方式（即企业品牌与产品品牌相同）推广公司旗下的产品系列。但是，在市场碎片化和消费多极化趋势影响下，通过同一品牌来涵盖中、高、低端葡萄酒产品系列所带来的营销挑战也越来越大。在此背景下，张裕启用了多品牌发展战略（即高、中、低端产品通过不同子品牌实现市场区隔）。目前，爱斐堡、黄金冰谷、解百纳（目前处于商标争议中）和麟球等均已成为张裕针对不同目标市场的注册商标。

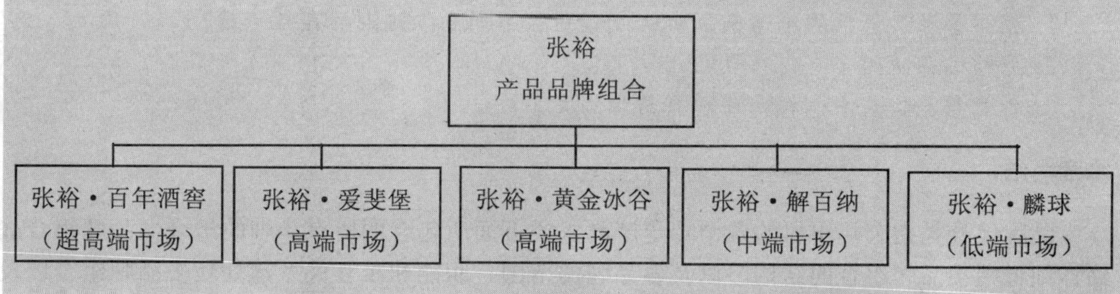

张裕品牌家族谱

此外，张裕还分别与人民大会堂、钓鱼台国宾馆合作推出了联合品牌——“钓鱼台·张裕解百纳”、“钓鱼台·张裕蛇龙珠”和“人民大会堂·张裕解百纳”等，应用这些联合品牌来主打中高端商务、政务用酒市场。根据张裕品牌发展规划，公司主要发展战略仍将通过葡萄酒产品为重心、以中高端为发展目标，并将低端作为补充。具体品牌规划内容如下：发展“百年酒窖”品牌，打造公司最顶尖产品并限量生产，主攻超高端市场；在高端部分，“北京爱斐堡国际酒庄”将处于核心位置，是关键性的子品牌；而“张裕·解百纳”将继续在中高端品牌中发挥战略性作用。

至此，张裕已经形成了以“张裕”为中心，众多产品子品牌为辐射的全线品牌布局。虽然公司旗下的众多子品牌在品牌传播方面和产品设计层面还主要是以副品牌的形式出现（百年酒窖、爱斐堡、黄金冰谷和解百纳等均不是单独出现，而是作为张裕这一核心品牌的后缀，如张裕·百年酒窖和张裕·爱斐堡等），但是母子品牌同时出现至少起到了加强市场认可的作用。随着行业规模的逐步扩大与消费细分的加剧，把企业品牌与产品品牌进行进一步区隔，来进行单独运营将是张裕在未来的竞争中必然要跨越的一步。也只有这样，张裕的多品牌战略才能走得更为稳健。

2010年1月．国家4A级旅游景区“张裕国际葡萄酒城”正式揭牌，这是继“张裕酒文化博物馆”之后张裕集团获批的第二家4A级旅游景区，该景区由张裕卡斯特酒庄、张裕国际葡萄酒城之窗和葡萄主题公园部分组成。自2002年以来，张裕国际葡萄西藏景区经历了由生产、窖储向观光、科普和个性化体验于一体的转变，逐渐成为了烟台旅游景区的招牌之一和展示橱台深厚葡萄酒文化的重要窗口。而张裕在打造行业文化服务品牌方面的努力并不仅仅局限于此。

近年来，国民的日常消费逐渐向“健康生态”转变，这一消费诉求同样也反映在旅游需求方面。烟台是中营葡萄酒工业的发祥地，也是亚洲唯一的“圈际葡萄·霸萄酒城”，还拥有“世界七大葡萄海岸之一”的旅游资源优势。借助自身的行业地位和烟台的地理位置优势，张格通过积极开展工业旅游提高品牌在服务领域的竞争能力。

诚然，张裕也像其他企业一样面临着品质提升、品牌升级、运营能力提高等诸方面的综合挑战，但是，张裕在“企业品牌+产品品牌+服务品牌”的三轮驱动战略模式下所展开的综合运营尝试，显示出企业只有在不断变化的竞争环境之下“寻找自我、完善自我、突破自我”，才能在更加残酷的国际化市场竞争中保持持续的优势竞争地位。

资料来源：唐文龙．张裕的多品牌发展战略[J]．市场研究，2011，（3）：37—39.

讨论题：

1. 张裕是通过怎样的策略来逐步实现企业在不同竞争时期的良性跨越？
2. 张裕的品牌组合有何特点？
3. 你觉得张裕应当怎样处理现有品牌的关系？

本章小结

品牌组合是指公司出售的各个特定产品大类下面所包含的所有品牌的组合。品牌组合战略详细说明了品牌组合的结构，以及各品牌的范围、职能和相互关系，处理多品牌组合以及某一产品品牌层级的关系。理解和管理品牌组合对于制定一个制胜的企业战略，以及成功实施该战略都十分关键，因为：（1）协同效应；（2）资源配置；（3）应对竞争；（4）战略发展；（5）减轻负担。品牌组合战略管理的目标有以下五个：（1）促进品牌之间的协同作用；（2）发挥主力品牌的杠杆作用；（3）创造和保持与市场的相关性；（4）创建强势品牌；（5）实现每一个品牌的清晰化。

品牌组合战略模型涉及六个方面：（1）品牌组合；（2）在定义产品时所扮演的角色，如主品牌、担保品牌、子品牌、描述性品牌、产品品牌、保护伞品牌、驱动角色、品牌化的差异点、品牌联合；（3）品牌范围；（4）品牌组合的角色，如战略品牌、品牌化的活力点、银弹品牌、侧翼品牌、现金牛品牌；（5）品牌组合结构；（6）组合图标。

描述品牌组合结构在品牌组合管理当中至关重要。凯勒认为，从上到下可以从四个层级品牌来简单描述一个产品：公司品牌、家族品牌、个体品牌、修饰品牌。品牌层级树可以把一个主力品牌下面各种品牌和产品的关系理清。该树状模型类似于一个组织结构图，横向表示处于同一层次的各种品牌，纵向表示不同层次品牌的归属关系。品牌分组是绘制品牌层级树的一项关键技术。针对四个品牌层级战略规划问题有几个原则：（1）简单原则；（2）相关原则、差异原则；（3）主导原则；（4）共同原则。阿克的品牌关系图谱将品牌与品牌之间的关系分为四组九种具体类型：（1）品牌化集合体，包括相同的识别、不同的识别；（2）主品牌之下的子品牌，包括主品牌作为驱动者、共同驱动；（3）被担保品牌，包括强势担保、关联名字和象征性担保；（4）多品牌集合体，包括影子担保和互不关联。究竟选择哪一种品牌关系类型需要考虑以下三个问题：（1）现有品牌是否会提升该产品？（2）该产品是否会提升对其进行定义的品牌？（3）是否有充足的理由来创造一个新品牌（它是一个独立的品牌、被担保品牌还是子品牌）？品牌组合网络模型是以网络的形式直观显示组合品牌的关系结构，具体来说有三种类型的网络模型：品牌组合分子模型、品牌网状模型、太空星球模型。

品牌联合是两个或者两个以上的消费者高度认可的品牌进行商业合作的一种方式，其中所有参与的品牌名称都被保留。阿克根据各合作品牌之间的关系将品牌联合分成四种类型：合作主品牌、外部品牌化的差异点、外部品牌化的活力点、战术性的品牌联合。英特品牌公司根据合作中共有价值的创造因素对品牌联合进行了分类，包括：接触/认知型品牌联合、价值认可型品牌联合、元素组成型品牌联合、能力互补型品牌联合。品牌联合具有以下作用：（1）深化了品牌内涵，强化了品牌个性；（2）提高产品品质的认知度，增加了品牌的声誉；（3）扩大了市场范围；（4）减少了进入市场的费用和风险。品牌联合的风险主要有：（1）合作方的株连问题；（2）合作方仓促终止合作；（3）合作结束后却被认为合作关系还存在。管理者应当注意以下几个品牌联合的管理原则：（1）根据实际需要选择品牌联合的类型；（2）合作者的品牌内涵、目标市场等要相吻合；（3）合作品牌的产品类别要有一定的关联性；（4）合作者的资源要能互补；（5）品牌在各自行业中的地位要均等。

贴牌生产是指一家厂商根据另一家厂商的要求为其生产产品。根据所贴之牌的不同，可以将贴牌生产分成工业企业的贴牌生产和零售企业的贴牌生产。可以从生产厂商和品牌持有者两个方面来分析贴牌生产的作用。对生产厂商来说：（1）利用企业富余的生产资源；（2）有利于产品进入市场；（3）了解先进的管理经验、产品信息和生产技术；（4）降低技术风险和市场风险；（5）有利于提高产品质量。对品牌持有者来说：（1）减少了生产成本；（2）增加了产量弹性；（3）帮助生产地加速产业发展。无论对生产厂商还是品牌持有者而言，贴牌生产都存在一些弊端：对生产厂商来说：（1）利润薄弱；（2）不利于打造自主品牌；（3）不利于开展核心技术的研发；（4）业务生命线由品牌商掌控。对品牌持有者来说：（1）产品质量问题；（2）培养了竞争者。应当对中国企业的贴牌生产有足够认识：（1）应当明白贴牌生产中的地位本来就是不平等的；（2）应当把贴牌生产看作一个阶段而非终点；（3）应当明确贴牌生产的关键是学习；（4）应当清楚贴牌生产也是在打造品牌。零售商自有品牌之所以在全球范围内发展迅速，是因为：（1）提高利润率；（2）摆脱厂家控制；（3）零售商能够推出适合顾客需求的产品。零售商发展自有品牌需要注意的问题是：（1）慎重处理与合作制造商的关系，包括制造商的选择、与制造商的关系；（2）自有品牌与开店数量和经营规模密切相关；（3）适合自有品牌的商品选择，自有品牌商品的特点是技术含量不高的商品、单价较低的商品、购买频率较高的商品、情感利益不重要的商品；（4）零售商自有品牌与同类产品制造商品牌的关系。

重点概念

品牌组合（Brand Portfolio）
品牌组合战略（Brand Portfolio Strategy）
担保品牌（the Endorsing Brand）
品牌联合（Co-branding）
品牌联盟（Brand Alliance）
成分品牌（Ingredient Brand）
战略品牌（Strategic Brand）
侧翼品牌（Flanker Brand）
斗士品牌（Fighter Brand）
银弹（Silver Bullet）
品牌组合结构（Brand Architecture）
品牌层级（Brand Hierarchy）
公司品牌（Corporate Brand）
家族品牌（Family Brand）
个体品牌（Individual Brand）
修饰品牌（Modifier）
品牌关系图谱（Brand Relationship Spectrum）
品牌化集合体（A Branded House）
主品牌之下的子品牌（Subbrands under a Master Brand）
被担保品牌（Endorsed Brand）
多品牌集合体（House of Brands）
品牌架构（Brand Architecture）
伞状品牌（the Umbrella Brand）
品牌组合网络模型（the Network Model of Brand Portfolio）
品牌组合分子模型（the Molecule Model of Brand Portfolio）
联合促销（United Promotion）
贴牌生产（Original Equipment Manufacture，OEM）
自有品牌（Private Brand，PB）

进一步阅读材料

1.（美）大卫·阿克. 品牌组合战略[M]. 北京：中国劳动社会保障出版社，2005.
2.（美）萨姆·希尔，克里斯·莱德勒. 品牌资产[M]. 北京：机械工业出版社，2004.

3.（英）汤姆·布莱克特，鲍勃·博德. 品牌联合[M]. 北京：中国铁道出版社，2006.

复习思考题

1. 品牌组合战略管理的意义是什么？
2. 品牌组合战略管理的目的是什么？
3. 品牌组合战略管理的框架是怎样的？
4. 简述凯勒教授的品牌层级理论。
5. 简述阿克教授的品牌关系图谱。
6. 简述希尔的品牌组合分子模型。
7. 品牌联合有哪些类型？
8. 试分析品牌联合的作用与风险。
9. 品牌联合的管理原则是什么？
10. 试分析贴牌生产的作用和弊端。
11. 如何评价我国企业的贴牌生产？
12. 零售商发展自有品牌应当注意哪些问题？

第 10 章　品牌老化与更新

引　例

2012 年 11 月 2 日，“百雀羚”以七千万元的标的价格，成为 2013 年度《中国好声音》第二标王，与第一标王“加多宝凉茶”共同上演了本土品牌力压国际品牌的惊人一幕。“百雀羚”在随后的“双十一节”上同样表现惊人——截至当天下午 15：00，百雀羚天猫旗舰店当天销售额达到 1500 多万元，昭示着这个中国老字号化妆品实现浴火重生、凤凰涅槃。与此同时，“谢馥春、金芭蕾、红灯、双妹”等中国老字号产品确仍然在苦寻突破之路，构解“百雀羚”老树开花的终极元素将对中国老字号的品牌重振意义重大。百雀羚老树开花的秘诀何在呢？

摘自：高源、陈海超.百雀羚：老树新花有秘密[EB/OL].中国营销传播网，www.emkt.com.cn，2013-01-18.

热身思考：你认为百雀羚老树开花的秘诀何在呢？

第 1 节　品牌生命周期

一、品牌生命周期的定义

据统计，在整个 20 世纪 80 年代，财富 500 强中有大约 230 家公司（占总数的 46%）从财富 500 强中消失了，世界 500 强企业的平均寿命只有 40 岁，而中国 500 强的企业寿命仅有 11 岁，中小型企业的平均寿命仅有 1.5 岁；在美国，大约有 62%的企业寿命不超过 5 年，只有 2%的企业能存活 50 年，中小企业平均寿命不到 7 年，大企业平均寿命不足 40 年，一般的跨国公司平均寿命 10～12 年；我国的资料显示，中国企业的平均寿命 7～8 年，小企业的平均寿命 2.9 年，每年有近 100 万家企业倒闭；从产品来看，目前我国每年新增数十万个品牌，但品牌生命周期平均不足 2 年……美国著名品牌专家史蒂芬·金（Stephen King）下了一个定论——品牌的周期性衰退是不可避免的。品牌生命周期（Brand Life Cycle，BLC）这一概念就描述了品牌从出现到衰退的全过程。

扬州大学潘成云博士将品牌生命周期分成广义和狭义两种①。广义的品牌生命周期包括品牌法定生命周期和品牌市场生命周期，前者是指品牌按法律规定的程序注册后受法律保护的有效使用期，如我国法律规定注册商标的有效保护期是 10 年，持有者可申请续延；后者是

① 潘成云. 品牌生命周期论[J]. 商业经济与管理，2000(9): 19—21.

指新品牌从产品或企业进入市场到该品牌退出市场的整个过程。狭义的品牌生命周期则特指品牌市场生命周期。尽管上述企业和产品品牌生命短暂，但纵观国内外市场上的公司，不乏寿命在百年以上的优秀范例。例如，瑞典的斯托拉造纸和化学公司创于 13 世纪，日本的住友集团已有 100 余年的光辉历史，美国的杜邦公司已近 200 岁，英国的皮尔 •金顿已领风骚 170 多年，而中国的百年老店同仁堂（1669 年至今）依旧生机勃勃。这表明通过有效的品牌管理，品牌生命周期能够尽可能地延长。

二、品牌生命周期的阶段

（一）国外学者对品牌生命周期阶段的划分

20 世纪 60 年代初，德国学者曼弗雷德 • 布鲁恩教授把品牌明确视为一个生命体，首先提出了品牌生命周期理论。他指出，品牌生命周期由六个阶段组成，即品牌的创立阶段、稳固阶段、差异化阶段、模仿阶段、分化阶段以及两极分化阶段。史蒂芬 • 金认为，品牌像生物一样，要经历出生、成长、成熟和衰退的过程。科特勒指出，应该用产品生命周期概念加以分析品牌，即品牌也会像产品一样，经历一个从出生、成长、成熟到最后衰退并消失的过程。英国著名广告学者约翰 • 菲利普 • 琼斯（John Philip Jones）教授对品牌成长发展的过程做了进一步的深入研究，认为品牌发展过程应分为孕育形成阶段、初始成长周期阶段（指从品牌进入市场到销售量下降至最高销量的 80% 这段时间）和再循环阶段[①]。对比来看，布鲁恩的划分以品牌竞争为视角，各阶段反映的是竞争品牌之间的关系；金和科特勒的观点比较接近，基本以一个生物体的发展过程作为划分阶段；琼斯的观点则不仅考虑了品牌的发展和衰退的过程，还考虑了再循环的阶段，说明通过有效的管理可以延续品牌寿命，此观点更为全面。

（二）国内学者对品牌生命周期阶段的划分

国内学者关于品牌生命周期的讨论大多沿用了潘成云博士的观点。潘成云认为，品牌完整的生命周期应包括导入期、知晓期、知名期（维护与完善期）、退出期等四个阶段（见图 10-1）：（1）导入期。导入期是新品牌刚进入市场时，消费者对品牌知之甚少，对该品牌与自己需求间的关系不明确；（2）知晓期。品牌随着产品的普及而逐渐获得消费者的认知，但总体而言，此时的品牌认知度不高，品牌联想还较苍白，品牌个性不鲜明，消费者并未建立起对品牌的认同和信任；（3）知名期。在这一阶段，品牌已颇具知名度，已建立起丰富的品牌联想，多数消费者对品牌产生认同感和信任感，品牌产品占据了较高的市场份额，消费者对品牌具有较高的忠诚度。这一阶段企业的工作重点是维护和完善品牌，所以也称为“维护与完善期”；（4）衰退期。此时的品牌产品市场占有率、销售额和销售利润等持续出现较大幅度下滑，消费者对该品牌的认知逐渐淡化，品牌形象逐渐老化。

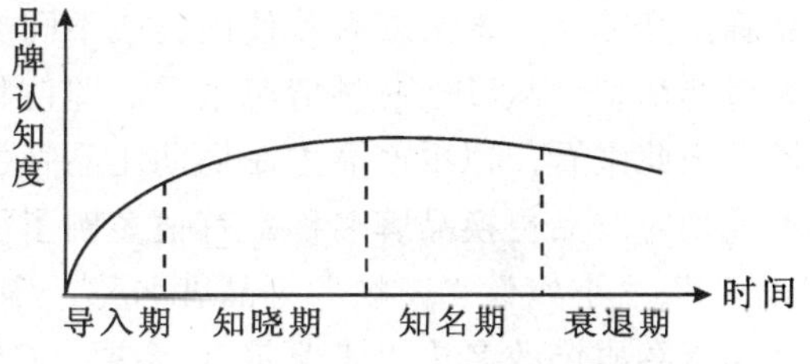

图 10–1　品牌生命周期阶段

资料来源：潘成云. 品牌生命周期论[J]. 商业经济与管理，2000，(9): 19—21.

当然，并不是所有的品牌都经过这四个阶段，潘成云用“品牌残期”的概念来描述各种

① （英）约翰 • 菲利普 • 琼斯. 广告与品牌策划[M]. 北京：机械工业出版社，1999.

品牌生命周期阶段的可能性。品牌残期有六种可能：（1）品牌只有导入期，如大量的中小企业品牌就是如此；（2）品牌经过导入期直接退出市场，也就是品牌夭折的现象，如宝洁在中国推出的黑发洗发水润妍；（3）品牌进入知晓期后，无法进入知名期，即品牌一直处于不温不火的状态，如一些名气不够大的三流品牌；（4）品牌经历导入期和知晓期后便退出市场，主要是一些突发的品牌危机使然，如三株口服液；（5）残缺维护与完善期，一些品牌在进入知名期之后马上进入衰退期，"昙花一现"；（6）品牌生命周期残缺退出期，这是企业最希望的一种状态，品牌可以基业长青，不会衰退，如"同仁堂"、"全聚德"等一批优秀的老字号。

此外，国内有学者从消费者品牌态度随时间变化的角度将品牌生命周期划分为品牌认知期、品牌美誉期、品牌忠诚期、品牌转移期四个阶段①。品牌认知期是消费者对品牌知识的了解和熟悉阶段，品牌美誉期是消费者对品牌形成评价和偏好的阶段，品牌忠诚期是消费者持续购买该品牌的阶段，品牌转移期是消费者转而选择其他品牌的阶段。

三、品牌生命周期与产品生命周期的关系

尽管品牌生命周期与产品生命周期很相似，都表现为品牌或产品从进入到退出市场的过程，但由于品牌毕竟不同于产品，导致品牌生命周期与产品生命周期存在很大的差异。二者的关系表现在以下三个方面：

（一）产品生命周期从属于品牌生命周期

品牌能脱离某种具体形式的产品而独立存在。可以从三个方面来理解这句话：（1）如果品牌指的是与产品品牌不同名的公司品牌的话，那么产品的更新换代对品牌并没有太大的影响，例如，宝洁公司是做蜡烛起家的，尽管早已不做蜡烛了，但宝洁的公司品牌却依然壮大；（2）即使品牌指的是产品品牌，当该品牌原来所代表的产品完全退出市场后，它又可以代表之后的更新产品，如格兰仕早期做羽绒服，后来转产做微波炉；（3）有些品牌是指产品类别品牌，品牌名下本来就有其他同类或不同类的产品，如别克旗下有君威、凯越、君越、林荫大道等车型。从以上三种情况来看，即使某产品退出了市场，它所使用的品牌也不会退出市场。由此来看，似乎产品生命周期比品牌生命周期的寿命要短。但也有例外，即原品牌经营不成功时产品更换品牌名称。有很多例子很好地说明了这种现象，如谭木匠木梳当年采用了"先生"、"小姐"、"三峡"等品牌名称，销量不佳，后来改名为"谭木匠"，销量一路直上；又如青春服饰改名为"雅戈尔"，金狮（Goldlion）领带更名为"金利来"后都取得了不俗的业绩等等。在娱乐行业，大批明星通过将原来土气的名字改为非常洋气具有"星味"的名字，从而走上了星光大道（见链接材料 10-1）。

链接材料 10-1：明星改名一览

陈港生→成龙、何加南→梅艳芳、郑创世→郑少秋、李振藩→李小龙、陈美玲→方文琳

曾焰赤→高枫、张淑琴→张庭、张兴妹→俞小凡、吕美花→岳羚、徐晓春→徐怀钰

杨一珍→杨林、胡自雄→胡瓜、江淑惠→江蕙、白月娥→白冰冰、关家慧→关之琳

陈秀玫→孟庭苇、孙祥钟→秦汉、苏瑞芬→苏芮、倪顺子→顺子、吴后霖→伍佰

张博翔→张宇、陈志升→陈升、赵慧燕→赵学而、萧秀霞→萧蔷、林立慧→舒琪

---

① 黄嘉涛，胡劲. 基于品牌生命周期的品牌战略[J]. 商业时代，2004，(27): 41—43.

陈卓扬→陈晓东、徐素娟→徐若瑄、王传音→王馨平、李诗诗→叶童、李华玲→李翊君

杨岗丽→杨钰莹、孙洪娟→孙悦、林方→林依伦、张弥→张咪→张弥、王璐瑶→璐瑶天怡→王璐瑶……

资料来源：Tom 娱乐网站，ent.tom.com。

（二）产品生命周期服务于品牌生命周期

产品生命周期是有限的，而品牌生命周期可以延续，理论上讲甚至可以是无限的。这是因为品牌在每一个阶段都依附在一个或几个产品上面，当产品进入到衰退期的时候，新产品又被导入市场，继续担负着维系品牌发展的使命（见图 10-2）。所以，在产品的更新换代当中，品牌不断获得再生，延续寿命。例如，成立于 1981 年的夏新电子（原名“厦新电子”）就先后见证并经历了录像机、VCD、彩电、手机、笔记本电脑、平板电脑等几个产业在中国的兴衰沉浮，目前确立了以 3C（Communication 通讯，Consumer Electronics 消费电子，Computer 计算机）产业融合为核心的相关多元化战略。不断适应时代需求推出新产品使得夏新品牌经受了市场风风雨雨的考验。

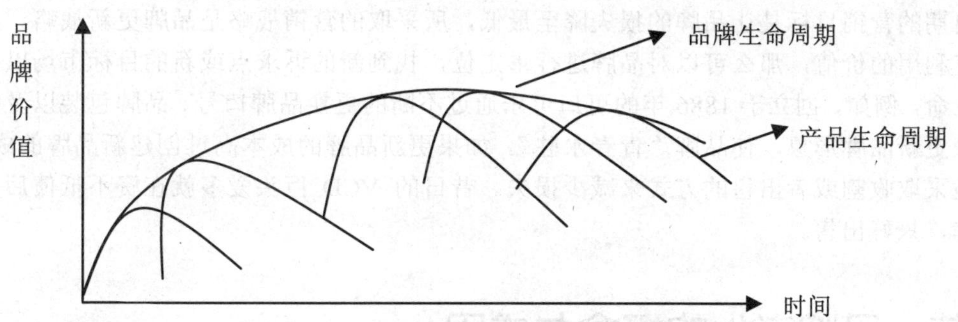

图 10–2　品牌生命周期与产品生命周期的关系

资料来源：根据潘成云《品牌生命周期论》一文内容绘制。

（三）品牌生命周期反作用于产品生命周期

一旦品牌处于知名期，其对产品生命周期的作用就表现为三个方面：（1）通过品牌延伸而推出的新产品更容易在短时间内被市场接受（导入期和成长期），如格兰仕在微波炉行业的巨大成功使其在空调领域也分得一杯羹；（2）强势品牌使得产品在更长的时间内持续获利（成熟期），如 LV 的奢侈品牌地位使其无需投入更多的推广费用也能在很长时间内维系销量；（3）强势品牌可以抵制住品牌危机，使产品迟缓进入衰退期，如杜邦的强大品牌形象使得特富龙（Taflon）不粘涂层能够安全度过“致癌风波”。

四、品牌生命周期中的品牌营销战略

在品牌生命周期的四个阶段，企业所采取的品牌营销战略是不一样的，具体如下：

（一）导入期的品牌营销战略

导入期的营销目标是为品牌进入市场做好充分准备，所采取的营销战略是品牌培育战略。首先，通过市场细分找到品牌的目标市场，然后研究消费者的需求与竞争者的诉求空白，再

根据这些信息对品牌定位进行设计，以突出产品特色与品牌形象。奇瑞 QQ 在品牌导入期就研究了年轻人对汽车的需求，推出了既便宜又时尚的经典车型。

（二）知晓期的品牌营销战略

知晓期的营销目标是让目标消费者对品牌有所认知和记忆，所采取的营销战略是品牌推广战略。为了统一消费者对品牌的认知，企业应当采取整合品牌传播的方式，充分利用广告、促销、公关、推销、口碑等传播手段的优势，发挥传播的合力。比如，脑白金通过铺天盖地的广告轰炸告诉人们“送礼就送脑白金”，从而获得了几乎“路人皆知”的品牌知名度。这是典型的知晓期所采用的营销策略。

（三）知名期的品牌营销战略

知名期的营销目标是让目标消费者对品牌产生忠诚度，所采取的营销战略是品牌维护与完善战略。经过知晓期的营销推广，消费者已对品牌知识有相当的了解，接下来企业应当保住“胜利果实”，维系并提升产品品质，塑造鲜明的品牌个性。例如，苹果 iPhone 在获得知名度之后，不断推陈出新，基本保持每年一代新品上市的步伐，消费者体验持续提高，炫酷的高科技个性鲜明，令消费者趋之若鹜。

（四）退出期的品牌营销战略

退出期的营销目标是让品牌的损失降至最低，所采取的营销战略是品牌更新战略。如果品牌还有利用的价值，那么可以对品牌进行重定位，找到新的诉求点或新的目标市场以延续品牌的生命，例如，创立于1886年的可口可乐通过不断的更换品牌口号、品牌包装以及新产品上市来更新品牌形象，使品牌“青春永驻”。如果更新品牌的成本高过创建新品牌的成本，那就干脆采取收割或者出售的方式来减少损失。昔日的 VCD 巨头爱多就在资不抵债后无力更新品牌，只好出售。

第2节　品牌老化的概念与成因

一、品牌老化的概念

（一）品牌老化的定义

前面介绍了在品牌生命周期的品牌残期当中，有一种是残缺退出期的情况，即品牌可以永葆青春。然而，事实上，这样的品牌少之又少，大量的品牌由于企业内部或外部的原因而最终进入衰退期。比如，太阳神（口服液）、旭日升（冰茶）、水仙（洗衣机）、凤凰（自行车）等曾经耳熟能详的强势品牌如今在市场上已雄风不再，有些已难觅踪影。从品牌管理的角度看，它们是因为在出现品牌老化现象之后没有得到及时的品牌更新而走向衰落的。中国的老字号在这一问题上尤为突出。商务部统计数据表明，建国初期，全国“中华老字号”企业约有16000家。由于经营不善，截至20世纪90年代，这一群体已锐减到1600家，相当于建国初期老字号总数的10%。令人忧心的是，即使这仅存的1600多家“中华老字号”企业，如今也是危机频现——70%名存实亡，经营十分困难，20%勉强维持经营，只有10%蓬勃发展。其中一个著名的例子是“王麻子”剪刀。始创于清朝顺治八年（公元1651年）的“王麻子”剪刀是有着三百多年历史的老字号，然而北京王麻子剪刀厂捧着“金字招牌”却连年亏损，截至 2002 年 5 月底，企业资产总额 1283.66 万元，负债总额 2779.9875 元，资产负债率为 216.6%。2003 年 1 月，王麻子剪刀厂向法院申请破产。

在法国权威品牌学者卡普菲勒教授看来，品牌老化（the Ageing of Brand）有两层含义①：（1）品牌缓慢地、逐渐地退化，指的是由于内部或外部的原因，品牌在市场竞争中出现知名度和美誉度下降、销量萎缩、市场占有率降低等品牌衰落现象。需要明确的是，品牌老化并不是“品牌猝死”，而是随着时间的推移逐渐表现出下滑的态势。中国最有价值品牌排行榜（北京名牌资产评估有限公司发布）上曾经的七连冠（1995～2001）红塔山从 2002 年开始，品牌价值逐年缩水，2007 年降到第 8 位，2013 年降至第 14 位。由此可以判断其品牌出现了一定程度的老化；（2）品牌消费者形象老化。由于品牌缺乏新意，导致新的消费者没有参与到该品牌的消费当中，品牌吸引的仍然是原来那批忠实的顾客。随着忠诚顾客年龄的增加，品牌的消费者形象也逐渐老化，于是品牌从一个充满生机的品牌变成了一个老态龙钟的品牌。霞飞（化妆品）、内联升（布鞋）、大白兔（奶糖）、永久（自行车）等一批中国著名品牌就出现了消费者形象老化的问题。以上这两种品牌老化的表现形式可以通过消费者小组访谈、消费者问卷调查、市场考察、销售业绩数据分析等方法，根据时间序列的数据来加以判断。

（二）品牌老化的误区

管理者对品牌老化的理解存在一些误区，包括：

1. 品牌老化是注定的

根据品牌生命周期理论，在经过一段时间的经营之后品牌会进入到衰退期。著名广告专家史蒂芬·金声称，品牌的周期性衰退是不可避免的。但并非绝对，如果品牌经营得好，并不一定就会老化，而是会一直保持青春和活力。例如杜邦公司已有 100 多年历史，但它仍是工业原料行业的全球巨头。

2. 品牌老化是产品质量不好引起的

的确有不少品牌疏于对产品质量的监控，结果招致了品牌走向衰败。然而，不是所有的品牌老化都是产品质量不好而引起的。很多品牌之所以逐渐被消费者抛弃是因为产品或品牌不适应现代人的需求。中华老字号“内联升”的布鞋质量不可谓不好，但试问在当今社会还有多少人穿着布鞋？霞飞化妆品质量不可谓不好，但其品牌形象跟欧莱雅和资生堂相比根本就不在一个水平线上。美国的普利泰服装（Playtex）目标市场为年轻女性，尽管质量上乘，但由于欧美设计理念差异，在欧洲被认为是年轻女性的母亲穿的服装。

3. 品牌老化是悠久的品牌历史引起的

持这种观点是因为中国有很多历史悠久的老字号一蹶不振。品牌老化与品牌的历史没有必然联系，一些历史很短的品牌也可能呈现老化的迹象，如太阳神至今也不过 20 余年的历史，但其市场业绩已大不如前；一些历史很长的品牌依然很有活力，如可口可乐已经有 120 多年的历史，但给人感觉还是年轻有为的美国人；百事也有百年历史了，但给人感觉仍然是活力四射的年轻人。

4. 品牌老化是因为选择了老年人作为目标市场

由于卡普菲勒教授认为品牌老化的一层含义是消费者形象老化，因此很多人认为将老年

① Kapferer, Jean-Noël. The New Strategic Brand Management: Creating and Sustaining Brand Equity Long Term(4th ed.)[M]. London: Kogan Page Limited，2008.

人作为目标市场的品牌就是属于老化的品牌。这是对品牌老化的一个误读。照这样来看，脑白金、钙中钙、黄金酒等岂不都成了老化品牌？其实，品牌老化是一个动态的概念——品牌的消费者形象老化是指品牌以前的消费者是年轻人，现在年轻人不再增加，剩下的都是以前的老客户。那些老年人品牌本来就是以老年人作为目标市场，不存在消费者形象从年轻人转变成老年人的过程。

二、品牌老化的成因

品牌为什么会老化？可以从消费者、竞争者、企业三个角度对这一问题进行分析。

（一）从消费者角度看

1. 消费者对品牌的“喜新厌旧”

有些时候消费者不选择某个品牌并不是这个品牌的错，而是因为消费者“喜新厌旧”的特性所致。例如，在买去屑洗发水的时候我们可能有时候选择海飞丝，有时候选择清扬。从心理学角度来讲，人们对未知的事物总是存在一种探求的渴望，马斯洛称其为“认知”的需要。反映在品牌消费上面的表现就是消费者会经常尝试一些新的品牌，以增加消费的新鲜感。如果原有品牌不思进取，妄想“一招鲜，吃遍天”，那么消费者很可能逐渐疏远老品牌，选择具有时代特色的新品牌。消费者的这种特性迫使企业不断实施品牌更新，把握时代脉搏，给品牌注入新的元素。

2. 消费者对产品需求的改变

随着消费文化的变迁，消费者对产品的功能、外观、口感等方面的要求也在发生改变。如果品牌不能随着消费文化的发展而改变，那么品牌的形象就会逐渐老化。在看电视节目的时候，我们经常会有这样的感觉——在重播的一些有年头的影片或歌舞节目当中，人们的着装和动作一看就是很过时的，尽管在当时是很时髦的。即使品牌产品的质量很好，但跟不上时代发展的步伐，品牌照样会被消费者所遗弃。“润妍”润发系列产品是宝洁公司在全球的第一个针对东方人发质发色设计的中草药配方洗润发产品。这款新产品在2000年推出，针对18～35岁的城市高知女性，以黑发为诉求理念。然而，18～35岁的城市高知女性多是时尚的示范者或追求者，在当今染发之风越刮越烈的时候，润妍的这种黑发理念成为了一种过时的卖点。结果一推出市场，润妍就背负着品牌老化的重担，艰难维持到2002年便黯然退出市场。

（二）从竞争角度看

竞争越激烈的行业，品牌老化速度越快。“逆水行舟，不进则退”，竞争者在研发方面的投入加速了技术更新换代的速度，如果企业还是抱着一劳永逸的思想“吃老本”，那么市场很快就会被竞争者抢占。20世纪90年代中国保健品行业的市场是太阳神的天下，但由于一直抱着猴头菇和生物健等产品不放，致使太阳神保健产品研发速度减慢，市场份额被其他品牌远远甩在身后。王麻子剪刀破产的一个重要原因是其产品款式落伍、科技含量不足，而后起之秀“阳江十八子”经过十几年的求变创新，填补了国内制刀史上的十多个空白，累计获得60多项专利，其取代王麻子的地位也是必然的。全聚德在应对竞争方面就做得不错，面对越来越多的人选择肯德基等洋快餐，地道的中餐老字号全聚德推出了烤鸭汉堡，一面世就博得了满堂彩。

（三）从企业角度看

从企业角度来看，品牌老化是因为创新投入不足。因为品牌存在自然销售现象，即在不增加投入的情况下也能产生一定的销售量。对于资金链紧张的企业，能够降低成本而一劳永逸，何乐而不为？就是这样一种不思进取的心态使得很多品牌数十年如一日地维持原状，导致品牌出现严重的老化现象。法国巴黎第一大学（Université Paris I Pantheon Sorbonne）的营销学教授让—马克·勒夫（Jean-Marc Lehu）以法国食品行业为背景，通过对企业经理的深度访谈等定性研究发现了三个品牌老化的原因①：（1）企业提供的产品或服务。这方面的主要问题有：过时的消费者满意承诺；产品调研和开发滞后；创新缓慢；专利日益减少；生产过程陈旧；产品或服务丧失竞争力；技术明显落后；生产方法不能达到目前的要求水准；样式、设计和颜色过时；品牌分类存在问题。（2）目标市场。这方面的主要问题有：消费者人数减少；目标市场没有更新换代；消费者的平均年龄偏高；新产品因不符合消费者需求而推广失败；品牌极少或不为青年消费者所知。（3）品牌传播。品牌有时是由于传播不利而趋于老化的，这方面的问题包括：随着时间的推移，传播预算减少；品牌提及率降低；包装过时；传播创造力减弱；媒体计划缺乏针对性；传播内容过时；频繁更换广告代理，导致核心信息模糊；代言人形象“老化”或适应性差；忽略了时尚因素，而被竞争对手巧加利用。以下重点分析其中五个由企业所导致的品牌老化的原因。

1．产品缺乏创新

产品的式样、包装、品种、配方、功能、技术不更新或更新不及时，品牌形象就容易过时。健力宝（橙味饮料）、大白兔（奶糖）、李宁（运动产品）等品牌的形象一度出现老化迹象，主要原因是产品更新度不够。而在生活当中，产品更新的例子比比皆是。例如，超市经常变换货架的摆放和 POP 广告，餐厅隔一段时间做一些小的装修调整，饮料的包装颜色、图案做一些调整，牙膏和洗发水的配方不断添加等等。正是这些产品的不断改变，使得我们感觉到品牌充满新意。

2．品牌标志不改变

标志是品牌的脸。如果标志数十年如一日，那么品牌的这张“老脸”就会让消费者产生审美疲劳。因此，换标或称“品牌变脸”已成为企业最常见的一个战略动作。近年来，Intel、苹果、星巴克、微软、联想、中国电信、美的、长城汽车等国内外知名品牌都更换了标志。新的品牌标志必须具有时代性，能够反映出企业的理念和价值观，此外还常常会保留与旧标志的某种联系，以减少换标所带来的品牌资产损失。如 2011 年星巴克的换标就一脉相承，当中的美人鱼海神形象始终是这一标志的核心。

3．广告的重复

广告创意和制作的成本高昂，因此企业通常都希望广告发布的时效性能长久一些，尤其是一些优秀的广告。然而，即使是优秀的广告，消费者看多了也会觉得腻味。久而久之，消费者会将其对广告“老套”的评价归结为品牌的创意缺失。所以，从预防品牌老化的角度考虑，企业还是需要忍痛割爱，不断更新推出新广告。从这个意义上来讲，广告也是有生命期的，完成之后需要及时退出市场。除了重复的广告之外，单一不变的广告代言人也会促使品牌老化。一方面是因为明星的影响力很容易过气，另一方面是对消费者认知缺乏了新鲜的刺激。因此，我们看到很多品牌的代言人也是换了一茬又一茬。例如，汤唯、章子怡、李嘉欣、

① Lehu, Jean-Marc. Back to life! Why brands grow old and sometimes die and what managers then do: an exploratory qualitative research put into the French context[J]. Journal of Marketing Communications，2004, 10(6): 133—152.

巩俐等明星都曾代言巴黎欧莱雅的产品，新鲜的面孔带来全新的品牌形象。

4．销售终端形式单一

广义上讲，终端生动化是品牌传播的一种形式，而且是很重要的一种形式。因为销售终端是企业决定顾客是否购买的“临门一脚”。如果企业在终端生动化方面没有做出努力，那么它就失去了一个展示品牌形象的机会。相反，许多企业会在销售终端安排促销活动、设置POP广告、摆放一些有特色的噱头，让顾客体验到品牌的勃勃生机。例如，在《爸爸去哪儿》等热门电视节目播放期间，一些赞助企业会在终端摆放相关的宣传品。

5．目标市场未更新

尽管忠诚顾客是品牌的重要资产，但随着原有顾客年龄的增加，品牌的形象也会开始老化。因此，企业适时需要开发年轻的消费者市场，以增加品牌的活力。从70后，到80后再到如今的90后，每一代消费者总是涌现出新的需求，因此目标市场也需要持续的更新才能保持市场活力。苹果品牌一度出现衰退现象，在乔布斯的领导下，锁定年轻时尚群体，连续推出iPod、iTouch、iPhone、iPad等产品，从面向专业顾客的电脑品牌再造成为面向时尚人群的潮流数码品牌。

几乎所有的品牌老化都是因为消费者、竞争、企业三个方面出现问题而产生的。例如，国产第一运动品牌李宁也出现了老化问题（见链接材料 10-2）。也有一些专家认为，消费者是导致品牌老化的唯一原因。其实，品牌自身并不会老化，但消费者的心理会随着时间而变化。因此，如何理解、掌握并利用消费者心理来进行品牌激活，实际上是更加重要的问题。

链接材料10-2：李宁品牌老化转型90后遭误解

如果问运动服装领域，谁是中国品牌的骄傲，回答多半是李宁。可就是这家让中国引以为傲的企业，如今却陷入了麻烦之中。

2011年的财报显示，该公司毛利下降8.02个百分点至46.1%，虽然毛利仍居五大体育用品商之首，但净利润仅为3.86亿元，不及五大体育品牌倒数第二的匹克净利润7.8亿元的一半。抛开渠道变革所产生的成本，以上现象多半源于品牌认知的混乱与错位。

一、品牌老化的李宁

1988年，退役后的李宁没有走运动员继而教练员的传统道路，而是选择商业之路，开设服装公司。于是1990年4月注册“李宁”牌商标，5月正式宣布成立公司。用“李宁”做品牌名字的原因是，一来当年听到这个牌子，大家就知道是卖体育用品的，不用多费口舌解释，二来可以借助名人效应。李宁不是品牌的代言人，而是品牌本身，省去了很多广告宣传的费用。从此李宁公司顺风顺水，2004年6月在香港上市后更是保持持续的高幅增长直至2010年。李宁品牌在消费者心目中的认知一度与“为国争光的体育健儿”的形象紧紧相连，公司也刻意用“荣誉和拼搏”激起消费者的共鸣。

不过，随着一批忠诚消费者的老去，“李宁”二字对于品牌建设方面的帮助已经大不如前，公司在新生代消费者心目中的品牌认知度并不高，品牌出现了老化现象。品牌老化、错位问题并非李宁一家独有。以耐克的乔丹系列为例。此系列曾经在运动品牌里独领风骚，很多NBA球迷把此系列篮球鞋当成收藏，限量鞋、二手鞋也成了备受追捧的宝贝。然而随着乔丹的退役，当年的乔丹迷也从冲动消费的学生，成长为理性消费的上班族。乔丹系列的品牌诉求已经和目标消费群——青少年球迷产生了隔阂。继而耐克推出科比、勒布朗系列球鞋以应对市场变化。这和李宁面临的问题如出一辙。

二、转型"90 后"遭误解

经市场分析，李宁公司认为，1990 年后人群会成为公司的主要目标客户和消费主体，于是"时尚、酷"成了公司希望体现的气质。这本没有逻辑错误的市场战略，却因一个容易引起意思混淆的"90 后李宁"全盘打乱。据说在重塑的准备阶段，营销部门多方寻找合适的广告创意来表达李宁品牌的新个性。最终"90 后李宁"被确定下来，一层含义是李宁公司 1990 年成立，二来体现公司渴望理解新生代需求，重视沟通、蓄势改变的意愿。

2010 年 7 月 1 日，李宁公司开始使用新的品牌标识及口号。新 LOGO 由名为"李宁交叉动作"的图形组成，口号则用"Make the Change"(让改变发生)取代了原有"一切皆有可能"。问题是新广告播出之后，绝大多数消费者都认为这是李宁抛弃 70 后、80 后专心"讨好"90 后的标志。虽然公司 CEO 张志勇曾出面澄清"90 后的概念本身是创意而非品牌定位"，但现实中消费者显然对此并不买账，失去原有客户之后新生代客户也并没有对李宁表现出特别的认可。在 2010 年底的次年第二季度产品订货会上，李宁服装产品和鞋产品的订货数量分别下降超过 7%和 8%，订货总金额同比下降约 6%。2011 年 12 月 20 日，李宁股价急跌 15.80%，创造了 2004 年上市以来最大单日跌幅，公司市值一日蒸发近 35 亿港元。

严格来说，如果消费者认为"李宁广告意味着他们只关心年轻消费群体"不能算对品牌诉求的误读，只能说是李宁公司自己在宣传、定位和推广方面做得不到位。消费者是企业的衣食父母，他们的意志并不以企业管理者的意志为转移。

资料来源：张大志.李宁品牌老化转型 90 后遭误解[EB/OL].新浪教育网，http://www.sina.com.cn .2012-07-11.

第 3 节　品牌强化与品牌激活

品牌管理是品牌在时间维度上的管理。动态的市场里不存在永恒不变的品牌。随着生产技术的不断创新、消费需求的不断变化和品牌竞争的白热化，品牌的市场表现会产生时间序列上的波动。品牌老化正是品牌在某一时期的市场表现，它不是品牌的猝死，而是随着时间的推移慢慢被人淡忘，业绩逐渐下滑，最后全面退出市场。针对品牌老化问题，可以从过程管理的角度将其分为品牌老化前和品牌老化后两个阶段加以分析。这两个阶段的品牌更新目的和策略有所不同：品牌老化前，品牌的发展非常正常。然而，"生于忧患，死于安乐"，管理者应当有强烈的忧患意识，预防品牌老化。这时，管理者应当采取品牌强化（Brand Reinforcement）的策略，以加深品牌在消费者心目中的认知和印象；品牌老化出现时，管理者应当及时采取品牌激活（Brand Revitalization）的策略，使品牌摆脱衰老的形象，再现活力青春。

一、品牌强化

品牌强化是通过一系列一致性的营销活动向消费者传递品牌意义，包括品牌认知和品牌形象两个方面，进而加强品牌资产。一旦确定了品牌的内涵，管理者所做的每一件事都是对品牌在消费者心目中印象的强化。品牌强化的根本目的在于预防品牌老化，使品牌永葆青春，凯勒教授将其分为两个具体的目标：（1）强化品牌认知，要让消费者清楚知道品牌代表什么产品，提供什么利益和满足什么需求；（2）强化品牌形象，要使消费者心目中的品牌联想强烈、正面和独特。

企业可以从四个方面来实施品牌强化策略①：

（一）维护品牌的一致性

企业在进行品牌传播时，必须有整合传播的理念，使各种传播手段、各阶段传播内容都围绕一个品牌核心诉求有机组合。在竞争者日益增多的今天，这种品牌传播的一致性是非常必要的。试想，竞争者已经在发出不同的声音，企业如果连自己的品牌传播都不统一，那么受众很难对该品牌有清晰的认识。品牌的一致性既表现在不同传播手段之间的横向配合上，也表现在不同时期传播内容的纵向衔接上。市场环境在改变，企业的目标、管理者、广告商也在不断变换，因此要维护品牌的一致性并非易事。但成功的品牌都在持之以恒地维系着品牌的一致性，例如一提到沃尔沃就让人想到"安全"，原因是自 1945 年以来，沃尔沃无论是产品专利、媒体广告还是撞车试验都是诉求"安全"，尽管中途也曾诉求"豪华"，但马上又回归到"安全"上面。

品牌一致性的坚持并不意味着品牌元素及营销策略一承不变，恰恰相反，一味的不变正是品牌弱化和老化的原因。变与不变，看似矛盾，但实际是有规律的。一般而言，品牌的内涵在很长一段时间内不会改变，而一些品牌外延的元素或者营销策略则需要顺应市场环境的变化而改变，但万变不离其宗。2011 年以来，百事可乐陆续开展了"启动渴望"、"突破渴望"到"渴望无限"等系列营销传播活动，2014 年，基于对年轻受众的社会洞察，百事联手土豆网打造的"快乐送"营销活动也预示着品牌营销模式由内而外的全新升级，而其品牌内涵（年轻、流行）几十年来一直不曾改变。正是这些丰富多彩的活动强化了百事可乐年轻、流行的品牌形象。绝对伏特加在这方面也值得借鉴，它的管理者非常清楚经典的瑞典瓶子是绝对伏特加最有价值的一个资源，所以请数百位画家绘制数百幅绝对伏特加瓶子的造型广告招贴画。尽管每幅广告都不尽相同，但都反映出绝对伏特加优雅和睿智的品牌内涵（见图 10-3）。

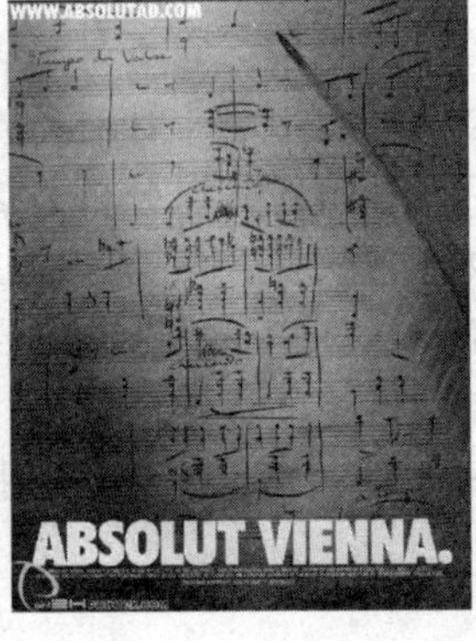

图 10-3　绝对伏特加的"绝对"系列平面广告

① （美）凯文·莱恩·凯勒. 战略品牌管理（第 2 版）[M]. 北京：中国人民大学出版社，2006.

（二）保护品牌资产来源

品牌强化的目的是强化消费者对品牌的认知和联想，然而，品牌的变化又使得消费者对品牌的认知和联想混乱和模糊。因此，管理者应当对品牌资产的来源要素进行分析，以保护对品牌有重要贡献的资源。

可口可乐 1985 年推出新可乐而引起美国民众的反对，就是因为其破坏了消费者与可口可乐之间的情感关系而导致的。对于美国民众而言，可口可乐已不是一种饮料，而是一种经典的美国精神。这是可口可乐品牌资产的根源。几年前，宝洁公司曾在美国市场上犯了类似的错误。该公司为降低成本，改变了凯德牌（Cascade）洗衣粉的配方，从而减弱了该洗衣粉的洁净能力。当宝洁的主要竞争者利华兄弟（Lever Brothers）公司知得这一消息之后，掀起一场大规模的广告攻势，宣传该公司旗下的阳光（Sunlight）牌洗衣粉的洁净能力远远高于凯德牌，有力地提高了阳光牌的市场占有率。宝洁公司意识到强有力的洁净力是凯德洗衣粉核心的品牌联想以后，迅速恢复了凯德牌的配方，并以强大的广告宣传重新夺回了失去的市场份额。

（三）恰当地使用品牌延伸策略

将成功的品牌延伸到一些新的产品上面，可以提高品牌在市场上的可见度，强化消费者对原品牌的认知和联想。具体的做法主要有两种：（1）采用主副品牌，填补产品项目，如美的空调不断推出冷静星、清静星、清润星、天钻星、超劲星等多个副品牌的产品项目，从而使美的品牌凭借先进的技术优势在空调领域建立了强势地位；（2）采用品牌延伸，推出新的产品线，如康师傅将品牌从方便面延伸到饮料、饼干等方便食品领域，进一步强化了康师傅方便食品的行业领导地位。

（四）调整营销支持计划

营销组合策略为品牌强化提供了重要的战术支持，产品、价格、分销、促销中的任何一个环节都会强化消费者对品牌认知和联想。营销组合支持计划的设计取决于品牌联想是产品相关联想还是非产品相关联想。

1. 产品相关的品牌联想

这种品牌联想是由产品相关的特点所引起的，如产品技术、包装设计等。海信电器在变频技术上面的领先优势、大众甲壳虫的可爱外观造型等都对其品牌联想有巨大贡献。新产品的开发最好在原产品优势基础上进行调整，差异太大会使消费者的产品品牌联想不够清晰。例如，金利来作为男士服饰的品牌已深入人心，其推出的女士皮具与这一形象相违背，所以女士皮具就很难成功。

2. 非产品相关的品牌联想

有些品牌联想与产品无关，主要是广告所导致的。比如，人们对“送礼就送脑白金”的清晰记忆就是脑白金铺天盖地的广告轰炸的功劳。为使品牌形象得到强化，广告诉求一般不轻易改变，可以改变的是广告的表现形式。美国米勒淡啤（Miller Light）一直走幽默广告路线，广告语是“味道好极了，不那么增肥”；后来，米勒面向时尚的年轻人推出不知所云的“来吧，让我告诉你它在哪里”和“这个就是这个，那个就是那个”广告，导致销售量一路下滑；最后，米勒又回到了幽默诉求上面，推出了“相扑运动员高台跳水”等幽默广告，才使得销量得以回升。

二、品牌激活

品牌激活也称品牌复活（Brand Rejuvenation）、品牌活化、品牌再造（Re-branding），是指当品牌老化的时候，管理者采取一系列措施恢复品牌在消费者心目中的形象，重夺市场份额。

（一）品牌激活的条件

在实施品牌激活战略之前，需要考虑两个问题：（1）老化的品牌是否值得激活？（2）老化的品牌能否被激活？[①]

要判断老化的品牌是否值得激活，需要思考三个问题：一是消费者对老化的品牌的评价是负面的还是中立的？如果是负面的评价，那么老化的品牌最好放弃；二是消费者对该老化的品牌是否存在强烈的怀旧情感？如果消费者已经没有了感觉，那么该老品牌可以放弃；三是品牌激活与打造一个新品牌的成本哪个更高？如果是后者，那就采取品牌激活，反之就放弃老品牌。不过，两种品牌战略的成本如何准确计算是一个大难题。

并不是所有的老品牌都是可以激活的。美国康奈尔大学的行为学教授布莱恩·文森克（Brain Wansink）调研了84个品牌，其中一半的品牌被成功激活。他据此得出了五个激活条件[②]：（1）中高价位。在42个被成功激活的品牌中，无一是大打折扣的品牌或廉价商品的品牌。溢价品牌比廉价品牌更易激活；（2）媒体宣传和促销。93%的成功激活的品牌被认为是“安静”品牌，潜在忠诚度高，只需要提醒消费者，就能激活品牌；（3）分销范围大。相关品牌的销售范围仍然很大，只是被陈列在货架的最底层，因此只要改变陈列位置，就有希望激活品牌；（4）历史悠久。被成功激活的品牌平均有53年的历史，而且87%的品牌至少在核心顾客中产生了深刻的品牌回忆。这些核心顾客在相关品牌激活初期就起到了重要的促进作用；（5）特点明显。88%被成功激活的品牌具有明显的特点，如在产品、传播、包装和风格等方面。不是每个被激活的品牌都必须同时具有这五个特征，但至少要具有其中的三个。文森克的观点为我们提供了区分目标品牌的工具，避免了激活工作的盲目性。

（二）品牌激活的原理与战略

究竟如何激活品牌？国内著名品牌学者何佳讯教授在回顾西方品牌激活理论之后，将品牌激活原理分成认知心理学视角和社会心理学视角[③]。前者的认识主要从消费者的认知心理入手，提出通过一系列的营销活动，提高品牌意识，重塑品牌形象，最终达到重建品牌资产的目的；后者主要从品牌本身的意义、内涵、本质等方面出发，通过品牌故事、品牌社群、怀旧性的广告等，唤醒消费者对该品牌的社会心理联结，最终达到建立或恢复消费者与品牌亲密关系的目的[④]。

1. 基于认知心理学视角的品牌激活战略

以下分别介绍美国学者凯勒教授和法国学者勒夫教授的品牌激活战略框架。

（1）凯勒教授的品牌激活战略框架

---

① 卢泰宏，高辉. 品牌老化与品牌激活研究述评[J]. 外国经济与管理，2007，(2): 17—23.

② Wansink, Brian. Making old brands new-marketing strategies[J]. American Demographics, 1997, 19(12): 53—58.

③ 何佳讯. 品牌资产测量的社会心理视角评介[J]. 外国经济与管理，2006，(4): 48—52.

④ 何佳讯，李耀. 品牌活化原理与决策方法探窥——兼谈我国老字号品牌的振兴[J]. 北京工商大学学报(社会科学版)，2006，21(6): 50—55.

从品牌资产的角度，凯勒提出了品牌激活的两条思路[①]：一条是更新旧的品牌资产来源。如果旧的品牌资产来源仍有可利用的价值，那么就可以对旧的品牌资产来源进行更新。例如始创于清朝咸丰三年（1853 年）的内联升最初以制作官员朝靴闻名，民国后改为生产礼服呢面千层底鞋和缎子面千层底鞋，近些年布鞋市场萎缩，内联升又推出了各种休闲皮鞋，产品的更新换代始终聚焦在制鞋的核心竞争力上。另一条是创造新的品牌资产来源。有时旧的品牌资产来源在新的市场环境下价值并不大，这时就需要创造新的品牌资产来源，以赋予品牌新的涵义。法国运动品牌 Lacoste 尽管以高品质著称，却一直被人们认为是中低端品牌，品牌一度出现老化现象。2013 年，新东家瑞士零售集团 Maus Frères SA 开始了对 Lacoste 品牌的深度改造，寻找新的品牌资产的来源，包括赞助法国网球公开赛等关键赛事、拍摄微电影和进行浩大的互联网营销活动等。

凯勒认为品牌资产由品牌知名度和品牌形象两个要素组成，因此，激活品牌资产也应当从这两个方面着手（见图 10-4）。

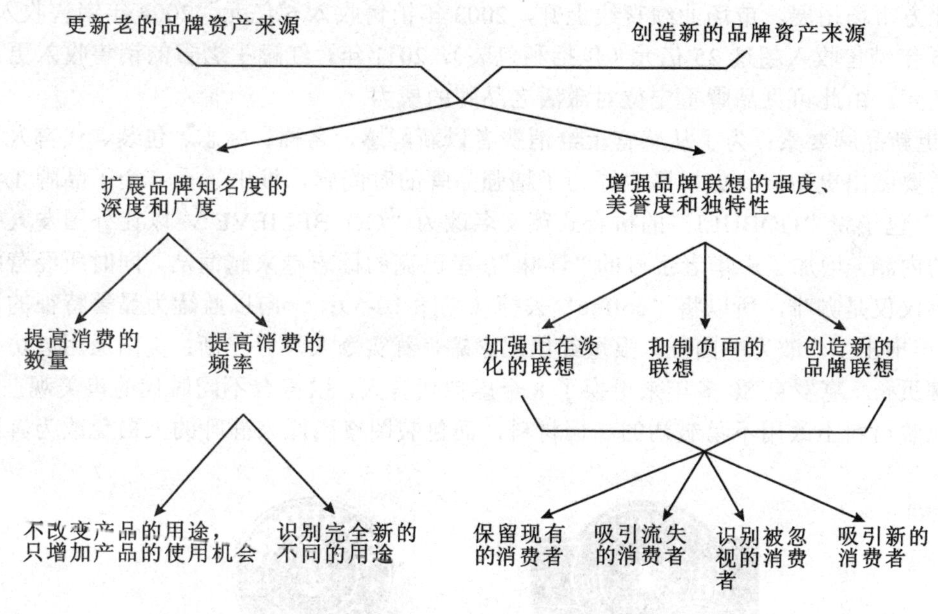

图 10–4　品牌激活的路径

资料来源：（美）凯文·莱恩·凯勒. 战略品牌管理（第 2 版）[M]. 北京：中国人民大学出版社，2006.

①拓展品牌知名度（Brand Awareness）

当品牌开始被消费者忽视，即表明它开始衰老。消费者在某个环境下依然能够识别和回忆起某品牌，如很多人都知道王麻子剪刀。这说明问题往往并不是出在品牌认知的深度上，而是在品牌认知的广度上，即消费者只是在很狭窄的范围内想到该品牌，如很多消费者只是提到老字号的时候才想起王麻子剪刀。所以，扩大品牌认知的广度是品牌激活的一项重要任务。这可以通过增加消费者对品牌的使用来实现，具体包括增加使用量和使用频率两条途径。相比而言，增加使用频率要比增加使用量容易，因为每个消费者每次使用量一般是固定的。

① （美）凯文·莱恩·凯勒. 战略品牌管理（第 2 版）[M]. 北京：中国人民大学出版社，2006.

增加产品的使用频率既可以在现有用途下增加新的使用机会（如强生婴儿沐浴露将市场拓展到年轻女性，广告称“宝宝能用，你也能用”），也可以开发产品的新用途（如杜邦尼龙从军用降落伞的材料转为民用的尼龙布制品）。

②改善品牌形象（Brand Image）

有时提升品牌知名度并不足以激活老化的品牌，管理者还需要对品牌形象做出调整，这种调整甚至是根本性的改变。重塑品牌形象的目的在于增强品牌联想的强度、美誉度和独特性，这需要通过加强正面的品牌联想、淡化负面的品牌联想、创新正面品牌联想等途径来实现。具体来看，改善品牌形象可以有三种做法：对品牌进行重新定位、更新品牌要素以及创新品牌传播。

A. 品牌重定位：品牌重定位包括选择新的细分市场以及确定新的定位诉求。在 2002 年之前，王老吉凉茶的市场业绩不到 2 亿元，很多年轻人并不能接受这一从中草药中提取的传统老产品。2002 年，王老吉重定位成“预防上火的饮料”，并从传统的两广（广东、广西）市场向北方市场拓展，市场业绩直线上升，2003 年销售收入 6 亿元，2004 年销售收入 15 亿元，2005 年销售收入超过 25 亿元（包括利包装），2011 年，红罐王老吉的销售收入更是超过了 160 亿元。由此可见品牌重定位对激活老品牌的威力。

B. 更新品牌要素：为了从感官上给消费者以新鲜感，名称、标志、包装、代言人等品牌元素也需要做出更新。比如，谭木匠为了增强品牌的时尚感，推出了另一个子品牌 TAN'S；“狗不理”包子将“GOBULI”的拼音式英文名改为“GO BELIEVE”，以让外国友人直观了解品牌的内涵，增加了中华老字号的“洋味”；星巴克的标志越来越简洁，同时所经营的业务范围已不仅仅是咖啡，所以将“coffee”去掉（见图 10-5）；一向以蓝罐为显著特征的百事可乐 2007 年推出了“敢为中国红”限量红色纪念罐，着实令人耳目一新；美国通用磨坊公司的食品品牌贝蒂·克罗克 80 多年来更换了 8 个虚拟代言人，以符合不同时代的审美观；大白兔奶糖在包装材料上改用不易皱褶的高档材料，而包装图案由原来静卧的大白兔改为奔跑的卡通兔……

1971
We start by selling coffee beans in Seattle's Pike Place Market.

1987
We add handcrafted espresso beverages to the menu.

1992
We become a publicly traded company.

2011
We mark 40 years and begin the next chapter in our history.

图 10-5 星巴克标志的更新

C. 创新品牌传播：老化的品牌可以抓住时代的热点话题，采取赞助等新颖的营销传播手段来进行品牌更新。这是一个不乏热点的时代，2010 年的亚运会和世博会、2011 年深圳大运会、2012 年伦敦奥运会、2013 年中国发射嫦娥三号月球探测器、2014 年巴西世界杯……几乎年年都有一个大的热点。如果能够巧妙地将品牌与这些热点相关联，那将有助于加速老化品牌形象的更新。

从顾客的角度来看，改善品牌形象的过程中需要考虑四个问题：是否能保留现有的顾客？是否能吸引流失的顾客？是否识别了被忽视的细分市场？是否吸引了新顾客？如果能够做到这四点，说明品牌形象的改善是成功的。

（2）勒夫教授的品牌激活战略框架

勒夫指出品牌老化的原因可能出在产品服务、目标市场和传播三个方面。他针对每一个方面的问题提出了各自的解决方案（见图 10-6）[①]，包括：

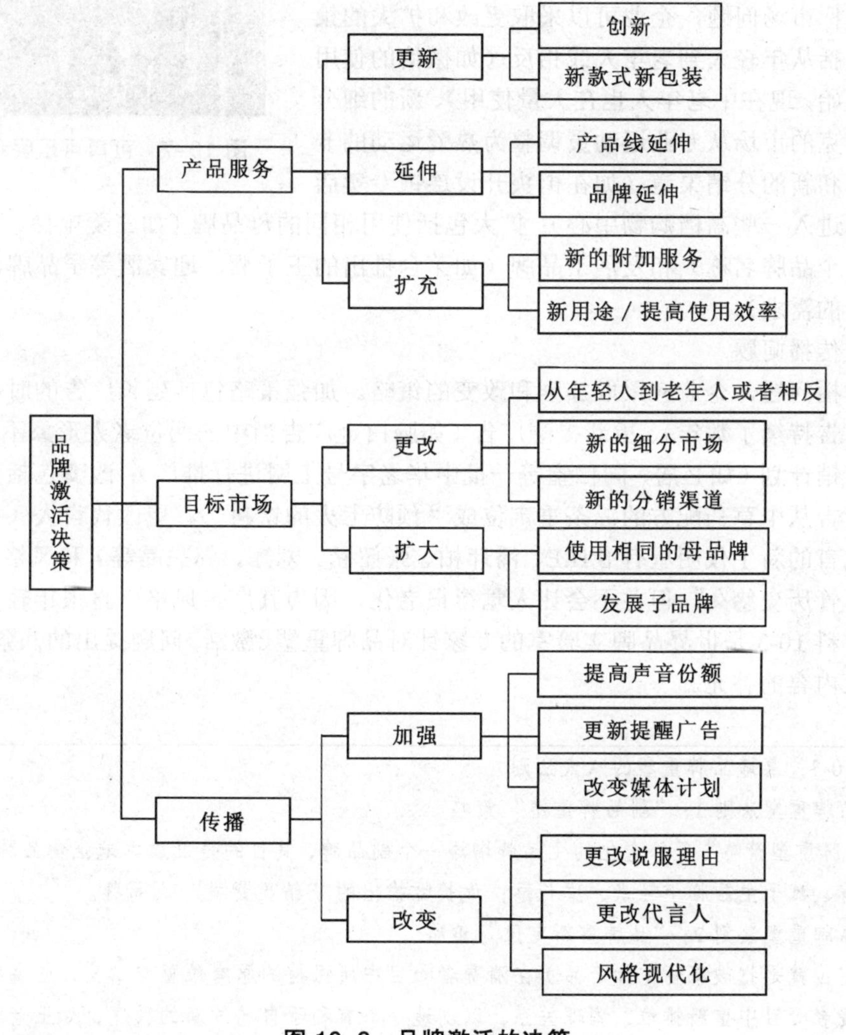

图 10-6　品牌激活的决策

① Lehu, Jean-Marc. Back to life! Why brands grow old and sometimes die and what managers then do: an exploratory qualitative research put into the French context[J]. Journal of Marketing Communications，2004，10(6): 133—152.

①针对产品服务问题

针对产品服务问题，企业可以采取更新、延伸和扩充的策略。更新包括产品服务创新（如全聚德推出电子烤炉烤鸭）和新款式新包装（如可口可乐2013年在中国推出的昵称瓶新包装）（见图10-7）；延伸包括产品线延伸（如可口可乐推出的香草可乐）和产品类别延伸（如云南白药推出了防止牙龈出血的高价牙膏）；扩充包括新的附加服务（如别克汽车推出的服务品牌“别克关怀”）和新用途或提高使用频率（如小肥羊除开设火锅连锁店还在超市出售火锅汤料）。

图10–7 可口可乐昵称瓶新包装

②针对目标市场问题

针对目标市场问题，企业可以采取更改和扩大的策略。更改包括从年轻人到老年人或相反（如微信的使用从年轻人开始，现在中老年人也在大量使用）、新的细分市场（如耐克的市场从专业运动员调整为热爱运动的非专业人士）和新的分销渠道（如在街头开设连锁专卖店的谭木匠也进入一些高档购物中心）；扩大包括使用相同的母品牌（如三菱电梯、手机和汽车都使用同一个品牌名称）和发展子品牌（如茅台推出的王子酒、迎宾酒等子品牌，以满足中低端消费者的需求）。

③针对传播问题

针对传播问题，企业应采取加强和改变的策略。加强策略包括延长广告的时间投入（如加多宝的广告持续了数年）、更新提醒广告（如脑白金广告当中的两位老人形象不断改变）和改变媒体营销计划（如必居、同仁堂等一批中华老字号上网进行推广）；改变包括更改说服理由（如王老吉从中草药配方的凉茶重定位成“预防上火的饮料”）、更改代言人（如近年来为可口可乐代言的新生代明星有S.H.E、潘玮柏、张韶涵、刘翔、郭晶晶等）和风格现代化（如百事可乐尽管历史悠久，但并不会让人觉得很老化，因为其广告风格一直很年轻化）。

链接材料10-3是世界品牌实验室的专家针对品牌重塑（激活）问题提出的八条策略建议，可作为以上内容的补充。

链接材料10-3：墓地品牌重塑的八大法则

一、品牌重塑法则1：“副品牌重塑”策略

“副品牌重塑策略”是给老化的主品牌增添一个副品牌，其目的是低成本地强化品牌核心价值、活化主品牌、赋予主品牌年轻感、成长感，如长虹推出的“精显背投”副品牌。

二、品牌重塑法则2：“品牌重新定位”策略

重新定位就是打破事物（如产品）在消费者心目中所保持的原有位置与结构，使事物按照新的观念在消费者心目中重新排位，调理关系，以创造一个有利于自己的新的秩序，如王老吉的重定位案例。

三、品牌重塑法则3：“细分市场”重塑策略

主动将市场进行细分，选择有利的细分市场进入，并集中人力物力财力等营销资源投入该细分市场，变整体劣势为局部优势，将该细分市场建设成为己方强势市场，使自己成为该细分市场的第一。

四、品牌重塑法则 4:“追捧热点、制造概念”重塑策略

社会资源是万众瞩目的地方，既然你想让你的品牌重新让人关注，那你就必须把你的品牌放到万众瞩目的舞台上去。

五、品牌重塑法则 5:“为品牌注入情感”重塑策略

情感是冲动消费的关键。品牌、感觉用于感情、感性诉求，对人们的购买进行“内部发动”：好品牌让你找到感觉，让你感动、梦想和兴奋。

六、品牌重塑法则 6:“新形象载体”重塑策略

当我们发现一个优质资源时，我们要去抢占它，并把它打造成一个载体符号。万宝路的“牛仔”形象就是新形象的载体。

七、品牌重塑法则 7:“事件行销”重塑策略

广告在初级阶段作用重大，而在品牌老化阶段，广告的作用就退化了，公共关系变得最为重要。事件营销，是公共关系最常使用的招数之一。蒙牛就是利用公共关系、进行事件营销的高手。

八、品牌重塑法则 8:“更新企业形象”重塑策略

通过企业形象的活化和创新，带来产品、品牌的年轻化。比如：联想从“联想走近你，科技走近你”到“只要你想”；海信“有爱，科技也动情”等等，都是经典的品牌形象重塑运动。

资料来源：世界品牌实验室. 墓地品牌重塑的八大法则[EB/OL]. 世界品牌实验室，brand.icxo.com，2006-12-15.

2. 基于社会心理学视角的品牌激活战略

从社会心理学角度来看，品牌激活强调的是品牌意义的复活（Revival of Brand Meaning）。它的机理是唤醒消费者的怀旧情结。该理论主要是由英国欧斯特大学（University of Ulster）营销学教授史蒂芬·布朗（Stephen Brown）等人提出[①]。怀旧可以分为个人怀旧（Personal Nostalgia）和集体怀旧（Communal Nostalgia）两种。个人怀旧与个人的年龄、生活经历等因素有关，而集体怀旧主要是与一个时代有关，如战争、革命、外族侵略等。有些老品牌能够让人回忆起自己值得回味的消费经历，而有些老品牌则让人想起一个时代的历史文化。品牌激活可以充分利用消费者的怀旧心理，通过相似的口号或者是包装，调用品牌传统，唤起消费者对以前美好日子的回忆。同时，通过怀旧来激活品牌要注意与现代标准和消费者需求相结合，把过去的样式和现代的功能技术完美融合在一起。

布朗等人通过网络志（Netnography）的方法[②]研究了大众的新甲壳虫汽车和电影《星球大战序曲 1：魅影危机》两个案例。基于此，他们提出了“4A”品牌意义复活的战略框架：

（1）品牌故事（Allegory）

品牌故事也就是第 4 章提到过的“品牌传奇”，是指有关品牌历史、意义、精神等的描述。

---

① Brown, Stephen, Robert V. Kozinets and John F. Sherry Jr. Teaching Old Brands New Tricks: Retro Branding and the Revival of Brand Meaning[J]. Journal of Marketing，2003, 67(July): 19—33.

② 如对该方法有兴趣，可参看文献：周志民，郑雅琴，陈然，饶志俊. 网络志评析：一种探索在线社群的定性方法. 经济与管理评论，2012，(3): 47—53.

它可以是象征性的故事，也可以是叙述性的故事，亦或是比喻性的故事。品牌故事的价值在于将一些说教性的品牌信息（如品牌发展史等）进行情节化，以增强品牌的感染力。品牌管理者可以从消费者的角度来研究品牌故事，重点是找到品牌意义、品牌传统和品牌故事之间的关系。品牌故事在消费者之间相互流传，可以起到激活品牌的作用。例如，1996年以来，内联升先后举办了数次鞋文化展，展览以一百多件实物和四百多幅照片，概括介绍了百年老店的变迁史和世界鞋业的发展脉络。

（2）理想社群（Arcadia）

在品牌激活过程中，关于过去的一种理想化意义被唤醒，而这种意义在现实社会又不存在。品牌激活将其与现代最新的技术相结合，并进一步深化。社群成员在某些意识上具有共同性，拥有品牌才能进入社群，品牌在某种程度成了消费者进入社群的通行证。2001年，在上海召开的第九届亚太经合组织（APEC）会议上，各国领导人身着唐装出席，此举引发了国内的唐装热。从社会心理学上讲，与其说人们穿的是唐装，不如说他们穿的是中国文化，在会议上，各国领导人穿着唐装无意激活了中华民族的情感。同样，中华立领的推出也是圆一些消费者的中华男儿梦。

（3）品牌精髓（Aura）

品牌精髓是品牌的核心价值，被称作品牌的DNA（基因）。它代表了一个品牌最本质的特征、所持有的理念以及价值观，因此也是消费者认同的对象。品牌管理者可以通过宣传原有品牌精髓，或创造新的品牌精髓来激活品牌，但最常用的方法是在宣传原有品牌精髓的同时，加入新的时尚元素。这些时尚元素包括流行文化、最新技术等。中国的老字号一般都是代表着诚信的生意态度和精湛的制作工艺，这是老字号的品牌精髓。在商品经济高速发展的今天，老字号一方面要保留这些可贵的精髓，另一方面还要不断创新产品品种和制作工艺，以满足人们更高的要求。例如，云南白药以止血的奇特功效为品牌核心价值，不断研发适合现代人生活的新产品，如云南白药气雾剂、创可贴、牙膏等等。

（4）品牌悖论（Antinomy）

现代社会的技术发展日新月异，使我们所处的世界复杂而喧闹。与此同时，消费者内心深处向往回到本源、简单的时代。因此，品牌在保留老元素与注入新元素之间出现了矛盾。近年来出现"故宫里面该不该开星巴克"、"全聚德电炉烤鸭是否该改名叫'肯德鸭'"等争论，正是反映了老品牌激活过程中的品牌悖论。以全聚德电炉烤鸭为例。为了加快品牌连锁，全聚德烤鸭制作中的标准化、自动化问题必须解决，其中传统烤鸭的过程与方式就成了加快连锁的阻碍。因为，所有的烤鸭师傅都要进行内部技术培训，而且学徒时间至少要一年以上，才能最终"出师"。为了加快开店速度，降低工艺复杂度，全聚德不得不在外地的分店中取消传统的果木烤鸭，代之以电炉烤鸭。可见，品牌激活过程中的品牌悖论问题阻碍了品牌精髓的展现，管理者需要在新元素和旧元素之间找到折中的路线。

案例分析

健力宝的老化与活化

曾经被称为"东方魔水"的健力宝正努力扭转颓势。近日记者走访市场发现，健力宝铺货量明显增加很多，新产品也随之上市。但因饮料行业多年发展迅速让健力宝面临的竞争对手已经多不胜数，再加上品牌老化，都成为其回归难题。

意图回归

记者在北京通州的一家家乐福超市的饮料区看到，最外围显著的位置被健力宝占据，原价 2.5 元/罐的健力宝促销价为 2.1 元/罐，促销幅度达 16%。不仅如此，一款 600ml 装的“健力宝 NEXT 爱运动柠檬味运动饮料”也全新上市。“这款饮料刚刚上市一周，其有别于此前的罐装塑料软包装，目前售价为 4.2 元。”据超市内该区域销售人员介绍。

与之形成鲜明对比的是，去年记者调查市场时还只看到屈指可数的零星几瓶罐装健力宝居于货架一隅，售价当时还是 3 元多，上面落了一层薄薄的灰，可见销售情况糟糕。如今，健力宝突然发生逆袭，值得玩味。

竞争加剧

其实，早在 2010 年，健力宝斥资 8000 万元赞助广州亚运会曾被认为是其强势回归的一个重要信号。同时健力宝提出了四个回归战略：回归运动饮料、回归城市、回归年轻主流市场以及回归现代化渠道。此前，健力宝贸易公司总经理李世政表示，2012 年是健力宝“王者回归”的复兴年。但亚运营销由于现场推广及后期跟进乏力，健力宝市场表现平平。此次大力占领终端渠道能否真如所愿，业内认为难度很大。

据国家统计局发布的《2012 年我国饮料行业 1～3 季度运行状况分析报告》显示，在功能性饮料市场中，红牛、脉动、尖叫、三得利等品牌共占有 53.2%的市场份额，而健力宝分得的“蛋糕”不足 3%。

业内人士表示，回归运动饮料和走体育营销的路线容易操作和执行。但是回归年轻主流市场难度很大，目前健力宝品牌老化严重，曾经热爱健力宝的那部分人群现在都已经是 40 岁左右的中年人。同时，与昔日健力宝的辉煌时代不同，目前一线城市的竞争格局已经发生了翻天覆地的变化，一线竞争已趋向白热化，没有庞大营销费用的支撑很难在一线市场站稳脚跟。

效果待考

为回归市场，健力宝营销手段不断更新，先以 8000 万元天价赞助 2010 年广州亚运会，又举办了“亚运拉拉队全国选拔赛”，2013 年健力宝又斥资近 3 亿元一举拿下央视三个频道、安徽卫视、湖南卫视的黄金时段广告位。

“今年健力宝在广告业务上投入大规模资金进行轰炸式宣传，以固有的‘常喝健力宝，福到身体好’的品牌理念重新唤起消费者对产品的信赖，新包装的产品上市焕然一新的感觉打动消费者的爱美之心，再加上大量铺货促销，这一系列动作意味着健力宝要重新发力市场。”中投顾问食品行业研究员梁铭宣在接受北京商报记者采访时表示。

但业内普遍认为，不可否认的是，健力宝最大的问题便是如何重拾市场信心，对此，梁铭宣表示，健力宝的品质与其他功能型饮料并没有太大差距，要重新获得消费者认可就要从消费者需求的角度出发。其次是提高营销手段，加强销售渠道的布局。最后是合理定价，一定的价格优势能够较快地打开市场。

资料来源：竞争激烈品牌老化 健力宝回归市场举步维艰. 中国网，www.china.com.cn，2013-07-16.

讨论题：

1. 你认为健力宝品牌老化的具体原因有哪些？

2. 你如何评价健力宝现有的品牌活化策略？

3. 你可以为健力宝提供哪些别的品牌活化策略？请说明你的理由。

本章小结

品牌生命周期有广义和狭义两种理解。广义的品牌生命周期包括品牌法定生命周期和品牌市场生命周期，前者是品牌按法律规定的程序注册后受法律保护的有效使用期，后者是新品牌从随产品或企业进入市场到该品牌退出市场的整个过程。狭义的品牌生命周期则特指品牌市场生命周期。国外学者布鲁恩、科特勒、琼斯对品牌生命周期阶段进行了划分，国内学者将品牌生命周期阶段划分为导入期、知晓期、知名期（维护与完善期）、退出期等四个阶段。品牌残期的概念可以用来描述各种品牌生命周期阶段的可能性。品牌生命周期与产品生命周期的关系表现在三个方面：（1）产品生命周期从属于品牌生命周期；（2）产品生命周期服务于品牌生命周期；（3）品牌生命周期反作用于产品生命周期。在品牌生命周期的四个阶段，企业所采取的品牌营销战略是不一样的。

品牌老化有两层含义：（1）品牌缓慢地、逐渐地退化；（2）品牌消费者形象老化。管理者对品牌老化的理解存在一些误区，包括：（1）品牌老化是注定的；（2）品牌老化是产品质量不好引起的；（3）品牌老化是悠久的品牌历史引起的；（4）品牌老化是因为选择了老年人作为目标市场。品牌老化的成因可以从消费者、竞争者、企业三个角度进行分析。从消费者角度看：（1）消费者对品牌的"喜新厌旧"；（2）消费者对产品需求的改变。从竞争角度看，竞争越激烈的行业，品牌老化速度越快。从企业角度来看，品牌老化是因为创新投入不足，表现为：（1）产品缺乏创新；（2）品牌标志不改变；（3）广告的重复；（4）销售终端形式单一；（5）目标市场未更新。

从过程管理的角度将品牌老化分为品牌老化前和品牌老化后两个阶段来分析。品牌老化前，管理者应当采取品牌强化的策略预防品牌老化；品牌老化出现时，管理者应当及时采取品牌激活的策略，使品牌摆脱衰老的形象。品牌强化是通过一系列一致性的营销活动向消费者传递品牌意义，包括品牌认知和品牌形象两个方面，进而加强品牌资产。企业可以从四个方面来实施品牌强化策略：（1）维护品牌的一致性；（2）保护品牌资产来源；（3）恰当地使用品牌延伸策略；（4）调整营销支持计划。品牌激活是指当品牌老化的时候，管理者采取一系列措施恢复品牌在消费者心目中的形象，重夺市场份额。

品牌激活首先需要考虑两个问题：（1）老化的品牌是否值得激活？（2）老化的品牌能否被激活？可以将品牌激活原理分成认知心理学视角和社会心理学视角。基于认知心理学视角的品牌激活战略有凯勒和勒夫的品牌激活战略框架。从品牌资产的角度，凯勒提出了品牌激活的两条思路：一条是更新旧的品牌资产来源；另一条是创造新的品牌资产来源。凯勒认为品牌资产由品牌认知和品牌形象两个要素组成，因此，激活品牌资产也应当从这两个方面着手：（1）拓展品牌知名度；（2）改善品牌形象，可以有三种做法：对品牌进行重新定位、更新品牌要素以及创新品牌传播。勒夫提出品牌老化的原因可能出在产品服务、目标市场和传播三个方面。他针对每一个方面的问题提出了各自的解决方案。从社会心理学角度来看，品牌激活强调的是品牌意义的复活。布朗等人提出了"4A"品牌意义复活的战略框架：（1）品牌故事；（2）理想社群；（3）品牌精髓；（4）品牌悖论。

重点概念

品牌生命周期（Brand Life Cycle，BLC）
导入期（the Phase of Introduction）
知晓期（the Phase of Awareness）
知名期（the Phase of Being Well-known）
退出期（the Phase of Exiting）
品牌老化（the Ageing of Brand）
品牌强化（Brand Reinforcement）
品牌激活（Brand Revitalization）
品牌复活（Brand Rejuvenation）
品牌再造（Re-branding）
品牌意义的复活（Revival of Brand Meaning）
个人怀旧（Personal Nostalgia）
集体怀旧（Communal Nostalgia）

进一步阅读材料

1. Brown, Stephen, Robert V. Kozinets and John F. Sherry Jr. Teaching Old Brands New Tricks: Retro Branding and the Revival of Brand Meaning[J]. Journal of Marketing, 2003, 67(July): 19—33.
2. Kapferer, Jean-Noël. The New Strategic Brand Management: Creating and Sustaining Brand Equity Long Term(4th ed.)[M]. London: Kogan Page Limited, 2008.
3. Lehu, Jean-Marc. Back to life! Why brands grow old and sometimes die and what managers then do: an exploratory qualitative research put into the French context[J]. Journal of Marketing Communications, 2004, 10(6): 133—152.
4. 何佳讯，李耀. 品牌活化原理与决策方法探窥——兼谈我国老字号品牌的振兴[J]. 北京工商大学学报(社会科学版)，2006，21(6): 50—55.
5. 卢泰宏，高辉. 品牌老化与品牌激活研究述评[J]. 外国经济与管理，2007，(2): 17—23.
6. 潘成云. 品牌生命周期论[J]. 商业经济与管理，2000，(9): 19—21.
7. （美）凯文·莱恩·凯勒. 战略品牌管理（第 3 版）[M]. 北京：中国人民大学出版社，2010.

复习思考题

1. 什么是品牌生命周期？
2. 品牌生命周期分成哪些阶段？
3. 什么是品牌老化？
4. 在理解品牌老化概念的时候可能会有哪些误区？
5. 品牌老化是如何产生的？
6. 简述凯勒的品牌强化战略框架。
7. 如何判断老化的品牌是否值得激活？

8. 请对比品牌激活原理的认知心理学视角和社会心理学视角。
9. 简述凯勒的品牌激活战略框架。
10. 简述勒夫的品牌激活战略框架。
11. 简述布朗的“4A”品牌意义复活战略框架。

第 11 章 品牌国际化

引 例

2011 年的 1 月 28 日，联想和 NEC 宣布成立 NEC 联想日本集团。根据协议，联想拥有新合资公司 51%的股份，而 NEC 则持有 49%，并且联想将通过发行新股支付 NEC1.75 亿美元。双方继续沿用 NEC 和联想的品牌名称。联想在日本 PC 市场份额为 6%，NEC 为 20%，合作之后，两家公司在日本市场总额将达到 26%，在全球市场将超过 10%。通过与日本本土公司 NEC 合作，联想发挥自身成本和技术优势，联想 PC 将从心理上更加贴近日本普通消费者，从而提升其市场占有率。而整个过程中，由于是联盟关系，双方可以分享各自成功的经验和实实在在的收益，而相应的风险也被分担了。根据 Gartner 数据显示，联想登上了 2012 年第三季度全球 PC 出货量冠军的宝座，成绩的背后少不了战略联盟的功劳。融入世界市场的模式并不拘泥于常态，它可以随着企业的特征、经济形势的转变、法律制度的调整而变幻。国际化的理由也是不一而足，但是各种追求都可归为一条：下海的小鱼渴望长成翻动波涛的巨无霸。

摘自：民企案例：国际化的 N 种理由[NB/OL].总裁网，http://www.cnithr.com，2012-12-27.

热身思考：联想的国际化案例可以为中国本土品牌提供哪些借鉴？

第 1 节 品牌国际化的定义与度量

一、品牌国际化的定义

（一）品牌国际化的概念误区

在中国后 WTO 时代，越来越多的企业“引进来”、“走出去”，国际化经营战略已为越来越多的中国企业所熟知。作为国际化经营的最高阶段，品牌国际化正在被中国一些企业所实践，海尔等一批最优秀的中国品牌已在国外站住了脚跟。然而，更多的企业在品牌国际化经营方面却是一片茫然，不知所措。甚至于，很多企业对品牌国际化概念的理解都还存在误区。这些误区主要表现为：（1）认为品牌标识系统的国际化设计就是品牌国际化。不少企业认为所谓“品牌国际化”就是给产品或企业取个“洋名”，请外国人做广告代言，聘请国外的职业经理人担任高管等等。这些的确在品牌国际化经营当中有所体现，但并未触及品牌国际化的实质；（2）认为为国外企业贴牌生产也是品牌国际化。中国有大量的中小企业在为国外企业进行贴牌生产，它们认为自己正在做品牌国际化经营。事实上，这些中小企业在产品上面连名都没留下，何谈品牌国际化？

（二）品牌国际化的定义

究竟何谓品牌国际化（Brand Internationalization）？几个代表性的观点如下：荷兰全球品牌营销顾问思科·凡·戈尔德（Sicco Van Gelder）在《全球品牌战略》一书中提出，品牌国际化就是品牌在多个国家进行的标准化或者本土化经营。这一定义并未清晰界定何为品牌经营。天津师范大学的韦福祥教授将品牌国际化定义为：将同一品牌以相同的名称或标志、相同的包装、相同的广告策划等向不同的国家、不同的地区进行延伸扩张的一种品牌经营策略，以实现统一化和标准化带来的规模经济效益和低成本运营[①]。他的这一观点强调的是品牌在各国经营战略的标准化和统一化，实际上就相当于我们现在经常讲的“品牌全球化”（Brand Globalization）。相比而言，品牌全球化的营销策略比品牌国际化要更为统一和标准化。复旦大学的苏勇教授和张明博士认为，品牌国际化是一个隐含时间与空间的动态营销和品牌输出的过程，该过程将企业的品牌推向国际市场并期望得到广泛认可、实现企业特定的利益。相比其他学者的定义，这一定义非常清楚且全面地描述了品牌国际化的过程和目的，故本书采用这种观点。苏勇和张明进一步指出，这个概念包含以下六层含义[②]：

1．品牌国际化的时间含义。它是指品牌在国际市场被目标消费者认知和认同是需要一个时间过程的。上一章曾谈到品牌必须经过生命周期的几个阶段才能成为知名品牌，这对于进入国际市场的品牌同样适用。纵观一些全球品牌，它们成为优秀的国际化品牌都不是一夜成名的。例如，可口可乐从1927年就开始在中国投资，直到1948年，上海才成为可口可乐公司在美国境外第一个年销售量超过100万箱可口可乐的重要市场。1979年，中国改革开放伊始，可口可乐在第一时间重踏中国国土，成为重返中国市场的第一批国际品牌。2000年以后，可口可乐在中国的市场份额持续保持十位数的增长，截至2012年在中国的碳酸饮料的市场份额已高达24.9%。正是凭着几十年的耕耘，可口可乐才在中国建立了不可动摇的品牌地位。可见，进入一个全新的国家，企业必须有打持久战的准备。

2．品牌国际化的空间含义。它是指品牌输出到国际市场上所发生的一个空间转移过程。从字面上看，只要是品牌进入其他国家，那么就可称为国际品牌。不过，由于所进入国家的经济水平和国家数量不同，品牌国际化在空间含义的程度也不相同。例如，可口可乐要比维珍可乐的国际化程度高。应当看到，品牌国际化的空间含义含有动态的成分，即品牌所选择的目标市场国家是分阶段进入的。

3．品牌国际化的动态营销。品牌的国际化过程需要因地制宜，通过“全球化战略、当地化实施”的方式，来适应当地的政治、经济、技术、社会和文化环境。也就是说，品牌形象、品牌个性和品牌定位应该全球统一考虑，而具体实施营销时需要根据当地的情况灵活调整。汇丰银行（HSBC）的品牌口号“环球金融，地方智慧”就体现了品牌国际化的动态性。它表明了汇丰品牌经营在整合全球金融资源的同时，推出适合当地需求的金融产品的理念。

4．国际化的品牌输出。国际化的品牌输出一般有三个阶段：其初级阶段是品牌随产品或服务向国际市场输出，国际贸易是其实现手段；其中级阶段是品牌随资本输出，对东道国进行投资，使得品牌根植于当地，更能取信于人；其高级阶段是品牌的直接输出，通过品牌

① 韦福祥．品牌国际化：模式选择与度量[J]．天津商学院学报，2001，21(1): 27—30.

② 苏勇，张明．试论品牌国际化的内涵及其标准[EB/OL]．http://211.82.168.15/jingpin/scyx2006/web/qy/006.doc，2006-06-08.

的特许使用而获取品牌收益。东芝、宝马、诺基亚等跨国巨头都曾经历了产品输出到资本输出的过程，实现了在中国市场直接生产；而麦当劳、肯德基等快餐巨头早在几年前已经在我国推出加盟店计划，进行品牌的授权经营。

5．品牌国际化的广泛认可度。品牌的国际认可度是品牌国际化的基本标准和前提，没有广泛的国际认可，即使品牌在国外销售也无法成为国际品牌。同时，广泛的国际认可度应当成为检验品牌国际化经营成效的指标。多年来，英特品牌（Interbrand）公司发布的全球最佳品牌 100 强排行榜中还没有看到一家中国公司的身影。而一提到中国品牌，国外消费者想到的就是价格低廉和质量不高，这些都说明中国企业的国际品牌尚未得到广泛认可。

6．品牌国际化的特定利益。品牌的国际化是一个具有特定的国际化目标或利益的行为，如要么提高国际认可度、美誉度，要么谋取国际订单。品牌国际化的实质是品牌收益的国际化。因此，企业在进行品牌的国际营销时务必考虑其国际利益之所在。中国英利公司在连续两届的足球世界杯上以中文标识露脸，其广告似乎更多是给国内的球迷看的，其行为是否为品牌国际化值得商榷。

二、品牌国际化程度的度量

2004 年，18 万瓶非常可乐运往美国，揭开了非常可乐品牌国际化经营的序幕；而与此同时，可口可乐已在全球 200 个国家开展了几十年的业务。本质上看，二者都是品牌国际化，但程度差异甚大。如何来衡量品牌国际化的程度呢？目前学术界对此的研究还非常少见。韦福祥提出可以从产品的外销比重、品牌的全球认知度、品牌的地区分布、资源的国际化程度和人才的国际化程度五个角度来进行衡量①。苏勇和张明在此基础上提出可以结合定量和定性方法对品牌国际化程度进行度量②。

（一）定量的指标

1．品牌的知名度和美誉度

有些公司虽然在海外的销售额非常大，但在全球的知名度却非常低，这种公司的国际化程度也是不高的。而当我们谈到某某品牌是国际性大品牌时，我们实际上已认同其具备了较高的美誉度。中国品牌在全球市场上的知名度如何呢？中国外文局对外传播研究中心、察哈尔学会、华通明略三家机构联合调查了美国、英国、澳大利亚、印度、马来西亚和南非六个国家的 2359 名消费者，共同发布了《中国国家形象调查报告 2012》。在被调查的 18 个中国品牌中，消费者熟悉度较高的有联想、海尔、中国国际航空、华为等；在印度和马来西亚，80%～90%的受访者对联想和海尔“非常/比较熟悉”。尤其是联想，其在发展中国家的熟悉度平均达到 80%③。这说明部分中国品牌正在国际市场崭露头角，不过，在发达国家的知名度和美誉度还有待提高。

采用全球认知度来衡量品牌国际化程度需要注意一个问题，即工业品品牌和消费品品牌应该区别对待。工业品属于专业性很强的 B2B 购买，而消费品则属于专业性不强的 B2C 购

① 韦福祥. 品牌国际化：模式选择与度量[J]. 天津商学院学报，2001，21(1): 27—30.

② 苏勇，张明. 试论品牌国际化的内涵及其标准[EB/OL]. http://211.82.168.15/jingpin/scyx2006/web/qy/006.doc，2006-06-08.

③ 许玉燕.中国国家形象调查：中国品牌在海外已有一定知名度[EB/OL]. 中国网，http://www.china.com.cn/international/txt/2012-12/11/content_27382430.htm.

买，对于普通消费者来说，日常接触到的多为消费品品牌，因此二者的国际化认知度不应该放在一起进行对比。

2．品牌评估的价值

企业之所以愿意实施品牌国际化战略，主要是因为它们能够从国外市场获得更多的收益。这些收益反映在品牌上会使其价值增值。因此，我们可以通过对不同品牌国际化阶段的品牌价值评估来判断品牌国际化的程度。如果品牌价值高，则说明该品牌的国际化程度高。英特品牌公司每年都要对全球最佳品牌进行价值评估，能够上榜的几乎都是国际性的大品牌。目前连续几年排名第一位的是可口可乐，因此我们可以说，可口可乐是全球国际化程度最高的品牌。而对于未上榜的国际化品牌而言，需要根据品牌评估所用的指标进行不同时期或者不同品牌之间的对比，以此判断品牌国际化程度。

3．企业经营国际化的比重

在品牌国际化过程中，企业需要从事大量的国际化经营活动。如果说企业的经营国际化程度高，那么有理由相信其品牌国际化程度也高。反映企业经营国际化程度的量化指标主要有四项：（1）整个企业产品的外销（含出口和国外公司的销售）比重；（2）国外市场投资占整个企业投资的比重；（3）全球采购中，国外采购的比重；（4）外籍员工占整个企业员工的比重。

外销比例是目前企业界最常使用的衡量品牌国际化程度的指标，因为它非常直观，同时又直接反映产出。以我国通讯设备制造业两大巨头华为和中兴为例。自2005年起，华为的海外市场销售收入开始超过国内市场。截止到2012年，华为海外市场销售收入占比66.59%，相比之下，从2007年开始，中兴的国内外收入较为均衡，2012年中兴海外市场收入占比53.03%。这些数据说明华为和中兴的国际化程度在逐渐提升，且华为的国际化程度更高。

海外投资比例从资金投入的角度反映了企业建设国际化品牌的决心，说明了企业融入全球经济一体化的程度。尽管越来越多的中国企业进军海外市场，但在全球化进程中仍显落后。海外投资比例从资金投入的角度反映了企业进军国际化品牌的决心，说明了企业融入全球经济一体化的程度。2012年，首份旨在检视中国开放进程、更好地推动中国企业融入全球经济一体化的蓝皮书——《中国企业国际化战略报告2012》发布。报告指出，继2008年金融危机之后，中国企业走出去的“黄金窗口期”再度降临。毕马威2012年发布的《中国经济全球化观察报告》显示，“2012年上半年共宣布117起中国企业海外并购业务，其中披露金额的有87起，交易总额为216.27亿美元。”中国对欧美的投资金额已超过总额的50%，而美国超越欧洲，成为吸引中国企业海外并购金额最大的国家。可见，从总体上看，我国企业的国际化程度逐渐增强。

国际采购比例反映了国际化大生产的程度。几乎所有的跨国公司都采取了全球采购战略，在全球范围内寻找性价比高的原材料和零部件。国际化采购比例越高，说明该品牌的国际化程度越高。例如，波音747飞机的制造，需要400多万个零部件，由65个国家的1500多个大型企业和15000多个中小企业提供。这些充分说明了波音的国际化背景。一些国际品牌甚至将全球采购中心从国内搬到国外，以方便全球采购战略的实施。近年来，中国成为了众多国际大品牌的采购中心，如IBM、东芝、沃尔玛等全球采购中心都落户中国。

4．人才国际化

企业的人才国际化比例包括：高管和普通员工的国际化比例两个部分。高管由外国人担任已越来越成为一些国际化组织的趋势，一些东道国分公司总经理由当地人担任已不鲜见，现在连一些总部的高管也开始出现外国人的身影——2011 年 9 月联想集团宣布，索尼公司前董事长及首席执行官出井伸之正式加入联想董事会。不久前，联想还聘任了前宏碁 CEO 蒋凡可·兰奇（Gianfranco Lanci）担任公司顾问；2011 年，前英国政府首席信息官约翰·萨福克（John Suffolk）投身华为，任职全球网络安全官。2013 年 7 月，华为聘请了前诺基亚高管赵科林（Colin Giles），出任消费业务副总裁。此前，华为还将前爱立信雇员 CT·约翰逊（CT Johnson）招致麾下，负责财务和会计事务；2013 年 10 月，前谷歌全球副总裁，Android 产品副总裁 Hugo Barra 加盟小米，负责小米国际业务的拓展……聘用国际化的员工更是国际性公司平常得不能再平常的事，如华为和中兴目前在海外的本地员工和中国员工比例都在 1：1 左右，甚至华为在俄罗斯 14 个城市和独联体地区 10 个国家的本地员工比例超过 80%。

以上四项指标中，外销比例最为核心，其他三个指标作为辅助衡量。如果外销比例高，那么其他三个指标即使比例不高，该品牌的国际化程度都可以算是高的；如果外销比例低，那么其他三个指标即使比例很高，该品牌的国际化程度都是不高的。比如，我国有很多企业的主要产品是出口的，但并未在国外设厂、采购以及聘用国外员工，这样的企业也在其业界树立了国际化品牌形象；相反，尽管在国外设厂、采购甚至聘用东道国当地员工，但其产品内销比例大大高过外销，这样的品牌国际化程度也不高。

（二）定性的指标

1. 品牌国际化经营的时间

品牌有其生命周期，如果经营良好那就可以延长品牌的知名期，使品牌长期处于强势的竞争地位。同样，在国际市场上，企业面临着各种严峻的宏观环境的压力，如果能够长期生存下去而没有被淘汰出局，则说明该企业具有一定的国际竞争力。企业经营国际化的时间越长，其品牌的国际化考验时间也就越久，国际认可的机会也就越高，于是品牌的国际化程度也就越高。举目当前世界著名品牌的成功，无一不是在全球市场辛勤耕耘多年的结果，如可口可乐早在 1927 年就曾进入中国，而皮尔·卡丹在中国改革开放之初的 1979 年就在中国举办时装模特表演。

2. 品牌国际化的区域分布

品牌的国际化，不仅要求走出国门，更要在广阔的国际市场上参与竞争。只有参与国际市场竞争，才能使品牌的竞争力得到检验，获得国际市场的认同。有些品牌尽管在海外的销售额非常高，但其销售区域分布却极不均衡——要么只进入少数几个国家，要么进入的都是一些不发达国家。目前中国有很多企业就是如此，绝大部分出口国局限在亚洲或者非洲，出口到欧美的很少，可以说这些品牌的国际化程度都不高。另外有些品牌虽然出口额不高，但销售分布却很广，它们的品牌国际化程度可以说是很高。如可口可乐与埃克森美孚相比，虽然出口比重不及后者，但它在全球的销售分布范围却几乎是后者的两倍。从这个角度来说，可口可乐的国际化程度要比埃克森美孚高。

3. 品牌国际化的输出方式

国际化品牌输出的三个阶段从低到高分别为贸易输出阶段、资本输出阶段和品牌输出阶段。不同阶段具有不同特点：贸易输出是品牌产品或服务的国际贸易，资本输出是企业对东道国进行直接投资，品牌输出则是通过品牌的特许使用而获取品牌收益。通过分析当前品牌国际化的阶段，就能判断国际化的程度。目前，中国绝大多数公司是在从事贸易输出的品牌国际化经营，海尔等少数优秀的企业则直接在海外设立研发中心和工厂，而像麦当劳那样直接通过品牌授权赢利的企业中国几乎没有。这也说明中国当前的品牌国际化程度较低。

第2节　品牌国际化的动因、障碍和挑战

一、品牌国际化的动因

尽管我们经常会说为了顺应全球经济一体化潮流，企业应当进入国际市场，实施品牌国际化战略。但企业究竟为什么要推动品牌国际化经营？难道只是为了顺应"全球经济一体化"潮流，跟风从众、"人云亦云"吗？要回答这个问题，首先要对品牌国际化做一个分类，然后再针对每一种类型来分析其动因。

基于经济发展水平，可以把全球的国家市场划分为三个层次：第一个层次是以欧、美、日为代表的发达国家市场；第二个层次是以东欧、南非、印度、越南等为代表的发展中国家市场；第三个层次是以斯里兰卡、埃塞俄比亚等为代表的不发达国家市场。由于品牌国际化是品牌在不同国家的经营，因此当品牌进入不同层次国家时，品牌国际化的类型也不同。根据母国和东道国的层次差别，可以将品牌国际化划分为下行国际化、上行国际化和水平国际化三种类型①。下行国际化是指发达国家的品牌进入发展中国家和不发达国家或者发展中国家的品牌进入不发达国家的情况，如美国的IBM进入中国，中国的华为进入毛里求斯等；上行国际化是指发展中国家的品牌进入发达国家，如中国的海尔进入德国和美国；水平国际化是指发达国家的品牌进入发达国家或者发展中国家的品牌进入发展中国家，如美国的微软进入英国，中国的TCL进入印度等。这三种品牌国际化既有共同的动因，也有不同的动因。

（一）共同动因

1. 本国市场供给过剩，行业增长缓慢，竞争激烈

很多行业在国内发展多年，产品相当成熟，市场容量饱和，竞争格局趋于稳定，要想有大的增长非常困难。为了寻求更好的发展机会，这些行业的企业纷纷走出国门，开拓海外市场。比如，美的集团与国际泳联（FINA）携手，成为国际泳联第一家来自中国的全球官方合作伙伴，通过重大赛事的宣传与传播，美的品牌的国际知名度及美誉度得到有效提升。

2. 海外市场的吸引力

有些时候，企业进行国际化经营并不是因为国内市场没有机会，而是因为国外市场的吸引力更大。海外市场的吸引力主要表现为盈利性高、成长性大或风险性小。根据联合国贸易和发展会议公布的《2013年世界投资报告》，2012年香港的外来直接投资流入金额为750亿美元，排名世界第三位，仅次于美国及中国内地。原因在于，香港作为一个高度国际化的城市，具有丰富的市场推广经验，成熟稳健的金融市场，资金信息自由流通，在融资、法律、会计、保险、品牌打造等方面构成完善的服务业系统，能有效配合企业的发展需要。

3. 通过规模经济降低成本

东道国与母国的市场环境的相似性以及产品类别的标准化特征有助于品牌在国际市场的

① 宋永高. 中国品牌国际化的市场选择战略模式[J]. 商业研究，2003，(13).

标准化经营，相同的产品、相同的包装、相同的广告创意、相同的促销活动都使得企业在国际化经营中获得规模经济效应。比如，微软的 Windows 只需汉化，无需做更大的改变就能在中国销售，庞大的市场容量使其研发成本摊薄，单位成本降低；又如，通过国际广告的统一化，高露洁公司在每个国家都可以节省广告创作费用 100～200 万美元。

4. 分散风险

由于法律法规、消费文化、行业发展阶段不同等因素，同样的产品在不同国家所面临的机遇和挑战也就不同。比如，从环保和交通安全考虑，目前全国已经有 168 个大中城市宣布“禁摩”(禁止摩托车)，这一政策直接导致摩托车行业每年的销量减少 300 万至 400 万辆。过剩的摩托车只好进入一些以摩托车为主要交通工具的国家，如重庆力帆摩托车在海外市场上有了“五朵金花”，分别是尼日利亚、菲律宾、越南、伊朗和印尼，这“五朵金花”每年的销售额，个个都超过 1000 万美元；天狮公司投入数千万元开发和生产保健品，并决定采用直销的销售模式，可是直销在中国是禁区，所以，该公司被迫到国外发展，至今有百分之八十的产品还是销售到国外。

5. 客户的全球流动性和趋同性

近 20 年来，随着通讯技术、传媒、交通的全球化发展，世界各地的客户流动性增强，消费行为上也体现出趋同性，这为品牌进入一个陌生的国外市场铺平了道路。当一些美国人来到中国的时候，他们依然可以吃到熟悉的麦当劳快餐，也可以喝到地道的星巴克咖啡；而中国人去到美国，同样可以用上海尔电冰箱和联想笔记本电脑。

（二）不同动因

1. 向下国际化的动因

一个发达国家的企业之所以进入一个不太发达国家的市场，是因为：

（1）延长了产品的市场寿命

由于各国技术、经济发展程度差距甚大，一个产品在发达的母国处于衰退期的品牌在不太发达的东道国可能正处于导入期或成长期。这样一种产品消费的国别梯度对延长产品的市场寿命非常有益。比如，目前中国市场上的主流彩电是大屏幕液晶电视，小屏幕的纯平彩电已处于衰退趋势，而在印度市场上主流的彩电规格为 21 英寸纯平和超平电视，因此中国彩电厂商所保有的小屏幕彩电生产能力能够继续在印度市场上得到消化。不过，需要注意的是，如果错误地认为东道国的市场需求比母国要落后许多，而向东道国推出母国淘汰的产品，那可能会影响跨国公司的形象。比如，广州标致合资公司失败的一个重要原因就是法国标致将已在法国淘汰的车型引进中国，而不被市场认可。尽管中国比日、美、欧等国经济落后不少，但在许多产品的消费方面却并不落后，因此越来越多的企业在推出新产品的时候强调是全球同步发行。

（2）充分利用发达国家品牌的形象

早在 1896 年，俄内斯特·威廉姆斯（Ernest Williams）就撰文指出，“Made in Germany”（德国制造）的标识促进了德国制成品的海外销售。据一项研究发现，“国家品牌”对一个企业或产品品牌的贡献率达到了 29.8%。可见，国家形象有助于该国品牌拓展海外市场。在不发达国家的消费者眼里，发达国家不仅仅在经济发展水平上属于世界前列，在特定的行业领域也具有全球领先的优势。比如，日本的电器、美国的高科技产品、德国的汽车、法国的香水、意大利的时装等等都属于世界一流。即使是发达国家中某些不具备优势的行业，人们也会觉得其产品质量和品牌形象仍然可能比不发达国家的要好。这样，无需更多的营销成本来建立品牌形象，只需强调来源国，发达国家的产品就能迅速在不发达国家占领市场。近年来我国企业一种迂回运作的方式是在发达国家注册品牌，并不在国外经营，而是直接“挟国际名牌”回国发展。这种做法利用了国人对发达国家品牌的信任和好感，因此提高了成功几率。

（3）不发达国家企业的营销竞争力差

营销起源于美、日、欧等发达国家，无论在营销的理念还是策略层面，发达国家都要超前许多。有竞争力的产品，加上有竞争力的营销，发达国家的品牌在不发达国家能够获得更大的胜券。即使是发达国家二三流的品牌，到了不发达国家都能有所成就。中国近年来一直是外资品牌急待进入的市场，这不仅是因为中国市场潜力巨大，还因为中国企业的营销水平较低。卢泰宏教授就指出：“中国本土企业的市场营销水平不高。从国际比较的观点，中国的营销还大面积处在‘小学阶段’，起点低是多数企业的共同特点，大量企业必须从基础开始学习。”①也由于营销基本功不扎实，中国企业营销活动中常常见到一些怪象（见链接材料 11-1）

> 链接材料 11-1：中国企业营销“六大怪现象”
>
> 第一怪：市场部与销售部不分
>
> 市场部与销售部是两个完全不同的概念。市场部的主要职能为：市场信息收集和研究、营销策划方案的制订、广告设计和文案创意、媒介计划和促销效果评估等；而销售部的主要职能就是企业产品销售任务的直接完成者和营销网络的管理者，如果把市场部比喻为一个军队的参谋部，那么销售部就是直接向敌人发起攻击的战斗部队。但现实中，有很多企业往往把销售部称为市场部或者只有销售部没有市场部。根据调研，目前国内企业重销售部轻市场部的现象十分普遍。
>
> 第二怪：销售渠道与营销网络混为一谈
>
> 营销 4P 之一就是渠道，而这里所说的渠道是指产品从制造商到消费者手中的通道，从整个营销角度而言，渠道一词所包含的含义太狭窄了，因为渠道是纵向的，而构成营销网络是需要纵横交错并科学合理地分布销售网点的。构成一个营销网络需要批发商、经销商和零售商间的纵向合作，同时也需要批发商与批发商、经销商与经销商、零售商与零售商之间的协作，但这只是网络系统中的一个。为了实现营销的成功，公司还需要与银行、广告公司、技术部门、政府部门和司法部门等辅助系统的合作。只有纵横交错，两个系统一起运作管理，企业才能在市场上真正取胜。
>
> 第三怪：经销商与代理商概念模糊
>
> 所谓代理商，是指受企业委托负责帮企业寻找市场甚至帮企业销售产品的企业和私人机构，它的明显特征是不具有产品的所有权，只收取相应的佣金，譬如演员、经纪人和国外产品在我国寻找的代理商等。而经销商却大不一样，尽管其在某些方面跟代理商有相似之处，也是销售企业产品，但经销商加盟企业销售企业产品，是完全拥有了该企业产品的所有权的，即经销商会按照企业的要求，现金支付产品费用，从而获得该产品的所有权。
>
> 第四怪：营销与分销不分
>
> 营销的理论含义是指个人和集体通过创造，提供出售的产品，并同别人交换产品和价值，以获得所需所欲之物的一种社会和管理过程。而分销只是指产品利用营销网络的功能进行分化和转移产品的销售，一层层将产品分化转移，就达到了企业分化转移销售产品的功能。

① 卢泰宏，秦朔. 营销在中国（2002—2003）[M]. 北京：企业管理出版社，2003.

第五怪：连锁经营与特许加盟不分

连锁经营需要更为规范的管理能力和品牌整合推广能力，目前我国企业在这方面相对薄弱，只是由于市场存在很大的需求，所以这个问题尚不构成企业的威胁。由于连锁经营是由企业自己投资，扩张越快就越容易出现管理和资金上的漏洞，于是特许加盟应运而生。

特许加盟顾名思义就是指某企业运用自己的商业成功经验和自身品牌的影响力以及所谓的秘密配方和操作专业技能，来吸引企业机构和私人投资商加入，授权企业只需要输出品牌、管理和技能就可以坐收渔利，而加盟方就可以沿用授权方的品牌，并依照授权方的管理模式甚至购买专用的设备进行日常运营。

第六怪：营销总监和市场总监混为一谈

营销总监也是最近才在行业内盛行起来的，其主要是由于企业内部组织结构的变化，尤其是很多企业推行了以市场为导向的组织结构，都将企业的营销部门改为营销中心，其职位就成为总监制。而营销总监的职位说明书写得非常明确：在企业总经理的授权下，全面管理公司的营销工作；营销中心一般下设市场部和销售部以及其他相关部门。但也有公司设营销部或营销公司的，营销部或营销公司设总经理，下设销售总监和市场总监，这样就很容易区分，市场总监和营销总监尽管其在职位名称上有相同之处，但管理范围完全不一样，营销总监是全面管理整个公司的营销工作，而市场总监只负责企业市场的研究、信息的收集整理、整合营销方案的策划、执行以及企业的公共关系等。

资料来源：改编自田成杰.中国企业营销“六大怪现象”[EB/OL].牛津管理评论.oxford.icxo.com，2011-05-17.

2. 向上国际化的动因

（1）提升品牌的国际形象

企业如果能够在发达国家这一国际市场的制高点占有一席之地，那么再去到其他国家就有了竞争的资本。所以，一些不发达国家的企业敢于冒着高成本、高风险的威胁在发达国家市场闯荡。50 多年前，日本的索尼公司还是一家创立不久的小公司，为了加速品牌发展，索尼的创始人之一盛田昭夫毅然决定到欧美等发达国家淘金。经过 50 多年的打拼，索尼从一家不起眼的小公司成为国际化的大公司，成为日本最有价值的家电品牌。我国的非常可乐已有小批量出口到美国，其品牌形象价值要大大超过赢利价值。

（2）增强品牌的竞争力

在高手如林的发达国家发展，企业将面临巨大的竞争压力。尽管与高手过招可能会损失惨重，但同时也能从失败中学到经验，并增强品牌的“抗击打”能力。如今日韩涌现的一批国际性大品牌早在日韩产品整体形象很落后的时候就进入发达国家发展，为今天的国际品牌地位奠定了基础。例如：1990 年前后，宏碁在国际化过程中发生严重亏损，尤其是以 9400 万美元巨资并购井美高图斯公司投资失误，使公司陷入困境；从 1992 年，宏碁开始再造工程，从经营模式、组织结构、经营理念方面进行了改造，创造了被称为“欧、美、日模式以外的第四种国际化模式”的独特的“宏碁迈向 21 世纪的国际化策略”。2012 年宏碁销售收入高达 147 亿美元，在笔记本电脑领域排名全球第三①。这一成就与其在美国长达 20 多年的摸爬滚打分不开。

① 数据来自宏碁官网，http://www.acer-group.com/public/The_Group/overview.htm.

（3）发达国家的市场利润高

发达国家的消费水平高、投资收益率大也是众多跨国公司进入的一大原因。针对这些市场的高要求，跨国公司需要开发比国内科技含量更高的产品来满足它们。譬如，海尔开发的高端冰箱共涉及11个型号，产品价格从1499美元到2199美元都有。其中美式对开门冰箱售价在美国比当地的世界品牌的大冰箱售价还高，是中国出口冰箱平均单价的20倍。同时，海尔美式对开门冰箱已成功进入了美国专营奢侈品的渠道。

3. 水平国际化的动因

（1）降低品牌调整的成本

从国际市场细分的角度看，一些国家的政治、经济、文化、技术等宏观环境具有一定的相似性，可以归为同一个细分市场。在同一个细分市场内部，一国的产品可以经过很小的调整甚至不做调整而进入到另一个国家，从而降低了品牌调整的成本。

（2）在低风险前提下积累国际化经验

如果国外市场与本国市场具有一定的相似性，但其差异性也依然存在。譬如中国与印度虽然同属于发展中国家，但两国在政治、经济、文化、技术等宏观环境方面还是存在不小的差异。这些差异有利于积累中国企业的跨国经营经验，而一定的相似性又降低了国际化经营的风险。所以，可以把水平国际化看成是跨国公司进行向上国际化之前的“练兵”。

二、品牌国际化的环境障碍

本质上讲，国际营销与国内营销的差异无非是根源于国际市场与国内市场的营销环境差异。因为此，营销国际化向来都不是一帆风顺的，而作为营销国际化最高层次的品牌国际化更是如此。这一点，西方发达国家的企业败走中国市场的例子特别明显，如美国惠尔浦、法国标致、瑞典伊莱克斯等国际知名品牌都曾在中国市场遭遇“滑铁卢”，甚至像日本手机品牌在中国落入集体失陷的境地。跨国并购领域的研究表明，西方企业跨国并购的失败率高达50%～70%[①]。不能说这些企业实力不强，根本原因在于国际化进程中充满了种种环境障碍，而这些企业没能很好地应对。这些环境障碍可分为硬性的政治法律环境障碍和软性的社会文化环境障碍。

（一）政治法律环境障碍

对品牌国际化产生影响的政治法律障碍主要有政治体制、政局稳定性、政治腐败、涉外经济政策法规、地方经济保护主义、东道国商业法律等等。

1. 政治体制与涉外经济法规

政治体制是保守还是开放直接决定了涉外经济政策法规（如税收、股份制、进口、经营范围等）的制定，也制约了跨国公司的海外经营模式。比如，在中国加入WTO之前，外国企业是不允许在中国独资设厂的，而只能采取合资的形式，且股权比例最多为49%。

2. 政治格局

尽管目前全球的政治格局总体上是稳定的，但在局部地区仍存在高风险，比如中东、非洲、东南亚等一些国家。一方面，政局不稳定的国家在经济重建过程中为国外企业提供了大量基础设施建设的机会；另一方面，当地政府在企业经营的安全性上又不能提供足够的保障，

① 乐民. 重视走出去的风险管理[J]. 企业文明，2005，(9).

比如动乱的破坏、资产国有化的风险等等。

3. 政治腐败

政治腐败现象在多数国家都存在，只不过程度不一。对于一个习惯在公平市场交易环境下发展的企业来说，进入到一个腐败程度严重的国家，将使自己面临一个两难的境地：要么同流合污，要么直接出局。于是，一些“入乡随俗”的跨国公司在赢利的同时，还要谨防法律的监管。西门子“贿赂门”事件的爆发既揭示了事件主角“商业操守”存在严重问题，也表现出一个国际企业巨头在“潜规则”面前的无奈。

4. 地方保护主义

地方保护主义也是目前企业进军国际市场的一大拦路虎。比如，华为印度子公司增资6000 万美元的计划，因印度政府担心其危及该国通信网络安全而受阻。由于同样的原因，华为失去了竞标印度国有电信公司 BSNL48 亿美元合同的机会。不只是中国、印度等发展中国家盛行地方保护主义，即使是像美国、德国、日本、韩国等发达国家也是拿地方保护主义做挡箭牌，来限制国外企业在本国的发展壮大。

5. 东道国商业法律

就算顺利通过了各种针对外企的政策壁垒，跨国公司仍然要受到东道国商业法律的制约。这些法律在产品、包装、价格、广告、促销、直销、商标注册等方面都有着与母国大相径庭的规定，不熟悉这些法律将给企业带来重大经济损失。比如，欧洲一些国家规定禁止销售不带安全保护装置的打火机，无疑限制了中国低价打火机的出口。

（二）社会文化环境障碍

政治法律环境是硬性的环境，跨国公司严格按照规定来做是可以跨越壁垒的。实际上，跨国公司面临的最大问题还是社会文化环境的软性障碍。文化可以说是世界上最复杂的一个概念，自古研究者就非常多，对它的理解也是“远近高低各不同”，美国学者克罗伯和克拉克洪在《文化：概念和定义的批判回顾》中列举的欧美对文化的定义有一百六十余种之多。尽管文化所包含的内容体系庞大，但本质上，文化是一个社会群体长期以来所形成的固定的思维和行为模式。它就像是空气，渗透到人们日常生活的方方面面，语言文字、风俗习惯、行为规范等都打上了文化的烙印。一方水土养一方人，不同的地域形成了不同的文化，也造就了不同的人。因此，对国际化品牌而言，文化环境的影响体现在了品牌与市场接触的各个领域。

1. 语言文字

语言文字的国际差异影响了品牌的命名、包装、广告语等文字表达的内容，而品牌名称几乎是品牌当中最有价值的一个要素。一些在国内非常著名的品牌在走向国际市场的时候，因为语言差异问题而不得不改名，这相当于它不能把以前在国内建立的品牌影响力带出国门，而必须重新建立一个崭新的品牌。像我国著名的白象方便面就很难在英美国家销售，因为“大象”在英语里面有“大而无用的东西”之意；百事可乐著名的英文广告语“Come Alive with Pepsi”（请喝百事可乐，令君生气勃勃），译成德文变成“与百事一起，从坟墓中复活”。

2. 风俗习惯

风俗习惯所涉及的内容非常广泛，如节日、口味、礼仪、颜色、数字、动植物等等都有各个国家和民族的不同喜好和禁忌。而且，不同国家的风俗习惯可能恰恰相反，如在中国饱受赞赏的孔雀到了法国竟成为祸鸟和淫鸟，孔雀开屏被视为“自我炫耀”；黄色在中国被象征为尊贵与神圣，而在西方则被象征下流和淫秽等等。所以，在国际营销中强调"入乡随俗"，是指跨国公司以当地公民的身份，尊重当地人的喜好和忌讳。不遵循文化习俗，品牌很难在国外市场立足。这些年，在华的大量知名外企强调对中国文化的认同，如可口可乐广泛运用泥娃娃阿福、风车、鞭炮、回家过年、刘翔、倒福、中国红等中国元素来拉近与中国消费者的距离，肯德基启用"立足中国，融入生活"的口号来表明融入中国文化的决心。

3. 行为规范

行为规范受到宗教信仰、社会主流道德观和价值观的约束，而各国在宗教信仰、道德观和价值观方面存在一定差异，这种差异也反映在行为规范上面。在一国认为是对的，到了另外一国可能会受到批评。想当然地将一国的成功经验照搬到另一个国家，往往会招致失败。比如，美国骆驼牌香烟的广告语"我宁愿为骆驼行一里路"堪称经典，潜台词是为了买骆驼烟，把鞋底磨穿都值得。电视画面是烟民高跷二郎腿坐在神庙前，鞋底磨穿了一个洞。该广告在泰国一出现，引起了泰国的民愤，因为佛庙在佛教盛行的泰国是至尊圣地，在庙门前露出破鞋底实属大逆不道。又比如，帮宝适的出现是婴儿护理产品的一次重大变革，它使得年轻的父母们从此告别了洗尿片的繁琐生活，因此在美国大受欢迎。然而，同样的卖点到了日本就险遭失败，因为在日本，为子女洗尿片是为人父母应尽的义务，偷懒是会受到老人们谴责的。后来，帮宝适将卖点改为"保护婴儿稚嫩的皮肤"，产品才在日本打开市场。

世界上每一种文化都有其存在的合理性，尽管它可能与本国文化不同。文化多元性在一定程度上给跨国公司品牌的建立设置了障碍，但文化没有对错好坏，只有差异。跨国公司只有正视文化差异性，尊重当地文化，才能打破不同文化间的隔阂，顺利开拓国外市场。

三、我国品牌国际化面临的挑战

近10年来，我国企业加快了国际化的进程。从2001年中国加入WTO之后，"引进来"与"走出去"战略已纳入中国经济发展的总体战略之中，成为国家发展战略的重要组成部分。然而，不可否认，中国品牌国际化的程度与发达国家相比还有很大差距——一方面，中国GDP总规模已排名世界第二，仅次于美国；而另一方面，从产业链条来看，中国在国际经济体系中扮演的角色却是"世界初级产品加工厂"。根据联合国发展计划署统计，国际知名品牌数量在全球所有企业中所占的比例不到3%，但市场占有率却超过40%，销售额超过50%；而与此相应的是，目前参与国际市场的中国企业中，拥有自主品牌的不到20%，自主品牌出口额在全国出口额中的比重不足10%。在全球100个最有价值品牌的企业中，大部分企业在国际市场的销售额占全年销售额的50%以上，而在中国即使像"海尔"这样的国际化企业代表，海外销售额不到10亿美元，只占其总销售额的10%左右。毫不夸张地说，中国企业在品牌国际化进程中步履艰难。他们面临着以下种种巨大挑战：

（一）中国品牌廉价的形象认知已经固化

全球著名的英特品牌（Interbrand）咨询公司曾做过有关"中国制造"（Made in China）[①]的调查，结果显示，国外消费者对中国品牌的首要印象是便宜，而高品质排在很靠后。《中国国家形象调查报告2012》的结果也表明，中国制造的中国品牌是国外消费者购买决策中排名最后的选项。但事实上，国外消费者平时所使用的许多品牌都是中国制造的，只不过贴上了

① 此处的"中国制造"就是中国本土品牌，而不包括中国OEM形式生产出来的国外品牌。

国际著名品牌的标签。据美国商务部的统计结果显示，在美国市场上，服装和鞋子的 80%，家电、玩具、唱片、游戏机的 60%～80%是中国产品。为了测试自己是否真的能够离开“中国制造”，美国女记者萨拉·邦焦尔尼还在 2005 年专门做了一个实验：尝试一年不买任何中国制造的产品，看看生活会是怎样。后来，邦焦尔尼把她全家这一年的经历如实记录下来，写成《离开中国制造的一年：一个家庭在全球化经济中的生活历险》一书。她得出的结论是：“如果没有中国制造就无法生存。”①

既然有那么多的国际品牌产自中国，说明“中国制造”在产品质量上已达到很高的水平。但产品质量与品牌形象没有必然的联系，中国品牌形象相对于发达国家的品牌来说仍处于很低的位置，这使中国品牌很难卖高价钱。比如在摩托车行业，一位日本技术专家认为，“重庆摩托车中小排量成熟车型的质量已达到日本同类车型的 80%”，但在亚洲市场上的车价，却相距甚远，重庆造与日本造有高达 50%～60%的落差。一个极端的例子是，欧洲一家公司 Alvito 向欧盟内部市场协调局申请注册“非中国制造”（Not Made in China）商标。这可以说是对中国品牌形象的极大讽刺。更严重的是，国外市场对中国品牌的印象不是针对个别中国品牌，而是几乎所有的中国品牌。换言之，“中国制造”四个字对于中国品牌产生了负面影响。

造成这种现状的直接原因是中国产品价格低廉，这里有四个方面的具体原因：（1）中国产品价格事实便宜，因为中国工人工资、生产资源等成本相当低廉；（2）中国产品价格不得不便宜，因为绝大多数中国企业不具备核心技术，产品技术含量低，无法支撑高价位；（3）中国市场上的价格竞争惯性，在中国市场上已习惯利用低价来抢占市场份额，而不知道如何通过营销来提升品牌价值；（4）中国企业在海外市场“自相残杀”，中国企业经济基础较弱，为了尽快获得订单以站稳脚跟，不得不采取低价方式同其他中国企业竞争，致使中国品牌集体形象受损。

中国品牌廉价形象将在很长一段时间影响中国品牌的崛起，低廉的价格与低廉的形象已成为了一个恶性循环，以致于在生产基地大量设在中国的趋势下，一些外国奢侈品品牌仍然不敢在中国开设工厂。据《环球奢侈品报告》中文版统计，有 86%的中国消费者会因为奢侈品牌标有“Made in China”的字样而不愿继续购买。中国品牌究竟应当如何改变现有的形象？链接材料 11-2 为中国企业提供了一个成功案例。

链接材料 11-2：原产地形象对中国品牌国际化的启示

中国品牌在进军国际市场时，应该重视原产地形象的作用，充分利用原产地形象的不同作用机制，或充分利用，或努力规避，最大化中国作为原产地的积极因素，最小化或替代中国作为原产地的负面形象。但无论如何，中国品牌都应该严格保证产品的质量，改善中国产品“质次，价廉”的低端形象。海尔在 20 世纪 90 年代初打入德国市场时，为了验证自己产品的品质，海尔人把同样揭掉商标的海尔产品和德国产品摆放在一起进行全面质量检测，德国《TEST》杂志公布的检测结果显示，海尔冰箱得了 8 个“+”号，超过了欧洲众多响当当的牌子。海尔就是靠过硬的质量在德国市场树起了中国产品的形象，海尔冰箱也从此在欧洲市场站稳了脚跟并迅速成长。因此，海尔对质量的持续关注和改进是海尔成功的关键，也是中国其他品牌可以学习的榜样。

摘自：袁胜军，符国群. 原产地形象对中国品牌国际化的启示[J]. 软科学，2012（2）：41—45.

---

①（美）萨拉·邦焦尔尼. 离开中国制造的一年：一个家庭的生活历险[M]. 北京：机械工业出版社，2008.

（二）中国品牌的企业实力和持久力面临考验

日本管理大师大前研一指出："日本的经历说明，塑造一个国际化的品牌需要耗费20年到30年的时间，需要投入上十亿美元的资金。"回顾宏碁、三星等中国台湾、韩国品牌，成为国际品牌的时间也都耗费了20、30年，没有一个品牌能够一蹴而就。2011年中国国际品牌协会发布的《中国品牌战略发展报告》指出了中国品牌与世界品牌的差距。在国际市场占有率方面，国际知名品牌在全球品牌中所占比例不到3%，但市场占有率却高达40%，销售额超过50%。而目前参与国际市场的中国企业中，拥有自主品牌的不到20%，自主品牌出口额在出口总额中的比重不足10%，在全球100个最有价值的品牌企业中，大部分企业在国际市场的销售额占全年销售额的50%以上，在中国即使一些知名度很高的企业，在海外销售额也不到10亿美金，也只占其销售额的10%左右。

中国品牌要想在国际上立足必须经受住时间和资金的考验，但中国企业已经不能再像索尼、宏碁、三星当年一样靠时间来创建国际品牌了，因为高速的全球化意味着，市场的获得和丢失都在很短的时间内发生。在国际竞争中丧失先机，将使得中外品牌之间的差距拉得更大。近年来，中国企业热衷于通过并购国外企业的方式进入当地市场。商务部、国家统计局、国家外汇管理局联合发布的《2012年度中国对外直接投资统计公报》显示，2012年中国企业共实施对外投资并购项目457个，实际交易金额434亿美元，两者均创历史之最。尽管这种投资方式能够使中国企业利用被收购品牌的影响力较快地进入国外市场，但所需要的资金数额庞大，且对跨文化的企业融合能力和国际营销管理能力也是巨大考验。据美国贝恩咨询公司调查，有20%的并购由于谈判失败而流产了，实现并购的企业也只有30%创造了新的价值，其他的70%反而破坏了原有的价值。戴姆勒奔驰公司在与克莱斯勒公司合并以前，对大型跨国界并购的失败率和原因进行了调查研究，研究的结果很相似：超过70%的并购交易在三年内承认失败。事实上，中国企业并购的失败率还远高于这个数字。可见，无论是兼并收购还是直接设厂，中国企业在品牌国际化道路上都充满风险。

（三）中国企业缺乏国际营销人才和经验

美国科尔尼咨询公司做过一项"弱势地区能否出现全球性大（品牌）公司？"的研究。报告指出，像丰田（日本）、三星（韩国）、塔塔（印度）这些产生在后发展弱势地区的大企业，有一个共性：其创始人（创业型企业家）有在跨国品牌垄断压力下创建自主品牌的勇气。我国企业创始人也具有这种勇气，如联想的柳传志、海尔的张瑞敏、华为的任正非等具有非凡魄力的企业家。但关键问题是，我们缺乏一支能够驰骋国际市场的队伍，这使得中国企业的国际营销执行力大大减弱。

据估计，中国目前有6000万销售人员，而其中80%都没有经过系统的销售培训，真正能够从事营销工作的人才并不多。对于国际营销更是如此。大部分中国企业缺乏一支熟悉外国市场运作规则、了解外国客户需求、拥有全球运营经验又熟悉本企业文化的管理团队。联想集团创始人柳传志曾不止一次在各个场合表示，人才是联想国际化遭遇的一大难题。应该说，这是中国品牌走向国际化的最大瓶颈。

第 3 节　品牌国际化战略

一、品牌国际化的进入战略

品牌国际化进入战略是指品牌进入到另一个国家的过程中所选择的战略途径。不同背景的企业在进行国际化经营时，往往会选择不同的品牌国际化途径。以下按不同的角度划分，介绍几种常见的品牌国际化进入战略（见表 11-1）。

（一）按照品牌经营的模式分

1. 海外经销商代理销售的进入模式

目前，大量企业是采用海外经销商代理销售的方式进入国外市场。这种模式的优点是能够利用当地经销商的渠道优势快速进入市场，而且降低了自建渠道的成本；缺点是完全受制于人，对终端市场的控制力弱，不能直接了解顾客需求和竞争状况。长虹电子进入国际市场主要采取这种模式，比如它在美国依托北美电器经销商 APEX 来销售彩电。

表 11–1　各种品牌国际化进入战略的优缺点

分类标准	进入战略类型	战略优点	战略缺点
按照品牌经营的模式分	海外经销商代理销售	1. 利用当地经销商的渠道优势快速进入市场 2. 降低了自建渠道的成本	1. 受制于人 2. 不能直接了解顾客需求和竞争状况
	投资设厂	1. 减少合作所产生的摩擦 2. 直接了解顾客需求和竞争状况	1. 对资金实力和管理能力要求很高 2. 失败的概率大
	并购或合资	1. 加快市场进入速度，减少品牌推广成本	1. 需要一大笔并购或合资费用 2. 需要融合与被并购方或合作方之间的关系
	设厂和并购结合	1. 兼顾独立和并购的优点，针对不同市场做出不同的进入战略选择	1. 原品牌要有较强的竞争力 2. 同时企业还需要支付一大笔并购费用
	从贴牌生产到自主品牌	1. 入门门槛低 2. 出海快、资金回收快 3. 可直接学习国际先进经验	1. 建设自主品牌需要技术、资金、人才以及魄力
按照进入国际市场的难易程度分	先易后难	1. 能够降低进入国际市场的成本 2. 能获得初步的品牌国际化经验	1. 无法积累形象优势
	先难后易	1. 能得到高难度国际化经营的磨练 2. 形象优势利于进入不发达国家	1. 困难很大，失败的概率很高
	中间路线	1. 能够极大降低经营成本和风险	1. 不能获得多少国际化经营的经验
按照国内外市场的进入顺序分	顺序国际化	1. 国内经营的积累	1. 可能错过国际化经营的大好时机
	逆序国际化	1. 利用国外市场更好的发展机会 2. 暂时先避开国内的激烈竞争 3. 国外的市场地位的光环效应	1. 国际市场的竞争压力要大过国内

2. 投资设厂的进入模式

这种进入战略的关键在于一国企业以独立的身份进入到国际市场进行直接投资设厂，开展国际经营。其优点是能够确保跨国企业拥有独立自主的决策权，减少合作所产生的摩擦，而且能够直接接触市场，了解顾客需求和竞争状况；缺点则是对跨国企业的资金实力和管理能力要求很高，失败的概率大。海尔就是这种模式的典型代表。从1998年开始，海尔就开始以直接投资的形式进入海外市场，历经艰辛，终于凭借其较为雄厚的资金和技术在美国、德国等发达国家崭露头角。

3. 并购或合资的进入模式

这种进入模式的关键是以并购方或合资方的身份而非独立企业的身份进入海外市场。其优点是能够利用被收购或合作品牌在当地已有的影响力，缩短目标市场对品牌的认知时间，减少品牌推广成本；缺点是需要一大笔企业并购或合资费用，而且还需要融合与被并购方或合作方之间的关系。2004年，联想花了12.5亿美元并购IBM全球PC业务，以此建立国际化品牌形象。通过使用Thinkpad等全球知名品牌，联想迈进高速发展通道，营业额和市场份额大幅上升。

4. 设厂和并购结合的进入模式

这种模式的优点在于能够很好地兼顾独立和并购的优点，针对不同市场做出不同的进入战略选择；缺点是以上两种模式的综合，要求原品牌要有较强的竞争力，同时企业还需要支付一大笔并购费用。虽然海尔也采用了二者结合的方式，但TCL是这种模式的典型代表：一方面，它利用独立品牌TCL进入越南、印度等发展中国家；同时，它收购法国汤姆逊和阿尔卡特、德国白电施耐德（Schneider）、美国DVD播放器制造商戈维迪奥（Govedio）公司，分别用这些品牌去占领发达国家的通信、家电市场。

5. 从贴牌生产到自主品牌的进入模式

在直接设厂或并购企业的模式当中，进入国外市场的品牌从一开始就是一个比较强势的品牌。对于缺乏资金、技术、国际营销经验的弱势品牌，又当如何进入国际市场呢？格兰仕品牌的成长经历为我们提供了很好的范本。1999年，格兰仕提出了“海外营销要聚焦大品牌，高度重视为国际性大品牌做OEM”的策略。在这一思想的指导下，格兰仕开始成为意大利的德龙、美国的GE、日本的三洋等大品牌的OEM合作伙伴。无疑，贴牌生产具有入门门槛低、出海快、资金回收快、可直接学习国际先进经验等特点。正是倚仗着OEM这种方式，格兰仕顺利走出了国门。2007年，格兰仕终于在法国迈出了历史性的一步——格兰仕第一家自主品牌专卖店在巴黎盛大开业。至今，格兰仕已经在美、日等112个国家和地区注册了自主商标。当然，这种模式也不是很容易做到的，中国目前有大量贴牌生产企业，但真正向自主品牌成功转化的还很少，因为建设自主品牌需要技术、资金、人才以及魄力，而一个习惯了贴牌生产的企业在这些方面通常是缺乏的。

（二）按照进入国际市场的难易程度分[①]

1. 先易后难模式

先易后难，顾名思义，先利用优势进入容易的市场，待积累力量后再进入难度更大的市场。这种模式适合于实力还不够强大的企业。华为的国际化成长战略就采用这种先易后难的

① 宋永高. 中国品牌国际化的市场选择战略模式[J]. 商业研究，2003，(13).

形式。1996 年，华为启动了拓展国际市场的漫长之旅，起点就是非洲、中东、亚太、独联体以及拉美等第三世界国家。在经过 10 多年在发展中国家市场的磨砺和考验，华为的产品、技术、团队、服务等已日趋成熟，完全具备了与世界上最发达国家竞争的强大实力，华为才陆续登陆欧洲、日本、美国市场。

这种模式的优点在于能够降低进入国际市场的成本，能获得初步的品牌国际化经验；缺点是在不发达国家的成功对进入发达国家市场并没有什么形象上的帮助。比如，TCL 在越南市场的成功对其进入法国市场没有多大帮助。

2. 先难后易模式

采用先难后易的模式，除了有实力，还要有胆识。海尔集团就是这样一家企业。它是中国国内第一家在美国设厂并开拓在美国及国际市场业务的中国公司。目前全美十大连锁超市中已有 8 家销售海尔多类产品，而且海尔进入的是大连锁的全球采购系统，这意味着海尔已经走进美国主流市场。海尔集团网站提供的资料显示，海尔集团坚持全面实施国际化战略，已建立起一个具有国际竞争力的全球设计网络、采购网络、制造网络、营销与服务网络。现有工业园 10 个，海外工厂及制造基地 30 个，海外设计中心 8 个，营销网点 58800 个。

这种模式的优点在于能得到高难度国际化经营的磨练，提高品牌国际化经营的能力，而且一旦成功可以获得形象优势，利于进入不发达国家；缺点是困难很大，失败的概率很高。

3. 中间路线模式

对于发达国家的企业，他们进入其他发达国家的市场就属于走中间路线。这些市场与国内市场差异不是很大，因此可以降低产品、广告的调整成本，提高赢利的机会。待到产品市场成熟后，再将产品引进不发达国家，从而延长产品的生命周期。比如，一些美国汽车的车型都是在欧洲发达国家流行很长一段时间再引进中国的。

这种模式的优点是能够极大降低经营成本和风险，缺点是不能获得多少国际化经营的经验。

（三）按照国内外市场的进入顺序分

1. 顺序国际化模式

顺序国际化是指先在国内市场经营，待积累实力后再到国外市场发展。这也是绝大多数跨国企业的经营模式。一般而言，一个进入国际市场的品牌通常在国内已建立了较强的市场地位，比如联想、海尔、华为、TCL 等等。国内市场上的表现将为企业的国际化征程奠定经济实力、生产技术、生产规模、品牌形象、管理经验等各个方面的基础优势。不过，也可能因此而错过国际化经营的大好时机。

2. 逆序国际化模式

逆序国际化反其道而行之，首先进入国外市场，待到在国外市场建立了显耀地位后再回国发展，比如正阳软件、晨辉照明、海亮铜业等中国企业都采用这种模式开展国际化经营活动。这些企业通常都是在国外市场找到更好的发展机会，而暂时先避开国内的激烈竞争。国外的市场地位能为他们在中国市场的发展带来一定的光环效应。当然，不是所有行业都适合采用逆序国际化模式的，因为在很多行业国际市场的竞争压力要大过国内，没有一定的实力基础很难在国外市场立足。

二、品牌国际化的经营战略

品牌国际化的进入战略是品牌进入国外市场的路径选择，而品牌国际化的经营战略则是品牌进入国外市场之后，在市场经营中所采取的运作模式。从根本上讲，品牌国际化经营战略有全球化和本土化两类。全球化是指将全球各国视为一个整体市场，采取统一的营销策略；而本土化是指各国市场各不相同，营销策略也不尽相同。一种更细化的观念是将这两种战略进一步划分成四种战略，欧洲一些学者还针对这四种战略进行了品牌数据的统计。以下介绍这四种品牌国际化经营模式①：

（一）标准全球化

哈佛商学院著名营销教授西奥多·莱维特（Theodore Levitt）是这一观点的提出者。1983年，他在《哈佛商业评论》上撰文，提出随着经济、通讯、旅游等全球化趋势的到来，企业也应当采取全球化营销策略。这种模式的基本假设是：将全球视为一个统一的市场，每一个国家或地区的市场需求都没有差异。针对这样的无差异市场，企业可以采取统一化和标准化的营销策略，以降低营销策略的调整成本。目前，完全标准全球化的行业不多，常见的如操作系统软件（如微软的 Windows）、奢侈品（如 LV）和化妆品（如兰蔻），也有部分食品品牌（如雀巢奇巧巧克力）。标准全球化品牌约占品牌总数的25%。

（二）模拟全球化

模拟全球化可以说是半全球化模式，它介于全球化和本土化之间，模拟全球化品牌约占品牌总数的27%。在某些行业，各国市场还是多多少少存在一些差异，因此企业除了品牌核心价值等重要的营销要素实行全球统一化以外，产品、包装、广告、促销等其他要素都要根据当地市场的具体情况加以调整，以提高品牌的市场适应性。实施模拟全球化战略的行业非常多，如餐饮、汽车、家电、银行等等。洋快餐通常被认为是标准化程度非常高的一个行业，而实际上，肯德基在保证其“全球烹鸡专家”定位的基础上，也在中国根据需要推出了鲜蔬汤、老北京鸡肉卷等，甚至还销售广东凉茶。欧美有很多两门汽车，而到了中国，却一定要推出四门版本的，因为中国人通常认为两门车太小。链接材料11-3是外国公司在中国成功开展本土化品牌运作的典范，一系列本土化经营让中国消费者看起来感觉可口可乐更像一家中国公司。

链接材料11-3：可口可乐引领中国品牌节拍

为了取得中国消费者的认可，可口可乐采取了“本土化”策略，很好地融合了中国文化。在整合营销的传播手段上，可口可乐则是多元出击，根据不同品牌内涵来设定策略。随着消费者体验的升级，可口可乐还不断翻新品牌，沟通平台在动态中不断更新完善。2008年北京奥运会更是把中国人的可口可乐激情推向了极致。早在2007年，可口可乐就亮出了由姚明、赵蕊蕊、王励勤、郭晶晶、刘翔、易建联等组成的可口可乐“奥运星阵容”；2008年奥运会期间，位于北京几处地标的“可口可乐奥运畅爽地带”每天都要接待三四千人次观众参观，人们可以在里面随意喝到免费冰镇的可口可乐，并有机会亲眼目睹奥运冠军及娱乐明星。可口可乐公司还购买了一批鸟巢剩余钢材，通过加工制作成各种奥运纪念章出售；此外，出品可口可乐奥运主题系列纪念罐也是可口可乐公司奥运

---

① 韦福祥. 品牌国际化：模式选择与度量[J]. 天津商学院学报，2001，21(1): 27—30.

营销活动的既定项目。

长期扎根中国的另一个重要体现是可口可乐实施的可持续发展战略。2010 年，可口可乐中国发布了第三届“可口可乐中国 2008/2009 可持续发展报告”。其中披露与其业务运营直接相关的领域——水资源管理、可持续包装、节能减耗等环境保护方面信息。比如，2009 年与 2004 年相比，可口可乐的装瓶厂提高了 35%的水资源使用效率。可口可乐目前在中国所排放的经过处理的水都达到鱼类等水生动物的生存标准。可口可乐中国系统的装瓶厂已投资超过人民币 3000 万元，添置水回收和净化设备，提高水资源的回收和重复利用以减少水的消耗。

除了开展不同形式的援助外，可口可乐公司还参与了一些可持续发展项目，以减少对环境的污染。比如加强企业内部的水资源管理，减少用水量，进行废水的循环利用；企业与联合国(微博)开发计划署合作开展了一个项目，4 年内为 10 万户居民带来清洁的饮用水，而且每年补充 5 亿公升水；可口可乐还协助 10 万户农民开展可持续发展农业项目，帮农民建造一些收集雨水的设施，进行一些可持续发展农业项目的开发；此外，可口可乐与世界自然基金会合作开展了长江综合保护项目，对 25 个湿地进行保护，每年可向大自然返还超过 5 亿公升的水，使 700 万人受益。可口可乐还为湖南的一些社区建造了很多环境设备和社区设施，帮助他们增加就业机会，促进社区更好地发展。

可口可乐还将其拥有的一些独特资源投入到公益事业，比如，代言人、篮球明星、歌星等。通过让歌迷下载喜欢歌星的歌曲或者让球迷购买喜爱球星的东西等形式来筹集善款，开展一些公益活动。

摘自：胡钰.可口可乐：强大品牌力引领中国节拍[N].华夏时报，2012-07-04.

（三）标准本土化

标准本土化正好跟标准全球化相反，认为各国市场差异很大，因此所有营销组合要素都要根据所在国的情况进行调整。可见，标准本土化战略的成本非常高，且要对东道国市场进行大量充分的调研。采用这种战略的行业一般与当地的文化传统、饮食习惯、行为规范等息息相关，包括食品、日化产品等行业。比如，由于饮食禁忌，麦当劳汉堡里面的肉馅在伊斯兰国家禁用猪肉、印度禁用牛肉。标准本土化品牌约占品牌总数的 16%。

（四）体制决定的本土化

有时本土化并不是企业主观上采取的战略，而是遵照当地法律法规必须调整的，这种模式称为“体制决定的本土化”。所有的营销组合策略都可能会受到所在国的法律法规限制，如产品、包装、定价、渠道、广告、促销等等。而被体制要求本土化的行业通常与安全性（包括文化安全性、饮食安全性、使用安全性等）有关，如音像制品、食品、电器等等。比如，可口可乐在印度遇到一个麻烦，就是印度政府规定所有销售的食品都必须提供完整的配方，而可口可乐当中 1%的神秘配方怎么可以轻易给人？因此，体制决定的本土化对跨国公司影响很大，因为它是强制性的。这些行业的品牌约占品牌总数的 35%，是上述四种品牌国际化战略当中比例最高的。

尽管欧洲一些学者通过调查给出了以上四种战略各自的品牌数量比例，但要真的找到实施纯粹的全球化或本土化战略的企业，是很难的事情。绝大多数企业都是半全球化式或半本土化式，都是全球化与本土化战略的结合。可口可乐、索尼等企业是“思维全球化，行动本土化”（Think Global, Act Local)，而汇丰银行的品牌口号就是“环球金融，地方智慧”（The World’s Local Bank)。其中，品牌全球化的一部分是品牌的核心价值，而品牌本土化的一部分是具体的品牌传播手段。所不同的是，全球化和本土化成分的比例在不同行业和企业中有一定差异，这主要是由以下几个因素决定的：（1）市场需求的差异性。需求差异越大，本土化的程度越大，如麦当劳汉堡在印度会加入很多咖喱，而到挪威会增加鱼肉；（2）竞争的激烈程度。竞争程度越激烈的行业，本土化程度越大，如近几年中国汽车市场竞争激烈，国外汽车生产商针对中国市场进行了大量的产品设计调整以及广告调整；（3）企业自身实力。实力越强的企业，本土化程度越高，如宝洁甚至专门为中国市场开发过适合亚洲人发质的洗发水品牌润妍。

三、品牌国际化的步骤

尽管品牌国际化的历程可谓多种多样，但如果遵循一定的思路，会提高成功的可能性。法国品牌权威学者卡普菲勒教授描述了品牌国际化的六个步骤（见图 11-1）[①]：

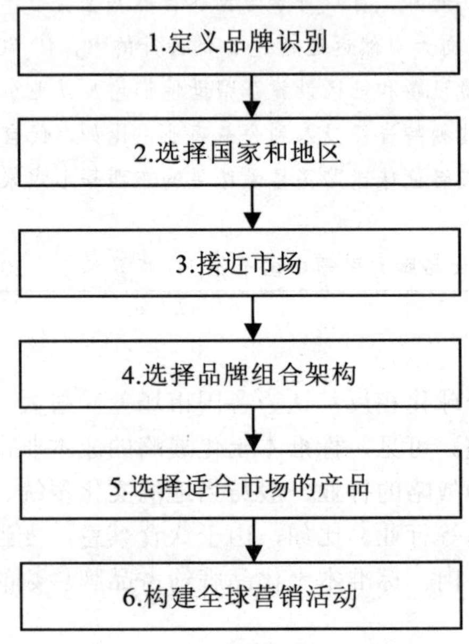

图 11–1 品牌国际化的步骤

（一）定义品牌识别

建立品牌的首要工作是定义品牌识别，以明确本品牌与其他品牌究竟有什么不同。根据前几章的内容可知，品牌识别是一个复杂的系统，其中最重要的是确定品牌核心价值、品牌名称和标志。品牌核心价值是品牌的灵魂，而品牌名称和标志是品牌的面孔。这些识别要素将不随国家市场的不同而改变，且需要保持相当长一段时间的稳定性。因此，在进入国际市场之前，必须研究世界几大主要市场的消费者行为，以找到共通之处。事实上，一些基本的价值观在各国市场都是共通的，如安全、纯真、健康、专业、活力、创新等。比如，沃尔沃在全球都强调“安全”的价值理念，而百事可乐持之以恒地突出它是“新生代的选择”。品牌

① Kapferer, Jean-Noël. The New Strategic Brand Management: Creating and Sustaining Brand Equity Long Term(4th ed.)[M]. London: Kogan Page Limited，2008.

名称、标志的确定不可随意，特别是对于将要进入国际市场的企业而言。因为各国在语言文化和视觉文化方面的差异极大，一个在任何一国不带贬义的名字和标志才能在全球畅通无阻。这也是埃克森（EXXON）石油耗费巨资在全球范围内测试品牌名称的原因。

（二）选择国家和地区

选择国家和地区是一种宏观市场细分，其细分的结果是找到目标国家市场。企业可以根据自身的背景条件来选择是优先进入发达国家，还是不发达国家？是一个一个国家逐个进入，还是若干个国家同时进入？实力不强、信心不足的通常都是先找一个容易做的市场"试试水"，比如，我国很多家电企业一般都是从越南、印度等东南亚国家开始国际化征程的。而实力雄厚的企业可以在全球多个国家同时推广它的品牌形象，如苹果公司首先在若干发达国家推出其 iPhone 手机，然后再进入到发展中国家。

（三）接近市场

选定了一个国家或地区，并没有真正找到目标市场，因为一个国家或地区的市场内部也还存在很大的差异。企业需要再进行微观市场细分，以明确具体的目标市场。譬如在我国，很多跨国公司进入后，都是将目标市场放在一线城市，如北京、上海、广州、深圳等地。一方面这些地方消费水平高、购买力强，另一方面对其进一步开拓二三线城市的市场具有示范效应。

（四）选择品牌组合架构

一些跨国公司采取的是多品牌组合战略，但这并不意味着所有的品牌都要进入国际市场，也不意味着进入某个外国市场的品牌也要进入另一个国家的市场。每一个品牌都有其战略角色，必须与要进入的国家市场的战略目标相吻合。如一些强势的品牌进入一些发达国家是为了建立品牌形象，而另一些弱势品牌进入不发达国家则是为了抢占市场份额。宝洁在美国总部拥有大量品牌，但并没有都进入中国，这与品牌和区域战略的匹配度有关。

（五）选择适合市场的产品

由于市场需求和政策法规的差异性，一些在本国畅销的产品不能直接照搬到国外市场，而必须根据当地消费者和政策的特点进行调整。比如，美国的 GE 电冰箱到了日本就必须缩小容量，因为日本人习惯经常采购食物，而不像美国人通常是一周一次；法国家乐福到了泰国，也出售一些香蜡佛具，因为泰国是佛教国家，而在中国大连，也出售很多韩国货，因为大连韩国人很多；日本本田飞度汽车在日本都是两厢，到了中国硬要做成三厢，因为中国人喜欢大空间汽车。

（六）构建全球营销活动

最后一步是全球品牌传播活动的设计，包括广告、公关、促销等。全球品牌传播需要特别注意的问题是，必须符合当地的政治法律、社会文化环境，尽量融入当地文化元素，但又不能触犯当地的忌讳。日本的立邦漆和美国的耐克鞋等国际著名品牌都在中国出现了"辱华"广告，原因是在创意中加入"龙"、"老道"、"敦煌飞天"等中国传统元素，不是赞美而是贬低，最后不仅给自己造成了经济损失，也伤害了品牌形象。

品牌国际化的经营目标是建立全球品牌资产。为了创建基于顾客的全球品牌资产，凯勒教授提出了十条法则（见链接材料 11-4）。

链接材料 11-4：创建基于顾客的全球品牌资产

凯勒教授在《战略品牌管理》一书中提出了“创建基于顾客全球品牌资产”的十条法则：

1. 理解全球品牌环境的相似性和差异性；
2. 塑造品牌没有捷径；
3. 建设营销基础；
4. 实施整合营销传播；
5. 培育品牌合作伙伴；
6. 平衡标准化和定制化；
7. 平衡全球化和本土化控制；
8. 建立可实施的品牌指南；
9. 实施全球品牌资产的测量体系；
10. 权衡品牌元素。

资料来源：（美）凯文·莱恩·凯勒. 战略品牌管理（第 2 版）[M]. 北京：中国人民大学出版社，2006.

案例分析

长袖善舞 海尔谋局全球化

中国的海尔正在成为世界的海尔。据权威市场调研机构欧睿国际的统计数据，2011 年，海尔在全球大型家用电器行业中，品牌零售量占全球市场的份额达到 7.8%，第三次蝉联全球第一。作为全球第一白电品牌，海尔的一举一动都牵动着全球业界的关注。

2012 年 10 月 24 日，海尔位于新西兰的全资子公司获得国家发改委的核准，进行其增持斐雪派克电器控股有限公司全部股份的要约。舆论普遍认为，此次成功收购，是海尔抓住时机积极实现全球化目标的重要一步，极大地提升了中国品牌在世界白电产业中的影响力。

翻阅海尔发展史，可以发现，全球化是海尔 2005 年提出的发展战略。在随后的 7 年里，海尔完成从国际化到全球化的华丽嬗变，从本土化注脚、创新源泉和海外并购三个层面为全球化做出亮丽注释。

本土化注脚

海尔认为，本土化就是全球化，“全球化”是将全球的资源为我所用，创造本土化主流品牌。海尔如何实现全球化？海尔认为，全球化有“三步走”：第一步是走出去，产品走出去、品牌走出去；第二步是“走进去”，所谓走进去，就是走到当地去开花结果；第三步是“走上去”，就是说海尔要成为当地主流渠道的主要品牌。

为实现在世界各地“本土化”的目标，海尔提出了设计、制造、营销“三位一体”的本土化发展战略，2001 年，海尔集团并购了意大利迈尼盖蒂冰箱工厂，加之海尔在法国里昂和荷兰阿姆斯特丹的设计中心，以及在意大利米兰的营销中心，海尔率先在欧洲真正实现了本土化经营。

此后，海尔又相继在美洲、欧洲、南亚、中东非、亚太、东盟搭建了 6 个本土化海外中心，在全球拥有 28 个制造基地，进入美国前 10 大连锁店，进入欧洲前 5 大连锁店，进入日本前 10 大连锁店，最大化地实现了当地采购、制造、配送、销售。

在产品本土化方面，海尔针对当地消费者需求，立足技术研发与产品创新，推出主流性产品。2012 年 9 月闭幕的 IFA2012 德国柏林国际消费类电子展上，海尔展出了全球最静音的水晶滚筒洗衣机、全球最时尚的意式二代冰箱、透明冰箱以及 A+++节能冷柜等创新产品，法新社、美国《纽约每日经济新闻》、英国《每日邮报》、法国 Les Numériques 等欧美知名媒体均对海尔领先产品进行了重点报道，充分肯定了其在产品本土化研发方面的领先地位。

在渠道本土化方面，海尔也取得了令人瞩目的成绩。目前，海尔成功进入美国前 10 大连锁渠道和欧洲前 15 大连锁渠道，全球销售网点超过 143330 个，海尔品牌产品已经销往全球 160 多个国家和地区。在美国，海尔产品已经进入沃尔玛、百思买等主流渠道；在欧洲，海尔产品已经进入了家乐福、KESA 等主流渠道。

为实现营销本土化的目标，海尔根据每个市场的营销特点，开展了差异化的本土营销，为品牌建立和业务拓展注入了活力。2010 年，海尔紧跟互联网时代的步伐，在欧洲展开数字化营销，不到 4 个月时间，海尔在当地的 FACEBOOK 粉丝突破 4 万，品牌影响力全面提升。

管理上，海尔十分重视文化的包容性建设，使每一位本土化机构的员工都认同海尔的管理和价值观。例如，在巴基斯坦，海尔尊重穆斯林员工隔几个小时就要遵循宗教的要求进行祈祷的需求，设置了祈祷间。海尔的这种人性化关爱，提升了员工的凝聚力。

由此可见，海尔走向世界不是简单的转移生产基地，而是要“融资、融智、融文化”，充分整合全球资源，真正在当地形成设计、生产、销售为一体的本土化企业。

本土化的海尔正在世界各地诞生，为海尔在全球织起一张张“营销网、物流网、资金网、信息网、人才网”，海尔离全球化的梦想越来越近。

创新源泉

创新已然成为海尔所有梦想的内在源泉。海尔认为，企业要实现可持续发展，不仅需要在产品、技术上实现突破，更应在商业模式、管理机制的创新中有所作为，打造一个像时钟一样完整的创新体系。

2012 年 6 月 16 日，是一个令所有中国人倍感骄傲的日子：神舟九号载人飞船成功飞天。那一刻，海尔人内心涌动着自豪之情，因为跟随“神九”上天的还有他们自主研发的航天冰箱。当全球家电企业还在进行激烈的地面竞争时，海尔已经拥有了技术领域的“制空权”。

在海尔中央研究院，神奇的无尾厨电让人耳目一新。一台无线电能发射器被嵌入厨桌，电饭煲、搅拌机等各种厨房家电只要放在厨桌上就能使用。杂乱的插座插头、繁复的电线再也不见了，即使触摸台面或电器也不会触电，厨房变得更整洁更安全了。据说，海尔团队在对 6000 多名消费者调研后发现：好整理、好收纳、好活动、方便使用、安全性高、设计美观是消费者对厨房最迫切的需求。针对这一需求，海尔整合全球技术研发团队，首创家电无尾技术。在 2012 年 7 月中国轻工业联合会组织的技术鉴定会上，专家对海尔的这一技术一致给出国际领先的鉴定意见。

随着互联网时代的开启，营销日益碎片化，传统企业的“生产—库存—销售”模式不能满足用户个性化的需求，企业必须从“以企业为中心卖产品”转变为“以用户为中心卖服务”，为此，海尔探索出“人单合一双赢”模式。

何谓“人单合一”？海尔人认为，“人”是员工，“单”是订单，订单的本质是为用户创造价值的体现。实现“人单合一”，就要求每个人都有自己明确的市场目标，自主驱动，自主决策，自主创新。给一线员工最大的自主权，从过去员工听上级的，变为员工听用户的，企业听员工的。

“人单合一”模式颠覆了以企业为中心的传统生产模式。为此，海尔将金字塔形的企业组织结构也颠倒过来，为新模式量身定制了“倒金字塔”形的组织结构。一线员工在倒金字塔的最上层，直接面对用户，管理者则从顶端颠覆到了底部，从发号施令者变为资源提供者。不再是管理者指挥员工，而是管理者与员工一起听用户的指挥。

“人单合一”模式让海尔的供应链实现了从月下单到周下单；从面向库存的生产到按订单的生产；从大规模制造向大规模定制的转型。目前，海尔的库存周转天数是 5 天，同行业平均是 60 天以上；营运资金的周转天数是负 10 天，同行业则是 30 多天。

对消费需求的准确把握以及技术创新实力让海尔成为全球产业界的佼佼者。相关信息显示，在中国提报的国际标准提案中，海尔共提报 80 项，其中的 27 项标准已经发布实施，成为最早也是最多参与国际标准的中国家电企业。

海尔领先的技术创新实力也得到了全球权威专家的认可。IEC 家用洗衣机设备分委会主席托马斯·黑格尔斯曾表示，在全球家电技术创新方面，海尔已经成为非常好的表率。而欧盟委员会前主席罗马诺·普罗迪更是在公开场合表示，“海尔的发展速度太快了，以至于领先欧洲的家电企业”。

并购提速

作为一个全球化品牌，创新和海外并购就像两张强有力的翅膀，海尔深谙此道。自欧美债务危机爆发以来，全球发达国家市场相对萎缩，全球大多数家电企业也随之陷入了市场业绩衰退的尴尬，这也从侧面凸显了这些企业创新能力不足的问题。而海尔却实现了逆势增长。统计数据显示，2012 年上半年，海尔在欧洲整体市场同比增长率高达 15%。其中，海尔白电在俄罗斯增长率甚至达到 60.9%。

海尔此番要约收购新西兰斐雪派克电器控股有限公司，证明了其全球化战略再提速。

而为什么海尔会收购斐雪派克？此次收购，会给海尔带来什么？则是外界普遍关注的热点问题。

斐雪派克是新西兰老牌厨房电器制造商，创建于 1934 年。2009 年全球金融危机期间，由于债务沉重和销售大降，斐雪派克逐渐陷于困境。海尔认为，若拥有超半数的股权，将能够帮助斐雪派克激发更多潜力。同时，斐雪派克的设计和研发团队、制造团队和销售与营销团队将能为海尔的整体业务网络做出有价值的贡献。作为一个高端白电品牌，斐雪派克在欧洲部分国家仍然具备一定的市场影响力，而这些恰恰是海尔最为看重的。

除此之外，完善全球化产业链布局也是海尔收购新西兰斐雪派克的重要原因，此番收购斐雪派克有助于海尔弥补在上游产业的压缩机、电机等核心零部件发展短板，为海尔谋局全球化增添新动力。

资料来源：武志军.长袖善舞 海尔谋局全球化[J].中国品牌，2012(12).

讨论题：

1. 海尔是如何把品牌的国际化与本土化有机结合起来的？你可以从中得到哪些启示？
2. 试评价海尔的“三步走”战略。
3. 海尔的国际化战略过程中有哪些可以值得中国企业学习？

本章小结

越来越多的企业“引进来”、“走出去”，国际化经营战略已为越来越多的中国企业所熟知。但很多企业对品牌国际化概念的理解还存在误区：（1）认为品牌标识系统的国际化设计就是品牌国际化；（2）认为为国外企业贴牌生产也是品牌国际化。事实上，品牌国际化是一个隐含时间与空间的动态营销和品牌输出的过程，该过程将企业的品牌推向国际市场并期望达到广泛认可和企业特定的利益。可以结合定量和定性方法对品牌国际化程度进行度量。定量的指标包括：（1）品牌的知名度和美誉度；（2）品牌评估的价值；（3）企业经营国际化的比重，具体包括整个企业产品的外销比重、国外市场投资占整个企业投资的比重、国外采购的比重、外籍员工占整个企业员工的比重。定性的指标包括：（1）品牌国际化经营的时间；（2）品牌国际化的区域分布；（3）品牌国际化的输出方式。

根据母国和东道国的层次差别，可以将品牌国际化划分为下行国际化、上行国际化和水平国际化三种类型。这三种品牌国际化具有共同的动因，也有不同动因。共同动因是：（1）本国市场供给过剩，行业增长缓慢，竞争激烈；（2）海外市场的吸引力；（3）通过规模经济降低成本；（4）分散风险；（5）客户的全球流动性和趋同性。不同动因当中，向下国际化的动因有：（1）延长了产品的市场寿命；（2）充分利用发达国家品牌的形象；（3）不发达国家企业的营销竞争力差。向上国际化的动因有：（1）提升品牌的国际形象；（2）增强品牌的竞争力；（3）发达国家的市场利润高。水平国际化的动因有：（1）降低品牌调整的成本；（2）在低风险前提下积累国际化经验。营销国际化向来都不是一帆风顺的，根本原因在于国际化进程中充满了种种环境障碍，而这些企业没能很好地应对。这些环境障碍可分为硬性的政治法律环境障碍和软性的社会文化环境障碍。对品牌国际化产生影响的政治法律障碍主要有政治体制、政局稳定性、政治腐败、涉外经济政策法规、地方经济保护主义、东道国商业法律等等。社会文化环境的影响体现在了品牌与市场接触的各个领域，如语言文字、风俗习惯、行为规范。中国企业在品牌国际化进程中步履艰难，因为面临着以下种种巨大挑战：（1）中国品牌廉价的形象认知已经固化；（2）中国品牌的企业实力和持久力面临考验；（3）中国企业当中国际营销人才和经验缺乏。

品牌国际化战略包括进入战略和经营战略。品牌国际化进入战略是指品牌进入到另一个国家的过程中所选择的战略途径。按照品牌经营的模式分，品牌国际化进入战略有海外经销商代理销售的进入模式、投资设厂的进入模式、并购或合资的进入模式、设厂和并购结合的进入模式、从贴牌生产到自主品牌的进入模式。按照进入国际市场的难易程度分，品牌国际化进入战略有先易后难模式、先难后易模式、中间路线模式。按照国内外市场的进入顺序分，品牌国际化进入战略有顺序国际化模式和逆序国际化模式。品牌国际化的经营战略是品牌进入国外市场之后，在市场经营中所采取的运作模式。四种品牌国际化经营模式分别是：标准全球化、模拟全球化、标准本土化、体制决定的本土化。绝大多数企业都是半全球化式或半本土化式，都是全球化与本土化战略的结合。全球化和本土化成分的比例在不同行业和企业中有一定差异，这主要是由以下几个因素决定的：（1）市场需求的差异性；（2）竞争的激烈程度；（3）企业自身实力。品牌国际化有六个步骤：（1）定义品牌识别；（2）选择国家和地区；（3）接近市场；（4）选择品牌组合架构；（5）选择适合市场的产品；（6）构建全球营销活动。

重点概念

品牌国际化（Brand Internationalization）
母国（Home Country）
东道国（Host Country）
品牌国际化的动因（the Drivers of Brand Internationalization）
品牌国际化的环境障碍（the Environmental Barriers of Brand Internationalization）
中国制造（Made in China）
品牌国际化的进入战略（the Entrance Strategy of Brand Internationalization）
品牌国际化的经营战略（the Operation Strategy of Brand Internationalization）
品牌全球化（Brand Globalization）
品牌本土化（Brand Localization）

进一步阅读材料

1.（美）凯文·莱恩·凯勒. 战略品牌管理（第3版）[M]. 北京：中国人民大学出版社，2010.
2. 宋永高. 中国品牌国际化的市场选择战略模式[J]. 商业研究，2003，(13).
3. 苏勇，张明. 试论品牌国际化的内涵及其标准[EB/OL]. http://211.82.168.15/jingpin/scyx2006/web/qy/006. doc, 2006-06-08.
4. 栾鹤.中国企业积极探索自主品牌国际化路径[N].中国贸易报，2013-12-19.
5. 韦福祥. 品牌国际化：模式选择与度量[J]. 天津商学院学报，2001，21(1): 27—30.
6. Kapferer, Jean-Noël. The New Strategic Brand Management: Creating and Sustaining Brand Equity Long Term(4th ed.)[M]. London: Kogan Page Limited, 2008.

复习思考题

1. 如何理解品牌国际化的内涵？
2. 品牌国际化如何度量？
3. 企业为什么要进行品牌国际化经营？
4. 在国际化进程中，企业会遇到什么环境障碍？
5. 我国企业品牌国际化进程中所面临的挑战是什么？
6. 品牌国际化进入战略有哪些？
7. 品牌国际化经营战略有哪些？
8. 请描述品牌国际化的步骤。

第五篇 品牌评估

第 12 章 品牌资产评估

引 例

2013 年 4 月 Yankee Group 发布的一份调查报告称，2015 年 iPhone 用户数量将超越 Android。报告称，计划未来购买一部 iPhone 的用户比例是购买 Android 的两倍。另外，报告还指出支撑苹果忠诚度的不仅仅是其产品本身，而是整个苹果生态系统。数字显示，只有 9%的苹果产品用户在购买下一款设备时考虑 Android 设备，24%的 Android 用户不再计划购买 Android 设备，其中 18%的 Android 用户打算购买苹果产品。对苹果的忠诚度或取决于人们与苹果的关系：你继续忠于苹果，因为你没有发现吸引你离开苹果的新场所；你继续忠于苹果，因为苹果会做得更好，你仍感到很满意；你或许会认为人们陷入了苹果设下的生态系统陷阱，但如果人们自己并不认为这是陷阱的话，就不会离开苹果。人类对新事物的追求永无止境，其期望是否都能得到满足?如果一款竞争品牌突然使苹果黯然失色，人们是否还会忠于苹果?

摘自：周超臣.苹果粉丝忠诚度短期内不会改变 期待“神奇”新产品[N].21CN 科技，2013-04-29.

热身思考：对苹果迷来说，苹果意味着什么？

第1节 品牌资产的内涵与评估意义

一、品牌资产的定义

20 世纪 80 年代，一个商业并购热潮在全球范围内出现。令人意想不到的是，并购金额竟远远超过了这些被并购企业的账面资产。比如，在 1988 年雀巢收购英国郎利公司的案例中，收购价格高达 50 亿瑞士法郎，是郎利公司股市价格的 3 倍、资产总额的 26 倍。管理者和学者们开始意识到“品牌”作为一个无形资产在企业价值当中的巨大贡献。于是，品牌资产这个最早出现在20个世纪80年代初美国广告界的概念开始在业界盛行起来：1988年，美国营销科学研究院（Marketing Science Institute, MSI）将“品牌资产”列为优先研究主题，并陆续举办品牌资产研讨会；到了20世纪90年代初期，对品牌资产的研究达到鼎盛，大卫·阿克、凯文·莱恩·凯勒、让·诺尔·卡普菲勒等一批顶尖的品牌学者对于品牌资产的内涵、评估模型、创建与管理方法等问题展开研究；而英特品牌咨询公司（Interbrand)、扬·罗必凯广告公司（Young & Rubicam)、国际市场研究公司（Research International）等广告和品牌咨询机构也从应用的层面对品牌资产的结构进行研究，开发了一批经典的品牌资产评估模型。时至今日，有关品牌资产的理论研究依然方兴未艾，而在品牌管理实务界，品牌资产已成为最热门的营销管理概念之一。

作为一个热点问题，参与研究品牌资产的学者众多，每一个知名学者和机构都从自己的角度给出了对品牌资产内涵的理解，造成目前品牌资产定义显得十分杂乱，至今尚未形成一个统一的认识。美国广告学者威廉·韦尔斯（William D. Wells）针对当前品牌资产研究领域的这种现象明确指出：“对品牌资产的研究好似盲人摸象，不同的人出于不同的目的和受个人背景的局限，赋予其不同的含义及采用不同的评估方法。”比如，光是术语的表述和翻译就足以体现这一点：品牌资产的英文表述目前有Brand Equity、Brand Asset、Brand Value等，中文翻译有“品牌资产”、“品牌权益”、“品牌价值”、“品牌产权”等。目前绝大多数论著中英文表述都是Brand Equity，而中文翻译仍存在“品牌资产”和“品牌权益”之争。本书采用“品牌资产”的中文译名，因为“资产”更明了地表现了品牌对企业的财务增值贡献，而“权益”过于专业化，一般的企业管理者不易理解，且“权益”二字容易让人想到“消费者权益”，有误导之嫌。为便于研究，近些年我国著名品牌学者卢泰宏①、符国群②、范秀成③、赵平④、王海忠⑤、苏勇⑥等教授都曾对品牌资产的定义做过归纳和综述。本书结合这些观点，同时参考凯勒教授在《战略品牌管理》一书中的思路，⑦ 把现有的品牌资产定义分成三个视角：产出视角、来源视角和综合视角。

（一）产出视角的品牌资产定义

产出视角是从财务视角对品牌资产进行描述，具体表现为品牌在市场上给产品价格或销售额所带来的增值，并最终反映到公司财务报表或金融市场的价值增值上。一些代表性的品牌资产定义如：肖克（Shocker）和维茨（Weitz）指出，品牌资产是有品牌产品与无品牌产品之间的现金流量差额；穆林（Mullen）和梅茨（Mainz）认为，品牌资产是高于一般竞争者价格的附加值；芝加哥大学的西蒙（Simon）和沙利文（Sullivan）根据公司未来现金流量折现的递增量定义品牌资产，意即相同产品比较有无品牌对未来现金流量的影响⑧。就以上三个定义来看，品牌资产可以直接反映在产品的价格上，也可以反映在现金流量上。正因为品

① 卢泰宏，黄胜兵，罗纪宁. 论品牌资产的定义[J].中山大学学报(社会科学版)，2000，(4): 17—22.

② 符国群. 关于商标资产研究的思考[J]. 武汉大学学报(哲学社会科学版)，1999，(4): 70—73.

③ 范秀成. 品牌权益及其测评体系分析[J]. 南开管理评论，2000，(1) : 9—15.

④ 于春玲，赵平. 品牌资产及其测量中的概念解析[J]. 南开管理评论，2003，(1): 10—13.

⑤ 王海忠. 不同品牌资产测量模式的关联性[J]. 中山大学学报(社会科学版)，2008，(1): 162—168.

⑥ 刘国华，苏勇. 多视角下的品牌资产概念述评[J]. 华东经济管理，2007，(3): 124—128.

⑦（美）凯文·莱恩·凯勒. 战略品牌管理（第2版）[M]. 北京：中国人民大学出版社，2006.

⑧ Simon. C.J. and M.W. Sullivan. The measure and determinants of brand equity: A financial approach[J]. Marketing Science, 1993, 12(1): 28—52.

牌资产体现为财务收益，所以许多管理者也经常用“品牌价值”来指代“品牌资产”。

（二）来源视角的品牌资产定义

来源视角是从消费者视角对品牌资产进行描述，表现为消费者与品牌之间的关系。品牌是因消费者的认知和认同而存在的，消费者与品牌的关系决定了品牌资产的高低，所以是品牌资产的来源。从消费者角度来正式定义品牌资产是凯勒教授最早提出的创新观点。他在权威期刊《营销学报》（Journal of Marketing）上发表的论文“概念化、测量与管理基于消费者的品牌资产”①成为这个领域的经典代表作。凯勒认为，基于顾客的品牌资产（Customer-based Brand Equity）是品牌通过营销传播而使消费者在品牌知识上反映出来的差异化效应。其中，品牌知识（Brand Knowledge）包括品牌知名度（Brand Awareness）和品牌联想（Brand Association）两部分内容。这一定义指明了品牌资产来自于消费者对品牌知识的掌握，强调了消费者在品牌资产形成过程中的作用。后来的学者如克里斯南（Krishnan）②、纳特梅尔（Netemeyer）③等的学术研究都是遵循这一思路开展的。

（三）综合视角的品牌资产定义

产出或来源的角度都只是从一个侧面来界定品牌资产，并不全面。于是，更多的学者和机构试图将二者结合，提出更完善的品牌资产定义。比如，早期的品牌资产研究者、美国卡内基—梅隆大学教授彼得·法古哈（Peter Farquhar）认为，品牌资产是品牌给产品带来的超越其使用价值的附加价值或附加利益④。其中超越其使用价值的附加价值是针对消费者而言的，而附加利益是对企业、经销商而言的；美国营销科学研究院（MSI）认为，品牌资产是品牌的顾客、渠道成员、母公司对于品牌的联想和行为，这些联想和行为使得产品可以获得比在没有品牌名称的条件下更多的销售额或利润，可以赋予品牌超过竞争者的强大、持久和差别化的竞争优势；美国得克萨斯州立大学营销学者斯瑞瓦斯塔瓦（Srivastava）认为品牌资产包括品牌强度和品牌价值。品牌强度是品牌的顾客、渠道成员、母公司对于品牌的联想和行为，它们使得品牌可以享有持久的、差别化的优势，而品牌价值是品牌当前以及未来获取利润及降低风险的能力；品牌权威学者、美国加州大学伯克利分校的大卫·阿克（David A. Aaker）教授认为，品牌资产是一组与一个品牌的名字及符号相关的资产和负债，它能增加或减少某产品或服务所带给该企业或顾客的价值⑤。在此，“带给企业的价值”是财务收益，而“带给顾客的价值”是顾客利益。这些综合视角的定义一方面突出了品牌资产对企业的财务利益，另一方面也指出了品牌资产与消费者所获得的价值相关。

二、品牌资产的特性

不同于其他品牌概念，品牌资产具有以下特性：

---

① Keller, Kevin L.. Conceptualizing, measuring, and managing customer-based brand equity[J]. Journal of Marketing, 1993, 57(1). 1—22.

② Krishnan, H.S.. Characteristics of memory associations: A consumer-based brand equity perspective[J], International Journal of Research in Marketing,1996, (13): 389—405.

③ Netemeyer, Richard G., Krishnan Baliji and Pulling Chreis. Developing and validating measures of facets of facets of customer-based brand equity[J], Journal of business research，2004, (57): 209—224.

④ Farquhar, P. H.. Managing Brand Equity[J]. Journal of Advertising Research, 1990, (8): 7—12.

⑤ Aaker, David. Managing Brand Equity[M]. New York: Free Press, 1991.

（一）品牌资产的价值性

品牌资产概念的提出让管理者明白，品牌是企业最重要的一项资产。品牌的资产来自于该品牌的客户资源，这将支撑品牌在未来很长的一段时间内持续获利。可口可乐前总裁伍德拉夫说："如果可口可乐的工厂一夜之间化为灰烬，我仍然可以在很短的时间内再造一个可口可乐。"他有说这话的底气是因为可口可乐的品牌价值千金。正因为品牌具有价值，所以在企业并购中，除了收购设备、产品、技术、人才等有形和无形资产之外，还需要对品牌进行估价。2013 年，微软以 71.7 亿美元的价格收购了诺基亚的手机业务及其技术，尽管其手机业务是亏损的，但仍能以高价出售，就是看到诺基亚在手机领域仍具有不可小觑的影响力。

（二）品牌资产的无形性

品牌资产属于无形资产的一种。根据《国际会计准则》规定，从 1985 年初开始，购入的品牌价值可以作为一项无形资产，列入资产负债表。这个"购入的品牌价值"实际上也只能是大致估算，因为品牌资产来源于品牌与消费者的关系——一个资产的模糊地带，而不是精确的财务成本简单叠加。可以说，品牌资产的评估是在用定量的方法来测量定性的内容，所以数据无法做到精准。由于品牌资产是无形的，导致很多管理者没有意识到或者经常遗忘品牌的重要性，于是品牌危机、商标抢注等损害品牌资产的事件时有发生。因此，有必要将品牌资产以指标体系和财务数据的形式展现给管理者，随时提请他们注意当前及未来的品牌行为会对品牌资产产生怎样的影响。

（三）品牌资产的波动性

品牌资产是一个动态的概念，它是企业品牌管理行为的结果。企业正确或错误的品牌行为都会在品牌资产那里得到反映。如果不认清品牌资产的波动性，企业在品牌建设上就会犯一劳永逸的错误。这方面的案例不在少数，在 20 世纪 90 年代初期，太阳神凭着 CI 系统和好的产品在中国保健品行业叱诧风云，但由于疏于对品牌的继续建设，以致于如今的保健品行业已是"城头变幻大王旗"。再看韩国三星，20 世纪 90 年代初期还是一个给日本三洋等品牌代工的小企业，后来总裁开始狠抓品牌建设工作，品牌业绩和地位直线上升，2013 年在英特品牌公司（Interbrand）全球最佳品牌榜单上三星排第 8 名，已超过丰田（第 10 位）成为亚洲第一品牌。不胜枚举的案例告诉我们，品牌资产是需要规划和呵护的，任由其发展可能会导致品牌资产的下滑。

（四）品牌资产的积累性

品牌资产来源于企业与消费者的关系，而这层关系又是在与营销者、产品、营销活动无数次接触中逐渐形成的。从接触点管理的角度来讲，每一次接触都是建立消费者—品牌关系的关键时刻，也是积累品牌资产的关键时刻。认识到品牌资产的积累性，企业就能够时时以"为品牌资产服务"的理念来规范自己的各项行为。另一方面，品牌资产的积累性也暗示了"罗马不可一日建成"，没有品牌资产的"速成宝典"。尽管品牌可以通过广告轰炸或媒体炒作"一夜成名"，但品牌知名度只是品牌资产当中若干要素的一部分，而非全部。要想建立雄厚的品牌资产，企业还需踏踏实实地精耕细作，把消费者—品牌关系经营好。

三、品牌价值链

品牌资产既可以从来源的角度来理解，也可以从产出的角度来理解，二者究竟是怎样一种逻辑关系呢？针对这一问题，凯勒教授提出了一个品牌价值链（Brand Value Chain）模型

（见图 12-1）来进行分析[①]。

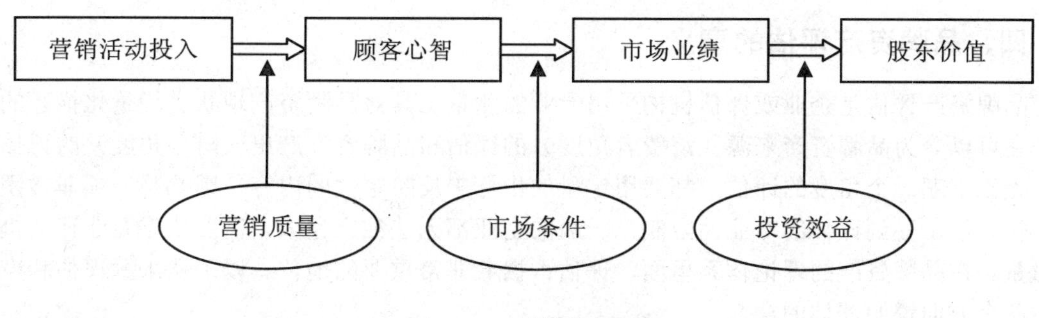

图 12-1　品牌价值链

资料来源：在凯勒品牌价值链模型基础上的简化。

品牌价值链是分析品牌资产形成机理的一个理论模型，从左到右逐层推进，依次包括营销活动投入、顾客心智、市场业绩和股东价值等四个价值阶段。首先，企业需要进行大量的品牌营销活动，以培育品牌资产。这些营销活动包括战略营销和策略营销的全部内容以及相关的支持。当消费者不断接触到这些营销活动之后，他们开始在心理产生了反应，与品牌的关系逐渐升级，包括对品牌的熟悉、了解和记忆程度，对品牌的满意度和信任度、对品牌的认同度和尊重度等等。这就是顾客心智阶段。一旦品牌在顾客心智的位置越来越重要，品牌购买行为就可能发生，相应带来的是市场业绩的提升。市场业绩表现为溢价销售、顾客持续购买、市场份额增大、延伸产品的购买等等。业绩的提升会体现在财务报表的收益栏上面，并在股市上以股价形式反映出来，股东就得到价值回报。股东的价值总和就是品牌的市场价值，也就是品牌资产的产出形式。

在从一个阶段过渡到另一个阶段的过程中，还分别受到一个外部条件的影响。具体来看：（1）从营销活动投入到顾客心智受到营销质量的影响。营销质量的好坏由营销活动的明确性、相关性、独特性和稳定性决定，如果消费者对企业营销所传递的品牌信息不清晰、品牌信息与消费者需求没有关系、营销活动并不具有差异性、营销活动没有经过整合等，那么营销活动的投入不一定能够产生理想的顾客认知和认同；（2）从顾客心智到市场业绩受到市场条件（Market Conditions）的影响。市场条件包括竞争者反应、渠道支持和顾客规模等因素，如果竞争者也开展了有效的营销活动、渠道合作伙伴并没有大量支持、顾客规模偏小，那么市场业绩并不会很好；（3）从市场业绩与股东价值之间有投资效益（Investor Sentiment）。投资效益受到金融市场动能（Market Dynamics）、成长潜力、风险概况和品牌贡献率的影响，如果金融市场疲软、行业成长速度缓慢、行业面临高风险以及该品牌对公司整体的贡献不算大，那么股东价值也不会很高。

通过品牌价值链模型，可以使管理者清楚平时所做的营销工作究竟是如何反映在品牌资产上面的，也明白了“品牌资产由顾客决定”究竟是什么意思。公司营销活动首先作用于顾

① （美）凯文·莱恩·凯勒. 战略品牌管理（第 2 版）[M]. 北京：中国人民大学出版社，2006.

客心智的品牌资产，对顾客心智的品牌资产的影响力最强。当营销活动传递到产品市场和金融市场的品牌资产时，其作用力已逐渐减弱。后两种模式的品牌资产更多受营销之外的因素的影响①。

四、品牌资产评估的意义

品牌资产评估是企业或评估机构采用专业的测量工具对品牌资产现状进行量化描述的过程。它可以分为品牌资产来源（消费者角度）的评估和品牌资产产出（财务角度）的评估两类。无论是哪一个角度的评估，都要用定量的指标来反映定性的内容，因此是一项非常困难的工作。由于受到评估的专业性限制，一般的企业都无法独立完成，需要依靠专业评估机构的力量。在品牌资产的理论体系里面，评估占据着非常重要的地位。以下从来源评估和产出评估两个方面说明评估的意义。

（一）品牌资产来源评估的意义

由品牌价值链可知，顾客心智是品牌资产的根本来源。这是品牌资产形成的关键一步，对它进行评估有助于管理者了解在顾客心目中品牌究竟是处于怎样的位置，以便找出目前所存在的品牌资产问题，以改进营销活动和管理行为。评估可以采用多个角度来展开，如不同时间段自身品牌资产的对比，以掌握营销活动的有效性；不同企业品牌资产之间的对比，以找出自己与竞争者的品牌差距。另一方面，对品牌资产来源的评估将有利于评估品牌的延伸能力，因为延伸的产品是否成功的重要基础之一是母品牌是否具有强大的品牌资产。有研究表明，品牌认知度和忠诚度对品牌的延伸能力有显著影响②。总之，品牌资产来源评估的根本目的是为了促进品牌的战略和策略管理。

（二）品牌资产产出评估的意义

品牌资产产出评估的内容是品牌资产的财务收益，表现形式是一个数字。这个会计意义上的数字对企业来说有三大作用：

1. 方便企业间的品牌兼并收购

企业间的兼并收购在当今市场经济环境下非常普遍，而品牌作为企业一项非常重要的资产需要被估价。品牌资产评估的提出完善了企业资产在资产负债表上面的记录，使企业资产得到完全的反映。如果不对品牌资产进行评估，那么企业的价值将大大被低估。

2. 有助于对品牌建设的成效进行监控

像品牌资产的来源评估一样，品牌资产的产出评估也可以对品牌建设的成效进行监控。所不同的是，来源评估直接反映了顾客的心理，而产出评估反映的是财务收益。这个财务收益反映的是品牌未来几年的现金流量折现，体现了品牌对企业收益的贡献。引用早期进行世界最有价值品牌排名的美国《金融世界》杂志的说法："一旦建立了品牌评价基础，就可以在时间坐标上绘制出品牌价值变化曲线。因为一年一度，管理者便可以通过品牌微量变化曲线，很快辨认问题所在并很快纠正。"

3. 有助于获得利益相关方的支持

企业的利益相关方主要有股东、人才、顾客、金融机构、中间商等。吸引这些利益相关

---

① 王海忠. 品牌测量与提升：从模型到执行[M]. 北京：清华大学出版社，2006.

② 王海忠，于春玲，赵平. 品牌资产的消费者模式与产品市场产出模式的关系[J]. 管理世界，2006，(1): 106—119.

者的合作需要企业实力的展示。投资总额、账面收益等作为企业实力的代表有其局限性，因为没能反映出企业的成长性；而品牌资产比较合适，因为它能够比较明确地反映出企业在未来几年可能获得的收益。一个有实力的企业通过品牌资产评估将品牌价值数字化，从而更容易增强股东的投资信心、吸引更多优秀人才加盟、吸引更多的顾客放心购买、吸引更好的中间商合作以及更多渠道的融资。

第 2 节　品牌资产评估模型与方法

品牌资产评估是品牌资产领域的热点问题，由于其带有很强的专业性，因此无论是品牌学者还是咨询机构都对此表现出极大的兴趣。这也导致目前品牌资产评估的模型和方法种类繁多、五花八门。在国内一些品牌管理类的教科书或是一些学者有关品牌资产评估的论文中，品牌资产评估方法被分为成本法、市价法、收益法、品牌资产十要素法、英特品牌公司评估法、北京名牌资产评估公司评估法等等。这种划分的标准显得不够清晰，缺乏归类。本书结合品牌资产定义的视角，把品牌资产评估方法分成品牌资产的指标分值评估法和品牌资产的财务价值评估法两种。其中，指标分值评估法是指用指标赋值的形式来描述消费者与品牌之间的关系，是从消费者角度对品牌资产的评估，主要流行于营销学者、品牌管理者、品牌咨询机构等之间；而财务价值评估法则是用财务数据的形式来描述品牌的财务价值，是从财务视角对品牌资产的评估，主要流行于会计、资产评估师和专业资产评估机构之间[①]。以下对这些评估模型和方法进行详细介绍。

一、品牌资产的指标分值评估模型与方法

品牌资产的指标分值评估法表现为一些反映品牌与消费者关系的指标，著名的模型有阿克的品牌资产五星模型、凯勒的基于顾客的品牌资产金字塔模型、艾略特和佩西的品牌资产合成模型、扬·罗必凯公司的品牌资产评估模型、国际研究公司的品牌资产引擎模型、全方位公司的品牌资产趋势法、奥美集团的品牌资产组合模型以及 DDB 广告公司的品牌资产模型等等。

（一）阿克的品牌资产五星模型及十要素评估法

全球权威品牌专家大卫·阿克教授目前一共出版了四部品牌专著[②]，所提出的品牌理论在品牌管理领域享有盛誉。其中，最知名的品牌资产五星模型出自 1991 年阿克的第一部品牌专著《管理品牌资产》（Managing Brand Equity）。之所以称之为“五星模型”，是因为阿克认为品牌资产是由五个方面构成的（见图 12-2），包括品牌知名度（Brand Awareness）、感知质量（Perceived Quality）、品牌联想（Brand Association）、品牌忠诚度（Brand Loyalty）及其他专属品牌资产（Other Proprietary Brand Assets）。品牌知名度是指在特定的产品类别当中，消费者对某一品牌的识别或回忆程度；感知质量是指与其他品牌或期望相比较，消费者对于该品牌产品整体性能优良度的评价；品牌联想是指一提到某个品牌，消费者头脑中所想到的任何

① 周志民. 品牌关系评估研究范畴、视角探讨与展望[J]. 外国经济与管理，2005，(1): 34—40.

② 大卫·阿克教授出版的四部品牌专著号称“品牌四部曲”，分别为：《管理品牌资产》（1991）、《创建强势品牌》（1996）、《品牌领导》（2000）、《品牌组合战略管理》（2004）。

与品牌相关的事物；品牌忠诚度是指消费者持续购买本品牌产品的意愿程度；其他专属品牌资产包括专利权、商标权及通路关系等。

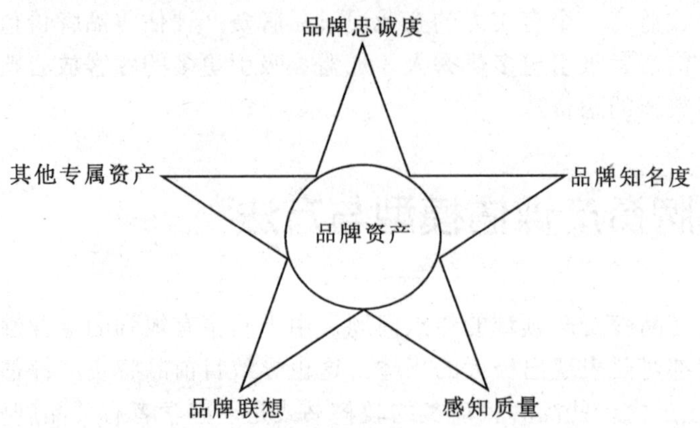

图 12–2　阿克的品牌资产五星模型

资料来源：Aaker, David. Managing Brand Equity[M]. New York: Free Press, 1991.

品牌资产五星模型只是一个抽象的理论模型，1996 年，阿克为了增强模型的应用价值，又提出了品牌资产十要素。十要素分成五个部分十个要点，包括：（1）品牌忠诚度评估，包括价格效应、满意度或忠诚度；（2）感知质量或领导品牌评估，包括感知质量、领导品牌或普及度；（3）品牌联想或差异化评估，包括感觉中的价值、品牌个性、公司组织联想；（4）知名度评估，即品牌知名度；（5）市场行为评估，包括市场份额、市场价格与分销区域。五个部分中前四个与五星模型中的四个成分重叠，第五个是反映市场业绩的指标。这十个要素可以汇总成五个大指标的分值，将品牌资产五个方面进行定量描述。

阿克的模型首次提出了品牌资产当中最重要的几个组成部分，因此在学界和业界都影响甚大。不过，该模型也存在不足，即五星模型的分布结构使得几个组成部分呈现并列关系，而事实并非如此，如感知质量可能会促进品牌忠诚度的形成。由于模型未将各部分的逻辑关系理清，致使品牌资产的形成机理不得而知，从而也影响了模型对品牌管理实践的指导作用。

值得一提的是，2008 年，阿克又对五星模型进行了修正，认为品牌资产只包括品牌知名度、品牌联想和品牌忠诚度（见图 12-3）。其中，原来的感知质量作为品牌联想的一部分并入当中。

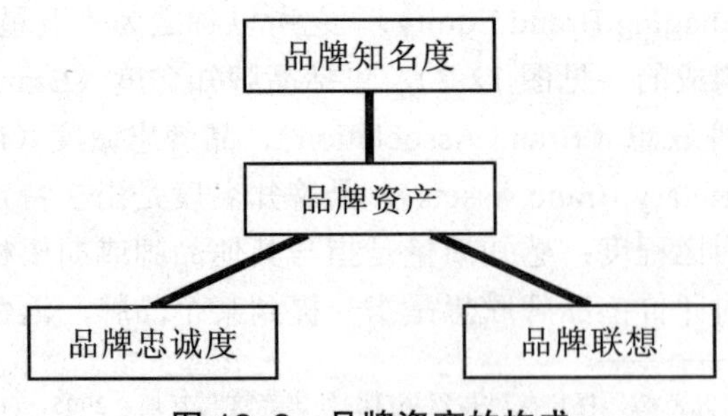

图 12–3　品牌资产的构成

资料来源：Aaker, David.A. Strategic Market Management(8th ed.)[M]. New Jersey: John Wiley & Sons, Inc., 2008.

（二）凯勒的基于顾客的品牌资产金字塔模型

尽管大卫·阿克的品牌资产五星模型已经反映了从顾客角度来评估品牌资产的思路，但明确提出顾客角度品牌资产概念的却是凯勒教授，他将这一新概念称之为“基于顾客的品牌资产”（Customer-based Brand Equity，CBBE）。在第一版的《战略品牌管理》一书中，他提出 CBBE 包括品牌知名度（Brand Awareness）和品牌联想（Brand Association）两个部分；而在该书第二版当中，他又将 CBBE 做了进一步的完善，提出了 CBBE 金字塔模型（见图 12-4）。

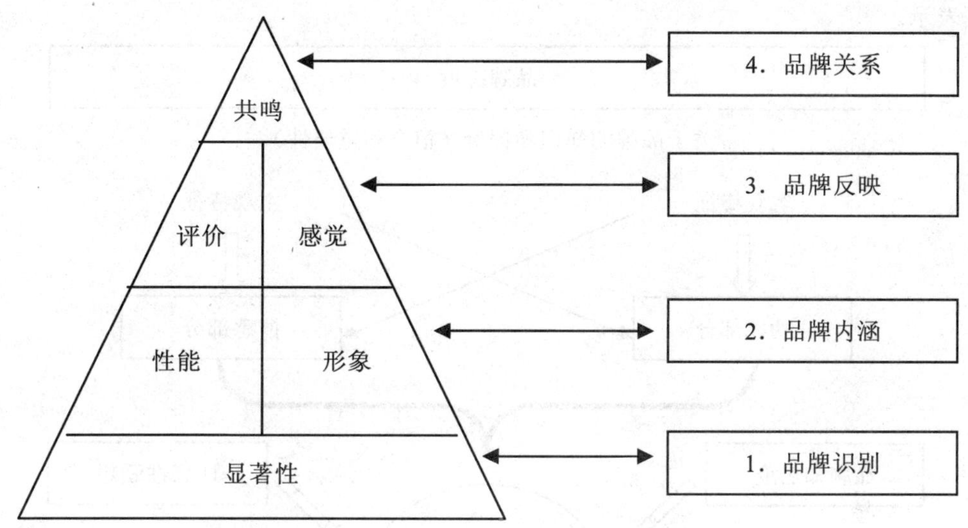

图 12-4　凯勒的 CBBE 金字塔模型

资料来源：（美）凯文·莱恩·凯勒. 战略品牌管理（第 2 版）[M]. 北京：中国人民大学出版社，2006.

该模型将品牌资产分成四个层次，由下至上依次为：品牌识别（Brand Identity）、品牌内涵（Brand Meaning）、品牌反映（Brand Response）和品牌关系（Brand Relationships）。品牌识别回答了“品牌是谁”的问题，它是品牌被消费者知晓的程度，即品牌的显著性（Brand Salience）；品牌内涵回答了“品牌是什么”的问题，理性的部分是品牌性能（Brand Performance），感性的部分是品牌形象（Brand Imagery）；品牌反映回答了“消费者如何看品牌”的问题，针对品牌性能，消费者会形成一个品牌评价（Brand Judgment），而针对品牌形象，消费者会形成品牌感觉（Brand Feeling）；品牌关系回答了“消费者与品牌之间有什么”的问题，反映的是品牌与消费者的共鸣程度（Brand Resonance）。从金字塔底部的品牌识别，到金字塔顶部的品牌关系，反映的是品牌资产在消费者心理的形成过程。

凯勒为每一个具体指标都设计了若干问题进行测量，这样，不仅能够使管理者全面了解品牌资产的现状，而且可以使他们清楚在品牌资产形成的过程中每一步骤的成效如何。同时模型从理性和感性两条路线来测量品牌资产的形成过程，帮助企业实现品牌定位现状检查和未来路线的规划。

（三）艾略特和佩西的品牌资产合成模型

英国巴斯大学营销学教授理查德·艾略特（Richard H. Elliott）与品牌咨询顾问拉里·佩西（Larry Percy）合作提出了品牌资产合成模型（Model of Brand Equity Synthesis），全面地展示了品牌资产的形成和作用机理（见图 12-5）。他们认为，品牌资产最主要的组成部分是品牌态度。品牌态度是消费者关于品牌的知识和评价，并由此而形成的品牌信念以及品牌对消费者的重要性。品牌态度当中包括功能性品牌态度和情感性品牌态度两部分，这是由品牌的客观特征和主观特征所共同决定的。除了品牌态度，品牌资产内部还有品牌知名度、情感性联想（Emotional Association）、品牌忠诚度和财务价值等四个主要组成部分，其中品牌忠诚度和财务价值既对品牌资产的形成做出了贡献，同时又是品牌资产的产出和结果，因此用双箭头表示。

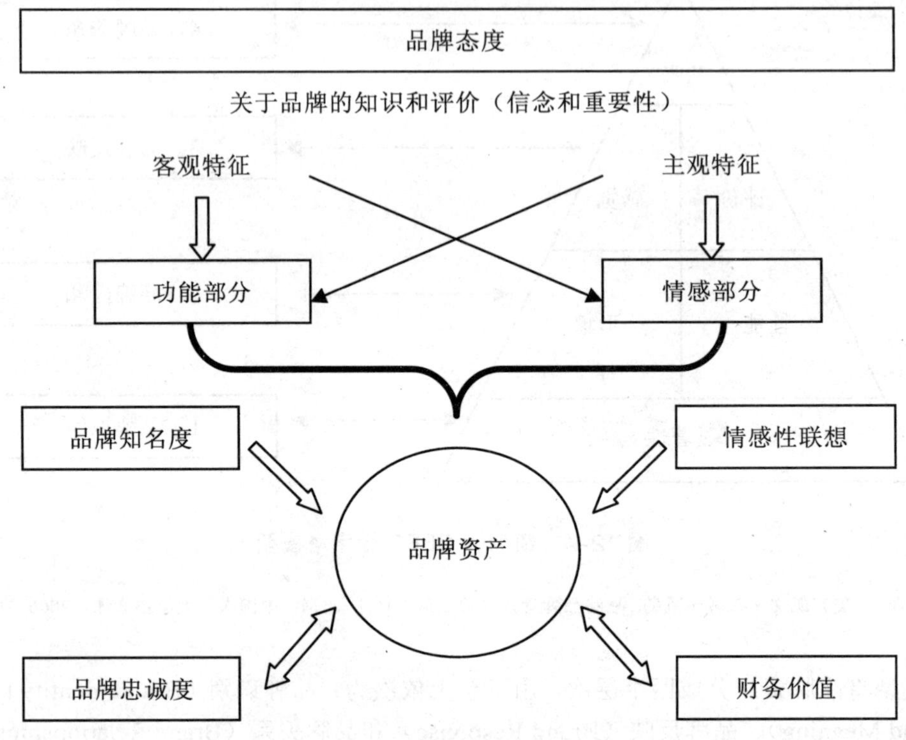

图 12–5 艾略特和佩西的品牌资产合成模型

资料来源：Elliott, Richard H. and Larry Percy. Strategic Brand Management[M]. New York: Oxford University Press, 2007.

品牌资产合成模型与凯勒的金字塔模型有一定相似之处，如品牌知名度相当于品牌显著性，功能性品牌态度和情感性品牌态度相当于品牌评价和品牌感觉，品牌忠诚度相当于品牌关系，而品牌资产与财务价值的关系则与凯勒的品牌价值链类似。该模型独特之处在于强调品牌所带来的情感性联想，艾略特和佩西认为品牌的一个主要价值在于使消费者产生了情感反映，这是一种非理性的强大力量，比如人们对哈雷摩托车的疯狂追逐。模型为品牌资产评估提供了方向，但如何具体评估，特别是如何将最后的财务价值数据与前面几个基于顾客的品牌资产指标相结合，艾略特和佩西并未给出详细的说明。

（四）扬·罗必凯公司的品牌资产评估模型

品牌资产评估（Brand Asset Valuator，简称 BAV）模型是美国著名广告公司扬·罗必凯公司开发的专有品牌资产评估工具，其前身是朗涛公司开发的形象力模型（Landor Image Power）。该模型已被 44 个国家的 500 多万消费者、3.5 万个品牌的数据验证。在 BAV 模型当中，品牌资产来自于品牌活力（Brand Vitality）和品牌现状（Brand Stature）两个方面。品牌活力反映的是品牌的增长潜力，包括品牌差异性（Differentiation）和品牌相关性（Relevance）两个指标。品牌差异性是指品牌与竞争者之间的差异，而品牌相关性是指品牌与消费者个性及需求之间的关联度；品牌现状反映的是当前品牌的实力，包括品牌尊重度（Esteem）和品牌知识（Knowledge）两个方面。品牌尊重度是指由于品牌的高品质、领导地位以及可靠性而产生的消费者对品牌的推崇程度，而品牌知识是指消费者对品牌的熟悉程度（见图 12-6）。按照扬·罗必凯公司的设计，品牌活力是品牌差异性和品牌相关性得分的乘积，而品牌现状是品牌尊重度和品牌知识得分的乘积。根据品牌活力和品牌现状的得分高低，可以组成一个品牌资产分类模型。其中，品牌活力高且品牌现状高的品牌称为“领导品牌”，品牌活力高而品牌现状低的品牌称为“利基品牌”，品牌活力低而品牌现状高的品牌称为“衰落品牌”，品牌活力低且品牌现状低的品牌称为“新品牌”。扬·罗必凯公司将四个具体指标称为“四根支柱”（Four Pillars），2005 年，又根据实际需要增加了一个新的“支柱”——品牌能量（Energy），即消费者对品牌革新性和动力性的评价。这五根支柱构成了全新的 BAV 模型①。

BAV 模型可以说是一个相当完美的品牌资产评估模型，不仅测量了当前品牌的表现，也对品牌未来的发展潜力进行了评估。阿克教授对该模型的评价是“在跨产品的品牌资产评估领域最有进取心（Ambitious）的一项努力”②，而凯勒教授的评价是“到目前为止全球品牌建设中最为精细（Extensive）一项研究项目”③。

（五）国际市场研究公司的品牌资产引擎模型

总部设在英国的国际市场研究公司（Research International，RI）在品牌研究领域颇有建树，如在品牌资产评估方面提出了著名的品牌资产引擎（Brand Equity Engine）模型。该模型认为：品牌资产归根到底是由品牌形象所驱动的。虽然品牌资产的实现要依靠消费者的购买行为，但消费者购买行为根本上还是由消费者对品牌的看法——品牌形象所决定的。模型中，品牌资产由两个形象引擎构成：亲和力（Affinity）和功能表现（Performance）。亲和力是品牌对消费者的软性价值，包括历史延续、信赖感、创新性、需要理解、情感连结、美好回忆、高档、接受性、权威认同等产品所包含的情感元素，反映品牌的情感利益；而功能表现则是品牌对消费者的硬性价值，产品除情感元素之外的其他因素，包括味道、质量、原料、外观等等诸如此类的因素，测试的是消费者对品牌有形的或功能性属性的认知。其中，亲和力又来自品牌权威性（Authority）、对品牌的认同（Identity）和品牌价值的社会承认（Approval）三个方面，品牌权威性是品牌的领导地位，对品牌的认同是消费者个人对品牌的精神认同，品牌价值的社会承认是外界对品牌形象的认可（见图 12-7）。通过一套标准化的问卷以及专门的统计软件程序，可以计算出品牌亲和力和品牌功能表现的得分，既可以将得分进行汇总，也可以计算出哪个因素对品牌资产的贡献最大。将品牌资产引擎模型与凯勒的品牌资产金字塔模型对比会发现，品牌亲和力相当于品牌形象，而品牌性能相当于品牌评价。在凯勒的金字塔模型中，品牌关系的形成就是靠品牌功能和品牌形象两条路线发展的，所以两个模型有相似之处，只不过凯勒的模型要更全面和复杂一些。

① Mizik, Natalie and Robert Jacobson. The Financial Value Impact of Perceptual Brand Attributes[J]. Journal of Marketing Research，2008, XLV(Feb): 15—32.

②（美）大卫·阿克. 创建强势品牌[M]. 北京：中国劳动保障出版社，2005.

③（美）凯文·莱恩·凯勒. 战略品牌管理（第 2 版）[M]. 北京：中国人民大学出版社，2006.

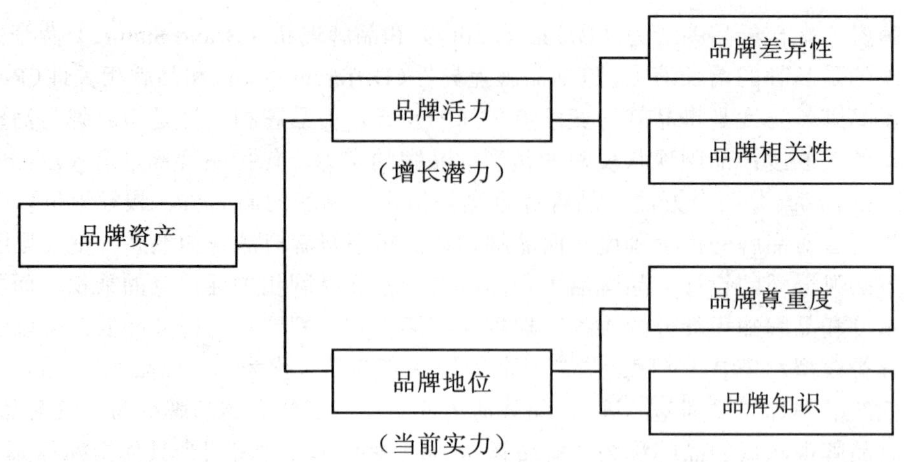

图 12–6 扬·罗必凯公司的品牌资产评估模型

资料来源：MBA 智库百科, www.mbalib.com。

（六）全方位研究公司的品牌资产趋势法

全方位研究公司（Total Research）提出的品牌评估法称为“品牌资产趋势”（EquiTrend）。该方法最初的指标只有两个：一个是显著性（Salience），即对某个品牌发表意见的受访者的百分比；另一个是感知质量（Perceived Quality）。其计算公式为：品牌资产=显著性百分比×感知质量均值。自 1989 年以来，该公司就一直发布相关数据，这种持续动态的长期数据有力地加强了判断品牌资产动态发展及其影响力的能力。在《品牌领导》(Brand Leadership)一书中，大卫·阿克和埃里克·乔基姆塞勒以全方位研究公司的品牌资产趋势资料库为基础，选择了 1989～1992 年间的 34 家公司，研究了品牌资产和股票回报率之间的因果联系。结论是：在品牌资产上获得高收益的企业，其股市回报率平均也达到 30%；反之，品牌资产收益低的企业，股市回报率平均是－10%①。从 2004 年开始，全方位研究公司拓展了其品牌资产的研究指标，增加了使用者满意度（User Satisfaction）的调查，不仅把显著性指标调整为对某品牌的了解程度指标，还赋予不同了解程度的人群以不同的权重。

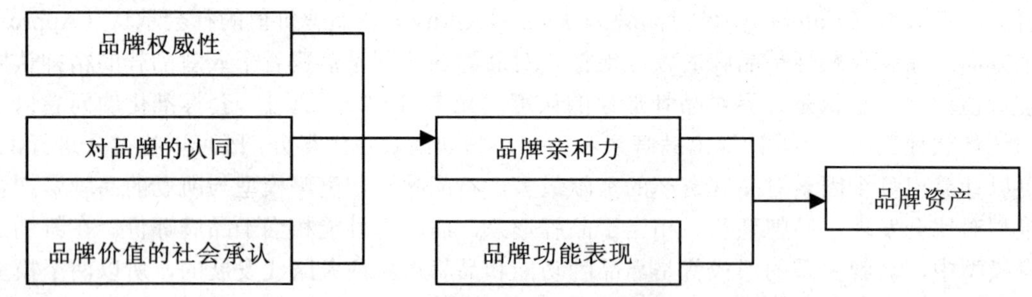

图 12–7 国际市场研究公司的品牌资产引擎模型

资料来源：卢泰宏. 品牌资产评估的模型与方法[J]. 中山大学学报（社会科学版），2002，42(3): 88—96.

---

①（美）大卫·阿克，爱里克·乔瑟米赛勒. 品牌领导[M]. 北京：新华出版社，2001.

（七）奥美集团的品牌资产组合模型

奥美集团（O&M）以“360 度品牌管家”模式而著称。在品牌资产领域，奥美也提出一个品牌资产组合模型。该模型认为，品牌资产应当表现在六个方面：产品、形象、商誉、客户、通路和视觉（见图 12-8）。从本质上来说，这一观点与大卫·阿克的品牌资产五星模型非常相近，比如视觉相当于品牌知名度，产品相当于感知质量，形象相当于品牌联想，客户相当于品牌忠诚度，商誉相当于其他专属资产，只有通路是奥美模型不同于阿克模型的地方。尽管看上去只是改变了说法，但奥美模型更贴近于影响消费者与品牌关系的营销策略因素，因此对品牌资产的建设具有更直接的指导作用。

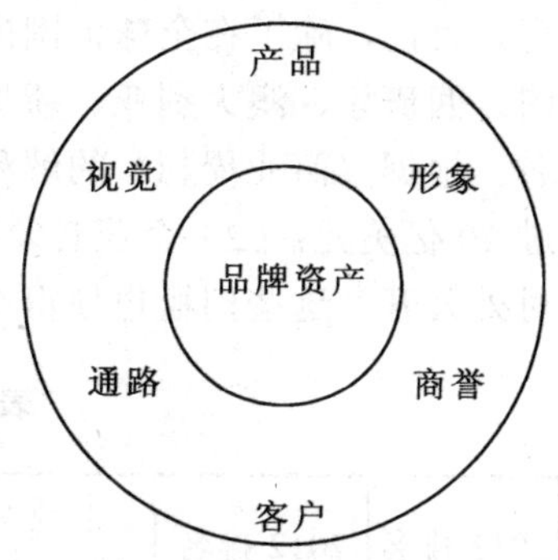

图 12-8　奥美集团的品牌资产组合模型

资料来源：根据奥美广告公司相关资料整理。

此外还有一些咨询公司提出的品牌资产评估方法，如 DDB 广告公司认为品牌资产包括知名度、喜爱程度、认知品质等，指标体系与上述一些模型类似，在此不再赘述。

二、品牌资产的财务价值评估模型与方法

以往的品牌管理论著当中，谈到从财务角度评估品牌资产大多提及成本法、市价法和收益法三种类别①。

成本法是指根据品牌建设所投入的成本进行品牌价值的评估，具体包括历史成本法和重置成本法。历史成本法是把以往投入到品牌建设中的所有原始成本之和作为品牌价值，而重置成本法是把新建一个当前这种市场地位的品牌需要投入的所有成本之和作为品牌价值。无论是历史成本法还是重置成本法，都存在成本数据难以计算，以及不能反映品牌资产价值增长性的问题，按成本法计算的品牌价值会被大大低估。因此成本法在实践当中很少被应用，本书不予进一步介绍。

市价法是依据相似品牌的交易价格来调整定价，而要找到相似的品牌交易数据谈何容易？可见这种评估方法难度太大，本书也不予展开介绍。

收益法是依据品牌在未来一定年限中的赢利能力进行评估的，它充分反映了品牌资产的价值增长属性，能够较全面地反映品牌资产的价值，是目前品牌资产评估方法主流的视角。

以下介绍的品牌评估方法均为收益角度的评估方法。这些方法都是当前国内外最流行的几种品牌资产的价值评估模型。与前述的指标评估法不同，价值评估法将以一个财务数据的形式清晰地展示品牌资产的价值。

（一）英特品牌公司的品牌资产评估模型

1974 年成立于英国伦敦的英特品牌（Interbrand）咨询公司是品牌资产评估领域的先驱，也是全球最具权威的品牌资产评估机构之一。从 1990 年开始，英特品牌公司每年评估“全球最佳品牌 100 强”（Top 100 Global Best Brands），并将榜单发表在美国《商业周刊》（Business Week）上。这一评估报告成为人们了解世界最佳品牌资产的一个风向标，在业界影响甚大（见表 12-1）。英特品牌的品牌资产量化方法最早形成于 1987 年，在参与对一桩企业恶性并购事

---

① 何佳讯. 品牌形象策划——透视品牌经营[M]. 上海：复旦大学出版社，2000.

件进行评估的过程中，英特品牌公司与伦敦商学院共同创立了对品牌资产进行客观评估的模型。目前，除了在全球范围内进行“全球最佳品牌100强”评选以外，英特品牌公司也在法国、西班牙、澳大利亚、新加坡、墨西哥和巴西等国家和中国台湾地区进行了当地品牌的排名。根据《商业周刊》的解释，入选全球最佳品牌的基本条件有三条：（1）品牌价值必须超过10亿美元；（2）企业必须有1/3的销售额来自海外市场；（3）公司的营销和财务数据必须对外公开。这些门槛也使得在历年的全球榜单上没有出现中国品牌的身影。

表12–1　2013年全球最佳品牌榜前10名

2013排名	2012排名	品牌	所属行业	2013年品牌价值（十亿美元）	品牌增值
1	2	苹果 Apple	科技	98.316	28%
2	4	谷歌 Google	互联网	93.291	34%
3	1	可口可乐 Coca-Cola	饮料	79.213	2%
4	3	IBM	商用服务	78.808	4%
5	5	微软 Microsoft	科技	59.546	3%
6	6	通用 GE	综合	46.947	7%
7	7	麦当劳 McDonald's	餐饮	41.992	5%
8	9	三星 Samsung	电子	39.610	20%
9	8	因特尔 Inter	电子	37.257	-5%
10	10	丰田 Toyota	汽车	35.346	17%

资料来源：英特品牌公司网站，www.interbrand.com。

英特品牌公司评估方法的一个基本假定是：品牌之所以有价值不全在于创造品牌所付出的成本，也不全在于有品牌产品较无品牌产品可以获得更高的溢价，而在于品牌可以使其所有者在未来获得较稳定的收益①。因此，它的品牌评估公式是基于品牌未来收益而开发的。公式表述为V＝P×S。其中，P为品牌未来净收益，S为品牌强度倍数。由公式可知，英特品牌评估法需要分三个阶段来完成：

1. 阶段一：品牌未来净收益的计算

首先计算品牌未来净收益，即有品牌产品减去无品牌产品的净利润。这需要分三个步骤来完成②：（1）对品牌进行财务分析。要弄清楚这个品牌在未来的5年当中可能会给企业带来多少价值，这方面计算的数据依据来自于品牌历年来的发展数据和一些公开的财务报表。每年的“全球100个最有价值品牌”的数据主要来源于摩根大通、花旗银行和摩根斯坦利的第三方数据；然后，需要找到的是企业为了让这个品牌达到未来5年的收益要投入多少有形资产，比如设备、土地、厂房和流动资金等等——这些东西在固定的某个行业中都会有一个公认的平均回报率。（2）将以上得到的两个部分的结果相减，即用未来收益减去有形资产投入，得出品牌在未来5年中无形资产带来的回报。（3）剩下的就是要把无形资产回报中品牌

① 符国群. Interbrand品牌评估法评介[J]. 外国经济与管理，1999，(11): 39—41.

② 张梦颖. “Interbrand”的品牌价值方程式[N]. 经济观察报，2004-9-12.

的回报分离出来。英特品牌公司采用一种叫“品牌作用指数”的方法来决定品牌在无形资产中所创造的收益的权重。这要分行业来看的，由于品牌在消费品中的作用比工业品大，因此品牌作用指数也更高。品牌作用指数带有主观和经验的成份，因此完全做到客观和精确几乎不可能。

2. 阶段二：品牌强度的计算

品牌强度反映的是品牌获得赢利能力的可能性大小，表现形式为品牌未来收益的贴现率。英特品牌公司为品牌强度的分析发展出 10 个诊断指标（见表 12-2）：真实性、清晰性、品牌承诺、品牌保护、应变能力、一致性、差异性、曝光度、相关性、可理解性。每个指标的总分为 10 分，共 100 分。品牌强度越大，意味着品牌未来获得此项收益的风险就越小；反之，品牌强度越小，未来收益获得的风险就越大。

表 12–2　评价品牌强度的十个方面及最高的得分值

指标	释义
真实性（Authenticity）	品牌是否基于产品的实际能力而建立，是否继承和传达了明确的理念及良好的价值观，是否可以满足消费者对其的期望
清晰性（Clarity）	品牌价值观、品牌定位和品牌主张是否阐述明确，使消费者在看到或听到这个品牌的时候可以立刻知道并了解这些内容
品牌承诺（Commitment）	品牌在组织决策层面的高度，品牌在运作时间、得到的关注和获得的投资方面的支持程度
品牌保护（Protection）	品牌在各种层面得到保护的程度，包括法律保护，专利成分和设计，制式，品牌地理分布与企业社会责任等
应变能力（Responsiveness）	品牌自身的领导意识和不断自我发展和更新的愿望带来的，可以应对变化和主动创造新机会的能力
一致性（Consistency）	在各个接触点或各种传播方式上，品牌承诺被消费者所认同的程度
差异性（Differentiation）	消费者/顾客所感知的该品牌的定位与其竞争对手定位之间的区分度和独特性
曝光度（Presence）	对于品牌的谈论无处不在，品牌获得消费者、客户、舆论、社会媒体包括雇员的正面评价的程度
相关性（Relevance）	品牌在所有的人群分类和地理区域中，可以满足客户/消费者的需求和期望的程度
可理解性（Understanding）	客户和雇员不仅仅是知晓该品牌，并且对品牌的内涵有着深度的理解和洞察的程度

资料来源：英特品牌公司网站，www.interbrand.com；邵义斌.品牌价值评估的方法与实践，2010.

3. 阶段三：品牌价值的计算

根据品牌资产的价值等于品牌未来净收益与品牌强度倍数之积这一公式，即对第一阶段算出来的品牌未来净收益进行贴现。

英特品牌评估模型是目前影响最大且运用最广的品牌资产评估方法。但是，它仍然在一些问题上显得太主观，表现为品牌对收益贡献率的确定、将未来收益年限定为5年、假定每年的利润基本稳定、品牌作用指数和品牌强度倍数的确定等。不过，要用定量的指标来测量定性的内容，对所有品牌评估方法来说都是很困难的。

（二）美国《金融世界》的品牌资产评估模型

美国《金融世界》（Financial World）组成了6人专家小组进行研究，希望找出评估品牌的准则性方法。与其他评估方法不同的是，《金融世界》将品牌分成产品品牌和公司品牌两个层面分别进行评估，产品层面称为商标，公司层面称为公司商号。商标的价值评估采用英国英特品牌公司的方法，而公司商号的价值评估采用特许经营协会（Trade & Licensing Associates，TLA）的方法。从1992年开始，《金融世界》杂志每年公布世界最有价值品牌评估报告。

《金融世界》商标价值评估所使用的方法与英特品牌方法基本接近，不同之处是《金融世界》更多地以专家意见来确定品牌的财务收益等数据。具体步骤是：（1）计算品牌的利润贡献。首先从公司销售额开始，基于专家对行业平均利润率的估计，计算出公司的营业利润。然后再从营业利润中剔除与品牌无关的利润额，如资本净收益（根据专家意见估计出资本报酬率）和税收，从而最终得出与品牌相关的利润。（2）根据英特品牌公司的品牌强度7因子模型估计品牌强度倍数，品牌强度倍数的范围大致在6到20之间。（3）计算出品牌资产=品牌净利润×品牌强度倍数[①]。链接材料12-1是《金融世界》品牌价值评估法的一个例子。

链接材料12-1：《金融世界》品牌价值评估法的一个例子

以下用一个具体例子对《金融世界》品牌价值评估法的思路和步骤做简要的说明。

计算公式：品牌价值E=品牌的利润贡献I×品牌强度系数G

例："万宝路"品牌评估

第一步：调查"万宝路"品牌产品全年在全球的销售收入为154亿美元。

第二步：计算"万宝路"品牌产品税前的营业利润。

公式：销售收入×营业利润率=品牌产品营业利润

税前利润：

154×22％=34（亿美元）

其中利润率的确定，为了评估的客观性，是根据咨询人员、竞争对手和烟草行业专家的估计，认为"万宝路"的营业利润率应为22％。

第三步：从营业利润中扣除企业的正常投资回报，以计算"调整后的品牌营业利润"，其经济意义在于品牌所能够带来的超额利润。

（1）估算与该销售收入规模相对应的企业正常投入资本。

根据专家分析，1元的销售收入需要使用0.6元的资本。即每产生1元收益，需要使用0.6元的厂房、设备和营运资金等。

正常投入资本：

154×0.6=92.4（亿美元）

① 卢泰宏. 品牌资产评估的模型与方法[J]. 中山大学学报（社会科学版），2002(3): 88—95.

（2）估算投入资本的正常回报。

在不考虑使用该品牌的前提下，资本投入的正常回报率 5%。

资本正常回报：

92.4×5%=4.62（亿美元）

（3）扣除正常回报，计算品牌带来的超额收益。

品牌的超额收益：

34－4.62＝29.38（亿美元）

第四步：计算税后品牌净收益即品牌的利润贡献。公司所得税为 43%。

品牌净收益：

29.38×(1－43%)=16.75（亿美元）

至此，“万宝路”的品牌利润贡献 I 已经求出，为 16.75 亿美元。

第五步：专家根据品牌影响因素打分确定品牌强度系数。

“万宝路”是世界知名品牌中最强的十个之一，因此品牌强度系数 G 定为 19。

第六步：税后品牌价值计算

品牌价值 E=16.75×19=318.19（亿美元）

资料来源：王诚军. 谈谈美国《金融世界》对品牌价值的评估[J]. 中国资产评估，2001，(4): 6—9.

《金融世界》对公司商号评估采用了 TLA 的方法，其理论基础是衡量一个公司商号价值的最好尺度就是在现实生活中其他当事人为使用该商号所愿意支付的租金（特许权使用费等）。TLA 建立了一个大型数据库，包含涉及几乎所有消费品的 5000 多种特许经营协议，并以这些具有可比性的许可协议为基础进行评估。TLA 评估思路仍是收益现值法，首先根据利润、消费者认可度、产品扩张能力、市场份额增长率、转产其他产品的能力等 20 种因素确定商号强度（Brand's Strength），将公司分为 1 至 5 级，以 5 级为最高。强度值越大，公司可能获得的特许权费率就越高。特许权费率在不同行业区别很大，在某些食品行业可能低至 0.25%，而在珠宝或化妆品等高利润行业中可能高达 15%。然后确定公司商号的有效寿命、预期销售增长率、折现率等，将未来收益期内的预期收益进行折现[①]。TLA 的公式为：商号价值=当年销售收入×特许权费率×有效寿命×预期销售增长率×折现因子。

（三）北京名牌资产评估有限公司的品牌资产评估模型

1994 年，《金融世界》的“世界最有价值品牌排行榜”经新华社引进中国，国际品牌数以百亿美元的品牌价值给国人带来极大震撼。于是，一家名为“北京名牌资产评估事务所”（北京名牌资产评估有限公司的前身）的民间机构诞生了，自 1995 年开始每年对我国本土的品牌发布资产评估榜单，评价结果每年在《中国质量万里行》杂志上公开发表。十几年来，其所发布的榜单在海内外影响很大，部分数据和结论被广泛引用，公司也因此成为中国品牌资产评估的权威机构（见表 12-3）。

① 王诚军. 谈谈美国《金融世界》对品牌价值的评估[J]. 中国资产评估，2001，(4): 6-9.

表 12-3　2013 年（第 19 届）中国最有价值品牌排行榜前 10 位

排序	公司名称	品牌	品牌价值（亿人民币）	主要业务
1	海尔集团公司	海尔	992.29	家用电器
2	国美电器有限公司	国美	716.02	电器零售
3	四川省宜宾五粮液集团有限公司	五粮液	701.58	白酒制造
4	中国第一汽车集团公司	中国一汽	684.19	汽车制造
5	美的集团有限公司	美的	653.36	家用电器
6	TCL 集团股份有限公司	TCL	639.16	电视机
7	北京金融街投资（集团）有限公司	金融街	413.05	金融中心区
8	贵州茅台酒股份有限公司	茅台	383.79	白酒制造
9	重庆长安汽车股份有限公司	长安	382.02	微型轿车
10	青岛啤酒股份有限公司	青岛	349.72	啤酒制造

资料来源：北京名牌资产评估有限公司网站，www.mps.com.cn。

该公司认为，品牌资产的价值最终要体现在消费者的产品购买上面，因此与英特品牌公司的方法不同，其所提出的品牌资产评估公式为 P=M+S+D。其中，P 为品牌的综合价值，M 为品牌的市场占有能力，S 为品牌的超值创利能力，D 为品牌的发展潜力。品牌的市场占有能力（M）是依据企业的销售收入指标折算出来的，不同的行业需要考虑品牌对销售收入的贡献，如在快速消费品中可以达到（2～4）:1，在高新技术中大约只有 0.5:1；品牌的超值创利能力（S）的计算方法类似于一般商标评估中的收益法，超过行业平均利润水平的那部分利润按照一定年限（3 年）的折现值；而品牌的发展潜力（D）即在基本利润上乘以品牌发展的潜力系数。该系数的计算方法借鉴了世界最有价值品牌评价中的利润倍数法，但选取的指标有所不同，包括：（1）企业商标在国内外注册数量与范围，即受法律保护状况；（2）品牌已经使用的时间年限，即品牌的稳定使用历史；（3）产品出口或海外经营状况，指品牌超越地理和文化边界的能力；（4）广告宣传投入，指品牌所获支持的力度；（5）技术领先，如专利开发能力等。市场经济条件下，竞争越激烈，行业之间的利润水平就越趋于平均化。由于我国市场经济发展较晚，计划经济体制下造成的行业之间显著的利润率差异依然存在，因此，该评估方法对以上三部分指标都有行业调整系数，其系数采用 3 至 5 年的移动平均法计算而得。通过行业调整，三部分的构成权重平均为 4:3:3。具体到不同行业，会有不同。比如第一个指标，产业自身规模大的，如汽车行业，这方面的权重就小，行业规模较小的小行业，这部分权重就大。将 M、S、D 三个指标加权平均，就得到了品牌价值①。

与英特品牌法一样，北京名牌资产评估公司的方法也存在潜力系数由定性指标决定，难以量化的问题。另外，在对不同行业的企业品牌价值进行对比时，指标权重的调整也体现了一定的主观性。

（四）明略行的 BrandZ 全球品牌 100 强评估

从 1998 年起，WPP 集团旗下的英国品牌咨询公司明略行（Millward Brown）开展了名为

① 陆娟. 品牌资产价值评估方法评介[J]. 统计研究，2001，(9): 34—37.

BrandZ 的基于顾客的品牌资产研究，至今已积累了 31 个国家的 100 万个消费者对 5 万个品牌的访谈数据。基于该庞大的消费者数据，以及著名公司彭博（Bloomberg）、数据监控（Datamonitor）等多方市场数据，明略行开发了专有的品牌资产评估模型，并于 2006 年起每年 4 月在英国著名财经杂志《金融时报》（Financial Times）上发表“BrandZ 全球品牌 100 强”榜单，表 12-4 是 2013 年发布的排行榜单前 10 强。

表 12–4　2013 年明略行 BrandZ 全球品牌排行榜前 10 位

排名	品牌	所属行业	品牌价值（百万美元）	品牌价值上升比例
1	苹果	科技	185071	1%
2	谷歌	科技	113669	5%
3	IBM	科技	112536	–3%
4	麦当劳	快餐	90256	–5%
5	可口可乐	软饮	78415	6%
6	AT&T	电信	75507	10%
7	微软	科技	69814	–9%
8	万宝路	烟草	69383	–6%
9	Visa	信用卡	56060	46%
10	中国移动	电信	55368	18%

资料来源：明略行公司网站，www.millwardbrown.com。

BrandZ 品牌价值的计算方法有四个步骤：（1）计算无形资产利润（Intangible Earnings）。根据彭博和数据监控公司的数据，首先分国家计算每一个品牌的总体利润，然后根据公司和分析师报告、行业研究、收益估算等来剥离出无形资产所创造的利润；（2）计算品牌贡献。根据 BrandZ 中的消费者忠诚度数据来估算出品牌在无形资产当中所占的比例；（3）计算品牌倍数（Brand Multiple）。通过 BrandZ 和彭博的数据，来估算市场大小、品牌风险以及品牌成长潜力，进而算出一个品牌倍数；（4）将上面三个步骤的数据相乘，就可算出品牌价值。计算公式为：品牌价值=无形资产利润×品牌贡献×品牌倍数。

除了公布品牌价值（Brand Value）之外，BrandZ 的品牌榜单中还有品牌贡献（Brand Contribution）和品牌动量（Brand Momentum）的分值排名。其中，品牌贡献反映了品牌对赢利的贡献程度，分值为 1～5 分；品牌动量反映了品牌在短期（1 年）内的增长情况，分值为 1～10 分。

明略行 BrandZ 品牌榜单的评估方法与其他的评估方法有很大不同，主要表现为：（1）BrandZ 评估方法实际上结合了消费者和市场两个方面来评估品牌价值，而英特品牌法等其他评估方法都是从市场一个方面来评估品牌价值的，这使得 BrandZ 方法不仅反映了品牌财务价值，而且还反映了品牌成长的驱动力，因此可以具体指导公司进行品牌管理。（2）BrandZ 方法不仅评估了发达国家，还评估了发展中国家（中国、巴西、印度、俄罗斯）的品牌。在英特品牌评估法下，前100强当中至今尚未出现中国品牌，一个很重要的原因是英特品牌法看重品牌的国际化，国际化程度不高的品牌不予评估；而在BrandZ评估方法中，单一国家的品牌即使国际化程度不高也进入评估的范畴，在其2013年全球品牌百强排行榜里，中国品牌破天荒地有11个上榜，依次为：中国移动（553.7亿美元，总排名第10）、中国工商银行（411亿美元，第16）、腾讯（272.7亿美元，第21）、中国建行（268.5亿美元，第22）、百度（204亿美元，第33）、中国农业银行（199.7亿美元，第37）、中国人寿（152.8亿美元，第57）、中国银行（142.3亿美元，第58）、中石油（133.8亿美元，第65）、中石化（131.2亿美元、第67）、中国平安（105.6亿美元，第84）。以上结果与英特品牌评估法得到的结果形成鲜明对比。（3）BrandZ评估的是单个品牌而不是公司品牌，所以，如果一家集团公司有多个产品获服务品牌，都有可能分别登上BrandZ的榜单。比如，在软饮料行业的品牌价值排行榜中，前5强有4强均为可口可乐公司的品牌，包括可口可乐（第1）、健怡可乐（第3）、芬达（第4）、雪碧（第5）。

（五）日本产经省品牌价值委员会的Hirose模型

日本早稻田大学教授广濑义洲（Yishikuni Hirose）是日本产经省品牌价值委员会主持人，他于2002年在国际期刊上发表了一个新的品牌价值评估法，该模型以他的名字命名为“Hirose模型”。广濑教授认为，如果要将品牌价值计入财务报表，公平公开就很重要，前提是信息透明，而且可以重复验证。他认为英特品牌法在计算品牌对收益的贡献时有“黑盒子”之嫌，且不同行业的品牌贡献率设置得过于主观[①]。因此，他在发展品牌价值评估模型时，舍弃了定性的指标，采用了定量指标，将品牌资产分为三个驱动力指标：声誉驱动力（Prestige Driver，PD）、忠诚驱动力（Loyalty Driver，LD）和延伸驱动力（Expansion Driver，ED）。（1）声誉驱动力是指因为品牌的缘故，企业可以用比竞争对手更高的价格卖出产品。反映在财务报表上，声誉越高，带给企业的现金流就越大。他假设销售成本和广告成本都能带来更多的品牌效益，更多未来的现金收益。（2）忠诚驱动力指品牌长期让顾客重复购买的能力。反映在财务报表上，表示现金流的稳定程度。忠诚度高的顾客愈多，公司的营运就愈稳定，而稳定程度可以从营运成本的状况来看。表现在公式上，则是假设销售量波动愈明显，销售成本就愈高。（3）延伸驱动力是指品牌从原有的市场，延伸到其他产品，以及海外市场的能力。在公式之中的定义，是指多品牌综效产生的未来现金收益，以海外销售额成长率及非原业务销售额的平均销售成长率的平均值作为计算指标。Hirose模型的数学计算式比较复杂，基本的公式是：BV=f (PD，LD，ED)[②]。利用财务报表上的历史数字，可以推估出未来的现金流量，显示品牌价值。

从表面上看，Hirose模型用到了很多成本数据，但这并不表示它所采用的是成本法，因为这些成本数据不是简单的加总，而是用于计算一些品牌资产的驱动力指标。所以，严格来讲，该模型仍属于收益法。与其他收益法的模型相比，该模型的最大特色是只利用公开的财务信息，即可计算品牌价值。由于会计报表已经会计师事务所审计，所以由Hirose评估模型计算出的品牌价值有一定的可靠性。模型的局限性是假设销售成本、广告成本越高，现金流就越大，而实际情况并非完全如此。

---

① 李郁怡. 品牌价值游戏规则[J]. 管理杂志（台湾），2007，200701(391).

② 胡晓明，李明旭，刘春联. 基于HIROSE模型的品牌价值评估实证分析——以我国电子行业为例[J]. 经济管理·新管理，2007，(22): 25—29.

除了以上的品牌资产评估模型，较为知名的还有总部设在英国的 Brand Finance 公司的评估方法，不过由于该方法的原理也基本是采用未来收益的折现，与上述一些方法大同小异，因此本书不再详细介绍。链接材料 12-2 为世界品牌实验室的品牌价值评估模型，该机构对品牌的价值评估在中国影响较大。

链接材料 12-2：世界品牌实验室（WBL）的品牌价值评估模型

评估公式：品牌价值＝E × BI × S

E：调整后的年业务收益额。

它是通过对包括当年在内的前三年的营业收益及今后两年的预测收益加以不同权重后，得出的平均业务收益。

BI：品牌附加值指数。

运用“品牌附加值工具箱”（BVA Tools）计算出品牌对目前收入的贡献程度，表现为品牌附加值占业务收益的比例，这其中包含了对品牌附加值在经济附加值中的比例的计算。

S：品牌强度系数。

在考虑到中国行业及市场经济发展的独特性的基础上，做了一个新的综合，提出了品牌强度系数的 8 个要素：行业性质、外部支持、品牌认知度、品牌忠诚度、领导地位、品牌管理、扩张能力以及品牌创新。这 8 个方面是对品牌从外部宏观环境和微观环境两个方面做的一个定性分析，可以通过市场调查和财务分析获得，反映了品牌的未来收益。

资料来源：世界品牌实验室，brand.icxo.com。

第 3 节　品牌资产评估与管理系统

一、品牌资产评估系统

以上介绍的内容只是品牌资产评估的理论模型和具体方法，从品牌管理的角度来讲，企业还需要建立一套品牌资产评估系统。该系统由评估方法、内容、时间等要素组成，对管理者而言具有很强的操作价值。凯勒指出，品牌资产评估系统可分为两大部分：一是品牌审计（Brand Audit），主要是从企业内外两个角度对品牌资产的来源和产出做全面的检查，用于指导品牌战略的制定，一般每年一次，周期较长；二是品牌跟踪（Brand Tracking）。主要是经常性地对品牌资产做跟踪检查，收集相关信息，用于指导品牌战术的制定和调整，研究的频率依具体的产品类别、消费特点、市场状况而定，周期较短①。

（一）品牌审计

品牌审计当中具体又分成两部分工作：一部分是二手资料的审计，称为品牌盘存（Brand Inventory）；一部分是一手资料的审计，称为品牌探查（Brand Exploratory）。品牌盘存包括：（1）从企业内部收集品牌符号，包括品牌名称、标志、象征物、包装、口号、标志性音乐等；

① （美）凯文 · 莱恩 · 凯勒. 战略品牌管理（第 2 版）[M]. 北京：中国人民大学出版社，2006.

（2）从企业内部收集整合营销传播活动的记录，包括产品、价格、渠道、广告、促销、人员推销、公共关系、赞助等；（3）收集企业以前对品牌的研究资料，包括产品市场研究、竞争者研究、消费者研究等。品牌探查包括：（1）与企业内部人员进行面谈，获取他们对消费者品牌感知的认识以及竞争品牌的情况；（2）运用定量、定性分析的方法来研究消费者对品牌及竞争品牌的认知情况。由于品牌审计涉及的数据量很大，因此通常一年实施一次。而如果遇到企业间的品牌并购问题，则需要聘请专业评估机构对品牌资产的财务价值进行详细估算。

（二）品牌跟踪

品牌跟踪是一种周期较短的品牌调查工作，不是对品牌的财务价值进行评估，因为品牌的财务价值需要的数据量非常大，且短期内数据不会有很大改变。它的研究目的是随时把握品牌资产来源的动态，不断调整企业的品牌战术。品牌资产来源可能反映在产品层面、公司或家族品牌层面，而跨国公司还有全球品牌层面。比如，通用汽车公司总部要对品牌进行全面调查会非常复杂。其在产品层面拥有凯越、君威、君越、林荫大道等几大品牌，家族品牌层面有别克、萨博、雪佛兰等品牌，公司层面是通用品牌 GM，而在各国还有不同的品牌表现。为了得到全面的信息，调研人员需要多方收集数据，包括现有顾客、其他品牌顾客、品牌转换者、渠道成员、内部员工等渠道。研究方法需要将定量和定性的方法结合起来，其中定量主要采用抽样问卷调查的形式，定性的方法难度比较大，如深度访谈、自由联想、投射技术等都需要专业的工具和专业的人员来操作。关于这些研究方法，在市场调研的教材当中都有详细介绍，本书省略。具体到研究频率的问题，则主要取决于以下几个因素：（1）产品购买频率。购买频率越大，研究频率越大，如洗发水的研究频率要高过洗衣机；（2）品牌竞争程度。竞争越激烈，研究频率越大，如彩电的研究频率要高过挖土机；（3）产品或品牌生命周期阶段。成长期的研究频率较大，成熟期的研究频率较小，如汽车的研究频率要高过可乐。

二、品牌资产管理系统

品牌资产的增长源于企业对品牌资产的日常管理。一个规范的品牌资产管理系统包括三个部分：品牌资产章程（Brand Equity Chapter）、品牌资产报告（Brand Equity Report）和品牌资产管理职责（Brand Equity Responsibility）[①]。

（一）品牌资产章程

品牌资产章程是企业品牌资产管理当中的统领性和指导性的文件，所有品牌资产管理工作都必须根据章程来实施。其中的内容包括：

1. 定义企业对品牌资产概念的观点，并解释其重要性。不同的企业定义的品牌资产是不同的，如有些公司认为品牌资产来源于员工，有员工的满意才有满意的顾客；有些公司认为品牌资产来源于股东，一切企业活动围绕股东利益来展开；更多公司认为品牌资产来源于顾客，同顾客建立良好关系是一切营销活动的目标。

2. 以相关产品来描述主要品牌的适用范围，以及品牌塑造与营销的方式。产品是品牌的基石，每一个品牌都要有多个核心产品，这样才具备建立品牌的载体。究竟计划采取技术驱动型、传播驱动型、形象驱动型、渠道驱动型还是销量驱动型的品牌营销战略，章程中要有

① （美）凯文·莱恩·凯勒. 战略品牌管理（第2版）[M]. 北京：中国人民大学出版社，2006.

明确规定，这样才能保证品牌营销战术的统一性。

3. 在各有关层面（包括企业层面和产品层面）上详细说明一个品牌的实际品牌资产和期望品牌资产是什么。应该定义相关联想的范围，包括：它们的属性、利益以及对相似点与不同点的看法。与竞争者相比，品牌应该在消费者心目中建立怎样的形象和个性，必须事先有个设想，而不是任其自由发展。

4. 根据品牌资产追踪研究及其报告来解释品牌资产的测量结果，研究的周期、对象、负责人等要明确。

5. 按照一些通用的战略性指南来指导品牌资产的管理方式，包括如何处理多品牌组合问题、品牌延伸问题、品牌老化问题、品牌国际化问题等。

6. 按照一些通用的战略性指南来规划设计营销活动，包括广告评估标准、品牌名称选择标准等。

7. 根据商标的使用、包装和传播情况来详细说明处理品牌的适当方法，包括品牌保护的问题。

（二）品牌资产报告

每次品牌审计或追踪研究之后必须撰写报告，以规范管理。报告主要分两部分：描述现状（What）和分析原因（Why），具体内容有：

1. 品牌层面

（1）品牌表现的内外部测量，包括内外二手和一手资料的调查；

（2）品牌资产的来源和产出，来源是消费者与品牌的关系，而产出是品牌的财务价值。

2. 消费者层面

主要内容包括消费者对品牌的态度、利益联想、偏好、消费行为等，需要用一些统计软件和方法进行分析，挖掘出一些深层次的问题。

3. 市场层面

（1）产品在分销渠道上的运输和流动情况；

（2）相关成本的削减；

（3）定价与适当减价；

（4）按相关因素（如地理位置、零售商类型和顾客）将销售额与市场占有率分类；

（5）利润评估。

（三）品牌资产管理职责

任何一个希望提升品牌资产的企业都应该设立品牌资产管理机构。由于品牌资产涉及到企业经营战略层面的问题，因此该管理机构的领导最好是营销副总，有些公司甚至就是老总来亲自担任。在品牌资产管理方面，他们担负着以下职责：

1. 监测品牌资产，分为周期较长的品牌审计和较短的品牌跟踪。

2. 组织机构的设计，分产品品类或营销区域设置品牌资产的管理团队。

3. 管理营销合作者，最重要的是下游的流通性企业，他们的行为一定程度上代表了生产厂商的品牌形象。

4. 品牌投资，有效地分配品牌建设费用，使资金利用率提高。

案例分析

中国房地产品牌价值研究

由国务院发展研究中心企业所、清华大学房地产研究所和中国指数研究院三家研究机构共同组成的“中国房地产 TOP10 研究组”，自 2004 年开展中国房地产品牌价值研究以来，已持续进行了四年，研究成果引起了社会各界的广泛关注，对品牌企业提升竞争能力、扩大市场份额、强化行业地位发挥了重要的作用。

一、研究方法体系

在研究方法上，TOP10 研究组充分借鉴国外著名品牌价值评估机构 Interbrand 和 Brand Finance 的研究经验和操作实务，并结合中国宏观经济发展条件和房地产行业发展特点，基于经济价值增加值法（Economic Value Added，EVA）的现金流折现法（Discounted Cash Flow，DCF）和无形资产评估的理论方法，建立了一套实操性较强的研究体系，客观全面地评价房地产品牌价值。

该研究体系中对房地产品牌价值的主要评估流程有：

第一，公司财务分析：对未来经营收入和净利润进行预测。

在房地产品牌价值评估过程中，对未来收入准确可信的预测直接影响到品牌价值的大小，因此必须在分析宏观经济环境、政策环境的基础上，对房地产行业和企业所处的主要市场进行深入分析，再根据企业的市场竞争力及发展潜力，结合行业特性和项目开发的周期性对企业未来 3~5 年的经营收入和利润进行预测。

第二，BVA 分析：计算品牌对公司收益的贡献。

在计算房地产品牌贡献率（BVA 系数）时，TOP10 研究组假设房地产品牌的价格溢价由其产品或公司品牌、技术等因素所贡献，并采用“品牌作用指数”的方法来决定品牌资产所创造的收益。“品牌作用指数”是指品牌贡献占溢价的比重，通过专家咨询法来确定。

第三，品牌风险分析：确定品牌折现系数。

房地产品牌价值评估的关键环节是对品牌进行风险分析以确定品牌未来收益的折现系数。该折现系数的确定首先需要对房地产品牌进行风险分析得到品牌强度系数，由品牌强度系数得到对应的品牌贝塔系数，再运用资产定价模型相关原理，计算得到房地产品牌未来收益的折现系数。

第四，计算品牌价值。

中国房地产 TOP10 研究组采用资产评估中未来收益折现公式，将房地产品牌未来 3 年的品牌收益进行折现，并对 3 年后的品牌收益做年金化处理，从而计算出相应的房地产品牌价值。

二、研究结果

（一）2013 中国房地产品牌价值研究成果分析

2013 年全国品牌企业品牌价值均值为 113.43 亿元，同比增长 19.78%。其中，行业领导公司品牌中海地产、万科与保利地产的品牌价值分别达 297.74 亿元、296.03 亿元和 260.92 亿元，超过全国品牌企业品牌价值均值 2.3 倍，强势品牌的领先优势持续深化。

2013 年区域品牌企业品牌价值均值为 22.92 亿元，同比增长 21.04%。其中，华南、华东、华北、中部四大区域品牌企业的品牌价值均值分别为 32.87 亿元、26.55 亿元、22.93 亿元和

19.79 亿元，西部地区受益于地方经济与区域地产市场的快速发展，品牌价值均值为 12.45 亿元，同比增长率达到 23.77%，增长速度高于其他地区。

2013 年专业领先品牌企业持续深耕专业细分市场，在各自的领域建立了稳固的市场竞争地位，实现了经营业绩的稳定增长及品牌价值的有效积累，品牌价值均值为 36.32 亿元，同比增长 21.65%，增长潜力突出。

品牌有效提升了企业的业绩增长速度，2013 年上半年全国品牌企业市场份额达到 20.35%。品牌房企强势的市场表现使企业在竞争中占据有利地位，直接促进了品牌企业销售业绩领先行业的增长速度，成为品牌企业市场份额扩张的重要保障。全国品牌企业和区域品牌企业 2012 年销售额增长率均值为 28.63%和 22.99%，分别高于同期全国房地产销售额增长率 18.62 和 12.97 个百分点，2013 年上半年的销售额增长率分别高达 50.54%和 47.78%，品牌领先优势明显；23 家全国品牌企业截至 2013 年上半年的市场份额已超过 20%，较 2012 年底提升了 2.67 个百分点，区域品牌企业的市场份额则提升了 3.55 个百分点，全国行业集中度持续提升。

（二）2013 中国房地产策划代理品牌价值研究成果分析

随着房地产市场的快速发展和竞争的加剧，房地产策划代理行业逐步进入品牌锻造资源整合阶段。2012 年策划代理品牌企业顺势而为，不断提升其服务品质以及拓宽服务链，市场影响力提升明显，品牌价值不断凸显：全国性品牌企业品牌价值均值为 22.82 亿元，同比上涨 17.55%；区域性品牌企业品牌价值均值为 5.53 亿元，同比上涨 16.98%。

策划代理品牌企业品牌价值的持续增长得益于以下几个方面：首先，品牌企业通过区域扩张以及业务产业链的深度拓展有效提升品牌企业市场份额，2012 年全国性与区域性品牌企业市场份额均值分别为 1.15%与 0.43%，同比分别上涨了 0.15 和 0.05 个百分点，品牌影响力凸显，市场地位越发稳固；其次，品牌企业不断加大对品牌建设的投入，2012 年品牌企业品牌建设投入均值为 1006.97 万元，同比上涨 17.32%，品牌建设投入占营业收入的比例上涨至 1.10%，品牌投入为品牌价值的增长奠定了坚实的基础；再次，品牌企业通过整合型宣传策略，对品牌传播的力度进一步加深，品牌营销向整合型方向发展；同时，品牌企业的品牌三度均持续提高，综合得分及忠诚度分别为 36.62%、31.49%，较高的忠诚度为企业获取了项目资源以及客户资源，通过降低成本增加利润，帮助企业拓宽项目获取渠道，从而提高了企业的竞争力。

当前我国房地产市场总体仍处于快速发展阶段，新房仍为市场主体，为策划代理行业提供了较强的业绩支撑，但策划代理的跨界竞争逐步升级加剧，行业内业务整合升级和企业兼并已成大势所趋。在此背景下，策划代理品牌企业只有不断提升企业的品牌价值，建立品牌长效发展机制，才能在竞争中立于不败之地。

资料来源：（1）2007 中国房地产品牌价值研究报告[EB/OL]. 中证网，www.cs.com.cn，2007-09.（2）2013 中国房地产品牌价值研究报告[EB/OL].中国商网，http://www.zgswcn.com.

讨论题：

1. 中国房地产品牌价值的评估方法有何特点？
2. 中国房地产品牌价值的评估方法有何优缺点？
3. 中国房地产品牌如何才能提高品牌价值？

本章小结

品牌资产是品牌管理领域最核心的一个概念。可从三个角度来定义品牌资产：来源的角度、产出的角度和综合的角度。品牌资产的来源是消费者与品牌的关系，而产出是品牌的财务价值，品牌价值链对品牌资产的来源与产出做了更详细的描述，包括营销活动投入、顾客心智、市场业绩和股东价值四个价值阶段。品牌资产具有价值性、无形性、波动性和积累性。品牌资产评估意义可以从来源和产出两个角度来理解。其中，来源评估的目的在于指导品牌营销战略和策略的制定，而产出评估的目的是方便企业间品牌并购、品牌建设绩效监督、获得利益相关者的支持。

品牌资产的评估模型和方法可以分为指标分值评估和财务价值评估两种。指标分值评估法是指用指标赋值的形式来描述消费者与品牌之间的关系，是从消费者角度对品牌资产的评估，主要流行于营销学者、品牌管理者、品牌咨询机构等之间；而财务价值评估法则是用财务数据的形式来描述品牌的财务价值，是从财务视角对品牌资产的评估，主要流行于会计、资产评估师和专业评估机构之间。知名的指标分值评估方法具体有阿克的品牌资产五星模型、凯勒的基于顾客的品牌资产金字塔模型、艾略特和佩西的品牌资产合成模型、扬·罗必凯公司的品牌资产评估模型、国际研究的品牌资产引擎模型、全方位公司的品牌资产趋势法、奥美的品牌资产组合模型以及 DDB 广告公司的品牌资产模型等。知名的财务价值评估方法包括英特品牌公司的品牌资产评估模型、美国《金融世界》的品牌资产评估模型、北京名牌资产评估有限公司的品牌资产评估模型、明略行的 BrandZ 全球品牌 100 强评估、日本产经省品牌价值委员会的 Hirose 模型等。各种评估模型和方法都有其优缺点。

企业需要建立品牌资产评估系统和管理系统来完善对品牌资产的管理。评估系统包括周期较长的品牌审计和周期较短的品牌跟踪两部分，而管理系统包括品牌资产章程、品牌资产报告和品牌资产管理职责。

重点概念

品牌资产（Brand Equity）
品牌价值（Brand Value）
品牌资产评估（Brand Equity Evaluation）
基于顾客的品牌资产（Customer-based Brand Equity, CBBE）
品牌价值链（Brand Value Chain）
品牌资产来源（the Source of Brand Equity）
品牌资产产出（the Outcome of Brand Equity）
指标分值评估法（the Evaluation Approach of Indicator Score）
财务价值评估法（the Evaluation Approach of Economic Value）
基于顾客的品牌资产金字塔模型（the Pyramid Model of CBBE）
品牌资产评估（Brand Asset Valuator，BAV）
品牌资产引擎（Brand Equity Engine）
品牌强度倍数（Brand Strength Multiple）
品牌贡献（Brand Contribution）

品牌审计（Brand Audit）
品牌跟踪（Brand Tracking）
品牌资产章程（Brand Equity Chapter）
品牌资产报告（Brand Equity Report）
品牌资产管理职责（Brand Equity Responsibility）

进一步阅读的材料

1. （美）凯文·莱恩·凯勒. 战略品牌管理（第 3 版）[M]. 北京：中国人民大学出版社，2010.
2. 符国群. Interbrand 品牌评估法评介[J]. 外国经济与管理，1999(11): 39—41.
3. 卢泰宏. 品牌资产评估的模型与方法[J]. 中山大学学报(社会科学版)，2002，42(3): 88—96.
4. 王海忠. 品牌测量与提升：从模型到执行[M]. 北京：清华大学出版社，2006.
5. 于春玲，赵平. 品牌资产及其测量中的概念解析[J]. 南开管理评论，2003(1): 10—13.

复习思考题

1. 品牌资产的定义是什么？
2. 品牌资产的特性是什么？
3. 品牌价值链的作用是什么？
4. 品牌资产评估的意义何在？
5. 试对比三种品牌资产指标分值评估模型与方法。
6. 试对比三种品牌资产财务价值评估模型与方法。
7. 品牌资产评估系统由哪些内容构成？
8. 品牌资产管理系统由哪些内容构成？

第 13 章　品牌保护

引　例

2013 年 3 月 15 日晚，央视 3・15 晚会曝光苹果手机在中国市场实施不同于国外的售后政策，其在中国宣称的“以换代修”、“整机交换”并没有真正实现更换整机，而通常沿用旧手机后盖，以逃避中国手机“三包”规定，涉嫌歧视中国消费者。随后苹果公司通过新浪科技发布名为《苹果回应央视 315 报道》的官方声明，声明称“高度重视每一位消费者的意见和建议”。之后连续多天，央视《新闻联播》、《焦点访谈》、《经济半小时》等不断曝光苹果相关问题。终于，在 4 月 1 日晚间，苹果中文官网在主页醒目位置，增加了苹果首席执行官（CEO）提姆・库克《致尊敬的中国消费者的一封信》。他表示，对在过去两周里收到的对中国维修和保修政策的反馈意见进行了“深刻的反思”，意识到对外沟通不足而导致外界认为苹果“态度傲慢，不在意或不重视消费者的反馈”，并对此表示“诚挚的歉意”，并将改进相关服务。

改编自：游昌乔.2013 十大品牌危机公关案例之二——苹果手机涉嫌歧视中国消费者事件[EB/OL].中国营销传播网，http://www.emkt.com.cn/article/606/60631.html.

热身思考：你如何评价苹果公司在此次品牌危机过程中的表现？

第 1 节　品牌危机概述

一、品牌危机的定义及特性

“危机”这个词近来频频在工商企业管理当中出现，如企业危机、产品危机、财务危机、人才危机、品牌危机等。学术界对危机有若干种界定，其中最适合用来理解品牌危机的是弗恩—班克思（Fern－Banks）的定义。班克思把危机定义为对一个组织、公司及其产品或名声等产生潜在的负面影响的事故。[①] 具体到品牌上，品牌危机（Brand Crisis）是指由于组织内、外突发原因而对品牌资产造成的始料不及的负面影响，包括品牌形象的损害以及品牌信任度的下降。与企业危机、产品危机、财务危机、人才危机等概念不同的是，品牌危机反映为消费者与品牌关系的恶化。品牌一旦发生危机就会造成严重后果，如消费者对品牌声誉评价降低，对企业产品或服务的认可度和信任度下降，市场占有率降低，有时还会直接影响企业后续产品的推出。

人有生老病死，品牌也是如此。呵护不周，品牌就会像一个脆弱的生命体一样受到种种

① 高世屹. 美国危机传播研究初探[EB/OL]. 中国新闻传播学论坛. www.zjol.com.cn，2007.

伤害，甚至因此而一蹶不振。一些叱诧风云的著名品牌如今已风光不再，很多时候是因为品牌危机降临到它们头上，而没有得到很好的化解。在这个充满变数的社会里，企业要想不遇到危机是很难的。据美国公关专家对部分著名公司的调查显示：80%的企业管理者认为，企业发生危机如同死亡、税收一样不可避免；14%的企业承认，曾经经受过重大的危机。在中国，不仅本土企业，就连跨国公司出现品牌危机的事件也不在少数。例如，麦当劳过期食品风波、肯德基"速生鸡"事件、可口可乐"含氯门"事件、苹果公司对中国消费者的歧视事件等，众多著名品牌也未能幸免。因此，处理危机的能力应当成为优秀企业管理者的一项基本功。国际上越来越多的企业已经意识到了危机公关的重要性，如伦敦证券交易所新的规定就要求上市公司必须建立危机公关管理制度并定期提交报告。

危机有其明确的特征表现。巴顿（Barton）把危机特性界定为以下的状态：一是惊奇；二是对重要价值的高度威胁；三是需要在短时间内做出决定①。结合到品牌上面，品牌危机具有以下三个特性：

1. 突发性

尽管危机的发生有很多诱因，但在危机没有爆发之前，一切还是风平浪静，而一旦时机成熟，危机的来临将会非常突然，让人始料不及。比如美国止痛药领先品牌泰诺所遭遇的危机就很典型。1982年，泰诺速效胶囊被人注射氰化钾投毒，致使7人丧生，这一恐怖事件使得泰诺连带强生公司的其他产品一夜之间成为"过街老鼠"。各种负面报道来势汹汹，对企业的危机公关能力是巨大的考验。

2. 危害性

品牌危机的根本在于品牌信任度的丧失。这种信任度的丧失不仅只限于某个品牌本身，而且还会推衍至更大的范围和更久的时间。从范围上来看，当一个品牌出现严重危机的时候，相关的产品都会受到牵连，比如山西的"假酒案"使得汾酒、竹叶青、杏花村等各种山西白酒著名品牌都无辜受到重创。从时间上来看，品牌危机在化解之后还会在一定时期内产生余波，如尽管金华地方政府和企业为解决"毒火腿"事件费劲心机，但数年后人们对金华火腿仍心有余悸。

3. 关注性

当品牌出现危机，很容易成为众矢之的，因为这些品牌不仅与人们的日常生活息息相关，而且媒体的报道转载、消费者之间的口传也会加速品牌负面新闻的传播，使得品牌危机成为一时之间的热门话题。为此，企业需要清楚地认识到，抱着欲盖弥彰的心态，采取拖延或逃避的态度是不明智的。

二、品牌危机生命周期

管理学者斯蒂文·芬克（Steven Fink）于1986年提出了企业危机生命周期理论。危机生命周期理论把危机过程分成五个显著阶段：企业危机酝酿期、企业危机爆发期、企业危机扩散期、企业危机处理期、企业危机处理结果和后遗症期②。每个危机阶段都表现出不同的特征。这一理论也可用来描述品牌危机所经历的阶段及特征。

---

① 高世屹. 美国危机传播研究初探[EB/OL]. 中国新闻传播学论坛. www.zjol.com.cn，2007.

② 参见网文《危机生命周期理论》，MBA智库百科，www.mbalib.com。

（一）品牌危机酝酿期

一般来说，品牌危机的发生都是从量变到质变的过程，量变是危机的酝酿过程。由于危机是由多个因素动态发展的结果，因此对潜藏的危机因素的预警和控制是危机管理的重要阶段。然而，有些非企业自身的影响因素很难被企业发觉，这也使得危机变得难以防范。

（二）品牌危机爆发期

突破危机的预警防线，品牌危机便进入爆发期。爆发的速度会令企业始料未及，惊慌失措，如中毒案给泰诺迅速带来了严重的负面影响。

（三）品牌危机扩散期

危机如果不能立即处理，媒体将增加更多的负面报道，公众将产生更多的猜疑，危机程度将更加恶化。

（四）品牌危机处理期

如果处理及时，危机的扩散期将大大缩短。在处理期，一个训练有素的危机处理小组，一个主动、真诚、迅速的工作态度，一系列行之有效的公关措施将使得危机得到妥善解决。

（五）品牌危机处理结果与后遗症期

品牌危机经过紧急处理后，可能得到解决，这时的工作变成了品牌关系的维护和提升。但如果是无效的处理，可能使品牌危机的残余因素经过“发酵”，使危机重新进入新一轮酝酿期。

预防得好，危机生命周期可能不会发生；如果发生了，处理得好，危机的生命周期可以压缩得很短；处理不好，危机生命周期将影响长久和广泛，不断损害品牌资产，直至品牌死亡。

三、品牌危机产生的原因

从近些年的例子来看，品牌危机已成为中外品牌经营过程中的“常见病”，不仅很多中国品牌频现危机，就连雀巢、博士伦、肯德基、高露洁、SK-Ⅱ等一些全球知名的国际品牌也纷纷陷入危机之中。根据20世纪70年代以来西方学者对危机管理的研究，在激烈竞争的市场经济条件下，公司组织面临的危机主要有七种，包括信息危机、产品危机、价格危机、商誉危机、财务危机、资产危机和人力资源危机。国内品牌实战专家雷永军将企业危机爆发的原因归纳为利益驱动型、自然灾害型、陷害型等三种。结合这些观点，本书认为品牌危机的成因可以从组织内部和外部两个方面来分析。其中，组织内部原因是企业自身的主观原因，而组织外部原因是企业所处的客观环境。

（一）组织内部的错误

1. 战略决策失误

“一着不慎，满盘皆输。”很多企业领导都发出“企业经营如履薄冰”的感叹，虽然对于过后的成败，学界或是业界都分析得头头是道，但真正在做战略决策的当口，要想做出准确无误的判断并非易事。战略决策的内容很广，如新产品开发、价格调整、财务管理、兼并收购、销售模式等。由于领导层的决策失误，一些品牌陷入了危机，尽管这个决策可能是经过深思熟虑的。1985年，百事可乐一项口味盲测结果让可口可乐很紧张——调查显示，超过半数的被测试者更喜欢百事可乐更甜和柔和的口感。于是，可口可乐潜心研究，推出了全新口味的“新可乐”（New Coke）。为了确保新可乐万无一失，可口可乐还进行了20万次消费者口味测试，结果是新可乐的支持率是传统可乐的 3 倍。“这是我们有史以来最有把握的一次行动。”公司董事会主席当时非常自信地预言新可乐必将成功。然而，尽管产品更好，且广告攻势铺天盖地，但新可乐推出后却遭遇惨败。仅 3 个月不到，可口可乐重新推出了其原版配方的经典可乐（Coca－Cola Classic）。新可乐改名为 2 号可乐（Coke II），至今只占极小市场份额。新可乐无疑是更好的产品，但绝非更好的品牌。导致品牌危机的决策失误有时很难避免，因为企业经营本来就充满了风险，何况像“新可乐”这样的品牌还是经过了严格的产品测试而推出的。历史上，万宝路也经历过一次战略决策的大失败，被称为“黑色星期五”。准确地说是 1993 的 4 月，菲利普·莫里斯公司将万宝路香烟每包的单价降低了 40 美分。那天是星期五，而到了下一个星期一，包装行业的上市公司股票市价缩水了 250 亿美元。每个人都意识到：这就是品牌的威力，而企业战略行为总是会对品牌产生正面或负面的影响。在我国，不少品牌因为资金链出现问题陷入危机，如五谷道场、爱多等。这也反映出中国很多企业缺乏管理经验，在企业发展壮大的过程中没有增强企业的适应性，不能平衡生产、销售和资金之间的关系。

2. 商业造假

如果说决策失误导致了品牌危机还情有可原的话，那么商业造假将品牌推向困境就是“咎由自取”、“玩火自焚”，商业造假可能获得了一时辉煌，却将品牌径直地推向了地狱。比如美国安然公司，一个居世界 500 强第 7 位、2000 年营业规模过千亿美元、让世人惊叹的能源巨人，几乎在一夜间倒塌了，其虚报盈利、关联交易等行为使其成为美国历史上最大的商业造假案。不仅能源巨人安然因此而破产，就连一直以来负责其审计工作的全球第五大会计师事务所安达信公司也受到牵连而名誉扫地，被迫关闭。我国的欧典地板也是如此，其宣称“源于德国”以及由 70 年以上木材精制而成，卖出了每平米 2008 元的天价，结果被曝光其实根本就与德国无关，这一“国际玩笑”使得欧典地板丧失了品牌信任度。①

3. 产品和服务问题

产品质量是品牌发展的根本和基石。尽管所有人都知道这一“常识”，然而，品牌出现质量问题的现象却时有发生，特别是诸多知名国际品牌如三菱帕杰罗汽车刹车失灵、雀巢的转基因食品、高露洁牙膏含氟超标等出现的质量问题比比皆是。尽管知名品牌出现质量问题的机率比普通品牌要少得多，但消费者毕竟对它们充满了更多的期待和信任，一旦出现质量问题，它们在消费者心目中的印象就会被大打折扣了。SK-II就是很好的一个例子，这个位居中国高档化妆品前三甲的宝洁公司旗下产品被查出含有禁用物质钕和铬，钕可导致肺栓塞，而铬可引起湿疹，这一致命的产品问题使 SK-II全部下架，品牌形象严重受损。服务问题更多出现在汽车、家电、装修等行业。比如，由于消费者对奔驰车售后服务的不满，结果导致了“砸大奔”等极端泄愤事件的出现。互联网时代使得产品和服务问题传播变得异常迅速和不可控，随便查看哪个品牌的产品论坛，都能看到网民们的不同评价，这对于潜在的购买者影响很大。

4. 广告问题

在广告传播活动中，一些企业在进行创意时疏忽了当地市场的一些禁忌，或者无形中伤害了当地人的感情，致使品牌陷入不利局面。例如，跨国公司在中国就出现了多起广告伤害

① 相关报道详见新浪财经网页 http://finance.sina.com.cn/focus/orderlies/。

中国人感情的事件。一起是日本著名油漆品牌立邦。为了突出产品的光滑效果，立邦漆在一个平面广告中描述了一根刷了立邦漆的柱子，由于过于光滑，使得攀附在柱子上的一条龙滑落下来。这一广告创意引起了很多中国人的不满：龙是中国人所崇拜的图腾，立邦漆的广告怎么能如此儿戏？这一事件还使得刊文介绍该广告作品的国内权威广告杂志《国际广告》不得不向公众道歉。类似的还有丰田霸道（PRADO）汽车的桥头石狮敬礼的平面广告、耐克在“恐惧斗室”丑化中国的电视广告等（见图13-1）。这些品牌危机的出现说明一些跨国企业对当地的社会文化还欠了解，在广告创意过程中还欠考虑。

图13–1 立邦漆和霸道车涉嫌“辱华”的广告

（二）组织外部的损害

1. 媒体报道

“水可载舟，亦可覆舟”，媒体对品牌的作用就是如此。企业经营管理方面出现一些问题，在企业自身看来是再正常不过的事情，但是一经媒体报道就可能将其转化成一场危机。譬如媒体对爱多资金链断裂的报道，就加速了爱多的破产。更有一些不负责任的媒体为了追求新闻效果，断章取义，将一些小事说大，最后把品牌推上绝路。比如三株口服液，由于惹上官司，媒体争相报道，以讹传讹，结果尽管官司赢了，三株也陷入了严重的品牌危机当中，从此一蹶不振。有时媒体可能是属实报道，但消费者可能会产生误解，如某媒体报道“生产万家乐空调的珠海飞翔达公司由于生产经营不善、资金链断裂，遭到银行查封，供应商纷纷上门讨债”，就对万家乐品牌产生一定的负面影响，而事实上珠海的“万家乐”只是租用了万家乐公司的品牌而已，并不是万家乐公司本身。

2. 受到其他品牌的牵连

很不幸，品牌的声誉还可能会受到其他问题品牌的负面影响。遭遇假冒是很常见的一种情况。假冒品牌不仅影响了原有品牌的销售额，更严重的是降低了原有品牌的形象。据统计，2002年宝洁公司在中国销售的各项产品中平均假冒率高达15%，公司为此损失达1.5亿美元。前几年“南京冠生园陈馅月饼事件”反映出另一种品牌受到负面影响的情况。由于使用往年未售完的陈馅来制作月饼，南京冠生园被媒体曝光，结果全国20多个同名的冠生园公司都受到牵连，实际上这些冠生园公司与南京冠生园并无归属关系，彼此之间相互独立。还有一个案例也反映了品牌受到牵连的情况，亨氏公司的“美味源”辣椒酱被查出含有“苏丹红一号”时，作为其供应商之一的调味产品生产企业森馨香精色素公司有重大嫌疑，最后调查表明，

“美味源”辣椒酱的另一个供应商才是罪魁祸首，但森馨公司也在一段时间内无辜地陷入了苏丹红危机。

3. 他人的陷害

出于竞争或是其他原因，品牌有受到他人陷害的可能。在消费者不明真相的情况下，这些陷害就变成了品牌的危机。在互联网上，当我们搜索网民对某个品牌的评价时，我们往往会看到一些帖子把该品牌说得一无是处，当中的内容或许是真的，但也不乏竞争对手在恶意诋毁。比如，从 2004 年，蒙牛乳业就遭到某竞争者授权一家“黑公关公司”撰写新闻稿件的攻击，质疑蒙牛的广告费用过高，并对产品质量进行诽谤，新闻报道涉及数十家媒体、近百篇稿件；一波未平一波又起，某竞争者在蒙牛牛奶中注射福尔马林，放在超市的货架上，以此讹诈蒙牛。① 历史上，受到陷害而使品牌陷入危机的最著名的案例莫过于泰诺速效胶囊被投毒案。由于一个丧心病狂的人对泰诺投入剧毒氰化钾，导致 7 名消费者服用后死亡，结果逼得强生公司不得不立即召回市面上和消费者手中所有的泰诺产品。

第 2 节　品牌危机管理

一、品牌危机管理的体系

学术界从理论层面对危机管理进行了一些思考，约翰·伯尼特（John J. Burnett）、罗伯特·赫斯（Robert Heath）、马特拉（Matra）等一批学者都提出了相关的理论。在此基础上，国内学者提出了企业危机管理五力模型②，其模型示意图如图 13-2 所示。由模型可知，危机管理包括预防、处理和评估工作，而只有当企业战略、危机管理小组、信息沟通、资源保障、组织文化五种力量共同作用于企业危机管理时，才能促进企业危机管理的顺利进行。这个体系对品牌危机管理同样适用。

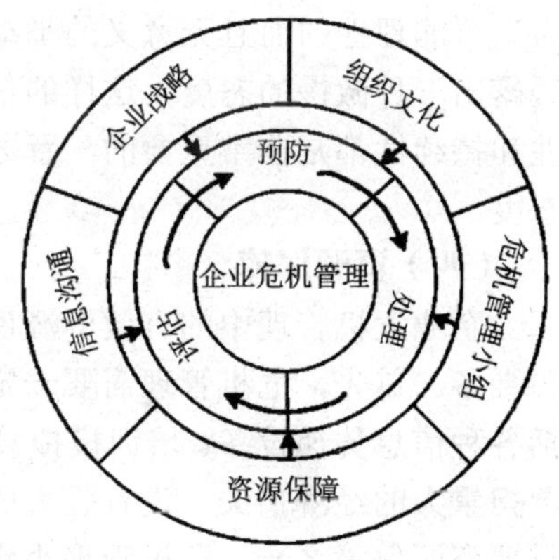

图 13–2　企业危机管理五力模型

资料来源：赵定涛，李蓓. 企业危机管理五力模型分析[J]. 科技进步与对策，2005，22(4): 126—127.

（一）企业战略

企业应该在战略规划时就考虑危机出现的可能，因为危机对企业的伤害往往是整体性和毁灭性的。结合战略管理的框架，企业需要在战略制定、实施和评估三个阶段将危机管理融入战略管理过程之中。在战略制定阶段，要对企业可能面临的危机进行分析，并在此基础上制定出若干个紧急处理危机的备选方案；在战略实施阶段，要制定危机管理计划，建立危机管理小组以及危机信息系统；在危机战略评价阶段，要对危机管理的结果进行评价，利用评价过程所获得的信息修改和完善企业战略，同时评价企业危机管理的成效并探索其他防止危机的战略。

① 黄鸣. 谁阻碍了中国品牌的成长[EB/OL]. 全球品牌网，www.globrand.com，2007-05-11.

② 赵定涛，李蓓. 企业危机管理五力模型分析[J]. 科技进步与对策，2005，22(4): 126—127.

（二）危机管理小组

研究表明，有团队导向的组织在危机管理中比个人（如公司主要领导者或CEO）更容易成功、更有效。因此，成立专业化的危机管理小组是企业顺利渡过危机的保障。一般来说，危机管理小组成员可能包括CEO、财务部经理、人力资源经理、市场和公关人员、法律顾问、安全顾问以及相关部门经理。由于危机管理小组担当了重要的沟通角色，发挥领导和协调作用，因此，危机管理小组应该是扁平型组织机构，从而保证信息传递的快捷性和正确性，达到迅速决策的目的；同时，小组必须拥有高度的自主决策权，以便加快危机的处理进度。

（三）信息沟通

危机管理成功的一个关键要素是信息沟通，包括对内和对外的沟通。对内沟通是前提，目的是达到企业上下的一致性；对外沟通则是关键，因为一切危机都源于外界对企业和品牌的看法。有效的信息沟通包括确定正确的沟通对象、媒介和信息，同时还要保证沟通的快捷性和连续性。平时要加强危机管理小组与各部门之间的沟通，指定各部门的沟通负责人，以确保危机信息能够快速到达相关部门，从而避免危机程度因内部沟通不足而加剧的情况发生。企业需要挑选并培训一名专门的新闻发言人，保证企业对外发布信息的一致性，加强公众对企业的信赖感。在选择媒体时，需要注意媒体的权威性，以保证公众对信息的信任度和接收度。信息是危机处理的核心内容，公众对品牌看法如何，全凭企业怎么解释。因此在对外发布信息之前，必须对信息字斟句酌，以免使危机恶化。据报道，在武汉野生动物园出现“砸奔驰”事件之后，奔驰公司不是给予很好的安抚，而是声称这是“极端的、没有必要的行为”、“非理性的而且无意义的举动”、“不必要且侵害我公司的权益的行为”等等，在言辞中透露出一种傲慢的态度，这样的信息沟通最终影响的是自身的品牌形象。此外，沟通的迅捷性和持续性都是非常重要的，置之不理、反应迟缓或者“虎头蛇尾”都不是处理危机的正确态度。

（四）资源保障

企业危机管理中的有效资源保障包括充足的物资准备、人力资源、公共关系以及信息资源准备。首先，危机管理需要一定的物资准备，要有一定的财务预算以及物资设施准备（包括各种信息传递设备、培训模拟设施、处理危机所需要的具体设备等），比如召回问题产品将承担重大的经济损失，没有强大的财力做支撑是不行的；其次，人力资源也是危机管理中的重要资源保障之一，危机管理小组就是其中最基本最必要的人力资源，平时加强危机处理的模拟培训是非常必要的；再次，企业必须与媒体、政府、公众等利益相关者建立良好的公共关系，以便在危机中取得同情和支持；此外，充分的信息资源准备（如企业的背景资料、详细的产品资料、品牌的经营状况等）为企业危机管理中的预警系统、决策系统以及运行系统提供重要的信息保障。

（五）组织文化

危机意识本来就应该纳入到企业组织文化当中，而组织文化有利于有效地处理品牌危机。在正常经营过程中，企业应该未雨绸缪，考虑出现危机时的解决方案，这样既可以减少危机的出现概率，也会提高危机的解决效率。而组织文化则从思想和理念上对全体员工进行了规范，树立了顾客利益至上的信念。比如，强生公司的信条第一款是“我们首先要对医务人员、病人、母亲和其他所有我们产品和服务的用户负责”，这一信条带领强生公司走过了艰难境地。只有在以组织文化为精神导向的基础上，企业和品牌危机管理才不致于偏离方向。

以上五种作用力相互联系，缺一不可。其中，企业战略是核心力，起主导作用；危机管理小组、信息沟通和资源保障三者相辅相成，危机管理小组的扁平型组织模式为信息沟通提供了一个快速有效的信息通道，有效的资源准备也为危机管理小组的快速反应以及信息沟通渠道的畅通和连续性提供了保障；组织文化提供了危机管理的导向和原则。

二、品牌危机的防范措施

企业在品牌危机酝酿期，就应当采取一些防范措施，以减小危机发生的概率。这些措施包括：

（一）树立全员危机意识

中国的 IT 界流传着一篇非常著名的文章——《华为的冬天》。这篇文章是华为总裁任正非在华为 2000 财年销售额达 220 亿元、利润以 29 亿元人民币位居全国电子百强首位的时候写的。美国微软公司前任董事长比尔·盖茨告诉他的部下："微软距离破产只有 18 个月。"以上两个例子都体现了大公司总裁未雨绸缪的心态，反映了这些大公司的危机意识和充分准备。对待品牌危机首先应当树立这种防范意识，以减少危机出现的概率。为此，企业需要就危机意识对员工进行多种形式的宣传、教育和演习，使得他们减少工作上的失误。

（二）建立有效的危机预警系统

企业需要形成一套预警机制对危机进行防范。该预警系统包括：（1）一个高效的危机管理小组及负责人，如很多国际大公司在企业内部设立了首席风险官（Chief Risk Officer，CRO），专门处理企业危机；（2）一套判断品牌危机级别和种类的指标体系；（3）一个品牌危机监控模式，含品牌数据的收集、分析、报告等。

（三）与利益相关者建立牢固的情感关系

牢固的关系将有助于缓解品牌危机的紧张局面，这需要企业平时对与利益相关者之间的关系进行情感投资。重要的利益相关者包括媒体、政府相关部门、行业协会、民间组织、消费者等。一些常见的关系营销策略如赞助、募捐、提供援助等。比如，从 1997 年开始，高露洁就连同中华口腔医学会、国家卫生部一起举办公益活动"全国口腔健康活动月"，全国有上亿人享受到免费专业的口腔检查；而在中国举办的"甜美的微笑，光明的未来"儿童口腔健康教育活动，影响了近亿名儿童。这些公益活动为高露洁日后顺利渡过"致癌风波"危机奠定了基础。

（四）开发多品牌与多产品

为什么雀巢在中国频频出现危机而没有倒下？为什么三株只是因为一个官司而且是胜诉的官司就退出了市场？原因与危机处理的有效性并无关系，因为就媒体报道和文章分析来看，雀巢在中国处理品牌危机表现得并不尽如人意。除了品牌多年积累的影响力之外，雀巢经过多次危机至今屹立不倒的一个重要原因是它拥有大量的品牌和产品。虽然转基因食品出问题了，"金牌 3+"奶粉出问题了，但是雀巢的速溶咖啡及其他产品都没发现问题，可以说，是多品牌和多产品的经营模式挽救了雀巢。在这上面，三株就有硬伤了——对于公众来说，除了三株口服液，还知道三株的什么产品？所以，企业通过开发多品牌和产品来分散风险，对渡过品牌危机来说是明智之举。

三、品牌危机管理的原则

针对企业在品牌危机处理过程中出现的问题，国内营销实战专家韦桂华提出了品牌危机管理的七个原则（见图 13-3）[①]：

（一）主动性原则

主动性是一种处理问题的积极态度，表明企业的诚意和决心。然而，很多企业在危机之初总是一味地躲避，不是不接受媒体采访就是“无可奉告”。公关专家帕金森认为，危机中传播失误所造成的真空，会很快被颠倒黑白、胡说八道的流言所占据，“无可奉告”的答复尤其会产生此类问题。这种态度将使得企业无法控制恶劣局势的蔓延，使得品牌形象大大受损。1986 年，德国婴儿食品生产商嘉宝的产品在美国销售时发现了玻璃碎片，马里兰州当局禁止部分嘉宝产品在该州销售。但嘉宝认为，自己没有做错什么，因为没有证据表明玻璃碎片是因生产过程的失误而引起的，它当然没有责任和义务召回产品。嘉宝认为召回只能引起媒体更多的关注并对销售产生负面影响，而且实施起来代价高昂，因而不予召回。嘉宝的态度最终激怒公众，导致品牌危机进一步恶化。前几年，同样的事件也在嘉宝身上发生过，但嘉宝当时的处理方式非常有效，虽然公司没有在生产环节上发现任何起因，嘉宝还是召回了 50 万罐果汁，因而赢得市场认同，顺利渡过危机。

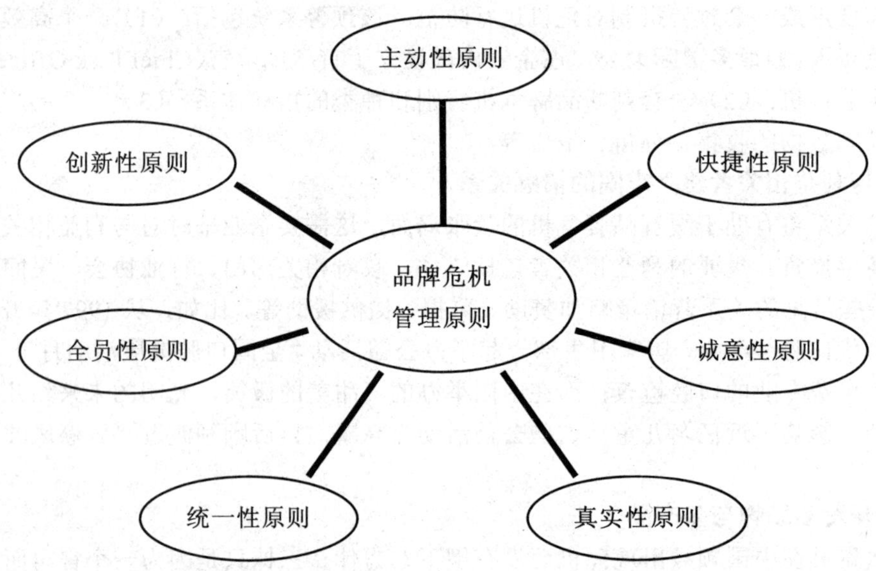

图 13-3　品牌危机管理的原则

（二）快捷性原则

媒体的参与加速了品牌危机的蔓延和恶化，如果不尽量避免危机或尽早处理危机，那么关注事件的媒体、公众、机构将越来越多，疑问也会越来越大。尽管在危机出现后，企业确实有很多核实、布置、联络的工作要做，但在公众看来，企业却是在拖延时间。因此，企业必须对危机采取紧急措施，在最短的时间内将问题解决。2000 年末，三丽欧公司了解到香港

① 韦桂华. 三株为何枯萎——由三株官司看品牌的危机管理[J]. 管理科学文摘，2001，(2): 60—63.

要制作一部电影，讲述一位老妇人被折磨致死后，尸体的一部分被塞到了一个 Hello Kitty 的玩具头里。三丽欧公司认为这部电影违反了公司“充满爱心、友情和欢乐”的伦理观，于是立即发表声明，反对制作这部电影，也不允许在电影中使用三丽欧的玩具形象，从而使三丽欧公司避免了一次品牌形象危机。在这方面，欧典地板就有欠缺之处。当涉嫌虚假宣传的问题出现半年之后，欧典公司的老总才站出来向公众道歉，虽然他解释说花了半年时间组织专家进行调查取证，但消费者的耐心是有限的。①

（三）诚意性原则

将消费者的利益放在第一位，是成功处理品牌危机的关键，切不可只关心自身品牌形象的损失，那样将得不偿失。比如，雀巢金牌 3+婴幼儿奶粉碘超标问题被公布之后，公司不是积极去解决问题，而是采取回避、否认、辩解和拖延的方式，最后给公众留下没有诚意的印象。之后新浪财经的调查显示，有 80.76%的人表示将不再购买雀巢奶粉，88.38%的网民表示暂时不会购买雀巢其他品牌产品。② 相反，肯德基就深知这一道理。在“苏丹红事件”当中，有很多“涉红”的跨国公司与国内企业，但真正挺身而出、自曝家丑并公开致歉的只有肯德基一家。和这些企业（也包括个别知名国际大企业）形成鲜明对比的是，肯德基的自曝家丑体现出了一个跨国品牌公司高度的社会责任感和诚信操守，它并未因此而失去市场，恰恰相反，它的诚意赢得了人们的尊重和信赖。

（四）真实性原则

危机爆发后，必须主动向公众讲明事实的全部真相，而不必遮遮掩掩或做“虚假声明”。企业声明一旦被发现是虚假的，危机将急速恶化，品牌资产会严重受损。在这方面，光明牛奶就出现了问题。河南电视台曝光了郑州光明山盟公司将过期牛奶回收再加工的黑幕之后，光明总公司发出声明称，光明牛奶绝对没有加工销售过期奶的行为，只是在子公司管理上出现漏洞。但市场业绩反映出消费者对此并不信服：在长春，光明纯牛奶销量下滑的幅度已在 60%～80%之间，受此牵连，光明的其他奶制品销量下降幅度大约也在 50%以上；受此负面消息影响，在短短的 4 个股票交易日里，光明乳业的市值缩水超过 1 亿元人民币。③

（五）统一性原则

危机发生时必须立即启动危机处理小组，由该小组规划危机处理的步骤，统筹指挥一切行动，特别是对外的宣传解释。否则，危机事件将失控、失序、失真，会给企业造成更大的混乱，使局势恶化。麦当劳在处理“薯条危机”的时候，就多处出现信息前后不一致的情况，包括把不利于身体健康的反式脂肪酸含量从过去的 6 克增加到 8 克、把炸薯条所使用的“橄榄油”改为“棕榈油”、在公司的官方网站上悄悄增加了炸薯条“含有小麦、牛奶和麸质成分”字样等等。④这些改动逃不过媒体和公众的眼睛，麦当劳如此反复无常的行为只会加深公众的质疑和猜测，加重危机的程度。

（六）全员性原则

处理危机不只是危机处理小组的事，它关乎整个企业的安危，因此企业全体成员都应当参与而非旁观。让员工参与危机处理，将员工与公司的命运联系在一起，同心协力，尽快将

① 相关报道详见新浪财经网页 http://finance.sina.com.cn/focus/orderlies/。

② 相关报道详见新浪财经网页 http://finance.sina.com.cn/nz/lnqcnfdhlcb/。

③ 相关报道详见新浪财经网页 http://finance.sina.com.cn/nz/gmmilk/index.shtml。

④ 相关报道详见新浪财经网页 http://finance.sina.com.cn/focus/mlyzsp/。

危机解决。河北某地有一个大型的食品企业，在公司内部有一本要求全部员工学习的公关小册子。小册子有“遇到哪些问题该怎么处理，遇到什么样的问题该怎么样回答，哪些东西是可以对外宣传的、哪些是不能宣传的、哪些是坚决不能说的”等内容。这个企业的做法虽然有些老土，但是在企业的公关统一口径中起到了很好的作用。因此，尽管从2000年以来也遇到了很多麻烦：效益滑坡、管理层震荡、产品质量有问题等，但这个企业并没有在危机面前倒下。

（七）创新性原则

前面分析了，品牌危机可能由于组织内外的种种原因而产生，所以在危机处理过程中，需要结合危机的实际情况创新处理方式。比如，有些问题需要连同政府主管部门一起解决，有些问题只是与媒体之间的沟通，还有些则需要请公众实际体验来澄清谣言，不一而同。

链接材料13-1是我国危机公关领域的著名实战专家游昌乔提出的“危机管理6C原则”，可作为以上内容的补充。

链接材料13-1：危机管理的6C原则

如何建立一个有效的危机管理体系，从而能够成功地预防危机、处理危机，甚至反败为胜，在危机中恢复并得到发展呢？针对这一问题，关键点公关公司董事长游昌乔创导了“危机管理6C原则”，即全面（Comprehensive）、价值观的一致性（Consistent Values）、关联化（Correlative）、集权化（Centralized）、互通化（Communicating）、创新化（Creative）。

1. 全面化

全面化可归纳为三个“确保”，即首先应确保企业危机管理目标与业务发展目标相一致；二是确保企业危机管理能够涵盖所有业务和所有环节中的一切危机，即所有危机都有专门的、对应的岗位来负责；三是应确保危机管理能够识别企业面临的一切危机。

2. 价值观的一致性

危机管理有道亦有术。危机管理的“道”是根植于企业的价值观与社会责任感，是企业得到社会尊敬的根基。危机管理的“术”是危机管理的操作技术与方法，是需要通过学习和训练来掌握的。危机管理之“道”是企业危机之“术”的纲。

3. 关联化

有效的危机管理体系是一个由不同的子系统组成的有机体系，如信息系统、沟通系统、决策系统、指挥系统、后勤保障系统、财务支持系统等。因而，企业危机管理的有效与否，除了取决于危机管理体系本身，在很大程度上还取决于它所包含的各个子系统是否健全和有效运作。任何一个子系统的失灵都有可能导致整个危机管理体系的失效。

4. 集权化

集权化的实质就是要在企业内部建立起一个职责清晰、权责明确的危机管理机构。同时，企业应确保危机管理机构具有高度权威性。为了提高危机管理的效率和水平，不同领域的危机应由不同的部门来负责，即危机的分散管理。但不同的危机管理部门最终都应直接由高层的首席风险官负责，即实现危机的集中管理。

5. 互通化

从某种意义上讲，危机战略的出台在很大程度上依赖于其所能获得的信息是否充分。而危机战略能否被正确执行则受制于企业内部是否有一个充分的信息沟通渠道。有效的信息沟通可以确保所有的工作人员都能充分理解其工作职责与责任，并保证相关信息能够传递给适当的工作人员，从而使危机管理的各个环节正常运行。

6. 创新化

危机管理既要充分借鉴成功的经验，也要根据危机的实际情况，尤其要借助新技术、新信息和新思维，进行大胆创新。切不可墨守成规，固步自封。

资料来源：MBA 智库百科，www.mbalib.com.

四、品牌危机公关策略

危机公关（Public Relations for Crisis）属于危机管理系统的危机处理部分，它是指企业针对危机所采取的一系列自救行动，包括消除影响和恢复形象。近些年来，我们看到的品牌危机可谓此起彼伏，国内品牌甚至部分国际知名品牌“你方唱罢我登场”：锅王胡师傅“无烟锅虚假宣传事件”、LG 的空调“翻新事件”、西门子“贿赂丑闻”、肯德基的“苏丹红一号”事件、宝洁的“SK-Ⅱ事件”、雀巢的“碘超标事件”、欧典的“德国血统事件”、福喜的“食品安全事件”……这些案例充分说明品牌危机是很难防范的，尽管很多企业的确采取了防范措施。一旦危机发生，企业就需要立即按照计划和步骤启动公关行动。国内著名品牌实战专家曾朝晖将危机公关分为三个阶段进行，即危机公关准备期、危机处理期和形象恢复期。①

（一）危机公关准备期

企业在遇到危机时，首先应该立即启用危机公关小组，对危机的原因、类型、影响做出分析，并制订相应计划。此外，还应做到如下几点：

1. 加快响应速度

在危机处理当中，时间就是生命。越是拖延，危机的程度将越恶化，影响范围将越广。特别是网络的普及，使得危机造成的负面影响更加严重。因此危机公关第一要义就是反应要迅速，在最短的时间里介入危机，尽可能地争取媒体甚至是政府部门的声音，帮助自己说话，避免事态的扩大。如果企业不能在第一时间快速响应，及时化解危机，将会对企业品牌产生难以估量的损失。比如，大众汽车公司在“DSG 变速箱故障”问题上总是遮遮掩掩，一拖再拖，在中国市场上产生了对其品牌形象极为不利的影响，负面口碑在网上快速传播，很可能牵连公司其他品牌汽车的销售（见链接材料 13-2）。

链接材料 13-2：大众 DSG 变速箱故障门

2009 年 8 月，大众汽车北美公司宣布，在北美区域内召回大约 1.35 万辆汽车，主要是 DSG 变速器存在严重问题。

2009 年 8 月，国内第一款迈腾 DSG 变速箱问题曝光。在汽车之家的论坛中，有不少网友反映迈腾 DSG 变速箱出现故障，典型案例是 ID 为“低调的疯狂”的车主，于 2009 年 4 月 7 日提车，型号为迈腾 2.0T+DSG 自动豪华型，在提车 10 天后 DSG 变速箱出现故障。

2009 年 9 月，一汽大众与大众进口汽车销售有限公司宣布，从 2009 年 10 月 17 日起，召回部

① 曾朝晖. 危机公关：态度最重要[N]. 中国医药报，2004，73（总第 2788 期）.

分装备6速DSG变速箱的09款国产迈腾。

2009年11月，大众德国再次发布消息，称将再次召回1.7万辆装备DSG变速器的车型。

2010年5月，关于大众汽车DSG变速箱的投诉量不断攀升。一汽大众宣布，全系DSG变速箱的质保期从两年6万公里延长到4年15万公里。

2011年7月，上海大众跟进，将DSG变速箱的质保期延长至4年15万公里。

2012年3月1日，大众汽车公司向质检总局执法司提交了技术备案说明，计划在全球范围内采取软件升级方式解决DSG变速器机电装置阀门硼结晶导致换挡不平顺问题。大众公司称由于该问题不涉及车辆安全，将不采取召回的方式进行解决。

2012年4月，国家质检总局缺陷产品管理中心宣布，向全社会公开征集大众汽车DSG变速器故障信息，希望相关大众汽车用户积极反应故障情况，以便为进一步开展专家论证提供支持。

2012年5月23日，大众汽车发布公告称，对最近一段时间由于D Q 200（七速）双离合变速箱给中国消费者带来的不便深表歉意，决定延长DSG变速箱的质量担保期，将在2012年12月31日之前生产的D Q 200（七速）和D Q 250（六速）双离合变速箱的质量担保期延长至10年或者16万公里（以先到者为准）。

在2013年3月15日国际消费者权益保护日当晚，央视“3·15晚会”曝光了大众DSG问题。虽然质检总局执法司多次约谈大众汽车（中国）投资有限公司相关代表，要求企业尽快采取切实有效措施，解决大众DSG变速器故障问题，但此事件在中国持续发酵已一年多也没有什么实质性的进展。

在危机最初，2009年至2011年在国外市场宣布召回时，中国市场的大众汽车却宣布延长质保期，危机和矛盾一直没有得到彻底解决。一直到2013年3·15期间，DSG变速箱问题再次得到广泛关注，显然大众汽车违背了速度第一的原则。

资料来源：（1）游昌乔.大众DSG变速箱故障门[EB/OL].中国营销传播网，www.emkt.com.cn，2013-07-04.（2）央视曝光大众DSG变速器故障[EB/OL].厚此薄彼惹众怒．车讯网，http://www.chexun.com/2013-03-15/101779680.html.

2. 确定危机级别

危机的程度有大有小，有急有缓，且随着时间推移呈动态变化，危机处理小组必须根据危机级别判定方法对危机予以定级。不同级别的危机有不同的处理方案，适当的处理方案更能有效处理危机。如一些消费者因产品质量问题上门投诉，只能算轻度的危机，只需售后服务人员接待就能妥善处理；而如果消费者将产品问题在媒体上曝光，则危机的程度就加重了，这时只是售后服务人员未必能处理好危机，还需要公司高层出面。

3. 加强内部沟通

危机关乎公司的发展甚至存亡，所以需要公司上下团结一心渡过难关。在危机发生以后，及时向公司上下通气，告知事态的进展是很有必要的。然而，不是所有公司都愿意这么做，他们担心危机会使得员工们军心动摇，于是将问题藏着掖着。这样对公司其实是不利的，因为从公司外部来看，每一个员工都是公司的代表，他们的一举一动都表明了公司对危机的态度。如果他们不知情，那么他们无意做出的举动可能会加深危机的程度；而且，外部的不利信息也会使得他们自身对公司产生怀疑。所以，通过员工大会、公开信等方式加强内部沟通，依靠公司全体成员的力量来解决危机才是明智之举。譬如，中美史克在“PPA事件”发生仅两天，老总就在全体员工大会上通报了事件的情况，表示公司不会裁员，这一举措赢得了员工空前一致的团结；又如，金龙鱼“食用油酸价超标”风波中，公司老总向全体员工发出《不经历风雨何以见彩虹》的公开信，在统一思想、坚定员工信心方面，起到了很好的作用。

4. 明确信息的内容

面对危机，企业要规划哪些话是可以对媒体说的，哪些话是不能说的，但最忌讳的是什么都不说。像“无可奉告”或拒绝采访之类的处理方式会将事情弄得更糟。或许公司需要时间来思考对策，但保持与外界的沟通，表达出积极处理问题的意愿和态度是非常必要的。在这一阶段，需要有专人 24 小时监控媒体与舆论的发展情况，并随时根据新的状况发出自己的声音，表明企业对外界的质疑有自己的回复。我国有很多企业在危机发生时不懂得与外界沟通，出现危机后，往往是“铁将军把门”，或者是让两个保安用手封堵记者镜头，万般无奈之下让一两个无关紧要的人物出场，而言辞都是一律的“无可奉告”。这样的行为只会加重危机的程度。

5. 明确新闻发言人

危机处理小组当中应当选出一名企业新闻发言人，由他（或她）全权代表企业发布信息，保证信息的统一性和权威性。有一些危机没有处理好，就是因为企业对外传递信息不一致，老总是一个态度，公关经理又是一个态度，内部缺乏信息沟通和协调。

（二）危机处理期

面临危机，明智的企业不应选择回避，应该把危机真相尽快告诉新闻媒体和公众。危机发生后，最关心此事的除了企业之外，还有公众舆论、受害者、竞争对手等。所以，在危机处理期，企业应处理好以下几方面的关系：

1. 受害者

受害者是危机的起源，解决好受害者的问题就可以从源头制止危机。目前，公开道歉、产品召回、赔偿损失都是常见的对受害者问题的处理方式。在处理过程中，企业应当站在受害者的角度，真心诚意地做好善后工作。只要受害者不是无理取闹，企业的真诚是能得到好的回报的。甚至，一些顾客还会因为问题的友好解决而对品牌产生更高的满意度和忠诚度，因为危机本来就包括“危险”和“机会”两层含义。

2. 媒体

追踪热点、报道事实是媒体的职责。所以，一旦发生品牌危机，媒体将敏锐介入，争相报道。在大量的品牌危机事件中媒体都充当了一个“放大器”的角色，这不仅让更多人知道了事件的发生，而且引来了更多的讨论和猜疑。所以，处理好与媒体的关系是正确处理危机的重要一环。在“PPA 事件”当中，中美史克公司及时在北京人民大会堂召开新闻发布会，向媒体表示将全部回收市场上的康泰克，对于有些媒体的不实报道进行耐心解释，对于落井下石的竞争者也不还击。这样的姿态，赢得了媒体的理解。

3. 公众

在危机中受损害的消费者只是少数，但关注危机发展和参与危机讨论的公众却是多数。事实上，他们才是危机中最可怕的一股力量。任何传播的信息都可能演变成流言，很多信息会被人“添油加醋”以致于失真。比如，如果有人说某个品牌的药物含有某种致命的副作用，可能马上就会有人说在哪里已有人服用此药而死亡。在网络的推动下，不明真相的公众很容易发展成为“反品牌同盟”。因此，如何与公众保持沟通，化解他们的疑虑是危机公关的主要任务。在很多危机处理的案例当中，公司都会开设几十条消费者热线来解答公众的疑问，欧典地板的老总甚至向公众公布其手机号码以表示与公众沟通的决心，此外还有企业组织公众到生产车间参观生产过程，以洗清生产环节的问题。

4. 专家

为了摆脱为自己辩解的嫌疑，有时，危机中的企业需要借助专业机构和专家的力量来获得公众的认同。这些机构和专家站在中立的角度，可以对导致危机的问题做出权威而专业的回答，这对企业危机的处理起到决定性的作用。在处理金龙鱼食用油“酸价超标”风波中，嘉里粮油就请第三方权威机构来说明事实真相，如在搜狐网站上请食用油专家和网民沟通等。

5. 政府

毋庸置疑，政府在绝大多数公众心目中还是最具权威性的。政府的一个通告顶得上企业一百遍的解释。所以，企业应该积极寻求政府相关部门的帮助，让他们告知公众产品是安全的，至少危害不大。当年，以“非油炸”为卖点的方便面品牌五谷道场抛出“油炸方便面不健康”的论调，一时在中国方便面市场掀起轩然大波。后来，国家质检总局、国家食品药品监督管理局等六部委、协会的官员专家联合召开发布会，强调“油炸方便面健康安全”，才使得公众对“油炸方便面可能致癌”的疑虑解除。可以想象，如果这些话是由康师傅、统一、华龙等任何一家方便面企业来说都没有多大作用。

6. 竞争对手

一旦品牌发生危机，竞争对手有可能会落井下石，趁火打劫。他们会想尽办法来引导舆论走向，使品牌危机更加严重。所以，企业在进行危机公关时，不能忽视竞争对手带来的负面影响。对待来自竞争对手的质疑，企业需要动用更多第三方的力量，而单凭自己与其展开论战可能收益甚微。比如，针对五谷道场“油炸方便面致癌”的质问，康师傅、统一等方便面企业争取到了国家六部委和行业协会的支持，由六部委和协会主持召开方便面高层论坛来澄清事实。

在危机的处理中，企业还应该把握住两个原则：

一是事实虽重要，态度更关键。有些企业自恃有充分证据证明自己的产品是没有问题的，出现问题不是自己的错，而对媒体和公众的疑虑爱理不理，结果披上了傲慢的骂名。这样做实在是自讨苦吃。在处理危机的过程中，态度比事实更重要。纵使产品真的出现了问题，只要向媒体、公众、政府表达出处理问题的积极态度，那么还是能圆满解决危机难题的。比如，在苏丹红事件中，肯德基主动向公众交代出几款产品含有苏丹红，照样能博得人们的信任。

二是在24小时内将处理结果公布。按照危机公关程序，如果在危机发生后的24小时之内不能及时处理，就会造成信息真空导致各种误会和猜测产生。所以，不管企业内部在开什么闭门会、搞什么调查，对外界的沟通是一刻也不能懈怠的。

（三）形象恢复期

虽然危机处理已经结束，但留在品牌与消费者之间的关系裂缝可能还存在。因此，企业仍然需要做好善后处理工作，改善与消费者的关系，此外还要稳固与媒体、政府及相关机构的关系，树立良好的品牌形象。同时，企业需要对整个事件做出总结和检讨，包括找出造成危机的原因以及分析危机处理的过程，从中吸取教训，加强企业管理，完善危机管理体系。

第3节 品牌抢注、侵权与保护

一、品牌抢注与品牌侵权

在品牌管理的过程中，除了想尽办法打造品牌资产之外，还需要谨防品牌抢注和品牌侵权问题。不幸的是，这两种现象在当今商业社会十分频繁，成为品牌发展的“绊脚石”。

（一）品牌抢注

1. 品牌抢注的概念与危害

一个辛辛苦苦打造的品牌，由于种种原因没有进行商标注册，结果被一些投机的机构或个人抢先注册，这种现象称为“品牌抢注”（Preemptive Registration of Brand）。一旦品牌被别人抢注，那么以前所做的一切都是“为他人作嫁衣”，而品牌真正的缔造者只能眼巴巴地看着“自己”的品牌沦落他人之手。一般被抢注的通常都是具有相当市场影响力的品牌，而品牌的背后是市场，失去了品牌就等于失去了市场。这一打击可能是致命的。比如云南省著名商标999电池，2002～2004年对老挝的出口销售额分别为140万美元、190万美元、300万美元，但是2005年因为商标在老挝被抢注，对老挝市场的出口几乎为零。如果不是因为商标被抢注，2005年对老挝的出口销售额将超过400万美元。既然不能放弃原有的品牌，企业就必须花费大量的时间、精力和资金来处理品牌的回收问题。这方面有大量案例，如：厦门惠尔康食品公司历经艰辛，花了10年时间来打官司收回“惠尔康”品牌，幸运的是其凭借“中国驰名商标”的头衔获得了胜诉；而晋江“雅客”食品企业就没那么好运，该公司原先名称被广东一家企业先注册，后来因为价格问题未谈成商标收回事宜，该公司重新注册为今天的“雅客”。品牌抢注不仅对创立品牌的企业产生了重大的负面影响，而且从社会影响来看，还将破坏原有的商业信任体系，因为一旦抢注成功，此“品牌”非彼“品牌”。

2. 品牌抢注的分类

（1）根据抢注的机会划分

由于品牌注册所获得的法律保护有其地域性和时效性限制，因此品牌抢注可分为两种类型：一种是地域性抢注，是指虽然品牌在境内注册了，但在境外没有注册而被境外机构或个人抢注，如西门子在欧盟对Hisense（海信）的抢注；另一种是时效性抢注，是指商标受保护的时限到了，品牌没有续展而被别人抢注，如大连市某私营企业因档案管理混乱在商标续展期内未申请续展，结果被南方一家企业提前申请注册了同名商标，该企业的产品销售量因此严重受损。面对侵权行为，企业应果断拿起法律武器，据理力争，挽回损失，“洽洽”海外维权案是一个成功的例子，详情见链接材料13-3。

链接材料13-3：“洽洽”海外维权案

作为中国炒货行业的龙头企业，“洽洽”在海外市场的拓展也极为迅猛。在全球化经营战略的大背景下，洽洽一直很重视国际商标注册的问题。从2001年起，企业就已经在多个国家和地区，注册了“洽洽”的相关商标，期望能通过知识产权的国际注册确保品牌权益。不过令他们不愿看到的一幕还是发生了。

2006年底，洽洽获悉其用于海外市场的英文商标“Chacheer”和“洽洽图形”商标在德国被欧凯公司抢注，并在德国海关进行了知识产权保护备案。这样一来，根据欧盟的相关规定，不但“洽洽”商标进不了德国，整个欧洲市场都对洽洽公司关上了大门。据悉，欧凯公司是在德国柏林主营中国商品的一家百货公司。除了“洽洽”，他们同期还抢注了“王致和”、“老干妈”、“白家”等国内的一批驰名商标。

得知这一情况后，洽洽随即与其展开协商。但欧凯公司回应称，商标可以转让，但需要洽洽支付其1.8万欧元。这种带有“勒索”意味的行为，洽洽自然无法接受。于是，他们决定通过法律途径解决这一问题。

2010年1月，洽洽公司以欧凯公司恶意注册“洽洽”商标，构成不正当竞争为由，正式向德国慕尼黑地方法院提起诉讼，请求法院判令欧凯公司注销其商标。经过18个月的审理，2011年6月7日，德国慕尼黑地方法院做出判决，认定了欧凯公司抢注商标的事实以及其与洽洽公司的代理关系。但判决同时认为，欧凯公司的抢注行为并不构成对洽洽公司在德国及欧洲市场的不正当竞争，因此驳回了洽洽公司的诉讼请求。

这一结果令所有人始料未及。上诉还是放弃？一审败诉，如果再打下去，仍会是一场消耗战。但如果不打，洽洽可能失去整个欧洲市场。洽洽认为这场官司越打，他们越意识到这不仅仅是一场普通的商标侵权诉讼，更多的是在为中国的民族品牌荣誉而战。于是，洽洽在2011年9月向德国巴伐利亚州高等法院提起了上诉，援引了德国的《反不正当竞争法》的相关规定，并向二审法院提供了大量洽洽公司将进军欧洲市场的计划，证明欧凯公司通过采取不正当手段注册的涉案争议商标属于恶意注册商标行为，如果不予以撤销，将成为洽洽食品开发欧洲市场的巨大阻碍。

果然，这样的切入点最终使得二审法院作出有利于洽洽食品的判决。2011年12月24日，德国巴伐利亚州高等法院作出二审判决：撤销原德国慕尼黑地方法院的一审判决，同时撤销欧凯公司抢注的涉案商标，并赔偿洽洽公司1000余欧元的损失，并且不得上诉。对此，欧凯公司依然不服，于2012年2月20日申诉至德国联邦最高法院。日前，该院作出最终判决：欧凯公司针对德国巴伐利亚州高等法院二审判决要求进行三审的申诉请求不能得到支持。理由是二审法院此前作出的相关判决结果和审理没有任何程序上的问题。

洽洽等企业在海外商标维权的成功，已不仅仅是提供一个成功的司法案例、维护了民族企业品牌形象，而是代表了中国的民族企业，已经更加愿意、甚至习惯于用一种国际化的视角、方式来参与国际市场的竞争，从而真正成为国际舞台上的强者。

资料来源：陈浩，陈大名.“洽洽”：四年海外维权终圆满[EB/OL]，中国网，www.china.com.cn, 2013-05-27.

（2）根据抢注的对象划分

如今，只要是有知名度的品牌，如果还没注册都可能被抢注。这当中除了传统的商品、服务的品牌之外，还包括人名、地名、栏目名、节日名、吉祥物名等。比如，谢霆锋、莫文蔚、章子怡、赵本山等众多明星的名字被恶意注册成谐音的商标，南京著名景点“夫子庙”、“玄武湖”等遭南京外地的企业抢注，“中央一套”、“艺术人生”、“同一首歌”等电视栏目遭商家抢注，端午节、风水、祭孔大典等中国文化品牌频频被韩国抢注申报世界非物质文化遗产，亚运会吉祥物“盼盼”和奥运会吉祥物“福娃”被企业或个人抢注等。抢注之风比比皆是，不一而足。

网络域名抢注是品牌抢注在网络经济时代的一种新形式。由于网络普及是近几年的事，因此很多企业尚未意识到域名被抢注的危害性。由于域名系统是全球联通和实时运行的，它注册简单，即时生效，先注先得，跨越国界，自成一体，自行其道，与商标系统之间缺乏快捷有效的信息沟通，所以时常出现与商标文字相同的域名被抢注、商标权利受到侵害的问题。据统计，2012 年，世界知识产权组织仲裁与调解中心共接到 2884 起、来自 120 个国家。涉及 5084 个互联网域名的抢注纠纷投诉。而明星名字也同样“惨遭”抢注，如我国男子跳水世界冠军田亮的名字拼音就被人抢注了网络域名 www.tianliang.com。

（3）根据抢注的目的划分

从抢注目的的角度来看，品牌抢注主要有三种：①以变卖品牌为目的的抢注，通过向品牌原创者要挟来获取利润，如麦当劳花了 800 万美元买回网络域名；②以阻止企业进入市场为目的的抢注，如西门子对海信英文名称的抢注，使得海信在欧盟市场无法使用原有品牌与西门子竞争；③以品牌经营为目的的抢注，如前面所谈到的“惠尔康”个案中，福州惠尔康就以此为品牌推出了一系列饮料和食品。

（二）品牌侵权

1. 品牌侵权的分类

如果说品牌抢注是在法律允许范围之内的话，那么品牌侵权（Brand Infringement）则属于违法行为。品牌侵权的表现形式主要包括：

（1）商标侵权

商标侵权（Trademark Infringement）是最常见的一种品牌侵权形式。我国商标法第五十二条规定：“未经商标注册人的许可，在同一种商品或者类似商品上使用与其注册商标相同或者近似的商标的，构成商标侵权行为。”有些不法商家直接套用著名品牌来销售自己的产品，以此谋取暴利。据一些白酒经销商称，市场上 80%的茅台是假货，而在工商部门的市场巡查当中，北京、哈尔滨、贵州、甘肃、重庆等地都发现大量假茅台。这些茅台大多来自茅台镇，茅台厂每年在防伪打假上投入达一亿多元，但仍然难以阻止制假的疯狂[①]。另外一些企业则采用“打擦边球”的方法，把著名品牌的名字或者标志做小幅度修改，作为自己的品牌，以此混淆视听。比如，数年前在 VCD 行业影响甚大的“花都机”现象就是对著名 VCD 品牌的“擦边球”式商标侵权（见链接材料 13-4）。品牌标志侵权也有大量案例。如北京丰台区工商分局对大红门地区花花公子品牌侵权销售情况进行突击检查时发现，有近十种打着花花公子旗号、注册图形不一样的服装。花花公子品牌著名的“兔子头”商标出现了多个“兄弟”：有的头型扁一些，有的耳朵长一点儿，有的打着小领结，还有的“变身”成了小蜜蜂……最后，有 1800 件假冒的“花花公子”服装被查封。[②] 尽管商标法中有规定说“使用著名品牌近似的商标也算商标侵权”，但这个“近似”的度不好把握，也让不少投机分子钻了空子。

链接材料 13-4：“花都机”现象

所谓“花都机”现象，是指广东花都等地的一些商人在“新科”、“先科”、“金正”、“厦新”、

① 详见腾讯网页 http://news.qq.com/a/20071121/000827.htm.

② 杨滨. 打击品牌侵权，1800 个假“花花公子”被捉[N]. 北京晚报，2006-05-10.

“步步高”、“奇声”等国内知名品牌前加上一个“花都”，形成了“花都新科公司”、“花都先科公司”、“花都金正公司”等企业名称，并用此名称经营非名牌企业产品，从而给整个VCD行业带来很大冲击。

先科董事长刘学义气愤地说：“‘花都机’现象的产生实质上就是一些利欲熏心的商人在‘傍’名牌发财，破坏我们的企业形象。”据悉，自1997年VCD行业开始出现市场饱和之后，VCD行业的日子本来就越来越不好过，只有金正、先科、步步高、奇声、新科、厦新等著名品牌保持着一定的优势，但一些地方企业以如此手段冲击VCD厂家，让名牌厂商很难保护自己的利益。

资料来源：根据互联网资料整理。

品牌侵权除了最常见的品牌名称侵权、品牌标志侵权，主要还有产品包装侵权和广告语侵权。在美国，包装作为商标的一部分可以通过注册受到保护，如1960年，可口可乐饮料瓶的外形通过了美国专利商标局的注册；而在我国，包装是受到反不正当竞争法保护的。例如，康师傅旗下食品“味全每日C”因涉嫌侵犯泉州一饮料公司饮料瓶的外观设计专利权，遭遇500万元的巨额索赔，最后法院判决赔偿80万元，并立即停止原包装系列产品的销售。广告语侵权又有多种表现形式，最常见的一种是在广告语中出现其他品牌的名字，如神舟电脑的一条广告语“有了神舟笔记本电脑，你还需要联想吗？”因涉嫌损害联想的品牌声誉而违反了《反不正当竞争法》、《广告法》及《广告审查标准》的相关规定；又如IBM公司的一句“神机·妙算”的广告语又遭到“神机”品牌持有者上海神机公司的诉讼。

（2）专利侵权

专利侵权（Patent Infringement）包括外观专利侵权和技术专利侵权两种。

根据中国专利法实施细则第2条，外观设计是指“对产品的形状、图案、色彩或者其结合所做出的富有美感并适于工业上应用的新设计。”在我国经济高速发展的过程中，模仿跨国公司产品外观的事件时有发生，如手机、汽车等热门行业都有很多涉嫌侵犯跨国公司产品外观专利的案件发生。

技术专利侵权属于技术层面的剽窃或抄袭。这种侵权可能源于商业间谍，也可能源于以前的合作伙伴。2011年，苹果公司指控三星涉嫌侵犯了其专利权和商标权，苹果指出，三星公司最新产品，从外观到用户界面，乃至外包装，都与iPhone和iPad十分相似。并指责其有不正当竞争行为。对此，苹果要求法院禁止三星的侵权行为并进行赔偿，同时禁止三星在美国的销售。针对苹果的指控，三星提出了反诉，一口气指控苹果侵犯其8项专利。其中有5项专利（包括2项涉及FRAND原则的专利）是由三星申请获得，另外3项则是从日立或其他厂商处购买的。

2. 品牌侵权的危害

品牌侵权对品牌的伤害非常大，具体表现在两个方面：

（1）蚕食了利润

侵权者以低廉的成本和价格、相同或相近的“品牌”进入市场，轻而易举地抢占了本该属于正牌产品的市场份额。对于大部分消费者而言，假冒的品牌更加具有吸引力。据业内人士估计，我国汽车零配件市场被假冒伪劣产品蚕食的超过了66%，数额惊人。

（2）损害了品牌形象

侵权者不仅掠夺了品牌持有者的市场，其低质低价还破坏了品牌的良好形象。惠尔康公司在品牌发展过程中遭遇了多起侵权事件，其董事长不无感触地说："培育一个市场可能要花无数的人力、物力、财力，然而如果被人仿冒的话，这个市场在一两个月内就可以被毁掉。"

三、品牌保护

企业可以从四个方面来防范和制止品牌抢注和品牌侵权，以对品牌资产进行保护：

（一）商标注册

无论商标注册（Trademark Registration）与否，都会受到相关法律的保护，但所受保护的条件和程度有别：（1）对于注册商标而言，适用的法律是《商标法》。根据商标法的规定，注册商标需要经过几道程序：①申请；②异议；③司法审查。其中，特别需要注意的是商标申请的"申请在先"与"使用在先"问题。一般情况下，我国《商标法》对商标注册采用的是"申请在先"原则，即在同一种商品或类似商品上，以相同或相近似的商标申请注册的，初步审定并公告申请在先的商标。谁最先提出申请，商标权就授予谁，而不论使用先后。如果两个或两个以上的当事人就相同的商标在同一天向商标局提出注册申请的，那么《商标法》规定采用"使用在先"的原则，核定使用在先者。关于司法审查，并不是所有提出注册申请的商标都能成功注册，这还需符合《商标法》的具体规定，此处不再赘述。（2）对于未注册商标，适用的法律是《反不正当竞争法》。该法第五条第二款规定："擅自使用知名商品特有名称、包装、装潢，或者使用与知名商品近似的名称、包装、装潢，造成和他人的知名商品相混淆，使购买者误认为是该知名商品，认定其为以不正当手段从事市场交易，损害竞争对手。"这里有个前提，即受保护的品牌必须是知名品牌，如果知名度不高一般不予以保护。

知名品牌是一个模糊概念，对其准确的表述是"驰名商标"。驰名商标并不一定是注册商标，但必须是在中国为公众广为知晓并享有较高声誉的商标。《商标法》对驰名商标的特别保护包括：（1）未注册的驰名商标。《商标法》第十三条第一款规定："就相同或者类似商品申请注册的商标是复制、摹仿或者翻译他人未在中国注册的驰名商标，容易导致混淆的，不予注册并禁止使用。"也就是说，如果新的商标与驰名商标的商品不相同或类似的话，那还是可以注册商标的。比如，"小肥羊"是一个未成功注册的驰名商标，如果一家企业申请将"小肥羊"用作儿童服装而不是餐饮业的品牌，那是不违反《商标法》规定的。当然，如果是餐饮业，就属于违法行为（见链接材料 13-5）。可见，未注册的驰名商标享有类似于普通注册商标的专用权。（2）注册的驰名商标。《商标法》第十三条第二款规定："就不相同或者不相类似商品申请注册的商标是复制、摹仿或者翻译他人已经在中国注册的驰名商标，误导公众，致使该驰名商标注册人的利益可能受到损害的，不予注册并禁止使用。"可见，已注册的驰名商标注册人除依法享有商标注册所产生的商标专用权外，还有权禁止他人在一定范围的非类似商品上注册或使用其驰名商标，甚至有权禁止他人将其驰名商标作为企业名称的一部分使用。

链接材料 13-5：菏泽真假"小肥羊"案

2013 年 4 月，菏泽市工商局经济开发区分局的一纸行政处罚决定书，让持续了 3 个月的真假"小肥羊"案尘埃落定，该区两家涉嫌商标侵权的火锅店被责令停止侵权行为，并分别处以 2 万元、4.5 万元罚款。

2014 年年初，开发区工商分局接到群众举报，称位于菏泽开发区人民路及和平路上的"小肥羊"

火锅店，均为非正规的“小肥羊”加盟店，涉嫌侵犯“小肥羊”注册商标。

据悉，内蒙古小肥羊餐饮连锁有限公司于2003年取得注册商标专用权，核定使用的商品及服务包括餐厅、饭店等，“小肥羊”商标于2004年11月获得中国驰名商标认定。

工商部门接到举报后进行了调查。现场检查后发现，位于人民路的火锅店为上下两层，外墙壁门头有醒目牌匾，内容为“小肥羊”文字及卡通羊头图案，店外一楼电子屏显示“小肥羊”火锅店优惠酬宾活动宣传文字；位于和平路的火锅店除醒目牌匾外，店内装潢等随处可见“小肥羊”文字及卡通羊头图案。

经查明，两家火锅店均无法提供与“小肥羊”注册商标所有人有关的证据材料。

据当事人介绍，为吸引顾客，其经营的火锅店参照全国连锁火锅店“小肥羊”的样式进行了装修，并在火锅店门头使用卡通羊头图案及“小肥羊”字样，与内蒙古小肥羊连锁有限公司注册的卡通羊头图案商标极为相近，足以造成消费者的误认。

开发区工商分局认为：当事人未经注册商标所有人内蒙古小肥羊餐饮连锁有限公司的许可，擅自使用与其注册商标极为相近的图案、文字从事经营活动，其行为违反了《中华人民共和国商标法》第五十二条第（一）项“未经商标注册人的许可，在同一种商品或者类似商品上使用与其注册商标相同或者相近的商标之规定”，构成侵犯他人注册商标专用权的违法行为。

按照规定，开发区工商分局责令两家火锅店停止侵权违法行为，并分别处以20000元、45000元罚款。

资料来源：郭豪.菏泽真假“小肥羊”案尘埃落定，两商家赔偿6.5万元[NB/OL].大众网，www.dzwww.com，2013-04-14.

由此来看，本着保护品牌的目的，应将商标进行注册。然而，目前全国平均每4家企业只有1家注册商标，全国平均每百万人拥有注册商标1230件，总体来看，我国的商标注册率还有待提高。造成商标注册率不高的原因有：（1）不愿意注册。一些企业至今品牌保护意识仍然很淡薄，认为品牌羽翼未丰，没有什么值得保护的；（2）不能够注册。有些正在使用的品牌本身具有某种含义，无法顺利通过《商标法》的审查，如著名熟食品牌“乡巴佬”因为有侮辱农民之意，无法通过商标注册。随着品牌意识的不断增强，我国的商标注册数量逐年增多。2014年1月中国政府网官方微博公布：2013年我国商标注册申请量继续保持快速增长势头，国家工商总局全年共受理商标注册申请188.15万件，同比增长14.15%，共审查商标注册申请142.46万件，同比增长16.09%。商标注册主要指标继续保持世界第一。①

商标注册需要注意以下几个要点：（1）要抓紧时间及早注册，以免品牌落入投机者之手。有着600余年历史的山西益源庆醋厂生产的“宁化府”品牌，就不幸被一家不生产醋的公司抢注，给企业造成无法估量的损失；（2）除了注册名称，还要注册标志、包装和广告语，如可口可乐公司对中文“可口可乐”、英文“Cocacola”的名称和带状标志以及瓶子外形的注册；（3）除了在中国注册，还要在国外注册。在世界品牌实验室（WBL）公布的“中国500个最具价值的品牌”中，有46%未在美国注册，未在欧盟注册的中国品牌企业竟达76%，这对于将要走出国门的中国品牌来说无疑是“定时炸弹”；（4）除了注册一个正在使用的商标，还要注册多个类似的商标，如娃哈哈就注册了“娃娃哈”、“哈哈娃”等几十个类似的商标来保护“娃哈哈”品牌；（5）除了注册所在的行业，还要注册相近的行业，如食品品牌企业最好连饮

① 熊海鸥. 中国商标年申请量14年世界第一[N]. 北京商报，2014-1-14.

料行业也一起注册；（6）除了注册传统的品牌，还要注册网络域名。这方面，跨国公司做得很好，如松下、大众、沃尔沃、爱立信等跨国巨头狂注CN域名，甚至一次多达百个，所注域名涉及企业、产品名称数字组合，以构建起周密、全面的网络保护圈；（7）有条件的还要申请地理标志产品保护（原产地域产品专用标志），以获得原产地域保护（见链接材料13-6）；（8）当发现他人恶意抢注商标时，迅速及时向商标局申请撤销其商标，如五粮液集团发现韩国人将五粮液的汉语拼音“WULIANGYE”在韩国抢先申请后，立即向韩国方面递交了异议申请，最终成功阻止了这一抢注事件的发生；（9）在注册商标十年的保护期限结束之际，还要及时续展，以免被人捷足先登。

链接材料13-6：地理标志产品保护规定

本规定所称的地理标志产品，是指产自特定地域，所具有的质量、声誉或其他特性本质上取决于该产地的自然因素和人文因素，经审核批准以地理名称进行命名的产品。地理标志产品包括：

（一）来自本地区的种植、养殖产品。

（二）原材料全部来自本地区或部分来自其他地区，并在本地区按照特定工艺生产和加工的产品。

国家质量监督检验检疫总局（以下简称“国家质检总局”）统一管理全国的地理标志产品保护工作。各地出入境检验检疫局和质量技术监督局（以下简称各地质检机构）依照职能开展地理标志产品保护工作。申请地理标志产品保护，应依照本规定经审核批准。使用地理标志产品专用标志，必须依照规定经注册登记，并接受监督管理。

申请保护的产品在县域范围内的，由县级人民政府提出产地范围的建议；跨县域范围的，由地市级人民政府提出产地范围的建议；跨地市范围的，由省级人民政府提出产地范围的建议。申请人应提交以下资料：

（一）有关地方政府关于划定地理标志产品产地范围的建议。

（二）有关地方政府成立申请机构或认定协会、企业作为申请人的文件。

（三）地理标志产品的证明材料，包括：

1. 地理标志产品保护申请书；

2. 产品名称、类别、产地范围及地理特征的说明；

3. 产品的理化、感官等质量特色及其与产地的自然因素和人文因素之间关系的说明；

4. 产品生产技术规范（包括产品加工工艺、安全卫生要求、加工设备的技术要求等）；

5. 产品的知名度，产品生产、销售情况及历史渊源的说明。

（四）拟申请的地理标志产品的技术标准。

国家质检总局对收到的申请进行形式审查。审查合格的，由国家质检总局在国家质检总局公报、政府网站等媒体上向社会发布受理公告；审查不合格的，应书面告知申请人。有关单位和个人对申请有异议的，可在公告后的2个月内向国家质检总局提出。国家质检总局按照地理标志产品的特点设立相应的专家审查委员会，负责地理标志产品保护申请的技术审查工作。国家质检总局组织专家审查委员会对没有异议或者有异议但被驳回的申请进行技术审查，审查合格的，由国家质检总局发布批准该产品获得地理标志产品保护的公告。

资料来源：《地理标志产品保护规定》国家质量监督检验检疫总局令第78号。《原产地域产品保护规定》已于2005年7月废止。

关于外观设计，也要及时寻求相关法律的保护。在知识产权法律的保护对象中，外观设计是一个特殊的保护对象：就外观设计属于专利法所称的“发明创造”来说，可以受到《专利法》的保护；就外观设计是一种美学观念的表述来说，可以受到《版权法》的保护；而当外观设计在市场上获得了可识别性时，又可以作为商标受到《商标法》的保护，作为商品装潢受到《反不正当竞争法》的保护①。

（二）技术保密

为了谨防产品的专利技术被人窃取和抄袭，企业需要从两个方面来加强品牌保护：

1. 法律保护

积极向国家专利局申请专利，以获得法律上的保护。与商标权一样，专利权有其地域性和时效性。《巴黎公约》第四条第二款规定了专利独立原则。所谓专利权的地域性，是指一个国家依照其本国专利法授予的专利权，仅在该国法律管辖的范围内有效，对其他国家没有任何约束力，外国对其专利不承担保护的义务。关于专利的时效性，我国《专利法》第四十二条规定：“发明专利权的期限为二十年，实用新型专利权和外观设计专利权的期限为十年，均自申请日起计算。”值得一提的是，专利权不能续展，到期失效。因此，很多企业不愿意申请专利保护，而宁可自身加强保护。

2. 企业保护

法律保护只是在专利技术泄密之后才发生效用，真正要保护专利技术还要依靠企业自身。企业需要建立一套严密的技术保密制度，严格管理专利技术尤其是核心技术的研发和使用过程。在这方面，可口可乐是一个很好的榜样。可口可乐的配方自1886年在美国亚特兰大诞生以来，已保密达120年之久。为了保住这一秘方，可口可乐公司的元老罗伯特·伍德拉夫在1923年成为公司领导人时，就把保护秘方作为首要任务。当时，可口可乐公司将这一饮料的发明者约翰·潘伯顿的手书藏进了美国亚特兰大一家银行的保险库，并声明如果谁要查询这一秘方必须先提出申请，经由公司董事会批准，才能在有官员在场的情况下，在指定的时间打开。如今，只有极少的几个人知道此配方，而他们不允许乘坐同一架飞机旅行。或许这个传说中的“神奇配方”并不神奇，但可口可乐对配方保护得如此天衣无缝的确令人称道。

（三）科技防伪

随着假冒商品的增多，防伪技术也在不断发展。目前，常见的防伪技术主要有四类：

1. 印刷防伪

它包括隐形标识防伪、隐形图像防伪、微缩防伪、版纹防伪等。

2. 物理防伪

它包括超能防伪标识、磁性密码防伪、射频防伪等。

3. 化学防伪

它包括荧光防伪油墨、温变油墨、滴水变色油墨等。

4. 数码防伪

它包括电码防伪、网络防伪、短信防伪等。

防伪技术的发展方向是高科技防伪，以遏制不断发展的造假技术。从2001年9月起，宝洁公司率先在其袋装洗发产品上引入了一系列高科技防伪技术，此项技术的应用有助于更好

① 李明德. 外观设计的法律保护[J]. 郑州大学学报（哲学社会科学版），2000，(5)：48—52.

地保护经营者和消费者的利益，同时也有助于提高执法部门的执法效率和准确性。

（四）品牌打假

假货已成为品牌发展中的“毒瘤”，大量知名品牌受到假冒品牌的侵蚀。对假冒品牌的打击（Crack Down on Counterfeit Goods）已成为一项长期的社会性任务，企业、政府、媒体、协会、个人都加入了打假的阵营。

1. 企业打假

企业是品牌打假的主力军，众多企业已将品牌打假作为一项重要的日常工作来抓，并不定期地举办大型打假运动。2013 年 10 月淘宝网与奢侈品牌路易威登（Louis Vuitton）在法国巴黎宣布签署备忘录，双方建立积极合作机制，携手保护知识产权，共同打击淘宝网平台的假货销售。淘宝网计划与路易威登开展定期会晤、互联网维权、联合打假等一系列合作，并协同公安部门发起专项系列行动，共同打击涉假产品。

2. 政府打假

品牌打假是各地工商管理部门的基本工作之一，而且各级政府部门也成立了专门的打假办公室，加大了对假冒品牌的查处力度，维护了市场的经营秩序。

3. 媒体打假

媒体一直关注品牌假冒事件，很多记者都不顾安危深入假货交易市场和造假窝点进行明察暗访，对不法厂家和商贩给予曝光。在打假过程中，媒体起到了很大的推动作用。

4. 协会打假

消费者权益保护协会成为了造假厂商的克星，每年的“3·15 消费者权益保护日”都会报道很多的品牌假冒案件。

5. 个人打假

作为一股民间力量，“职业打假人”在中国兴起，当中的著名人士有王海、刘殿林等。这些职业打假人逐渐将打假产业化，为企业承担打假工作，使得企业能抽出身来更好地建设品牌。为了增强打假的力量，打假斗士还专门成立了“中国品牌保护与打假联盟”，以搭建全国性的打假平台。

造假者多且气焰嚣张，单靠一家企业、一个部门、一家媒体、一个人是很难将所有假冒品牌清除的，只有在政府部门的主持下，通过联盟合作的方式方能提高打假的效率。联盟合作的形式有多种，包括：（1）同行企业之间的打假联盟，如晋江 30 家品牌企业参与工商部门的联手打假维权大行动；（2）政府之间的打假联盟，如美国商务部和欧盟贸易委员会等机构联合发起实施一项合作计划，由欧盟和美国的海关联合行动，实现资源共享，共同打击假冒产品，尤其是国际著名奢侈品牌；（3）个人之间的打假联盟，如中国品牌保护与打假联盟的成立，实现了各地职业打假人和打假公司的联动。此外，还可以有媒体之间的打假联盟、企业与媒体之间的打假联盟等。

案例分析

从质量门到标准门看农夫山泉危机公关得失

一、媒体报道梳理

1. 导火索——水中现不明物　未得妥善处理

2013 年 3 月 8 日，对于农夫山泉来说是一个可以记入企业大事记的重要日子。这一天，一名普通消费者向知名财经网站21世纪网投诉农夫山泉水质问题。一周后的3.15当天，21世纪网发表了一篇近三千字的深度调查，随即引发全媒体疯狂转载，转载量逾百条。这也成为农夫山泉近两个月内各种负面报道的导火索。

2. 质量门——媒体访水源地 质疑周边污染

10天后，在21世纪网另一篇关于水源地的调查报道中，农夫山泉的水源地之一——丹江口水库的环境污染现状被曝光。

报道称，“农夫山泉胡家岭厂区谢绝了21世纪网的入厂参观请求”。在记者采访的过程中，农夫山泉的高层及公关团队完全有可能了解媒体的动向及诉求，但直到此时，企业仍在坚持此前的态度，称不整洁区域距离其公司取水口下游约1.4公里，对取水质量并无影响。

在随后十几天时间里，农夫山泉陷入了媒体和网民的口诛笔伐中。

3. 标准门——争论焦点转移 双方各执一词

4月8日，在“黑色悬浮物”出现一个月后，21世纪网三度发力，称农夫山泉现执行的产品标准为浙江省地方标准，相比旧的浙江标准以及广东省标准，放宽了对部分有害物质的含量要求，并允许霉菌和酵母菌存在。

4月11日，浙江质监局为瓶装水正名的报道见诸报端。《京华时报》在财经版块以半版篇幅报道此事，并在评论版头条以《引用水标准不是橡皮筋》为题发表了评论文章。

4月12日，该报将《协会确认农夫山泉标准不及自来水》定为大标题，次日的追踪报道中，称农夫山泉回应质疑时避谈有害物质指标宽松。

由此，农夫山泉质量门正式过渡发酵到事态更为严重的标准门，《京华时报》成为了与农夫山泉第二轮对峙的最主要对手。

4. 企媒对抗——微博对抗报纸 论战持续升级

4月15日，《京华时报》在头版对农夫山泉事件进行标题导读，从此开始了密集的言论轰炸。

随后的近一个月时间，《京华时报》将标准门事件的报道规格提升到了与同期的雅安地震救援、H7N9防控等关系国计民生的重大新闻题材同一个档次，甚至多次在一张报纸内连发数个整版策划。

4月20日，雅安地震发生后，事态因焦点转移而暂时平息，但该报依然连续在财经版块显要位置刊发针对标准门的评论文章。

5月7日，《京华时报》在报道农夫山泉董事长召开新闻发布会一事时，头版主图导读，随后制作了A叠6个版面的专题策划。

5月8日，该报头版导读了一条来自北京市质监局的消息，称食品标签名不副实将直接予以立案查处，并在副题中提及“瓶桶装水亦在整治之列”。这篇报道中只字未提“农夫山泉”品牌，此后至今，农夫山泉及相关事件再未出现在该报。

二、企业公关应对趋势

1. 水质——消极回应消费者质疑

3月15日，21世纪网曝光农夫山泉黑色不明物，据当事消费者称，客服人员对她的态度就是“不接待我们，不理我们，不承认水是有问题的”。

面对媒体采访，农夫山泉承认黑色不明物事实，但称其是水中的矿物盐析出。

当时与之有关的新闻标题中充斥着农夫山泉这样的措辞：“坚称产品合格”、“经检测证明水质没问题”。

在 21 世纪网报道的最后，引用了卫生部的《瓶(桶)装饮用水卫生标准》，称对饮用水感官指标中“肉眼可见物”项目的要求均为“不得检出”。这也为之后的标准门埋下伏笔。

2. 水源——错失修复媒体关系良机

3 月 25 日，21 世纪网在实地调查农夫山泉厂区时称，胡家岭厂区谢绝了记者入厂参观的请求。这本是一次非常好的修复媒体关系、改善舆情趋势的机会。这次拒绝直接导致农夫山泉的水质成了媒体的靶子。

在这篇报道中，只有一名没有显示职位的接待人员接受了记者的采访，显然，他在回应媒体时缺乏技巧和经验，措辞过于随意。

4 月 8 日，21 世纪网的报道称，“农夫山泉采用浙江地方标准，允许霉菌酵母菌存在”。截至发稿之时，农夫山泉依然没有任何准备进行危机公关的意图。

4 月 11 日，农夫山泉终于做出回应，但其回应的内容并没有化解危机的意思和赢回口碑的效果。

公司声明坚称产品“品质始终高于国家现有的任何饮用水标准，远远优于现行的自来水标准”。在这份声明中，农夫山泉还直接点出了此前坊间流传的“幕后黑手”就是国有控股饮用水企业——华润怡宝。

其实，同行同业竞争的现象随处可见，但谁也不会在毫无证据的情况下指名道姓，农夫山泉这样的危机应对策略，令其继续走向被动。

3. 标准——微博上公布繁冗代码

从 4 月 12 日起，农夫山泉在官方微博上与《京华时报》正面交锋，从最初的只谈标准开始，措辞逐渐激烈。

4 月 12 日，《京华时报》报道称，中国民族卫生协会确认农夫山泉标准不及自来水，并在报道中称，发给农夫山泉的采访提纲未得到回复。农夫山泉首次专门针对该报回应，称其产品品质远高于国家、行业、地方的三重标准。

4 月 14 日，农夫山泉连发 4 处水源地的检测报告，并第二次回应《京华时报》，称其产品检测结果优于国标 2～11 倍。

4 月 15 日，农夫山泉第三次回应《京华时报》，相比此前两次，措辞更加激烈，称该报“不仅无知，而且强词夺理，使消费者迷失方向”。

4 月 16 日，农夫山泉第四次回应，并首次质疑《京华时报》的新闻道德良知。

4 月 18 日，农夫山泉发表《<京华时报>&农夫山泉 到底谁在撒谎？》一文，就该报提出企业拒绝接受采访一事进行解释，双方正式从标准战转移到了另一个冷战场——自说自话。在这个战场上，报纸是不是给读者看的，水是不是给消费者喝的，都不再重要，重要的是，你说的就是错的。

4 月 20 日，四川雅安地震后，农夫山泉立即组织赈灾，灾情在一定程度上转移了公众注意力。同样，《京华时报》从次日起也将主要精力转移到赈灾报道，双方论战进入熄火阶段。

4 月 25 日，随着灾情的稳定，《京华时报》继续“开火”，引用专家言论称“农夫山泉应立即整改”。

报道中没有正面采访农夫山泉，应与双方过于紧张的关系有关。该报在文末引述其他媒体的报道称，农夫山泉公关部相关负责人表示，对于浙江省卫生厅下发的《关于对媒体反映瓶装饮用天然水适用标准情况的说明》此前并不知情，对于“标准门”的相关进展目前没有精力关注和跟进。

4. 新闻发布会——董事长强硬回应

五一劳动节小长假结束后，双方战事再起，5月2日起，针对《京华时报》每天大规模、多版面的攻势，农夫山泉的微博反应并不活跃，直到5月6日，农夫山泉召开新闻发布会，董事长钟睒睒强硬回应媒体质疑，并称将退出北京桶装水市场。

5月7日，在《京华时报》最后一次大规模报道农夫山泉事件后，报纸至今再未提及该品牌。

5月9日，《人民日报》要闻版刊发《农夫山泉抽查合格率100%》，农夫山泉品牌危机暂时解除。

值得注意的是，这条转载量数百条的大新闻，在《京华时报》上没有任何体现。而农夫山泉已在召开新闻发布会同期前后启动了包括邀请媒体参观厂区活动在内的危机公关方案，缓解了舆论压力。

资料来源：纪新宇.从质量门到标准门看农夫山泉危机公关得失[NB/OL].人民网，www.people.com.cn，2013-05-20.

讨论题：

1. 你如何评价农夫山泉的危机处理方式？
2. 要想消除负面影响，农夫山泉需要做哪些工作？
3. 从本案例中，你可以得到哪些关于处理品牌危机的管理启示？

本章小结

品牌危机是指由于组织内、外突发原因而对品牌资产造成的始料不及的负面影响，包括品牌形象的损害以及品牌信任度的下降。品牌危机反映为消费者与品牌关系的恶化。品牌危机具有以下三个特性：突发性、危害性、关注性。危机生命周期理论把危机过程分成五个显著阶段：企业危机酝酿期、企业危机爆发期、企业危机扩散期、企业危机处理期、企业危机处理结果和后遗症期。每个危机阶段都表现出不同的特征。这一理论也可用来描述品牌危机所经过的阶段及特征。品牌危机的成因可以从组织内部和外部两个方面来分析。其中，组织内部原因是企业自身的主观原因，而组织外部原因是企业所处的客观环境。组织内部的错误包括：战略决策失误、商业造假、产品和服务问题、广告问题；组织外部的损害包括：媒体报道、受到其他品牌的牵连、他人的陷害。

根据企业危机管理五力模型，危机管理包括预防、处理和评估工作，而只有当企业战略、危机管理小组、信息沟通、资源保障、组织文化五种力量共同作用于企业危机管理时，才能促进企业危机管理的顺利进行。这个体系对品牌危机管理同样适用。品牌危机的防范措施包括：（1）树立全员危机意识；（2）建立有效的危机预警系统；（3）与利益相关者建立牢固的情感关系；（4）开发多品牌与多产品。品牌危机管理中要坚持七个原则：主动性原则、快捷性原则、诚意性原则、真实性原则、统一性原则、全员性原则、创新性原则。危机公关属于危机管理系统的危机处理部分，它是指企业针对危机所采取的一系列自救行动，包括消除影响和恢复形象。危机公关可分为三个阶段进行，即危机公关准备期、危机处理期和形象恢复期。在危机公关准备期，首先应该立即启用危机公关小组，对危机的原因、类型、影响做出分析，并制订相应计划。此外，还应加快响应速度、确定危机级别、加强内部沟通、明确信息的内容、明确新闻发言人；在危机处理期，企业应处理好与以下几方面利益相关者的关系：受害者、媒体、公众、专家、政府、竞争对手；在形象恢复期，企业需要做好善后工作，改进关系，树立形象，同时做出总结和检讨。

一个辛辛苦苦打造的品牌，由于种种原因没有进行商标注册，结果被一些投机的机构或个人抢先注册，这种现象称为“品牌抢注”。根据抢注的机会，品牌抢注可分为地域性抢注和时效性抢注；根据抢注的对象划分，被抢注的对象除了传统的商品、服务的品牌之外，还包括人名、地名、栏目名、节日名、吉祥物名等。网络域名抢注是品牌抢注在网络经济时代的一种新形式。根据抢注的目的，品牌抢注主要有三种：（1）以变卖品牌为目的的抢注；（2）以阻止企业进入市场为目的的抢注；（3）以品牌经营为目的的抢注。如果说品牌抢注是在法律允许范围之内的话，那么品牌侵权则属于违法行为。品牌侵权的表现形式主要包括：（1）商标侵权，其中除了最常见的品牌名称侵权、品牌标志侵权，主要还有产品包装侵权和广告语侵权；（2）专利侵权，包括外观专利侵权和技术专利侵权两种。品牌侵权的危害具体表现在两个方面：（1）蚕食了利润；（2）损害了品牌形象。企业可以从四个方面来防范和制止品牌抢注和品牌侵权，以对品牌资产进行保护：（1）商标注册；（2）技术保密，包括法律保护和企业保护；（3）科技防伪；（4）品牌打假，需要企业、政府、媒体、协会、个人都加入到打假的阵营中来。

重点概念

品牌危机（Brand Crisis）
危机生命周期（Crisis Life Cycle, CLC）
危机管理五力模型（the Five-force Model of Crisis Management）
危机预警系统（the Early Warning System for Crisis）
首席风险官（Chief Risk Officer, CRO）
危机公关（Public Relations for Crisis）
品牌抢注（Preemptive Registration of Brand）
品牌侵权（Brand Infringement）
商标侵权（Trademark Infringement）
专利侵权（Patent Infringement）
品牌保护（Brand Protection）
商标注册（Trademark Registration）
打假（Crack Down on Counterfeit Goods）

进一步阅读材料

1. 包•恩和巴图. 危机公关：态度比方法更重要[EB/OL].中国营销传播网. www.emkt.com.cn，2010.
2. 高世屹. 美国危机传播研究初探[EB/OL]. 中国新闻传播学论坛. www.zjol.com.cn，2007.

3. 韦桂华. 三株为何枯萎——由三株官司看品牌的危机管理[J]. 管理科学文摘，2001，(2): 60—63.
4. 赵定涛，李蓓. 企业危机管理五力模型分析[J]. 科技进步与对策，2005，22(4): 126—127.

复习思考题

1. 品牌危机有何特性？
2. 品牌危机生命周期有哪些阶段？
3. 导致品牌危机发生的原因是什么？
4. 品牌危机管理体系是怎样的？
5. 如何防范品牌危机？
6. 如何开展品牌危机公关？
7. 品牌抢注与品牌侵权有何不同？
8. 如何实施品牌保护？

第六篇　品牌应用

第 14 章　品牌应用新领域

引　例

安徽省淮南市借助广播电视、报纸杂志、网络手机报、户外大屏多种传播渠道，开辟城市形象手册、城市形象片、实物外宣品多个传播载体，努力构建面向市外、省外、国外不同传播受众的优势互补、精确定位、合理布局的立体传播体系，充分展示和积极塑造独具地方特色的城市品牌，使“五彩淮南”城市形象得到全面提升。

承办国际赛事，促进对外交流。2012 年 9 月，以“印迹中国，盛世前行”为主题的 2012 环中国国际公路自行车赛在淮南举行，来自世界各地的 200 余名专业自行车手，马来西亚、加拿大、法国、中国台湾以及中央电视台、人民日报等国内外百余名记者汇聚淮南。市委外宣办向媒体记者提供安徽省情、淮南市情及体育事业发展情况通稿，圆满完成淮南站赛事报道。11 月，由国家体育总局、中央电视台、淮南市人民政府和中国武术协会共同主办的 2012 年度 CCTV 武林大会中英对抗赛走进淮南。市委外宣办积极配合央视体育频道做好节目录播，协调各大媒体做好赛事对外宣传报道，通过弘扬中国传统武术，提高了淮南的知名度和美誉度。

资料来源：王献留.安徽淮南借助立体传播体系，塑造城市品牌[EB/OL]，中国产经新闻，2013-07-07.

热身思考：为什么淮南的城市形象推广要导入品牌战略？与产品品牌相比，城市品牌的塑造有何特点？

当前，多数品牌论著聚焦在消费品品牌上面，而近些年，品牌管理知识在其他新的领域也应用得越来越广泛。本章将对服务品牌、工业品品牌、互联网品牌、奢侈品品牌、城市品牌、个人品牌、雇主品牌等几个品牌管理应用的新领域进行介绍。

第1节 服务品牌管理

一、服务品牌概述

（一）服务品牌的内涵与分类

1. 服务品牌的内涵

在经过农业经济、工业经济之后，世界已步入服务经济时代。这是一种以服务为驱动力的经济形态。在这种经济形态当中，服务业已超过农业、工业，成为社会财富的主要来源。中国社会科学院财经战略研究院发布的《中国服务业发展报告2013》指出：中国服务业增加值已经超过工业成为GDP的最大贡献者。我国经济结构正由以往工业、制造业主导向服务业主导转变。在这一经济大背景下，中国的服务业将面临前所未有的发展良机，大力发展服务品牌，抢占市场先机，应当成为企业思考的重要战略问题。

实际上，任何企业提供物都是产品[①]和服务的组合。亚当·斯密说："似乎没有任何标准可以清楚地划分出两大部分（指产品与服务）的界限。"李维特更进一步认为，每一个行业都渗透着服务，它们的区别只在于所包含的服务成分的多少。菲利普·科特勒根据二者的比例大小，将企业提供物分成以下五种类型：（1）纯粹有形商品，如牙膏、肥皂等；（2）伴随服务的有形商品，如汽车及其售后服务；（3）有形商品与服务的混合，如餐厅既有食品又有服务；（4）主要服务伴随小的辅助物，如航空服务与航空食品；（5）纯粹服务，如心理咨询。由于竞争的不断升级，企业竞争焦点已从过去产品质量、产品价格转变成产品与服务结合的全方位竞争。因此，即使是纯粹的有形商品，也都附带了一些咨询服务，如在洗发水、牙膏等产品包装上就印有服务热线的电话号码。为了提升竞争力，建设服务品牌已不仅是服务型企业，也是生产型企业的紧迫大事。所以，企业有必要从整体的视角来看提供物，树立"整体品牌"（Integrated Brand）的理念，整合好产品与服务品牌的关系，发挥二者的合力，将二者都纳入整体品牌建设的体系（见图14-1）。

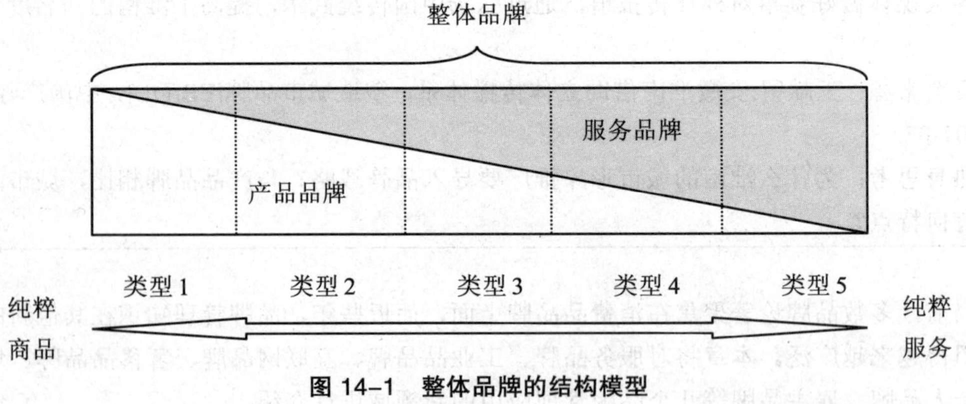

图14-1 整体品牌的结构模型

① 准确地讲，此处应为商品，是指企业提供物的有形部分，而产品则包括有形的商品和无形的服务。但目前业界大多用产品来指代商品，所以本书也采用这一习惯表达。下同。

按照科特勒的定义，服务是一方能够向另一方提供的基本上是无形的任何活动或利益，并且不导致任何所有权的产生。在第一章我们介绍了品牌的定义，那些描述对于服务也是适用的，但服务品牌的内涵仍需结合其特点做进一步阐述。服务具有不同于产品的特点，包括无形性、易逝性、可变性、同时性等。这决定了服务品牌与产品品牌的内涵有所不同。所谓服务品牌，是指消费者对服务有形部分的感知和服务过程的体验的总和。可以从以下两点来理解这一定义：（1）服务品牌的本质是消费者对服务的感知和体验；（2）服务品牌的重要组成部分是有形证据和服务过程。服务品牌主要由六大核心基因构成[①]：（1）服务质量（Service Quality）。服务项目、服务标准、服务方式、服务承诺等诸多方面共同构成服务质量的评价标准。服务质量构成服务品牌的核心，提高服务质量是打造服务品牌的关键。美国权威服务营销学者潘拉索拉曼（Parasuraman）、齐瑟姆（Zeithaml）和白瑞（Berry）提出，服务质量可以用有形性、可靠性、响应性、保证性和移情性等五个维度来进行测量；[②]（2）服务模式。服务模式包括经营模式（如外包、特许、自主等服务扩张模式）、管理模式等方面，通过改进服务模式可以提高服务运营质量（包括服务质量、抗风险能力、持续经营能力等）的稳定性；（3）服务技术。服务的技术含量是决定服务质量的关键要素之一，同时通过不断创新服务技术可使企业获得持续竞争优势，比如 IBM 全球服务部提供诸如独立咨询顾问、业务流程与技术流程整合服务、专业系统服务、网络综合布线系统集成、人力培训、运维服务等信息技术和管理咨询服务，满足客户日益复杂和个性化的需求；（4）服务价格。在提升服务质量的同时企业还要严格控制服务成本，否则价格过低企业无法盈利，价格过高又很难令客户满意；（5）服务文化。服务文化是建立在客户导向上的品牌文化，是对企业品牌文化和产品品牌文化的继承和补充，它需要随着市场消费文化的变化而调整；（6）服务信誉。诚信是服务品牌的生命，对客户做出承诺而不履行是对服务品牌最严重的打击。以上六个基因，缺失任何一个都会导致服务品牌存在缺陷。

对于某一个行业来说，服务都有其共性；但从竞争的角度来讲，服务又应当有其个性。因此，应该把服务分成基本服务和附加服务两个部分。其中，基本服务是所有企业必须提供的，如洗衣机的售后维修服务；附加服务则显示出不同品牌之间的差异，如有些洗衣机保修期可能比别的品牌要长。根据赫兹伯格的双因素理论，如果服务的保健因素（即基本服务）都存在问题，那么这个品牌根本就无法生存，所以，打造服务品牌的核心任务就是提高服务的激励因素（即附加服务）。但凡服务品牌做得成功的企业，其所提供的附加服务通常都给顾客带来独特的消费价值，如里兹—卡尔顿酒店（Ritz－Carlton Hotel）要求所有员工用绅士淑女般的态度去提供服务，每一位员工都应当成为“为淑女和绅士提供服务的淑女和绅士”。

2. 服务品牌的分类

服务可分为专业服务和生产服务两类，前者由银行、旅行社、酒店、航空公司、证券公司等专门以服务为经营主业的企业提供，后者则是产品所附带的服务，如汽车、手机、彩电生产厂商附带的维修、咨询服务。因此，我们通常所说的服务品牌可能包括这两类服务的品牌，即专业服务品牌和生产服务品牌。建设专业服务品牌的必要性是显而易见的，因为服务是这类企业的核心业务，建立了服务品牌就拥有服务市场。而对于生产型企业来说，为什么

① 参见世界品牌实验室网站 http://brand.icxo.com/.

② Parasuraman, A., V. A. Zeithaml and L. L. Berry. SERVQUAL: A Multiple-Item Scale for Measuring Consumer Perceptions of Service Quality[J]. Journal of Retailing, Spring, 1988, 64(1): 12—40.

要专门为服务打造品牌呢？目前，我国打造生产服务品牌的趋势愈演愈烈，如汽车、彩电、冰箱、空调、电脑、投影仪等行业都出现了生产服务品牌。以汽车行业为例，生产服务品牌就包括：别克汽车的“别克关怀”、上海大众的“Techcare 大众关心”、一汽大众的“严谨就是关爱”、东方雪铁龙的“家一样关怀”、广州本田的“钻石级服务”、东风标致的“蓝色承诺”、克莱斯勒 Jeep 的“关爱随行”、东风悦达起亚的“千里驿站”、华晨汽车的“华晨之家”、海马汽车的“蓝色扳手”（见图 14-2）、奇瑞汽车的“快·乐体验”、哈飞汽车的“向日葵服务”……品牌之多，令人叹服。这么多的生产型企业推出服务品牌，说明了服务对于提升生产型企业竞争力的作用越来越大，比如通用汽车的服务所带来的利润已占到企业总利润的 75%；同时，也说明了品牌对于明确服务定位、规范服务质量、加强服务传播的重要意义。

图 14-2 海马汽车的售后服务品牌“蓝色扳手”

（二）服务品牌与产品品牌的差异

由于服务与产品存在差异，因此服务品牌与产品品牌之间也存在不同。以下从品牌要素、品牌传播、消费者对品牌的期望与评价的一致性、品牌管理等四个方面来对比二者的差异（见表 14-1）①。

表 14-1 服务品牌与产品品牌的差异

比较内容	产品品牌	服务品牌
品牌要素	产品核心功能、价格、包装、用途和使用者形象等	无形服务、服务环境、员工形象、品牌名称、价格和情感等
品牌传播	广告、促销等基本营销活动	基本营销活动、服务的流程、员工的形象素质以及服务设施等有形展示和接触点
消费者对品牌期望与评价的一致性	产品具体的功能和情感、象征价值 产品质量控制以保证品牌感知的一致性	服务过程的体验和结果的评价 顾客与员工的交互过程影响品牌感知的一致性
品牌管理	产品品牌管理	企业品牌管理

资料来源：根据《西方服务品牌研究评介》（程鸣，吴作民，2006）一文修改。

1. 品牌要素

品牌要素是品牌的组成部分。在产品品牌当中，品牌要素由产品、价格、包装、用途和使用者形象等几个方面构成；而在服务品牌当中，品牌要素由无形服务、服务环境、员工形象、品牌名称、价格和情感等构成。相比而言，服务品牌的要素更加无形、更依赖于环境和员工，而产品品牌则以产品为核心。比如，一提到新加坡航空，我们想到的品牌要素是新航的空姐甜美的微笑和体贴入微的服务；而一提到苹果手机，我们想到的品牌要素是产品外观

① 程鸣，吴作民. 西方服务品牌研究评介[J]. 外国经济与管理，2006，28(5): 53—60.

漂亮、使用体验好、价格昂贵、使用者形象比较时尚等。国际品牌专家沃利·奥林斯直截了当地指出，在服务行业，人就是品牌。

2. 品牌传播

产品品牌通常依靠广告、促销等营销活动进行推广，而服务品牌虽然也会有广告、促销活动，但更多的是依靠服务的质量、员工的形象素质以及服务设施等有形展示和接触点来进行品牌传播。服务品牌的这一特征给企业的启示是，要做好服务的全过程管理，让消费者从各项服务的有形展示和全方位的服务体验当中获得对品牌的认可。

3. 消费者对品牌期望与评价的一致性

在消费者看来，产品品牌代表了该产品的功能、情感或者象征价值，而服务品牌则代表着服务过程的体验和结果的评价。这些是决定消费者品牌选择的根本原因。比如，选购 Dell 这一电脑品牌，是我们相信它具有卓越的产品质量，同时，Dell 的国际品牌形象也使我们获得一定的心理满足感；而选择香格里拉这一高档酒店品牌，是因为我们相信能体验到该酒店人员训练有素的服务，能令我们满意而归。从品牌评价来看，在产品品牌当中，消费者对品牌的评价来自于产品质量的优秀表现，而在服务品牌当中，消费者对品牌的评价则来自于员工与自己的互动过程。例如，提到三星液晶电视，我们会评价其各项产品属性如何，提到中国国际旅行社，我们会评价某次我们与该旅行社员工打交道的经历。所以，对于产品品牌来说，要保证顾客品牌感知的一致性就必须对产品质量进行控制，而对服务品牌来说，要保证顾客品牌感知的一致性就要管理好顾客与员工的交互过程。

4. 品牌管理

产品品牌所管理的对象是某个产品，而服务品牌所管理的对象是整个企业。比如，宝洁公司曾经设立了很多品牌经理，专门对某个产品品牌负责，其他产品品牌则不是其职责范围；而欢乐谷主题乐园要进行品牌管理，实际上是对游客从进入乐园到走出乐园的全过程管理，这一过程牵涉到跟游客打交道的所有服务人员，包括售票员、引导员、清洁工、播音员、小卖铺售货员、节目演员、各游乐项目的工作人员等。所以说，服务品牌管理的实际上是整个企业，所有成员都必须建立品牌意识，才能将服务品牌建设好。

（三）服务品牌资产模型

美国德克萨斯 A&M 大学的白瑞教授（Berry）通过对 14 家高绩效服务企业的调研，提出了一个服务品牌资产模型（见图 14-3）。[①] 根据该模型可知，服务品牌资产由品牌知名度（Brand Awareness）和品牌内涵（Brand Meaning）两方面构成。品牌知名度是指顾客对服务品牌名称的识别和记忆程度，而品牌内涵则是顾客对服务品牌的联想和印象。由模型可知，要培养服务品牌资产，必须建立顾客对服务品牌名称的认知和对服务品牌内涵的理解。研究表明，品牌内涵对服务品牌资产的影响比品牌知名度要大，因为品牌内涵表明品牌对消费者意味着什么。我们可以把品牌知名度和品牌内涵看成是品牌资产的组成部分，也可以看成是品牌资产培育这一总目标的两个分目标。

① Berry, L. L.. Cultivating Service Brand Equity[J]. Journal of the Academy of Marketing Science，2000, 28(1): 128—137.

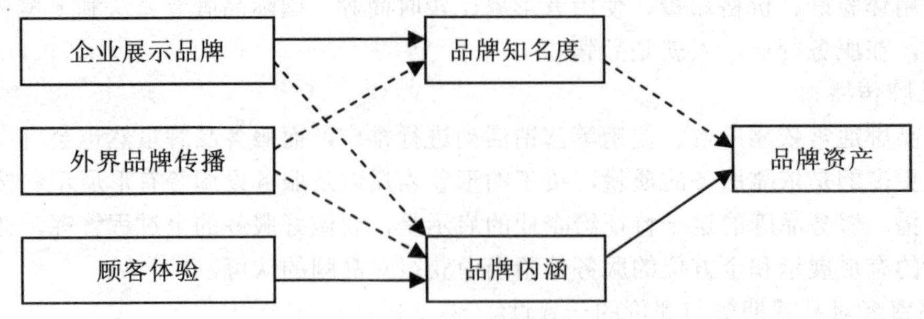

图 14–3 服务品牌资产模型

资料来源：Berry, L. L.. Cultivating Service Brand Equity[J]. Journal of the Academy of Marketing Science，2000，28(1): 128—137.

白瑞进一步提出，品牌知名度和品牌内涵受到公司展示品牌（Brand Presentation by Company）、外界品牌传播（External Brand Communication）和顾客体验（Customer Experience）这三个要素影响。各种因素的影响程度不同，模型中用实线和虚线区分开来。其中，实线表示主要影响；虚线表示次要影响。以下逐一解释这三个要素。①

公司展示品牌是品牌知名度的主要影响因素，其对品牌内涵也有一定的影响。它是指公司通过广告、公关、服务设施和人员等多种传播方式将品牌传递给顾客，使顾客熟悉品牌。在这一过程中，企业不只是强化品牌名称，还应当强调公司服务品牌与众不同的特点。尽管有些公司拥有卓越的服务质量，但还是应当以创新的方式告知顾客。譬如，速 8 经济型连锁酒店在 8 月 8 日举办颇具特色的速 8 日活动，吸引媒体的报道。

外界品牌传播不是企业自身所展开的品牌传播活动，而是现有顾客、媒体、机构等对品牌的介绍。由于服务具有无形性，顾客在消费之前无法像有形产品一样可以通过感官接触了解，所以除了公司自己的传播，其他第三方的意见或评价成为顾客重要的参考。白瑞的调研结果表明，外界品牌传播不是品牌知名度和品牌内涵的主要决定因素，但是其作用也不可忽视。这一结论与其他调研结果并不一致。AC 尼尔森公司的调查表明，人们对口碑的信任要高于广告。不管怎么样，虽然公司不能直接操纵外界品牌传播，但还是可以用卓越的表现来促使外界品牌传播朝有利于自己的方向发展。

顾客体验是顾客对服务的亲身经历，是形成品牌内涵的主要决定因素，而品牌内涵是品牌资产的主要构成要素，因而顾客体验是服务企业培育品牌资产的重点。公司展示品牌虽然对品牌内涵也有一定影响，但是没有顾客体验的作用强，顾客自己的亲身体验将清晰地形成他们对品牌内涵的理解。这也是服务品牌与产品品牌根本差异之所在。由于顾客体验来自于服务交互过程的质量，因此企业必须加强服务过程的管理。除了注意服务的环境、态度、准确性、及时性等要求外，还应该建立与顾客情感上的联系。实际上，品牌的真正力量来自顾客情感上的投入，这是一种超越交易层面的力量，能形成顾客依赖的感受。优秀的品牌总是能够与顾客建立起情感上的连系，如去过里兹—卡尔顿酒店的顾客都真正地“爱”上了那

① 白长虹，范秀成，甘源. 基于顾客感知价值的服务企业品牌管理[J]. 外国经济与管理，2002，(2): 7—13.

里。此外，由于服务过程是由员工来完成的，员工是否能以品牌作为自己行动的准则，并在服务过程中提供优异的顾客价值，对于形成良好的顾客体验是决定性的。因此必须进行品牌的内在化（Internalize the Brand），即向员工解释与宣传品牌，以有效而创新的沟通方式使其认识品牌，并认同品牌。在迪士尼乐园，人们能够获得难忘的快乐体验，是因为迪士尼的员工是快乐的，他们明白“迪士尼”三个字就意味着快乐。这与迪士尼的品牌核心价值是相符的——“让园内所有的人都快乐”。如果企业能够在服务的产品、流程和有形证据等方面有所创新，那么给予顾客的体验将是独特、深刻而难忘的。比如，深圳航空公司在航空用餐过程中向乘客提供自制的辣椒酱，体现了该品牌人性化的一面；一些餐厅在顾客买单的时候改进找零流程，服务员事先将零钱带来给顾客而不是收了款再去拿零钱，从而节省了顾客的等待时间；世界顶级足球俱乐部曼联在成都开设了亚洲第一家足球主题餐厅“曼联餐吧”，让顾客感受到独一无二的用餐环境。

二、服务品牌管理的原则与步骤

（一）服务品牌管理的原则

英国品牌专家沃利·奥林斯（Wally Olins）建议企业在管理服务品牌的过程中，遵循以下几条实用的原则①：

1. 围绕品牌组织运营

让每个部门都能理解品牌代表什么，这样员工才能真正用心服务，发自内心愿意提供服务。品牌不是公司高层的事，也不是营销部门的事，而是全体员工的事。实际上，员工所做的每一件事情都是在打造品牌，品牌就是在顾客与企业接触的全过程中逐渐形成的。不明白品牌意味着什么，员工的工作将是盲目的。

2. 训练员工亲历品牌

在员工培训课程上，应该把品牌意识融入其中，教会他们在品牌的规范下，什么是该做的，什么是不该做的。工作中时时把品牌放在心上，而不是束之高阁。

3. 表现得体的说话方式

一提到“服务人员”四个字，我们脑海中都会浮现友好、亲切的微笑形象。服务人员应该在沟通当中体现这些形象，而其说话的方式是关键。

4. 永远记住员工就是品牌

服务的核心在人，所以服务品牌也应该是员工的品牌。员工在为顾客服务的过程中，时时要牢记，自己的言谈举止已经不是代表个人，而是代表整个公司的品牌。顾客会把对员工的不满记在品牌的账上。

5. 注意前后的一致性和连贯性

服务的过程也是履行承诺的过程，如果说一套做一套，那么服务品牌迟早会砸了。同时，一项服务可能牵涉到很多服务人员的工作，品牌就是这些工作积累的结果，所以大家在品牌理念的贯彻执行上应该保持一致性和连贯性。

6. 尊重顾客

水能载舟，亦能覆舟。顾客是水，公司是舟，顾客是公司的衣食父母，是公司存在的根

① （英）沃利·奥林斯. 服务行业，人就是品牌[EB/OL]. 有效营销，www.em-cn.com，2007-02-08.

基。员工对他们尊重也是对自己工作的尊重，对赢利的尊重。

7. 把服务或者投诉放在品牌的核心，倾听顾客，做出反应

投诉的处理是建立服务品牌的一个关键接触点，很多服务品牌在这方面做得很糟糕，不是对顾客不理不睬，就是慢条斯理、拖拖拉拉。对公司来说，愿意投诉的顾客是好的顾客，他们的投诉指出了服务当中存在的问题，能够帮助公司成长。员工应该多去倾听顾客的声音。

8. 领导起模范带头作用

“上梁不正下梁歪”。领导如果都不能把顾客放在首位，没有品牌意识，那么也别指望手下员工在服务当中能有多出色的表现。

（二）服务品牌管理模型

英国权威品牌学者切纳托尼（Chernatony）和森格—豪恩（Segal－Horn）进行了有关服务品牌相关问题的深度访谈，旨在研究服务品牌成功的驱动因素。访谈对象包括在伦敦分别从事品牌、广告、设计、营销和市场研究等工作的28个资深顾问。在深度访谈和文献回顾的基础上，他们根据服务品牌成功的驱动因素，提出了一个服务品牌成功管理的模型（见图14-4）①。

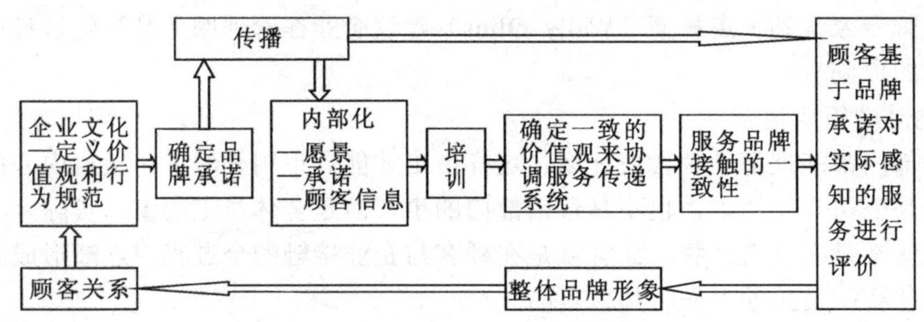

图 14-4 成功的服务品牌管理流程

资料来源：de Chernatony, Leslie and Susan Segal-Horn. The criteria for successful services brands [J]. European Journal of Marketing, 2003, (7/ 8): 1095 – 1118.

这是一个循环模型，起点是服务企业建立企业文化和界定品牌价值观，然后确定品牌承诺，接着分别对外部顾客和内部员工进行品牌传播。品牌的内部传播主要是向员工解释品牌愿景、品牌承诺，并提供顾客信息，对员工进行培训，形成一致的价值观。通过服务传递系统的协调支持，保证员工与顾客的每一次接触都能提供一致的服务。另一方面，企业通过外部品牌传播向消费者传达品牌承诺。消费者基于品牌承诺形成服务期望，对服务期望与实际感知的服务进行比较来评价服务品牌。顾客对服务品牌的积极评价能在顾客群体心中形成良好的服务品牌形象，而良好的服务品牌形象则是建立服务品牌与顾客关系的基础。同时，服务品牌与顾客之间长期持久的信任关系则会进一步巩固服务企业文化和品牌价值观。

这个模型将服务品牌的外部顾客传播、内部员工管理、员工与顾客的互动过程整合在一起，形成了一个完整的循环系统，为服务企业的品牌培育与管理提供了一个具有可操作性的

① de Chernatony, Leslie and Susan Segal-Horn. The criteria for successful services brands [J]. European Journal of Marketing，2003, (7/ 8): 1095 – 1118.

流程模型。但是，它只是基于文献回顾和对 28 个资深顾问的定性深度访谈，并没有经过服务企业实践的验证。由于访谈对象既不是企业管理者或员工，也不是消费者，因此外部顾客传播、内部员工管理、员工与顾客互动等具体要素和相互关系等问题仍需要进一步的研究探讨。①

第 2 节　工业品品牌营销

一、工业品品牌建设的疑虑与理由

（一）工业品品牌建设的疑虑

工业品是投入工业生产或工业使用的产品，通常可分为两类：一类是中间产品，主要服务于下游工业品企业，包括原辅材料（如色素、纤维）和零部件（如处理器、硬盘）；一类是最终产品，主要服务于工业或工程，如打桩机、集装箱等。当前，在市面上出现的各种品牌管理论著当中，品牌一般专指消费品品牌，少数谈及服务品牌，而涉及工业品品牌的更是屈指可数。譬如，直到 2008 年，我们才看到菲利普·科特勒教授与德国的 B2B 品牌管理专家弗沃德教授合著的一部有关工业品品牌方面的专著《B2B 品牌管理》的中文版面市。而此前，这类专著几乎没有。为什么工业品品牌没有受到重视呢？因为工业品具有以下特点，② 使得品牌建设比消费品和服务都要困难：

1. 工业品注重产品“性价比”功能性价值，不注重情感性价值

在工业品交易中，客户最看重两个指标：质量和价格，也可以理解为产品实用性和经济性这两个指标。客户一方面要求产品质量要好，一方面又要求产品价格要低，对二者关系的权衡决定了他们的购买意愿。这是理性的购买决策过程，品牌所拥有的情感价值在这里无用武之地。

2. 工业品推广过于重视推力，忽略了品牌拉力

工业品营销往往注重采用一些折扣甚至“回扣”的方式来向客户展开推销攻势，而很少会把品牌当作有效的武器。企业认为，品牌并不是影响客户购买决策的主要因素，对客户拉动力不大。

3. 工业品推广注重人际沟通成本，却不注重品牌沟通

有人说，工业品的销售靠的是“关系”，一般的营销策略都用不上，还谈什么建设品牌！的确，一直以来，中国的工业品供应都是实行计划调拨，企业真正走上营销道路的历史还不长，行业内还大量存在“灰色营销”等不规范营销手法。很多工业品企业“不做品牌照样赚钱”，为什么还要花钱来建设品牌呢？

（二）工业品品牌建设的理由

尽管工业品的确存在以上一些特点，但仍有建设品牌的必要。事实上，国外的工业品企业对品牌建设一向比较重视，如卡特皮勒（Caterpillar）、西门子、通用电气、杜邦等国际工业品品牌如雷贯耳，而国内也开始注意到工业品品牌的建设，譬如中联重科、玉柴动力、潍

① 程鸣，吴作民. 西方服务品牌研究评介[J]. 外国经济与管理，2006，28(5): 53—60.

② 贾昌荣. 工业品品牌传播之道[J]. 品牌真言，2005，(2).

柴动力、三一重工、时风发动机、长城润滑油、昆仑润滑油、统一润滑油等诸多工业品品牌广告频繁现身中央电视台。这些工业品企业很清楚，企业发展需要品牌的支持。

工业品品牌究竟意味着什么？根据第一章对品牌涵义的分析，品牌有区隔符号、价值担保、联想载体、关系集合和无形资产五层涵义。如果仅仅把工业品品牌看作是区隔符号，那的确没什么意义，因为生产某种工业品的企业不像消费品企业那么多，它们寥寥无几、为数不多，还用得着专门打造一个品牌来区隔竞争吗？实际上，工业品品牌的意义在于后面几层涵义。以全球最著名的挖土机品牌卡特皮勒为例。与某个不知名的挖土机品牌相比，卡特皮勒代表的是结实耐用、服务周到的消费价值，能够让人想到其雄厚的企业实力和不断创新的企业精神，完全值得客户信赖，在挖土机行业享有最高的知名度和美誉度以及全球顶尖的市场地位等。这些就是卡特皮勒坚持培养工业品品牌的结果。

结合几位国内营销实战专家的观点，工业品做品牌的理由有以下几点[①]：

1. 获得更大的利润空间

毋庸置疑，品牌能够给工业品带来超额的利润。据联合国发展计划署统计，虽然一些具有国际知名度的工业品品牌在全球品牌数量中的比例不足3%，但市场占有率却高达40%，销售额超过50%。这些工业品品牌包括：蓝色巨人IBM，微处理器之王英特尔，流体控制技术巨头ITT，电气巨子ABB、GE，工程机械巨头卡特皮勒、英格索兰，石油化工大鳄壳牌，化工巨头巴斯夫、陶氏化学、杜邦、拜耳，轮胎巨头普利司通、米其林、固特异。而我国的电动工具生产技术在全球居领先地位，销往世界各地，其产量占全球的70%，但销售收入只占10%，利润不到1%。在谈及中国制造业时，国际营销大师米尔顿·科特勒指出："中国企业需要从品牌上获得30%的利润而不是10%～15%的市场加工费。"

2. 可以获得更多的市场机会

工业品购买行为的一大特点是小组采购。或许最后的决策权是在这个采购小组的领导手里，跟他们搞好"关系"有一定帮助，但公司考评体系决定了这个领导需要对采购的产品质量负责，而下属以及外来专家也会对领导错误的决策品头论足。所以，对于小组领导来说，最安全的采购决策就是群体决议、理性决策。工业品的高价格、复杂性使其成为一种风险性很大的购买类型，决策中，代表着信誉和价值的工业品品牌会对采购团队形成"综合影响力"，容易在竞争中胜出，"没有人曾经由于购买IBM电脑而被解雇"[②]。

3. 获得国际竞争优势

进入国际市场已成为众多工业品企业未来战略发展的主要方向。对于习惯了"灰色营销"或是行业垄断的部分企业来说，其在面对国际市场时已失去了在国内那种赖以生存的土壤，一切机会都要凭真本领来获取，而品牌则是企业竞争力的集中体现。在这方面，中国企业往往比较欠缺。譬如，中集集团在刚刚进入日本市场的时候，就因为品牌在国际上还不够响亮而遭受冷遇。要想在全球市场上分得一杯羹，工业品企业必须要努力打造强势品牌，让品牌在客户脑海里形成印象，不然就算是质量过硬也可能被国外客户所忽视。

4. 提升工业品抗危机能力

风云变化的市场危机四伏。对此，企业不仅需要提高危机处理能力，更需要培育抗风险

① 贾昌荣. 工业品品牌传播之道[J]. 品牌真言，2005，(2).

② 李永建. 工业品品牌整合传播策略[EB/OL]. 中国营销传播网，www.emkt.com.cn，2007-08-20.

的能力，而品牌就具有这样一种能力。实践表明，品牌对危机具有缓冲效果，一个普通品牌和一个著名品牌面临相同危机时，结果是不一样的。在“特富龙致癌风波”中，如果生产商不是美国杜邦公司，而是一家无名小卒的话，企业恐怕早就破产了。就算产品本身是没问题的，在危机的流言飞语中，没有坚固的形象根基，企业也是很难保全的。

5. 获得长远的竞争优势

在关系营销时代，企业营销不仅应该关注“赢得顾客”的问题，还更应该关注“维系顾客”的问题。对于工业品企业而言，品牌就是维系企业与顾客关系的纽带。一个强势的品牌才能建立顾客对企业和产品的信心，使他们坚定不移地支持企业的发展。

6. 能够增加产品的差异性[①]

随着技术的普及，工业品的相似度越来越高，价格则越压越低。企业要想获得超过竞争对手的超额利润，就必须体现出与众不同的特点。品牌则能够承担这一重要使命。人们相信，一个好的品牌应该具有一个好的产品，即使这个产品与其他公司的产品可能差异不大，但人们仍然会产生这样的心理作用。譬如，由于品牌不同，人们总感觉 Intel 在一些质量指标上会领先于 AMD，尽管这可能不是基于事实的判断。

7. 可以稀释销售人员对市场的控制[②]

销售人员在工业品营销当中的地位举足轻重，因此对销售人员的管理也成为当前工业品企业老总头痛的一件事。公司大量客户资源掌握在销售人员手里，一旦销售人员有个风吹草动，企业的销售业绩直接受影响，甚至可能导致一个企业的衰败。经验表明，一个企业品牌越强势，企业对销售人员的依赖就越小。所以，大力发展企业品牌，通过品牌来吸引客户，可以稀释销售人员个人对客户的掌控，是工业品企业发展的明智之举。

二、工业品品牌营销

（一）工业企业品牌发展的三阶段论

任何一个工业企业品牌的发展都经历了三个阶段，即生存维持期、成长扩张期和成熟期。[③] 每个阶段运作的重点都有所侧重：在生存维持期的品牌多侧重在业绩攻关、工程的参与度，以及资质认证的工作上；成长扩张阶段，品牌运作的重点是品牌内涵规划与推广、样板工程建设等方面；成熟期，要加强品牌美誉度的建设以及客户质量的控制。

1. 生存维持期

这个阶段的工业品企业刚刚起步，在激烈的市场竞争中生存下来是其首要目标。所以，他们更多考虑的是如何拿到订单、如何取得行业资格资质以及如何提高业内的知名度。

（1）业绩比品牌更重要，甚至打以业绩为主的价格战

对于初创的企业，第一要务自然是生存，如何增加销量、提升企业业绩是他们考虑的头等大事。一切唯业绩说话，一切向业绩看齐，为此甚至不惜大打价格战。然而，行业中现有的企业岂能坐以待毙，于是一幕幕的价格大战轮番上阵。不少经济基础不够雄厚的企业因此而夭折。

① 黄海阳. 工业品企业的品牌营销策略[EB/OL]. 中国营销传播网，www.emkt.com.cn，2006-07-07.

② 刘文新. 工业企业掌控客户资源要靠品牌[EB/OL]. 中国营销传播网，www.emkt.com.cn，2008-01-21.

③ 刘文新. 工业品品牌塑造三段法[EB/OL]. 中国营销传播网，www.emkt.com.cn，2008-01-10.

（2）资质比实际的产品服务质量更重要，甚至为资质铤而走险

由于专业性很强，进入工业品行业需要有严格的资格审查和资质认证。拿建筑施工行业来说，2001年7月起施行的《建筑业企业资质等级标准》分三部分：施工总承包企业资质等级标准包括12个标准、专业承包企业资质等级标准包括60个标准、劳务分包企业资质标准包括13个标准。一些订单对企业资质有严格要求，于是一些尚未获得专业资格的企业为此铤而走险，冒用、顶替现象也不罕见。

（3）投标的参与量比项目成功率更重要，甚至只是为了露脸

初来乍到，为了提高自己在业内的知名度，"见标就投"成为了这些企业常见的一种策略。他们更看重参与投标的数量，因为"脸露多了"客户总会知道自己，至于投标成功与否并不是最重要的。这也成为他们直接接触客户的低成本方式。

2. 成长扩张期

随着企业的进一步发展，他们越来越认识到品牌对于企业发展的重要性。这个阶段的工业品企业更加看重样板工程的塑造、更加看重项目附加服务价值的提供，对品牌的资源聚焦点和传播核心点的把握逐渐清晰。工业品企业的品牌意识和思路也在逐渐成长起来。

（1）样板建设比广告更重要

工业品采购的理性化特点决定了产品的优点必须用事实说话，而广告宣传的效果不理想。企业越来越认识到样板工程建设的重要性，并且在样板工程的建设中尝到了甜头。譬如在国家号召开发大西北之际，海尔瞄准商机，在乌鲁木齐高新区留学生创业园树立起了西北地区最大中央空调样板工程，同时也是业界最大的样板工程，这为海尔在中央空调行业的发展带来了巨大的帮助。

（2）不断推出附加服务

当各个企业产品质量、服务做得越来越趋于同化时，企业越来越发现，在激烈的市场中要想博得客户的好感，必须不断推出更多的附加服务，为客户创造更多的价值。例如，为了提升邮政速递业务的市场竞争力，促进EMS业务的发展，抢夺高速增长的快递市场，广东省邮政局自2005年2月起在省内特快专递业务上叠加开办附加服务，包括邮资到付、代收货款、代收回执、返回详情单回执联、一票多件、短信回音等服务。

（3）明晰品牌的资源聚焦点与传播核心点

通过之前的市场运作，企业发现工业品也要像消费品行业一样，树立自己在行业内的品牌影响力才能持续吸引目标客户。为此，他们开始导入品牌识别系统，明确品牌核心价值，设计品牌识别要素，并建立品牌传播和管理指南，使得企业内所有资源都为品牌建设服务。

3. 成熟期

当企业进入成熟阶段以后，生存问题早已解决，技术比较成熟，市场相对稳定，产品的销售额明显上升。这时摆在企业家面前的问题是：要持续发展企业，必须进一步强化品牌管理、开发新产品、拓展市场、提高企业的核心竞争能力。

（1）品牌美誉度比品牌认知度更重要

在行业内摸爬滚打了几年，品牌已具有较高的知名度，这时亟需提升的是品牌美誉度。品牌美誉度是客户对品牌品质的认同和满意程度，是企业经营多年积累的口碑。它对于企业持续拓展市场起到关键性作用。沈阳远大之所以能拿下北京2008年奥运会主场馆——国家游泳中心"水立方"和"鸟巢"项目，与它在建筑幕墙和节能门窗行业连续7年位居国内同行

业第一，产销量连续 3 年居世界第一的品牌美誉度是分不开的。

（2）客户与渠道的质量比数量更重要

在生存维持期，企业为了能够活下来，只要是渠道和客户就想尽办法去开拓，数量第一，质量如何并不重要。但是，到了成熟期，客户和渠道质量的作用就显现出来了：质量不好的客户和渠道带来不了多少收益，却浪费了企业不少成本。如果还是继续为这些客户和渠道服务，那么企业利润和精力都将被消耗。所以，企业应该根据 80/20 法则对所有的客户和渠道进行赢利性分析，按照质量进行分类，淘汰不良的客户和渠道，以便更好服务于有价值的市场，提高盈利水平。

（二）工业品品牌营销策略

在国内营销实战的权威网站"中国营销传播网"（www.emkt.com.cn）上，几位工业品营销专家分享了他们宝贵的营销实战经验。归纳起来，工业品企业可以采用以下几种营销策略来建设品牌（见图 14-5）：

1. 样板营销

为降低购买风险，工业品的客户在购买之前总是喜欢问企业，同行业中还有哪些厂家购买了相关的产品和服务，如果有几个拿得出手的样板客户，这单生意往往就能够达成。因此，要建立工业品品牌，企业首先应该做几个漂亮的样板工程。一般知名的大企业是样板工程的最佳人选，但与他们合作开出的条件会很苛刻，可能供应商无利可图。即使是这样，企业仍然有必要与大客户合作，目的不是赚钱，而是为今后源源不断的订单投资。一些消费品的供应商喜欢说自己是沃尔玛指定的供货商，这一经历成为他们日后拓展其他零售商市场的资本。

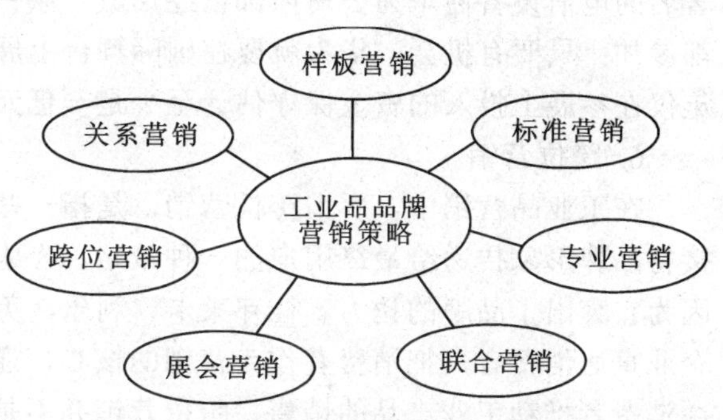

图 14-5　工业品品牌营销策略

2. 标准营销

在技术领域，标准是一个非常重要的资源。哪家企业的技术要是成为了行业标准，它就成了行业的权威，也是最大的利益赢家。因此，近些年来标准之争络绎不绝，如微软和 Sun 的互联网标准之争、中国高清标准 EVD 与日本高清技术 HD—DVD 的高清标准之争、金山和微软的文档标准之争等。由于一个产品所包含的技术很多，所以涉及到的标准也可能很多。这就为工业品企业提供了机会，找到某一项技术深入研发，争取成为该项技术的行业标准。标准不一定是权威机构认定的，也可以通过企业培育让市场认可。英特尔的例子就说明了这一点，它通过"Intel Inside"成分品牌化战略，使得公众认为只要是内含 Intel 微处理器的电脑就是好电脑。

3. 专业营销

工业品属于理性采购的产品，因此其品牌一定要突出高技术含量。这可以通过以下几种专业营销或学术营销的途径来实现：（1）出版专著或发表专业论文；（2）冠名赞助或联合专业机构合办专业学术会议；（3）聘请权威专家担任企业技术顾问；（4）与高校合作研究开发新技术；（5）培训专业素质高的推销员；（6）在一些专业性很强的期刊上刊登广告。一些制药企业就是采用这些方法，获得医生推崇的。

4. 联合营销

有些工业品企业生产的是“中间产品”，如原材料、零部件等，这些产品往往并不能够在最终产品中显现出来。这并不意味着他们就没有营销的机会。对他们来说，与下游中间件应用厂商进行联合推广，树立成分品牌（Ingredient Brand），是一个明智之举。例如，微软的Windows 一直与硬件厂商形成“无缝联合”；又如，杜邦公司在推出“莱卡”时，采用了对面料生产商认证的策略，使得上下游企业结合构成整体推广，最终使莱卡的品牌识别“舒适、服贴、时尚、潮流”深入人心。

5. 展会营销

每年，各行各业的新产品展览会层出不穷。由于专业性强，行业展会通常能吸引大批业内人士前来参观。企业利用行业展会将自己最先进的技术和最优秀的产品在有限的空间和时间内展现给客户，从而达成初步的产品交易意向，提升公司和品牌形象。据统计，在美国展销会上接触一个潜在客户的成本是160美元，这一成本已远远低于广告之类的传播方式。在著名的电信设备商华为公司内部已经形成一条铁律——只要是国际大型通信展会，华为一律都参加；只要有机会，华为就要在国际舞台上展示自己的产品和企业形象。据统计，华为每年仅在参展上投入的资金保守估计至少是一亿元。

6. 跨位营销

在工业品营销中，所谓跨位营销，是指一些生产工业中间品的企业跨越下游生产商，直接将品牌形象传递给最终用户的一种策略。这是对工业品推广“重视推力”这种做法的颠覆，因为它突出了品牌的拉力。杜邦莱卡、利乐、英特尔、APP亚洲纸浆等一批企业，跨过下游企业直达消费者，把消费者作为营销的核心，通过引导和教育工作，使产业链发生反作用，用消费者推动工业产品的销售。跨位营销并不是要把下游厂商忽略掉，恰恰相反，它可以帮助下游厂商更好地销售，因为通过跨位宣传，消费者会觉得，用了利乐包的饮料更健康、用了莱卡材料制成的衣服更美观舒适。当然，一旦中间品品牌建立起来了，企业在下游厂商面前就拥有了更大的谈判力。

7. 关系营销

毋庸讳言，在工业品营销当中，关系的作用至关重要。这并不完全指“灰色营销”当中与客户或政府关键人那种见不得光的“关系”，而是包括与更多利益相关人的正大光明的关系。比如，与政府主管部门之间建立良好关系，以得到更多的政策支持和信息帮助；与行业协会建立良好关系，以更快更多地掌握行业信息；与媒体记者建立良好关系，以获得更多正面的报道及减少负面报道来树立企业形象；与权威专家建立良好关系，以获得他们在技术研发和学术营销上的支持。当然，最重要的还是与客户之间的良好关系，通过提供优良的产品和优质的服务为他们创造价值，使他们与企业之间建立超越交易层次的情感关系。

第3节 互联网品牌营销

一、互联网品牌的定义

2003年8月，由新浪文化、《北京娱乐信报》、《南方都市报》、《新民周刊》等媒体联合推出了大型公众调查“中国人眼中的 20 世纪最伟大发明”。此次调查共列出 70 个具体分项，涵盖国防、医学、生活、生产、电器五个方面。在 5000 多人的投票结果中，互联网、个人电脑、青霉素的得票数位列前三。的确，互联网时代已经来临，它改变了人们的生活方式，也改变了品牌的运作模式。尤其是移动互联网的到来，更是对品牌建设提出了机遇和挑战。

尽管互联网品牌早已深入人们的生活，但究竟什么是互联网品牌？目前还缺乏规范的界定。仅仅把互联网品牌看成是在互联网上建立的品牌，并没有真正指出互联网品牌的本质。本书认为，互联网品牌（Internet Brand）也称网络品牌（Cyber Brand）、在线品牌或线上品牌（Online Brand），是指网络企业通过线上、线下或二者结合的营销策略在网民思想中建立起来的对网络提供物的一种认知和认同。从这一定义来看，互联网品牌有四个要件：（1）主体是网络企业。尽管在互联网上从事营销活动的企业既有纯粹的网络企业也有传统的实体企业，但只有纯粹的网络企业才是以打造线上品牌为根本目的的，而传统的实体企业开展网上营销的目的仍然是打造现实当中的线下品牌，因此它们不属于本书界定的网络企业。纯粹的网络企业按照业务经营范围来分，包括有门户网站（如新浪、搜狐、网易）、搜索引擎（如百度、谷歌）、购物网站（如当当网、淘宝网、携程网）、新闻网站（如千龙网、中国新闻网）、游戏网站（如盛大、征途）、求职网站（如前程无忧、中华英才网）、社交网站（如人人网）、视频网站（如酷 6）、音乐网站（如虾米网、A8 音乐），还有多如牛毛的各类行业网站（如搜房网、太平洋电脑网），包罗万象，不一而足。需要指出的是，媒体是一个比较特殊的行业：按道理它是属于传统企业，但绝大多数传统媒体都开办了网站，在网上进行信息传播，而网民上网的一个主要目的就是浏览信息，因此本书把开办了网站的媒体企业也算作网络企业，其品牌也算作互联网品牌，如 CCTV 官方网站；（2）途径是线上、线下或二者结合的营销策略。建立互联网品牌的途径不一定是在网络上采取的营销策略，还包括线下的各类广告、公关、赞助活动。更多的企业是将二者结合起来，如淘宝与电影大片捆绑在一起进行宣传等；（3）对象是网民。互联网品牌的目标市场群体是日益增多的网民，而非网民并不受互联网品牌的影响，所以互联网品牌的营销策略必须基于网民的消费行为来展开；（4）本质是认知和认同。建立互联网品牌的本质就是建立网民对网络企业提供物的认知和认同。认知是对互联网品牌相关信息的了解，认同则是对网络服务和品牌理念的认可赞同。如果网民们一想到查看一些 IT 产品的信息，就想到点击太平洋电脑网或中关村在线（ZOL），对他们的信息内容完备性、信息查找的方便性、网页设计美观程度、访问速度等感到满意，那么这些互联网品牌就建立起来了。

二、互联网品牌的特点

由于平台不同，互联网品牌表现出不同于传统品牌的特点，具体包括：

（一）互联网品牌的目标群体特色鲜明

互联网品牌的目标群体就是网民。尽管近些年我国的网民特点逐渐多元化，但仍然是一个特色鲜明的群体。该群体的最大特点就是年轻化，据 2014 年中国互联网络信息中心（CNNIC）第 32 次调查报告显示，截至 2014 年 6 月底，我国网民规模达到 6.32 亿，其中手机网民规模 5.27 亿，互联网普及率为 46.9%，其中 30 岁以下的网民占到 57.3%。这些人上网主要是为了娱乐，如网络音乐、网络游戏、网络影视等都是他们主要的网络应用。网民特定的消费习惯决定了互联网品牌从品牌识别规划到品牌营销策略都必须符合他们的兴趣。

（二）品牌在互联网上的传播受限于顾客的主动选择

传统的品牌传播手段可以带有一定的强制性，比如广告见缝插针，顾客在潜移默化中就接受了品牌的信息；而互联网品牌则没有这么“好”的机会，因为鼠标掌控在顾客手中，再加上众多的广告屏蔽软件，使得互联网品牌传播受制于顾客。对此，雅虎营销专家塞斯·戈丁（Seth Godin）提出了“许可营销”（Permission Marketing）的概念，指出互联网企业在推广其产品或服务的时候，事先要征得顾客的“许可”。

（三）“第一品牌”在互联网品牌中作用巨大

在互联网上，网民之间沟通便利，很多品牌购买决策都容易受到他人影响。这使得互联网品牌容易形成“马太效应”，越是出名的网站越多人访问，而且品牌忠诚度还非常高，如百度几乎成为了中文搜索引擎的代名词。传统行业的品牌则不太一样，由于受到地域的限制，一些全国排名第一的品牌在当地市场都不见得表现甚佳，倒是很多地方品牌独霸一方。互联网上第一品牌的地位有时高得惊人，在C2C网上交易行业，由中国电子商务研究中心发布的数据显示：截止到2012年6月，淘宝占全部的94.5%，拍拍网占5.3%，易趣网占0.2%。与2007年82.95%的市场份额相比，淘宝的品牌集中度进一步提升，达到了高度垄断地位。这一市场格局在传统行业难以想象。所以，互联网品牌都希望能争夺市场领头羊的地位，成为行业第一品牌。比如，当当网号称是“全球最大的中文网上商城”，而亚马逊、京东商城、苏宁易购则凭借各自优势与其抗衡。

（四）互联网品牌知名度建设速度快、成本低

要想建设全面的品牌资产并非一日之功，但要想塑造人们对品牌的高关注度却是拥有良好交互平台的互联网的“拿手好戏”。比如，第一次互联网泡沫时期的网站亿唐，携4800万美元风险投资回到中国，以快速密集轰炸式的品牌侵袭，开创了一个“明黄色一代”的亿唐，“今天你有否亿唐”也成为当时风靡一时的广告语。当然，知名度并非品牌的根本，这个疯狂投入广告迅速建立品牌的亿唐，如今已土崩瓦解，沦落到要被小网站低价收购的境地。不仅速度快，网民主动式的传播使得在互联网上建设品牌的成本还很低。如目前市值已经超越IBM的搜索引擎GOOGLE从来就没有在传统媒体上面花过一分钱广告费；而获得3000万美元风险投资的猫扑，也是从来没做过常规广告的推广。

此外，从品牌误区的角度看，互联网品牌也与传统品牌存在较大差异（见链接材料14-1）。

链接材料14-1：创造互联网品牌的十大误区

美国互联网营销专家马克·布朗斯坦（Marc Braunstein）和爱德华·莱文（Edward Levine）在合著的《网络品牌》一书中总结了“创造互联网品牌的十大误区”，具体如下：

1．通过使用网络，我们的品牌可以很快扩展

互联网是品牌建设的有力工具，但其前提是品牌有很好的定位规划。如果不是这样，任何品牌，无论是通过互联网还是其他方式，都不能迅速扩展。互联网能比其他任何渠道更快地创造强势品牌的神话必须予以破除。在互联网发展的早期，许多所谓的“品牌”一夜成名，但它们都是预支了大量资金而创造出来的。结果是，当资金用完后，它们就很快消失。

2．品牌对不同的人有不同的意义

传播的一致性要求强势品牌只有一种意义，而且所有的投资者都必须达成共识才能从中受益。

这具有一定的挑战性，因为一方面网络企业希望获得更多投资者的风险投资，另一方面还要使得各位投资人都认同同一种品牌意义。

3．产品可使品牌做大做强

好的产品并不能创造强势品牌，而强势品牌却可以创造好的产品。如果没有打造强有力品牌这一合作协调方案的支持，即使设计最好的产品也会在商品交易中陷入困境。

4．我们期望通过销售渠道来打响品牌

除非你能控制销售商，否则他们不会对打造品牌有丝毫兴趣。因为这违背了他们自己的利益，他们希望尽快通过产品销售而赢利，而不是帮助供应商打造品牌。

5．市场瞬息万变，所以要让品牌具有变化性

品牌必须随着市场的变化而变化，但这种改变必须微妙，并且与原来的品牌含义保持连贯性。不然，品牌无法在顾客心目中留下统一而深刻的印象。

6．我们现在没有品牌，但网站一开通我们就会有了

有了网站并不代表有了品牌。一个强势品牌需要时间（几年、几十年，而非数月）去发展，没有额外投资和战略，你可能根本无法增加品牌的热量。

7．我们的员工明白其在品牌打造中的作用

员工对品牌的理解可能存在差异，这会影响他们为品牌建设所做的贡献。最好的品牌是拥有自己的品牌口号，以此来表达其品牌的含义。

8．我们需要一个强势品牌，所以我们将大笔预算列入市场营销

需要花多少钱才能在互联网上建立并打造品牌呢？这个要视具体情况而定，不过有一点可以推断出来，建立并维持一个互联网品牌必然要比牵涉更多消费者的真实品牌便宜得多。

9．品牌？交给广告代理商/互动媒体/设计者去做吧

正好相反！你必须为你的广告代理商或战略策划人提供品牌，这样他们才能从容备战。品牌管理工作和品牌管理者的责任是不能委托转让的。

10．消费者认为品牌是关于什么的，但他们并不完全正确

消费者对品牌的理解永远是正确的。如果消费者对你公司的品牌理解与你自己的看法矛盾，那你一定是发出了错误信息。

资料来源：（美）马克·布朗斯坦，爱德华·莱文．网络品牌[M]．北京：新华出版社，2003.

三、互联网品牌建设的法则

在拿到风险投资之后，如何建设互联网品牌，不少互联网公司的 CEO 对此感到头疼。传统企业大量烧钱投资大众媒体广告的方式，对于互联网企业的品牌塑造作用微乎其微。可见，互联网的品牌塑造必须使用一套迥然不同于传统行业的品牌塑造方法。这套方法包括六个方面①：

（一）把品牌变成可记忆、易于传播的符号

互联网企业不同于传统的消费品或服务型企业：传统的消费品企业有具体的产品陈列摆放，传统的服务性企业有装修华丽的门店展示，顾客可以很容易就从感官上形成品牌印象；

① 钟伟山．互联网品牌建设六大黄金法则[EB/OL]．中国营销传播网，www.emkt.com.cn，2006-04-19.

而互联网企业存在于互联网的虚拟空间，顾客在现实的世界里很难直接接触到它们，所以，一个易记、易传播的名称和标志就显得非常重要，因为它们能够不断激发顾客的互联网品牌意识。比如，猫扑、搜狗、凡客的名字让人过目不忘；GOOGLE的标志总是随着节日和热点的变化而做出相应调整，让人印象深刻（见链接材料14-2）；很多互联网品牌通过动物形象来加深网民的印象和记忆，如腾讯QQ的小企鹅、京东的小狗、天猫的黑猫、搜狐的小狐狸、百度的狗爪印等等。

链接材料14-2：Google徽标首席设计师黄正穆

身为Google徽标首席设计师，29岁的韩裔黄正穆（丹尼斯·黄）已成全球当红的"幕后艺术家"，其作品虽未进入画廊或博物馆内展览，但是拥有近亿全球"粉丝"。Google徽标并非日日换，月月换，它的随机性比较强，每逢重大节假日或艺术家诞辰，黄正穆都要亲自为其操刀。他只是将自己很少一部分时间用来进行创作，就足以掀起阵阵波澜。

黄正穆的设计思路并非完全天马行空，无所顾忌，他是有一定原则的。首先，他坚决反对将徽标设计同宗教挂钩，以避免引起不必要的误会和麻烦，比如，圣诞节通常只使用诸如雪人等与宗教无关的图形；其次，黄正穆希望此类"涂鸦"是有趣的，是应时应景的，而非宣传Google的企业理念或Google所推崇的事业。如今的每个季度，黄正穆都会同由副总裁和创意总监等组成的团队开会讨论应该推出何种"涂鸦"，以满足Google用户的心理需求。黄正穆介绍说，除了研究日历之外，他们还要关注世界各地有哪些有趣的事情在发生，或者那些曾在某个领域做出重要成就的"牛人"的生日。

每次，一个新设计的徽标推出后，黄正穆都会收到成百上千的电子邮件。他说，如果徽标设计"特别令人吃惊"的话，他收到的电子邮件会数以万计。如今，黄正穆依旧担任Google的网管，管理一个大约30人的团队。他工作中的大约80%到90%的时间用于维护Google网页，每年仅设计大约50个Google徽标。

摘自：王敏. Google标志亿人迷[N]. 重庆晚报，2007-07-01.

（二）把产品体验生动化、娱乐化

互联网是一个年轻人的产业，这也决定了互联网品牌的建设必须符合年轻人的口味。他们喜欢轻松、活泼、搞笑的网站，寻求娱乐成为他们上网的主要目的。如何使内容生动化，以便为他们提供娱乐体验是互联网品牌的一个努力方向。比如，VANCL凡客诚品签约韩寒、王珞丹为品牌代言人，以"爱……，不爱……，是……，不是……，我是……"为基本叙述方式的"凡客体"在网上掀起PS热潮，越来越多的网民被其吸引，通过贴切和鲜活的画面，诠释和推广了"我是凡客"的理念（见图14-6）；百度在推广其搜索引擎时，就杜撰了一个"小度"和"白依依"的爱情故事，并且让网友自发续写其故事，让网民在续写中感知其产品；再如淘宝网采用大片营销方式深度推广，将大片的明星道具全部搬到淘宝网上拍卖，使得淘宝产品在网民与大片的深度互动中得到很好的体验；2014年春节，腾讯公司的微信红包营销案例为网络社交工具的体验化、生动化营销提供了一个完美注脚（详见链接材料14-3）。

图 14–6　凡客诚品的广告及“凡客体”

链接材料 14-3：微信红包营销

随着 2014 年 1 月 27 日微信 5.2 版本的发布，很多人的微信里瞬间被“红包”刷屏了。微信红包迅速在微信中刷屏的背后是一个名为“新年红包”的公众账号，它由腾讯财付通推出。可以预计，随着大量年轻人回乡与亲人团聚，春节期间微信红包势必会产生更大范围的病毒式传播，腾讯几乎不花什么推广费用就注定将会引爆马年第一个全民话题。

电子“红包”的发送分为三个步骤，首先填写红包信息，如红包个数、红包金额和祝福语等；然后使用微信支付缴纳“红包”费用。为了避免信用卡套现行为，支付仅支持银行储蓄卡，暂不支持信用卡。最后一步，就可以将“红包”发送给指定好友群或单个好友了。游戏性是微信红包的一个重要亮点。微信红包已经超出了红包的概念，它更像是一个社交游戏。传统意义上的红包，怎么也得几百块钱，都是极为亲密的亲友之间的行为。这一特性甚至也延续在此前单纯支付工具的红包产品中，拿去年春节通过财付通发放的红包来说，单笔红包平均金额也有 250 元。微信红包则完全不同。如果发放时用户就知道肯定会拿到多少红包，除了感谢很难有更多兴奋。微信红包的做法一个是让大家“抢”，另外则采用了随机算法。抢到红包的人红包中的金额有多有少、拉开档次，会让每一次红包的发放都能有炫耀、有懊恼、有话题，才会激发用户主动的分享和传播。

2013 年春节，通过支付宝发红包的单数超过 164 万笔，而财付通是 20 万个。微信红包将会让这种格局发生逆转，因为有需求的人群在迅速扩散。从去年支付宝红包的数据中看出，懂得网上发红包的人以年轻人为主，80 后占到 58.8%，90 后占到 24.4%。从体量上看，支付宝从交易量到用支付宝发红包的规模都比微信支付高太多；然而微信最大的杀手锏就是关系链，通过社交关系链，微信将会让大量 70 后、60 后、甚至 50 后加入到微信支付的阵营中，万事俱备，所欠的只是一个能够点燃关系链的产品。

这个引爆战局的产品就是微信红包。想要发红包或收红包，必须关联银行卡到微信，这看似小小的一步如果通过正面的广告或营销将会花费巨额预算也未必能收到成效，然而在微信红包面前，朋友的一句“给你发红包了，关联银行卡收下吧”会比任何广告都有杀伤力。

可以预见，春节期间这样的场景将出现在沿海到内地的诸多地方，众多土豪纷纷第一次学会将银行卡绑定微信，欢快地做着散财童子。阖家欢乐、其乐融融、腾讯则在偷乐——它轻轻松松地就抓住了用户习惯。一场全民普及微信支付的浩大工程，就这样不费吹灰之力悄无声息地开始了。

摘自：中国网，http://www.china.com.cn/v/original/2014-01/28/content_31327333.htm.

（三）学会讲故事

故事能够传载品牌的精髓，便于听众理解、记忆和传播品牌。芙蓉姐姐、网络小胖、天仙妹妹等几个在网络上走红的人物，几乎都是通过照片、评论等媒介来讲述他们的故事的。

有了故事才会有人关注，潜移默化之间，品牌进入了网民的心里。比如，雅虎请陈凯歌、冯小刚、张纪中三名国内顶级大导演分别拍摄了三部有关雅虎的小电影《阿虎》、《跪族》、《玉佩》，在网络上流传甚广，雅虎的品牌名称也一度获得很高的关注。

（四）学会借势，不能借势就自己造势

眼球经济是互联网经济的一大特点。品牌要想快速获得高关注度就必须靠“势”。首先是借势，让品牌紧贴社会热点，让社会热点服务品牌，让品牌在网民的热点问题讨论中进行激荡，是互联网品牌以低成本赚取高关注度的一条捷径。譬如，互联网企业通过与国产电视剧或电影的合作，以品牌植入的方式进行推广。从《北京青年》开始，到《失恋33天》，再到《新恋爱时代》，以及最近热播的《爱情公寓4》，植入颇多的京东抢足风头。互联网企业还需善于借势，以另类的方式吸引网民的关注。比如，天涯论坛在更换域名的时候，精心策划了一出“天涯域名被前员工劫持”的造势大戏，就被炒作得沸沸扬扬。

（五）创造需求比寻找心理区隔更重要

互联网产业不是简单地把传统产业搬到互联网上，其骨子里是一个不断创新的产业。互联网品牌建设也应秉承这一特质，从运作模式上给予网民全新的价值体验。与竞争者相比，这是一种价值在“质”上的改变，而非“量”上的增加。Google之所以能够成为世界上市值最高的互联网公司，就是因为Google一直以来都把创造性地满足客户需求放在首位，通过对自身搜索技术和搜索产品的创意和升级，不断地推陈出新，从Gmail到视频搜索到本地搜索，Google的每一个新产品的推出都能对整个行业带来冲击和振荡。

（六）忘记大众传播，让网民主动传播

开放的互联网空间使得每一个人都拥有足够大的发言权，因此每一个人都可能成为媒体。对于企业而言，这一媒体不仅无需成本，而且还更容易让受众信服。因此，企业可以把花在大众传播上的经费转移到激发口碑效应上面，让网民主动传播。根据Unruly Media的数据，Google凭借总计近600万次分享以及像“Project Glass：One Day”这样成功的视频营销活动，赢得2012年“被分享次数最多广告主”称号，位列2012年商业品牌病毒视频营销TOP10首位。这种靠网民的自主分享带来了极大的传播价值。这种主动式传播所带来的深层传播效果到底有多强，自然不言而喻了。

目前取得巨大成功的互联网品牌，或多或少都在遵循这六大互联网品牌的黄金法则，如GOOGLE、百度、Myspace，无一不是通过这六大法则，成为互联网领域领军企业的。值得一提的是，美国著名品牌管理专家阿尔·里斯和劳拉·里斯也对互联网品牌的打造进行了深入思考，撰写了《打造互联网品牌的11条法则》一书（见链接材料14-4）。这本书将给互联网品牌的建设提供有利的帮助。

链接材料14-4：打造互联网品牌的11条法则

美国著名品牌管理专家阿尔·里斯（Al Ries）和劳拉·里斯（Laura Ries）撰写了《打造互联网品牌的11条法则》一书，提出的11条法则如下：

1．任一/或一法则

互联网可以是一项业务或是一个载体，但不完全是。

2．交互法则

没有了它，你的网站和你的品牌将无处可去。

3．通用名称法则

对互联网品牌的死亡之吻是一个通用名称。

4．独特名称法则

你的名称在互联网上独立存在，因此，它最好是个好名称。

5．单一法则

无论花费怎样的代价，你都应设法不要让你的名称是同类中的第二个。

6．广告法则

网下的广告比网上的广告将多出许多许多。

7．全球观念法则

互联网将打破所有的障碍、所有的界线和所有的国界。

8．时间法则

立即行动。你必须是快的。你必须是第一的。你必须是集中化的。

9．延伸法则

在所有的错误中，最大的错误就是相信你能做任何事情。

10．趋异法则

每个人都在谈论集中，但相反的一面却在发生。

11．变化法则

互联网革命将会改变我们生活的各个方面。

资料来源：（美）阿尔·里斯，劳拉·里斯．打造互联网品牌的11条法则[M]．上海：上海人民出版社，2002.

第4节　奢侈品品牌营销

一、奢侈品的定义与特征

随着人们收入水平的提高，作为身份地位和生活方式的一种符号象征，奢侈品近些年备受关注。奢侈品品牌（Luxuries Brand）也因此成为了当前品牌管理领域较为热门的一个分支。

何谓奢侈品？奢侈品在国际上的定义是“一种超出人们生存和发展需要范围的，具有独特、稀缺、珍奇等特点的消费品。”这一定义尚未指明奢侈品的本质。安永会计师事务所在其报告《中国：新的奢华风潮》中给出了更合适的定义：“广义而言，奢侈品泛指带给消费者一种高雅和精致的生活方式，注重品位和质量并且主要面向高端和中高端市场的产品。”不同于普通产品，这些产品具有以下特征：

（一）距离感

所有奢侈品品牌都给人一种遥不可及的“冷艳”感觉。这种距离感来自四个方面：（1）历史积淀。“三代才能出一个贵族”，这句话用来描述奢侈品品牌非常合适。所有称得上顶级的奢侈品无一例外，都有着许多让消费者回味和沉醉许久的历史故事，很多品牌甚至以百年计。看起来很时尚的万宝龙（Montblanc）刚庆祝完其百年诞辰，宝珀、江诗丹顿等名表则可以追溯到18世纪中叶以前；（2）产量稀少。许多奢侈品都是纯手工打造，工序繁杂，工期漫长，且工匠奇缺，这都使得奢侈品的产量不高。比如，在极精细技术的严格要求下，全世界能制作宝珀“1735腕表”的表匠不到10人，因此产量极少，订单排到20年以后；（3）价格昂贵。一辆宾利雅致728可以卖到1188万，一只iPhone镶钻石手机可以卖到125万，如此天价令人咂舌；（4）名流珍爱。人们大多都是从可望而不可即的王室、富豪、明星等社会名流身上了解到奢侈品品牌的，名流的光环也赋予了奢侈品品牌高贵的地位。

（二）个性化

产品具有强烈、醒目和持久的风格是奢侈品品牌坚定不移的理念。Dior的夸张浪漫的花朵、Burberry的硬朗经典的格子、Prada尼龙与皮革的混搭……在外观上，所有的奢侈品都一成不变，不论设计师的更迭还是流行元素的变迁。它们保持了独有的孤傲，牢牢坚持用自己的个性去说服消费者放弃易变的时髦，而不是顺应他们的要求。如果放弃了“风格”，那么奢侈品品牌无异于自杀。这不是说奢侈品就永远因循守旧、一成不变，而是说它们会坚持某种代表它们身份的最核心的东西，比如宝珀就从未生产过一枚石英表或电子表，也从不在手表上添加钻石。

（三）精致化

电影《大腕》里面的台词“只买贵的，不买对的”，讽刺的是暴发户的心理，真正的奢侈品消费者会充分考虑到产品的精湛品质和蕴含的高新技术。设计精巧且坚固耐用是路易·威登（LV）手工箱包的重要特色。LV的数代传人对Monogram帆布材料进行了50多年的开发研究，才得到坚固、耐磨、防水、美观的纹理与质地，即使小小一只钥匙包，保证在多年使用之后也不变形，仅仅是边缘有点常规性磨损。一款经典的旅行箱赋予你的不仅是方便和坚固的承诺，更是一个高级工匠一钉一锤耗费在作品上的心血。有“机械表专家”之称的万国表每只腕表都要经历28次独立测试；绝对伏特加要经过独一无二的“连续蒸馏”技术；法拉利跑车达到的300英里极限速度；Lamer面霜中神奇的海洋提取精华……奢侈品品牌拥有自己的实验室、工程师、设计师、专利权，在科技创新和社会影响方面堪与专业研究所媲美。他们对科技和品质的极限开发，是一种对“完美”的卓越追求①。

（四）独特性

同样是手表，劳力士和宝珀在工艺上就完全不同。在工艺技术上面，奢侈品品牌都具有自己的“看家本领”。这些本领通常在创始人那里形成雏形，然后由后人逐渐完善。比如，1879年“伏特加之王”拉斯·奥尔森·史密斯（Lars Olsson Smith）在瑞典创造了“连续蒸馏法”，这种酿造工艺被绝对伏特加沿用并发扬光大。绝对伏特加坚持在原产地小镇，采用深井的天然水来酿造，从而保证每一滴酒的品质。这也成了绝对伏特加最主要的卖点。

（五）情感性

产品工艺精湛、质量上层只是奢侈品品牌的必要条件，但不是充分条件。如果只是具有一个精良的产品，那还形不成真正的奢侈品品牌。真正的奢侈品品牌必须具有高的情感附加值，让人在使用精良产品的同时享受到品牌所独有的魅力。这种情感可能来自于历史、文化或艺术。如路易·威登品牌由法国人路易·威登本人创立于1854年。创始人路易·威登是十九世纪一位专门替王宫贵族打包旅行行李的技师，他制作皮箱的技术精良，渐渐地就从巴

① 刘砚. 奢侈品品牌排行图解——解码奢侈基因[J]. 现代广告，2006，(5).

黎传遍欧洲。这段历史为 LV 品牌赋予了王室色彩。而在卡地亚的设计史上，每一款经典之作背后都有着一个传奇的故事：著名的“猎豹系列”与历史上有名的“温莎之恋”紧密相连，“Tank 腕表系列”是为了纪念第一次世界大战的坦克兵而设计，而赫赫有名的“卡地亚三环戒指”则是 1924 年为著名诗人 Jean Cocteau 而作。绝对伏特加的风行则与其高贵典雅的艺术气息密不可分，它把自己与波普艺术大师 Andy Warhol 结合起来，使绝对伏特加以另一种全新的形式展示在世人面前：绝对艺术。

二、奢侈品品牌传播策略

尽管奢侈品从物理属性来说也属于某一个传统行业的产品，但就其存在的价值本质而言，已完全脱离了传统行业。与其说劳斯莱斯是一辆汽车，不如说它是一个消费文化符号。所以，传统的品牌传播策略对塑造奢侈品品牌并没有什么帮助，甚至还可能会有负面影响。奢侈品品牌需要独特的品牌传播策略，包括①：

（一）结缘名流

由于奢侈品独特的距离感，很多潜在消费者对其品牌并不是太了解。此时，意见领袖发挥了巨大作用。由于名流光环的照耀，奢侈品才得以提升它的品牌形象，并被潜在消费者认可。从世界顶级奢侈品品牌的发展史来看，早期的名流顾客大多为王室贵族。比如，19 世纪中叶，蒂凡尼（TIFFANY）珠宝被世界各地君主指定为御用珠宝。这段历史让蒂凡尼成功地攀上了贵族的高枝，从此以后，拥有蒂凡尼珠宝成了许多人的梦想。到了近代，皇家的代言作用转移到了明星身上，虽然许多品牌并没有请名人代言，但名人客户对品牌的拥有却总能让品牌添色不少。比如，每年的奥斯卡颁奖晚会就是各大服装、珠宝奢侈品品牌的角逐场。

（二）盛大的发布

产品是奢侈品品牌理念的具体体现，因此每一次新产品发布会对奢侈品品牌来说都是很好的传播机会。与其说发布会是为了推介新产品，不如说是奢侈品品牌的一次宣言。它在向全世界宣告品牌又一次引领了流行趋势，指引了行业发展方向。公司高层、社会名流、顶级模特、时尚界自由评论家、时尚杂志编辑和记者都是发布会上的座上宾。发布会要尽显豪华，除了选择五星级酒店作为会场之外，必要时，还可以考虑在豪华游艇上举办。这样高规格的发布会往往会成为潜在消费者的谈资以及购买的引力。

（三）给昂贵一个理由

在奢侈品品牌传播的内容上，必须要强调之所以成为奢侈品的原因。既然要让消费者掏出普通产品几十倍的价钱买一个不是必需的商品，必须让他们感受到奢侈品的超凡魅力。可以通过以下几个方面来凸显奢侈品品牌的尊贵性格：（1）强调产地和选材。几乎所有奢侈品品牌都会强调其原料的产地和选材的严格，从而使奢侈品昂贵的价格合理化。比如，在中国市场比普通矿泉水贵出 4、5 倍的法国依云天然矿泉水，宣传自己是高山融雪和山地雨水在阿尔卑斯山脉腹地经过长达 15 年的天然过滤和冰川砂层的矿化而形成的。万宝龙公司的执行总经理直言不讳地表示，在中国设厂生产出来的英国百宝莉（BURBERRY）服饰并不能被纳入奢侈品之列，充其量只能称其为时尚商品；（2）渲染制作工艺。独特、精湛的工艺是所有奢侈品品牌的“传家宝”，没有一个奢侈品不是精致超凡的工艺结晶。譬如，自 1931 年以来，

---

① 王福坤，王欣，尚杰. 奢华之舞[J]. 首席市场官，2006，(6).

宾利汽车一直在英国克鲁郡由经验丰富的工匠以手工拼装，与现代化的汽车生产流水线相比，宾利的克鲁郡厂房的生产线每分钟只移动6英寸，每辆车要花上16～20星期才能完成。从车体焊接、涂装、动力系统及传动系统组装到内装真皮缝制、原木加工等，都是由工匠们一点点焊接成，一颗颗螺丝扳起来，一毫米一毫米地手工校正完成；（3）瞄准独特品质。奢侈品必须是不可复制的，这也是奢侈品品牌独特的价值所在。劳斯莱斯代表尊贵、阿玛尼代表简洁、LV象征经典、欧米茄是精准的代名词，这些品质在消费者心目中根深蒂固，被奉为信条。奢侈品的营销过程就是不断强化这种独特品质的过程；（4）突出产量稀少。“物以稀为贵”，在奢侈品行业更是如此。繁杂而精细的手工制作工艺以及珍贵的原材料本身就限制了产量，一些奢侈品公司还人为地为产量设限，以维持品牌的尊贵地位。比如，宝珀的每块机械表都是由工匠手工制作，每年产量不过8000枚；（5）培训极其专业的奢侈品营销人员。对奢侈品营销人员的素质要求不是其良好的服务态度，也不是具备一定的产品知识，而是一个奢侈品产品和品牌专家。他们从历史渊源到产品工艺再到品牌精神，里里外外都要透露出资深专家的气质。

（四）在彰显与低调中寻求平衡

从传播的强度来看，奢侈品品牌传播非常矛盾：究竟应该彰显还是低调？对于奢侈品的消费者来说，他们一方面在自己喜欢的品牌中寻求品味，并不喜欢被人称作是“暴发户”；另一方面又希望别人对他的身份地位和生活方式表示认可。这就使得奢侈品品牌传播必须在“彰显”与“低调”之间寻求平衡，换言之，“低调的奢华”。如果没有传播，品牌精神不能被人理解，就谈不上销售；如果传播泛滥，品牌贬值，作用适得其反。顶级的奢侈品靠口碑传播，大众的奢侈品在杂志上和圈子里做营销，而如果上了电视广告，那就离大众品牌不远了。人头马干邑全球总裁简—巴普提斯特·马卡斯（Jean-Baptiste Maugars）就明确指出：“整天进行广告轰炸不能成就奢侈品品牌，更多的是使用者的口碑相传。”对于奢侈品来说，品牌历史、品牌精神比产品本身更为重要，一个适合的传播渠道应该无损品牌精神。

（五）不要推销

不管怎么说，从塑造品牌的角度看，任何促销和推销手段都使得品牌有失身份，是奢侈品品牌的“雷区”，因为奢侈品品牌的一大特征就是要与大众保持距离感。如果为了一时的销量上涨而打折促销，那对于奢侈品品牌来说将是毁灭性的灾难。派克的例子就很好地说明了这一点。作为奢侈品品牌，就应当昂起高贵的头颅，保持高贵的姿态，让顾客对品牌产生敬畏，这样更能吸引顾客，毕竟距离产生美。正如一位资深的奢侈品营销人所说的：“如果一个人走进店里，不要试图用任何方式和他套近乎，你可以表示出热情，但不要离得太近，保持1米以上的距离是合适的。”

三、国外奢侈品品牌在中国的发展现状

1978年3月，上海《文汇报》出现了雷达表巨大的精美广告，与此同时，黑白电视上雷达表的广告也正在播出。这是奢侈品第一次带给国人的强烈震撼。时过境迁，如今许多中国人对奢侈品品牌可谓如数家珍，卡地亚、LV、万宝龙、江诗丹顿、欧米茄、蒂凡尼、百宝莉、乔治·阿玛尼、范思哲、宾利、宝珀、人头马、迪奥、香奈儿等世界级奢侈品品牌不再是茶余饭后的谈资，而是确确实实进入了一些富有的中国人的生活。

归纳起来，国外奢侈品品牌在中国的发展现状有三大特点：

（一）市场规模大

根据世界奢侈品协会公布的中国十年官方报告，截至 2011 年 12 月底，中国奢侈品市场年消费总额已经达到 126 亿美元（不包括私人飞机、游艇与豪华车），占据全球份额的 28%，中国已经成为全球占有率最大的奢侈品消费国家。此外，美国贝恩管理咨询公司发布的《2013 年中国奢侈品市场研究》报告称，目前，中国奢侈品消费者在海外的消费约占总支出的 2/3。中国人作为全球第一大奢侈品消费群体，贡献了全球奢侈品总支出的 29%。麦肯锡研究预计，到 2015 年，中国奢侈品市场将拥有 1800 亿人民币的价值。一份来自于胡润的“2009 富豪消费价格指数”报告显示，中国大陆的高端奢侈品消费群体中，有 82.5 万人的资产在千万之上，身价上亿的则有 5.1 万人。而另一份调查报告指出，身家 10 亿元人民币以上的富豪从 2000 年的 24 人增加至 2010 年的 1363 人，平均年增 50%。中国几乎成了“奢侈品的天堂”：中国成为保时捷全球第二大市场，一年售出 14785 辆汽车；化妆品中的高端品牌雅诗兰黛在华销售年增长 30%；中国男性富豪最喜欢伯爵手表，其 4 年内在中国的销售额翻了 4 番；路易威登仍是中国消费者最想拥有的奢侈品牌……。

（二）市场需求增长快

高盛银行伦敦总部的分析师雅克指出，2004 年中国的奢侈品市场规模大约在 20 亿美元左右，占全球奢侈品消费的 5%；再对比世界奢侈品协会提供的数据，2011 年中国奢侈品市场年消费总额已经达到 126 亿美元，这样 7 年间市场规模增长了 6 倍，如此高速的增长态势让人咋舌。贝恩公司的《2013 年中国奢侈品市场研究》报告显示，尽管 2013 年中国奢侈品市场整体表现平平，但以女性消费者为主导的时装和鞋履展现出强劲的增长势头，增速达到 8% 至 10%。世界奢侈品协会发布的《2013 中国春节华人海外奢侈品消费统计报告》显示：2013 年春节期间一个月，中国人在境外奢侈品消费累计达 85 亿美元，相比去年的 72 亿美元增长了 18%。该报告称，春节期间中国人在境外奢侈品消费总额按比例分布为：欧洲 51%，北美 15%，中东 11%，港澳台 23%，消费主要商品分类比例为：名表 33%、皮具 26%、时装 19%、化妆品及香水 17%、其他 5%。另据世界奢侈品协会对中国港澳台地区、欧洲地区、北美地区、中东地区主要奢侈品商业在春节期间的消费者不完全统计，中国人消费群总量分别占据了海外同期消费总额的 53%，约为 1/2；占据了欧洲同期奢侈品市场销售总量的 65%，多于 1/2；占据了北美同期奢侈品市场销售总量的 32%，约为 1/3；占据了中东同期奢侈品市场销售总量的 29%，约为 1/3；占据了港澳台同期奢侈品市场销售总量的 87%，多于 2/3。

（三）市场年轻化、中产化

普华永道的分析师指出，中国的奢侈品消费和国外相比有显著不同：在中国购买奢侈品的大部分是 40 岁以下的年轻人，而在发达国家，这个市场的主导者是 40～70 岁的中年人和老年人。而据中国品牌战略协会秘书长杨清山的研究调查显示，与很多人想像的不同，中国奢侈品消费的主力军实际必须包括中产阶层。巴黎百富勤公司给他们的定义是：家庭资产 30 万以上、年收入 10 万以上。世界奢侈品协会的调查也显示，中国奢侈品消费者平均比欧洲奢侈品消费者年轻 15 岁，比美国的年轻 25 岁。调查还发现，月收入约 10000 元的消费者占总数的一半以上，他们的年龄在 25 到 28 岁之间。中国奢侈品消费者年轻化的速度更令人惊讶：在 2007 至 2010 年间，中国奢侈品主流消费群的最低年龄由 35 岁下降到目前的 25 岁。2010 年《胡润百富》报告称，中国富豪的平均年龄比西方富豪小 15 岁，跑车买家的平均年龄是 30 出头，豪华轿车买家的平均年龄大约是 40 岁。

四、中国奢侈品品牌的发展问题

当媒体大量报道国外奢侈品品牌在中国如何发展的时候，一些营销界的有识之士开始思考中国企业该如何打造自己的奢侈品品牌。

（一）中国是否有自己的奢侈品品牌

在世界奢侈品研究中心首席分析师颜士斌看来，中国远远没有做好接受奢侈品消费和生产的准备。他认为，中国的本土品牌中，几乎没有能称得上是奢侈品品牌的。不过，也有媒体把“中国第一个奢侈品品牌”的光环套在了“上海滩”（Shanghai Tang）的头上。1994年，邓永锵创办了“上海滩”，以手制旗袍为卖点，招揽了12位自20世纪初就以精湛缝纫手工而闻名的上海裁缝师傅加入。2000年，“上海滩”被历峰集团（Richemont，瑞士一家奢侈品公司）看中并成功收购。2005年，仅美国一地“上海滩”的销售就提高了50%，全球销售增长也达到了43%。美国《商业周刊》有预言，“上海滩”会成为中国的“香奈尔”。对于“中国何时将出现国际性的奢侈品品牌”这个问题，国际奢侈品管理咨询公司总裁麦禧德的预言是，“二十年后在奢侈品王国的中央——巴黎会看到中国的奢侈品品牌”。

（二）中国的奢侈品品牌可能出现在哪个行业

奢侈品必须体现一种注重品牌意识的消费文化，所以业内人士一致认为，目前国内最可能出现奢侈品的领域会在白酒和香烟行业，因为这两个行业更多的是一种符号消费。其中，我国的白酒行业有几千年传统文化的积淀，而我国的香烟消费已呈现明显的品牌消费特征，一些高档香烟品牌的消费群体已经与宾利等奢侈品的目标群体特征吻合。此外，在北京首届奢侈品展会现场，除了众多国际一线品牌外，中国古典乌木家具“青草堂”、明清家具“鹿鸣堂”、“伍氏兴隆”携价值百万至千万的家具也前来参展，每一件都贵族气十足。清乾隆年间遗留下来的传世藏品杉木“贺寿”屏风，专家估价更是达到了8000万元。这在一定程度上说明了中国传统家具也具备进入世界级奢侈品之列的潜质。

（三）中国奢侈品品牌发展面临哪些困境

事实上，无论从产品工艺还是从文化底蕴上来讲，中国都不缺乏培养奢侈品品牌的土壤。但奢侈品品牌不仅仅是一个产品，还是一个符号，这需要通过品牌营销手法来提炼。麦禧德也说：“中国其实并不缺优秀的设计师，但优秀的奢侈品经理人很缺乏。”庆幸的是，这一问题已逐渐得到改善，比如对外经济贸易大学专门成立了国内首家奢侈品研究中心——祥祺奢侈品研究中心，并计划招收奢侈品管理方向硕士研究生；复旦大学管理学院和意大利博科尼管理学院联合打造的“复旦—博科尼时尚与奢侈品管理高级证书课程”，面向全国招收时尚管理人才；上海大学与巴黎名校Mod’art合办的上海大学巴黎国际时装艺术学院也开设了奢侈品营销与管理专业；此外清华大学、北京大学都曾与国际机构合作举办了奢侈品设计与管理课程培训班。

（四）如何建设中国的奢侈品品牌

一般的奢侈品品牌营销策略对建设中国奢侈品品牌同样适用，不过，鉴于中国自身所具备的资源特点，中国企业在建设奢侈品品牌的过程中还是要走出一条更适合的路。这包括：（1）联合国际著名奢侈品品牌集团来推广自己的品牌，可以迅速获得奢侈品品牌管理经验，顺利进入国际级奢侈品品牌之列。在这方面，“上海滩”被历峰集团收购就是一个很好的范例。“上海滩”的一位中层就曾表示：“可以说，是历峰的加入才让其逐渐迈向世界顶级品牌。”

（2）以中档奢侈品或半奢侈品作为切入点，建立中国奢侈品品牌的声誉。麦禧德指出："在中档奢侈品领域，中国已经具备相当生产能力和设计能力，比如中国纺织业和鞋业完全可以就此迅速打开局面。"

第 5 节　城市品牌建设与管理

一、城市品牌的内涵

城市是人类人口、经济、文化相对集中的自然和地理单元，是现代经济、社会文化发展的主要载体。现代社会中，区域竞争的综合体现就是城市的竞争，而城市竞争的核心和灵魂则是城市品牌的竞争。

城市品牌（City Brand）是近些年在城市发展和区域竞争领域涌现的新概念，它反映了城市管理者经营城市的战略新思维。美国权威的品牌学者凯勒教授在《战略品牌管理》一书中给城市品牌下了这样一个定义："像产品和人一样，地理位置或某一空间区域也可以成为品牌。城市品牌化的力量就是让人们了解和知道某一区域，并将某种形象和联想与这个城市的存在自然联系在一起，让它的精神融入城市的每一座建筑之中，让竞争与生命和这个城市共存。"更具体一点，本书认为，城市品牌是投资者、旅游者、市民、高级人才、政府官员、媒体等相关群体在对一座城市所有供给的独特体验的基础上，所形成的对城市知识的认知和对城市精神的认同。从这一定义可知：（1）城市品牌的受众是投资者、旅游者、市民、高级人才、政府官员、媒体等相关群体，每一个群体对城市功能都有其不同的需求，这也决定了城市品牌的运作管理是非常复杂的系统；（2）城市品牌的基础是受众的体验，包括对城市历史、文化、经济、自然、建筑、民风、设施、秩序等方方面面的独特体验；（3）城市品牌的本质是受众对城市知识的认知和对城市精神的认同。当一个城市的相关知识在受众脑海中建构，一种城市精神深深打动受众的心灵的时候，城市品牌就形成了。

二、城市品牌建设的意义

毫不夸张地说，"城市品牌"已成为一个炙手可热的概念，国内外大大小小的城市的管理者们都在为如何创建一个城市品牌而绞尽脑汁。确实，建立一个强势的城市品牌对于一个城市的综合发展来说意义重大。这些意义主要表现为：

（一）有利于吸引外来人才和引进资金技术

城市要想加速发展必须依靠大量外来的人才、资金、技术等关键性资源，当前城市之间的竞争说到底就是这些资源的竞争。而一个强势的城市品牌意味着城市管理者对一个好的投资环境和发展空间的承诺，能让人才和投资者看到发展的希望。

（二）有利于城市旅游业的迅速发展

旅游业已成为几乎所有城市的一项重要产业。对客源的争夺不仅依靠城市自身的旅游资源——一些拥有优质旅游资源的城市可能还没有一个资源相对较弱的城市的旅游产业发展得好。原因就是后者拥有一个强势的城市品牌。比如深圳，相对一些内地拥有大好河山和悠久历史的城市而言可谓资源贫乏，但凭着强势的品牌一直能够维持在国内旅游热点城市之列。

（三）有利于本地产品的外销

城市品牌的光环能够对当地企业的产品品牌产生晕轮效应。一般而言，除了特产，产自大城市的产品总是比小城市的要更可信一些。譬如，我国最大的工业城市上海拥有的国际大都市的形象，为上海产品增添了信誉，使国内市场长期流传“买货就买上海货”的口碑。

（四）有利于开展对外交流

与国际接轨是当前加快城市发展的一条捷径，当前我国发展较好的城市其国际化程度都很高。作为对外交流的资本和“名片”，城市品牌在提高城市国际化质量方面作用巨大。

（五）有利于获得上级政府更多的政策扶持

对于有发展前途的城市，上级政府愿意在政策、资金、舆论上给予更多支持。而城市品牌是一个城市实力的综合体现，所以是影响上级政府决策的重要依据。

（六）有利于树立当地市民和政府官员的自信心

城市品牌的强大是当地市民和政府官员努力奋斗的结果，也是对他们工作的肯定。一个成功的城市品牌总是让它的成员感到自信和自豪，这也为城市的可持续发展提供了动力。

（七）有利于获得更多正面的媒体报道

一些城市品牌建设的成功经验为媒体报道提供了很好的素材，而媒体的正面报道又促进了城市品牌的发展。二者之间形成了良性循环。比如，在第八届北京 CBD 国际商务节中国城市论坛 2007 年峰会开幕式上，北京国际城市发展研究院发布国内首份《中国城市品牌价值报告》。报告首创“中国城市品牌价值指数”，以“宜居、宜业、宜学、宜商、宜游”为五大指标体系，对全国 287 个地级以上城市品牌价值进行了系统分析，推出了“2007 年中国城市品牌价值排行榜”。时隔五年后，经对各项指标的细化和修订，再次推出了“2012 中国城市品牌价值排行榜”（见表 14-2）。这一消息被国内媒体广为报道。

表 14–2 2012 中国城市品牌价值排行榜前 10 名

城市	排名	总指数	宜居指数	宜业指数	宜学指数	宜商指数	宜游指数
北京	1	81.764	72.457	89.979	70.295	86.334	90.667
深圳	2	81.145	92.599	79.059	88.972	81.416	63.089
广州	3	77.930	79.050	81.345	76.759	84.836	66.786
上海	4	77.477	73.042	85.787	70.777	85.839	71.926
杭州	5	75.158	72.472	78.689	68.868	78.982	76.707
天津	6	75.074	74.291	78.875	66.151	85.276	69.178
成都	7	74.242	72.822	74.103	65.990	76.760	80.871
南京	8	73.665	73.276	79.215	75.271	76.304	64.988
重庆	9	73.111	72.211	75.396	60.515	78.957	77.585
长沙	10	71.471	73.028	74.440	67.950	78.258	62.723

资料来源：IUD 领导决策数据分析中心，2012 中国城市品牌价值排行榜[J]. 领导决策信息，2012，（36）：28—31.

三、城市品牌建设的步骤

由于城市与普通的商品和服务不同，因此城市品牌建设的具体内容也有所不同。城市品牌建设的步骤主要包括以下几点：

（一）组建城市品牌管理小组

城市品牌建设牵涉到支持城市运转的各大部门，但管理问题应当由专门的城市品牌管理小组来全权负责。市长是城市的第一管理人，理所当然应当出任城市品牌管理小组的组长。该小组成员还应当包括政府各职能部门的负责人、城市权威媒体的负责人、城市营销专家、城市规划专家、当地社会各界代表、人文社科类学者、建筑师等，每一个成员都必须为城市品牌建设出谋划策。这个品牌管理小组是城市品牌日常管理机构，负责城市品牌日常管理工作，而在对城市品牌进行总体规划的时候，有时还需要更为专业的品牌咨询机构的辅助。比如，香港“飞龙在天”的品牌识别规划就是聘请了美国博雅公关公司组建专门的品牌顾问团来担纲的。

（二）分析城市品牌的需求、竞争和资源

城市也是一种商品或服务，所以也存在顾客需求和竞争压力。确定顾客需求是为了找到城市品牌可能的发展方向，而竞争分析则帮助找到一些发展的空白点。对此，需要进行开展专项的调查研究。此外，还应对历史、文化、景区、经济、建筑等城市品牌资源进行扫描，以挖掘最能代表城市品牌特色的资源。这也就是通常所说的“城市名片”。

（三）提炼城市品牌核心价值，明确城市品牌定位

品牌核心价值是城市品牌的灵魂，有灵魂的城市才能让人着迷和感动。在国外，有浪漫的巴黎、时尚的米兰、优雅的伦敦、理性的柏林、激情的马德里、创新的硅谷、现代的纽约；在国内，有大气的北京、时尚的上海、悠闲的成都、活力的深圳、浪漫的大连、儒雅的曲阜、秀美的桂林。这些品牌核心价值的提炼来自对以上需求、竞争和资源的综合考虑。品牌定位则是从更多具体的方面对核心价值做进一步诠释，包括具体的城市产品和服务、具体的城市顾客、具体的竞争城市以及品牌个性、关系等具体的品牌识别内容。

（四）重新规划城市环境、职能和制度

这一步的目的是重新调整城市产品和服务。以前城市也存在现有的环境、产业、职能和制度，但为了打造城市品牌，必须把它们与城市品牌核心价值和定位进行对比，不符合的要重新设计，使得各项环境、产业、职能和制度能够有机整合，体现城市品牌的精髓。对城市的重新规划并不是说一定要建成所谓的“花园城市”，而是指在规划的时候要强调城市品牌的个性。否则，所有的城市都可能发展得“千篇一律”。

（五）设计城市品牌营销策略

城市品牌核心价值需要通过城市品牌营销策略来传递出去。首先，需要为城市品牌设计一套独特的品牌识别要素，包括标志、口号、市花、吉祥物等，如苏格兰首府爱丁堡“三条弧线”的城市品牌标志就广泛运用于城市传播的各种媒体（见图 14-7）；又如杭州市政府抛出 20 万元重奖，面向全球公开征集杭州城市标志，在获得最佳标志的同时扩大城市影响。其次，策划一些营销传播策略，包括各种媒体广告、专门的城市品牌网站、特色鲜明的展览或节庆活动、体育或其他专业比赛、“城市名片”

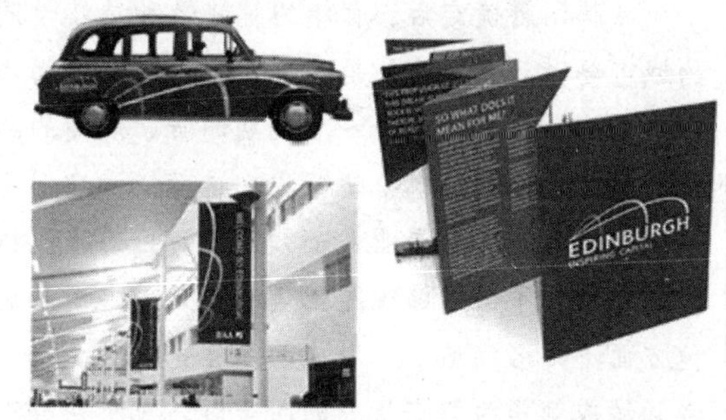

图 14–7　爱丁堡城市品牌标志及传播

评选活动、请明星出任城市大使等。品牌营销策略可多借鉴其他城市的成功经验，但不能照搬，以免缺乏个性（更多城市营销策划探讨见链接材料14-5）。

链接材料14-5：论道城市营销

城市品牌营销能够促进当地经济发展，在其中，旅游和海外直接投资是受影响最大的两个方面。亚洲最重要的十五个城市的品牌营销，排在最前面的是新加坡。这些排名靠前的城市在商业品牌投资架构上表现得比较好，尤其是在经商环境和政治稳定性这两点上。排名靠后的城市则一直在这两方面挣扎。这也就意味着，政治稳定性和商业环境是城市品牌营销的“地基”。

打好地基后，要一步步添砖加瓦。于是，需要面对的第一个问题产生——“第一次邂逅”。“第一次邂逅”就是要在一开始做好清晰的定位，并找到一个正确的方向，在这一基础上做好长期规划，这样才能让受众与城市产生美好的“第一次邂逅”。不过，清晰的、差异化的定位并非“一拍脑门儿”得来的，广泛的受众调研不可或缺。目前国内有些三四线城市为了吸引眼球，采用搏出位的方式来扩大城市知名度。追求知名度无可厚非，但如果走偏了，不但不会产生美誉度，还有可能产生毁誉度。这样的例子在国内并不少见，如“一个叫春的城市”，“西门庆的故乡”，类似的定位方式虽然博得了短期关注，但城市品牌营销是一个需要长期规划的事情，需要挖掘城市的风土人情文化，为其赋予深层次的文化内涵，因此从长远来看，“搏出位”的方式并不利于品牌的建设。

当然，在打造美好的“第一次邂逅”这个问题上，不同级别的城市的着眼点是不同的。一二线城市的经济体量较大，对外交往的能力也比较强大，应该更多地考虑如何提高品牌认知度，并在此基础上增加美誉度；三四线城市则不同，它们的知名度还不够高，投资和旅游也主要来自于国内一二线城市的转移，受众以国内人群为主，因此在品牌定位上需要放低期望值，打造品牌图腾。

每个城市都有自己的文化元素，这些元素是能够真正与受众产生共鸣的地方，也能够成为城市的品牌图腾。“比如去巴黎一定要去埃菲尔铁塔，曼彻斯特有一个球队叫曼联，有些人甚至是通过某个球星认识到某座城市”，换言之，每个城市都需要有一个“品牌形象大使”。取舍是必须要经历的过程，“贪多嚼不烂”的俗语在这里显得格外有说服力。

2012年伦敦奥运会期间，身穿熊猫服装的108个“熊猫人”（代表成都熊猫基地圈养的熊猫总数）走上特拉法加广场表演太极拳，乘坐伦敦地铁和红色双层巴士巡回伦敦标志性地点，并在沿途停下来与行人拥抱和拍照，提供关于熊猫和成都熊猫基地的信息。除了拥抱“熊猫人”和了解这个濒危物种面临的威胁之外，也让人们联想在熊猫故乡成都拥抱真正熊猫会有什么感觉。这种体验立即将个人与一个地方联系起来，为人们提供一个与朋友和家人分享的故事。据不完全统计，伦敦奥运会期间，全球共有120家主流媒体对这一事件进行了报道。

品牌图腾确定后，营销的统一性和持续性同样重要。一个在中国政治体制下特有的现象是，有的城市要做品牌，往往是“临时抱佛脚”的动作。市长要出访了、招商会要举办了，于是想到做城市宣传片。城市营销是一个长期调研、规划的结果，有的城市，不同领导班子的想法不同，于是城市的品牌建设思路也不断变化，这就使受众对品牌的认知完全乱套。

城市品牌营销专业人士如何使讨论、访问和投资于他们的城市变得流行起来呢？创建具有吸引力的内容，不仅能够触发受众的好奇心，而且能够刺激受众的想象力，促使受众积极考虑一个在其他方面不知名的城市。以成都市在伦敦奥运会期间做的“熊猫闹伦敦”活动为例，“在向伦敦消费者营销成都作为熊猫故乡的品牌时，对于在成都能够获得什么体验，成都市为消费者提供了一个特殊的‘提前经历’”，这样就可以与受众建立直接联系，将品牌理念植入他们心中。此外，深入伦敦街头的“熊猫人”与普通人的亲密接触，在 Twitter、Facebook 等社交媒体上产生了良好的口碑效应。再加上传统媒体和其他网络媒体的配合传播，让世界各地的受众以多元化的方式参与到互动中。三天的活动，产生了良好的传播效果。成都城市营销团队搭载了奥运这个平台，然后用自己的传播方式在三天的时间里制造了一次事件行销。

资料来源：刘晓云. 论道城市营销[J]. 成功营销，2012，(11)：18—19.

（六）执行城市品牌建设计划

城市品牌建设的执行者不是品牌管理小组，而是全体市民。在外来者与这座城市的机构和市民接触过程中，城市品牌才逐渐形成。为此，品牌管理小组在强调对外城市品牌传播的同时，也要考虑对内的城市品牌传播问题，因为城市里面所有成员的态度和行为表现影响了受众的体验。对内宣传的方式包括媒体广告及宣传片、城市魅力摄影雕塑艺术展、城市文化系列的报纸报道等。比如，深圳电视台曾经播放过的从直升机上拍摄的深圳城市全貌纪录片，就让观众对深圳城市的美丽赞叹不已。

（七）评估城市品牌资产

品牌管理小组需要定期评估城市品牌资产，以检验品牌建设的成效。评估工具可以参照当前通行的基于顾客的品牌资产评估方法来设计，内容涉及城市品牌知名度、城市品牌联想度、城市品牌满意度、城市品牌信任度、城市品牌忠诚度等几大指标。评估的结果应该通过权威媒体向全社会公布，以便让城市全体成员对自己所做的工作有清晰的认识，也让城市以外的相关受众看到该城市为打造品牌所做出的努力。奥美公关最近联合亚太区领先的公共政策和企业事务网络 Public Affairs Asia 发布的一份关于“2012 城市品牌营销”的报告显示，54%的受访者认为城市品牌对于一个地方的经济发展有着重要作用。

四、城市品牌管理的原则

城市品牌管理是一项声势浩大的工程。为了促进城市品牌的良性发展，管理者需要注意几个原则：

（一）品牌保护原则

特有的地理、文化资源是城市品牌的重要支撑。然而，由于缺乏品牌保护意识，我国一些城市的地理、文化资源被他人抢先注册成商标，使得本该属于自己的“香饽饽”在法律的保护下落入他人之手。据调查，国内仅有一成景区注册了商标，“九寨沟”、“香格里拉”、“瘦西湖”、“武当山”、“神农架”、“乔家大院”等景区商标均遭抢注。没有品牌拥有权，何来的建设城市品牌？抢注者不仅能坐享其成景区品牌影响力所带来的收益，而且一旦出现产品问题，景区品牌也会受到负面影响的牵连。所以，及时注册地理、文化商标，保护城市品牌资源是城市品牌管理的当务之急。

（二）品牌中心原则

城市品牌概念出现的一大价值就是终于有一个概念能够将琐碎的城市管理事务有机统一起来。以城市品牌核心价值为中心来组织城市的管理和传播，是城市品牌管理的精髓之所在。一切背离了品牌核心的城市行为都应当被禁止。比如，华东某著名淡水湖所在城市，本来自然风景优美、历史文化遗产丰厚，构成这个城市独有的核心价值。但是，当地的支柱产业之一竟然是水泥制造业，造成宝贵的山体被大规模开掘，同时产生严重的烟尘、粉尘污染，使原本“湖光山色”的城市瑰宝遭到严重破坏，黯然失色，令人为之扼腕。[①]

（三）危机公关原则

由于城市管理的经营决策失误或者天灾人祸，城市品牌也经常会面临危机。比如，假货的泛滥让一些城市品牌口碑很差，经济受到很大打击；又如安徽阜阳前几年麻烦事一个接一个，先是“大头娃娃”假奶粉事件，后来又是手足口病病毒传染事件，给城市形象带来很大的负面影响。城市管理者必须具备危机处理能力，能够在很短的时间内有效地将危机化解。

（四）品牌协同原则

城市品牌其实是一个广义的大品牌概念，旗下还拥有景区品牌、文化品牌、特产品牌、人物品牌、企业品牌等几个子品牌。这些子品牌促进了城市品牌的建设，而城市品牌又推动了这些子品牌的影响，二者相辅相成。以企业品牌与城市品牌的关系为例：贵州仁怀市的茅台镇因为茅台酒厂的茅台酒而闻名天下，而茅台镇在中国酒业的地位又使得该镇其他酒厂也大为受益；广东顺德因拥有美的、格兰仕、康宝等几大家电巨头而成为中国著名的“家电之乡”，而打上“顺德产”的家电产品更容易被消费者接受；一个更极端的例子是，云南思茅市盛产普洱茶，于是干脆申请改名为“普洱市”，以更好地推动普洱茶产业的发展。在城市品牌管理过程中，如何使这些子品牌与城市品牌有机协调发挥合力，是管理者需要思考的一个战略问题。

第 6 节　个人品牌建立

一、个人品牌的定义与元素

著名管理学家汤姆·彼得斯在《打响自己 50 招》中十分高调地谈到：“21 世纪已经从做一份工作、追求一个事业，转变到建立专业品牌。”美国管理学者华德士也提出，21 世纪的工作生存法则就是建立个人品牌。的确，个人品牌时代已经到来。在当今的中国社会里，不乏形形色色成功的个人品牌，有史玉柱、马云、马化腾、牛根生等商业奇才，有刘德华、成龙、张曼玉、周杰伦等娱乐明星，有姚明、刘翔、丁俊晖、田亮等体坛巨星，有郎咸平、袁隆平、易中天、于丹等知名学者，还有数不胜数的各行各业的骨干精英。甚至像芙蓉姐姐、天仙妹妹、网络小胖这样的平民百姓也在一夜之间成为网络红人。在人才资源日益增多、人才竞争逐渐加剧的时代，打造个人品牌已成为提高自身竞争力、达到个人发展目标的一条重要途径。

何为个人品牌（Personal Brand）？专门为企业家和高层管理者提供个人辅导的休斯顿希勒国际公司总裁乔·希勒（Joe Heller）认为：“个人品牌向他人传达一种积极的期望，它是对别人的承诺，是你在受众中的首要印象。个人品牌的效用非常强大，一旦形成，很难受到挑战和竞争。”可以从以下几个方面来理解这个定义：（1）个人品牌的本质是个人对他人的承诺和他人由此产生的期望。中央电视台的主持人要比一般地方台的主持人给观众的期望要高，

① 刘彦平. 城市品牌化战略与经验：品牌战略规划要诀[J]. 魅力中国，2007，(12)：20—22.

而一旦央视的主持人出现了问题，观众更不容易宽恕，因为央视主持人具有更强的个人品牌。这也是近年来央视主持人频频被人揪错揭短的原因；（2）个人品牌的基础是受众心目中的印象。个人品牌是否强大完全是由受众决定的，包括受众对个人品牌的关注度、联想度和喜好度。正如很多艺术家所说的，“我的艺术生命是人民给的”；（3）个人品牌的价值是会有很高的效用回报的（见表 14-3），包括个人发展机会的增加、收入条件的改善等人生目标的实现。比如，凭借在中央电视台黄金强档《百家讲坛》讲授“《论语》心得”，北京师范大学教授于丹迅速成为名人，《于丹<论语>心得》和《于丹<庄子>心得》两本书共销售近 1000 万册，于丹本人“也荣登 2007 年福布斯中国名人排行榜”第 98 位，个人品牌价值 260 万人民币。

表 14-3　2013 年福布斯中国名人榜前 20 位（娱乐业）

综合排名	姓名	收入（万人民币）	收入排名	综合排名	姓名	收入（万人民币）	收入排名
1	范冰冰	11000	2	11	李娜	9330	6
2	周杰伦	10420	3	12	王力宏	9260	7
3	刘德华	4700	21	13	赵本山	9250	8
4	成龙	6600	13	14	罗志祥	6500	15
5	章子怡	5950	16	15	李宇春	4090	30
6	陈奕迅	7010	12	16	莫言	4600	24
7	杨幂	4370	28	17	舒淇	4070	31
8	黄晓明	7590	9	18	甄子丹	11500	1
9	蔡依林	10020	4	19	王菲	4600	24
10	林志玲	4900	20	20	五月天	9790	5

资料来源：福布斯中文网，www.forbeschina.com。

根据领导力专家马克·桑伯恩的观点，个人品牌有几个核心的元素构成，他称之为“个人品牌的 DNA”。其中的元素包括三项：（1）可靠性。所谓可靠性，是指个人能够做到言出必践，表里如一，不论遇到多少困难，都可以把工作完成得很好。好的品牌总是始终如一的，不会发生任何令人不快的意外。这类似于一个著名品牌产品的稳定性，一旦购买，顾客敬请放心，产品总是能够给顾客带来期望中的功效；（2）特异性。特异性是指个人从群体中脱颖而出的能力，它同个人的专长有关。品牌通常具备相当显著的可以识别的差异，个人品牌也是如此。优于他人的能力是个人品牌的生命，个人品牌的实力是在为受众提供价值过程中显现出来的，而价值的大小就源自个人的能力。为了使无形的能力更具有可识别性，个人品牌在外表设计上也会体现差异性；（3）态度。态度是个人品牌将自己呈现给世界的方式，如淳朴、诚实、热情、活力、坚强、花哨或是夸夸其谈。态度是由个人的性格所决定的，它在个人品牌当中的作用甚至超过能力，因为它决定了受众的喜好。与一个具有高能力但态度有问题的人相比，一个能力较低但态度很好的人可能更容易受到受众的青睐。

二、个人品牌建立的步骤

个人品牌的建立可分成两类：一类是名人个人品牌的建立，一类是普通人个人品牌的建立。前者适合于娱乐、体育、艺术、商业等领域，通常由一些专业的经纪人来运作；后者则适合普通大众在职场、社交方面的发展，都是由自己来进行自我管理。如果说以前个人品牌的成功带有一定偶然性的话，那么在注重品牌管理的今天，建立个人品牌就要遵循一些原则、方法和步骤了。可以肯定地说，谁要是有意识地按照规律来建设个人品牌，那么他（或她）的个人品牌就更容易成功。比如，2008 年姚明收入达到了 5200 万美元（约合人民币 3.6 亿），一举超过了科比与詹姆斯，成为了 NBA 联盟中名副其实的吸金狂人。在《2010 胡润百富榜》上，姚明的身价已经高达 10 亿美元。许多媒体认为，姚明的商业价值未来极可能超越乔丹。有人把其成功的原因归结为个人品牌的管理上面——姚明个人品牌背后有经纪人团队“姚之队”在管理着，该团队由商业谈判、市场营销、金融理财、法律等方面的专家组成，而管理刘翔个人品牌的只是在品牌管理方面不够专业的中国田径协会。结合分析一些个人品牌的成功历程，可以归纳出建立个人品牌的几大步骤：

（一）分析个人品牌的现状

打造个人品牌的第一步是对自己的现状有足够清晰的认识，知道在社会受众心目中处于怎样的位置，以分析自己的长处和短处。此外，还必须对竞争对手的优劣势进行分析。这些可以通过观察、交谈等形式来了解。

（二）确定个人品牌的价值观和个性

根据自己的优势，确定个人品牌的价值观和个性。对这些价值观和个性的要求是符合当前社会的发展潮流，同时又能在同类人当中独树一帜。比如，我国有学识才华的经济学家有很多，但郎咸平教授却能凭借其颇具勇气的较真性格在经济学界脱颖而出，赢得社会大众的喝彩。

（三）设计个人品牌的识别符号

要通过识别符号将无形的个人品牌的价值观和个性给有形化，以加深受众的印象。可用于识别符号的有发型、服饰、手势、网名、签名、口吻甚至口头禅。比如，中国著名营销策划人叶茂中一年四季总是带着一顶黑底红字的、让眼神显得更深邃的帽子，给人印象深刻。

（四）规划个人品牌的言谈举止

如果说个人品牌是一栋大房子，言谈举止就是建筑这座房子的水泥砖块。言谈举止的规划直接影响到个人品牌的成败。一些名人都有专门的礼仪咨询顾问来出谋划策，对能说什么能做什么都有明确规定。这些规定由个人品牌价值观和个性所决定，一个霸气十足的人和一个温文尔雅的人显然在言谈举止上有着天壤之别。

（五）选择个人品牌的传播渠道

平时与公众的交往是个人品牌最好的传播渠道，因为品牌都是在受众的体验中建立起来的。除此之外，个人品牌还应选择其他传播渠道来强化品牌的影响力，比如参加一些有影响力的活动、主动结识更多的朋友、开写个人博客、在有档次的媒体上发表独到见解等。对于名人而言，则需要在出席的活动、接受的媒体采访、出书、为品牌代言等方面进行规范。

个人品牌的建立是一个不断提升和完善的过程，所以以上五步也是一个循环的过程。完成第五步之后，品牌管理者需要回到第一步，重新对个人品牌的现状进行评估分析。

第 7 节　雇主品牌建设

一、雇主品牌的定义

电影《天下无贼》中有一句经典台词——“21 世纪什么最贵？人才！”当前的企业竞争表现为技术之争、产品之争、服务之争，而本质上是人才之争。然而，令企业头疼的是，好不容易吸引过来的人才，没几个月就被竞争对手“挖了墙脚”，即使自己提高了薪酬待遇，但竞争者给的更高。结果经营成本提高了，人还是没留住。后来，美国的企业经过多年摸索，发现企业通过在人才市场上建立一个强势的品牌，能够明显改善这一问题。这便是雇主品牌的由来。

雇主品牌（Employer Brand）是源于人力资源管理领域的品牌概念，产生于上个世纪 90 年代初的美国，目前在中国还是一个较新的品牌分支。“雇主品牌”一词的提出者西蒙·巴罗（Simon Barrow）在其与安布拉（Ambler）合著的《雇主品牌》一文中指出，雇主品牌体现为由雇佣行为提供并与雇主联系在一起的功能、经济和心理利益组合综合的概念。他们解释说，功能利益是指雇主向员工提供的有利于职业发展或其他活动的机会，经济利益是指雇主向员工提供的薪酬，而心理利益则是指员工在工作中产生的归属、方向和目标等方面的感受和体验。① 虽然雇主品牌与企业品牌都是以企业为主体的，但二者还是存在本质区别：企业品牌是面向消费者的，属于市场营销领域；而雇主品牌是面向人才的，属于人力资源管理领域。雇主品牌的建设是构建在某企业独特的价值观、企业文化、现有管理行为、管理政策及未来战略之上，融入了企业对于特定目标人才市场需求的理解，具体表现为能为员工提供良好的物质和精神收益、创造发展机会等一系列的管理制度和实际管理行为。

根据人才是潜在的还是现有的，可以把雇主品牌分为外部品牌和内部品牌两个部分。外部品牌是企业雇主在潜在雇员中形成的品牌，表现为一个职场发展可能性的承诺和期望；内部品牌是企业雇主在现有雇员中形成的品牌，表现为职场发展承诺的履行、员工的独特工作体验以及企业与员工良好关系的维持。两种品牌分别承担招人和留人的不同职能，这也正是雇主品牌对企业发展的贡献之所在。

二、雇主品牌的作用

管理思想家查尔斯·汉迪曾说过：“今后，我们将不再‘寻找工作’，而是要‘寻找雇主’。”1999 年诺贝尔经济学奖得主罗伯特·蒙代尔（Robert·Mundell）教授认为：“雇主品牌一个长期的战略，可以把有潜力的优秀员工留在企业，以保持企业持久的竞争优势。企业所有的人力资源管理工作和措施，都要以吸引和挽留人才、为员工创造良好的工作与生活环境、培养企业内员工的忠诚度、对外塑造良好的雇主品牌形象、吸引优秀人才加盟为核心理念和目标来开展和运作。”②近来，雇主品牌的建设已成为许多企业人力资源管理的一个战略发展方

① 殷志平. 雇主品牌研究综述[J]. 外国经济与管理，2007，29(10)：32—38.

② 摘自：世界经理人网，http://cho.icxo.com/htmlnews/2013/09/28/1452228.htm.

向，不仅是在跨国公司，在中国本土企业也是如此。比如，零点调查公司公布的“2013年大学生最佳雇主排行榜”前10名为：1.微软；2.中国移动；3.中国银行；4.阿里巴巴；5.谷歌；6.中石油；7.百度；8.苹果；9.联想；10.宝洁，其中6家公司为中国本土公司，这说明，本土企业对雇主品牌的建设已非常注重，并颇有成效。另外，最佳雇主的分布存在行业差异，同时在中国的地域分布也不均衡，主要分布在经济发达的省市（见链接材料14-6)，这可能是因为经济发达地区的企业本身综合素质较高，在管理理念上更先进，更重视雇主品牌建设的缘故。雇主品牌如此受到国内外企业的重视，原因在于它在人力资源管理过程中发挥了巨大作用，表现为：

（一）能吸引到认同企业价值理念的人才

如果简单地把薪酬看成是吸引人才的唯一资本，那企业就走向了一个误区。因为薪酬根本就不是一个企业的核心竞争力，再高的薪酬都会被竞争对手超过。雇主品牌向潜在雇员传递的是企业的价值理念、企业文化，以及职业发展的机会，而一个对企业价值理念认同的雇员才是对企业发展真正有帮助的人才。全球著名的人力资源管理咨询公司翰威特（Hewitt）咨询公司的“2013年中国最佳雇主研究”表明，中国地区的企业中，职业发展机会被列为驱动员工敬业度的首要因素，而认可排在其次；而中华英才网发布的《中国大学生最佳雇主报告》显示：在16个评选指标中排名前三的分别是：价值诉求、工作环境、产品创新。这些说明满足员工价值诉求的雇主品牌最受人才的青睐，还说明能否迎合人才的价值追求是一个企业能否吸引到核心人才的关键一环。

（二）能增加员工的忠诚度，减少人力资源管理成本，提高企业赢利

雇主品牌建立在对员工需求的了解和满足的基础上。如星巴克所说，“我们照顾雇员，他们照顾顾客。”当员工的需求在雇主那里得到满足后，他们会与企业建立稳固的情感关系而不是肤浅的雇佣关系。一个优秀的雇主品牌将提高员工的忠诚度。比如，由于雇主品牌的成功建立，安利（中国）2011年的员工离职率大约在16%，低于行业平均的离职率（21%)。员工忠诚度的提高自然也就提高了企业的赢利水平，因为：一方面，企业重新招聘、培训、管理新员工的成本降低了，如全球著名管理咨询公司华信惠悦（Watson Wyatt）长期研究发现，一位初中级员工流失带来的成本是其年薪的0.5～1.5倍，而中高级人才流失的成本为其年薪的2.5倍甚至更多；另一方面，稳定的员工带给顾客更大的满意度，如美国Symmetrics公司曾对一个员工总数超过3万人的国际大型金融机构做过一项长期的跟踪调查，结果显示：员工的忠诚度每提高10%，将使客户的满意度提高4%，并促使利润水平增长4%。

链接材料14-6：2013《中国TOP100最佳雇主》调查

2013年9月28日《世界企业家》杂志发布了榜单，IBM、万科、谷歌中国等著名企业入选。该排行榜主要按照九大标准评选企业，分别是两年收入增长的比例、雇员的组成、薪酬水平、福利水平、职业生涯、招聘增长率、员工流动率、工作环境、企业文化。前期通过网上调查、随机走访企业、与个别员工座谈、与HR主管谈话并采访企业高管来了解公司策略、业务重点、人力资源项目的有效性及企业监管等内容；中期由世界HR实验室对候选企业申报的资料进行收集整理分析；根据评选指标并结合专家组意见，最后综合评定得出结果。

本年度共有14个省市(不包含港、澳、台)的企业入选，其中，北京、广东、上海分别有40家、

22 家、19 家企业入选，占总数的 81%，成为入选企业数最多的三个地区。从行业分布来看，金融行业力拔头筹，共有 13 家企业入选，成为入选企业数最多的行业；通信、电子 IT 位居第二，共有 12 家入选，汽车和食品饮料各有 6 家企业入选，并列第三。

资料来源：http://cho.icxo.com/2013gz/。

三、雇主品牌建设的要点

来自翰威特公司的咨询顾问达玛 • 钱德兰（Dharma Chandran）指出，在雇主品牌建设过程中，企业需要把握以下几个要点①：

（一）来自最高管理层的承诺

尽管雇主品牌的建设工作是人力资源部门的事情，但雇主品牌牵涉到整个企业的价值观、理念和形象问题，所以必须由最高管理层亲自对员工做出承诺。传播承诺的形式可以有很多，对内的如员工大会、招贴画、雕塑、名片、工牌、制服、信纸、公司内部网站、短片等，对外的如招聘广告、企业出书、出席业界盛会、接受媒体采访等，只要是能够接触到现有和潜在员工的渠道都可以。承诺的内容需要包括以下五个方面的内容：

1. 从最高层开始

在企业里面，最高管理层通常被视为榜样或偶像，其言行举止具有强烈的示范效应。一个企业的个性在一定程度上反映了该企业领导的个性，至少是理想中的个性。从最高管理层开始，自上而下地传递价值理念，可以保持雇主品牌的统一性。

2. 工作的每一天都有意义

最佳雇主品牌善于宣传公司的愿景、使命和核心价值观，使员工在每天的工作中都能获得满足感和成就感，对公司的未来发展前景也充满希望；而一个很差的雇主品牌则使员工不是“做一天和尚撞一天钟”，就是整天在琢磨如何跳槽，对现状极其不满，对公司的未来也灰心丧气。

3. 我们的文化是一项经营武器

关于企业文化，伦敦商学院教授杰伊 • 康戈尔有一段非常形象的比喻：“文化非常像是鱼缸里的水，尽管它在很大的程度上是不易被人重视的，但是它的化学成分以及其中能够支持生命的元素却深深地影响着鱼缸里的生物。”分析所有强大的雇主品牌会发现，它们都特别强调企业文化的培育，如迪士尼崇尚“快乐”文化、3M 主张“创新”文化、华为强调“狼”文化等。这些文化不仅帮助企业有别于其他企业，而且也使得企业内部达到高度的认同和一致。

4. 我们关心你

必须存在一个强烈的关心员工的环境氛围，否则便不可能产生出最佳雇主品牌。这并不意味着公司在管理业绩差劲的员工时需要采取怜悯的态度，而是说所要塑造的环境氛围，应该使一个业绩差劲的员工也感到他们受到了公平的对待。上司在这种氛围的营造上作用巨大。盖洛普（Gallup）公司在一项历时 25 年，涉及到 8 万名经理人员和 100 万名员工的研究中，得出的结论之一是：员工为公司而来，因上司而去。中国企业喜欢讲“以厂为家”，如果上下

① Chandran，Dharma. 该留意雇主品牌了[J]. 科技智囊，2004，(2)：64—65.

关系都不充满温情和爱心，员工怎么可能会“以厂为家”呢？

5. 我们帮助你成长

不能为员工提供很好的成长机会，即使薪酬再高也无济于事。翰威特公司在亚洲进行的多次员工观点调查的结果表明，雇主所提供的学习与发展机会，一直被列为激励员工的最重要的因素之一；中华英才网在几次中国大学生最佳雇主调查中也得到了相同的结论。

（二）员工持有正确的态度

打造雇主品牌不是企业领导一个人的事，而是与企业全体员工都有关。光靠企业领导一个人的呼吁呐喊，雇主品牌不可能会建立起来，因为雇主品牌反映的是员工与企业之间的关系。在具有优秀雇主品牌的企业里面，员工也必须是优秀的。专业素养和优秀品格是一方面，还有更重要的一方面是对企业核心价值观、企业文化、企业愿景的认同。同舟共济应当成为最佳雇主品牌的特质。

（三）卓越的人员管理方法

对最佳雇主品牌的研究表明，卓越的人员管理方法可以概括为以下几点：

1. 慎重的招聘

最佳雇主会投入大量的时间、金钱和精力，以确保他们所雇用的人具有合适的技能、行为方式和态度。

2. 充分的入职培训

雇用了合适的人之后，最佳雇主还将投入大量的资源，以确保新雇的人员完全了解并理解企业的远景、使命、核心价值观和文化（而非仅仅是政策和程序）。

3. 学习被视为一种经营战略

最佳雇主不是将培训和发展的支出视为不必要的成本，也不是把员工学习视为“不务正业”，而是将学习视为一个真正的经营战略，能够为企业创造并保持竞争优势。建成学习型组织应当成为企业内部管理的一个目标。

4. 有效的业绩管理、回报和表彰

最佳雇主能够对员工定期进行业绩评估，奖励业绩良好的员工，并惩处业绩一直差劲的员工。这项管理的关键在于公平性的掌握。

5. 分享财富

最佳雇主一个很好的做法是，通过采用面向全体员工的股票期权计划，与员工分享由他们辛苦工作而获得的财富聚积。以前在很多企业，股票期权计划通常只局限于高级管理人员，现在越来越多的公司开始向全体员工推行这一做法，效果显著。

6. 建立主人翁意识

从品牌的角度来讲，主人翁意识实际上是说雇主品牌并不是归最高领导一人所有，而是归企业全体成员所有。只有建立主人翁意识，员工才会为企业的发展不懈奋斗。以上所说的股票期权计划是建立主人翁意识的一种好方法，此外还可以通过授权和扁平化组织结构来提高员工的主人翁意识。一旦做出授权，公司就需要对决策所造成的后果承担相当大一部分的责任，而不是一味地责备出错的员工。

案例分析

飞龙标志重塑香港品牌

1．背景

1997 年香港回归似乎是一个界限。经济低迷与西方社会的偏见，使代表西方资本立场的《财富》杂志，在九七回归前，就以悲观的论调预言“香港已死”。全球经济一体化的趋势和中国加入 WTO，以及中国沿海地区主要城市的快速崛起，使香港长久以来的中介及窗口功能减弱，令香港面临全方位功能转换。有媒体预言，“大陆十年内将不再需要香港”。

20 世纪 70～80 年代，香港经济快速增长时期，内地居民对香港人的普遍印象是刻苦耐劳、踏实拼搏，对香港人的快速生活节奏，都认为吃不消。但现在上海、深圳市民都有为取得自身成功而奋斗的强烈愿望，反观坐享 20 年经济繁荣的香港，不论是官方还是民间，普遍存在的却是固步自封、怯于面对逆境、好逸恶劳的情绪。

金融风暴以后，香港人正感受到一种前所未有的竞争压力，数十年来，香港的经济成就得益于中国大陆提供的两次机会，一是中国的闭关自守，无意中减少了香港迈向国际的强大竞争对手，使得香港经济得以高速发展；二是中国改革开放后的广阔市场以及对外联络的殷切需求，令香港的中介角色得以充分肯定，给香港提供了第二次机会。如今，一直处于高增长的香港，第一次有一种危机感。

2．源于危机意识和创新思维的时代选择

为什么香港需要一个新形象或者说是一个被理论化了的品牌来彰显香港的“积极进取精神和创新思维”？因为现代社会人口的广泛流动和商业活动的全球性，特别是旅游业对各国经济的影响，使得一个城市、地区甚至一个国家都被视作某种特殊的商品被品牌化之后加以推广。不同于一般商品的品牌化，香港被冠以“飞龙”标志的背后有着深刻的社会和经济原因，其根源在于这个曾经在政治和经济动荡中度过一百五十年殖民历史的社会，危机始终像影子一样跟随着香港。

从历史角度来看，香港一直是一个努力创新、绵绵不断更新变化的城市。20 世纪 70 年代起发展成为亚洲区域强大的商业中心，80 至 90 年代更晋身为亚洲区域的金融中心，时至今日，香港已跃升为亚洲区域的信息科技枢纽。进入 21 世纪的香港，依然是一个充满创新精神、积极面向未来的城市，它的品牌化更多是在建立自己一种新的商业形象，以长久保持自己在亚洲甚至在全球不可替代的独特地位。从金融中心、信息科技枢纽到城市品牌的新定位“亚洲国际都会”，不是一个简单的名称叫法和城市形象塑造问题，而是一个城市在全球经济一体化进程中角色转变和战略重新定位的调整。单纯的城市形象塑造工程除了给城市披上一层“美化”的外衣，在战略发展上已经变得毫无意义。一向注重实用和商业价值的香港社会，利用政府的力量来统筹策划香港都市的新品牌形象，实质上是在进行一个城市的市场营销。

虽然香港一向被认为是一处融合机遇、创意和进取精神的地方，动力澎湃，朝气勃勃，所提供的基础设施达到世界一流水平，既是运输枢纽，也是东西方文化精髓汇聚的地方，是名副其实的世界级大都会。但是，随着亚洲金融风暴和全球经济的影响，香港经济发展出现了缓慢增长的趋势。所以，如何应对全球经济环境的变化，在国际社会建立起一个新香港的形象，增强香港在国际出口、金融服务和商业方面的竞争优势，就显得尤为关键。另外，香港的发展目标，是让香港在国际社会扮演一个举重轻重的角色，但是，随着新加坡在高科技方面的发展和上海在国内进一步开放的环境下的迅速崛起，香港在亚洲的地位受到了某种程度的威胁。外部竞争环境的压力也迫使香港必须重新审视和建立自己在亚洲的地位和角色形象。香港一直备受国际社会推崇，在全球享有良好声誉，但是经过香港城市品牌顾问团开展的专题调查结果显示，与其他国际化的城市相比，香港面对的一个新的挑战是，在国际社会普遍认为香港经商成本和生活指数高昂的情况下，如何加强向他们宣传香港可以为他们带来重大增值，在香港工作和生活能够给他们的企业和个人带来比其他城市更多的利益和好处吗？此外，英语水平的下降和高科技人才短缺等一系列问题，让香港面临着一百年以来从未有过的压力和危机感。

3.“跨国兵团”铸造一个城市的品牌

这个代表香港精神的飞龙标志是一个采用科学的品牌管理方法而策划、建立的城市品牌，花费整整一年时间，耗资900万港元，重新定位的香港品牌标志——火红色“飞龙”的诞生既是一个调查研究的过程，同时，也是一个重新认识香港的过程。因为为一个历经百年沧桑巨变的城市建立一个商业化的新形象，不是单纯地设计一个新标志的问题，更不是政府长官意志的图解，而是站在全球和未来的角度审视香港的历史、精神、文化和经济实力之后，重新确立香港在亚洲乃至国际社会的定位。

采用定量化的分析研究来为一个城市的形象进行价值评估，显示出了香港在品牌化过程中所持有的一种科学和严谨的态度，因为这不是为一个城市“化妆”，而是一项事关香港未来命运的一次抉择。为了测量香港品牌形象在全球的实力，品牌顾问团还利用一个 Brand Asset Valuator（品牌资产评估）（BAV）的专有品牌形象数据库系统，在香港及全球的商界及政府领袖中进行了广泛而质量兼备的意见调查。为了更好更准确地对香港的城市品牌给予定位，香港政府有关机构与品牌顾问团一起，还研究了全球国际城市中成功的城市品牌形象宣传案例，从中学习到了最佳的“城市定位”模式与技巧。针对未来香港品牌形象管理的问题，品牌顾问团研究和借鉴了其他国家和地区的先进经验，为城市品牌的推广落实奠定了基础。

4. 神形兼备的亚洲国际都会

如同为产品建立品牌识别一样，有一个清晰、富有个性化的品牌识别是香港城市品牌化的最终目的。香港建立品牌的第一步就是给这个百年城市在国际和亚洲社会环境中定一个位，即它在公众心目中应该是一个什么样的形象，未来它应该朝什么样的方向发展。在过去一个多世纪的变革中，香港一直被认为是一个自由港，而且渴望成为一个国际大都市，这一点正如董建华在在香港品牌揭幕仪式上所讲的：“我们的目标，是让香港在国际间扮演举足轻重的角色，媲美欧洲的伦敦和美洲的纽约。”经由品牌顾问团在现有的定位方案以及由香港和国际撰稿小组提交的作品中，挑选了多个主题方案，再交由国际讨论小组测试评核。最后获选的主题是“亚洲国际都会”，这一诉求不同于过去香港为推广旅游而提出的“万象之都”、“活力城市”的定位，不但为香港市民所熟悉，更被香港及国际讨论小组视为能反映香港在亚洲及全世界的独特形象。虽然部分人士认为成为国际都会是香港的愿望，但大多数人都认同香港已是亚洲的国际都会，一道通往充满新经济机会的中国内地及亚洲其他地区的大门，亚洲国际都会准确地反映了香港作为城市品牌的定位。

反映香港城市品牌定位的精神内涵构成了品牌的核心价值。那么，什么最能代表香港品牌的核心价值呢？原香港财政司司长梁锦松提到：“香港的品牌其中有几项很重要的品牌品质：机会、创意和企业精神。”其实，追溯香港从一个渔村发展到今天的国际大都会，香港的自由开放和积极进取的精神就是形成这个城市品牌的基因。在广泛调查和论证的基础之上，为反映香港作为国际都会城市具有的独特的精神，品牌顾问团将香港城市品牌的核心价值确定为：“文明进步、自由开放、安定平稳、机遇处处、追求卓越。”香港的个性则被描述为：“大胆创新、都会名城、积极进取、卓越领导、完善网络。”

理念部分确定后，需要用一个视觉形象来表现香港。香港形象标志的创作由香港及国际性的设计公司参与，特区政府的代表经过初步筛选，在逾百份设计方案中选出五个最后设计，然后分别在香港、北美洲、澳洲和欧洲经由讨论小组进行严格的测试，最后选出的形象标志设计是一条设计新颖、活灵活现的飞龙。设计理念和创意思路是：

飞龙标志巧妙地把“香港”二字和香港的英文缩写“H”和“K”融入设计图案中，寓意香港是一个东西方文化汇聚的城市，设计构思凸显了香港的历史背景和中国传统文化；

标志图形的设计富有动感，充满时代气息，代表香港人勇于冒险创新、积极进取的精神，飞龙的流线型姿态予人前进感和速度感，象征香港在百年历史的长河中不断蜕变演进；

另外，飞龙与图案并列的“亚洲国际都会”，将香港所扮演的商业枢纽、通往中国内地和亚洲其他经济体系的门户，以及国际艺术文化中心的重要角色，在一个视觉化的整体构图中，用平面设计的手段生动地表达了出来。

正如香港政府制订的品牌手册所说：香港的形象标志并非只是一个图案，它是香港新的资产。

5. 飞龙标志的全球推广

有些国际城市之所以拥有强有力的整体品牌形象，其中大部分是由旅游业带动，并由管理责任意识明确的政府部门利用各种渠道和手段积极进行推广宣传，而且，这些成功的宣传运动全都是长年累月地不断坚持，并运用多媒体发放一致的信息。

在集思广益的基础之上，为了进一步让香港精神发扬光大，展现与推广香港作为亚洲国际都会是亚洲最佳生活和经商宝地，香港策略发展委员会提出了有关对外推广香港的建议，结合品牌顾问团的专业力量，2001 年 5 月 10 日在全球《财富》论坛于香港揭幕之后，以“飞龙”为标志的香港品牌大张旗鼓地从本港向全球推广了起来。

（1）不遗余力的公关宣传。标志揭幕的第二天起，大规模的公关宣传活动就遍及了香港几乎各大商业中心和广场，包括各种新闻发布会、展览活动，动员“品牌形象大使”向国际人士推介香港及新的品牌形象。如 5 月 26 日在香港铜锣湾最著名的时代广场，资讯科技及广播局局长尤曾家丽及香港著名影星周润发主持了香港品牌形象展览的剪彩暨亮灯仪式。从 6 月 1 日～6 月 13 日，分别在香港岛、九龙和新界的主要商业中心开展了各种形式的宣传活动。同时还举行各种有关国际都会的研讨会，举办国际都会文化公众论坛，并通过政府高级官员、私人机构演讲者及特区驻海外办事处推广新品牌形象。

（2）注重海外和内地推广。在政府组织的有关活动及国际场合，政府也不失时机地进行宣传，并且将宣传的重点由香港逐步移向海外和大陆。5 月 20～29 日，280 余位香港工商界知名人士组成的西部考察团，所乘坐的港龙飞机就印上了新的香港品牌形象“飞龙”标志。

（3）广告推广。政府拍摄了有关新品牌形象的电视广告，在香港各大电视台黄金时段播出。代表香港精神的飞龙标志，在电车、巴士、地下铁路和九广铁路列车及车站，巨型横幅、旗帜和抢眼宣传海报随处可见。香港机场及香港会议展览中心在显眼的地点展示香港品牌形象，宣传以全球旅客及商人为对象。

（4）联合推广策略。因为香港品牌标志并不仅是香港政府内部使用，而且政府准备让所有香港法定机构都可以采用，所以香港政府按照广告行业的 Co-Brand（联合品牌）的概念，推动香港有关机构、公司在推广自己的企业形象和产品时，将企业的母品牌和香港品牌放在一起，似乎香港品牌成了一个背书的品牌，政府鼓励他们与香港品牌同时使用。对于代表香港形象的典型企业国泰航空、汇丰银行等，政府也和企业达成共识，双方共同努力推广香港品牌。

资料来源：鄂金荣.飞龙标志重塑香港品牌[EB/OL].中国城市发展网，www.chinacity.org.cn，2011-03-14.

讨论题：

1. 结合香港的案例解释城市品牌的本质是什么？

2. 结合香港案例，分析建立城市品牌需要做好哪几个关键点？

3. 随着上海自贸区和深圳前海新区的建立和发展，你认为打造香港城市品牌将面临哪些新的挑战？香港应该如何应对这些挑战？

本章小结

任何企业提供物都是产品和服务的组合。企业有必要从整体的视角来看提供物，树立"整体品牌"的理念，整合好产品与服务品牌的关系，发挥二者的合力。所谓服务品牌，是指消费者对服务有形部分的感知和服务过程的体验的总和。服务品牌主要由六大核心基因构成：服务质量、服务模式、服务技术、服务价格、服务文化、服务信誉。应该把服务分成基本服务和附加服务两个部分，但凡服务品牌做得成功的企业，其所提供的附加服务通常都给顾客带来独特的消费价值。服务品牌可能包括专业服务品牌和生产服务品牌。可以从品牌要素、品牌沟通、消费者对品牌的期望与评价、品牌管理等四个方面来对比服务品牌与产品品牌的差异。由服务品牌资产模型可知，服务品牌资产由品牌知名度和品牌内涵两方面构成。品牌内涵对服务品牌资产的影响比品牌知名度要大。品牌知名度受到公司展现品牌、外界品牌传播和顾客体验的影响。服务品牌管理的原则是：（1）围绕品牌组织运营；（2）训练员工亲历品牌；（3）表现得体的说话方式；（4）永远记住员工就是品牌；（5）注意前后的一致性和连贯性；（6）尊重顾客；（7）把服务或者投诉放在品牌的核心，倾听顾客，做出反应；（8）领导起模范带头作用。服务品牌管理模型将服务品牌的外部顾客传播、内部员工管理、员工与顾客的互动过程整合在一起，形成了一个完整的循环系统，为服务企业的品牌培育与管理提供了一个具有可操作性的流程模型。

工业品品牌没有受到足够重视，因为：（1）工业品注重产品"性价比"功能性价值，不注重情感性价值；（2）工业品推广过于重视推力，忽略了品牌拉力；（3）工业品推广注重人际沟通成本，却不注重品牌沟通。但工业品仍然需要做品牌，理由是：（1）获得更大的利润空间；（2）可以获得更多市场机会；（3）获得国际竞争优势；（4）提升工业品抗危机能力；（5）获得长远的竞争优势；（6）能够增加产品的差异性；（7）可以稀释销售人员对市场的控制。任何一个工业企业品牌的发展都经历了三个阶段，即生存维持期、成长扩张期和成熟期。每个阶段运作的重点都有所侧重：在生存维持期的品牌多侧重在业绩攻关、工程的参与度，以及资质认证的工作上；成长扩张阶段，品牌运作的重点是在品牌内涵规划与推广、样板工程建设等方面下功夫；成熟期，要加强品牌美誉度的建设，以及客户质量的控制。归纳起来，工业品企业可以采用以下几种营销策略来建设品牌：样板营销、标准营销、专业营销、联合营销、展会营销、跨位营销、关系营销。

互联网品牌是指网络企业通过线上、线下或二者结合的营销策略建立起来的网民对网络提供物的一种认知和认同。互联网品牌表现出不同于传统品牌的特点，具体包括：（1）互联网品牌的目标群体特色鲜明；（2）品牌在互联网上的传播受限于顾客的主动选择；（3）"第一品牌"在互联网品牌中作用巨大；（4）互联网品牌知名度建设速度快、成本低。互联网品牌建设的法则包括六个方面：（1）把品牌变成可记忆、易于传播的符号；（2）把产品体验生动化、娱乐化；（3）学会讲故事；（4）要学会借势，不能借势就自己造势；（5）创造需求比寻找心理区隔更加重要；（6）忘记大众传播，让网民主动传播。

奢侈品泛指带给消费者一种高雅和精致的生活方式，注重品位和质量并且主要面向高端和中高端市场的产品。不同于普通产品，这些产品具有以下特征：（1）距离感，来自四个方面，包括历史积淀、产量稀少、价格昂贵、名流珍爱；（2）个性化；（3）精致化；（4）独特性；（5）情感性。奢侈品品牌需要独特的品牌传播策略，包括：（1）结缘名流；（2）盛大的发布；（3）给昂贵一个理由，包括强调产地和选材、渲染制作工艺、瞄准独特品质、突出产量稀少、培训极其专业的奢侈品营销人员；（4）在彰显与低调中寻求平衡；（5）不要推销。国外奢侈品品牌在中国的发展现状有三大特点：（1）市场规模大；（2）市场需求增长快；（3）市场年轻化、中产化。中国的本土品牌中，几乎没有能称得上奢侈品品牌的。目前国内最可能出现奢侈品的领域会在白酒和香烟行业。中国奢侈品建设的问题在于缺乏优秀的奢侈品经理人。中国奢侈品品牌建设之路包括：（1）联手国际著名奢侈品品牌集团来推广自己的品牌；（2）以中档奢侈品或半奢侈品作为切入点。

城市品牌是投资者、旅游者、市民、高级人才、政府官员、媒体等相关群体在对一座城市所有供给的独特体验的基础上，所形成的对城市知识的认知和对城市精神的认同。建立城市品牌的意义主要表现为：（1）有利于吸引外来人才和引进资金技术；（2）有利于城市旅游业的迅速发展；（3）有利于本地产品的外销；（4）有利于开展对外交流；（5）有利于获得上级政府更多的政策扶持；（6）有利于树立当地市民和政府官员的自信心；（7）有利于获得更多正面的媒体报道。城市品牌建设的步骤主要包括：（1）组建城市品牌管理小组；（2）分析城市品牌的需求、竞争和资源；（3）提炼城市品牌核心价值，明确城市品牌定位；（4）重新规划城市环境、职能和制度；（5）设计城市品牌营销策略；（6）执行城市品牌建设计划；（7）评估城市品牌资产。为了促进城市品牌的良性发展，管理者需要注意几个原则：品牌保护原则、品牌中心原则、危机公关原则、品牌协同原则。

个人品牌向他人传达一种积极的期望，它是对别人的承诺，是个人在受众中的首要印象。个人品牌的效用非常强大，一旦形成，很难受到挑战和竞争。个人品牌的 DNA 包括三项：可靠性、特异性、态度。个人品牌建立的几大步骤包括：（1）分析个人品牌的现状；（2）确定个人品牌的价值观和个性；（3）设计个人品牌的识别符号；（4）规划个人品牌的言谈举止；（5）选择个人品牌的传播渠道。

雇主品牌体现为由雇佣行为提供并与雇主联系在一起的功能、经济和心理利益组合综合的概念。根据人才是潜在的还是现有的，可以把雇主品牌分为外部品牌和内部品牌两个部分。雇主品牌的作用表现为：（1）能吸引到认同企业价值理念的人才；（2）能增加员工的忠诚度，减少人力资源管理成本，提高企业赢利。在雇主品牌建设过程中，企业需要把握以下几个要点：（1）来自最高管理层的承诺；（2）员工持有正确的态度；（3）卓越的人员管理方法。

重点概念

服务品牌（Service Brand）
整体品牌（Integrated Brand）
服务质量（Service Quality）
服务品牌资产（Service Brand Equity）

品牌的内在化（Internalizing the Brand）
工业品品牌（Industrial Goods Brand）
互联网品牌（Internet Brand）
奢侈品品牌（Luxuries Brand）
城市品牌（City Brand）
个人品牌（Personal Brand）
雇主品牌（Employer Brand）

进一步阅读材料

1. de Chernatony, Leslie and Susan Segal-Horn. The criteria for successful services brands [J]. European Journal of Marketing, 2003, (7/ 8): 1095—1118.
2. Berry, L. L.. Cultivating Service Brand Equity[J]. Journal of the Academy of Marketing Science, 2000, 28(1): 128—137.
3. （美）阿尔·里斯，劳拉·里斯.打造网络品牌的 11 条法则[M].上海：上海人民出版社，2002.
4. （美）菲利普·科特勒. 塑造知名度：科特勒论个人品牌营销（第3版）[M]. 北京：人民邮电出版社，2007.
5. （美）马克·布朗斯坦，爱德华·莱文. 网络品牌[M]. 北京：新华出版社，2003.
6. 程鸣，吴作民. 西方服务品牌研究评介[J]. 外国经济与管理，2006，28(5)：53—60.
7. 贾昌荣. 工业品品牌传播之道[J]. 品牌真言，2005，(2).
8. 朱耘. 奢侈品牌：寻找中国力量[N].中国经营报，2012-7-6.
9. 刘彦平. 城市品牌化战略与经验：品牌战略规划要诀[J]. 魅力中国，2007，(12)：20—22.
10. 殷志平. 雇主品牌研究综述[J]. 外国经济与管理，2007，29(10)：32—38.

复习思考题

1. 服务品牌与产品品牌有何不同特点？
2. 如何对服务品牌进行成功管理？
3. 工业品品牌建设的顾虑是什么？理由又是什么？
4. 可以利用哪些营销策略来建立工业品品牌？
5. 如何建立互联网品牌？
6. 如何建立奢侈品品牌？
7. 试论述中国奢侈品品牌的发展问题。
8. 建立城市品牌有何意义？
9. 如何建立城市品牌？
10. 如何打造个人品牌？
11. 如何打造雇主品牌？

南开大学出版社网址：http://www.nkup.com.cn

投稿电话及邮箱：　022-23504636　QQ：1760493289
　　　　　　　　　　　　　　　　QQ：2046170045(对外合作)
邮购部：　022-23507092
发行部：　022-23508339　Fax：022-23508542